මහමෙව්නාවේ බෝධිඥාන ත්‍රිපිටක ග්‍රන්ථ මාලා 17

සූත්‍ර පිටකයට අයත්

ආශ්චර්යවත් ශ්‍රී සද්ධර්මය
අංගුත්තර නිකාය
(පස්වෙනි කොටස)
අට්ඨක සහ නවක නිපාත

පරිවර්තනය
පූජ්‍ය කිරිබත්ගොඩ ඤාණානන්ද ස්වාමීන් වහන්සේ

ප්‍රකාශනය

මහාමේඝ ප්‍රකාශකයෝ
වඩුවාව, යටිගල්ඔළුව, පොල්ගහවෙල.
දුර : 037 2053300, 076 8255703
ඊ-මේල් : mahameghapublishers@gmail.com

ශ්‍රී. බු.ව. 2557   ව්‍යවහාර වර්ෂ : 2014

මහමෙව්නාවේ බෝධිඥාන ත්‍රිපිටක ග්‍රන්ථ මාලාව - 17

සූත්‍ර පිටකයට අයත් ආශ්චර්යවත් ශ්‍රී සද්ධර්මය

අංගුත්තර නිකාය – 5 කොටස
(අට්ඨක සහ නවක නිපාතය)

පරිවර්තනය : පූජ්‍ය කිරිබත්ගොඩ ඤාණානන්ද ස්වාමීන් වහන්සේ

ISBN : 978-955-687-038-1

ප්‍රථම මුද්‍රණය : ශ්‍රී බුද්ධ වර්ෂ 2557/ ව්‍යවහාරික වර්ෂ   2014

- පරිගණක අකුරු සැකසුම සහ ප්‍රකාශනය -
මහාමේඝ ප්‍රකාශකයෝ
වඩුවාව, යටිගල්ඔළුව, පොල්ගහවෙල.
දුර : (+94) 37 20 53 300, (+94) 76 82 55 703
ඊ-මේල් : mahameghapublishers@gmail.com

Mahamevnawa Bodhiñāna Tripitaka Series, Volume 17

The Wonderful Dhamma in the Suttantapitaka

ANGUTTARA NIKĀYA

(THE FURTHER-FACTORED DISCOURSES
OF THE
TATHĀGATA SAMMĀSAMBUDDHA)

(Part 05)

ATTHA NIPĀTA & NAVAKA NIPĀTA

(BOOK OF THE EIGHTS AND NINES)

Translated
By

VEN. KIRIBATHGODA ÑĀNĀNANDA
BHIKKHU

PUBLISHED BY:

Mahamegha Publishers

Waduwawa, Yatigal-oluwa, Polgahawela, Sri Lanka.
Tel : (+94) 37 20 53 300, (+94) 76 82 55 703
e-mail : mahameghapublishers@gmail.com

B. E. 2557   C.E. 2014

**"ධම්මෝ හි වාසෙට්ඨා, සෙට්ඨෝ ජනේතස්මිං
දිට්ඨේ චේව ධම්මේ, අභිසම්පරායේච."**

වාසෙට්ඨයෙනි, මෙලොවෙහි ත්, පරලොවෙහි ත් සත්වයන් අතර
ධර්මය ම ශ්‍රේෂ්ඨ වෙයි !

- අපගේ ශාස්තෘන් වහන්සේ

පටුන

අංගුත්තර නිකායේ අට්ඨක නිපාතය
(කරුණු අට බැගින් ඇතුළත් වන දේශනා)

පළමු පණ්ණාසකය
1. මෙත්තා වර්ගය

2. මහා වර්ගය

3. ගහපති වර්ගය

4. දාන වර්ගය

5. උපෝසථ වර්ගය

දෙවෙනි පණ්ණාසකය

1. ගෝතමී වර්ගය

2. චාපාල වර්ගය

3. යමක වර්ගය

4. සති වර්ගය

5. සාමඤ්ඤ වර්ගය

6. රාගාදී පෙයයාලය

අට්ඨක නිපාතය අවසන් විය.

අංගුත්තර නිකායේ නවක නිපාතය
(කරුණු නවය බැගින් ඇතුළත් වන දේශනා)

පළමු පණ්ණාසකය
1. සම්බෝධි වර්ගය

2. සීහනාද වර්ගය

3. සත්තාවාස වර්ගය

4. මහා වර්ගය

5. සාමඤ්ඤ වර්ගය

දෙවෙනි පණ්ණාසකය

1. බේම වර්ගය

2. සතිපට්ඨාන වර්ගය

3. සම්මප්පධාන වර්ගය

4. ඉද්ධිපාද වර්ගය

5. රාගාදී පෙයයාලය

නවක නිපාතය අවසන් විය.

දසබලසේලප්පභවා නිබ්බානමහාසමුද්දපරියන්තා
අට්ඨංග මග්ගසලිලා ජිනවචනනදී චිරං වහතූති

දසබලයන් වහන්සේ නමැති ශෛලමය පර්වතයෙන් පැන නැගී
අමා මහ නිවන නම් වූ මහා සාගරය අවසන් කොට ඇති
ආර්ය අෂ්ටාංගික මාර්ගය නම් වූ සිහිල් දිය දහරින් හෙබි
උතුම් ශ්‍රී මුඛ බුද්ධ වචන ගංගාව (ලෝ සතුන්ගේ සසර දුක් නිවාලමින්)
බොහෝ කල් ගලාබස්නා සේක්වා !

(සළායතන සංයුත්තය - උද්දාන ගාථා)

සූත්‍ර පිටකයට අයත්

අංගුත්තර නිකාය

(පස්වෙනි කොටස)

අට්ඨක නිපාතය – නවක නිපාතය

(කරුණු අට බැගින් වදාළ දෙසුම් සහ
කරුණු නවය බැගින් වදාළ දෙසුම්
ඇතුළත් කොටස)

නමෝ තස්ස භගවතෝ අරහතෝ සම්මාසම්බුද්ධස්ස
ඒ භාග්‍යවත් අරහත් සම්මා සම්බුදුරජාණන් වහන්සේට නමස්කාර වේවා!

සූත්‍ර පිටකයට අයත්

අංගුත්තර නිකාය
අට්ඨක නිපාතය

පළමු පණ්ණාසකය

1. මෙත්තා වර්ගය

8.1.1.1.
මෙත්තානිසංස සූත්‍රය
මෛත්‍රී භාවනාවෙහි අනුසස් ගැන වදාළ දෙසුම

මා විසින් මෙසේ අසන ලදී. එක් සමයක භාග්‍යවතුන් වහන්සේ සැවැත් නුවර ජේතවනය නම් අනේපිඬු සිටුහුගේ ආරාමයෙහි වැඩ වසන සේක. එකල්හී භාග්‍යවතුන් වහන්සේ "මහණෙනි" යි කියා භික්ෂූන් අමතා වදාළ

සේක. "පින්වතුන් වහන්සැ"යි ඒ භික්ෂූහු භාග්‍යවතුන් වහන්සේට පිළිවදන් දුන්හ. භාග්‍යවතුන් වහන්සේ මෙය වදාළ සේක.

මහණෙනි, මෛත්‍රී චිත්ත සමාධිය හොඳින් පුරුදු කිරීමෙන්, දියුණු කිරීමෙන්, බහුල වශයෙන් ප්‍රගුණ කිරීමෙන්, පහසුවෙන් නැග යා හැකි රථයක් සේ පුරුදු කිරීමෙන්, පහසුවෙන් ලැග සිටිය හැකි තැනක් සේ පුරුදු කිරීමෙන්, මැනැවින් පිහිටුවා ගැනීමෙන්, නැවත නැවත කිරීමෙන්, ප්‍රබල අයුරින් පැවැත්වීමෙන් ආනිශංසස අටක් කැමති විය යුත්තේ ය. ඒ කවර අටක් ද යත්;

සුවසේ නිදයි. සුවසේ අවදිවෙයි. පවිටු සිහින නොදකියි. මිනිසුන් හට ප්‍රිය වෙයි. අමනුෂ්‍යයන් හට ප්‍රිය වෙයි. දෙවියෝ රකිත්. ඔහුට ගින්නෙන් වේවා, වස විසෙන් වේවා, ආයුධයෙන් වේවා අනතුරු නොවෙයි. මරණයට පෙර යම්කිසි මාර්ගඵල විශේෂයක් ලබාගන්නට නොහැකි වුවහොත් බඹලොව උපදින්නේ වෙයි.

මහණෙනි, මෛත්‍රී චිත්ත සමාධිය හොඳින් පුරුදු කිරීමෙන්, දියුණු කිරීමෙන්, බහුල වශයෙන් ප්‍රගුණ කිරීමෙන්, පහසුවෙන් නැග යා හැකි රථයක් සේ පුරුදු කිරීමෙන්, පහසුවෙන් ලැග සිටිය හැකි තැනක් සේ පුරුදු කිරීමෙන්, මැනැවින් පිහිටුවා ගැනීමෙන්, නැවත නැවත කිරීමෙන්, ප්‍රබල අයුරින් පැවැත්වීමෙන් මෙම අටක් වූ ආනිශංසයන් කැමති විය යුත්තේ ය.

(ගාථා)

1. යමෙක් හොඳින් සිහිය උපදවාගෙන ප්‍රමාණ රහිත කොට මෙත් සිත වඩයි නම්, කෙලෙසුන්ගේ ක්ෂය වීම ද දකිනා ඔහුගේ සංයෝජනයෝ තුනී වෙති.

2. ඉදින් එක් ප්‍රාණියෙකු කෙරෙහි වත් දුෂ්ට සිතක් නැති ව මෙත් සිත වඩයි නම්, එකරුණෙන් හේ කුසල් කරන්නෙක් වෙයි. සියළු ප්‍රාණීන් කෙරෙහි සිතින් අනුකම්පා කරන ආර්ය තෙමේ බොහෝ පින් රැස් කරයි.

3. ඍෂිවරයෙක් හා සමාන වූ යම් දැහැමි රජෙක් ජන ප්‍රදේශ සතකින් යුතු මේ පොළෝ තලය දිනා සස්සමේධ, පුරිසමේධ, සම්මාපාස, වාචපෙය්‍ය, නිරග්ගල යන යාගයන් වශයෙන් දන් දෙමින් හැසිරෙත් ද,

4. මැනැවින් වඩන ලද මෙත් සිතින් ලැබෙන අනුසස් වලින් සොළොස් වන කලාවෙන් එක් කලාවක් තරම් වත්, ඒ යාගයන්ගේ විපාක නොවටියි. චන්ද්‍රාලෝකයෙන් සියලු තරු එළිය පරදවන සෙයිනි.

5. යමෙක් ප්‍රාණීන් නොනසයි ද, නොනස්සවයි ද, හානි නොකරයි ද, හානි නොකරවයි ද, සියළු සතුන් කෙරෙහි මෙත් සිත පවත්වයි ද, ඔහු තුළ කිසිවෙකු කෙරෙහි වෛරයක් නැත්තේ ය.

සාදු! සාදු!! සාදු!!!

මෙත්තානිසංස සූත්‍රය නිමා විය.

8.1.1.2.
ආදිබ්‍රහ්මචරිය පඤ්ඤා සූත්‍රය
බඹසරට මුල්වන ප්‍රඥාව ගැන වදාළ දෙසුම

සැවැත් නුවර දී ය .....

මහණෙනි, බඹසරට මුල්වන ප්‍රඥාව නොලැබී ඇත්නම් එය ලැබීම පිණිස ත්, ලැබී ඇත්නම් එය වැඩි දියුණු වීම පිණිස ත්, විපුල බවට පත්වීම පිණිස ත්, භාවනාවෙන් පිරිපුන් වීම පිණිස ත් කරුණු අටක් හේතු වෙයි. කරුණු අටක් ප්‍රත්‍යය වෙයි. ඒ කවර කරුණු අටක් ද යත්;

1. මහණෙනි, මෙහිලා භික්ෂුවක් ශාස්තෲන් වහන්සේ ඇසුරු කොට වාසය කරයි. යමෙකු කෙරෙහි ඔහු තුළ තියුණු ලැජ්ජා භයක් පිහිටයි ද, ප්‍රේමය ත් ගෞරවය ත් පිහිටයි ද, එබඳු ගුරුතන්හිලා සැලකිය හැකි එක්තරා සබ්‍රහ්මචාරීන් වහන්සේ නමක් හෝ ඇසුරු කොට වාසය කරයි. මහණෙනි, බඹසරට මුල්වන ප්‍රඥාව නොලැබී ඇත්නම් එය ලැබීම පිණිස ත්, ලැබී ඇත්නම් එය වැඩි දියුණු වීම පිණිස ත්, විපුල බවට පත්වීම පිණිස ත්, භාවනාවෙන් පිරිපුන් වීම පිණිස ත් හේතු වන, ප්‍රත්‍යය වන පළමු කරුණ මෙය යි.

2. හෙතෙමේ ඒ ශාස්තෲන් වහන්සේ ඇසුරු කොට වාසය කරයි ද, යමෙකු කෙරෙහි ඔහු තුළ තියුණු ලැජ්ජා භයක් පිහිටයි ද, ප්‍රේමය ත් ගෞරවය ත් පිහිටයි ද, එබඳු ගුරුතන්හිලා සැලකිය හැකි එක්තරා සබ්‍රහ්මචාරීන් වහන්සේ නමක් හෝ ඇසුරු කොට වාසය කරයි ද, උන්වහන්සේලා කරා කලින් කල එළඹ ප්‍රශ්න කරයි. නැවත නැවත විමසයි. 'ස්වාමීනී, මෙය කෙසේ ද? ස්වාමීනී, මෙහි අර්ථය කුමක් ද?' වශයෙනි. එවිට ඒ ආයුෂ්මත්වරු ඔහුට වැසී ඇති දෙය විවෘත කරති. අප්‍රකට දේ ප්‍රකට කරති. නන් වැදෑරුම් සැක ඇතිවෙන

ධර්මයන්හි සැකය දුරු කරති. මහණෙනි, බඹසරට මුල්වන ප්‍රඥාව නොලැබී ඇත්නම් එය ලැබීම පිණිස ත්, ලැබී ඇත්නම් එය වැඩි දියුණු වීම පිණිස ත්, විපුල බවට පත්වීම පිණිස ත්, භාවනාවෙන් පිරිපුන් වීම පිණිස ත් හේතු වන, ප්‍රත්‍යය වන දෙවන කරුණ මෙය යි.

3. හෙතෙමේ ඒ ධර්මය අසා දෙවැදෑරුම් විවේකයකින් යුක්ත වෙයි. කාය විවේකයෙනුත්, චිත්ත විවේකයෙනුත් ය. මහණෙනි, බඹසරට මුල්වන ප්‍රඥාව නොලැබී ඇත්නම් එය ලැබීම පිණිස ත්, ලැබී ඇත්නම් එය වැඩි දියුණු වීම පිණිස ත්, විපුල බවට පත්වීම පිණිස ත්, භාවනාවෙන් පිරිපුන් වීම පිණිස ත් හේතු වන, ප්‍රත්‍යය වන තුන්වෙනි කරුණ මෙය යි.

4. සිල්වත් ද වෙයි. ප්‍රාතිමෝක්ෂ සංවරයෙන් සංවර වූයේ වෙයි. යහපත් ඇවතුම් පැවතුම් ඇතිව වසන්නේ වෙයි. අණුමාත්‍ර වූ වරදෙහි ත් බිය දකින සුළු ව සමාදන් වූ ශික්ෂාපදයන්හි හික්මෙන්නේ වෙයි. මහණෙනි, බඹසරට මුල්වන ප්‍රඥාව නොලැබී ඇත්නම් එය ලැබීම පිණිස ත්, ලැබී ඇත්නම් එය වැඩි දියුණු වීම පිණිස ත්, විපුල බවට පත්වීම පිණිස ත්, භාවනාවෙන් පිරිපුන් වීම පිණිස ත් හේතු වන, ප්‍රත්‍යය වන සිව්වෙනි කරුණ මෙය යි.

5. ධර්මය බොහෝ සෙයින් අසන ලද්දේ වෙයි. ඒ ඇසූ දහම් ධරන්නේ වෙයි. ඒ ඇසූ දහම් සිත්හිලා රැස් කරගන්නේ වෙයි. යම් ඒ ධර්මයෝ කල්‍යාණ වූ පටන් ගැනීමෙකින් යුක්ත වෙත් ද, කල්‍යාණ වූ මැදකින් යුක්ත වෙත් ද, කල්‍යාණ වූ අවසානයෙකින් යුක්ත වෙත් ද, අර්ථ සහිත වෙත් ද, පැහැදිලි වචනයෙන් යුක්ත වෙත් ද, හැම ලෙසින් ම පිරිපුන් පිරිසිදු නිවන් මග පවසත් ද, එබඳු වූ ධර්මයෝ ඔහු විසින් බොහෝ කොට අසන ලද්දාහු ය. ධාරණය කරගන්නා ලද්දාහු ය. වචනයෙන් පිරිවහන ලද්දාහු ය. මනසින් විමසන ලද්දාහු ය. නුවණින් අවබෝධ කරන ලද්දාහු ය. මහණෙනි, බඹසරට මුල්වන ප්‍රඥාව නොලැබී ඇත්නම් එය ලැබීම පිණිස ත්, ලැබී ඇත්නම් එය වැඩි දියුණු වීම පිණිස ත්, විපුල බවට පත්වීම පිණිස ත්, භාවනාවෙන් පිරිපුන් වීම පිණිස ත් හේතු වන, ප්‍රත්‍යය වන පස්වෙනි කරුණ මෙය යි.

6. පටන් ගත් වීරිය ඇත්තේ වෙයි. අකුසල් දහම් ප්‍රහාණය කිරීමට හා කුසල් දහම් උපදවා ගැනීමට දැඩි වීරියෙන් යුතු වූයේ, දැඩි පරාක්‍රමයෙන් යුතු වූයේ, කුසල් දහම් පිළිබඳ ව පසුබට නොවන වීරිය ඇත්තේ වෙයි. මහණෙනි, බඹසරට මුල්වන ප්‍රඥාව නොලැබී ඇත්නම් එය ලැබීම පිණිස ත්, ලැබී ඇත්නම් එය වැඩි දියුණු වීම පිණිස ත්, විපුල බවට පත්වීම පිණිස ත්, භාවනාවෙන් පිරිපුන් වීම පිණිස ත් හේතු වන, ප්‍රත්‍යය වන සයවෙනි කරුණ මෙය යි.

7. සංඝයා අතරට ගිය කල්හී නා නා කියුම් නැත්තේ වෙයි. තිරිසන් කථාවෙහි නොයෙදුණේ වෙයි. තමන් හෝ ධර්මය කියයි. අන් කෙනෙකුට හෝ දහම් දෙසීමට ඇරයුම් කරයි. ආර්ය වූ නිශ්ශබ්දතාවය හෝ ඉක්මවා නොයයි. මහණෙනි, බඹසරට මුල්වන ප්‍රඥාව නොලැබී ඇත්නම් එය ලැබීම පිණිස ත්, ලැබී ඇත්නම් එය වැඩි දියුණු වීම පිණිස ත්, විපුල බවට පත්වීම පිණිස ත්, භාවනාවෙන් පිරිපුන් වීම පිණිස ත් හේතු වන, ප්‍රත්‍යය වන සත්වෙනි කරුණ මෙය යි.

8. පංච උපාදානස්කන්ධයන් පිළිබඳ ව හටගැනීම ත්, නැතිවීම ත් නුවණින් දකිමින් වාසය කරයි. 'රූපය මෙසේ ය. රූපයේ හටගැනීම මෙසේ ය. රූපයේ නැතිවීම මෙසේ ය. විඳීම මෙසේ ය. විඳීමේ හටගැනීම මෙසේ ය. විඳීම නැති වන්නේ මෙසේ ය. සංඥාව මෙසේ ය. ....(පෙ).... සංස්කාර මෙසේ ය. ....(පෙ).... විඤ්ඤාණය මෙසේ ය. විඤ්ඤාණය හටගන්නේ මෙසේ ය. විඤ්ඤාණය නැති වන්නේ මෙසේ ය' යනුවෙනි. මහණෙනි, බඹසරට මුල්වන ප්‍රඥාව නොලැබී ඇත්නම් එය ලැබීම පිණිස ත්, ලැබී ඇත්නම් එය වැඩි දියුණු වීම පිණිස ත්, විපුල බවට පත්වීම පිණිස ත්, භාවනාවෙන් පිරිපුන් වීම පිණිස ත් හේතු වන, ප්‍රත්‍යය වන අටවෙනි කරුණ මෙය යි.

සබ්‍රහ්මචාරීන් වහන්සේලා ඒ භික්ෂුවට මෙසේ සම්භාවනා කරති. 'මේ ආයුෂ්මතුන් වනාහී ශාස්තෘන් වහන්සේ ඇසුරු කොට වාසය කරයි. යමෙකු කෙරෙහි ඔහු තුළ තියුණු ලැජ්ජා භයක් පිහිටයි ද, ප්‍රේමය ත් ගෞරවය ත් පිහිටයි ද, එබඳු ගුරුතන්හිලා සැලකිය හැකි එක්තරා සබ්‍රහ්මචාරීන් වහන්සේ නමක් හෝ ඇසුරු කොට වාසය කරයි. ඒකාන්තයෙන් මේ ආයුෂ්මතුන් දත යුත්ත දනියි. දැක්ක යුත්ත දකියි' වශයෙනි. මේ ධර්මය ත් ප්‍රිය බව පිණිස, ගරු බව පිණිස, සම්භාවනාව පිණිස, ශ්‍රමණ ධර්මය පිණිස, ඒකීය භාවය පිණිස පවතියි.

මේ ආයුෂ්මතුන් ඒ ශාස්තෘන් වහන්සේ ඇසුරු කොට වාසය කරයි ද, යමෙකු කෙරෙහි ඔහු තුළ තියුණු ලැජ්ජා භයක් පිහිටයි ද, ප්‍රේමය ත් ගෞරවය ත් පිහිටයි ද, එබඳු ගුරුතන්හිලා සැලකිය හැකි එක්තරා සබ්‍රහ්මචාරීන් වහන්සේ නමක් හෝ ඇසුරු කොට වාසය කරයි ද, උන්වහන්සේලා කරා කලින් කල එළඹ ප්‍රශ්න කරයි. නැවත නැවත විමසයි. 'ස්වාමීනී, මෙය කෙසේ ද? ස්වාමීනී, මෙහි අර්ථය කුමක් ද?' වශයෙනි. එවිට ඒ ආයුෂ්මත්වරු ඔහුට වැසී ඇති දෙය විවෘත කරති. අප්‍රකට දේ ප්‍රකට කරති. නන් වැදෑරුම් සැක ඇතිවෙන ධර්මයන්හි සැකය දුරු කරති. ඒකාන්තයෙන් මේ ආයුෂ්මතුන් දත යුත්ත දනියි. දැක්ක යුත්ත දකියි' වශයෙනි. මේ ධර්මය ත් ප්‍රිය බව පිණිස, ගරු බව පිණිස,

සම්භාවනාව පිණිස, ශ්‍රමණ ධර්මය පිණිස, ඒකීය භාවය පිණිස පවතියි.

මේ ආයුෂ්මතුන් ඒ ධර්මය අසා දෙවැදෑරුම් විවේකයකින් යුක්ත වෙයි. කාය විවේකයෙනුත්, චිත්ත විවේකයෙනුත් ය. ඒකාන්තයෙන් මේ ආයුෂ්මතුන් දත යුත්ත දනියි. දක්ක යුත්ත දකියි' වශයෙනි. මේ ධර්මය ත් ප්‍රිය බව පිණිස, ගරු බව පිණිස, සම්භාවනාව පිණිස, ශ්‍රමණ ධර්මය පිණිස, ඒකීය භාවය පිණිස පවතියි.

මේ ආයුෂ්මතුන් සිල්වත් ද වෙයි. ප්‍රාතිමෝක්ෂ සංවරයෙන් සංවර වූයේ වෙයි. යහපත් ඇවතුම් පැවතුම් ඇතිව වසන්නේ වෙයි. අණුමාත්‍ර වූ වරදෙහි ත් බිය දකින සුළු ව සමාදන් වූ ශික්ෂාපදයන්හි හික්මෙන්නේ වෙයි. ඒකාන්තයෙන් මේ ආයුෂ්මතුන් දත යුත්ත දනියි. දක්ක යුත්ත දකියි' වශයෙනි. මේ ධර්මය ත් ප්‍රිය බව පිණිස, ගරු බව පිණිස, සම්භාවනාව පිණිස, ශ්‍රමණ ධර්මය පිණිස, ඒකීය භාවය පිණිස පවතියි.

මේ ආයුෂ්මතුන් ධර්මය බොහෝ සෙයින් අසන ලද්දේ වෙයි. ඒ ඇසූ දහම් ධරන්නේ වෙයි. ඒ ඇසූ දහම් සිත්හිලා රැස් කරගන්නේ වෙයි. යම් ඒ ධර්මයෝ කල්‍යාණ වූ පටන් ගැනීමෙකින් යුක්ත වෙත් ද, කල්‍යාණ වූ මැදකින් යුක්ත වෙත් ද, කල්‍යාණ වූ අවසානයෙකින් යුක්ත වෙත් ද, අර්ථ සහිත වෙත් ද, පැහැදිලි වචනයෙන් යුක්ත වෙත් ද, හැම ලෙසින් ම පිරිපුන් පිරිසිදු නිවන් මග පවසත් ද, එබඳු වූ ධර්මයෝ ඔහු විසින් බොහෝ කොට අසන ලද්දාහු ය. ධාරණය කරගන්නා ලද්දාහු ය. වචනයෙන් පිරිවහන ලද්දාහු ය. මනසින් විමසන ලද්දාහු ය. නුවණින් අවබෝධ කරන ලද්දාහු ය. ඒකාන්තයෙන් මේ ආයුෂ්මතුන් දත යුත්ත දනියි. දක්ක යුත්ත දකියි' වශයෙනි. මේ ධර්මය ත් ප්‍රිය බව පිණිස, ගරු බව පිණිස, සම්භාවනාව පිණිස, ශ්‍රමණ ධර්මය පිණිස, ඒකීය භාවය පිණිස පවතියි.

මේ ආයුෂ්මතුන් පටන් ගත් වීරිය ඇත්තේ වෙයි. අකුසල් දහම් ප්‍රහාණය කිරීමට හා කුසල් දහම් උපදවා ගැනීමට දැඩි වීරියෙන් යුතු වූයේ, දැඩි පරාක්‍රමයෙන් යුතු වූයේ, කුසල් දහම් පිළිබඳ ව පසුබට නොවන වීරිය ඇත්තේ වෙයි. ඒකාන්තයෙන් මේ ආයුෂ්මතුන් දත යුත්ත දනියි. දක්ක යුත්ත දකියි' වශයෙනි. මේ ධර්මය ත් ප්‍රිය බව පිණිස, ගරු බව පිණිස, සම්භාවනාව පිණිස, ශ්‍රමණ ධර්මය පිණිස, ඒකීය භාවය පිණිස පවතියි.

මේ ආයුෂ්මතුන් සංඝයා අතරට ගිය කල්හී නා නා කියුම් නැත්තේ වෙයි. තිරිසන් කථාවෙහි නොයෙදුණේ වෙයි. තමන් හෝ ධර්මය කියයි. අන් කෙනෙකුට හෝ දහම් දෙසීමට ඇරයුම් කරයි. ආර්ය වූ නිශ්ශබ්දතාවය හෝ

ඉක්මවා නොයයි. ඒකාන්තයෙන් මේ ආයුෂ්මතුන් දත යුත්ත දනියි. දැක්ක යුත්ත දකියි' වශයෙනි. මේ ධර්මය ත් ප්‍රිය බව පිණිස, ගරු බව පිණිස, සම්භාවනාව පිණිස, ශ්‍රමණ ධර්මය පිණිස, ඒකීය භාවය පිණිස පවතියි.

මේ ආයුෂ්මතුන් පංච උපාදානස්කන්ධයන් පිළිබඳ ව හටගැනීම ත්, නැතිවීම ත් නුවණින් දකිමින් වාසය කරයි. 'රූපය මෙසේ ය. රූපයේ හටගැනීම මෙසේ ය. රූපයේ නැතිවීම මෙසේ ය. විඳීම මෙසේ ය. විඳීමේ හටගැනීම මෙසේ ය. විඳීම නැති වන්නේ මෙසේ ය. සංඥාව මෙසේ ය. ....(පෙ).... සංස්කාර මෙසේ ය. ....(පෙ).... විඤ්ඤාණය මෙසේ ය. විඤ්ඤාණය හටගන්නේ මෙසේ ය. විඤ්ඤාණය නැති වන්නේ මෙසේ ය' යනුවෙනි. ඒකාන්තයෙන් මේ ආයුෂ්මතුන් දත යුත්ත දනියි. දැක්ක යුත්ත දකියි' වශයෙනි. මේ ධර්මය ත් ප්‍රිය බව පිණිස, ගරු බව පිණිස, සම්භාවනාව පිණිස, ශ්‍රමණ ධර්මය පිණිස, ඒකීය භාවය පිණිස පවතියි.

මහණෙනි, බඹසරට මුල්වන ප්‍රඥාව නොලැබී ඇත්නම් එය ලැබීම පිණිස ත්, ලැබී ඇත්නම් එය වැඩි දියුණු වීම පිණිස ත්, විපුල බවට පත්වීම පිණිස ත්, භාවනාවෙන් පිරිපුන් වීම පිණිස ත් මේ අට කරුණ හේතු වෙයි, මේ අට කරුණ ප්‍රත්‍යය වෙයි.

සාදු! සාදු!! සාදු!!!

ආදිබ්‍රහ්මචරිය පඤ්ඤා සූත්‍රය නිමා විය.

8.1.1.3.
පඨම පිය සූත්‍රය
ප්‍රිය වීම ගැන වදාළ පළමු දෙසුම

සැවැත් නුවර දී ය .....

මහණෙනි, අට කරුණකින් සමන්විත වූ භික්ෂුව සබ්‍රහ්මචාරීන් වහන්සේලාට අප්‍රිය වෙයි. අමනාප වෙයි. අගරු වෙයි. සම්භාවනාවට පාත්‍ර නොවෙයි. ඒ කවර අට කරුණකින් ද යත්;

මහණෙනි, මෙහිලා භික්ෂුව අප්‍රියයන් පසසන්නේ වෙයි. ප්‍රියයන්ට ගරහන්නේ වෙයි. ලාභය කැමති වෙයි. සත්කාරය කැමති වෙයි. පවට ලැජ්ජා

නැත්තේ වෙයි. පවට භය නැත්තේ වෙයි. පවිටු ආශාවන්ගෙන් යුක්ත වෙයි. මිසදිටු ගත්තේ වෙයි.

මහණෙනි, මේ අට කරුණෙන් සමන්විත වූ භික්ෂුව සබ්‍රහ්මචාරීන් වහන්සේලාට අප්‍රිය වෙයි. අමනාප වෙයි. අගරු වෙයි. සම්භාවනාවට පාත්‍ර නොවෙයි.

මහණෙනි, අට කරුණකින් සමන්විත වූ භික්ෂුව සබ්‍රහ්මචාරීන් වහන්සේලාට ප්‍රිය වෙයි. මනාප වෙයි. ගරු වෙයි. සම්භාවනාවට පාත්‍ර වෙයි. ඒ කවර අට කරුණකින් ද යත්;

මහණෙනි, මෙහිලා භික්ෂුව අප්‍රියයන් පසසන්නේ නොවෙයි. ප්‍රියයන්ට ගරහන්නේ නොවෙයි. ලාභය කැමති නොවෙයි. සත්කාරය කැමති නොවෙයි. පවට ලැජ්ජා ඇත්තේ වෙයි. පවට භය ඇත්තේ වෙයි. අල්පේච්ඡ වෙයි. සම්දිටු ගත්තේ වෙයි.

මහණෙනි, මේ අට කරුණෙන් සමන්විත වූ භික්ෂුව සබ්‍රහ්මචාරීන් වහන්සේලාට ප්‍රිය වෙයි. මනාප වෙයි. ගරු වෙයි. සම්භාවනාවට පාත්‍ර වෙයි.

සාදු! සාදු!! සාදු!!!

පඨම පිය සූත්‍රය නිමා විය.

8.1.1.4.
දුතිය පිය සූත්‍රය
ප්‍රිය වීම ගැන වදාළ දෙවෙනි දෙසුම

සැවැත් නුවර දී ය .....

මහණෙනි, අට කරුණකින් සමන්විත වූ භික්ෂුව සබ්‍රහ්මචාරීන් වහන්සේලාට අප්‍රිය වෙයි. අමනාප වෙයි. අගරු වෙයි. සම්භාවනාවට පාත්‍ර නොවෙයි. ඒ කවර අට කරුණකින් ද යත්;

මහණෙනි, මෙහිලා භික්ෂුව ලාභය කැමති වෙයි. සත්කාරය කැමති වෙයි. අවඥා නොකැමති වෙයි. කල් නොදන්නේ වෙයි. පමණ නොදන්නේ වෙයි. අපිරිසිදු ක්‍රියා ඇත්තේ වෙයි. බොහෝ කියවන්නේ වෙයි. සබ්‍රහ්මචාරීන්

වහන්සේලාට ආක්‍රෝශ පරිභව කරන්නේ වෙයි.

මහණෙනි, මේ අට කරුණෙන් සමන්විත වූ භික්ෂුව සබ්‍රහ්මචාරීන් වහන්සේලාට අප්‍රිය වෙයි. අමනාප වෙයි. අගරු වෙයි. සම්භාවනාවට පාත්‍ර නොවෙයි.

මහණෙනි, අට කරුණකින් සමන්විත වූ භික්ෂුව සබ්‍රහ්මචාරීන් වහන්සේලාට ප්‍රිය වෙයි. මනාප වෙයි. ගරු වෙයි. සම්භාවනාවට පාත්‍ර වෙයි. ඒ කවර අට කරුණකින් ද යත්;

මහණෙනි, මෙහිලා භික්ෂුව ලාභය කැමති නොවෙයි. සත්කාරය කැමති නොවෙයි. අවඥා නොකැමති නොවෙයි. කල් දන්නේ වෙයි. පමණ දන්නේ වෙයි. පිරිසිදු ක්‍රියා ඇත්තේ වෙයි. බොහෝ කියවන්නේ නොවෙයි. සබ්‍රහ්මචාරීන් වහන්සේලාට ආක්‍රෝශ පරිභව නොකරන්නේ නොවෙයි.

මහණෙනි, මේ අට කරුණෙන් සමන්විත වූ භික්ෂුව සබ්‍රහ්මචාරීන් වහන්සේලාට ප්‍රිය වෙයි. මනාප වෙයි. ගරු වෙයි. සම්භාවනාවට පාත්‍ර වෙයි.

සාදු! සාදු!! සාදු!!!

දුතිය පිය සූත්‍රය නිමා විය.

8.1.1.5.
පඨම ලෝකධම්ම සූත්‍රය
ලෝක ධර්මය ගැන වදාළ පළමු දෙසුම

සැවැත් නුවර දී ය .....

මහණෙනි, මේ ලෝක ධර්ම අට ලොව අනුව පෙරලී යයි. ලෝකය ත් අෂ්ට ලෝක ධර්මය අනුව පෙරලී යයි. ඒ කවර අටක් ද යත්;

ලාභය ත්, අලාභය ත්, අයස ත්, යස ත්, නින්දාව ත්, ප්‍රශංසාව ත්, සැප ත්, දුක ත් ය.

මහණෙනි, මේ ලෝක ධර්ම අට ලොව අනුව පෙරලී යයි. ලෝකය ත් අෂ්ට ලෝක ධර්මය අනුව පෙරලී යයි.

(ගාථා)

1. ලාභ, අලාභ, අයස, යස, නින්දා, ප්‍රශංසා, සැප, දුක යන මේ ධර්මයෝ අනිත්‍යය ය. මිනිසුන් කෙරෙහි පෙරලෙන ස්වභාවයෙන් යුක්ත ය. අශාස්වත ය.

2. සිහි ඇති, මනා නුවණැති තැනැත්තා අෂ්ට ලෝක ධර්මයන්ගේ පෙරලී යාම ගැන නුවණින් සළකා බලයි. එහි ඇති සිතට ප්‍රිය උපදවන කරුණු වලින් ඔහුගේ සිත නොමැඬෙයි. අනිෂ්ට වූ කරුණු වලින් ඔහු කඩා නොවැටෙයි.

3. ඔහු විසින් ඉෂ්ට කරුණු වලට ඇලීම ත්, අනිෂ්ට කරුණු වලට ගැටීම ත් නසන ලද්දේ වෙයි නම්, එය නැති වී ගියේ නම්, කෙලෙස් නැති, ශෝක නැති හේ මනා අවබෝධයෙන් යුතුව භවයෙන් එතෙරට ගියේ ය.

සාදු! සාදු!! සාදු!!!

පඨම ලෝකධම්ම සූත්‍රය නිමා විය.

8.1.1.6.
දුතිය ලෝකධම්ම සූත්‍රය
ලෝක ධර්මය ගැන වදාළ දෙවෙනි දෙසුම

සැවැත් නුවර දී ය .....

මහණෙනි, මේ ලෝක ධර්ම අට ලොව අනුව පෙරලී යයි. ලෝකය ත් අෂ්ට ලෝක ධර්මය අනුව පෙරලී යයි. ඒ කවර අටක් ද යත්;

ලාභය ත්, අලාභය ත්, අයස ත්, යස ත්, නින්දාව ත්, ප්‍රශංසාව ත්, සැප ත්, දුක ත් ය.

මහණෙනි, මේ ලෝක ධර්ම අට ලොව අනුව පෙරලී යයි. ලෝකය ත් අෂ්ට ලෝක ධර්මය අනුව පෙරලී යයි.

මහණෙනි, අශ්‍රැතවත් පෘථග්ජනයාට ලාභය ත් උපදියි. අලාභය ත් උපදියි.

අයස ත් උපදියි. යස ත් උපදියි. නින්දාව ත් උපදියි. ප්‍රශංසාව ත් උපදියි. සැප ත් උපදියි. දුක ත් උපදියි.

මහණෙනි, ශ්‍රැතවත් ආර්ය ශ්‍රාවකයාට ද ලාභය ත් උපදියි. අලාභය ත් උපදියි. අයස ත් උපදියි. යස ත් උපදියි. නින්දාව ත් උපදියි. ප්‍රශංසාව ත් උපදියි. සැප ත් උපදියි. දුක ත් උපදියි.

මහණෙනි, එහිලා ශ්‍රැතවත් ආර්ය ශ්‍රාවකයාගේ ත්, අශ්‍රැතවත් පෘථග P ජනයාගේ ත් විශේෂත්වය කුමක් ද? අදහස කුමක් ද? නානත්වය කුමක් ද?"

"ස්වාමීනී, අපගේ ධර්මය භාග්‍යවතුන් වහන්සේ මුල්කොට ඇත්තේ ය. භාග්‍යවතුන් වහන්සේ ප්‍රධාන කොට ඇත්තේ ය. භාග්‍යවතුන් වහන්සේ පිළිසරණ කොට ඇත්තේ ය. ස්වාමීනී, මේ වදාළ කරුණෙහි අර්ථය භාග්‍යවතුන් වහන්සේට ම වැටහෙන සේක් නම් මැනැවි. භික්ෂූහු භාග්‍යවතුන් වහන්සේගෙන් අසා දරා ගන්නාහ."

"එසේ වී නම් අසව්. මැනැවින් මෙනෙහි කරව්. පවසන්නෙමි."

"එසේ ය, ස්වාමීනී" යි ඒ භික්ෂූහු භාග්‍යවතුන් වහන්සේට පිළිතුරු දුන්හ. භාග්‍යවතුන් වහන්සේ මෙය වදාළ සේක.

මහණෙනි, අශ්‍රැතවත් පෘථග්ජනයා හට ලාභයක් උපදියි. එවිට ඔහු මෙසේ නුවණින් නොසළකයි. 'මට මේ ලාභය උපන්නේ ය. එය ත් අනිත්‍ය ය. දුක් ය. වෙනස් වන ස්වභාව ඇත්තේ ය' යි ඇත්ත ඇති සැටියෙන් නොදනියි. අලාභයක් උපදියි ....(පෙ).... අයසක් උපදියි ....(පෙ).... යසක් උපදියි ....(පෙ).... නින්දාවක් උපදියි ....(පෙ).... ප්‍රශංසාවක් උපදියි ....(පෙ).... සැපක් උපදියි ....(පෙ).... දුකක් උපදියි. එවිට ඔහු මෙසේ නුවණින් නොසළකයි. 'මට මේ දුකක් උපන්නේ ය. එය ත් අනිත්‍ය ය. දුක් ය. වෙනස් වන ස්වභාව ඇත්තේ ය' යි ඇත්ත ඇති සැටියෙන් නොදනියි.

ලාභය ත් ඔහුගේ සිත යටකොට සිටියි. අලාභය ත් සිත යටකොට සිටියි. යසස ත් සිත යටකොට සිටියි. අයස ත් සිත යටකොට සිටියි. නින්දා ත් සිත යටකොට සිටියි. ප්‍රශංසා ත් සිත යටකොට සිටියි. සැප ත් සිත යටකොට සිටියි. දුක ත් සිත යටකොට සිටියි. ඔහු උපන් ලාභයට ඇලෙයි. අලාභයෙහි ගැටෙයි. උපන් යසට ඇලෙයි. අයසෙහි ගැටෙයි. උපන් ප්‍රශංසාවට ඇලෙයි. නින්දාවට ගැටෙයි. උපන් සැපට ඇලෙයි. දුකට ගැටෙයි. මෙසේ ඔහු ඇලීම් ගැටීම් දෙකෙන් යුක්ත වූයේ ඉපදීමෙන්, ජරා මරණයෙන්, ශෝකයෙන්, වැළපීමෙන්, දුකින්, දොම්නසින්, සුසුම් හෙළීමෙන් නිදහස් නොවෙයි. දුකින්

නිදහස් නොවේ යැයි කියමි.

මහණෙනි, ශ්‍රැතවත් ආර්ය ශ්‍රාවකයා හට ලාභයක් උපදියි. එවිට ඔහු මෙසේ නුවණින් සළකයි. 'මට මේ ලාභය උපන්නේ ය. එය ත් අනිත්‍ය ය. දුක් ය. වෙනස් වන ස්වභාව ඇත්තේ ය' යි ඇත්ත ඇති සැටියෙන් දනියි. අලාභයක් උපදියි ....(පෙ).... අයසක් උපදියි ....(පෙ).... යසක් උපදියි ....(පෙ).... නින්දාවක් උපදියි ....(පෙ).... ප්‍රශංසාවක් උපදියි ....(පෙ).... සැපක් උපදියි ....(පෙ).... දුකක් උපදියි. එවිට ඔහු මෙසේ නුවණින් සළකයි. 'මට මේ දුකක් උපන්නේ ය. එය ත් අනිත්‍ය ය. දුක් ය. වෙනස් වන ස්වභාව ඇත්තේ ය' යි ඇත්ත ඇති සැටියෙන් දනියි.

ලාභය ත් ඔහුගේ සිත යටකොට නොසිටියි. අලාභය ත් සිත යටකොට නොසිටියි. යසස ත් සිත යටකොට නොසිටියි. අයස ත් සිත යටකොට නොසිටියි. නින්දා ත් සිත යටකොට නොසිටියි. ප්‍රශංසා ත් සිත යටකොට නොසිටියි. සැප ත් සිත යටකොට නොසිටියි. දුක ත් සිත යටකොට නොසිටියි. ඔහු උපන් ලාභයට නොඇලෙයි. අලාභයෙහි නොගැටෙයි. උපන් යසට නොඇලෙයි. අයසෙහි නොගැටෙයි. උපන් ප්‍රශංසාවට නොඇලෙයි. නින්දාවට නොගැටෙයි. උපන් සැපට නොඇලෙයි. දුකට නොගැටෙයි. මෙසේ ඔහු ඇලීම් ගැටීම් දෙකෙන් තොර වූයේ ඉපදීමෙන්, ජරා මරණයෙන්, ශෝකයෙන්, වැළපීමෙන්, දුකින්, දොම්නසින්, සුසුම් හෙළීමෙන් නිදහස් වෙයි. දුකින් නිදහස් වේ යැයි කියමි.

මහණෙනි, එහිලා ශ්‍රැතවත් ආර්ය ශ්‍රාවකයාගේ ත්, අශ්‍රැතවත් පෘථග්ජනයාගේ ත් විශේෂත්වය මෙය යි. අදහස මෙය යි. නානත්වය මෙය යි."

(ගාථා)

1. ලාභ, අලාභ, අයස, යස, නින්දා, ප්‍රශංසා, සැප, දුක යන මේ ධර්මයෝ අනිත්‍යය ය. මිනිසුන් කෙරෙහි පෙරලෙන ස්වභාවයෙන් යුක්ත ය. අශාස්වත ය.

2. සිහි ඇති, මනා නුවණැති තැනැත්තා අෂ්ට ලෝක ධර්මයන්ගේ පෙරළී යාම ගැන නුවණින් සළකා බලයි. එහි ඇති සිතට ප්‍රිය උපදවන කරුණු වලින් ඔහුගේ සිත නොමැඩෙයි. අනිෂ්ට වූ කරුණු වලින් ඔහු කඩා නොවැටෙයි.

3. ඔහු විසින් ඉෂ්ට කරුණු වලට ඇලීම ත්, අනිෂ්ට කරුණු වලට ගැටීම ත් නසන ලද්දේ වෙයි නම්, එය නැති වී ගියේ නම්, කෙලෙස් නැති,

ශෝක නැති හේ මනා අවබෝධයෙන් යුතුව භවයෙන් එතෙරට ගියේය.

සාදු! සාදු!! සාදු!!!

දුතිය ලෝකධම්ම සූත්‍රය නිමා විය.

8.1.1.7.
දේවදත්ත විපත්ති සූත්‍රය
දෙව්දත්ගේ විපත ගැන වදාළ දෙසුම

එක් සමයක භාග්‍යවතුන් වහන්සේ රජගහ නුවර ගිජ්ඣකූට පර්වතයෙහි වැඩවසන සේක. දේවදත්තයා සංඝයා බිඳගොස් වැඩි කල් නොවී ය. එහිදී භාග්‍යවතුන් වහන්සේ දේවදත්තයා අරභයා භික්ෂූන් ඇමතූ සේක.

මහණෙනි, භික්ෂුවක් කලින් කලට තමන්ට සිදුවන විපත් නුවණින් සළකන්නේ නම් යහපති. මහණෙනි, භික්ෂුවක් කලින් කලට අනුන්ට සිදුවන විපත් නුවණින් සළකන්නේ නම් යහපති. මහණෙනි, භික්ෂුවක් කලින් කලට තමන්ට ලැබෙන සම්පත් නුවණින් සළකන්නේ නම් යහපති. මහණෙනි, භික්ෂුවක් කලින් කලට අනුන්ට ලැබෙන සම්පත් නුවණින් සළකන්නේ නම් යහපති.

මහණෙනි, අටක් වූ අසද්ධර්මයෙන් මැඩගත්, වෙළුණු සිත් ඇති දේවදත්තයා අපායට නිසි වූයේ, නිරයට නිසි වූයේ, කල්පයක් පැසෙනුයේ, පිළියම් නොකළ හැකි තැනට වැටුණේ ය. ඒ කවර අට කරුණක් ද යත්;

මහණෙනි, ලාභයෙන් මැඩගත්, වෙළුණු සිත් ඇති දේවදත්තයා අපායට නිසි වූයේ, නිරයට නිසි වූයේ, කල්පයක් පැසෙනුයේ, පිළියම් නොකළ හැකි තැනට වැටුණේ ය. අලාභයෙන් ....(පෙ).... යසින් ....(පෙ).... අයසින් ....(පෙ).... සත්කාරයෙන් ....(පෙ).... අසත්කාරයෙන් ....(පෙ).... පවිටු ආශාවෙන් ....(පෙ).... පාපමිත්‍රයන්ගෙන් මැඩගත්, වෙළුණු සිත් ඇති දේවදත්තයා අපායට නිසි වූයේ, නිරයට නිසි වූයේ, කල්පයක් පැසෙනුයේ, පිළියම් නොකළ හැකි තැනට වැටුණේ ය.

මහණෙනි, මේ අටක් වූ අසද්ධර්මයෙන් මැඩගත්, වෙළුණු සිත් ඇති දේවදත්තයා අපායට නිසි වූයේ, නිරයට නිසි වූයේ, කල්පයක් පැසෙනුයේ, පිළියම් නොකළ හැකි තැනට වැටුණේ ය.

මහණෙනි, භික්ෂුවක් උපන් ලාභය නුවණින් සළකා නැවත නැවත මැඩගෙන වසන්නේ නම් යහපති. උපන් අලාභය ....(පෙ).... උපන් යස ....(පෙ).... උපන් අයස ....(පෙ).... උපත් සත්කාරය ....(පෙ).... උපන් අසත්කාරය ....(පෙ).... උපන් පවිටු ආශාව ....(පෙ).... උපන් පාප මිත්‍රයන් නුවණින් සළකා නැවත නැවත මැඩගෙන වසන්නේ නම් යහපති.

මහණෙනි, භික්ෂුවක් කවර යහපතක් නිසාවෙන් ද උපන් ලාභය නැවත නැවත මැඩගෙන වාසය කළ යුතු වන්නේ? උපන් අලාභය ....(පෙ).... උපන් යස ....(පෙ).... උපන් අයස ....(පෙ).... උපන් සත්කාරය ....(පෙ).... උපන් අසත්කාරය ....(පෙ).... උපන් පවිටු ආශාව ....(පෙ).... උපන් පාප මිත්‍රයන් නැවත නැවත මැඩගෙන වාසය කළ යුත්තේ?

මහණෙනි, උපන් ලාභය නොමැඩගෙන වසන්නා වූ ඔහුට යම් දුක් පීඩා ඇතිවන කෙලෙස් උපදියි නම් උපන් ලාභය මැඩගෙන වසන්නහුට මෙසේ ඒ දුක් පීඩා ඇති කරන කෙලෙස් ඇති නොවෙයි. මහණෙනි, උපන් අලාභය ....(පෙ).... උපන් යස ....(පෙ).... උපන් අයස ....(පෙ).... උපන් සත්කාරය ....(පෙ).... උපන් අසත්කාරය ....(පෙ).... උපන් පවිටු ආශාව ....(පෙ).... උපන් පාප මිත්‍රයන් නොමැඩගෙන වසන්නා වූ ඔහුට යම් දුක් පීඩා ඇතිවන කෙලෙස් උපදියි නම් උපන් පාප මිත්‍රයන් මැඩගෙන වසන්නහුට මෙසේ ඒ දුක් පීඩා ඇති කරන කෙලෙස් ඇති නොවෙයි.

මහණෙනි, භික්ෂුව මේ අර්ථය නිසාවෙනුයි උපන් ලාභය නැවත නැවත මැඩගෙන වාසය කළ යුත්තේ. උපන් අලාභය ....(පෙ).... උපන් යස ....(පෙ).... උපන් අයස ....(පෙ).... උපන් සත්කාරය ....(පෙ).... උපන් අසත්කාරය ....(පෙ).... උපන් පවිටු ආශාව ....(පෙ).... උපන් පාප මිත්‍රයන් නැවත නැවත මැඩගෙන වාසය කළ යුත්තේ.

එහෙයින් මහණෙනි, මෙහිලා මෙසේ හික්මිය යුත්තේ ය. උපන් ලාභය නැවත නැවත. මැඩගෙන වාසය කරන්නෙමු. උපන් අලාභය ....(පෙ).... උපන් යස ....(පෙ).... උපන් අයස ....(පෙ).... උපන් සත්කාරය ....(පෙ).... උපන් අසත්කාරය ....(පෙ).... උපන් පවිටු ආශාව ....(පෙ).... උපන් පාප මිත්‍රයන් නැවත නැවත මැඩගෙන වාසය කරන්නෙමු යි. මහණෙනි, මෙසේ ඔබ හික්මිය යුත්තේ ය.

සාදු! සාදු!! සාදු!!!

දේවදත්ත විපත්ති සූත්‍රය නිමා විය.

8.1.1.8.
උත්තර සූත්‍රය
උත්තර තෙරුන් වදාළ දෙසුම

එක් සමයක ආයුෂ්මත් උත්තර තෙරණුවෝ මහිසවත්ථුවෙහි සංඛෙය්‍යක පර්වතයෙහි ධවජාලිකා නම් වෙහෙරෙහි වැඩවෙසෙති. එහිදී ආයුෂ්මත් උත්තර තෙරණුවෝ භික්ෂූන් ඇමතූ සේක. ....(පෙ)....

"ආයුෂ්මත්නි, භික්ෂුවක් කලින් කලට තමන්ට සිදුවන විපත් නුවණින් සළකන්නේ නම් යහපති. ආයුෂ්මත්නි, භික්ෂුවක් කලින් කලට අනුන්ට සිදුවන විපත් නුවණින් සළකන්නේ නම් යහපති. ආයුෂ්මත්නි, භික්ෂුවක් කලින් කලට තමන්ට ලැබෙන සම්පත් නුවණින් සළකන්නේ නම් යහපති. ආයුෂ්මත්නි, භික්ෂුවක් කලින් කලට අනුන්ට ලැබෙන සම්පත් නුවණින් සළකන්නේ නම් යහපති."

එවේලෙහි වෛශ්‍රවණ මහාරාජයා කිසියම් කටයුත්තකට උතුරු දිශාවෙන් දකුණු දිශාවට යයි. වෛශ්‍රවණ මහාරාජයා මහිසවත්ථුවෙහි සංඛෙය්‍යක පර්වතයෙහි ධවජාලිකායෙහි ආයුෂ්මත් උත්තර තෙරිඳුන් විසින් භික්ෂූන්ට මෙසේ ධර්මය දේශනා කරනු ඇසුවේ ය. එනම් 'ආයුෂ්මත්නි, භික්ෂුවක් කලින් කලට තමන්ට සිදුවන විපත් නුවණින් සළකන්නේ නම් යහපති. ආයුෂ්මත්නි, භික්ෂුවක් කලින් කලට අනුන්ට සිදුවන විපත් නුවණින් සළකන්නේ නම් යහපති. ආයුෂ්මත්නි, භික්ෂුවක් කලින් කලට තමන්ට ලැබෙන සම්පත් නුවණින් සළකන්නේ නම් යහපති. ආයුෂ්මත්නි, භික්ෂුවක් කලින් කලට අනුන්ට ලැබෙන සම්පත් නුවණින් සළකන්නේ නම් යහපති' යි.

ඉක්බිති වෛශ්‍රවණ මහාරාජයා බලවත් පුරුෂයෙක් හැකිලූ අතක් දිග හරින සෙයින්, දික් කළ අතක් හකුලන සෙයින් මහිසවත්ථුවෙහි සංඛෙය්‍යක පර්වතයෙහි ධවජාලිකාවෙන් නොපෙනී ගොස් තව්තිසා දෙවියන් අතරෙහි පහළ වූයේ ය.

ඉක්බිති වෛශ්‍රවණ මහාරාජයා ශක්‍ර දේවේන්ද්‍රයා වෙත පැමිණියේ ය. පැමිණ සක් දෙවිඳුන් හට මෙය සැළ කළේ ය.

"නිදුකාණෙනි, දන්නෙහි ද? මේ ආයුෂ්මත් උත්තර තෙරිඳුන් මහිසවත්ථුවෙහි සංකෙය්‍යක පර්වතයෙහි ධ්වජාලිකායෙහි භික්ෂූන්ට මෙසේ ධර්මය දේශනා කරති. 'ආයුෂ්මත්නි, භික්ෂුවක් කලින් කලට තමන්ට සිදුවන විපත් නුවණින් සළකන්නේ නම් යහපති. ආයුෂ්මත්නි, භික්ෂුවක් කලින් කලට අනුන්ට සිදුවන විපත් ....(පෙ).... තමන්ට ලැබෙන සම්පත් ....(පෙ).... අනුන්ට ලැබෙන සම්පත් නුවණින් සළකන්නේ නම් යහපති' යි."

එකල්හී ශක්‍ර දේවේන්ද්‍රයෝ බලවත් පුරුෂයෙක් හැකිලූ අතක් දිග හරින සෙයින්, දික් කළ අතක් හකුලන සෙයින් තව්තිසා දෙවියන් අතරෙන් නොපෙනී ගොස් මහිසවත්ථුවෙහි සංකෙය්‍යක පර්වතයෙහි ධ්වජාලිකාවෙහි ආයුෂ්මත් උත්තර තෙරුන් ඉදිරියෙහි පහළ වූහ.

ඉක්බිති සක්දෙවිඳු ආයුෂ්මත් උත්තර තෙරුන් වෙත පැමිණියේ ය. පැමිණ ආයුෂ්මත් උත්තර තෙරුන්ට සකසා වන්දනා කොට එකත්පස් ව සිටියේ ය. එකත්පස් ව හුන් සක් දෙවිඳු උත්තර තෙරුන්ට මෙය පැවසුවේ ය.

"ස්වාමීනී, ආයුෂ්මත් උත්තර තෙරණුවෝ භික්ෂූන්ට මෙසේ ත් ධර්මය දෙසත් ය යනු සැබෑවක් ද? එනම් 'ආයුෂ්මත්නි, භික්ෂුවක් කලින් කලට තමන්ට සිදුවන විපත් නුවණින් සළකන්නේ නම් යහපති. ආයුෂ්මත්නි, භික්ෂුවක් කලින් කලට අනුන්ට සිදුවන විපත් ....(පෙ).... තමන්ට ලැබෙන සම්පත් ....(පෙ).... අනුන්ට ලැබෙන සම්පත් නුවණින් සළකන්නේ නම් යහපති' යි."

"එසේ ය, දේවේන්ද්‍රයෙනි"

"කිම, ස්වාමීනී, මෙය ආයුෂ්මත් උත්තරයන්ගේ ස්වකීය ප්‍රතිභානයක් ද? නැතහොත් ඒ භාග්‍යවත් අරහත් සම්මා සම්බුදුරජුන්ගේ වචනයක් ද?"

"එසේ වී නම් දේවේන්ද්‍රයෙනි, මම ඔබට උපමාවක් පවසමි. මෙහිලා ඇතැම් නුවණැති පුරුෂයෝ පැවසූ දෙයෙහි අර්ථය උපමාවෙනුත් දැනගනිති. දේවේන්ද්‍රයෙනි, එය මෙබඳු දෙයකි. ගමකට හෝ නියම් ගමකට හෝ නුදුරින් මහත් ධාන්‍ය රාශියක් තිබෙයි. එයින් මහාජනකාය කදෙනුත්, භාජන වලිනුත්, උකුලෙනුත්, අතිනුත් ධාන්‍ය රැගෙන එයි. එවිට දේවේන්ද්‍රයෙනි, යමෙක් ඒ මහාජනකාය වෙත ගොස් මෙසේ අසයි. 'මේ ධාන්‍ය ඔබ රැගෙන එන්නේ කොහෙන්ද'යි. දේවේන්ද්‍රයෙනි, ඒ මහාජනයා මැනැවින් පිළිතුරු දිය යුතු නම් පිළිතුරු දිය යුත්තේ කෙසේ ද?"

"ස්වාමීනී, 'අසවල් තැන ඇති මහා ධාන්‍ය රාශියෙනුයි මේවා රැගෙන එන්නේ' කියා ඒ මහජනයා මැනැවින් පිළිතුරු දෙන්නේ නම් පිළිතුරු

දෙන්නේය.”

“එසෙයින් ම දේවේන්ද්‍රයෙනි, යම්කිසි සුභාෂිතයක් ඇද්ද, ඒ සියල්ල ඒ භාග්‍යවත් අරහත් සම්මා සම්බුදු රජුන්ගේ වචන යි. එයින් නැවත නැවත ගෙන අපි ත් අන්‍යයන්ට පවසම්හ.”

“ස්වාමීනී, ආශ්චර්යයකි! ස්වාමීනී, අද්භූතයකි! ස්වාමීනී, ආයුෂ්මත් උත්තරයන් වහන්සේ විසින් පවසන ලද්දේ මොන තරම් සුභාෂිතයක් ද. එනම්, ‘යම්කිසි සුභාෂිතයක් ඇද්ද, ඒ සියල්ල ඒ භාග්‍යවත් අරහත් සම්මා සම්බුදු රජුන්ගේ වචන යි. එයින් නැවත නැවත ගෙන අපි ත් අන්‍යයන්ට පවසම්හ’ යන කරුණ යි.

ස්වාමීනී, උත්තරයන් වහන්ස, එක් අවස්ථාවක භාග්‍යවතුන් වහන්සේ රජගහ නුවර ගිජ්ඣකූට පර්වතයෙහි වැඩවසන සේක. දේවදත්තයා සංඝයා බිඳගොස් වැඩි කල් නොවී ය. එහිදී භාග්‍යවතුන් වහන්සේ දේවදත්තයා අරභයා භික්ෂූන් ඇමතූ සේක.

මහණෙනි, භික්ෂුවක් කලින් කලට තමන්ට සිදුවන විපත් නුවණින් සළකන්නේ නම් යහපති. මහණෙනි, භික්ෂුවක් කලින් කලට අනුන්ට සිදුවන විපත් නුවණින් සළකන්නේ නම් යහපති. මහණෙනි, භික්ෂුවක් කලින් කලට තමන්ට ලැබෙන සම්පත් නුවණින් සළකන්නේ නම් යහපති. මහණෙනි, භික්ෂුවක් කලින් කලට අනුන්ට ලැබෙන සම්පත් නුවණින් සළකන්නේ නම් යහපති.

මහණෙනි, අටක් වූ අසද්ධර්මයෙන් මැඩගත්, අසද්ධර්මයෙන් වෙළුණු සිත් ඇති දේවදත්තයා අපායට නිසි වූයේ, නිරයට නිසි වූයේ, කල්පයක් පැසෙනුයේ, පිළියම් නොකළ හැකි තැනට වැටුණේ ය. ඒ කවර අට කරුණක් ද යත්;

මහණෙනි, ලාභයෙන් මැඩගත්, ලාභයෙන් වෙළුණු සිත් ඇති දේවදත්තයා අපායට නිසි වූයේ, නිරයට නිසි වූයේ, කල්පයක් පැසෙනුයේ, පිළියම් නොකළ හැකි තැනට වැටුණේ ය. අලාභයෙන් ....(පෙ).... යසින් ....(පෙ).... අයසින් ....(පෙ).... සත්කාරයෙන් ....(පෙ).... අසත්කාරයෙන් ....(පෙ).... පවිටු ආශාවෙන් ....(පෙ).... පාපමිත්‍රයන්ගෙන් මැඩගත්, වෙළුණු සිත් ඇති දේවදත්තයා අපායට නිසි වූයේ, නිරයට නිසි වූයේ, කල්පයක් පැසෙනුයේ, පිළියම් නොකළ හැකි තැනට වැටුණේ ය.

මහණෙනි, මේ අටක් වූ අසද්ධර්මයෙන් මැඩගත්, අසද්ධර්මයෙන්

වෙළුණු සිත් ඇති දේවදත්තයා අපායට නිසි වූයේ, නිරයට නිසි වූයේ, කල්පයක් පැසෙනුයේ, පිළියම් නොකළ හැකි තැනට වැටුණේ ය.

මහණෙනි, භික්ෂුවක් උපන් ලාභය නුවණින් සළකා නැවත නැවත මැඩගෙන වසන්නේ නම් යහපති. උපන් අලාභය ....(පෙ).... උපන් යස ....(පෙ).... උපන් අයස ....(පෙ).... උපත් සත්කාරය ....(පෙ).... උපන් අසත්කාරය ....(පෙ).... උපන් පවිටු ආශාව ....(පෙ).... උපන් පාප මිත්‍රයන් නුවණින් සළකා නැවත නැවත මැඩගෙන වසන්නේ නම් යහපති.

මහණෙනි, භික්ෂුවක් කවර යහපතක් නිසාවෙන් ද උපන් ලාභය නැවත නැවත මැඩගෙන වාසය කළ යුතු වන්නේ? උපන් අලාභය ....(පෙ).... උපන් යස ....(පෙ).... උපන් අයස ....(පෙ).... උපත් සත්කාරය ....(පෙ).... උපන් අසත්කාරය ....(පෙ).... උපන් පවිටු ආශාව ....(පෙ).... උපන් පාප මිත්‍රයන් නැවත නැවත මැඩගෙන වාසය කළ යුතු වන්නේ?

මහණෙනි, උපන් ලාභය නොමැඩගෙන වසන්නා වූ ඔහුට යම් දුක් පීඩා ඇතිවන කෙලෙස් උපදියි නම් උපන් ලාභය මැඩගෙන වසන්නහුට මෙසේ ඒ දුක් පීඩා ඇතිකරන කෙලෙස් ඇති නොවෙයි. මහණෙනි, උපන් අලාභය ....(පෙ).... උපන් යස ....(පෙ).... උපන් අයස ....(පෙ).... උපත් සත්කාරය ....(පෙ).... උපන් අසත්කාරය ....(පෙ).... උපන් පවිටු ආශාව ....(පෙ).... උපන් පාප මිත්‍රයන් නොමැඩගෙන වසන්නා වූ ඔහුට යම් දුක් පීඩා ඇතිවන කෙලෙස් උපදියි නම් උපන් ලාභය මැඩගෙන වසන්නහුට මෙසේ ඒ දුක් පීඩා ඇතිකරන කෙලෙස් ඇති නොවෙයි.

මහණෙනි, භික්ෂුව මේ අර්ථය නිසාවෙනුයි උපන් ලාභය නැවත නැවත මැඩගෙන වාසය කළ යුත්තේ. මහණෙනි, උපන් අලාභය ....(පෙ).... උපන් යස ....(පෙ).... උපන් අයස ....(පෙ).... උපත් සත්කාරය ....(පෙ).... උපන් අසත්කාරය ....(පෙ).... උපන් පවිටු ආශාව ....(පෙ).... උපන් පාප මිත්‍රයන් නැවත නැවත මැඩගෙන වාසය කළ යුත්තේ.

එහෙයින් මහණෙනි, මෙහිලා මෙසේ හික්මිය යුත්තේ ය. උපන් ලාභය නැවත නැවත. මැඩගෙන වාසය කරන්නෙමු. උපන් අලාභය ....(පෙ).... උපන් යස ....(පෙ).... උපන් අයස ....(පෙ).... උපන් සත්කාරය ....(පෙ).... උපන් අසත්කාරය ....(පෙ).... උපන් පවිටු ආශාව ....(පෙ).... උපන් පාප මිත්‍රයන් නැවත නැවත මැඩගෙන වාසය කරන්නෙමු යි. මහණෙනි, මෙසේ ඔබ හික්මිය යුත්තේය.

ස්වාමීනී, උත්තරයන් වහන්ස, මිනිසුන් අතර සිටින භික්ෂු, භික්ෂුණී, උපාසක, උපාසිකා සිව් පිරිස මෙතෙක් ම ය. ඔවුන් අතුරින් කිසිවෙකු තුළ මේ ධර්ම පරියාය නොපිහිටියේ ය. ස්වාමීනී, ආයුෂ්මත් උත්තරයන් වහන්සේ මේ ධර්ම පරියාය උගනිත්වා! ස්වාමීනී, ආයුෂ්මත් උත්තරයන් වහන්සේ මේ ධර්ම පරියාය හදාරත්වා! ස්වාමීනී, ආයුෂ්මත් උත්තරයන් වහන්සේ මේ ධර්ම පරියාය ධරත්වා! ස්වාමීනී, ආයුෂ්මත් උත්තරයන් වහන්ස, මේ ධර්ම පරියාය අර්ථ සහිත වෙයි. නිර්වාණාවබෝධ කරන මාර්ගයට මුල් වෙයි.

සාදු! සාදු!! සාදු!!!

උත්තර සූත්‍රය නිමා විය.

8.1.1.9.
නන්ද සූත්‍රය
නන්ද තෙරුන් ගැන වදාළ දෙසුම

සැවැත් නුවර දී ය .....

මහණෙනි, මැනැවින් කියන්නෙක් නන්දයන් අරභයා 'කුලපුත්‍රයා' යැයි කියන්නේ ය. මහණෙනි, මැනැවින් කියන්නෙක් නන්දයන් අරභයා 'බලසම්පන්නයා' යැයි කියන්නේ ය. මහණෙනි, මැනැවින් කියන්නෙක් නන්දයන් අරභයා 'ප්‍රසාදය ඇති කරවන්නා' යැයි කියන්නේ ය. මහණෙනි, මැනැවින් කියන්නෙක් නන්දයන් අරභයා 'තියුණු රාග ඇත්තා' යැයි කියන්නේ ය.

මහණෙනි, වෙනත් කරුණක් කුමට ද? යම් කරුණකින් නන්ද තෙමේ පිරිපුන් කොට, පිරිසිදු කොට, බඹසර හැසිරෙන්ට සමර්ථ වෙයි ද, එසෙයින් නන්ද තෙමේ ඉන්ද්‍රියයන්හි වැසූ දොරටු ඇත්තේ, භෝජනයෙහි පමණ දන්නේ, නිදි වැරීමෙහි යුක්ත වූයේ, සිහි නුවණින් යුක්ත වූයේ වෙයි.

මහණෙනි, එහිලා නන්දයන්ගේ ඉඳුරන්හි වැසූ දොරටු ඇති බව මෙය යි. ඉදින් මහණෙනි, නන්දයන් විසින් පූර්ව දිශාව බැලිය යුතු වෙයි නම්, නන්ද තෙමේ මුළු සිතින් යුතුව ම පූර්ව දිශාව බලයි. 'මෙසේ මා විසින් පූර්ව දිශාව බලද්දී ලෝභ - ද්වේෂ ආදී පවිටු අකුසල් මා පසුපස හඹා නොඑන්නාහුය'

යි කියා ය. මෙසේ එහිලා නුවණින් යුක්ත වෙයි. ඉදින් මහණෙනි, නන්දයන් විසින් බටහිර දිශාව බැලිය යුතු වෙයි නම් ....(පෙ).... උතුරු දිශාව බැලිය යුතු වෙයි නම් ....(පෙ)..... දකුණු දිශාව බැලිය යුතු වෙයි නම් ....(පෙ).... උඩ දිශාව බැලිය යුතු වෙයි නම් ....(පෙ).... යට දිශාව බැලිය යුතු වෙයි නම් ....(පෙ).... අනු දිශා බැලිය යුතු වෙයි නම් නන්ද තෙමේ මුළු සිතින් යුතුව ම අනුදිශා බලයි. 'මෙසේ මා විසින් අනුදිශා බලද්දී ලෝභ - ද්වේෂ ආදී පවිටු අකුසල් මා පසුපස හඹා නොඑන්නාහු ය' යි කියා ය. මෙසේ එහිලා නුවණින් යුක්ත වෙයි. මහණෙනි. නන්දයන්ගේ ඉඳුරන්හි වැසූ දොරටු ඇති බව මෙයයි.

මහණෙනි, එහිලා නන්දයන්ගේ බොජුනෙහි පමණ දන්නා බව යනු මෙය යි. මහණෙනි, මෙහිලා නන්ද තෙමේ නුවණින් සළකා ආහාර වළඳයි. ජවය පිණිස නොවෙයි. මත්වීම පිණිස නොවෙයි. සැරසීම පිණිස නොවෙයි. විභූෂණය පිණිස නොවෙයි. හුදෙක් මේ කයෙහි පැවැත්ම පිණිස ය. යැපීම පිණිස ය. වෙහෙස සංසිඳවීම පිණිස ය. නිවන් මගට අනුබල පිණිස ය. මෙසේ පැරණි වේදනා නැති කරමි. අලුත් වේදනා නූපදවමි. මාගේ ජීවිත යාත්‍රාව ද වෙයි. නිවැරදි බව ත් පහසු විහරණය ත් වෙයි. මහණෙනි, නන්දයන්ගේ බොජුනෙහි පමණ දන්නා බව මෙය යි.

මහණෙනි, එහිලා නන්දයන්ගේ නිදිවැරීමෙහි යෙදීම යනු මෙය යි. මහණෙනි, මෙහිලා නන්ද තෙමේ දහවල් දවසේ සක්මනෙනුත්, වාඩිවීමෙනුත් නීවරණ ධර්මයන්ගෙන් සිත පිරිසිදු කරයි. රාත්‍රියේ පළමු යාමයෙහි ත් සක්මනෙනුත්, වාඩිවීමෙනුත් නීවරණ ධර්මයන්ගෙන් සිත පිරිසිදු කරයි. රාත්‍රියේ මධ්‍යම යාමයෙහි දකුණු පසට හැරී එක් පාදයකින් තවත් පාදයක් මෑත් කොට නැගිටින සංඥාව මෙනෙහි කොට සිහි නුවණින් යුතුව සිංහ සෙය්‍යාවෙන් සැතපෙයි. රාත්‍රියෙහි පශ්චිම යාමයෙහි නැගිට සක්මනෙනුත්, වාඩිවීමෙනුත් නීවරණ ධර්මයන්ගෙන් සිත පිරිසිදු කරයි. මහණෙනි, නන්දයන්ගේ නිදිවැරීමෙහි යෙදීම යනු මෙය යි.

මහණෙනි, එහිලා නන්දයන්ගේ සිහි නුවණෙහි පැවැත්ම යනු මෙය යි. මහණෙනි, මෙහිලා නන්දයන් හට දැනුවත් ව ම වේදනාවෝ උපදිති. දැනුවත් ව ම වේදනාවෝ පවතිත්. දැනුවත් ව ම වේදනාවෝ නැති වෙති. දැනුවත් ම සංඥාවෝ උපදිති. ....(පෙ).... දැනුවත් ව ම විතර්කයෝ උපදිති. දැනුවත් ව ම විතර්කයෝ පවතිති. දැනුවත් ව ම විතර්කයෝ නැතිවෙති. මහණෙනි, මෙය නන්දයන්ගේ සතිසම්පජඤ්ඤය තුළ සිටීම යි.

මහණෙනි, වෙනත් කරුණක් කුමට ද? යම් කරුණකින් නන්ද තෙමේ

පිරිපුන් කොට, පිරිසිදු කොට, බඹසර හැසිරෙන්ට සමර්ථ වෙයි ද, එසෙයින් නන්ද තෙමේ ඉන්ද්‍රියයන්හි වැසූ දොරටු ඇත්තේ, භෝජනයෙහි පමණ දන්නේ, නිදි වැරීමෙහි යුක්ත වූයේ, සිහි නුවණින් යුක්ත වූයේ වෙයි.

සාදු! සාදු!! සාදු!!!

නන්ද සූත්‍රය නිමා විය.

8.1.1.10.
කාරණ්ඩව සූත්‍රය
කසළයා ගැන වදාළ දෙසුම

එක් සමයක භාග්‍යවතුන් වහන්සේ චම්පායෙහි ගග්ගරා පොකුණු තෙර වැඩවසන සේක. එසමයෙහි භික්ෂූහු එක් භික්ෂුවකට ඇවතකින් චෝදනා කරති. එවිට ඒ භික්ෂුව අන්‍ය භික්ෂූන් විසින් ඇවැතින් චෝදනා කරද්දී වෙන වෙන කරුණුවලින් එය වසයි. බාහිර කතාවක් ඇදගනියි. කෝපය ත්, ද්වේෂය ත්, නොසතුට ත් පහළ කරයි. එකල්හී භාග්‍යවතුන් වහන්සේ භික්ෂූන් ඇමතූ සේක.

මහණෙනි, ඔය පුද්ගලයා නෙරපව්. මහණෙනි, ඔය පුද්ගලයා ව නෙරපව්. මහණෙනි, ඔය පුද්ගලයා නෙරපිය යුතු කෙනෙකි. ඔබ විසින් කුමකට නම් අනුන්ගේ දරුවෙකුට වෙහෙසෙව් ද?

මහණෙනි, මෙහිලා ඇතැම් පුද්ගලයෙකුට එබඳු දෙයක් වෙයි. එනම් ඉදිරියට යාම, පෙරළා ඒම, ඉදිරිය බැලීම, වටපිට බැලීම, අත් පා හැකිලීම, දිගහැරීම, සඟල පා සිවුරු දැරීම, අන්‍ය වූ සොඳුරු භික්ෂූන් යම් බඳු ද, එබඳු ය. ඒ ඔහුගේ ආපත්තිය නොදක්නා තෙක් පමණි. යම් විටක භික්ෂූහු ඔහුගේ ආපත්තියක් දකිත් ද, එවිට ඔහු ව මෙසේ හඳුනාගනිති. 'මොහු ශ්‍රමණ දූෂකයෙක් නොවැ. ශ්‍රමණ ප්‍රලාපයෙක් නොවැ. ශ්‍රමණ කසළයෙක් නොවැ' යි. මෙසේ ඔහු හඳුනාගෙන බැහැරට නෙරපති. ඒ මක් නිසා ද යත්, අන්‍ය වූ සොඳුරු භික්ෂූහු මොහුගෙන් දූෂණයට ලක් නොවේවා කියා ය.

මහණෙනි, එය මෙබඳු දෙයකි. සාරයට වැඩුණු යව කෙතක යව දූෂණය කරන, යව ප්‍රලාප වූ, යව කසලයක් හටගනියි. සැබෑ යව මුල් යම් සේ ද, යව

කසලයාගේ මුල ත් එබඳු ම ය. සැබෑ යව කඳ යම් සේ ද, යව කසලයාගේ කඳ ත් එසේ ය. සැබෑ යව පත්‍ර යම් සේ ද, යව කසලයාගේ ත් පත්‍ර එසේ ය. යම්තාක් යව කසල ගසෙහි පීදීම නොවෙයි ද, ඒ තාක් යව කසලයා පවතියි. යම් විටක යව කසල ගස පීදෙයි ද, එවිට මෙසේ හඳුනා ගනිති. 'මේ යව දූෂණයකි. බොරු යව ගසකි. යව කසලයෙකි' යි. මෙසේ ඒ යව කසල හඳුනා මුල සහිත ව ම උපුටා යව කෙතෙන් බැහැරට වීසි කරති. ඒ මක් නිසා ද යත්, අන්‍ය වූ සොඳුරු යව ගස් දූෂණය නොවේවා කියා ය.

එසෙයින් ම මහණෙනි, මෙහිලා ඇතැම් පුද්ගලයෙකුට එබඳු දෙයක් වෙයි. එනම් ඉදිරියට යාම, පෙරළා ඒම, ඉදිරිය බැලීම, වටපිට බැලීම, අත් පා හැකිලීම, දිගහැරීම, සඟළ පා සිවුරු දැරීම, අන්‍ය වූ සොඳුරු භික්ෂූන් යම් බඳු ද, එබඳු ය. ඒ ඔහුගේ ආපත්තිය නොදක්නා තෙක් පමණි. යම් විටක භික්ෂූහු ඔහුගේ ආපත්තියක් දකිත් ද, එවිට ඔහු ව හඳුනාගනිති. 'මොහු ශ්‍රමණ දූෂකයෙක් නොවැ. ශ්‍රමණ ප්‍රලාපයෙක් නොවැ. ශ්‍රමණ කසළයෙක් නොවැ' යි. මෙසේ ඔහු හඳුනාගෙන බැහැරට නෙරපති. ඒ මක් නිසා ද යත්, අන්‍ය වූ සොඳුරු භික්ෂූහු මොහුගෙන් දූෂණයට ලක් නොවේවා කියා ය.

මහණෙනි, එය මෙබඳු දෙයකි. මහත් වූ ධාන්‍ය රාශියක් පොළන කල්හී සාරවත් වූ දැඩි ධාන්‍ය ඇද්ද, ඒවා එක් පසෙක ගොඩක් වෙයි. යම් දුර්වල වූ බොල් වූ ධාන්‍ය ඇද්ද, සුළඟ ඒවා එක පසකට ඇද දමයි. කෙත් හිමියෝ සුළං කුල්ල ගෙන ඒ බොල් ධාන්‍ය බෙහෙවින් ම බැහැරට දමති. ඒ මක් නිසා ද යත්, අන්‍ය වූ සොඳුරු ධාන්‍ය දූෂණය නොවේවා කියා ය.

එසෙයින් ම මහණෙනි, මෙහිලා ඇතැම් පුද්ගලයෙකුට එබඳු දෙයක් වෙයි. එනම් ඉදිරියට යාම, පෙරළා ඒම, ඉදිරිය බැලීම, වටපිට බැලීම, අත් පා හැකිලීම, දිගහැරීම, සඟළ පා සිවුරු දැරීම, අන්‍ය වූ සොඳුරු භික්ෂූන් යම් බඳු ද, එබඳු ය. ඒ ඔහුගේ ආපත්තිය නොදක්නා තෙක් පමණි. යම් විටක භික්ෂූහු ඔහුගේ ආපත්තියක් දකිත් ද, එවිට ඔහු ව හඳුනාගනිති. 'මොහු ශ්‍රමණ දූෂකයෙක් නොවැ. ශ්‍රමණ ප්‍රලාපයෙක් නොවැ. ශ්‍රමණ කසළයෙක් නොවැ' යි. මෙසේ ඔහු හඳුනාගෙන බැහැරට නෙරපති. ඒ මක් නිසා ද යත්, අන්‍ය වූ සොඳුරු භික්ෂූහු මොහුගෙන් දූෂණයට ලක් නොවේවා කියා ය.

මහණෙනි, එය මෙබඳු දෙයකි. වතුර පිහිල්ලකින් ප්‍රයෝජන ඇති පුරුෂයෙක් තියුණු පොරොවක් ගෙන වනයට යයි. ඔහු ඒ හැම රුකක් ම පොරොවෙන් තට්ටු කොට බලයි. එහිදී දැඩි අරටුව ඇති සාරවත් රුක්වලට පොරොවෙන් තට්ටු කරද්දී කර්කශ ව නද දෙයි. ඇතුළ කුණු වී, තෙත් වී

හටගත් කසල ඇති යම් රුක් ඇද්ද, ඒවාට තට්ටු කරන විට දඳුරු හඬ නගයි. එවිට ඒ ගස මුලින් ම සිඳියි. මුල සිඳ අගත් සිඳියි. අග සිඳ ඇතුළ මැනැවින් පිරිසිදු කොට වතුර පිහිල්ලට යොදයි.

එසෙයින් ම මහණෙනි, මෙහිලා ඇතැම් පුද්ගලයෙකුට එබඳු දෙයක් වෙයි. එනම් ඉදිරියට යාම, පෙරළා ඒම, ඉදිරිය බැලීම, වටපිට බැලීම, අත් පා හැකිලීම, දිගහැරීම, සඟළ පා සිවුරු දැරීම, අන්‍ය වූ සොඳුරු භික්ෂූන් යම් බඳු ද, එබඳු ය. ඒ ඔහුගේ ආපත්තිය නොදක්නා තෙක් පමණි. යම් විටක භික්ෂූහු ඔහුගේ ආපත්තියක් දකිත් ද, එවිට ඔහු ව හඳුනාගනිති. 'මොහු ශ්‍රමණ දූෂකයෙක් නොවැ. ශ්‍රමණ ප්‍රලාපයෙක් නොවැ. ශ්‍රමණ කසළයෙක් නොවැ' යි. මෙසේ ඔහු හඳුනාගෙන බැහැරට නෙරපති. ඒ මක් නිසා ද යත්, අන්‍ය වූ සොඳුරු භික්ෂූහු මොහුගෙන් දූෂණයට ලක් නොවේවා කියා ය.

(ගාථා)

1. මොහු පවිටු ආශා ඇති කෙනෙකි, ක්‍රෝධ කරන්නෙකි, ගුණ මකුවෙකි, දැඩි සිත් ඇත්තෙකි, එකට එක කරන්නෙකි, ඊර්ෂ්‍යා කරන්නෙකි, මසුරෙකි, කෛරාටිකයෙකි කියා ඇසුරු කිරීමෙන් දැන ගනිව්.

2. පවිටු දෘෂ්ටි ඇත්තේ, ශික්ෂා පදයන් කෙරෙහි ආදර නැත්තේ, ජනයා ඉදිරියෙහි ශ්‍රමණයෙකු ලෙසින් මොළොක් බස් පවසයි. රහසේ පව් කරයි.

3. වක්‍ර කටයුතු ඇත්තේ, බොරු කියන්නේ වෙයි. ඔහුගේ සැබෑ ස්වභාවය හඳුනාගෙන හැමදෙනා සමඟි ව ඔහු ව නෙරපා හරිව්.

4. ශ්‍රමණ කාරණ්ඩයා ව නෙරපා හරව්. ශ්‍රමණ කසලයා ව බැහැර කරව්. අශ්‍රමණයෙකු ව සිටිය දී ශ්‍රමණයෙක් ය යන මාන්නයෙන් සිටින බොරු ශ්‍රමණයා බැහැර ලව්.

5. පවිටු ආශා ඇති, පවිටු ඇවතුම් පැවතුම් ඇති පුද්ගලයන් නෙරපා හැර එළඹ සිටි සිහියෙන් යුතු පිරිසිදු වූවාහු පිරිසිදු වූ සංඝයා සමඟ වාසය කරව්. එසේ සමඟි ව තැනට සුදුසු නුවණින් යුතුව සසර දුක් අවසන් කරව්.

සාදු! සාදු!! සාදු!!!

කාරණ්ඩව සූත්‍රය නිමා විය.

පළමුවෙනි මෙත්තා වර්ගය අවසන් විය.

- එහි පිළිවෙල උද්දානයයි :

මෙත්තා සූත්‍රය, පඤ්ඤා සූත්‍රය, පිය සූත්‍ර දෙක, ලෝක විපත්ති සූත්‍ර දෙක, දේවදත්ත සූත්‍රය, උත්තර සූත්‍රය, නන්ද සූත්‍රය සහ කාරණ්ඩව සූත්‍රය වශයෙන් මෙහි සූත්‍ර දශයෙකි.

2. මහා වර්ගය

8.1.2.1.
වේරඤ්ජ සූත්‍රය
වේරඤ්ජ බ්‍රාහ්මණයාට වදාළ දෙසුම

මා විසින් මෙසේ අසන ලදී. එක් සමයක භාග්‍යවතුන් වහන්සේ වේරඤ්ජාවෙහි නලේරු නම් කොහොඹ රුක් සෙවණෙහි වැඩවසන සේක. එකල්හී වේරඤ්ජ බ්‍රාහ්මණයා භාග්‍යවතුන් වහන්සේ වෙත පැමිණියේ ය. පැමිණ භාග්‍යවතුන් වහන්සේ සමඟ සතුටු වූයේ ය. සතුටු විය යුතු පිළිසඳර කතා බහ නිමවා එකත්පස් ව හිඳගත්තේ ය. එකත්පස් ව හුන් වේරඤ්ජ බ්‍රාහ්මණයා භාග්‍යවතුන් වහන්සේට මෙය සැළ කළේ ය.

"භවත් ගෞතමයෙනි, ශ්‍රමණ ගෞතම තෙමේ ජරා ජීර්ණ වූ, වයෝවෘද්ධ වූ, මහළු වූ, බොහෝ වයසට ගිය බ්‍රාහ්මණයන්ට වැඳීමක් හෝ දැක නැගී සිටීමක් හෝ අසුනකින් පැවරීමක් හෝ නොකරයි කියා මවිසින් අසන ලද්දේ ය. භවත් ගෞතමයෙනි, එය සැබෑවක් නොවැ. භවත් ගෞතමයෝ ජරා ජීර්ණ වූ, වයෝවෘද්ධ වූ, මහළු වූ, බොහෝ වයසට ගිය බ්‍රාහ්මණයන්ට නොවඳිති. දැක නැගී නොසිටිති. අසුනෙන් නොපවරති. භවත් ගෞතමයෙනි, මෙකරුණ හොඳ දෙයක් නම් නොවෙයි."

"බ්‍රාහ්මණය, මම යමෙකුට වඳින්නෙම් ද, දැක හුනස්නෙන් නැගිටිම් ද, අසුනෙන් පවරන්නෙම් ද, එබඳු කෙනෙකු දෙවියන් සහිත වූ, මරුන් සහිත වූ, බඹුන් සහිත වූ, ශ්‍රමණ බ්‍රාහ්මණයන් සහිත වූ, දෙව් මිනිස් ප්‍රජාවෙන් යුතු ලෝකයෙහි මම නොදකිමි. බ්‍රාහ්මණය, තථාගත තෙමේ යමෙකුට වඳියි නම්, දැක හුනස්නෙන් නැගිටියි නම්, අසුනෙන් පවරයි නම්, ඔහුගේ හිස ගිලිහී වැටෙනු ඇත."

1. "භවත් ගෞතමයෝ යහපත් පැවැත්මෙහි ඇති රස නොදන්නා අරසරූපයෙක් නොවැ."

"බ්‍රාහ්මණය, යම් ක්‍රමයකින් මනාකොට කිව යුතු නම් 'ශ්‍රමණ ගෞතම තෙමේ අරසරූපයෙක් ය' කියා කිව හැකි ක්‍රමයක් ඇත්තේ ය. බ්‍රාහ්මණය, යම් ඒ රූප රස, ශබ්ද රස, ගන්ධ රස, රස රස, පහස රස ඇද්ද, ඒවා තථාගතයන්ට ප්‍රහීණ වී ඇත. මුලින් ම සිඳී ඇත. කරටිය සුන් තල් ගසක් මෙන් වී ඇත. අභාවයට පත් වී ඇත. යළි කිසිදා නූපදින ස්වභාවයට පත් වී ඇත. බ්‍රාහ්මණය, යම් ක්‍රමයකින් මනාකොට කිව යුතු නම් 'ශ්‍රමණ ගෞතම තෙමේ අරසරූපයෙක් ය' කියා කිව හැක්කේ ඔය ක්‍රමයට ය. යමක් අරභයා ඔබ පැවසුවේ නම් එය නොවෙයි."

2. "භවත් ගෞතමයෝ හැමෝ ම එක් ව සමගි ව අනුභව නොකරන නිබ්භෝගයෙක් නොවැ."

"බ්‍රාහ්මණය, යම් ක්‍රමයකින් මනාකොට කිව යුතු නම් 'ශ්‍රමණ ගෞතම තෙමේ නිබ්භෝගයෙක් ය' කියා කිව හැකි ක්‍රමයක් ඇත්තේ ය. බ්‍රාහ්මණය, යම් ඒ රූප භෝග, ශබ්ද භෝග, ගන්ධ භෝග, රස භෝග, පහස භෝග ඇද්ද, ඒවා තථාගතයන්ට ප්‍රහීණ වී ඇත. මුලින් ම සිඳී ඇත. කරටිය සුන් තල් ගසක් මෙන් වී ඇත. අභාවයට පත් වී ඇත. යළි කිසිදා නූපදින ස්වභාවයට පත් වී ඇත. බ්‍රාහ්මණය, යම් ක්‍රමයකින් මනාකොට කිව යුතු නම් 'ශ්‍රමණ ගෞතම තෙමේ නිබ්භෝගයෙක් ය' කියා කිව හැක්කේ ඔය ක්‍රමයට ය. යමක් අරභයා ඔබ පැවසුවේ නම් එය නොවෙයි."

3. "භවත් ගෞතමයෝ කුල සිරිත් නොතකන අකිරියවාදියෙක් නොවැ."

"බ්‍රාහ්මණය, යම් ක්‍රමයකින් මනාකොට කිව යුතු නම් 'ශ්‍රමණ ගෞතම තෙමේ අකිරියවාදියෙක් ය' කියා කිව හැකි ක්‍රමයක් ඇත්තේ ය. බ්‍රාහ්මණය, මම ත් නොකිරීමක් ගැන කියමි. එනම් කාය දුෂ්චරිතය ත්, වචී දුෂ්චරිතය ත්, මනෝ දුෂ්චරිතය ත් නොකිරීම යි. අනේක වූ පාපී අකුසල් දහම් නොකිරීම ගැන කියමි. බ්‍රාහ්මණය, යම් ක්‍රමයකින් මනාකොට කිව යුතු නම් 'ශ්‍රමණ ගෞතම තෙමේ අකිරියවාදියෙක් ය' කියා කිව හැක්කේ ඔය ක්‍රමයට ය. යමක් අරභයා ඔබ පැවසුවේ නම් එය නොවෙයි."

4. "භවත් ගෞතමයෝ පැවැත්ම නැසීම ගැන කියන උච්ඡේදවාදියෙක් නොවැ."

"බ්‍රාහ්මණය, යම් ක්‍රමයකින් මනාකොට කිව යුතු නම් 'ශ්‍රමණ ගෞතම තෙමේ

උච්ඡේදවාදියෙක් ය' කියා කිව හැකි ක්‍රමයක් ඇත්තේ ය. බ්‍රාහ්මණය, මම ත් උච්ඡේදයක් ගැන කියමි. එනම් රාගයේ ත්, ද්වේෂයේ ත්, මෝහයේ ත්, අනේක වූ පාපී අකුසල ධර්මයන්ගේ ත් සම්පූර්ණ විනාශය ගැන කියමි. බ්‍රාහ්මණය, යම් ක්‍රමයකින් මනාකොට කිව යුතු නම් 'ශ්‍රමණ ගෞතම තෙමේ උච්ඡේදවාදියෙක් ය' කියා කිව හැක්කේ ඔය ක්‍රමයට ය. යමක් අරභයා ඔබ පැවසුවේ නම් එය නොවෙයි."

5. "භවත් ගෞතමයෝ කුල සිරිත් පිළිකුල් කරන ජේගුච්ඡියෙක් නොවැ."

"බ්‍රාහ්මණය, යම් ක්‍රමයකින් මනාකොට කිව යුතු නම් 'ශ්‍රමණ ගෞතම තෙමේ ජේගුච්ඡියෙක් ය' කියා කිව හැකි ක්‍රමයක් ඇත්තේ ය. බ්‍රාහ්මණය, මම ත් පිළිකුල් කිරීමක් කරමි. එනම් කාය දුෂ්චරිතය ත්, වචී දුෂ්චරිතය ත්, මනෝ දුෂ්චරිතය ත් පිළිකුල් කරමි. අනේක වූ පාපී අකුසල් දහම් ඇතිකර ගැනීම පිළිකුල් කරමි. බ්‍රාහ්මණය, යම් ක්‍රමයකින් මනාකොට කිව යුතු නම් 'ශ්‍රමණ ගෞතම තෙමේ ජේගුච්ඡියෙක් ය' කියා කිව හැක්කේ ඔය ක්‍රමයට ය. යමක් අරභයා ඔබ පැවසුවේ නම් එය නොවෙයි."

6. "භවත් ගෞතමයෝ කුල සිරිත් නසන වේනයිකයෙක් නොවැ."

"බ්‍රාහ්මණය, යම් ක්‍රමයකින් මනාකොට කිව යුතු නම් 'ශ්‍රමණ ගෞතම තෙමේ වේනයිකයෙක් ය' කියා කිව හැකි ක්‍රමයක් ඇත්තේ ය. බ්‍රාහ්මණය, මම ත් නැසීමක් ගැන දහම් දෙසමි. එනම් රාගය ත්, ද්වේෂය ත්, මෝහය ත් නැසීම පිණිස දහම් දෙසමි. අනේක වූ පාපී අකුසල් දහම් නැසීම පිණිස දහම් දෙසමි. බ්‍රාහ්මණය, යම් ක්‍රමයකින් මනාකොට කිව යුතු නම් 'ශ්‍රමණ ගෞතම තෙමේ වේනයිකයෙක් ය' කියා කිව හැක්කේ ඔය ක්‍රමයට ය. යමක් අරභයා ඔබ පැවසුවේ නම් එය නොවෙයි."

7. "භවත් ගෞතමයෝ කුල සිරිත් නොදත් දිළිඳු තපස්සියෙක් නොවැ."

"බ්‍රාහ්මණය, යම් ක්‍රමයකින් මනාකොට කිව යුතු නම් 'ශ්‍රමණ ගෞතම තෙමේ තපස්සියෙක් ය' කියා කිව හැකි ක්‍රමයක් ඇත්තේ ය. බ්‍රාහ්මණය, මම ත් කාය දුෂ්චරිතය, වචී දුෂ්චරිතය, මනෝ දුෂ්චරිතයෙන් යුතු පාපී අකුසල ධර්මයන් තැවිය යුතු යැයි කියමි. බ්‍රාහ්මණය, යමෙකුට තැවිය යුතු පාපී අකුසල් දහම් ඇද්ද, ඒවා ප්‍රහීණ වී ඇත්නම්, මුලින් ම සිඳී ඇත්නම්, කරටිය සුන් තල් ගසක් මෙන් වී ඇත්නම්, අභාවයට පත් වී ඇත්නම්, යළි කිසිදා නූපදින ස්වභාවයට පත් වී ඇත්නම්, මම ඔහුට තපස්සී යැයි කියමි. බ්‍රාහ්මණය, තථාගතයන් හට තැවිය යුතු පාපී අකුසල් දහම් ප්‍රහීණ වී ඇත්තේ ය. මුලින් ම සිඳී ඇත්තේ

ය. කරටිය සුන් තල් ගසක් මෙන් වී ඇත්තේ ය. අභාවයට පත් වී ඇත්තේ ය. යළි කිසිදා නූපදින ස්වභාවයට පත් වී ඇත්තේ ය. බ්‍රාහ්මණය, යම් ක්‍රමයකින් මනාකොට කිව යුතු නම් 'ශ්‍රමණ ගෞතම තෙමේ තපස්සියෙක් ය' කියා කිව හැක්කේ ඔය ක්‍රමයට ය. යමක් අරභයා ඔබ පැවසුවේ නම් එය නොවෙයි."

8. "භවත් ගෞතමයෝ කුල සිරිත් නොකරන හෙයින් හීන කුලයක උපදින සුළු වූ අපගබ්භයෙක් නොවැ."

"බ්‍රාහ්මණය, යම් ක්‍රමයකින් මනාකොට කිව යුතු නම් 'ශ්‍රමණ ගෞතම තෙමේ අපගබ්භයෙක් ය' කියා කිව හැකි ක්‍රමයක් ඇත්තේ ය. බ්‍රාහ්මණය, යමෙකුට නැවත මව්කුසක නිදන, පුනර්භවයක උපතක් ඇද්ද, එය ප්‍රහීණ වී ඇත්නම්, මුලින් ම සිඳී ඇත්නම්, කරටිය සුන් තල් ගසක් මෙන් වී ඇත්නම්, අභාවයට පත් වී ඇත්නම්, යළි කිසිදා නූපදින ස්වභාවයට පත් වී ඇත්නම්, මම ඔහුට අපගබ්භ යැයි කියමි. බ්‍රාහ්මණය තථාගතයන් හට මත්තෙහි මව්කුසක නිදන, පුනර්භවයෙහි ලබන උපත ප්‍රහීණ වී ඇත්තේ ය. මුලින් ම සිඳී ඇත්තේ ය. කරටිය සුන් තල් ගසක් මෙන් වී ඇත්තේ ය. අභාවයට පත් වී ඇත්තේ ය. යළි කිසිදා නූපදින ස්වභාවයට පත් වී ඇත්තේ ය. බ්‍රාහ්මණය, යම් ක්‍රමයකින් මනාකොට කිව යුතු නම් 'ශ්‍රමණ ගෞතම තෙමේ අපගබ්භයෙක් ය' කියා කිව හැක්කේ ඔය ක්‍රමයට ය. යමක් අරභයා ඔබ පැවසුවේ නම් එය නොවෙයි.

බ්‍රාහ්මණය, එය මෙබඳු දෙයකි. කිකිළියකට බිත්තර අටක් හෝ දහයක් හෝ දොළොසක් හෝ තිබෙයි. ඒ කිකිළිය විසින් බිජුවට මැනැවින් රකියි නම්, මැනැවින් උණුසුම් කරයි නම්, මැනැවින් අදාළ කරුණු කරයි නම්, ඒ කුකුළු පැටව් අතුරෙහි යමෙක් පළමුවෙන් තම පා නියතුඩින් හෝ මුවතුඩින් හෝ ඒ බිත්තර කටුව පළාගෙන සුවසේ නික්මෙයි ද, ඔහුට ජ්‍යෙෂ්ඨ යැයි කියා හෝ කණිෂ්ඨ යැයි කියා හෝ යන මෙයින් කුමක් කිව යුතු වන්නේ ද?"

"භවත් ගෞතමයෙනි, ඔහුට ජ්‍යෙෂ්ඨ යැයි කිව යුත්තේ ය. ඒ පිරිස අතර ඔහු ම ජ්‍යෙෂ්ඨයා ය."

"එසෙයින් ම බ්‍රාහ්මණය, මම අවිද්‍යාවෙහි සිටින, අවිද්‍යාව නම් වූ බිත්තරයෙහි උපන් අවිද්‍යාවෙන් වෙළී ගිය සත්ව ප්‍රජාව අතුරෙහි අවිද්‍යාව නම් වූ බිත්තර කටුව පළාගෙන තනිව ම ලෝකයෙහි අනුත්තර වූ සම්මා සම්බෝධියට පත්වුණෙමි. බ්‍රාහ්මණය, මම වනාහී ලෝකයෙහි ජ්‍යෙෂ්ඨ වෙමි. ශ්‍රේෂ්ඨ වෙමි.

බ්‍රාහ්මණය, මා විසින් පටන් ගත් වීරිය නොහැකිළී තිබුණේ ය. සිහිය

මුළා නොවී එළඹ සිටියේ ය. කය පීඩා නැති ව සැහැල්ලුව තිබුණේ ය. සිත මැනැවින් තැන්පත් ව එකඟ ව තිබුණේ ය. බ්‍රාහ්මණය, ඒ මම කාමයන්ගෙන් වෙන් ව, අකුසල ධර්මයන්ගෙන් වෙන් ව, විතර්ක විචාර සහිත වූ විවේකයෙන් හටගත් ප්‍රීති සුඛය ඇති පළමුවෙනි ධ්‍යානය උපදවාගෙන වාසය කරමි.

විතර්ක විචාරයන් සංසිඳීමෙන් තමා තුළ පැහැදීම ඇති කරවන සිතේ එකඟ බවින් යුතුව විතර්ක විචාර රහිත වූ සමාධියෙන් හටගත් ප්‍රීති සැපය ඇති දෙවෙනි ධ්‍යානය උපදවාගෙන වාසය කරමි.

ප්‍රීතියට ද නොඇලීමෙන් සිහියෙන් හා නුවණින් යුතුව උපේක්ෂාවෙන් වසමි. කයෙන් සැපයක් ද විඳිමි. ආර්යයන් වහන්සේලා උපේක්ෂාවෙන් යුතුව, සිහියෙන් යුතුව ඇති සැප විහරණය යැයි යම් ධ්‍යානයකට කියන ලද්දේ ද, ඒ තුන්වෙනි ධ්‍යානය උපදවාගෙන වාසය කරමි.

සැපය ද ප්‍රහාණය කිරීමෙන්, දුක ද ප්‍රහාණය කිරීමෙන් කලින් ම සොම්නස් දොම්නස් ඉක්ම යෑමෙන් දුක් සැප රහිත වූ උපේක්ෂා සති පාරිශුද්ධියෙන් යුතු සතර වෙනි ධ්‍යානය උපදවාගෙන වාසය කරමි.

ඒ මම මෙසේ සමාධිමත් සිතින් පිරිසිදු වූ, බබලන, උපක්ලේශ රහිත වූ, මෘදු වූ, කර්මණ්‍ය වූ, ස්ථිර භාවයට පත් වූ, නොසැලෙන ස්වභාවයෙන් යුතුව මේ සිත පවතින කල්හී පෙර විසූ කඳ පිළිවෙල දකිනා නුවණ පිණිස සිත යොමු කළෙමි. ඒ මම නොයෙක් අයුරින් පෙර විසූ කඳ පිළිවෙල සිහි කරමි. එනම්, එක් ජාතියක් ද, ජාති දෙකක් ද, ...(පෙ).... මෙසේ කරුණු සහිත වූ, විස්තර සහිත වූ පෙර විසූ කඳ පිළිවෙල නොයෙක් අයුරින් සිහි කරමි. බ්‍රාහ්මණය, රාත්‍රියෙහි ප්‍රථම යාමයෙහි මා විසින් මේ පළමු විද්‍යාව ලබන ලද්දේ ය. අවිද්‍යාව නසන ලද්දේ ය. විද්‍යාව උපන්නේ ය. අවිද්‍යා අන්ධකාරය පහ ව ගියේ ය. ආලෝකය උපන්නේ ය. අප්‍රමාදී ව කෙලෙස් තවන වීරියෙන් යුතු ව කාය ජීවිත දෙකෙහි අපේක්ෂා නැති ව වාසය කරන යමෙකුට යමක් ලැබෙයි නම්, එය එසේ විය.

බ්‍රාහ්මණය, බිජුවටින් මෝරා එන කුකුල් පැටවෙකුගේ උපත පරිද්දෙන් මාගේ ද අවිද්‍යා බිජුවටින් සිඳ බිඳ එන මේ පළමු උපත සිදුවිය.

ඒ මම මෙසේ සමාධිමත් සිතින් පිරිසිදු වූ, බබලන, උපක්ලේශ රහිත වූ, මෘදු වූ, කර්මණ්‍ය වූ, ස්ථිර භාවයට පත් වූ, නොසැලෙන ස්වභාවයෙන් යුතුව මේ සිත පවතින කල්හී සත්වයන්ගේ චුතිය - උපත දකිනා නුවණ පිණිස සිත යොමු කළෙමි. ඒ මම මිනිස් ඇස ඉක්මවා ගිය දිවැසින් චුත වෙන උපදින

සතුන් දකිමි. හීන වූ ත්, උසස් වූ ත්, වර්ණවත් වූ ත්, විරූපී වූ ත්, සුගතියෙහි ත්, දුගතියෙහි ත් කර්මානුරූප ව උපදින සතුන් දකිමි. ....(පෙ).... බ්‍රාහ්මණය, රාත්‍රියෙහි මධ්‍යම යාමයෙහි මා විසින් මේ දෙවෙනි විද්‍යාව ලබන ලද්දේ ය. අවිද්‍යාව නසන ලද්දේ ය. විද්‍යාව උපන්නේ ය. අවිද්‍යා අන්ධකාරය පහ ව ගියේ ය. ආලෝකය උපන්නේ ය. අප්‍රමාදී ව කෙලෙස් තවන වීරියෙන් යුතු ව කාය ජීවිත දෙකෙහි අපේක්ෂා නැති ව වාසය කරන යමෙකුට යමක් ලැබෙයි නම්, එය එසේ විය.

බ්‍රාහ්මණය, බිජුවටින් මෝරා එන කුකුල් පැටවෙකුගේ උපත පරිද්දෙන් මාගේ ද අවිද්‍යා බිජුවටින් සිඳ බිඳ එන මේ දෙවෙනි උපත සිදුවිය.

ඒ මම මෙසේ සමාධිමත් සිතින් පිරිසිදු වූ, බබලන, උපක්ලේශ රහිත වූ, මෘදු වූ, කර්මණ්‍ය වූ, ස්ථිර භාවයට පත් වූ, නොසැලෙන ස්වභාවයෙන් යුතුව මේ සිත පවතින කල්හී ආශ්‍රවයන් ක්ෂය වීමේ නුවණ පිණිස සිත යොමු කළෙමි. ඒ මම මෙය දුකැයි ඒ අයුරින් ම අවබෝධ කළෙමි. මෙය දුකෙහි හටගැනීම යැයි ඒ අයුරින් ම අවබෝධ කළෙමි. මේ දුකෙහි නිරෝධය යැයි ඒ අයුරින්ම අවබෝධ කළෙමි. මේ දුක් නිරුද්ධ වන ප්‍රතිපදාව යැයි ඒ අයුරින්ම අවබෝධ කළෙමි. මේ ආශ්‍රවයන් යැයි ඒ අයුරින් ම අවබෝධ කළෙමි. මේ ආශ්‍රවයන්ගේ හටගැනීම යැයි ඒ අයුරින් ම අවබෝධ කළෙමි. මේ ආශ්‍රවයන්ගේ නිරුද්ධ වීම යැයි ඒ අයුරින් ම අවබෝධ කළෙමි. මේ ආශ්‍රවයන් නිරුද්ධ වන ප්‍රතිපදාව යැයි ඒ අයුරින් ම අවබෝධ කළෙමි.

මෙසේ දන්නා වූ, මෙසේ දක්නා වූ ඒ මාගේ සිත කාමාශ්‍රවයෙනුත් නිදහස් වූයේ ය. භවාශ්‍රවයෙනුත් නිදහස් වූයේ ය. අවිද්‍යා ආශ්‍රවයෙනුත් නිදහස් වූයේ ය. නිදහස් වූ කල්හී නිදහස් වුණෙමි යි ඥානය ඇතිවූයේ ය. ඉපදීම ක්ෂය විය. බඹසර වාසය නිම වන ලදී. කළ යුත්ත කරන ලදී. මත්තෙහි මේ වෙනුවෙන් කළ යුතු කිසිවක් නැතැයි අවබෝධ වූයේ ය.

බ්‍රාහ්මණය, රාත්‍රියෙහි පශ්චිම යාමයෙහි මා විසින් තෙවෙනි විද්‍යාව ලබන ලද්දේ ය. අවිද්‍යාව නසන ලද්දේ ය. විද්‍යාව උපන්නේ ය. අවිද්‍යා අන්ධකාරය පහ ව ගියේ ය. ආලෝකය උපන්නේ ය. අප්‍රමාදී ව කෙලෙස් තවන වීරියෙන් යුතු ව කාය ජීවිත දෙකෙහි අපේක්ෂා නැති ව වාසය කරන යමෙකුට යමක් ලැබෙයි නම්, එය එසේ විය.

බ්‍රාහ්මණය, බිජුවටින් මෝරා එන කුකුල් පැටවෙකුගේ උපත පරිද්දෙන් මාගේ ද අවිද්‍යා බිජුවටින් සිඳ බිඳ එන මේ තෙවෙනි උපත සිදුවිය.

මෙසේ වදාළ කල්හී වේරඤ්ජ බ්‍රාහ්මණයා භාග්‍යවතුන් වහන්සේට මෙය පැවසුවේ ය.

"භවත් ගෞතමයන් වහන්සේ ජ්‍යෙෂ්ඨ වන සේක. භවත් ගෞතමයන් වහන්සේ ශ්‍රේෂ්ඨ වන සේක. භවත් ගෞතමයන් වහන්ස, ඉතා මනහර ය. භවත් ගෞතමයන් වහන්ස, ඉතා මනහර ය. ....(පෙ).... භවත් ගෞතමයන් වහන්සේ අද පටන් මා දිවිහිමියෙන් තෙරුවන් සරණ ගිය උපාසකයෙකු ලෙස පිළිගන්නා සේක්වා!"

සාදු! සාදු!! සාදු!!!

වේරඤ්ජ සූත්‍රය නිමා විය.

8.1.2.2.
සීහ සේනාපති සූත්‍රය
සීහ සේනාපතිට වදාළ දෙසුම

එක් සමයක භාග්‍යවතුන් වහන්සේ විශාලා මහනුවර මහාවනයෙහි කූටාගාර ශාලාවෙහි වැඩවෙසෙන සේක. එසමයෙහි බොහෝ ප්‍රසිද්ධ ප්‍රසිද්ධ ලිච්ඡවීහු රැස්වීම් ශාලාවෙහි රැස් ව නොයෙක් අයුරින් බුදුරජුන්ගේ ගුණ කියති. ධර්මයෙහි ගුණ කියති. සංඝයාගේ ගුණ කියති.

එසමයෙහි නිගණ්ඨ ශ්‍රාවකයෙකු වූ සීහ සේනාපති තෙමේ ඒ පිරිස් අතර සිටියේ ය. ඉක්බිති සීහ සේනාපති හට මෙය සිතුණේ ය.

'නිසැක වශයෙන් ම හෙතෙමේ භාග්‍යවත් වූ අරහත් වූ සම්මා සම්බුදු කෙනෙක් විය යුතුයි. මේ බොහෝ ප්‍රසිද්ධ ප්‍රසිද්ධ ලිච්ඡවීවරු සන්ථාගාරයෙහි රැස් ව නොයෙක් අයුරින් බුදු ගුණ කියන්නේ ත්, දහම් ගුණ කියන්නේ ත්, සඟ ගුණ කියන්නේ ත් ඒ අයුරින් නොවැ. මම ත් ඒ භාග්‍යවත් අරහත් සම්මා සම්බුදුරජුන් බැහැදකින්නට යන්නෙම් නම් යහපති' යි.

ඉක්බිති සීහ සේනාපති තෙමේ නිගණ්ඨනාතපුත්‍ර වෙත ගියේ ය. ගොස් නිගණ්ඨ නාතපුත්‍රයා හට මෙය පැවසුවේ ය.

"ස්වාමීනී, මම ශ්‍රමණ ගෞතමයන් වහන්සේ බැහැදකිනු පිණිස එළඹෙන්නට කැමැත්තෙමි."

"මොනවා සීහයෙනි? ඔබ වනාහී ක්‍රියාවාදී කෙනෙක් නොවැ. අක්‍රියාවාදී ශ්‍රමණ ගෞතමයන් දැකීමට එළඹෙන්නෙහි? සීහයෙනි, ශ්‍රමණ ගෞතමයෝ අක්‍රියවාදී කෙනෙකි. ක්‍රියාවන් නොකිරීම පිණිස දහම් දෙසති. ශ්‍රාවකයන් ව හික්මවන්නේ ත් ඒ අයුරින් නොවැ."

එකල්හී භාග්‍යවතුන් වහන්සේ දැකීම පිණිස යෑමට සීහ සෙන්පතියාගේ යම් උත්සාහයක් තිබුණේ ද, එය සංසිඳී ගියේ ය.

දෙවෙනි වතාවට ද බොහෝ ප්‍රසිද්ධ ප්‍රසිද්ධ ලිච්ඡවීහු රැස්වීම් ශාලාවෙහි රැස් ව නොයෙක් අයුරින් බුදුරජුන්ගේ ගුණ කියති. ධර්මයෙහි ගුණ කියති. සංඝයාගේ ගුණ කියති.

දෙවෙනි වතාවට ද සීහ සේනාපති හට මෙය සිතුණේ ය.

'නිසැක වශයෙන් ම හෙතෙමේ භාග්‍යවත් වූ අරහත් වූ සම්මා සම්බුදු කෙනෙක් විය යුතුයි. මේ බොහෝ ප්‍රසිද්ධ ප්‍රසිද්ධ ලිච්ඡවීවරු සන්ථාගාරයෙහි රැස් ව නොයෙක් අයුරින් බුදු ගුණ කියන්නේ ත්, දහම් ගුණ කියන්නේ ත්, සඟ ගුණ කියන්නේ ත් ඒ අයුරින් නොවැ. මම ත් ඒ භාග්‍යවත් අරහත් සම්මා සම්බුදුරජුන් බැහැදකින්නට යන්නෙම් නම් යහපති.'

ඉක්බිති සීහ සේනාපති තෙමේ නිගණ්ඨනාතපුත්‍ර වෙත ගියේ ය. ගොස් නිගණ්ඨ නාතපුත්‍රයා හට මෙය පැවසුවේ ය.

"ස්වාමීනී, මම ශ්‍රමණ ගෞතමයන් වහන්සේ බැහැදකිනු පිණිස එළඹෙන්නට කැමැත්තෙමි."

"මොනවා සීහයෙනි? ඔබ වනාහී ක්‍රියාවාදී කෙනෙක් නොවැ. අක්‍රියාවාදී ශ්‍රමණ ගෞතමයන් දැකීමට එළඹෙන්නෙහි? සීහයෙනි, ශ්‍රමණ ගෞතමයෝ අක්‍රියවාදී කෙනෙකි. ක්‍රියාවන් නොකිරීම පිණිස දහම් දෙසති. ශ්‍රාවකයන් ව හික්මවන්නේ ත් ඒ අයුරින් නොවැ."

දෙවෙනි වතාවට ද භාග්‍යවතුන් වහන්සේ දැකීම පිණිස යෑමට සීහ සෙන්පතියාගේ යම් උත්සාහයක් තිබුණේ ද, එය සංසිඳී ගියේ ය.

තුන්වෙනි වතාවට ද බොහෝ ප්‍රසිද්ධ ප්‍රසිද්ධ ලිච්ඡවීහු රැස්වීම් ශාලාවෙහි රැස් ව නොයෙක් අයුරින් බුදුරජුන්ගේ ගුණ කියති. ධර්මයෙහි ගුණ කියති. සංඝයාගේ ගුණ කියති.

තුන්වෙනි වතාවට ද සීහ සේනාපති හට මෙය සිතුණේ ය.

'නිසැක වශයෙන් ම හෙතෙමේ භාග්‍යවත් වූ අරහත් වූ සම්මා සම්බුදු කෙනෙක් විය යුතුයි. මේ බොහෝ ප්‍රසිද්ධ ප්‍රසිද්ධ ලිච්ඡවීවරු සන්ථාගාරයෙහි රැස් ව නොයෙක් අයුරින් බුදු ගුණ කියන්නේ ත්, දහම් ගුණ කියන්නේ ත්, සඟ ගුණ කියන්නේ ත් ඒ අයුරින් නොවැ. කිම? මා කියා ගිය ත්, නොකියා ගිය ත් මේ නිගණ්ඨයෝ මට කුමක් කරන්න ද? එහෙයින් නිගණ්ඨයින්ට නොකියා ම මම ත් ඒ භාග්‍යවත් අරහත් සම්මා සම්බුදුරජුන් බැහැදකින්නට යන්නෙම් නම් යහපති.'

ඉක්බිති සීහ සේනාපති තෙමේ රථ පන්සියයකින් පමණ යුතුව දවල් කාලයෙහි භාග්‍යවතුන් වහන්සේ බැහැදකින්නට විශාලා මහනුවරින් නික්ම ගියේ ය. යානයෙන් යා හැකි තාක් ගොස් යානයෙන් බැස පා ගමනින් ම ආරාමයට පිවිසියේ ය. ඉක්බිති සීහ සේනාපති තෙමේ භාග්‍යවතුන් වහන්සේ වෙත එළැඹියේ ය. එළඹ භාග්‍යවතුන් වහන්සේට සකසා වන්දනා කොට එකත්පස් ව හිඳගත්තේ ය. එකත්පස් ව හුන් සීහ සේනාපති භාග්‍යවතුන් වහන්සේට මෙය පැවසුවේ ය.

"ස්වාමීනි, 'ශ්‍රමණ ගෞතම තෙමේ අක්‍රියවාදියෙකි, නොකිරීම පිණිස දහම් දෙසයි, එයිනුත් ශ්‍රාවකයන් හික්මවයි' යනුවෙන් මා විසින් අසන ලද්දේ ය. ස්වාමීනී, යමෙක් මට මෙසේ කීවාහු ද, එනම් 'ශ්‍රමණ ගෞතම තෙමේ අක්‍රියවාදියෙකි, නොකිරීම පිණිස දහම් දෙසයි, එයිනුත් ශ්‍රාවකයන් හික්මවයි' යනුවෙන්, ස්වාමීනී, කිම, ඔවුන් ඒ පවසන්නේ වදාළ දෙයක් ද? භාග්‍යවතුන් වහන්සේට අභූතයෙන් චෝදනා නොකිරීමක් ද? ධර්මයට අනුකූල වූ ප්‍රකාශයක් ද? කරුණු සහිත ව ඉදිරිපත් කළ විට ගැරහීමකට නොඑන දෙයක් ද? ස්වාමීනී, අපි භාග්‍යවතුන් වහන්සේට අභූත චෝදනා කිරීමට නොකැමැත්තෙමු."

1. "සීහයෙනි, යම් ක්‍රමයකින් මනාකොට කිව යුතු නම් 'ශ්‍රමණ ගෞතම තෙමේ අකිරියවාදියෙක් ය. ක්‍රියා නොකිරීම පිණිස දහම් දෙසන්නෙකි. එයින් ම ශ්‍රාවකයන් ව හික්මවන්නෙකි යි' කියා එසේ කිව හැකි ක්‍රමයක් ඇත්තේ ය.

2. සීහයෙනි, යම් ක්‍රමයකින් මනාකොට කිව යුතු නම් 'ශ්‍රමණ ගෞතම තෙමේ කිරියවාදියෙක් ය. ක්‍රියා කිරීම පිණිස දහම් දෙසන්නෙකි. එයින් ම ශ්‍රාවකයන් ව හික්මවන්නෙකි යි' කියා එසේ කිව හැකි ක්‍රමයක් ඇත්තේ ය.

3. සීහයෙනි, යම් ක්‍රමයකින් මනාකොට කිව යුතු නම් 'ශ්‍රමණ ගෞතම තෙමේ උච්ඡේදවාදියෙක් ය. විනාශය පිණිස දහම් දෙසන්නෙකි. එයින් ම ශ්‍රාවකයන් ව හික්මවන්නෙකි යි' කියා එසේ කිව හැකි ක්‍රමයක් ඇත්තේ ය.

4. සීහයෙනි, යම් ක්‍රමයකින් මනාකොට කිව යුතු නම් 'ශ්‍රමණ ගෞතම තෙමේ ජේගුච්ඡියෙක් ය. පිළිකුල් කිරීම පිණිස දහම් දෙසන්නෙකි. එයින් ම ශ්‍රාවකයන් ව හික්මවන්නෙකි යි' කියා එසේ කිව හැකි ක්‍රමයක් ඇත්තේ ය.

5. සීහයෙනි, යම් ක්‍රමයකින් මනාකොට කිව යුතු නම් 'ශ්‍රමණ ගෞතම තෙමේ වේනයිකයෙක් ය. නැසීම පිණිස දහම් දෙසන්නෙකි. එයින් ම ශ්‍රාවකයන් ව හික්මවන්නෙකි යි' කියා එසේ කිව හැකි ක්‍රමයක් ඇත්තේ ය.

6. සීහයෙනි, යම් ක්‍රමයකින් මනාකොට කිව යුතු නම් 'ශ්‍රමණ ගෞතම තෙමේ තපස්සියෙක් ය. තැවීම පිණිස දහම් දෙසන්නෙකි. එයින් ම ශ්‍රාවකයන් ව හික්මවන්නෙකි යි' කියා එසේ කිව හැකි ක්‍රමයක් ඇත්තේ ය.

7. සීහයෙනි, යම් ක්‍රමයකින් මනාකොට කිව යුතු නම් 'ශ්‍රමණ ගෞතම තෙමේ අපගබ්භයෙක් ය. ගැබෙන් බැහැර වීම පිණිස දහම් දෙසන්නෙකි. එයින් ම ශ්‍රාවකයන් ව හික්මවන්නෙකි යි' කියා එසේ කිව හැකි ක්‍රමයක් ඇත්තේ ය.

8. සීහයෙනි, යම් ක්‍රමයකින් මනාකොට කිව යුතු නම් 'ශ්‍රමණ ගෞතම තෙමේ අස්සාසකයෙක් ය. අස්වැසීම පිණිස දහම් දෙසන්නෙකි. එයින් ම ශ්‍රාවකයන් ව හික්මවන්නෙකි යි' කියා එසේ කිව හැකි ක්‍රමයක් ඇත්තේ ය.

1. සීහයෙනි, යම් ක්‍රමයකින් මනාකොට කිව යුතු නම් 'ශ්‍රමණ ගෞතම තෙමේ අකිරියවාදියෙක් ය. ක්‍රියා නොකිරීම පිණිස දහම් දෙසන්නෙකි. එයින් ම ශ්‍රාවකයන් ව හික්මවන්නෙකි යි' කියා එසේ කිව හැකි ක්‍රමය කුමක් ද? සීහයෙනි, මම වනාහී නොකිරීමක් ගැන කියමි. කායික දුෂ්චරිතය ත්, වාචසික දුෂ්චරිතය ත්, මානසික දුෂ්චරිතය ත් නොයෙක් පාපී අකුසල් ධර්මයනුත් නොකිරීම ගැන කියමි. සීහයෙනි, යම් ක්‍රමයකින් මනාකොට කිව යුතු නම් 'ශ්‍රමණ ගෞතම තෙමේ අකිරියවාදියෙක් ය. ක්‍රියා නොකිරීම පිණිස දහම් දෙසන්නෙකි. එයින් ම ශ්‍රාවකයන් ව හික්මවන්නෙකි යි' කියා එසේ කිව හැකි ක්‍රමය මෙය යි.

2. සීහයෙනි, යම් ක්‍රමයකින් මනාකොට කිව යුතු නම් 'ශ්‍රමණ ගෞතම තෙමේ කිරියවාදියෙක් ය. ක්‍රියා කිරීම පිණිස දහම් දෙසන්නෙකි. එයින් ම ශ්‍රාවකයන් ව හික්මවන්නෙකි යි' කියා එසේ කිව හැකි ක්‍රමය කුමක් ද? සීහයෙනි, මම වනාහී කිරීමක් ගැන කියමි. කායික සුචරිතය ත්, වාචසික සුචරිතය ත්, මානසික සුචරිතය ත් නොයෙක් කුසල් දහම් කිරීමක් ගැන කියමි. සීහයෙනි, යම් ක්‍රමයකින් මනාකොට කිව යුතු නම් 'ශ්‍රමණ ගෞතම තෙමේ කිරියවාදියෙක් ය. ක්‍රියා කිරීම පිණිස දහම් දෙසන්නෙකි. එයින් ම ශ්‍රාවකයන් ව හික්මවන්නෙකි යි' කියා එසේ කිව හැකි ක්‍රමය මෙය යි.

3. සීහයෙනි, යම් ක්‍රමයකින් මනාකොට කිව යුතු නම් 'ශ්‍රමණ ගෞතම තෙමේ උච්ඡේදවාදියෙක් ය. විනාශය පිණිස දහම් දෙසන්නෙකි. එයින් ම ශ්‍රාවකයන් ව හික්මවන්නෙකි යි' කියා එසේ කිව හැකි ක්‍රමය කුමක් ද? සීහයෙනි, මම වනාහී විනාශ කිරීමක් ගැන කියමි. රාගයේ ත්, ද්වේෂයේ ත්, මෝහයේ ත්, නොයෙක් පාපී අකුසල් දහම්වල විනාශ කිරීමක් ගැන කියමි. සීහයෙනි, යම් ක්‍රමයකින් මනාකොට කිව යුතු නම් 'ශ්‍රමණ ගෞතම තෙමේ උච්ඡේදවාදියෙක් ය. විනාශ කිරීම පිණිස දහම් දෙසන්නෙකි. එයින් ම ශ්‍රාවකයන් ව හික්මවන්නෙකි යි' කියා එසේ කිව හැකි ක්‍රමය මෙය යි.

4. සීහයෙනි, යම් ක්‍රමයකින් මනාකොට කිව යුතු නම් 'ශ්‍රමණ ගෞතම තෙමේ ජේගුච්ඡියෙක් ය. පිළිකුල් කිරීම පිණිස දහම් දෙසන්නෙකි. එයින් ම ශ්‍රාවකයන් ව හික්මවන්නෙකි යි' කියා එසේ කිව හැකි ක්‍රමය කුමක් ද? සීහයෙනි, මම වනාහී පිළිකුල් කරමි. කායික දුශ්චරිතය ත්, වාචසික දුශ්චරිතය ත්, මානසික දුශ්චරිතය ත් නොයෙක් පාපී අකුසල් දහම් ඇතිකරගැනීම ත් පිළිකුල් කරමි. සීහයෙනි, යම් ක්‍රමයකින් මනාකොට කිව යුතු නම් 'ශ්‍රමණ ගෞතම තෙමේ ජේගුච්ඡියෙක් ය. පිළිකුල්කිරීම පිණිස දහම් දෙසන්නෙකි. එයින් ම ශ්‍රාවකයන් ව හික්මවන්නෙකි යි' කියා එසේ කිව හැකි ක්‍රමය මෙය යි.

5. සීහයෙනි, යම් ක්‍රමයකින් මනාකොට කිව යුතු නම් 'ශ්‍රමණ ගෞතම තෙමේ වේනයිකයෙක් ය. නැසීම පිණිස දහම් දෙසන්නෙකි. එයින් ම ශ්‍රාවකයන් ව හික්මවන්නෙකි යි' කියා එසේ කිව හැකි ක්‍රමය කුමක් ද? සීහයෙනි, මම වනාහී නැසීම පිණිස දහම් දෙසමි. රාගයේ ත්, ද්වේෂයේ ත්, මෝහයේ ත්, නොයෙක් පාපී අකුසල් දහම්වලත් නැසීම පිණිස දහම් දෙසමි. සීහයෙනි, යම් ක්‍රමයකින් මනාකොට කිව යුතු නම් 'ශ්‍රමණ ගෞතම තෙමේ වේනයිකයෙක් ය. නැසීම පිණිස දහම් දෙසන්නෙකි. එයින් ම ශ්‍රාවකයන් ව හික්මවන්නෙකි යි' කියා එසේ කිව හැකි ක්‍රමය මෙය යි.

6. සීහයෙනි, යම් ක්‍රමයකින් මනාකොට කිව යුතු නම් 'ශ්‍රමණ ගෞතම තෙමේ තපස්සියෙක් ය. තැවීම පිණිස දහම් දෙසන්නෙකි. එයින් ම ශ්‍රාවකයන් ව හික්මවන්නෙකි යි' කියා එසේ කිව හැකි ක්‍රමය කුමක් ද? සීහයෙනි, මම වනාහී කායික දුශ්චරිතය ත්, වාචසික දුශ්චරිතය ත්, මානසික දුශ්චරිතය ත් යන පාපී අකුසල ධර්මයන් තැවිය යුතු යැයි කියමි. සීහයෙනි, යමෙකුට තැවිය යුතු පාපී අකුසල් දහම් ඇද්ද, ඒවා ප්‍රහීණ වී ඇත්නම්, මුලින් ම සිඳී ඇත්නම්, කරටිය සුන් තල් ගසක් මෙන් වී ඇත්නම්, අභාවයට පත් වී ඇත්නම්, යළි කිසිදා නූපදින ස්වභාවයට පත් වී ඇත්නම්, මම ඔහුට තපස්සී යැයි කියමි. සීහයෙනි, තථාගතයන් හට තැවිය යුතු පාපී අකුසල් දහම් ප්‍රහීණ වී ඇත්තේ ය. මුලින් ම

සිඳී ඇත්තේ ය. කරටිය සුන් තල් ගසක් මෙන් වී ඇත්තේ ය. අභාවයට පත් වී ඇත්තේ ය. යළි කිසිදා නූපදින ස්වභාවයට පත් වී ඇත්තේ ය. සීහයෙනි, යම් ක්‍රමයකින් මනාකොට කිව යුතු නම් 'ශ්‍රමණ ගෞතම තෙමේ තපස්සියෙක් ය. තැවීම පිණිස දහම් දෙසන්නෙකි. එයින් ම ශ්‍රාවකයන් ව හික්මවන්නෙකි යි' කියා එසේ කිව හැකි ක්‍රමය මෙය යි.

7. සීහයෙනි, යම් ක්‍රමයකින් මනාකොට කිව යුතු නම් 'ශ්‍රමණ ගෞතම තෙමේ අපගබ්භයෙක් ය. ගර්භයෙන් බැහැර වීම පිණිස දහම් දෙසන්නෙකි. එයින් ම ශ්‍රාවකයන් ව හික්මවන්නෙකි යි' කියා එසේ කිව හැකි ක්‍රමය කුමක් ද? සීහයෙනි, යමෙකුට නැවත මව්කුසක නිදන, පුනර්භවයක උපතක් ඇද්ද, එය ප්‍රහීණ වී ඇත්නම්, මුලින් ම සිඳී ඇත්නම්, කරටිය සුන් තල් ගසක් මෙන් වී ඇත්නම්, අභාවයට පත් වී ඇත්නම්, යළි කිසිදා නූපදින ස්වභාවයට පත් වී ඇත්නම්, මම ඔහුට අපගබ්භ යැයි කියමි. සීහයෙනි, තථාගතයන් හට මත්තෙහි මව්කුසක නිදන, පුනර්භවයෙහි ලබන උපත ප්‍රහීණ වී ඇත්තේ ය. මුලින් ම සිඳී ඇත්තේ ය. කරටිය සුන් තල් ගසක් මෙන් වී ඇත්තේ ය. අභාවයට පත් වී ඇත්තේ ය. යළි කිසිදා නූපදින ස්වභාවයට පත් වී ඇත්තේ ය. සීහයෙනි, යම් ක්‍රමයකින් මනාකොට කිව යුතු නම් 'ශ්‍රමණ ගෞතම තෙමේ අපගබ්භයෙක් ය. ගර්භයෙන් බැහැර වීම පිණිස දහම් දෙසන්නෙකි. එයින් ම ශ්‍රාවකයන් ව හික්මවන්නෙකි යි' කියා එසේ කිව හැකි ක්‍රමය මෙය යි.

8. සීහයෙනි, යම් ක්‍රමයකින් මනාකොට කිව යුතු නම් 'ශ්‍රමණ ගෞතම තෙමේ ආශ්වාසයෙක් ය. අස්වැසීම පිණිස දහම් දෙසන්නෙකි. එයින් ම ශ්‍රාවකයන් ව හික්මවන්නෙකි යි' කියා එසේ කිව හැකි ක්‍රමය කුමක් ද? සීහයෙනි, මම වනාහී පරම අස්වැසිල්ලෙන් අස්වැසී සිටින්නෙක්මි. අස්වැසීම පිණිස ධර්මය ද දේශනා කරමි. එයින් ම ශ්‍රාවකයනුත් හික්මවමි. සීහයෙනි, යම් ක්‍රමයකින් මනාකොට කිව යුතු නම් 'ශ්‍රමණ ගෞතම තෙමේ ආශ්වාසයෙක් ය. අස්වැසීම පිණිස දහම් දෙසන්නෙකි. එයින් ම ශ්‍රාවකයන් ව හික්මවන්නෙකි යි' කියා එසේ කිව හැකි ක්‍රමය මෙය යි."

මෙසේ වදාළ කල්හී සීහ සේනාපති තෙමේ භාග්‍යවතුන් වහන්සේට මෙය පැවසුවේ ය.

"ස්වාමීනී, ඉතා මනහර ය. ස්වාමීනී, ඉතා මනහර ය. ....(පෙ).... ස්වාමීනී, භාග්‍යවතුන් වහන්සේ අද පටන් දිවි ඇති තෙක් තෙරුවන් සරණ ගිය උපාසකයෙකු ලෙස මා පිළිගන්නා සේක්වා!"

"සීහයෙනි, හොඳින් සිතා බලා කටයුතු කරව. ඔබ වැනි ප්‍රසිද්ධ

මනුෂ්‍යයන් හට හොඳින් සිතා බලා කටයුතු කිරීම යහපත් වෙයි."

"ස්වාමීනී, මම මෙකරුණෙනුත් භාග්‍යවතුන් වහන්සේ කෙරෙහි බෙහෙවින් ම සතුටු සිත් ඇත්තෙම්, ඇලුනෙම් වෙමි. භාග්‍යවතුන් වහන්සේ මට මෙසේ ත් වදාළා නොවැ. 'සීහයෙනි, හොඳින් සිතා බලා කටයුතු කරව. ඔබ වැනි ප්‍රසිද්ධ මනුෂ්‍යයන් හට හොඳින් සිතා බලා කටයුතු කිරීම යහපත් වෙයි' යි.

ස්වාමීනී, අන්‍ය තීර්ථකයන්ට මා වැනි ශ්‍රාවකයෙක් ලැබුණු විට මේ මුළු විශාලා මහනුවර 'සීහ සේනාපති අපගේ ශ්‍රාවක භාවයට පැමිණියේ ය'යි කොඩි ඔසොවන්නාහු ය. එහෙත් භාග්‍යවතුන් වහන්සේ මට මෙසේ වදාළා නොවැ. 'සීහයෙනි, හොඳින් සිතා බලා කටයුතු කරව. ඔබ වැනි ප්‍රසිද්ධ මනුෂ්‍යයන් හට හොඳින් සිතා බලා කටයුතු කිරීම යහපත් වෙයි' යි. ස්වාමීනී, ඒ මම දෙවන වතාවට ත් භාග්‍යවතුන් වහන්සේ ව ද, ධර්මය ද, භික්ෂු සංඝයා ද සරණ යමි. ස්වාමීනී, භාග්‍යවතුන් වහන්සේ අද පටන් මා දිවිහිමියෙන් තෙරුවන් සරණ ගිය උපාසකයෙකු වශයෙන් පිළිගන්නා සේක්වා"

"සීහයෙනි, ඔබගේ නිවස බොහෝ කාලයක් නිගණ්ඨයන් හට පැන් පොකුණක් සේ තිබුණේ ය. ඔවුන් පැමිණි කල්හී දානය දිය යුතු යැයි සිතිය යුත්තේ ය."

"ස්වාමීනී, මම මෙකරුණෙනුත් භාග්‍යවතුන් වහන්සේ කෙරෙහි බෙහෙවින් ම සතුටු සිත් ඇත්තෙම්, ඇලුනෙම් වෙමි. භාග්‍යවතුන් වහන්සේ මට මෙසේ ත් වදාළා නොවැ. 'සීහයෙනි, ඔබගේ නිවස බොහෝ කාලයක් නිගණ්ඨයන් හට පැන් පොකුණක් සේ තිබුණේ ය. ඔවුන් පැමිණි කල්හී දානය දිය යුතු යැයි සිතිය යුත්තේ ය' යි.

ස්වාමීනි, මා අසන ලද්දේ වෙනත් දෙයක් නොවැ. එනම් භාග්‍යවතුන් වහන්සේ මෙසේ කියති. 'මට ම දන් දිය යුත්තේ ය. අන්‍යයන්ට දන් නොදිය යුත්තේ ය. මාගේ ශ්‍රාවකයන්ට ම දන් දිය යුත්තේ ය. අන්‍යයන්ගේ ශ්‍රාවකයන්ට දන් නොදිය යුත්තේ ය. මට ම දුන් දානය මහත්ඵල වෙයි. අන්‍යයන්ට දුන් දානය මහත්ඵල නොවෙයි. මාගේ ම ශ්‍රාවකයන්ට දුන් දානය මහත්ඵල වෙයි. අන්‍යයන්ගේ ශ්‍රාවකයන්ට දුන් දානය මහත්ඵල නොවෙයි' කියා ය. එහෙත් භාග්‍යවතුන් වහන්සේ මා නිගණ්ඨයන් කෙරෙහි ත් දානයෙහි සමාදන් කරවයි. වැලිදු ස්වාමීනි, අපි එහිලා කල් දන්නෙමු.

ස්වාමීනී, ඒ මම තෙවන වතාවට ත් භාග්‍යවතුන් වහන්සේ ව ද, ධර්මය

ද, භික්ෂු සංඝයා ද සරණ යමි. ස්වාමීනී, භාග්‍යවතුන් වහන්සේ අද පටන් මා දිවිහිමියෙන් තෙරුවන් සරණ ගිය උපාසකයෙකු වශයෙන් පිළිගන්නා සේක්වා"

ඉක්බිති භාග්‍යවතුන් වහන්සේ සීහ සේනාපතිට අනුපිළිවෙල කථාව වදාළ සේක. එනම්; දාන කථා, සීල කථා, සග්ග කථා, කාමයන්ගේ ආදීනව, කෙලෙසුන්ගේ ළාමක බව, නෛෂ්ක්‍රම්‍යයෙහි අනුසස් පැවසූ සේක.

යම් විටක භාග්‍යවතුන් වහන්සේ සීහ සේනාපති ප්‍රබෝධ සිත් ඇති, මෘදු සිත් ඇති, නීවරණ රහිත සිත් ඇති, ඔදවැඩුණු සිත් ඇති, පහන් සිත් ඇති බවට පත් වූ බව දුටු සේක් ද, එකල්හී බුදුවරුන්ගේ සාමුක්කංසික ධර්ම දේශනාව ඔහුට පැවසූ සේක. දුක ත්, දුකෙහි හටගැනීම ත්, නිරෝධය ත්, මාර්ගය ත් ය. ඉවත් කරන ලද කළු ලප ඇති පිරිසිදු වස්ත්‍රයක් මනාකොට සායම් උරාගන්නේ යම් සේ ද, එසෙයින් ම සීහ සේනාපති හට ඒ අසුනෙහි ම කෙලෙස් රහිත වූ, අවිද්‍යා මලකඩ රහිත වූ දහම් ඇස පහළ වූයේ ය. එනම් හේතු ප්‍රත්‍යයන්ගෙන් හටගන්නා ස්වභාවයෙන් යුතු යමක් ඇද්ද, ඒ සියල්ල හේතු නිරෝධයෙන් නිරුද්ධ වන ස්වභාව ඇත්තේ ය කියා ය.

ඉක්බිති දකිනා ලද ආර්ය සත්‍යය ධර්මය ඇති, සෝවාන් ඵලයට පත් ධර්මය ඇති, දුටු ධර්මය ඇති, බැසගත් ධර්මය ඇති, තරණය කළ සැක ඇති, බැහැර වූ 'කෙසේ ද, කෙසේ ද' යන ගති ඇති, විශාරද බවට පත්, ශාස්තෘ ශාසනයෙහි අන්‍යයන්ගේ උපකාර රහිත බවට පත් වූ සීහ සේනාපති තෙමේ භාග්‍යවතුන් වහන්සේට මෙය පැවසුවේ ය.

"ස්වාමීනී, භාග්‍යවතුන් වහන්සේ භික්ෂු සංඝයා සමඟ හෙට දවසෙහි මාගේ දානය පිණිස ඉවසා වදාරණ සේක්වා"

භාග්‍යවතුන් වහන්සේ නිශ්ශබ්දතාවයෙන් එය පිළිගත් සේක. ඉක්බිති සීහ සේනාපති භාග්‍යවතුන් වහන්සේ තම ඇරයුම පිළිගත් බව දැන හුනස්නෙන් නැගිට භාග්‍යවතුන් වහන්සේට සකසා වන්දනා කොට, පැදකුණු කොට නික්ම ගියේ ය.

ඉක්බිති සීහ සේනාපති එක්තරා පුරුෂයෙකු ව ඇමතුවේ ය.

"එම්බා පුරුෂය, යව. විකිණීමට ඇති මාංශයක් දනුව"

එවිට සීහ සේනාපති ඒ රෑ ඇවෑමෙන් සිය නිවසෙහි ප්‍රණීත වූ ඛාද්‍ය භෝජ්‍ය පිළියෙල කරවා "ස්වාමීනී, දානය පිළියෙල වූයේ ය. වඩින්නට කාලය යි" කියා භාග්‍යවතුන් වහන්සේට වඩින්නට කල් දැනුම් දුන්නේ ය.

එකල්හී භාග්‍යවතුන් වහන්සේ පෙරවරුවෙහි සිවුරු හැඳ පොරොවා ගෙන පාත්‍රය හා සිවුර ගෙන සීහ සෙන්පතියාගේ නිවසට වැඩිසේක. වැඩම කොට භික්ෂුසංඝයා සමඟ පණවන ලද අසුනෙහි වැඩහුන් සේක.

එසමයෙහි බොහෝ නිගණ්ඨයෝ විශාලා මහනුවර පාරක් පාරක් ගානේ හන්දියක් හන්දියක් ගානේ දෙඅත් බැඳ 'අද සීහ සේනාපතියා විසින් මහත් සිරුරැති සිව්පාවෙකු මරා ශ්‍රමණ ගෞතමයන් උදෙසා බතක් සකසන ලද්දේ ය. ශ්‍රමණ ගෞතමයෝ තමන් උදෙසා කළ ඒ මස දැන දැන අනුභව කරති' යි හඬ නගා කියති.

එකල්හී එක්තරා පුරුෂයෙක් සීහ සේනාපති වෙත පැමිණියේ ය. පැමිණ සීහ සේනාපතිගේ කනට ළං ව මෙය දැනුම් දුන්නේ ය.

"ස්වාමීනී, දන්නෙහි ද? මේ බොහෝ නිගණ්ඨයෝ විශාලා මහනුවර පාරක් පාරක් ගානේ, හන්දියක් හන්දියක් ගානේ දෙඅත් බැඳ 'අද සීහ සේනාපතියා විසින් මහත් සිරුරැති සිව්පාවෙකු මරා ශ්‍රමණ ගෞතමයන් උදෙසා බතක් සකසන ලද්දේ ය. ශ්‍රමණ ගෞතමයෝ තමන් උදෙසා කළ ඒ මස දැන දැන අනුභව කරති' යි හඬ නගා කෑ ගසනවා නොවැ."

"ආර්යය, කම් නැත. ඒ ආයුෂ්මත්වරු බොහෝ කලක් ම බුදුරජුන්ගේ අගුණ කියනු කැමතියෝ ය. ධර්මයෙහි අගුණ කියනු කැමතියෝ ය. සංඝයාගේ අගුණ කියනු කැමතියෝ ය. ඒ ආයුෂ්මත්වරු භාග්‍යවතුන් වහන්සේට අසත්‍ය වූ, තුච්ඡ වූ, මුසා වූ, අභූතයෙන් චෝදනා කිරීම අවසන් නොකරන්නාහ. අපි ජීවිතය හේතුවෙනුත් දැන දැන සතෙකුගේ දිවි තොර නොකරම්හ."

ඉක්බිති සීහ සේනාපති තෙමේ බුදුරජුන් ප්‍රමුඛ භික්ෂු සංඝයාට ප්‍රණීත වූ ඛාද්‍ය භෝජ්‍යයෙන් සිය අතින් සැතපෙව්වේ ය. මැනැවින් පැවරුවේ ය. ඉක්බිති සීහ සේනාපති තෙමේ දන් වළඳා පාත්‍රයෙන් බැහැරට ගත් ශ්‍රී හස්තයෙන් යුතු භාග්‍යවතුන් වහන්සේගේ එකත්පස් ව හිඳගත්තේ ය. එකත්පස් ව හුන් සීහ සේනාපති හට භාග්‍යවතුන් වහන්සේ ධර්ම කථාවෙන් කරුණු දක්වා, සමාදන් කරවා, උත්සාහවත් කරවා, සතුටු කරවා හුනස්නෙන් නැගී වැඩි සේක.

සාදු! සාදු!! සාදු!!!

සීහ සේනාපති සූත්‍රය නිමා විය.

8.1.2.3.
ආජඤ්ඤ සූත්‍රය
ආජානේය අශ්වයා ගැන වදාළ දෙසුම

සැවැත් නුවර දී ය .....

මහණෙනි, රජුගේ සොඳුරු ආජානේය අශ්වයා අංග අටකින් සමන්විත වූයේ, රජුට සුදුසු වෙයි. රාජ පරිහරණයට යෝග්‍ය වෙයි. රජුගේ අංගයක් ය යන ගණනට යයි. ඒ කවර අංග අටකින් ද යත්;

මහණෙනි, මෙහිලා රජුගේ සොඳුරු ආජානේය අශ්වයා මව් පිය දෙපාර්ශවයෙන් සුජාත වෙයි. යම් දිශාවක අන්‍ය සොඳුරු ආජානේය අශ්වයෝ උපදිත් නම් ඒ දිශාවෙහි උපන්නේ වෙයි. ඔහුට අමු වේවා, වියළි වේවා යම් භෝජනයක් දෙත් නම් එය නොවිසුරුවා, සකසා අනුභව කරයි. බෙටි දැමූ තැන හෝ මුත්‍රා හෙළූ තැන ඉඳගන්නට හෝ සැතපෙන්නට හෝ පිළිකුල් කරයි. කීකරු වූයේ, ඇසුරට පහසු වූයේ වෙයි. අනිත් අශ්වයන් නොතැති ගන්වන්නේ වෙයි. ඔහු තුළ යම් වංචනික බවක්, කපටි බවක්, ඇද බවක්, වක්‍ර බවක් ඇද්ද, ඒ සියල්ල තමා ව හික්මවන පුහුණු කරන්නාට ප්‍රකට කරයි. ඔහුගේ ඒ සියල්ල මැඩීමට ඒ පුහුණුකරු උත්සාහ කරයි. බර උසුලන බව ත්, අවවාද පිළිපදින බව ත් ඇත්තේ වෙයි. 'අනිත් අශ්වයෝ බර උසුලත්වා හෝ නොඋසුලත්වා හෝ එයින් මට කම් නැත. මෙහිලා මම් ම උසුලමි' යි සිත උපදවයි. යන කල්හී ඍජු මාර්ගයෙන් ම යයි. බලවත් වීරිය ඇත්තේ වෙයි. තම ජීවිතය මරණයෙන් නිමාවන තෙක් ඒ වීරිය පවත්වයි.

මහණෙනි, රජුගේ සොඳුරු ආජානේය අශ්වයා මේ අංග අටෙන් සමන්විත වූයේ, රජුට සුදුසු වෙයි. රාජ පරිහරණයට යෝග්‍ය වෙයි. රජුගේ අංගයක් ය යන ගණනට යයි.

එසෙයින් ම මහණෙනි, අට කරුණකින් සමන්විත වූ භික්ෂුව ආහුණෙය්‍ය වෙයි. ....(පෙ).... ලෝකයාගේ අනුත්තර පින්කෙත වෙයි. ඒ කවර අට කරුණකින් ද යත්;

1. මහණෙනි, මෙහිලා භික්ෂුව සිල්වත් වෙයි. ප්‍රාතිමෝක්ෂ සංවරයෙන් සංවර වූයේ වෙයි. යහපත් ඇවතුම් පැවතුම් ඇතිව වසන්නේ වෙයි. අණුමාත්‍ර

වූ වරදෙහි ත් බිය දකින සුළු ව සමාදන් වූ ශික්ෂාපදයන්හි හික්මෙන්නේ වෙයි.

2. ඒ භික්ෂුවට රූක්ෂ වේවා, ප්‍රණීත වේවා, යම් බොජුනක් පිළිගන්වයි නම්, එය කෙලෙස් හා නොගැටෙමින් ප්‍රත්‍යවේක්ෂා කරමින් සකස් කොට වළඳයි.

3. කාය දුෂ්චරිතය ත්, වචී දුෂ්චරිතය ත්, මනෝ දුෂ්චරිතය ත් පිළිකුල් කරයි. අනේක වූ පාපී අකුසල ධර්මයන් හා එක්වීම පිළිකුල් කරයි.

4. කීකරු වූයේ, ඇසුරට පහසු වූයේ වෙයි. අන්‍ය භික්ෂූන් ව නොතැති ගන්වන්නේ වෙයි.

5. ඒ භික්ෂුව තුළ යම් වංචනික බවක්, කූට බවක්, ඇද බවක්, වක්‍ර බවක් ඇද්ද, ඒ සියල්ල ඒ අයුරින් ම ශාස්තෘන් වහන්සේට හෝ නුවණැති සබ්‍රහ්මචාරීන් වහන්සේලාට හෝ ප්‍රකට කරයි. ශාස්තෘන් වහන්සේ හෝ නුවණැති සබ්‍රහ්මචාරීන් හෝ ඔහුගේ ඒ දුබලතා මැඩලීමට උත්සාහ කරයි.

6. හික්මෙන්නේ ම වෙයි. අන්‍ය භික්ෂූහු හික්මෙත්වා හෝ නොහික්මෙත්වා හෝ මෙහිලා මම් ම හික්මෙන්නෙමි යි සිත උපදවයි.

7. යන කල්හී ඍජු මාර්ගයෙන් ම යයි. ඒ ඍජු මාර්ගය කුමක් ද යත්, සම්මා දිට්ඨිය, සම්මා සංකල්ප, සම්මා වාචා, සම්මා කම්මන්ත, සම්මා ආජීව, සම්මා වායාම, සම්මා සති, සම්මා සමාධි යන මාර්ගය යි.

8. පටන් ගත් වීරිය ඇත්තේ වෙයි. ඒකාන්තයෙන් මේ සිරුරෙහි සම් ද, නහර ද ඇට ද ඉතුරු වෙතොත් ඉතුරු වේවා. ලේ මස් වියලෙතොත් වියැලේවා. පුරුෂ බලයෙන්, පුරුෂ වීර්යයෙන්, පුරුෂ පරාක්‍රමයෙන්, යමක් අත්පත් කරගත යුතු ද, එයට නොපැමිණ වීර්යය අත්හැරීමක් නොවන්නේ ය.

මහණෙනි, මේ අට කරුණෙන් සමන්විත වූ භික්ෂුව ආහුණෙය්‍ය වෙයි. ....(පෙ).... ලෝකයාගේ අනුත්තර පින්කෙත වෙයි.

සාදු! සාදු!! සාදු!!!

ආජඤ්ඤ සූත්‍රය නිමා විය.

8.1.2.4.
ඛලුංක සූත්‍රය
පහත් වර්ගයේ සත්වයා ගැන වදාළ දෙසුම

සැවැත් නුවර දී ය .....

මහණෙනි, පහත් වර්ගයේ අශ්වයන් අට දෙනෙක් ගැන ද, අශ්ව දෝෂ අටක් ගැන ද, පහත් වර්ගයේ පුරුෂයන් අට දෙනෙක් ගැන ද, පුරුෂ දෝෂ අටක් ගැන ද දේශනා කරන්නෙමි. එය අසව්. මැනැවින් මෙනෙහි කරව්. පවසන්නෙමි. 'එසේ ය, ස්වාමීනී' යි ඒ භික්ෂූහු භාග්‍යවතුන් වහන්සේට පිළිතුරු දුන්හ. භාග්‍යවතුන් වහන්සේ මෙය වදාළ සේක.

මහණෙනි, පහත් වර්ගයේ අශ්වයන් අට දෙනා කවුද? අශ්ව දෝෂ අට මොනවා ද?

1. මහණෙනි, මෙහිලා ඇතැම් පහත් වර්ගයේ අශ්වයෙක් පුහුණුකරු විසින් 'යනු' කියා කෙවිටෙන් ගැසූ කල්හී, මෙහෙයවන කල්හී, පිටුපසට ඇදෙයි. තම පිටෙන් රථය පෙරළයි. මහණෙනි, මෙලොවෙහි මෙබඳු වූත් ඇතැම් පහත් වර්ගයේ අශ්වයෙක් වෙයි. මහණෙනි, මේ පළමු වෙනි අශ්ව දෝෂය යි.

2. තව ද මහණෙනි, මෙහිලා ඇතැම් පහත් වර්ගයේ අශ්වයෙක් පුහුණුකරු විසින් 'යනු' කියා කෙවිටෙන් ගැසූ කල්හී, මෙහෙයවන කල්හී, පසු දෙපා ඔසොවා පහර දෙයි. රථයේ බෝන් ලීය බිඳියි. දඬු තුන බිඳියි. මහණෙනි, මෙලොවෙහි මෙබඳු වූත් ඇතැම් පහත් වර්ගයේ අශ්වයෙක් වෙයි. මහණෙනි, මේ දෙවෙනි අශ්ව දෝෂය යි.

3. තව ද මහණෙනි, මෙහිලා ඇතැම් පහත් වර්ගයේ අශ්වයෙක් පුහුණුකරු විසින් 'යනු' කියා කෙවිටෙන් ගැසූ කල්හී, මෙහෙයවන කල්හී, හිස නමා රථය බිම හෙළා කලවයෙන් රිය හිසට පහර දී පෙර දෙපයින් රියහිස මඩිමින් සිටියි. මහණෙනි, මෙලොවෙහි මෙබඳු වූත් ඇතැම් පහත් වර්ගයේ අශ්වයෙක් වෙයි. මහණෙනි, මේ තුන්වෙනි අශ්ව දෝෂය යි.

4. තව ද මහණෙනි, මෙහිලා ඇතැම් පහත් වර්ගයේ අශ්වයෙක් පුහුණුකරු විසින් 'යනු' කියා කෙවිටෙන් ගැසූ කල්හී, මෙහෙයවන කල්හී, පාරෙන් පිට පැන

කඳු ගැටයකට හෝ කටුලැහැබකට හෝ නොමගට හෝ යයි. රථය නොමග කට ගන්නා ලද්දක් කරයි. මහණෙනි, මෙලොවෙහි මෙබඳු වූත් ඇතැම් පහත් වර්ගයේ අශ්වයෙක් වෙයි. මහණෙනි, මේ සිව්වෙනි අශ්ව දෝෂය යි.

5. තව ද මහණෙනි, මෙහිලා ඇතැම් පහත් වර්ගයේ අශ්වයෙක් පුහුණුකරු විසින් 'යනු' කියා කෙවිටෙන් ගැසූ කල්හී, මෙහෙයවන කල්හී, පෙර කය ඉදිරියට ගනියි. පෙර පාද දෘඩිකොට ගනියි. මහණෙනි, මෙලොවෙහි මෙබඳු වූත් ඇතැම් පහත් වර්ගයේ අශ්වයෙක් වෙයි. මහණෙනි, මේ පස්වෙනි අශ්ව දෝෂය යි.

6. තව ද මහණෙනි, මෙහිලා ඇතැම් පහත් වර්ගයේ අශ්වයෙක් පුහුණුකරු විසින් 'යනු' කියා කෙවිටෙන් ගැසූ කල්හී, මෙහෙයවන කල්හී, පුහුණුකරු සිහි නොකොට, කෙවිට ද සිහි නොකොට දතින් කටකලියාව ඩැහැගෙන කැමති තැනකට යයි. මහණෙනි, මෙලොවෙහි මෙබඳු වූත් ඇතැම් පහත් වර්ගයේ අශ්වයෙක් වෙයි. මහණෙනි, මේ හයවෙනි අශ්ව දෝෂය යි.

7. තව ද මහණෙනි, මෙහිලා ඇතැම් පහත් වර්ගයේ අශ්වයෙක් පුහුණුකරු විසින් 'යනු' කියා කෙවිටෙන් ගැසූ කල්හී, මෙහෙයවන කල්හී, ඉදිරියට ත් නොයයි. පසුපසට ත් නොයයි. ටැඹක් සේ නිශ්චල ව දෘඩිකොට සිටියි. මහණෙනි, මෙලොවෙහි මෙබඳු වූත් ඇතැම් පහත් වර්ගයේ අශ්වයෙක් වෙයි. මහණෙනි, මේ සත්වෙනි අශ්ව දෝෂය යි.

8. තව ද මහණෙනි, මෙහිලා ඇතැම් පහත් වර්ගයේ අශ්වයෙක් පුහුණුකරු විසින් 'යනු' කියා කෙවිටෙන් ගැසූ කල්හී, මෙහෙයවන කල්හී, පෙර පා ත් හකුළුවා, පසු පා ත් හකුළුවා එතැන ම සතර පා මැඩ හිඳගනියි. මහණෙනි, මෙලොවෙහි මෙබඳු වූත් ඇතැම් පහත් වර්ගයේ අශ්වයෙක් වෙයි. මහණෙනි, මේ අටවෙනි අශ්ව දෝෂය යි.

මහණෙනි, මේ වනාහී පහත් වර්ගයේ අශ්වයන් අට දෙනා ය. අශ්ව දෝෂ අට මේවා ය.

මහණෙනි, පහත් වර්ගයේ පුරුෂයින් අට දෙනා කවුද? පුරුෂ දෝෂ අට මොනවා ද?

1. මහණෙනි, මෙහිලා භික්ෂූහු භික්ෂුවකට ආපත්තියෙන් චෝදනා කරති. එවිට ඒ භික්ෂුව භික්ෂූන් විසින් ආපත්තියෙන් චෝදනා කරන ලදු ව 'සිහි නොකරමි' යි අසිහියෙන් චෝදනාවෙහි වෙළුම් හරියි. යම් සේ මහණෙනි, ඒ පහත් වර්ගයේ අශ්වයා පුහුණුකරු විසින් 'යනු' කියා කෙවිටෙන් ගැසූ

කල්හී, මෙහෙයවන කල්හී, පිටුපසට ඇදෙයි ද, තම පිටෙන් රථය පෙරළයි ද, මහණෙනි, මම එබඳු උපමා කොට මේ පුද්ගලයා ගැන කියමි. මහණෙනි, මේ සසුනෙහි මෙබඳු වූත් ඇතැම් පහත් වර්ගයේ පුද්ගලයෙක් සිටියි. මහණෙනි, මේ පළමු වෙනි පුරුෂ දෝෂය යි.

2. තව ද මහණෙනි, භික්ෂූහු භික්ෂුවකට ආපත්තියෙන් චෝදනා කරති. එවිට ඒ භික්ෂුව භික්ෂූන් විසින් ආපත්තියෙන් චෝදනා කරන ලදු ව චෝදකයාට ම විරුද්ධ ව සිටියි. 'කිම? බාල වූ අව්‍යක්ත වූ තොපගේ කතාවෙන් කවර ප්‍රයෝජනයක් ද? තොප ත් කරුණු කිව යුත්තෙකු කොට හඟනෙහි ද?' යනුවෙනි. යම් සේ මහණෙනි, ඒ පහත් වර්ගයේ අශ්වයා පුහුණුකරු විසින් 'යනු' කියා කෙවිටෙන් ගැසූ කල්හී, මෙහෙයවන කල්හී, පසු දෙපා ඔසොවා පහර දෙයි ද, රථයේ බෝන් ලීය බිඳියි ද, දඬු තුන බිඳියි ද, මහණෙනි, මම එබඳු උපමා කොට මේ පුද්ගලයා ගැන කියමි. මහණෙනි, මේ සසුනෙහි මෙබඳු වූත් ඇතැම් පහත් වර්ගයේ පුද්ගලයෙක් සිටියි. මහණෙනි, මේ දෙවෙනි පුරුෂ දෝෂය යි.

3. තව ද මහණෙනි, භික්ෂූහු භික්ෂුවකට ආපත්තියෙන් චෝදනා කරති. එවිට ඒ භික්ෂුව භික්ෂූන් විසින් ආපත්තියෙන් චෝදනා කරන ලදු ව චෝදකයාට ම පෙරළා චෝදනා කරයි. 'තොප ත් මෙනම් ආපත්තියට පැමිණුනා නොවැ. පළමුවෙන් ඔබ එයට පිළියම් කරගනු' යනුවෙනි. යම් සේ මහණෙනි, පහත් වර්ගයේ අශ්වයා පුහුණුකරු විසින් 'යනු' කියා කෙවිටෙන් ගැසූ කල්හී, මෙහෙයවන කල්හී, හිස නමා රථය බිම හෙළා කලවයෙන් රිය හිසට පහර දී පෙර දෙපයින් රියහිස මඩිමින් සිටියි ද, මහණෙනි, මම එබඳු උපමා කොට මේ පුද්ගලයා ගැන කියමි. මහණෙනි, මේ සසුනෙහි මෙබඳු වූත් ඇතැම් පහත් වර්ගයේ පුද්ගලයෙක් සිටියි. මහණෙනි, මේ තුන්වෙනි පුරුෂ දෝෂය යි.

4. තව ද මහණෙනි, භික්ෂූහු භික්ෂුවකට ආපත්තියෙන් චෝදනා කරති. එවිට ඒ භික්ෂුව භික්ෂූන් විසින් ආපත්තියෙන් චෝදනා කරන ලදු ව වෙනත් වෙනත් කරුණු වලින් එය වසයි. බාහිර කතාවකට පටලවයි. කෝපය ත්, ද්වේෂය ත්, නොසතුට ත් පහළ කරයි. යම් සේ මහණෙනි, ඒ පහත් වර්ගයේ අශ්වයා පුහුණුකරු විසින් 'යනු' කියා කෙවිටෙන් ගැසූ කල්හී, මෙහෙයවන කල්හී, පාරෙන් පිට පැන කඳු ගැටයකට හෝ කටුලැහැබකට හෝ නොමගට හෝ යයි ද, රථය නොමගකට ගන්නා ලද්දක් කරයි ද, මහණෙනි, මම එබඳු උපමා කොට මේ පුද්ගලයා ගැන කියමි. මහණෙනි, මේ සසුනෙහි මෙබඳු වූත් ඇතැම් පහත් වර්ගයේ පුද්ගලයෙක් සිටියි. මහණෙනි, මේ සිව්වෙනි පුරුෂ දෝෂය යි.

5. තව ද මහණෙනි, භික්ෂූහු භික්ෂුවකට ආපත්තියෙන් චෝදනා කරති. එවිට ඒ භික්ෂුව භික්ෂූන් විසින් ආපත්තියෙන් චෝදනා කරන ලදු ව සංඝයා මැද අත් වීසි කරමින් කතා කරයි. යම් සේ මහණෙනි, ඒ පහත් වර්ගයේ අශ්වයා පුහුණුකරු විසින් 'යනු' කියා කෙවිටෙන් ගැසූ කල්හී, මෙහෙයවන කල්හී, පෙර කය ඉදිරියට ගනියි ද, පෙර පාද දැඩිකොට ගනියි ද, මහණෙනි, මම එබඳු උපමා කොට මේ පුද්ගලයා ගැන කියමි. මහණෙනි, මේ සසුනෙහි මෙබඳු වූත් ඇතැම් පහත් වර්ගයේ පුද්ගලයෙක් සිටියි. මහණෙනි, මේ පස්වෙනි පුරුෂ දෝෂය යි.

6. තව ද මහණෙනි, භික්ෂූහු භික්ෂුවකට ආපත්තියෙන් චෝදනා කරති. එවිට ඒ භික්ෂුව භික්ෂූන් විසින් ආපත්තියෙන් චෝදනා කරන ලදු ව සංඝයා ගැන සිහි නොකොට, චෝදකයා සිහි නොකොට, ඇවතින් යුක්ත ව ම කැමති සේ වෙනත් තැනකට යයි. යම් සේ මහණෙනි, ඒ පහත් වර්ගයේ අශ්වයා පුහුණුකරු විසින් 'යනු' කියා කෙවිටෙන් ගැසූ කල්හී, මෙහෙයවන කල්හී, පුහුණුකරු සිහි නොකොට, කෙවිට ද සිහි නොකොට දතින් කටකලියාව ඩැහැගෙන කැමති තැනකට යයි ද, මහණෙනි, මම එබඳු උපමා කොට මේ පුද්ගලයා ගැන කියමි. මහණෙනි, මේ සසුනෙහි මෙබඳු වූත් ඇතැම් පහත් වර්ගයේ පුද්ගලයෙක් සිටියි. මහණෙනි, මේ සයවෙනි පුරුෂ දෝෂය යි.

7. තව ද මහණෙනි, භික්ෂූහු භික්ෂුවකට ආපත්තියෙන් චෝදනා කරති. එවිට ඒ භික්ෂුව භික්ෂූන් විසින් ආපත්තියෙන් චෝදනා කරන ලදු ව 'මම ඇවතකට පත් වූ කෙනෙක් නොවෙමි. මම වනාහී ඇවතකට පත් කෙනෙක් නොවුණෙමි' යි නිශ්ශබ්දතාවයෙන් සිට සංඝයා වෙහෙසයි. යම් සේ මහණෙනි, ඒ පහත් වර්ගයේ අශ්වයා පුහුණුකරු විසින් 'යනු' කියා කෙවිටෙන් ගැසූ කල්හී, මෙහෙයවන කල්හී, ඉදිරියට ත් නොයයි ද, පසුපසට ත් නොයයි ද, ටැඹක් සේ නිශ්චල ව දැඩිකොට සිටියි ද, මහණෙනි, මම එබඳු උපමා කොට මේ පුද්ගලයා ගැන කියමි. මහණෙනි, මේ සසුනෙහි මෙබඳු වූත් ඇතැම් පහත් වර්ගයේ පුද්ගලයෙක් සිටියි. මහණෙනි, මේ සත්වෙනි පුරුෂ දෝෂය යි.

8. තව ද මහණෙනි, භික්ෂූහු භික්ෂුවකට ආපත්තියෙන් චෝදනා කරති. එවිට ඒ භික්ෂුව භික්ෂූන් විසින් ආපත්තියෙන් චෝදනා කරන ලදු ව මෙසේ කියයි. 'කිම, ආයුෂ්මත්නි, ඔබ කුමක් හෙයින් මා කෙරෙහි මෙතරම් දැඩි ලෙස කටයුතු කරව් ද? දැන් මම ශික්ෂාව ප්‍රතික්ෂේප කොට ගිහි වන්නෙමි' යි හෙතෙමේ ශික්ෂාව ප්‍රතික්ෂේප කොට හීන වූ ගිහි බවට පත් ව මෙසේ කියයි. 'දැන් ඉතින් ආයුෂ්මත්නි, තෙපි සතුටු වව්' යනුවෙනි. යම් සේ මහණෙනි, ඒ පහත් වර්ගයේ අශ්වයා පුහුණුකරු විසින් 'යනු' කියා කෙවිටෙන් ගැසූ කල්හී,

මෙහෙයවන කල්හී, පෙර පා ත් හකුළුවා, පසු පා ත් හකුළුවා එතැන ම සතර පා මැඩ හිඳගනියි ද, මහණෙනි, මම එබඳු උපමා කොට මේ පුද්ගලයා ගැන කියමි. මහණෙනි, මේ සසුනෙහි මෙබඳු වූත් ඇතැම් පහත් වර්ගයේ පුද්ගලයෙක් සිටියි. මහණෙනි, මේ අටවෙනි පුරුෂ දෝෂය යි.

මහණෙනි, මේ වනාහී පහත් වර්ගයේ පුරුෂයන් අට දෙනා ය. පුරුෂ දෝෂ අට මේවා ය.

සාදු! සාදු!! සාදු!!!

බලුංක සූත්‍රය නිමා විය.

8.1.2.5.
මල සූත්‍රය
මලකඩ ගැන වදාළ දෙසුම

සැවැත් නුවර දී ය .....

මහණෙනි, මේ මලකඩ අටකි. ඒ කවර අටක් ද යත්;

මහණෙනි, නිතර සජ්ඣායනා නොකිරීම මන්ත්‍රයන්ට මලකඩකි. මහණෙනි, ගිහි ගෙදරට නැගී සිටි වීරිය නැතිකම මලකඩකි. මහණෙනි, සිරුරු පැහැයට කුසීතකම මලකඩකි. මහණෙනි, යම් දෙයක් රකින කෙනාට ප්‍රමාද වීම මලකඩකි. මහණෙනි, ස්ත්‍රියට දුෂ්චරිතය මලකඩකි. මහණෙනි, දන්දෙන්නාට මසුරුකම මලකඩකි. මහණෙනි, පාපී අකුසල් දහම් මෙලොවට ත්, පරලොවට ත් මලකඩකි. මහණෙනි, ඒ මලකඩට ත් වඩා අධිකතර වූ දරුණු ම මලකඩ නම් අවිද්‍යාව යි.

මහණෙනි, මේ වනාහී අටක් වූ මලකඩ යි.

(ගාථා)

1. නිතර සජ්ඣායනා නොකිරීම මන්ත්‍රයන්ට මලකඩකි. නැගී සිටි වීරිය නැතිකම ගෘහයට මලකඩකි. ශරීර පැහැයට කුසීත බව මලකඩකි. යමක් රකින්නහුට ප්‍රමාදය මලකඩකි.

2. ස්ත්‍රියට දුසිරිත මලකඩකි. දන්දෙන්නාට මසුරු බව මලකඩකි. මෙලොවට ත් පරලොවට ත් ඒකාන්තයෙන් ම පාපී අකුසල ධර්මයන් මලකඩකි. එයට ත් වඩා අධිකතර දරුණු ම මලකඩ යනු අවිද්‍යාව යි.

සාදු! සාදු!! සාදු!!!

මල සූත්‍රය නිමා විය.

8.1.2.6.
දූතෙය්‍ය සූත්‍රය
පණිවිඩ ගෙන යාම ගැන වදාළ දෙසුම

සැවැත් නුවර දී ය .....

මහණෙනි, අට කරුණකින් සමන්විත වූ භික්ෂුව සංඝයා උදෙසා පණිවිඩ ගෙනයාමට සුදුසු වෙයි. ඒ කවර අට කරුණකින් ද යත්;

මහණෙනි, මෙහිලා භික්ෂුව සවන් දෙන්නේ ද වෙයි. සවන් දෙවන්නේ ද වෙයි. ඉගෙන ගන්නේ ද වෙයි. ධරන්නේ ද වෙයි. අරුත් දන්නේ ද වෙයි. අරුත් දන්වන්නේ ද වෙයි. හිත - අහිත දෙක පිළිබඳ ව දක්ෂ වූයේ ද වෙයි. කෝළාහල නොකරන්නේ ද වෙයි.

මහණෙනි, මේ අට කරුණෙන් සමන්විත වූ භික්ෂුව සංඝයා උදෙසා පණිවිඩ ගෙනයාමට සුදුසු වෙයි.

මහණෙනි, අට කරුණකින් සමන්විත වූ සාරිපුත්තයෝ සංඝයා උදෙසා පණිවිඩ ගෙනයාමට සුදුසු වෙති. ඒ කවර අට කරුණකින් ද යත්;

මහණෙනි, මෙහිලා සාරිපුත්ත තෙමේ සවන් දෙන්නේ ද වෙයි. සවන් දෙවන්නේ ද වෙයි. ඉගෙන ගන්නේ ද වෙයි. ධරන්නේ ද වෙයි. අරුත් දන්නේ ද වෙයි. අරුත් දන්වන්නේ ද වෙයි. හිත - අහිත දෙක පිළිබඳ ව දක්ෂ වූයේ ද වෙයි. කෝළාහල නොකරන්නේ ද වෙයි.

මහණෙනි, මේ අට කරුණෙන් සමන්විත වූ සාරිපුත්තයෝ සංඝයා උදෙසා පණිවිඩ ගෙනයාමට සුදුසු වෙති.

(ගාථා)

1. යමෙක් උග්‍රවාදී පිරිසක් වෙත පැමිණ නොසැලී සිටියි ද, දැහැමි වචනය නොනසයි ද, ශාසනය නොසඟවයි ද,

2. නිසැක කොට පවසයි ද, ප්‍රශ්න කරන විට නොකිපෙයි ද, ඒකාන්තයෙන් ම එබඳු මහණ දූත මෙහෙවරට යාමට සුදුසු වෙයි.

සාදු! සාදු!! සාදු!!!

දූතෙය්‍ය සූත්‍රය නිමා විය.

8.1.2.7.
පුරිසබන්ධන සූත්‍රය
පුරුෂයාගේ බන්ධනය ගැන වදාළ දෙසුම

සැවැත් නුවර දී ය .....

මහණෙනි, අට ආකාරයකින් ස්ත්‍රිය පුරුෂයා බැඳ තබයි. ඒ කවර අට ආකාරයකින් ද යත්;

මහණෙනි, රූපයෙන් ස්ත්‍රිය පුරුෂයා බැඳ තබයි. මහණෙනි, සිනහවෙන් ස්ත්‍රිය පුරුෂයා බැඳ තබයි. මහණෙනි, කථාවෙන් ස්ත්‍රිය පුරුෂයා බැඳ තබයි. මහණෙනි, ගී ගැයීමෙන් ස්ත්‍රිය පුරුෂයා බැඳ තබයි. මහණෙනි, හැඬීමෙන් ස්ත්‍රිය පුරුෂයා බැඳ තබයි. මහණෙනි, ආකල්පයෙන් ස්ත්‍රිය පුරුෂයා බැඳ තබයි. මහණෙනි, වනමල් ආදී තෑගි වලින් ස්ත්‍රිය පුරුෂයා බැඳ තබයි. මහණෙනි, ස්පර්ශයෙන් ස්ත්‍රිය පුරුෂයා බැඳ තබයි.

මහණෙනි, මේ අට ආකාරයෙන් ස්ත්‍රිය පුරුෂයා බැඳ තබයි. මහණෙනි, යම් සත්වයෝ ස්පර්ශයෙන් බැඳී ගියාහු වෙත් ද, ඔවුන් දරුණු ලෙස බැඳී ගියාහු ය.

සාදු! සාදු!! සාදු!!!

පුරිසබන්ධන සූත්‍රය නිමා විය.

8.1.2.8.
ඉත්ථිබන්ධන සූත්‍රය
ස්ත්‍රියගේ බන්ධනය ගැන වදාළ දෙසුම

සැවැත් නුවර දී ය .....

මහණෙනි, අට ආකාරයකින් පුරුෂයා ස්ත්‍රිය බැඳ තබයි. ඒ කවර අට ආකාරයකින් ද යත්;

මහණෙනි, රූපයෙන් පුරුෂයා ස්ත්‍රිය බැඳ තබයි. මහණෙනි, සිනහවෙන් පුරුෂයා ස්ත්‍රිය බැඳ තබයි. මහණෙනි, කථාවෙන් පුරුෂයා ස්ත්‍රිය බැඳ තබයි. මහණෙනි, ගී ගැයීමෙන් පුරුෂයා ස්ත්‍රිය බැඳ තබයි. මහණෙනි, හැඬීමෙන් පුරුෂයා ස්ත්‍රිය බැඳ තබයි. මහණෙනි, ආකල්පයෙන් පුරුෂයා ස්ත්‍රිය බැඳ තබයි. මහණෙනි, වනමල් ආදී තෑගි වලින් පුරුෂයා ස්ත්‍රිය බැඳ තබයි. මහණෙනි, ස්පර්ශයෙන් පුරුෂයා ස්ත්‍රිය බැඳ තබයි.

මහණෙනි, මේ අට ආකාරයෙන් පුරුෂයා ස්ත්‍රිය බැඳ තබයි. මහණෙනි, යම් සත්වයෝ ස්පර්ශයෙන් බැඳී ගියාහු වෙත් ද, ඔවුන් දරුණු ලෙස බැඳී ගියාහු ය.

සාදු! සාදු!! සාදු!!!

ඉත්ථිබන්ධන සූත්‍රය නිමා විය.

8.1.2.9.
පහාරාද සූත්‍රය
පහාරාද අසුරේන්ද්‍රයාට වදාළ දෙසුම

එක් සමයක භාග්‍යවතුන් වහන්සේ වේරඤ්ජාවෙහි නළේරු නම් කොහොඹ රුක් සෙවණෙහි වැඩහුන් සේක. එකල්හී පහාරාද අසුරේන්ද්‍රයා භාග්‍යවතුන් වහන්සේ වෙත පැමිණියේ ය. පැමිණ භාග්‍යවතුන් වහන්සේට සකසා වන්දනා කොට එකත්පස් ව සිට ගත්තේ ය. එකත්පස් ව සිටි පහාරාද

අසුරේන්ද්‍රයාට භාග්‍යවතුන් වහන්සේ මෙය වදාළ සේක.

"පහාරාදයෙනි, අසුරයෝ මහා සමුද්‍රයෙහි සිත් අලවා වසත් ද?"

"ස්වාමිනී, අසුරයෝ මහා සමුද්‍රයෙහි සිත් අලවා ගෙන සිටිති."

"පහාරාදයෙනි, මහා සයුරෙහි ඇති කොතෙක් වූ ආශ්චර්ය අද්භූත ධර්මයන් දූක දූක ද අසුරයෝ මහා සමුද්‍රයෙහි සිත් අලවා වසන්නේ?"

"ස්වාමීනී, මහා සමුද්‍රයෙහි ආශ්චර්ය වූ ත්, අද්භූත වූ ත් ධර්මයන් අටක් ඇත්තේ ය. එය දූක දූක අසුරයෝ මහා සමුද්‍රයෙහි සිත් අලවා වසති. ඒ කවර අටක් ද යත්;

1. ස්වාමීනී, මහා සමුද්‍රය අනුපිළිවෙලින් ගැඹුරු වෙයි. අනුපිළිවෙලින් යටට නැමුණේ වෙයි. අනුපිළිවෙලින් ඉදිරියට බර වූයේ වෙයි. පටන් ගත් තැන ම ප්‍රපාතය නොවෙයි. ස්වාමීනී, යම් හෙයකින් මහා සමුද්‍රය අනුපිළිවෙලින් ගැඹුරු වෙයි ද, අනුපිළිවෙලින් යටට නැමුණේ වෙයි ද, අනුපිළිවෙලින් ඉදිරියට බර වූයේ වෙයි ද, පටන් ගත් තැන ම ප්‍රපාතය නොවෙයි ද, ස්වාමීනී, මෙය මහා සමුද්‍රයෙහි ඇති පළමු ආශ්චර්ය අද්භූත කරුණ යි. මෙය දූක දූක අසුරයෝ මහා සමුද්‍රයෙහි සිත් අලවා වසති.

2. තව ද ස්වාමීනි, මහා සමුද්‍රය පිහිටි ස්වභාවය ඇත්තේ වෙරළ ඉක්මවා නොයයි. ස්වාමීනී, යම් හෙයකින් මහා සමුද්‍රය පිහිටි ස්වභාවය ඇත්තේ වෙරළ ඉක්මවා නොයයි ද, ස්වාමීනී, මෙය මහා සමුද්‍රයෙහි ඇති දෙවෙනි ආශ්චර්ය අද්භූත කරුණ යි. මෙය දූක දූක අසුරයෝ මහා සමුද්‍රයෙහි සිත් අලවා වසති.

3. තව ද ස්වාමීනී, මහා සමුද්‍රය මළකුණු සමග වාසය නොකරයි. මහා සමුද්‍රයෙහි යම් මළකුණක් ඇද්ද, එය වහා ම රළ පහරින් ගොඩට ගසයි. ගොඩබිමට නංවයි. ස්වාමීනී, යම් හෙයකින් මහා සමුද්‍රය මළකුණු සමග වාසය නොකරයි ද, මහා සමුද්‍රයෙහි යම් මළකුණක් ඇද්ද, එය වහා ම රළ පහරින් ගොඩට ගසයි ද, ගොඩබිමට නංවයි ද, ස්වාමීනී, මෙය මහා සමුද්‍රයෙහි ඇති තුන්වෙනි ආශ්චර්ය අද්භූත කරුණ යි. මෙය දූක දූක අසුරයෝ මහා සමුද්‍රයෙහි සිත් අලවා වසති.

4. තව ද ස්වාමීනී, යම්කිසි මහා නදීහු වෙත් ද, එනම්; ගංගා, යමුනා, අචිරවතී, සරභූ, මහී යනුවෙනි. ඒ මහා ගංගා මහා සමුද්‍රයට පැමිණ ඒවායෙහි පැරණි නම් ගොත් අත්හරියි. මහා සමුද්‍රය යන නාමයට යයි. ස්වාමීනී, යම් හෙයකින් යම්කිසි මහා නදීහු වෙත් ද, එනම්; ගංගා, යමුනා, අචිරවතී, සරභූ,

මහී යනුවෙනි. ඒ මහා ගංගා මහා සමුද්‍රයට පැමිණ ඒවායෙහි පැරණි නම් ගොත් අත්හරියි ද, මහා සමුද්‍රය යන නාමයට යයි ද, ස්වාමීනී, මෙය මහා සමුද්‍රයෙහි ඇති සිව්වෙනි ආශ්චර්ය අද්භූත කරුණ යි. මෙය දැක දැක අසුරයෝ මහා සමුද්‍රයෙහි සිත් අලවා වසති.

5. තව ද ස්වාමීනී, ලෝකයෙහි යම් බඳු කුඩා මහත් ගංගාවෝ මහා සමුද්‍රයට පිවිසෙත් ද, අහසින් යම් වැසි ධාරාවෝ වැටෙත් ද, එයින් මහා සමුද්‍රයෙහි අඩු බවක් හෝ පිරුණු බවක් හෝ නොපෙනෙයි. ස්වාමීනී, යම් හෙයකින් ලෝකයෙහි යම් බඳු කුඩා මහත් ගංගාවෝ මහා සමුද්‍රයට පිවිසෙත් ද, අහසින් යම් වැසි ධාරාවෝ වැටෙත් ද, එයින් මහා සමුද්‍රයෙහි අඩු බවක් හෝ පිරුණු බවක් හෝ නොපෙනෙයි ද, ස්වාමීනී, මෙය මහා සමුද්‍රයෙහි ඇති පස්වෙනි ආශ්චර්ය අද්භූත කරුණ යි. මෙය දැක දැක අසුරයෝ මහා සමුද්‍රයෙහි සිත් අලවා වසති.

6. තව ද ස්වාමීනී, මහා සමුද්‍රය එක ම රස වූ ලුණු රසයෙන් යුක්ත ය. ස්වාමීනී, යම් හෙයකින් මහා සමුද්‍රය එක ම රස වූ ලුණු රසයෙන් යුක්ත වෙයි ද, ස්වාමීනී, මෙය මහා සමුද්‍රයෙහි ඇති හයවෙනි ආශ්චර්ය අද්භූත කරුණ යි. මෙය දැක දැක අසුරයෝ මහා සමුද්‍රයෙහි සිත් අලවා වසති.

7. තව ද ස්වාමීනී, මහා සමුද්‍රයෙහි බොහෝ රුවන්, නොයෙක් රුවන් ඇත්තේ ය. එහිලා මේවා රුවන් ය. එනම් මුතු ය, මැණික් ය, වෛරෝඩි ය, හක්ගෙඩි ය, සිලා ය, පබළු ය, රිදී ය, රන් ය, පද්මරාග ය, මසාරගල්ල ය යනාදිය යි. ස්වාමීනී, යම් හෙයකින් මහා සමුද්‍රයෙහි බොහෝ රුවන්, නොයෙක් රුවන් ඇත්තේ ද එහිලා මේවා රුවන් ය. එනම් මුතු ය, මැණික් ය, වෛරෝඩි ය, හක්ගෙඩි ය, සිලා ය, පබළු ය, රිදී ය, රන් ය, පද්මරාග ය, මසාරගල්ල ය යනාදිය ඇත්තේ ද, ස්වාමීනී, මෙය මහා සමුද්‍රයෙහි ඇති සත්වෙනි ආශ්චර්ය අද්භූත කරුණ යි. මෙය දැක දැක අසුරයෝ මහා සමුද්‍රයෙහි සිත් අලවා වසති.

8. තව ද ස්වාමීනී, මහා සමුද්‍රය සුවිශාල සතුන්ට නිවාසය වෙයි. එහිලා මේ සත්වයෝ ය. එනම් තිමි ය, තිමිංගල ය, තිමිරපිංගල ය, අසුරයෝ ය, නාගයෝ ය, ගාන්ධර්වයෝ ය. මහා සමුද්‍රයේ යොදුන් සිය ගණන් ඇති ආත්මභාවයෝ ද, යොදුන් දෙසිය ගණන් ඇති ආත්මභාවයෝ ද, යොදුන් තුන්සිය ගණන් ඇති ආත්මභාවයෝ ද, යොදුන් හාරසිය ගණන් ඇති ආත්මභාවයෝ ද, යොදුන් පන්සිය ගණන් ඇති ආත්මභාවයෝ ද ඇත්තාහු ය. ස්වාමීනී, යම් හෙයකින් මහා සමුද්‍රය සුවිශාල සතුන්ට නිවාසය වෙයි ද, එහිලා මේ සත්වයෝ ය. එනම් තිමි ය, තිමිංගල ය, තිමිරපිංගල ය, අසුරයෝ ය, නාගයෝ ය, ගාන්ධර්වයෝ

ය. මහා සමුද්‍රයේ යොදුන් සිය ගණන් ඇති ආත්මභාවයෝ ද, යොදුන් දෙසිය ගණන් ඇති ආත්මභාවයෝ ද, යොදුන් තුන්සිය ගණන් ඇති ආත්මභාවයෝ ද, යොදුන් හාරසිය ගණන් ඇති ආත්මභාවයෝ ද, යොදුන් පන්සිය ගණන් ඇති ආත්මභාවයෝ ද ඇත්තාහු ද, ස්වාමීනී, මෙය මහා සමුද්‍රයෙහි ඇති අටවෙනි ආශ්චර්ය අද්භූත කරුණ යි. මෙය දැක දැක අසුරයෝ මහා සමුද්‍රයෙහි සිත් අලවා වසති.

ස්වාමීනී, මහා සමුද්‍රයෙහි ආශ්චර්ය වූ ත්, අද්භූත වූ ත් මේ අට ධර්මයන් ඇත්තේ ය. එය දැක දැක අසුරයෝ මහා සමුද්‍රයේ සිත් අලවා වසති.

ස්වාමීනී, මේ ධර්ම විනයෙහි භික්ෂූහු සිත් අලවා වෙසෙත් ද?"

"පහාරාදයෙනි, භික්ෂූහු මේ ධර්ම විනයෙහි සිත් අලවා වෙසෙති."

"ස්වාමීනී, මේ ධර්ම විනයෙහි කොතෙක් වූ ආශ්චර්ය වූ, අද්භූත වූ ධර්මයන් දැක දැක ද භික්ෂූහු මේ ධර්ම විනයෙහි සිත් අලවා වසන්නේ?"

"පහාරාදයෙනි, මේ ධර්ම විනයෙහි ආශ්චර්ය වූ, අද්භූත වූ ධර්මයන් අටකි. ඒවා දැක දැක ය භික්ෂූහු මේ ධර්ම විනයෙහි සිත් අලවා වසන්නේ. ඒ කවර අටක් ද යත්;

1. පහාරාදයෙනි, යම් සේ මහා සමුද්‍රය අනුපිළිවෙලින් ගැඹුරු වෙයි ද, අනුපිළිවෙලින් යටට නැමුණේ වෙයි ද, අනුපිළිවෙලින් ඉදිරියට බර වූයේ වෙයි ද, පටන් ගත් තැන ම ප්‍රපාතය නොවෙයි ද, එසෙයින් ම පහාරාදයෙනි, මේ ධර්ම විනයෙහි අනුපිළිවෙලින් හික්මීමක්, අනුපිළිවෙලින් ක්‍රියාවක්, අනුපිළිවෙල ප්‍රතිපදාවක් ඇත්තේ ය. පටන් ගත් තැනින් ම අරහත්වය සාක්ෂාත් නොවෙයි. පහාරාදයෙනි, යම් හෙයකින් මේ ධර්ම විනයෙහි අනුපිළිවෙලින් හික්මීමක්, අනුපිළිවෙලින් ක්‍රියාවක්, අනුපිළිවෙල ප්‍රතිපදාවක් ඇත්තේ ද, පටන් ගත් තැනින් ම අරහත්වය සාක්ෂාත් නොවෙයි ද, පහාරාදයෙනි, මෙය මේ ධර්ම විනයෙහි ඇති පළමු ආශ්චර්ය අද්භූත කරුණ යි. මෙය දැක දැක භික්ෂූහු මේ ධර්ම විනයෙහි සිත් අලවා වසති.

2. පහාරාදයෙනි, යම් සේ මහා සමුද්‍රය පිහිටි ස්වභාවය ඇත්තේ වෙරළ ඉක්මවා නොයයි ද, එසෙයින් ම පහාරාදයෙනි, මා විසින් ශ්‍රාවකයන් හට යම් ශික්ෂාපදයක් පණවන ලද්දේ ද, මාගේ ශ්‍රාවකයෝ ජීවිතය ගිය ත් එය ඉක්මවා නොයති. පහාරාදයෙනි, යම් හෙයකින් මා විසින් ශ්‍රාවකයන් හට යම් ශික්ෂාපදයක් පණවන ලද්දේ ද, මාගේ ශ්‍රාවකයෝ ජීවිතය ගිය ත් එය ඉක්මවා නොයත් ද, පහාරාදයෙනි, මෙය මේ ධර්ම විනයෙහි ඇති දෙවෙනි ආශ්චර්ය

අද්භූත කරුණ යි. මෙය දැක දැක භික්ෂූහු මේ ධර්ම විනයෙහි සිත් අලවා වසති.

3. පහාරාදයෙනි, යම් සේ මහා සමුද්‍රය මළකුණු සමඟ වාසය නොකරයි ද, මහා සමුද්‍රයෙහි යම් මළකුණක් ඇද්ද, එය වහා ම රළ පහරින් ගොඩට ගසයි ද, ගොඩබිමට නංවයි ද, එසෙයින් ම පහාරාදයෙනි, යම් මේ පුද්ගලයෙක් දුස්සීල වෙයි ද, පව්ටු ධර්ම ඇත්තේ වෙයි ද, අපිරිසිදු කාය කර්මාදිය ඇත්තේ වෙයි ද, සැඟ වී කරන කටයුතු ඇත්තේ වෙයි ද, අශ්‍රමණයෙකු ව ශ්‍රමණයෙකි යි ප්‍රතිඥා දෙන්නේ ද, අබ්‍රහ්මචාරියෙකු ව බ්‍රහ්මචාරියෙකි යි ප්‍රතිඥා දෙන්නේ ද, ඇතුළත කුණු වූයේ, කෙලෙස් වැගිරෙන්නෙක් වූයේ, කසල හටගත්තේ වෙයි ද, සංඝයා ඔහු සමඟ වාසය නොකරයි. වැලිදු සංඝයා වහා රැස් ව ඔහු ව සංඝයාගෙන් බැහැර කරයි. ඔහු භික්ෂු සංඝයා මැද සිටිනා නමුත් සංඝයාගෙ න් බැහැර වූයේ ම වෙයි. සංඝයා ද ඔහුගෙන් බැහැර වූයේ ම වෙයි. පහාරාද යම් හෙයකින් යම් මේ පුද්ගලයෙක් දුස්සීල වෙයි ද, පව්ටු ධර්ම ඇත්තේ වෙයි ද, අපිරිසිදු කාය කර්මාදිය ඇත්තේ වෙයි ද, සැඟ වී කරන කටයුතු ඇත්තේ වෙයි ද, අශ්‍රමණයෙකු ව ශ්‍රමණයෙකි යි ප්‍රතිඥා දෙන්නේ ද, අබ්‍රහ්මචාරියෙකු ව බ්‍රහ්මචාරියෙකි යි ප්‍රතිඥා දෙන්නේ ද, ඇතුළත කුණු වූයේ, කෙලෙස් වැගිරෙන්නෙක් වූයේ, කසල හටගත්තේ වෙයි ද, සංඝයා ඔහු සමඟ වාසය නොකරයි ද, වැලිදු සංඝයා වහා රැස් ව ඔහු ව සංඝයාගෙන් බැහැර කරයි ද, ඔහු භික්ෂු සංඝයා මැද සිටිනා නමුත් සංඝයාගෙන් බැහැර වූයේ ම වෙයි ද, සංඝයා ද ඔහුගෙන් බැහැර වූයේ ම වෙයි ද, පහාරාදයෙනි, මෙය මේ ධර්ම විනයෙහි ඇති තුන්වෙනි ආශ්චර්ය අද්භූත කරුණ යි. මෙය දැක දැක භික්ෂූහු මේ ධර්ම විනයෙහි සිත් අලවා වසති.

4. පහාරාදයෙනි, යම් සේ යම්කිසි මහා නදීහු වෙත් නම්, එනම් ගංගා, යමුනා, අචිරවතී, සරභූ, මහී යනුවෙනි. ඒ මහා ගංගා මහා සමුද්‍රයට පැමිණ ඒවායෙහි පැරණි නම් ගොත් අත්හරියි ද, එසෙයින් ම පහාරාදයෙනි, මේ වර්ණයෝ සතරකි. එනම් ක්ෂත්‍රිය, බ්‍රාහ්මණ, වෛශ්‍ය හා ශුද්‍ර යි. ඔවුහු තථාගත ධර්ම විනයෙහි අනගාරික ශාසනයෙහි ගිහි ගෙයින් නික්ම පැවිදි වෙති. පැරණි නම් ගොත් අත්හැර ශ්‍රමණ ශාක්‍යපුත්‍රයෝ ය යන නාමයට යති. පහාරාදයෙනි, යම් හෙයකින් මේ වර්ණයෝ සතරක් ඇද්ද, එනම් ක්ෂත්‍රිය, බ්‍රාහ්මණ, වෛශ්‍ය හා ශුද්‍ර යි. ඔවුහු තථාගත ධර්ම විනයෙහි අනගාරික ශාසනයෙහි ගිහි ගෙයින් නික්ම පැවිදි වෙත් ද, පැරණි නම් ගොත් අත්හැර ශ්‍රමණ ශාක්‍යපුත්‍රයෝ ය යන නාමයට යත් ද, පහාරාදයෙනි, මෙය මේ ධර්ම විනයෙහි ඇති සිව්වෙනි ආශ්චර්ය අද්භූත කරුණ යි. මෙය දැක දැක භික්ෂූහු මේ ධර්ම විනයෙහි සිත් අලවා වසති.

5. පහාරාදයෙනි, යම් සේ ලෝකයෙහි යම් බඳු කුඩා මහත් ගංගාවෝ මහා සමුද්‍රයට පිවිසෙත් ද, අහසින් යම් වැසි ධාරාවෝ වැටෙත් ද, එයින් මහා සමුද්‍රයෙහි අඩු බවක් හෝ පිරුණු බවක් හෝ නොපෙනෙයි ද, එසෙයින් ම පහාරාදයෙනි, බොහෝ භික්ෂූහු අනුපාදිශේෂ පරිනිර්වාණ ධාතුවෙන් පිරිනිවී යති. ඒ හේතුවෙන් නිර්වාණධාතුවෙහි අඩු බවක් හෝ පිරෙන බවක් හෝ නොපෙනෙයි. පහාරාදයෙනි, යම් හෙයකින් බොහෝ භික්ෂූහු අනුපාදිශේෂ පරිනිර්වාණ ධාතුවෙන් පිරිනිවී යත් ද, ඒ හේතුවෙන් නිර්වාණධාතුවෙහි අඩු බවක් හෝ පිරෙන බවක් හෝ නොපෙනෙයි ද, පහාරාදයෙනි, මෙය මේ ධර්ම විනයෙහි ඇති පස්වෙනි ආශ්චර්ය අද්භූත කරුණ යි. මෙය දැක දැක භික්ෂූහු මේ ධර්ම විනයෙහි සිත් අලවා වසති.

6. පහාරාදයෙනි, යම් සේ මහා සමුද්‍රය එක ම රස වූ ලුණු රසයෙන් යුක්ත වෙයි ද, එසෙයින් ම පහාරාදයෙනි, මේ ධර්ම විනය එක ම රසය වූ විමුක්ති රසයෙන් යුක්ත වෙයි. පහාරාදයෙනි, යම් හෙයකින් මේ ධර්ම විනය එක ම රසය වූ විමුක්ති රසයෙන් යුක්ත වෙයි ද, පහාරාදයෙනි, මෙය මේ ධර්ම විනයෙහි ඇති සයවෙනි ආශ්චර්ය අද්භූත කරුණ යි. මෙය දැක දැක භික්ෂූහු මේ ධර්ම විනයෙහි සිත් අලවා වසති.

7. පහාරාදයෙනි, යම් සේ මහා සමුද්‍රයෙහි බොහෝ රුවන්, නොයෙක් රුවන් ඇත්තේ ද එහිලා මේවා රුවන් ය. එනම් මුතු ය, මැණික් ය, වෛරෝඩි ය, හක්ගෙඩි ය, සිලා ය, පබළු ය, රිදී ය, රන් ය, පද්මරාග ය, මසාරගල්ල ය යනාදිය ඇත්තේ ද, එසෙයින් ම පහාරාදයෙනි, මේ ධර්ම විනයෙහි බොහෝ රුවන්, නොයෙක් රුවන් ඇත්තේ ය. එහිලා මේ රත්නයෝ ය. එනම්, සතර සතිපට්ඨාන, සතර සම්‍යක් ප්‍රධාන වීර්යය, සතර ඉර්ධිපාද, පංච ඉන්ද්‍රිය, පංච බල, සප්ත බොජ්ඣංග, ආර්ය අෂ්ටාංගික මාර්ගය යන මේවා ය. පහාරාදයෙනි, යම් හෙයකින් මේ ධර්ම විනයෙහි බොහෝ රුවන්, නොයෙක් රුවන් ඇත්තේ ද, එහිලා මේ රත්නයෝ ය. එනම්, සතර සතිපට්ඨාන, සතර සම්‍යක් ප්‍රධාන වීර්යය, සතර ඉර්ධිපාද, පංච ඉන්ද්‍රිය, පංච බල, සප්ත බොජ්ඣංග, ආර්ය අෂ්ටාංගික මාර්ගය යන මේවා ඇත්තේ ද, පහාරාදයෙනි, මෙය මේ ධර්ම විනයෙහි ඇති සත්වෙනි ආශ්චර්ය අද්භූත කරුණ යි. මෙය දැක දැක භික්ෂූහු මේ ධර්ම විනයෙහි සිත් අලවා වසති.

8. පහාරාදයෙනි, යම් සේ මහා සමුද්‍රය සුවිශාල සතුන්ට නිවාසය වෙයි ද, එහිලා මේ සත්වයෝ ය. එනම් තිමි ය, තිමිංගල ය, තිමිරපිංගල ය, අසුරයෝ ය, නාගයෝ ය, ගාන්ධර්වයෝ ය. මහා සමුද්‍රයේ යොදුන් සිය ගණන් ඇති ආත්මභාවයෝ ද, යොදුන් දෙසිය ගණන් ඇති ආත්මභාවයෝ ද, යොදුන්

තුන්සිය ගණන් ඇති ආත්මභාවයෝ ද, යොදුන් හාරසිය ගණන් ඇති ආත්මභාවයෝ ද, යොදුන් පන්සිය ගණන් ඇති ආත්මභාවයෝ ද ඇත්තාහු ද, එසෙයින් ම පහාරාදයෙනි, මේ ධර්ම විනය ද සුවිශාල සත්වයන්ට ආවාස වෙයි. එහිලා මේ සත්වයෝ ය. සෝවාන් වූ කෙනා ය, සෝවාන් ඵලය සාක්ෂාත් කිරීමට පිළිපන් කෙනා ය, සකදාගාමී වූ කෙනා ය, සකදාගාමී ඵලය සාක්ෂාත් කිරීමට පිළිපන් කෙනා ය, අනාගාමී වූ කෙනා ය, අනාගාමී ඵලය සාක්ෂාත් කිරීමට පිළිපන් කෙනා ය, රහතන් වහන්සේ ය. අරහත් ඵලය සාක්ෂාත් කිරීමට පිළිපන් කෙනා ය. පහාරාදයෙනි, යම් හෙයකින් මේ ධර්ම විනය ද සුවිශාල සත්වයන්ට ආවාස වෙයි ද, එහිලා මේ සත්වයෝ ය. සෝවාන් වූ කෙනා ය, සෝවාන් ඵලය සාක්ෂාත් කිරීමට පිළිපන් කෙනා ය, සකදාගාමී වූ කෙනා ය, සකදාගාමී ඵලය සාක්ෂාත් කිරීමට පිළිපන් කෙනා ය, අනාගාමී වූ කෙනා ය, අනාගාමී ඵලය සාක්ෂාත් කිරීමට පිළිපන් කෙනා ය, රහතන් වහන්සේ ය. අරහත් ඵලය සාක්ෂාත් කිරීමට පිළිපන් කෙනා ය වශයෙන් මහා සත්වයෝ සිටිත් ද, පහාරාදයෙනි, මෙය මේ ධර්ම විනයෙහි ඇති අටවෙනි ආශ්චර්ය අද්භූත කරුණ යි. මෙය දැක දැක භික්ෂූහු මේ ධර්ම විනයෙහි සිත් අලවා වසති.

පහාරාදයෙනි, මේ ධර්ම විනයෙහි ඇති ආශ්චර්ය වූ, අද්භූත වූ ධර්මයන් අට මේවා ය. ඒවා දැක දැක ය භික්ෂූහු මේ ධර්ම විනයෙහි සිත් අලවා වසන්නේ.”

සාදු! සාදු!! සාදු!!!

පහාරාද සූත්‍රය නිමා විය.

8.1.2.10.
උපෝසථ සූත්‍රය
උපෝසථයේදී වදාළ දෙසුම

එක් සමයක භාග්‍යවතුන් වහන්සේ සැවැත් නුවර පූර්වාරාමයෙහි මිගාර මාතු ප්‍රාසාදයෙහි වැඩවෙසෙන සේක. එසමයෙහි ඒ උපෝසථ දිනයෙහි භික්ෂු සංඝයා පිරිවරා භාග්‍යවතුන් වහන්සේ වැඩහුන් සේක. එකල්හී ආයුෂ්මත් ආනන්දයන් වහන්සේ රෑ ඉක්ම ගිය බොහෝ කල් ඇත්තේ රාත්‍රියෙහි ප්‍රථම යාමය ඉක්ම ගිය කල්හී හුනස්නෙන් නැගිට තනිපොට සිවුර ඒකාංශ කොට භාග්‍යවතුන් වහන්සේ වෙත ඇඳිලි බැඳ භාග්‍යවතුන් වහන්සේට මෙය සැළ කළහ.

"ස්වාමීනී, රෑ ඉක්ම ගොස් බොහෝ කල් ඇත්තේ ය. ප්‍රථම යාමය ඉක්ම ගියේ ය. භික්ෂු සංඝයා බොහෝ වේලාවක සිට වාඩි වී සිටියි. ස්වාමීනී, භාග්‍යවතුන් වහන්සේ භික්ෂූන්ට පාමොක් උදෙසන සේක්වා!"

මෙසේ පැවසූ කල්හී භාග්‍යවතුන් වහන්සේ නිශ්ශබ්ද වූ සේක.

දෙවෙනි වරට ත් ආයුෂ්මත් ආනන්දයන් වහන්සේ රෑ ඉක්ම ගිය බොහෝ කල් ඇත්තේ රාත්‍රියෙහි මධ්‍යම යාමය ඉක්ම ගිය කල්හී හුනස්නෙන් නැගිට තනිපොට සිවුර ඒකාංශ කොට භාග්‍යවතුන් වහන්සේ වෙත ඇඳිලි බැඳ භාග්‍යවතුන් වහන්සේට මෙය සැළ කළහ.

"ස්වාමීනී, රෑ ඉක්ම ගොස් බොහෝ කල් ඇත්තේ ය. මධ්‍යම යාමය ඉක්ම ගියේ ය. භික්ෂු සංඝයා බොහෝ වේලාවක සිට වාඩි වී සිටියි. ස්වාමීනී, භාග්‍යවතුන් වහන්සේ භික්ෂූන්ට පාමොක් උදෙසන සේක්වා!"

දෙවෙනි වරට ත් භාග්‍යවතුන් වහන්සේ නිශ්ශබ්ද වූ සේක.

තෙවෙනි වරට ත් ආයුෂ්මත් ආනන්දයන් වහන්සේ රෑ ඉක්ම ගිය බොහෝ කල් ඇත්තේ රාත්‍රියෙහි පශ්චිම යාමයෙහි අරුණ නැගී කල්හී රැය පහන් වූ කල්හී හුනස්නෙන් නැගිට තනිපොට සිවුර ඒකාංශ කොට භාග්‍යවතුන් වහන්සේ වෙත ඇඳිලි බැඳ භාග්‍යවතුන් වහන්සේට මෙය සැළ කළහ.

"ස්වාමීනී, රෑ ඉක්ම ගොස් බොහෝ කල් ඇත්තේ ය. පශ්චිම යාමය ඉක්ම ගියේ ය. අරුණ නැග්ගේ ය. රැය පහන් වූයේ ය. භික්ෂු සංඝයා බොහෝ වේලාවක සිට වාඩි වී සිටියි. ස්වාමීනී, භාග්‍යවතුන් වහන්සේ භික්ෂූන්ට පාමොක් උදෙසන සේක්වා!"

"ආනන්දයෙනි, පිරිස අපිරිසිදු ය."

ඉක්බිති ආයුෂ්මත් මහා මොග්ගල්ලානයන් වහන්සේට මේ අදහස ඇතිවූයේ ය.

'භාග්‍යවතුන් වහන්සේ කවර පුද්ගලයෙකු සඳහා ද 'ආනන්දයෙනි, පිරිස අපිරිසිදු ය' යන මේ වචනය වදාළේ?' යි.

ඉක්බිති ආයුෂ්මත් මහා මොග්ගල්ලානයන් වහන්සේ එතැන රැස් වූ සියළු භික්ෂු සංඝයාගේ සිත තම සිතින් පිරිසිඳ බලා මෙනෙහි කළහ. ආයුෂ්මත් මහා මොග්ගල්ලානයන් වහන්සේ ඒ දුස්සීල වූ, පවිටු ධර්ම ඇති, අපිරිසිදු කාය කර්මාදිය ඇති, සැඟ වී කරන කටයුතු ඇති, අශ්‍රමණයෙකු ව ශ්‍රමණයෙකි යි

ප්‍රතිඥා දෙන, අබ්‍රහ්මචාරියෙකු ව බ්‍රහ්මචාරියෙකි යි ප්‍රතිඥා දෙන, ඇතුළත කුණු වූ, කෙලෙස් වැගිරෙන, කසල හටගත් පුද්ගලයෙක් භික්ෂු සංඝයා මැද වාඩි වී සිටි අයුරු දුටහ. දැක හුනස්නෙන් නැගිට ඒ පුද්ගලයා වෙත වැඩියහ. වැඩම කොට ඒ පුද්ගලයාට මෙය පැවසූහ.

"ආයුෂ්මත, නැගිටිනු. භාග්‍යවතුන් වහන්සේ විසින් දක්නා ලද්දෙහි ය. ඔබට පිරිසිදු සංඝයා සමඟ එකට වාසය කිරීමක් නැත්තේ ය."

මෙසේ පැවසූ කල්හී ඒ පුද්ගලයා නිශ්ශබ්ද ව සිටියේ ය.

දෙවෙනි වතාවට ත් ආයුෂ්මත් මහා මොග්ගල්ලානයන් වහන්සේ ඒ පුද්ගලයාට මෙය පැවසූහ.

"ආයුෂ්මත, නැගිටිනු. භාග්‍යවතුන් වහන්සේ විසින් දක්නා ලද්දෙහි ය. ඔබට පිරිසිදු සංඝයා සමඟ එකට වාසය කිරීමක් නැත්තේ ය."

දෙවන වතාවට ත් ඒ පුද්ගලයා නිශ්ශබ්ද ව සිටියේ ය.

තුන්වෙනි වතාවට ත් ආයුෂ්මත් මහා මොග්ගල්ලානයන් වහන්සේ ඒ පුද්ගලයාට මෙය පැවසූහ.

"ආයුෂ්මත, නැගිටිනු. භාග්‍යවතුන් වහන්සේ විසින් දක්නා ලද්දෙහි ය. ඔබට පිරිසිදු සංඝයා සමඟ එකට වාසය කිරීමක් නැත්තේ ය."

තුන්වෙනි වතාවට ත් ඒ පුද්ගලයා නිශ්ශබ්ද ව සිටියේ ය.

ඉක්බිති ආයුෂ්මත් මහා මොග්ගල්ලානයන් වහන්සේ ඒ පුද්ගලයා අතින් අල්ලාගෙන දොරටුවෙන් බැහැරට දමා දොර අගුලු දමා භාග්‍යවතුන් වහන්සේ වෙත පැමිණියහ. පැමිණ භාග්‍යවතුන් වහන්සේට මෙය සැළකළහ.

"ස්වාමීනී, මා විසින් ඒ පුද්ගලයා නෙරපන ලද්දේ ය. ස්වාමීනී, පිරිස පිරිසිදු ය. ස්වාමීනී, භාග්‍යවතුන් වහන්සේ භික්ෂූන්ට පාමොක් උදෙසන සේක්වා!"

"මොග්ගල්ලානයෙනි, ආශ්චර්යයෙකි. මොග්ගල්ලානයෙනි අද්භූතයෙකි. අතින් අල්ලාගන්නා තුරු ම ඒ හිස් පුරුෂයා වාඩි වී සිටියේ නොවැ."

ඉක්බිති භාග්‍යවතුන් වහන්සේ භික්ෂූන් ඇමතූ සේක.

"මහණෙනි, දැන් ඔබ ම පොහොය කරව්. පාමොක් උදෙසව්. මහණෙනි, අද පටන් මම පොහොය නොකරන්නෙමි. පාමොක් නොඋදෙසන්නෙමි.

මහණෙනි, යම් කරුණකින් තථාගත තෙමේ අපිරිසිදු පිරිසෙහි පොහොය කරයි ද, පාමොක් උදෙසයි ද, එය නොසිදුවන දෙයකි. අවකාශ රහිත දෙයකි.

මහණෙනි, මහා සමුද්‍රයෙහි ආශ්චර්ය වූ ත්, අද්භූත වූ ත් කරුණු අටක් ඇත්තේ ය. එය දැක දැක අසුරයෝ මහා සමුද්‍රයෙහි සිත් අලවා වසති. ඒ කවර අටක් ද යත්;

මහණෙනි, මහා සමුද්‍රය අනුපිළිවෙලින් ගැඹුරු වෙයි. අනුපිළිවෙලින් යටට නැමුණේ වෙයි. අනුපිළිවෙලින් ඉදිරියට බර වූයේ වෙයි. පටන් ගත් තැන ම ප්‍රපාතය නොවෙයි. මහණෙනි, යම් හෙයකින් මහා සමුද්‍රය අනුපිළිවෙලින් ගැඹුරු වෙයි ද, අනුපිළිවෙලින් යටට නැමුණේ වෙයි ද, අනුපිළිවෙලින් ඉදිරියට බර වූයේ වෙයි ද, පටන් ගත් තැන ම ප්‍රපාතය නොවෙයි ද, මහණෙනි, මෙය මහා සමුද්‍රයෙහි ඇති පළමු ආශ්චර්ය අද්භූත කරුණ යි. මෙය දැක දැක අසුරයෝ මහා සමුද්‍රයෙහි සිත් අලවා වසති.

....(පෙ).... තව ද මහණෙනි, මහා සමුද්‍රය සුවිශාල සතුන්ට නිවාසය වෙයි. එහිලා මේ සත්වයෝ ය. එනම් තිමි ය, තිමිංගල ය, තිමිරපිංගල ය, අසුරයෝ ය, නාගයෝ ය, ගාන්ධර්වයෝ ය. මහා සමුද්‍රයේ යොදුන් සිය ගණන් ඇති ආත්මභාවයෝ ද, ...(පෙ).... යොදුන් පන්සිය ගණන් ඇති ආත්මභාවයෝ ද ඇත්තාහු ය. මහණෙනි,, යම් හෙයකින් මහා සමුද්‍රය සුවිශාල සතුන්ට නිවාසය වෙයි ද, එහිලා මේ සත්වයෝ ය. එනම් තිමි ය, තිමිංගල ය, තිමිරපිංගල ය, අසුරයෝ ය, නාගයෝ ය, ගාන්ධර්වයෝ ය. මහා සමුද්‍රයේ යොදුන් සිය ගණන් ඇති ආත්මභාවයෝ ද, ...(පෙ).... යොදුන් පන්සිය ගණන් ඇති ආත්මභාවයෝ ද ඇත්තාහු ද, මහණෙනි, මෙය මහා සමුද්‍රයෙහි ඇති අටවෙනි ආශ්චර්ය අද්භූත කරුණ යි. මෙය දැක දැක අසුරයෝ මහා සමුද්‍රයෙහි සිත් අලවා වසති.

මහණෙනි, මේ වනාහී මහා සමුද්‍රයෙහි ඇති ආශ්චර්ය වූ අද්භූත වූ කරුණු අට යි. ඒවා දැක දැක අසුරයෝ මහා සමුද්‍රයෙහි සිත් අලවා වාසය කරති.

එසෙයින් ම මහණෙනි, මේ ධර්ම විනයෙහි ත් ආශ්චර්ය වූ අදභූත වූ අට කරුණක් ඇත්තේ ය. ඒවා දැක දැක භික්ෂූහු මේ ධර්ම විනයෙහි ඇලී වාසය කරති. ඒ කවර අටක් ද යත්;

මහණෙනි, යම් සේ මහා සමුද්‍රය අනුපිළිවෙලින් ගැඹුරු වෙයි ද, අනුපිළිවෙලින් යටට නැමුණේ වෙයි ද, අනුපිළිවෙලින් ඉදිරියට බර වූයේ වෙයි ද, පටන් ගත් තැන ම ප්‍රපාතය නොවෙයි ද, එසෙයින් ම මහණෙනි, මේ ධර්ම විනයෙහි අනුපිළිවෙලින් හික්මීමක්, අනුපිළිවෙලින් ක්‍රියාවක්, අනුපිළිවෙල

ප්‍රතිපදාවක් ඇත්තේ ය. පටන් ගත් තැනින් ම අරහත්වය සාක්ෂාත් නොවෙයි. මහණෙනි, යම් හෙයකින් මේ ධර්ම විනයෙහි අනුපිළිවෙලින් හික්මීමක්, අනුපිළිවෙලින් ක්‍රියාවක්, අනුපිළිවෙල ප්‍රතිපදාවක් ඇත්තේ ද, පටන් ගත් තැනින් ම අරහත්වය සාක්ෂාත් නොවෙයි ද, මහණෙනි, මෙය මේ ධර්ම විනයෙහි ඇති පළමු ආශ්චර්ය අද්භූත කරුණ යි. මෙය දැක දැක භික්ෂූහු මේ ධර්ම විනයෙහි සිත් අලවා වසති.

....(පෙ).... මහණෙනි, යම් සේ මහා සමුද්‍රය සුවිශාල සතුන්ට නිවාසය වෙයි ද, එහිලා මේ සත්වයෝ ය. එනම් තිමි ය, තිමිංගල ය, තිමිරපිංගල ය, අසුරයෝ ය, නාගයෝ ය, ගාන්ධර්වයෝ ය. මහා සමුද්‍රයේ යොදුන් සිය ගණන් ඇති ආත්මභාවයෝ ද, ...(පෙ)..... යොදුන් පන්සිය ගණන් ඇති ආත්මභාවයෝ ද ඇත්තාහු ද, එසෙයින් ම මහණෙනි, මේ ධර්ම විනය ද සුවිශාල සත්වයන්ට ආවාස වෙයි. එහිලා මේ සත්වයෝ ය. සෝවාන් වූ කෙනා ය, සෝවාන් ඵලය සාක්ෂාත් කිරීමට පිළිපන් කෙනා ය, ...(පෙ).... රහතන් වහන්සේ ය. අරහත් ඵලය සාක්ෂාත් කිරීමට පිළිපන් කෙනා ය. මහණෙනි, යම් හෙයකින් මේ ධර්ම විනය ද සුවිශාල සත්වයන්ට ආවාස වෙයි ද, එහිලා මේ සත්වයෝ ය. සෝවාන් වූ කෙනා ය, සෝවාන් ඵලය සාක්ෂාත් කිරීමට පිළිපන් කෙනා ය, ...(පෙ).... රහතන් වහන්සේ ය. අරහත් ඵලය සාක්ෂාත් කිරීමට පිළිපන් කෙනා ය වශයෙන් මහා සත්වයෝ සිටිත් ද, මහණෙනි, මෙය මේ ධර්ම විනයෙහි ඇති අටවෙනි ආශ්චර්ය අද්භූත කරුණ යි. මෙය දැක දැක භික්ෂූහු මේ ධර්ම විනයෙහි සිත් අලවා වසති.

මහණෙනි, මේ ධර්ම විනයෙහි ඇති ආශ්චර්යය වූ, අද්භූත වූ ධර්මයන් අට මේවා ය. ඒවා දැක දැක ය භික්ෂූහු මේ ධර්ම විනයෙහි සිත් අලවා වසන්නේ.

සාදු! සාදු!! සාදු!!!

උපෝසථ සූත්‍රය නිමා විය.

දෙවෙනි මහා වර්ගය අවසන් විය.

- එහි පිළිවෙල උද්දානයයි :

වේරඤ්ජ සූත්‍රය, සීහ සූත්‍රය, ආජඤ්ඤ සූත්‍රය, ඛලුංක සූත්‍රය, මල සූත්‍රය, දූතෙය්‍ය සූත්‍රය, ඉත්ථී බන්ධන සූත්‍රය, පුරිස බන්ධන සූත්‍රය, පහාරාද සූත්‍රය සහ උපෝසථ සූත්‍රය වශයෙන් මෙහි සූත්‍ර දශයෙකි.

3. ගහපති වර්ගය

8.1.3.1.
වේසාලික උග්ග සූත්‍රය
වේසාලික උග්ග ගෘහපතියා ගැන වදාළ දෙසුම

එක් සමයක භාග්‍යවතුන් වහන්සේ විශාලා මහනුවර මහා වනයෙහි කූටාගාර ශාලාවෙහි වැඩවසන සේක. එකල්හී භාග්‍යවතුන් වහන්සේ "මහණෙනි" යි භික්ෂූන් ඇමතූ සේක. "පින්වතුන් වහන්සැ"යි ඒ භික්ෂූහු භාග්‍යවතුන් වහන්සේට පිළිවදන් දුන්හ. භාග්‍යවතුන් වහන්සේ මෙය වදාළ සේක.

"මහණෙනි, විසල්පුරවාසී උග්ග ගෘහපතියා ආශ්චර්ය අද්භූත කරුණු අටකින් යුක්ත ව සිටින බව දරව්."

භාග්‍යවතුන් වහන්සේ මෙය වදාළ සේක. මෙය වදාළ සුගතයන් වහන්සේ හුනස්නෙන් නැගී විහාරයට වැඩි සේක. ඉක්බිති එක්තරා භික්ෂුවක් පෙරවරුවෙහි සිවුරු හැඳ පොරොවාගෙන, පා සිවුරු ගෙන විශාලාවෙහි උග්ග ගෘහපතියාගේ නිවසට පැමිණියේ ය. පැමිණ පණවන ලද අසුනෙහි හිඳගත්තේ ය. ඉක්බිති විසල්පුරවාසී උග්ග ගෘහපතියා ඒ භික්ෂුව වෙත පැමිණියේ ය. පැමිණ ඒ භික්ෂුවට සකසා වන්දනා කොට එකත්පස් ව හිඳගත්තේ ය. එකත්පස් ව හුන් විසල්පුරවාසී උග්ග ගෘහපතියා හට ඒ භික්ෂුව මෙය පැවසුවේ ය.

"ගෘහපතිය, ඔබ ආශ්චර්ය, අද්භූත කරුණු අටකින් සමන්විත වූයේ යැයි භාග්‍යවතුන් වහන්සේ විසින් වදාරණ ලද්දේ නොවැ. ගෘහපතිය, භාග්‍යවතුන් වහන්සේ විසින් වදාරණ ලද ඒ ආශ්චර්ය, අද්භූත කරුණු අට මොනවාද?"

"ස්වාමීනී, භාග්‍යවතුන් වහන්සේ විසින් වදාරණ ලද ආශ්චර්යය අද්භූත කරුණු අට ගැන මම නම් නොදනිමි. වැලිදු ස්වාමීනී, මා තුළ යම් ආශ්චර්ය

අද්භූත කරුණු අටක් ඇද්ද, එය අසනු මැනැව. නුවණින් මෙනෙහි කළ මැනැව. පවසන්නෙමි."

"එසේ ය, ගෘහපතිය" යැයි ඒ භික්ෂුව විසල්පුරවාසී උග්ග ගෘහපතියාට පිළිතුරු දුන්නේ ය. විසල්පුරවාසී උග්ග ගෘහපති තෙමේ මෙය පැවසුවේ ය.

1. "ස්වාමීනී, මම පළමුකොට යම් දවසක දුර දී ම භාග්‍යවතුන් වහන්සේ දුටුවෙම් ද, ස්වාමීනී, භාග්‍යවතුන් වහන්සේ දැකීම ත් සමඟ ම මාගේ සිත පැහැදී ගියේ ය. ස්වාමීනී, මා තුළ ඇති පළමුවෙනි ආශ්චර්යය අද්භූත කරුණ මෙය යි.

2. ස්වාමීනී, ඒ මම පැහැදුණු සිතින් යුතුව භාග්‍යවතුන් වහන්සේ වෙත පැමිණ ඇසුරු කළෙමි. ඒ මට භාග්‍යවතුන් වහන්සේ අනුපිළිවෙල කථාව වදාළ සේක. එනම්, දාන කථා, සීල කථා, ස්වර්ග කථා, කාමයෙහි ආදීනව කථා, කෙලෙසුන්ගේ කිලිටි බව ගැන කථා, නෙක්ඛම්මයෙහි ආනිශංස ගැන කථා ය. යම් කලක ප්‍රබෝධවත් වූ, මෘදු වූ, නීවරණ රහිත වූ, ඔද වැඩුණු, පහන් වූ සිත් ඇති මා පිළිබඳ ව භාග්‍යවතුන් වහන්සේ දැනගත් සේක් ද, එවිට බුදුවරුන්ගේ සාමුක්කංසික ධර්ම දේශනාව වන දුක ත්, සමුදය ත්, නිරෝධය ත්, මාර්ගය ත් ගැන වදාළ සේක. බැහැර වූ කළු පැල්ලම් ඇති පිරිසිදු වස්ත්‍රයක් සායම් මැනැවින් උරා ගන්නේ යම් සේ ද, එසෙයින් ම මා හට ඒ ආසනයෙහි ම කෙලෙස් රහිත වූ අවිද්‍යා මලකඩ රහිත වූ දහම් ඇස පහළ වූයේ ය. එනම් හේතු ප්‍රත්‍යයන්ගෙන් හටගන්නා ස්වභාවයෙන් යුතු යමක් ඇද්ද, ඒ සියල්ල හේතු නිරුද්ධ වීමෙන් නිරුද්ධ වන ස්වභාවයෙන් යුක්තයි කියා ය. ස්වාමීනී, දහම දුටු, දහමට පැමිණි, දහම පසක් කළ, දහමෙහි බැසගත්, සැකයෙන් එතෙර වූ, 'කෙසේ ද, කෙසේ ද' යන්න බැහැර කළ, විශාරද බවට පත් වූ, ශාස්තෘ ශාසනයෙහි අන්‍ය උපකාර අනවශ්‍ය වූ මම එහිදී ම බුදුරජුන් ද, ධර්මය ද, භික්ෂු සංඝයා ද සරණ ගියෙමි. බඹසර පස්වෙනි කොට ශික්ෂාපද සමාදන් වූයෙමි. ස්වාමීනී, මා තුළ ඇති දෙවෙනි ආශ්චර්යය අද්භූත කරුණ මෙය යි.

3. ස්වාමීනී, ඒ මට යොවුන් බිරින්දෑවරු සතර දෙනෙක් වූහ. ස්වාමීනී, මම ඒ බිරින්දෑවරුන් වෙත ගියෙමි. ගොස් ඒ බිරින්දෑවරුන්ට මෙය පැවසූයෙමි. 'සොයුරියෙනි, මා විසින් බ්‍රහ්මචාරී ශික්ෂාපදය සහිත ව පන්සිල් සමාදන් වුණෙමි. අදින් පසු යම් තැනැත්තියක් මෙහි සිටින්නට කැමැත්තී නම් ඕ මෙහි ම භෝග සම්පත් අනුභව කරාවා. පිනුත් කරාවා. තම ඥාතීන් වෙත හෝ යාවා. යම් තැනැත්තියක් වෙනත් පුරුෂයෙකුට කැමැත්තී නම්, ඔහුට ඇය ව දෙමි.'

ස්වාමීනී, මෙසේ කී කල්හී ජ්‍යෙෂ්ඨ බිරින්දෑ මට මෙය පැවසුවා ය. 'ආර්ය

පුත්‍රය, මෙනම් ඇති පුරුෂයාට මාව දෙනු මැනැව' යි. එකල්හී ස්වාමීනී, මම ඒ පුරුෂයා කැඳවා වම් අතින් ඒ බිරින්දෑ ගෙන දකුණු අතින් පැන් කෙණ්ඩිය ගෙන ඒ පුරුෂයාගේ අතට පැන් වඩා දුනිමි. ස්වාමීනී, ඒ යොවුන් බිරිඳ අත්හරින කල්හී මාගේ සිතෙහි කිසි වෙනස්කමක් ඇති වූ බවක් නොදනිමි. ස්වාමීනී, මා තුළ ඇති තුන්වෙනි ආශ්චර්යය අද්භූත කරුණ මෙය යි.

4. ස්වාමීනී, මාගේ නිවසෙහි භෝග සම්පත් ඇත්තේ ය. ඒවා කල්‍යාණ ධර්ම ඇති, සිල්වතුන් සමඟ 'මෙය නොදෙමි, මෙය දෙමි' යි වශයෙන් සිතක් නැති ව බෙදන ස්වභාව ඇත්තෙමි. ස්වාමීනී, මා තුළ ඇති සිව්වෙනි ආශ්චර්යය අද්භූත කරුණ මෙය යි.

5. ස්වාමීනී, මම යම් භික්ෂුවක් ඇසුරු කරම් ද, සකස් කොට ම ඇසුරු කරමි. නොසකස් කොට නොවෙයි. ස්වාමීනී, මා තුළ ඇති පස්වෙනි ආශ්චර්යය අද්භූත කරුණ මෙය යි.

6. ස්වාමීනී, ඉදින් ඒ ආයුෂ්මත් තෙමේ මට දහම් දෙසයි නම් සකස් කොට ම අසමි. නොසකස් කොට නොවෙයි. ඉදින් ඒ ආයුෂ්මත් තෙමේ මට දහම් නොදෙසයි නම් මම ඔහුට ධර්මය දෙසමි. ස්වාමීනී, මා තුළ ඇති සයවෙනි ආශ්චර්යය අද්භූත කරුණ මෙය යි.

7. ස්වාමීනී, මා වෙත දේවතාවෝ පැමිණ කතා කිරීම ආශ්චර්යයක් නොවෙයි. ඔවුහු මට මෙසේ කියති. 'ගෘහපතිය, භාග්‍යවතුන් වහන්සේගේ ධර්මය ස්වාක්ඛාත වෙයි' මෙසේ කී කල්හී ස්වාමීනී, මම ඒ දෙවියන්ට මෙය පවසමි. 'දේවතාවෙනි, ඔබ කිව්ව ත් නැත ත් භාග්‍යවතුන් වහන්සේ විසින් ධර්මය මනාකොට වදාරණ ලද්දේ ම ය' යි. ස්වාමීනී, මේ හේතුවෙන් මගේ සිතෙහි 'දේවතාවෝ මා වෙත පැමිණෙනවා නොවැ. මම දෙවියන් හා කතා බස් කරමි නොවැ' යනුවෙන් මාන්නයක් හටගත් බවක් නොදනිමි. ස්වාමීනී, මා තුළ ඇති සත්වෙනි ආශ්චර්යය අද්භූත කරුණ මෙය යි.

8. ස්වාමීනී, භාග්‍යවතුන් වහන්සේ විසින් වදාරණ ලද යම් මේ පංච ඕරම්භාගීය සංයෝජනයන් ඇද්ද, ඒ කිසිවක් මා තුළ ප්‍රහීණ නොවී ඇති බවක් මම නොදකිමි. ස්වාමීනී, මා තුළ ඇති අටවෙනි ආශ්චර්යය අද්භූත කරුණ මෙය යි.

ස්වාමීනී, මේ අටක් වූ ආශ්චර්යය අද්භූත ධර්මයන් මා තුළ දිස්වෙයි. භාග්‍යවතුන් වහන්සේ විසින් වදාරණ ලද ආශ්චර්යය අද්භූත ධර්ම අට පිළිබඳ ව මම නොදනිමි."

ඉක්බිති ඒ භික්ෂුව විසල්පුරවාසී උග්ග ගෘහපතියාගේ නිවසින් පිණ්ඩපාතය පිළිගෙන හුනස්නෙන් නැගී නික්ම ගියේ ය.

ඉක්බිති ඒ භික්ෂුව පසුබත් කාලයෙහි පිණ්ඩපාතයෙන් වැළකුණේ භාග්‍යවතුන් වහන්සේ වෙත පැමිණුනේ ය. පැමිණ භාග්‍යවතුන් වහන්සේට සකසා වන්දනා කොට එකත්පස් ව හිඳගත්තේ ය. එකත්පස් ව හුන් ඒ භික්ෂුව විසල්පුරවාසී උග්ග ගෘහපතියා සමඟ යම්තාක් කථා සල්ලාපයක් වූයේ ද, ඒ හැම භාග්‍යවතුන් වහන්සේට සැළ කළේ ය.

"සාදු! සාදු! භික්ෂුව. විසල්පුරවාසී උග්ග ගෘහපතියා ඉතා මැනැවින් කරුණු පවසන්නේ යම් සේ ද, භික්ෂුව, මා විසින් පවසන ලද්දේ ද විසල්පුරවාසී උග්ග ගෘහපතියා මේ අටක් වූ ආශ්චර්යය අද්භූත ධර්මයන්ගෙන් ම සමන්විත වූ බව යි. භික්ෂුව, විසල්පුරවාසී උග්ග ගෘහපතියා මේ අටක් වූ ආශ්චර්යය අද්භූත ධර්මයන්ගෙන් ම සමන්විත වූ බවට දරාගන්න."

සාදු! සාදු!! සාදු!!!

වේසාලික උග්ග සූත්‍රය නිමා විය.

8.1.3.2.
හත්ථිගාමක උග්ග සූත්‍රය
හස්තිගම්වැසි උග්ග ගෘහපතියා ගැන වදාළ දෙසුම

එක් සමයක භාග්‍යවතුන් වහන්සේ වජ්ජී ජනපදයෙහි හස්තිග්‍රාමයෙහි වැඩවසන සේක. එකල්හී භාග්‍යවතුන් වහන්සේ "මහණෙනි" යි භික්ෂූන් ඇමතූ සේක. ....(පෙ)....

"මහණෙනි, හස්තිගම්වැසි උග්ග ගෘහපතියා ආශ්චර්ය අද්භූත කරුණු අටකින් යුක්ත ව සිටින බව දරව්."

භාග්‍යවතුන් වහන්සේ මෙය වදාළ සේක. මෙය වදාළ සුගතයන් වහන්සේ හුනස්නෙන් නැගී විහාරයට වැඩි සේක. ඉක්බිති එක්තරා භික්ෂුවක් පෙරවරුවෙහි සිවුරු හැඳ පොරොවාගෙන, පා සිවුරු ගෙන හස්තිගම්වැසි උග්ග ගෘහපතියාගේ නිවසට පැමිණියේ ය. පැමිණ පණවන ලද අසුනෙහි හිඳගත්තේ ය. ඉක්බිති හස්තිගම්වැසි උග්ග ගෘහපතියා ඒ භික්ෂුව වෙත පැමිණියේ ය.

පැමිණ ඒ භික්ෂුවට සකසා වන්දනා කොට එකත්පස් ව හිඳගත්තේ ය. එකත්පස් ව හුන් හස්තිගම්වැසි උග්ග ගෘහපතියා හට ඒ භික්ෂුව මෙය පැවසුවේ ය.

"ගෘහපතිය, ඔබ ආශ්චර්ය, අද්භූත කරුණු අටකින් සමන්විත වූයේ යැයි භාග්‍යවතුන් වහන්සේ විසින් වදාරණ ලද්දේ නොවැ. ගෘහපතිය, භාග්‍යවතුන් වහන්සේ විසින් වදාරණ ලද ඒ ආශ්චර්ය, අද්භූත කරුණු අට මොනවාද?"

"ස්වාමීනී, භාග්‍යවතුන් වහන්සේ විසින් වදාරණ ලද ආශ්චර්ය, අද්භූත කරුණු අට ගැන මම නම් නොදනිමි. වැලිදු ස්වාමීනී, මා තුළ යම් ආශ්චර්ය අද්භූත කරුණු අටක් ඇද්ද, එය අසනු මැනැව. නුවණින් මෙනෙහි කළ මැනැව. පවසන්නෙමි."

"එසේ ය, ගෘහපතිය" යැයි ඒ භික්ෂුව හස්තිගම්වැසි උග්ග ගෘහපතියාට පිළිතුරු දුන්නේ ය. හස්තිගම්වැසි උග්ග ගෘහපති තෙමේ මෙය පැවසුවේ ය.

1. "ස්වාමීනී, මම යම් දවසක නාගවනයෙහිදී ඉඳුරන් පිනවමින් විනෝද වෙමින් සිටිද්දී පළමු කොට දුර දී ම භාග්‍යවතුන් වහන්සේ දුටුවෙම් ද, ස්වාමීනී, භාග්‍යවතුන් වහන්සේ දැකීම ත් සමඟ ම මාගේ සිත පැහැදී ගියේ ය. වෙරි සිඳී ගියේ ය. ස්වාමීනී, මා තුළ ඇති පළමුවෙනි ආශ්චර්යය අද්භූත කරුණ මෙය යි.

2. ස්වාමීනී, ඒ මම පැහැදුණු සිතින් යුතුව භාග්‍යවතුන් වහන්සේ වෙත පැමිණ ඇසුරු කළෙමි. ඒ මට භාග්‍යවතුන් වහන්සේ අනුපිළිවෙල කථාව වදාළ සේක. එනම්, දාන කථා, සීල කථා, ස්වර්ග කථා, කාමයෙහි ආදීනව කථා, කෙලෙසුන්ගේ කිලිටි බව ගැන කථා, නෙක්ඛම්මයෙහි ආනිශංස ගැන කථා ය. යම් කලක ප්‍රබෝධවත් වූ, මෘදු වූ, නීවරණ රහිත වූ, ඔද වැඩුණු, පහන් වූ සිත් ඇති මා පිළිබඳ ව භාග්‍යවතුන් වහන්සේ දැනගත් සේක් ද, එවිට බුදුවරුන්ගේ සාමුක්කංසික ධර්ම දේශනාව වන දුක ත්, සමුදය ත්, නිරෝධය ත්, මාර්ගය ත් ගැන වදාළ සේක. බැහැර වූ කළු පැල්ලම් ඇති පිරිසිදු වස්ත්‍රයක් සායම් මැනැවින් උරා ගන්නේ යම් සේ ද, එසෙයින් ම මා හට ඒ ආසනයෙහි ම කෙලෙස් රහිත වූ අවිද්‍යා මලකඩ රහිත වූ දහම් ඇස පහළ වූයේ ය. එනම් හේතු ප්‍රත්‍යයන්ගෙන් හටගන්නා ස්වභාවයෙන් යුතු යමක් ඇද්ද, ඒ සියල්ල හේතු නිරුද්ධ වීමෙන් නිරුද්ධ වන ස්වභාවයෙන් යුක්තයි කියා ය. ස්වාමීනී, දහම දුටු, දහමට පැමිණි, දහම පසක් කළ, දහමෙහි බැසගත්, සැකයෙන් එතෙර වූ, 'කෙසේ ද, කෙසේ ද' යන්න බැහැර කළ, විශාරද බවට පත් වූ, ශාස්තෘ ශාසනයෙහි අන්‍ය උපකාර අනවශ්‍ය වූ මම එහිදී ම බුදුරජුන් ද, ධර්මය ද, භික්ෂු සංඝයා ද සරණ ගියෙමි. බඹසර පස්වෙනි කොට ශික්ෂාපද සමාදන්

වූයෙමි. ස්වාමීනී, මා තුළ ඇති දෙවෙනි ආශ්චර්යය අද්භූත කරුණ මෙය යි.

3. ස්වාමීනී, ඒ මට යොවුන් බිරින්දෑවරු සතර දෙනෙක් වූහ. ස්වාමීනී, මම ඒ බිරින්දෑවරුන් වෙත ගියෙමි. ගොස් ඒ බිරින්දෑවරුන්ට මෙය පැවසූයෙමි. 'සොයුරියෙනි, මා විසින් බ්‍රහ්මචාරී ශික්ෂාපදය සහිත ව පන්සිල් සමාදන් වුණෙමි. අදින් පසු යම් තැනැත්තියක් මෙහි සිටින්නට කැමැත්තී නම් ඕ මෙහි ම භෝග සම්පත් අනුභව කරාවා. පිනුත් කරාවා. තම ඥාතීන් වෙත හෝ යාවා. යම් තැනැත්තියක් වෙනත් පුරුෂයෙකුට කැමැත්තී නම්, ඔහුට ඇය ව දෙමි.'

ස්වාමීනී, මෙසේ කී කල්හී ජ්‍යෙෂ්ඨ බිරින්දෑ මට මෙය පැවසුවා ය. 'ආර්ය පුත්‍රය, මෙනම් අති පුරුෂයාට මාව දෙනු මැනැව' යි. එකල්හී ස්වාමීනී, මම ඒ පුරුෂයා කැඳවා වම් අතින් ඒ බිරින්දෑ ගෙන දකුණු අතින් පැන් කෙණ්ඩිය ගෙන ඒ පුරුෂයාගේ අතට පැන් වඩා දුනිමි. ස්වාමීනී, ඒ යොවුන් බිරිඳ අත්හරින කල්හී මාගේ සිතෙහි කිසි වෙනස්කමක් ඇති වූ බවක් නොදනිමි. ස්වාමීනී, මා තුළ ඇති තුන්වෙනි ආශ්චර්යය අද්භූත කරුණ මෙය යි.

4. ස්වාමීනී, මාගේ නිවසෙහි භෝග සම්පත් ඇත්තේ ය. ඒවා කල්‍යාණ ධර්ම ඇති, සිල්වතුන් සමඟ 'මෙය නොදෙමි, මෙය දෙමි' යි වශයෙන් සිතක් නැති ව බෙදන ස්වභාව ඇත්තෙමි. ස්වාමීනී, මා තුළ ඇති සිව්වෙනි ආශ්චර්යය අද්භූත කරුණ මෙය යි.

5. ස්වාමීනී, මම යම් භික්ෂුවක් ඇසුරු කරම් ද, සකස් කොට ම ඇසුරු කරමි. නොසකස් කොට නොවෙයි. ස්වාමීනී, ඉදින් ඒ ආයුෂ්මත් තෙමේ මට දහම් දෙසයි නම් සකස් කොට ම අසමි. නොසකස් කොට නොවෙයි. ඉදින් ඒ ආයුෂ්මත් තෙමේ මට දහම් නොදෙසයි නම් මම ඔහුට ධර්මය දෙසමි. ස්වාමීනී, මා තුළ ඇති පස්වෙනි ආශ්චර්යය අද්භූත කරුණ මෙය යි.

6. ස්වාමීනි, සංඝයාට දන් පිණිස ඇරයුම් කළ කල්හී දෙවියෝ මා වෙත ඇවිත් මෙසේ කියති. 'ගෘහපතිය, අසවල් භික්ෂුව උභතෝභාගවිමුත්තයෙකි. අසවල් භික්ෂුව ප්‍රඥාවිමුත්තයෙකි. අසවල් භික්ෂුව කායසක්ඛීයෙකි. අසවල් භික්ෂුව දිට්ඨප්පත්තයෙකි. අසවල් භික්ෂුව ශ්‍රද්ධාවිමුත්තයෙකි. අසවල් භික්ෂුව සද්ධානුසාරී ය. අසවල් භික්ෂුව ධම්මානුසාරී ය. අසවල් භික්ෂුව කළණ දහම් ඇති සිල්වතෙකි. අසවල් භික්ෂුව පව්ටු දහම් ඇති දුස්සීලයෙකි' වශයෙනි. මෙය ආශ්චර්යයක් නොවෙයි. ස්වාමීනී, මම සංඝයාට දන් පූජා කරද්දී මේ අයුරින් සිතක් ඉපදූ බවක් නොදනිමි. එනම් 'මම මේ භික්ෂුවට ස්වල්පයක් දෙමි. මම මේ භික්ෂුවට බොහෝ දෙමි' වශයෙනි. ස්වාමීනී, මම සම සිතින් ම දෙමි. ස්වාමීනී, මා තුළ ඇති සයවෙනි ආශ්චර්යය අද්භූත කරුණ මෙය යි.

7. ස්වාමීනී, මා වෙත දේවතාවෝ පැමිණ කතා කිරීම ආශ්චර්යයක් නොවෙයි. ඔවුහු මට මෙසේ කියති. 'ගෘහපතිය, භාග්‍යවතුන් වහන්සේගේ ධර්මය ස්වාක්ඛාත වෙයි' මෙසේ කී කල්හී ස්වාමීනී, මම ඒ දෙවියන්ට මෙය පවසමි. 'දේවතාවෙනි, ඔබ කිව්ව ත් නැත ත් භාග්‍යවතුන් වහන්සේ විසින් ධර්මය මනාකොට වදාරණ ලද්දේ ම ය' යි. ස්වාමීනී, මේ හේතුවෙන් මගේ සිතෙහි 'දේවතාවෝ මා වෙත පැමිණෙනවා නොවැ. මම දෙවියන් හා කතා බස් කරමි නොවැ' යනුවෙන් මාන්නයක් හට ගත් බවක් නොදනිමි. ස්වාමීනී, මා තුළ ඇති සත්වෙනි ආශ්චර්යය අද්භූත කරුණ මෙය යි.

8. ඉදින් ස්වාමීනී, මම භාග්‍යවතුන් වහන්සේට කලින් කළුරිය කරන්නෙම් නම් භාග්‍යවතුන් වහන්සේ මා ගැන මෙසේ පැවසීම ආශ්චර්යයක් නොවෙයි. එනම්, 'යම් සංයෝජනයකින් බැඳී ගිය හස්තිගම්වැසි උග්ග ගෘහපති තෙමේ යළි මේ මිනිස් ලොවට පැමිණෙයි නම් එබඳු සංයෝජනයක් ඔහු තුළ නැත්තේ ය' යනුවෙනි. ස්වාමීනී, මා තුළ ඇති අටවෙනි ආශ්චර්යය අද්භූත කරුණ මෙය යි.

ස්වාමීනී, මේ අටක් වූ ආශ්චර්යය අද්භූත ධර්මයන් මා තුළ දිස්වෙයි. භාග්‍යවතුන් වහන්සේ විසින් වදාරණ ලද ආශ්චර්යය අද්භූත ධර්ම අට පිළිබඳ ව මම නොදනිමි."

ඉක්බිති ඒ භික්ෂුව හස්තිගම්වැසි උග්ග ගෘහපතියාගේ නිවසින් පිණ්ඩපාතය පිළිගෙන හුනස්නෙන් නැගී නික්ම ගියේ ය.

ඉක්බිති ඒ භික්ෂුව පසුබත් කාලයෙහි පිණ්ඩපාතයෙන් වැළකුණේ භාග්‍යවතුන් වහන්සේ වෙත පැමිණුනේ ය. පැමිණ භාග්‍යවතුන් වහන්සේට සකසා වන්දනා කොට එකත්පස් ව හිඳගත්තේ ය. එකත්පස් ව හුන් ඒ භික්ෂුව හස්තිගම්වැසි උග්ග ගෘහපතියා සමග යම්තාක් කථා සල්ලාපයක් වූයේ ද, ඒ හැම භාග්‍යවතුන් වහන්සේට සැළ කළේ ය.

"සාදු! සාදු! භික්ෂුව. හස්තිගම්වැසි උග්ග ගෘහපතියා ඉතා මැනැවින් කරුණු පවසන්නේ යම් සේ ද, භික්ෂුව, මා විසින් පවසන ලද්දේ ද හස්තිගම්වැසි උග්ග ගෘහපතියා මේ අටක් වූ ආශ්චර්යය අද්භූත ධර්මයන්ගෙන් ම සමන්විත වූ බව යි. භික්ෂුව, හස්තිගම්වැසි උග්ග ගෘහපතියා මේ අටක් වූ ආශ්චර්යය අද්භූත ධර්මයන්ගෙන් ම සමන්විත වූ බවට දරාගන්න."

සාදු! සාදු!! සාදු!!!

හත්ථිගාමක උග්ග සූත්‍රය නිමා විය.

8.1.3.3.
හත්ථකාළවක සූත්‍රය
හත්ථකආළවක කුමාරයා ගැන වදාළ දෙසුම

එක් සමයක භාග්‍යවතුන් වහන්සේ අළව් නුවර අග්ගාලව චෛත්‍යස්ථානයෙහි වැඩවසන සේක. එකල්හී භාග්‍යවතුන් වහන්සේ භික්ෂූන් ඇමතූ සේක. ....(පෙ)....

"මහණෙනි, හත්ථකආළවක කුමරු ආශ්චර්ය අද්භූත කරුණු සතකින් යුක්ත බව දරව්. ඒ කවර කරුණු සතකින් ද යත්;

මහණෙනි, හත්ථකආළවක තෙමේ සැදැහැවත් ය. මහණෙනි, හත්ථකආළවක තෙමේ සිල්වත් ය. මහණෙනි, හත්ථකආළවක තෙමේ පවට ලැජ්ජා ඇත්තෙකි. මහණෙනි, හත්ථකආළවක තෙමේ පවට භය ඇත්තෙකි. මහණෙනි, හත්ථකආළවක තෙමේ බහුශ්‍රැතයෙකි. මහණෙනි, හත්ථකආළවක තෙමේ ත්‍යාගවන්තයෙකි. මහණෙනි, හත්ථකආළවක තෙමේ ප්‍රඥාවන්තයෙකි.

මහණෙනි, හත්ථකආළවක කුමරු මේ ආශ්චර්ය අද්භූත කරුණු සතෙන් යුක්ත බව දරව්."

භාග්‍යවතුන් වහන්සේ මෙය වදාළ සේක. මෙය වදාළ සුගතයන් වහන්සේ හුනස්නෙන් නැගී විහාරයට වැඩි සේක. ඉක්බිති එක්තරා භික්ෂුවක් පෙරවරුවෙහි සිවුරු හැඳ පොරොවාගෙන පා සිවුරු ගෙන හත්ථක ආළවක කුමරුගේ නිවසට පැමිණියේ ය. පැමිණ පණවන ලද අසුනෙහි හිඳගත්තේ ය. ඉක්බිති හත්ථකආළවක කුමරු ඒ භික්ෂුව වෙත පැමිණියේ ය. පැමිණ ඒ භික්ෂුවට සකසා වන්දනා කොට එකත්පස් ව හිඳගත්තේ ය. එකත්පස් ව හුන් හත්ථකආළවක කුමරු හට ඒ භික්ෂුව මෙය පැවසුවේ ය.

"ආයුෂ්මත, ඔබ ආශ්චර්ය, අද්භූත කරුණු සතකින් සමන්විත වූයේ යැයි භාග්‍යවතුන් වහන්සේ විසින් වදාරණ ලද්දේ නොවැ. ඒ කවර කරුණු සතකින් ද යත්;

මහණෙනි, හත්ථකආළවක තෙමේ සැදැහැවත් ය. සිල්වත් ය. ....(පෙ).... පවට ලැජ්ජා ඇත්තෙකි. ....(පෙ).... පවට භය ඇත්තෙකි. ....(පෙ)....

බහුශ්‍රැතයෙකි. ....(පෙ).... ත්‍යාගවන්තයෙකි. මහණෙනි, හත්ථකආළවක තෙමේ ප්‍රඥාවන්තයෙකි.

ආයුෂ්මත, ඔබ මේ ආශ්චර්ය, අද්භූත කරුණු සතෙන් සමන්විත වූයේ යැයි භාග්‍යවතුන් වහන්සේ විසින් වදාරණ ලද්දේ නොවැ."

"කිම, ස්වාමීනී, එහි සුදු වත් හැඳි කිසියම් ගිහියෙක් සිටියේ ද?"

"නැත. ආයුෂ්මත. එහි සුදු වත් හැඳි කිසි ගිහියෙක් සිටියේ නැත."

"සාදු! ස්වාමීනී. එහි සුදු වත් හැඳි කිසි ගිහියෙක් නොසිටීම යහපති."

ඉක්බිති ඒ භික්ෂුව හත්ථක ආළවක කුමරුගේ නිවසින් පිණ්ඩපාතය පිළිගෙන හුනස්නෙන් නැගී නික්ම ගියේ ය.

ඉක්බිති ඒ භික්ෂුව පසුබත් කාලයෙහි පිණ්ඩපාතයෙන් වැළකුණේ භාග්‍යවතුන් වහන්සේ වෙත පැමිණුනේ ය. පැමිණ භාග්‍යවතුන් වහන්සේට සකසා වන්දනා කොට එකත්පස් ව හිඳගත්තේ ය. එකත්පස් ව හුන් ඒ භික්ෂුව භාග්‍යවතුන් වහන්සේට මෙය පැවසුවේ ය.

"ස්වාමීනී, මෙහිලා මම පෙරවරුවෙහි සිවුරු හැඳ පොරොවාගෙන පා සිවුරු ගෙන හත්ථක ආළවක කුමරුගේ නිවසට පැමිණියෙමි. පැමිණ පණවන ලද අසුනෙහි හිඳගත්තෙමි. ස්වාමීනී, ඉක්බිති හත්ථක ආළවක කුමරු මා වෙත පැමිණියේ ය. පැමිණ මා හට සකසා වන්දනා කොට එකත්පස් ව හිඳගත්තේ ය. ස්වාමීනී, එකත්පස් ව හුන් හත්ථක ආළවක කුමරු හට මම මෙය පැවසුවෙමි.

'ආයුෂ්මත, ඔබ ආශ්චර්ය, අද්භූත කරුණු සතකින් සමන්විත වූයේ යැයි භාග්‍යවතුන් වහන්සේ විසින් වදාරණ ලද්දේ නොවැ. ඒ කවර කරුණු සතකින් ද යත්;

මහණෙනි, හත්ථකආළවක තෙමේ සැදැහැවත් ය. තෙමේ සිල්වත් ය. ....(පෙ).... පවට ලැජ්ජා ඇත්තෙකි. ....(පෙ).... පවට භය ඇත්තෙකි. ....(පෙ).... බහුශ්‍රැතයෙකි. ....(පෙ).... ත්‍යාගවන්තයෙකි. මහණෙනි, හත්ථකආළවක තෙමේ ප්‍රඥාවන්තයෙකි.

ආයුෂ්මත, ඔබ මේ ආශ්චර්ය, අද්භූත කරුණු සතෙන් සමන්විත වූයේ යැයි භාග්‍යවතුන් වහන්සේ විසින් වදාරණ ලද්දේ නොවැ.'

ස්වාමීනී, එසේ පැවසූ කල්හී හත්ථකආළවක කුමරු මට මෙය පැවසුවේ ය. 'කිම, ස්වාමීනී, එහි සුදු වත් හැඳි කිසියම් ගිහියෙක් සිටියේ ද?'

'නැත. ආයුෂ්මත. එහි සුදු වත් හැඳි කිසි ගිහියෙක් සිටියේ නැත.'

'සාදු! ස්වාමීනී. එහි සුදු වත් හැඳි කිසි ගිහියෙක් නොසිටීම යහපති."

"සාදු! සාදු! භික්ෂුව. භික්ෂුව, ඒ කුලපුත්‍රයා අල්පේච්ඡ කෙනෙකි. තමා තුළ ඇත්තා වූ ම කුසල් දහම් අන්‍යයන් දැනගන්නවාට කැමති නොවෙයි. එසේ වී නම් භික්ෂුව, හත්ථක ආළවක කුමරු යම් මේ අල්පේච්ඡතාවය ද එක් කොට මේ අටවැනි ආශ්චර්යය අද්භූත ධර්මයෙන් ද සමන්විත වූ බවට දරාගන්න."

සාදු! සාදු!! සාදු!!!

හත්ථක ආළවක සූත්‍රය නිමා විය.

8.1.3.4.
හත්ථකාළවක සංගහවත්ථු සූත්‍රය
හත්ථකආළවක සංග්‍රහ වස්තු ගැන වදාළ දෙසුම

එක් සමයක භාග්‍යවතුන් වහන්සේ අළව් නුවර අග්ගාලව චෛත්‍ය ස්ථානයෙහි වැඩවෙසෙන සේක. එකල්හී හත්ථක ආළවක තෙමේ පන්සියයක් උපාසකයන් පිරිවරා ගෙන භාග්‍යවතුන් වහන්සේ වෙත පැමිණියේ ය. පැමිණ භාග්‍යවතුන් වහන්සේට සකසා වන්දනා කොට එකත්පස් ව හිඳගත්තේ ය. එකත්පස් ව හුන් හත්ථක ආළවක හට භාග්‍යවතුන් වහන්සේ මෙය වදාළ සේක.

"හත්ථකයෙනි, ඔබගේ මේ පිරිස මහා විශාල නොවැ. හත්ථකයෙනි, ඔබ මේ පිරිසට කෙසේ නම් සංග්‍රහ කරන්නෙහි ද?"

"ස්වාමීනී, භාග්‍යවතුන් වහන්සේ විසින් වදාරණ ලද යම් මේ සතර සංග්‍රහ වස්තුවක් ඇද්ද, මේ පිරිසට මම එයින් සංග්‍රහ කරමි. ස්වාමීනී, 'මොහු දානයෙන් සංග්‍රහ කළ යුතු' යැයි යමෙකු ගැන මම දනිම් ද, එවිට ඔහුට දානයෙන් සංග්‍රහ කරමි. මොහු 'ප්‍රිය වචනයෙන් සංග්‍රහ කළ යුත්තේ ය' යැයි යමෙකු ගැන මම දනිම් ද, එවිට ඔහුට ප්‍රිය වචනයෙන් සංග්‍රහ කරමි. 'මොහුට උදපදව් කිරීමෙන් සංග්‍රහ කළ යුතු' යැයි මම යමෙකු ගැන දනිම් ද, එවිට ඔහුට උදපදව් කිරීමෙන් සංග්‍රහ කරමි. 'මොහු සමානාත්මතාවයෙන් සංග්‍රහ කළ යුත්තේ ය' යැයි යමෙකු ගැන මම දනිම් ද, එවිට ඔහුට සමානාත්මතාවයෙන්

සංග්‍රහ කරමි.

ස්වාමීනි, මාගේ කුලයෙහි භෝග සම්පත් ඇත්තේ ය. එහෙයින් සවන් දිය යුතු කරුණු වලදී දිළින්දෙකු කොට මාව නොහඟිති."

"සාදු! සාදු! හත්ථකයෙනි. හත්ථකයෙනි, ඔබ මේ මහා පිරිසට සංග්‍රහ කරන්නට යම් කරුණුවලින් කටයුතු කළේ ද, හත්ථකයෙනි, අතීතයෙහි දී ත් යම් කිසිවෙක් පිරිසට සංග්‍රහ කළාහු ද, ඒ සියල්ලෝ මේ සිව් සඟරාවතින් ම මහත් වූ පිරිසට සංග්‍රහ කළාහු ය. හත්ථකයෙනි, අනාගතයෙහිදී ත් යම් කිසිවෙක් පිරිසට සංග්‍රහ කරන්නාහු ද, ඒ සියල්ලෝ මේ සිව් සඟරාවතින් ම මහත් වූ පිරිසට සංග්‍රහ කරන්නාහු ය. හත්ථකයෙනි, වර්තමානයෙහි ත් යම් කිසිවෙක් පිරිසට සංග්‍රහ කරත් ද, ඒ සියල්ලෝ මේ සිව් සඟරාවතින් ම මහත් වූ පිරිසට සංග්‍රහ කරති."

ඉක්බිති භාග්‍යවතුන් වහන්සේ විසින් දැහැමි කථාවෙන් කරුණු දැක්වූ, සමාදන් කළ, උත්සාහවත් කළ, සතුටට පත් කළ හත්ථක ආළවක තෙමේ හුනස්නෙන් නැගිට භාග්‍යවතුන් වහන්සේට සකසා වන්දනා කොට, පැදකුණු කොට, නික්ම ගියේ ය.

එකල්හී භාග්‍යවතුන් වහන්සේ හත්ථකආළවක පිටත්ව ගොස් නොබෝ වේලාවකින් භික්ෂූන් ඇමතූ සේක.

"මහණෙනි, ආශ්චර්ය අද්භූත අට කරුණකින් හත්ථකආළවක තෙමේ සමන්විත බව දරව්. ඒ කවර කරුණු අටකින් ද යත්;

මහණෙනි, හත්ථකආළවක තෙමේ සැදැහැවත් ය. මහණෙනි, හත්ථකආළවක තෙමේ සිල්වත් ය. මහණෙනි, හත්ථකආළවක තෙමේ පවට ලැජ්ජා ඇත්තෙකි. මහණෙනි, හත්ථකආළවක තෙමේ පවට භය ඇත්තෙකි. මහණෙනි, හත්ථකආළවක තෙමේ බහුශ්‍රැතයෙකි. මහණෙනි, හත්ථකආළවක තෙමේ ත්‍යාගවන්තයෙකි. මහණෙනි, හත්ථකආළවක තෙමේ ප්‍රඥාවන්තයෙකි. මහණෙනි, හත්ථකආළවක තෙමේ අල්පේච්ඡයෙකි.

මහණෙනි, මේ ආශ්චර්ය අද්භූත අට කරුණෙන් හත්ථකආළවක තෙමේ සමන්විත බව දරව්."

සාදු! සාදු!! සාදු!!!

හත්ථකආළවක සංගහවත්ථු සූත්‍රය නිමා විය.

8.1.3.5.
මහානාම සූත්‍රය
මහානාම ශාක්‍ය රජුට වදාළ දෙසුම

එක් සමයක භාග්‍යවතුන් වහන්සේ ශාක්‍ය ජනපදයෙහි කපිලවස්තුවෙහි නිග්‍රෝධාරාමයෙහි වැඩවසන සේක. එකල්හී මහානාම ශාක්‍ය තෙමේ භාග්‍යවතුන් වහන්සේ වෙත පැමිණියේ ය. පැමිණ භාග්‍යවතුන් වහන්සේට සකසා වන්දනා කොට එකත්පස් ව හිඳ ගත්තේ ය. එකත්පස් ව හුන් මහානාම ශාක්‍ය තෙමේ භාග්‍යවතුන් වහන්සේට මෙය පැවසුවේ ය.

"ස්වාමීනී, උපාසකයෙක් වන්නේ කවර කරුණු මත ද?"

"මහානාමයෙනි, යම් කලක සිට බුදුන් සරණ ගියේ වෙයි ද, ධර්මය සරණ ගියේ වෙයි ද, සංඝයා සරණ ගියේ වෙයි ද, මෙපමණකින් මහානාමයෙනි, උපාසකයෙක් වෙයි."

"ස්වාමීනී, උපාසක තෙමේ සිල්වතෙක් වන්නේ කවර කරුණු මත ද?"

"මහානාමයෙනි, යම් කලක පටන් උපාසකයා සතුන් මැරීමෙන් වැළකුණේ වෙයි ද, සොරකමින් වැළකුණේ වෙයි ද, වැරදි කාම සේවනයෙන් වැළකුණේ වෙයි ද, බොරු කීමෙන් වැළකුණේ වෙයි ද, මත්පැන් - මත්ද්‍රව්‍ය භාවිතයෙන් වැළකුණේ වෙයි ද, මහානාමයෙනි, මෙපමණකින් උපාසක තෙමේ සිල්වතෙක් වෙයි."

"ස්වාමීනී, උපාසක තෙමේ තමාට හිතසුව පිණිස පිළිපදින්නේ ත්, අන්‍යයන්ට හිතසුව පිණිස නොපිළිපදින්නේ ත් කවර කරුණු මත ද?"

"මහානාමයෙනි, යම් කලක සිට උපාසක තෙමේ තමා ශ්‍රද්ධාවෙන් යුක්ත වූයේ අන්‍යයන් ශ්‍රද්ධා සම්පත්තියෙහි සමාදන් නොකරවයි ද, තමා සීලයෙන් යුක්ත වූයේ අන්‍යයන් සීල සම්පත්තියෙහි සමාදන් නොකරවයි ද, තමා ත්‍යාග යෙන් යුක්ත වූයේ අන්‍යයන් ත්‍යාග සම්පත්තියෙහි සමාදන් නොකරවයි ද, තමා භික්ෂූන් දකිනු කැමැත්තෙන් යුක්ත වූයේ අන්‍යයන් භික්ෂූන් දැකීම පිණිස සමාදන් නොකරවයි ද, තමා දහම් අසනු කැමැත්තෙන් යුක්ත වූයේ අන්‍යයන් දහම් ඇසීම පිණිස සමාදන් නොකරවයි ද, තමා ඇසූ දහම් දරන ස්වභාවයෙන් යුක්ත වූයේ අන්‍යයන් ධර්ම ධාරණයෙහි සමාදන් නොකරවයි ද, තමා දූරු

ධර්මයන්ගේ අර්ථ මැනැවින් පිරික්සා බලන්නේ නමුත් අන්‍යයන් අර්ථ පිරික්සා බැලීමට සමාදන් නොකරවයි ද, තමා අරුත් දැන දහම් දැන ධර්මානුධර්ම ප්‍රතිපදාවෙහි යෙදෙන්නේ නමුත් අන්‍යයන් ධර්මානුධර්ම ප්‍රතිපදාවෙහි සමාදන් නොකරවයි ද, මහානාමයෙනි, මෙපමණකින් උපාසක තෙමේ තමාට හිතසුව පිණිස පිළිපන්නේ වෙයි. අනුන්ට හිතසුව පිණිස නොපිළිපන්නේ වෙයි.

"ස්වාමීනී, උපාසක තෙමේ තමාට හිතසුව පිණිස පිළිපදින්නේ ත්, අන්‍යයන්ට හිතසුව පිණිස පිළිපදින්නේ ත් කවර කරුණු මත ද?"

"මහානාමයෙනි, යම් කලක සිට උපාසක තෙමේ තමා ත් ශ්‍රද්ධාවෙන් යුක්ත වූයේ, අන්‍යයනුත් ශ්‍රද්ධා සම්පත්තියෙහි සමාදන් කරවයි ද, තමා ත් සීලයෙන් යුක්ත වූයේ අන්‍යයනුත් සීල සම්පත්තියෙහි සමාදන් කරවයි ද, තමාත් ත්‍යාගයෙන් යුක්ත වූයේ අන්‍යයනුත් ත්‍යාග සම්පත්තියෙහි සමාදන් කරවයි ද, තමාත් භික්ෂූන් දකිනු කැමැත්තෙන් යුක්ත වූයේ අන්‍යයනුත් භික්ෂූන් දැකීම පිණිස සමාදන් කරවයි ද, තමා ත් දහම් අසනු කැමැත්තෙන් යුක්ත වූයේ අන්‍යයනුත් දහම් ඇසීම පිණිස සමාදන් කරවයි ද, තමා ත් ඇසූ දහම් දරන ස්වභාවයෙන් යුක්ත වූයේ අන්‍යයනුත් ධර්ම ධාරණයෙහි සමාදන් කරවයි ද, තමා ත් දැරූ ධර්මයන්ගේ අර්ථ මැනැවින් පිරික්සා බලන්නේ අන්‍යයනුත් අර්ථ පිරික්සා බැලීමට සමාදන් කරවයි ද, තමා ත් අරුත් දැන දහම් දැන ධර්මානුධර්ම ප්‍රතිපදාවෙහි යෙදෙන්නේ අන්‍යයනුත් ධර්මානුධර්ම ප්‍රතිපදාවෙහි සමාදන් කරවයි ද, මහානාමයෙනි, මෙපමණකින් උපාසක තෙමේ තමාට හිතසුව පිණිස ත් පිළිපන්නේ වෙයි. අනුන්ට හිතසුව පිණිස ත් පිළිපන්නේ වෙයි."

සාදු! සාදු!! සාදු!!!

මහානාම සූත්‍රය නිමා විය.

8.1.3.6.
ජීවක සූත්‍රය
ජීවක කෝමාරභච්චට වදාළ දෙසුම

එක් සමයක භාග්‍යවතුන් වහන්සේ රජගහ නුවර ජීවක අම්බවනයෙහි වැඩවසන සේක. එකල්හී ජීවක කෝමාරභච්ච තෙමේ භාග්‍යවතුන් වහන්සේ වෙත පැමිණියේ ය. පැමිණ භාග්‍යවතුන් වහන්සේට සකසා වන්දනා කොට

එකත්පස් ව හිඳ ගත්තේ ය. එකත්පස් ව හුන් ජීවක කෝමාරභච්ච තෙමේ භාග්‍යවතුන් වහන්සේට මෙය පැවසුවේ ය.

"ස්වාමීනී, උපාසකයෙක් වන්නේ කවර කරුණු මත ද?"

"ජීවකයෙනි, යම් කලක සිට බුදුන් සරණ ගියේ වෙයි ද, ධර්මය සරණ ගියේ වෙයි ද, සංඝයා සරණ ගියේ වෙයි ද, මෙපමණකින් ජීවකයෙනි, උපාසකයෙක් වෙයි."

"ස්වාමීනී, උපාසක තෙමේ සිල්වතෙක් වන්නේ කවර කරුණු මත ද?"

"ජීවකයෙනි, යම් කලක පටන් උපාසකයා සතුන් මැරීමෙන් වැළකුණේ වෙයි ද, ...(පෙ).... මත්පැන් - මත්ද්‍රව්‍ය භාවිතයෙන් වැළකුණේ වෙයි ද, ජීවකයෙනි, මෙපමණකින් උපාසක තෙමේ සිල්වතෙක් වෙයි."

"ස්වාමීනී, උපාසක තෙමේ තමාට හිතසුව පිණිස පිළිපදින්නේ ත්, අන්‍යයන්ට හිතසුව පිණිස නොපිළිපදින්නේ ත් කවර කරුණු මත ද?"

"ජීවකයෙනි, යම් කලක සිට උපාසක තෙමේ තමා ශ්‍රද්ධාවෙන් යුක්ත වූයේ අන්‍යයන් ශ්‍රද්ධා සම්පත්තියෙහි සමාදන් නොකරවයි ද, ...(පෙ).... තමා අරුත් දන දහම් දන ධර්මානුධර්ම ප්‍රතිපදාවෙහි යෙදෙන්නේ නමුත් අන්‍යයන් ධර්මානුධර්ම ප්‍රතිපදාවෙහි සමාදන් නොකරවයි ද, ජීවකයෙනි, මෙපමණකින් උපාසක තෙමේ තමාට හිතසුව පිණිස පිළිපන්නේ වෙයි. අනුන්ට හිතසුව පිණිස නොපිළිපන්නේ වෙයි.

"ස්වාමීනී, උපාසක තෙමේ තමාට හිතසුව පිණිස පිළිපදින්නේ ත්, අන්‍යයන්ට හිතසුව පිණිස පිළිපදින්නේ ත් කවර කරුණු මත ද?"

"ජීවකයෙනි, යම් කලක සිට උපාසක තෙමේ තමා ත් ශ්‍රද්ධාවෙන් යුක්ත වූයේ, අන්‍යයනුත් ශ්‍රද්ධා සම්පත්තියෙහි සමාදන් කරවයි ද, තමා ත් සීලයෙන් යුක්ත වූයේ අන්‍යයනුත් සීල සම්පත්තියෙහි සමාදන් කරවයි ද, තමාත් ත්‍යාග යෙන් යුක්ත වූයේ අන්‍යයනුත් ත්‍යාග සම්පත්තියෙහි සමාදන් කරවයි ද, තමාත් භික්ෂූන් දකිනු කැමැත්තෙන් යුක්ත වූයේ අන්‍යයනුත් භික්ෂූන් දැකීම පිණිස සමාදන් කරවයි ද, තමා ත් දහම් අසනු කැමැත්තෙන් යුක්ත වූයේ අන්‍යයනුත් දහම් ඇසීම පිණිස සමාදන් කරවයි ද, තමා ත් ඇසූ දහම් දරන ස්වභාවයෙන් යුක්ත වූයේ අන්‍යයනුත් ධර්ම ධාරණයෙහි සමාදන් කරවයි ද, තමා ත් දරූ ධර්මයන්ගේ අර්ථ මැනැවින් පිරික්සා බලන්නේ අන්‍යයනුත් අර්ථ පිරික්සා බැලීමට සමාදන් කරවයි ද, තමා ත් අරුත් දන දහම් දන ධර්මානුධර්ම

ප්‍රතිපදාවෙහි යෙදෙන්නේ අන්‍යයනුත් ධර්මානුධර්ම ප්‍රතිපදාවෙහි සමාදන් කරවයි ද, ජීවකයෙනි, මෙපමණකින් උපාසක තෙමේ තමාට හිතසුව පිණිස ත් පිළිපන්නේ වෙයි. අනුන්ට හිතසුව පිණිස ත් පිළිපන්නේ වෙයි.”

සාදු! සාදු!! සාදු!!!

ජීවක සූත්‍රය නිමා විය.

8.1.3.7.
බල සූත්‍රය
බලය ගැන වදාළ දෙසුම

සැවැත් නුවර දී ය .....

මහණෙනි, මේ බල අටකි. ඒ කවර අට බලයක් ද යත්;

මහණෙනි, සිඟිත්තෝ හැඬීම බලය කොට ඇත්තෝ ය. ස්ත්‍රිය ක්‍රෝධය බලය කොට ඇත්තී ය. සොරු ආයුධ බලය කොට ඇත්තෝ ය. රජවරු ඉසුරු බලය කොට ඇත්තෝ ය. අඥානයෝ උදහස් වීම බලය කොට ඇත්තෝ ය. නුවණැත්තෝ යහපත - අයහපත තේරුම් ගැනීම බලය කොට ඇත්තෝ ය. බහුශ්‍රැතයෝ නුවණින් විමසා බැලීම බලය කොට ඇත්තෝ ය. ශ්‍රමණ බ්‍රාහ්මණවරු ඉවසීම බලය කොට ඇත්තෝ ය.

මහණෙනි. මේ වනාහී අටක් වූ බලයන් ය.

සාදු! සාදු!! සාදු!!!

බල සූත්‍රය නිමා විය.

8.1.3.8.
ඛීණාසවබල සූත්‍රය
ක්ෂීණාශ්‍රව රහතුන්ගේ බලය ගැන වදාළ දෙසුම

සැවැත් නුවර දී ය .....

එකල්හී ආයුෂ්මත් සාරිපුත්තයන් වහන්සේ භාග්‍යවතුන් වහන්සේ වෙත එළැඹියහ. එළැඹ භාග්‍යවතුන් වහන්සේ සකසා වන්දනා කොට එකත්පස් ව හිඳ ගත්තේ ය. එකත්පස් ව හුන් ආයුෂ්මත් සාරිපුත්තයන් වහන්සේට භාග්‍යවතුන් වහන්සේ මෙය වදාළ සේක.

"සාරිපුත්තයෙනි, යම් බලයකින් සමන්විත වූ ක්ෂීණාශ්‍රව භික්ෂුව 'මාගේ ආශ්‍රවයෝ ක්ෂය වී ගියාහු යැ'යි ආශ්‍රවයන්ගේ ක්ෂයය ප්‍රතිඥා දෙයි නම්, ක්ෂීණාශ්‍රව භික්ෂුවගේ එබඳු වූ කොපමණ බල තිබේ ද?"

"ස්වාමීනී, යම් බලයකින් සමන්විත වූ ක්ෂීණාශ්‍රව භික්ෂුව 'මාගේ ආශ්‍රවයෝ ක්ෂය වී ගියාහු යැ'යි ආශ්‍රවයන්ගේ ක්ෂයය ප්‍රතිඥා දෙයි නම්, ක්ෂීණාශ්‍රව භික්ෂුවගේ එබඳු වූ බල අටක් ඇත්තේ ය. ඒ කවර බල අටක් ද යත්,

1. ස්වාමීනී, මෙහිලා ක්ෂීණාශ්‍රව භික්ෂුව විසින් සියළු සංස්කාරයන් අනිත්‍ය වශයෙන් ඒ වූ සැටියෙන් ම සම්‍යක් ප්‍රඥාවෙන් මැනැවින් දක්නා ලද්දේ වෙයි. ස්වාමීනී, යම් කරුණකින් ක්ෂීණාශ්‍රව භික්ෂුව විසින් සියළු සංස්කාරයන් අනිත්‍ය වශයෙන් ඒ වූ සැටියෙන් ම සම්‍යක් ප්‍රඥාවෙන් මැනැවින් දක්නා ලද්දේ වෙයි ද, ස්වාමීනී, යම් බලයකට පැමිණ ක්ෂීණාශ්‍රව භික්ෂුව 'මාගේ ආශ්‍රවයන් ක්ෂය වූයේ යැ'යි ආශ්‍රවයන්ගේ ක්ෂය වීම පිළිබඳ ව ප්‍රතිඥා දෙයි නම් මෙය ත් ක්ෂීණාශ්‍රව භික්ෂුවගේ බලයකි.

2. තව ද ස්වාමීනී, ක්ෂීණාශ්‍රව භික්ෂුව විසින් කාමයන් ගිනි අඟුරු වළක් උපමා කොට ඒ වූ සැටියෙන් ම සම්‍යක් ප්‍රඥාවෙන් මැනැවින් දක්නා ලද්දේ වෙයි. ස්වාමීනී, යම් කරුණකින් ක්ෂීණාශ්‍රව භික්ෂුව විසින් කාමයන් ගිනි අඟුරු වළක් උපමා කොට ඒ වූ සැටියෙන් ම සම්‍යක් ප්‍රඥාවෙන් මැනැවින් දක්නා ලද්දේ වෙයි ද, ස්වාමීනී, යම් බලයකට පැමිණ ක්ෂීණාශ්‍රව භික්ෂුව 'මාගේ

ආශ්‍රවයන් ක්ෂය වූයේ යැ'යි ආශ්‍රවයන්ගේ ක්ෂය වීම පිළිබඳ ව ප්‍රතිඥා දෙයි නම් මෙය ත් ක්ෂීණාශ්‍රව භික්ෂුවගේ බලයකි.

3. තව ද ස්වාමීනී, ක්ෂීණාශ්‍රව භික්ෂුවගේ සිත විවේකයට නැඹුරු වූයේ වෙයි. විවේකයට තදින් ම යොමු වූයේ වෙයි. විවේකයට බර වූයේ වෙයි. කෙලෙසුන්ගෙන් දුරු වූයේ වෙයි. පැවිද්දෙහි ඇලී ගියේ වෙයි. සියළු අයුරින් ආශ්‍රවයන් ඇති කරවන ධර්මයන්ගෙන් තොර වූයේ වෙයි. ස්වාමීනී, යම් කරුණකින් ක්ෂීණාශ්‍රව භික්ෂුවගේ සිත විවේකයට නැඹුරු වූයේ වෙයි ද, විවේකයට තදින් ම යොමු වූයේ වෙයි ද, විවේකයට බර වූයේ වෙයි ද, කෙලෙසුන්ගෙන් දුරු වූයේ වෙයි ද, පැවිද්දෙහි ඇලී ගියේ වෙයි ද, සියළු අයුරින් ආශ්‍රවයන් ඇති කරවන ධර්මයන්ගෙන් තොර වූයේ වෙයි ද, ස්වාමීනී, යම් බලයකට පැමිණ ක්ෂීණාශ්‍රව භික්ෂුව 'මාගේ ආශ්‍රවයන් ක්ෂය වූයේ යැ'යි ආශ්‍රවයන්ගේ ක්ෂය වීම පිළිබඳ ව ප්‍රතිඥා දෙයි නම් මෙය ත් ක්ෂීණාශ්‍රව භික්ෂුවගේ බලයකි.

4. තව ද ස්වාමීනී, ක්ෂීණාශ්‍රව භික්ෂුව විසින් සතර සතිපට්ඨානයෝ වඩන ලද්දාහු, මැනැවින් වඩන ලද්දාහු වෙති. ස්වාමීනී, යම් කරුණකින් ක්ෂීණාශ්‍රව භික්ෂුව විසින් සතර සතිපට්ඨානයෝ වඩන ලද්දාහු, මැනැවින් වඩන ලද්දාහු වෙත් ද, ස්වාමීනී, යම් බලයකට පැමිණ ක්ෂීණාශ්‍රව භික්ෂුව 'මාගේ ආශ්‍රවයන් ක්ෂය වූයේ යැ'යි ආශ්‍රවයන්ගේ ක්ෂය වීම පිළිබඳ ව ප්‍රතිඥා දෙයි නම් මෙය ත් ක්ෂීණාශ්‍රව භික්ෂුවගේ බලයකි.

5-8. තව ද ස්වාමීනී, ක්ෂීණාශ්‍රව භික්ෂුව විසින් සතර ඉර්ධිපාදයෝ වඩන ලද්දාහු ....(පෙ).... පංච ඉන්ද්‍රියයයෝ වඩන ලද්දාහු ....(පෙ).... සප්ත බොජ්ඣංග යෝ වඩන ලද්දාහු ....(පෙ).... ආර්ය අෂ්ටාංගික මාර්ගය වඩන ලද්දේ, මැනැවින් වඩන ලද්දේ වෙයි. ස්වාමීනී, යම් කරුණකින් ක්ෂීණාශ්‍රව භික්ෂුව විසින් ආර්ය අෂ්ටාංගිකා මාර්ගය මැනැවින් වඩන ලද්දේ වෙයි ද, ස්වාමීනී, යම් බලයකට පැමිණ ක්ෂීණාශ්‍රව භික්ෂුව 'මාගේ ආශ්‍රවයන් ක්ෂය වූයේ යැ'යි ආශ්‍රවයන්ගේ ක්ෂය වීම පිළිබඳ ව ප්‍රතිඥා දෙයි නම් මෙය ත් ක්ෂීණාශ්‍රව භික්ෂුවගේ බලයකි.

ස්වාමීනී, යම් බලයකින් සමන්විත වූ ක්ෂීණාශ්‍රව භික්ෂුව 'මාගේ ආශ්‍රවයෝ ක්ෂය වී ගියාහු යැ'යි ආශ්‍රවයන්ගේ ක්ෂයය ප්‍රතිඥා දෙයි නම්, ක්ෂීණාශ්‍රව භික්ෂුවගේ එබඳු වූ මේ බල අට ඇත්තේ ය."

සාදු! සාදු!! සාදු!!!

ඛීණාසවබල සූත්‍රය නිමා විය.

8.1.3.9.
අක්ඛණ සූත්‍රය
නුසුදුසු අවස්ථාව ගැන වදාළ දෙසුම

සැවැත් නුවර දී ය .....

මහණෙනි, අශ්‍රැතවත් පෘථග්ජනයා 'ලෝකය සුදුසු අවස්ථාවේ ඇත්තේ ය. ලෝකය සුදුසු අවස්ථාවේ ඇත්තේ යැ' යි කියයි. එනමුදු හේ සුදුසු අවස්ථාව හෝ නුසුදුසු අවස්ථාව හෝ නොදනියි. මහණෙනි, නිවන් මගෙහි හැසිරෙන්නට කාලය නොවූ, නුසුදුසු වූ මේ අවස්ථා අටක් ඇත්තේ ය. ඒ කවර අටක් ද යත්;

1. මහණෙනි, මෙහිලා අරහත් වූ සම්මා සම්බුද්ධ වූ විජ්ජාචරණ සම්පන්න වූ සුගත වූ ලෝකවිදූ වූ අනුත්තර පුරිසදම්ම සාරථී වූ දෙව් මිනිසුන්ට ශාස්තෘ වූ බුද්ධ වූ භාග්‍යවත් වූ තථාගතයන් වහන්සේ ත් ලෝකයෙහි උපන්නාහු වෙති. කෙලෙස් සංසිඳවන්නා වූ පිරිනිවීමට හේතුවන්නා වූ සත්‍යාවබෝධය කරවන්නා වූ සුගතයන් වහන්සේ විසින් දෙසන ලද ධර්මය ද දේශනා කරනු ලැබෙයි. එකල්හී මේ පුද්ගලයා ත් නිරයෙහි උපන්නේ වෙයි. මහණෙනි, මෙය නිවන් මග හැසිරෙන්නට නොකල් වූ නුසුදුසු පළමු අවස්ථාව යි.

2. තව ද මහණෙනි, ...(පෙ).... දෙව් මිනිසුන්ට ශාස්තෘ වූ බුද්ධ වූ භාග්‍යවත් වූ තථාගතයන් වහන්සේ ත් ලෝකයෙහි උපන්නාහු වෙති. ....(පෙ).... සුගතයන් වහන්සේ විසින් දෙසන ලද ධර්මය ද දේශනා කරනු ලැබෙයි. එකල්හී මේ පුද්ගලයා ත් තිරිසන් යෝනියෙහි උපන්නේ වෙයි. මහණෙනි, මෙය නිවන් මග හැසිරෙන්නට නොකල් වූ නුසුදුසු දෙවෙනි අවස්ථාව යි.

3. තව ද මහණෙනි, ...(පෙ).... දෙව් මිනිසුන්ට ශාස්තෘ වූ බුද්ධ වූ භාග්‍යවත් වූ තථාගතයන් වහන්සේ ත් ලෝකයෙහි උපන්නාහු වෙති. ....(පෙ).... සුගතයන් වහන්සේ විසින් දෙසන ලද ධර්මය ද දේශනා කරනු ලැබෙයි. එකල්හී මේ පුද්ගලයා ත් ප්‍රේත විෂයෙහි උපන්නේ වෙයි. මහණෙනි, මෙය නිවන් මග හැසිරෙන්නට නොකල් වූ නුසුදුසු තෙවෙනි අවස්ථාව යි.

4. තව ද මහණෙනි, ...(පෙ).... දෙව් මිනිසුන්ට ශාස්තෘ වූ බුද්ධ වූ භාග්‍යවත් වූ තථාගතයන් වහන්සේ ත් ලෝකයෙහි උපන්නාහු වෙති. ....(පෙ).... සුගතයන්

වහන්සේ විසින් දෙසන ලද ධර්මය ද දේශනා කරනු ලැබෙයි. එකල්හී මේ පුද්ගලයා ත් එක්තරා දීර්ඝ ආයුෂ ඇති දෙව් ලොවක උපන්නේ වෙයි. මහණෙනි, මෙය නිවන් මග හැසිරෙන්නට නොකල් වූ නුසුදුසු සිව්වෙනි අවස්ථාව යි.

5. තව ද මහණෙනි, ...(පෙ).... දෙවි මිනිසුන්ට ශාස්තෘ වූ බුද්ධ වූ භාග්‍යවත් වූ තථාගතයන් වහන්සේ ත් ලෝකයෙහි උපන්නාහු වෙති. ....(පෙ).... සුගතයන් වහන්සේ විසින් දෙසන ලද ධර්මය ද දේශනා කරනු ලැබෙයි. එකල්හී යම් තැනක භික්ෂු, භික්ෂුණී, උපාසක, උපාසිකාවන්ගේ ගමනක් නැද්ද, එබඳු වූ අතිශයින් අඥාන වූ ම්ලේච්ඡ වූ ප්‍රත්‍යයන්ත ජනපදයන්හි මේ පුද්ගලයා ත් උපන්නේ වෙයි. මහණෙනි, මෙය නිවන් මග හැසිරෙන්නට නොකල් වූ නුසුදුසු පස්වෙනි අවස්ථාව යි.

6. තව ද මහණෙනි, ...(පෙ).... දෙවි මිනිසුන්ට ශාස්තෘ වූ බුද්ධ වූ භාග්‍යවත් වූ තථාගතයන් වහන්සේ ත් ලෝකයෙහි උපන්නාහු වෙති. ....(පෙ).... සුගතයන් වහන්සේ විසින් දෙසන ලද ධර්මය ද දේශනා කරනු ලැබෙයි. එකල්හී මේ පුද්ගලයා ත් මධ්‍ය දේශයෙහි උපන්නේ වෙයි. නමුත් විපරීත දැකුම් ඇති මිථ්‍යා දෘෂ්ටිකයෙක් වෙයි. 'දුන් දෙයෙහි විපාක නැත. උපස්ථානයෙහි විපාක නැත. සේවයෙහි විපාක නැත. කුසල - අකුසල කර්මයන්ගේ ඵල විපාක නැත. මෙලොවක් නැත. පරලොවක් නැත. මවක් නැත. පියෙක් නැත. ඕපපාතික සත්වයෝ නැත. යමෙක් මෙලොව ත් පරලොව ත් තම විශිෂ්ට ඥානයෙන් සාක්ෂාත් කොට ප්‍රකාශ කරයි ද, එබඳු වූ යහපත් මග ගිය, යහපතෙහි පිළිපන් ශ්‍රමණ බ්‍රාහ්මණයෝ නැත' යන මිසදිටුව ගත්තේ වෙයි. මහණෙනි, මෙය නිවන් මග හැසිරෙන්නට නොකල් වූ නුසුදුසු සයවෙනි අවස්ථාව යි.

7. තව ද මහණෙනි, ...(පෙ).... දෙවි මිනිසුන්ට ශාස්තෘ වූ බුද්ධ වූ භාග්‍යවත් වූ තථාගතයන් වහන්සේ ත් ලෝකයෙහි උපන්නාහු වෙති. ....(පෙ).... සුගතයන් වහන්සේ විසින් දෙසන ලද ධර්මය ද දේශනා කරනු ලැබෙයි. එකල්හී මේ පුද්ගලයා ත් මධ්‍ය දේශයෙහි උපන්නේ වෙයි. නමුත් හේ ජඩ වූයේ, කෙළතොළු වූයේ, ප්‍රඥාවෙන් තොර වූයේ වෙයි. මනා ලෙස පැවසූ දෙයෙහි ත්, නොමනා ලෙස පැවසූ දෙයෙහි ත් අරුත් හඳුනාගන්නට අසමර්ථ වෙයි. මහණෙනි, මෙය නිවන් මග හැසිරෙන්නට නොකල් වූ නුසුදුසු සත්වෙනි අවස්ථාව යි.

8. තව ද මහණෙනි, අරහත් වූ සම්මා සම්බුද්ධ වූ ....(පෙ).... දෙවි මිනිසුන්ට ශාස්තෘ වූ බුද්ධ වූ භාග්‍යවත් වූ තථාගතයන් වහන්සේ ත් ලෝකයෙහි නූපන්නාහු වෙති. කෙලෙස් සංසිඳවන්නා වූ පිරිනිවීමට හේතුවන්නා වූ සත්‍යාවබෝධය කරවන්නා වූ සුගතයන් වහන්සේ විසින් දෙසන ලද ධර්මය ද දේශනා කරනු

නොලැබෙයි. එකල්හී මේ පුද්ගලයා ත් මධ්‍ය දේශයෙහි උපන්නේ වෙයි. හේ ජඩ නොවූ, කෙළතොළු නොවූ, ප්‍රඥාවන්තයෙක් වෙයි. මනා ලෙස පැවසූ දෙයෙහි ත්, නොමනා ලෙස පැවසූ දෙයෙහි ත් අරුත් හඳුනාගන්නට සමර්ථ වෙයි. මහණෙනි, මෙය නිවන් මග හැසිරෙන්නට නොකල් වූ නුසුදුසු අටවෙනි අවස්ථාව යි.

මහණෙනි, නිවන් මගෙහි හැසිරෙන්නට කාලය නොවූ, නුසුදුසු වූ මේ අවස්ථා අට ඇත්තේ ය.

මහණෙනි, බඹසරෙහි වසන්නට ඇත්තේ එක ම සුදුසු අවස්ථාවකි. එක ම කාලයකි. ඒ කවර එක ම අවස්ථාව ද යත්;

මහණෙනි, මෙහිලා අරහත් වූ සම්මා සම්බුද්ධ වූ විජ්ජාචරණ සම්පන්න වූ සුගත වූ ලෝකවිදූ වූ අනුත්තර පුරිසදම්ම සාරථී වූ දෙව් මිනිසුන්ට ශාස්තෘ වූ බුද්ධ වූ භාග්‍යවත් වූ තථාගතයන් වහන්සේ ත් ලෝකයෙහි උපන්නාහු වෙති. කෙලෙස් සංසිඳවන්නා වූ පිරිනිවීමට හේතුවන්නා වූ සත්‍යාවබෝධය කරවන්නා වූ සුගතයන් වහන්සේ විසින් දෙසන ලද ධර්මය ද දේශනා කරනු ලැබෙයි. එකල්හී මේ පුද්ගලයා ත් මධ්‍ය දේශයෙහි උපන්නේ වෙයි. හේ ජඩ නොවූ, කෙළතොළු නොවූ, ප්‍රඥාවන්තයෙක් වෙයි. මනා ලෙස පැවසූ දෙයෙහි ත්, නොමනා ලෙස පැවසූ දෙයෙහි ත් අරුත් හඳුනාගන්නට සමර්ථ වෙයි. මහණෙනි, මේ වනාහී බඹසරෙහි වසන්නට ඇති එක ම සුදුසු අවස්ථාව යි. එක ම කාලය යි.

(ගාථා)

1. යම් කෙනෙක් මනුෂ්‍ය ආත්මභාවයක් ලබාගෙන මැනැවින් දේශනා කරන ලද සද්ධර්මය ත් ඇති කල්හී, ධර්මයෙහි හැසිරෙන්නට සුදුසු අවස්ථාව නොලබති නම්, ඔවුහු ඒ ක්ෂණ සම්පත්තිය ඉක්මවා යති.

2. නිවන් මගට අන්තරායකර වූ බොහෝ නුසුදුසු අවස්ථාවෝ වදාරණ ලද්දාහ. ඉතාම ත් කලාතුරකින් කිසියම් ම කාලයක තථාගතවරු ලෝකයෙහි පහළ වෙති.

3. මිනිසත් බව ලැබීම ත්, සද්ධර්මය දෙසීම ත් යන යමක් ලොවෙහි අතිශයින් ම දුර්ලභ වෙයි ද, ඒ දුර්ලභ වූ ක්ෂණ සම්පත්තිය ඔහුට මුණ ගැසුණේ ය. එහිලා තම යහපත කැමති මිනිසා විසින් උත්සාහ කිරීම ම මැනැවි.

4. සද්ධර්ම දෙසුම දැනගන්නේ ය. 'ඔබට ලද ක්ෂණ සම්පත්තිය ඉක්ම යන්නට එපා' ක්ෂණ සම්පත්තිය අත්හැර ගත් උදවිය නිරයෙහි වැටී ශෝක කරති.

5. මෙහි සද්ධර්ම නියාමය නම් වූ ආර්ය මාර්ගය වරදවා ගත්තේ නම්, වෙළඳාම වැරදුණු වෙළෙන්දෙකු සෙයින් බොහෝ කල් තැවෙන්නේ ය.

6. සද්ධර්මය වරදවා ගත් අවිද්‍යාවෙන් වැසී ගිය පුරුෂයා ඉපදෙන - මැරෙන සංසාරයෙහි බොහෝ කල් දුක් විඳ විඳ හැසිරෙන්නේ ය.

7. යම් කෙනෙක් මිනිස් බව ලැබ මනාකොට දේශනා කරන ලද සද්ධර්මය ත් ඇති කල්හී ශාස්තෘන් වහන්සේගේ වචනය අනුව කටයුතු කළාහු ද, කටයුතු කරන්නාහු ද, කටයුතු කරත් ද,

8. යම් කෙනෙක් ලෝකයෙහි ඇති අනුත්තර වූ නිවන් මගින් යුතු ක්ෂණ සම්පත්තිය අවබෝධ කළාහු ද, ඔවුහු තථාගතයන් වහන්සේ විසින් වදාළ මාර්ගයට පිළිපන්නාහු ය.

9. යම් කෙනෙක් සදහම් ඇස් ඇති ආදිච්ච බන්ධූන් වහන්සේ විසින් වදාරණ ලද ධර්මයට අනුව සංවර වී, වසාගත් දොරටු ඇති ව, හැම කල්හී සිහි නුවණින්, කෙලෙසුන්ගෙන් තෙත් නොවී වාසය කරන්නාහු ද,

10. යම් කෙනෙක් මාරයාගේ බල ප්‍රදේශය වූ සසර අනුව යන සියළු අනුසය සිඳ ආශ්‍රවයන් ක්ෂය කොට අරහත් ඵලයට පැමිණියාහු ද, ඔවුහු ඒකාන්තයෙන් දුකෙන් පිරුණු ලෝකයෙන් එතෙරට ගියාහු ය.

සාදු! සාදු!! සාදු!!!

අක්ඛණ සූත්‍රය නිමා විය.

8.1.3.10.
අනුරුද්ධ සූත්‍රය
අනුරුද්ධ තෙරුන්ට වදාළ දෙසුම

එක් සමයක භාග්‍යවතුන් වහන්සේ භග්ග ජනපදයෙහි සුංසුමාර ගිරියෙහි භේසකලා වනයෙහි මිගදායෙහි වැඩවසන සේක. එසමයෙහි ආයුෂ්මත් අනුරුද්ධයන් වහන්සේ චේති ජනපදයෙහි පාචීනවංශ වනයෙහි වැඩවෙසෙන සේක. එකල්හී හුදෙකලාවෙහි භාවනාවෙන් සිටි ආයුෂ්මත් අනුරුද්ධ තෙරුන්ගේ සිතෙහි මෙබඳු චිත්ත පරිවිතර්කයක් ඇතිවූයේ ය.

'මේ ධර්මය තිබෙන්නේ අල්පේච්ඡ තැනැත්තා සඳහා ය, ලාමක ආශාවෙන් යුතු පුද්ගලයාට නොවෙයි. මේ ධර්මය තිබෙන්නේ ලද දෙයින් සතුටු වන තැනැත්තාට ය. ලද දෙයින් අසතුටු වන පුද්ගලයාට නොවෙයි. මේ ධර්මය තිබෙන්නේ හුදෙකලා විවේකයෙහි ඇලුනු තැනැත්තා සඳහා ය, පිරිස සමඟ ඇලුනු පුද්ගලයාට නොවෙයි. මේ ධර්මය තිබෙන්නේ පටන්ගත් වීරිය ඇති තැනැත්තා සඳහා ය, කුසීත පුද්ගලයාට නොවෙයි. මේ ධර්මය තිබෙන්නේ එළඹ සිටි සිහි ඇති තැනැත්තා සඳහා ය, මුළා සිහි ඇති පුද්ගලයාට නොවෙයි. මේ ධර්මය තිබෙන්නේ සමාහිත සිත් ඇති තැනැත්තා සඳහා ය, එකඟ නොවූ සිත් ඇති පුද්ගලයාට නොවෙයි. මේ ධර්මය තිබෙන්නේ ප්‍රඥාවන්ත තැනැත්තා සඳහා ය, ප්‍රඥාව නැති පුද්ගලයාට නොවෙයි.'

ඉක්බිති භාග්‍යවතුන් වහන්සේ ආයුෂ්මත් අනුරුද්ධ තෙරුන්ගේ සිතෙහි ඇති වූ අදහස් තම සිතින් දැන බලවත් පුරුෂයෙක් දික් කළ අතක් හකුලන්නේ යම් සේ ද, හැකිලූ අතක් දිග හරින්නේ යම් සේ ද, එසෙයින් ම භග්ග ජනපදයෙහි සුංසුමාරගිරියෙහි භේසකලා වනයෙහි මිගදායෙන් නොපෙනී ගොස් චේති ජනපදයෙහි පාචීනවංසදායෙහි ආයුෂ්මත් අනුරුද්ධ තෙරුන් ඉදිරියෙහි පහළ වූ සේක.

භාග්‍යවතුන් වහන්සේ පණවන ලද අසුනෙහි වැඩහුන් සේක. ආයුෂ්මත් අනුරුද්ධයන් වහන්සේ ද භාග්‍යවතුන් වහන්සේට සකසා වන්දනා කොට එකත්පස් ව හිඳගත්හ. එකත්පස් ව හුන් ආයුෂ්මත් අනුරුද්ධයන් වහන්සේට භාග්‍යවතුන් වහන්සේ මෙය වදාළ සේක.

"යහපති, යහපති, අනුරුද්ධයෙනි. අනුරුද්ධයෙනි, ඔබ මහා පුරුෂයෙකුගේ විතර්ක කළ අයුරු යහපති. 'මේ ධර්මය තිබෙන්නේ අල්පේච්ඡ තැනැත්තා සඳහා ය, ලාමක ආශාවෙන් යුතු පුද්ගලයාට නොවෙයි. මේ ධර්මය තිබෙන්නේ ලද දෙයින් සතුටුවෙන තැනැත්තා සඳහා ය, ලද දෙයින් අසතුටු වන පුද්ගලයාට නොවෙයි. මේ ධර්මය තිබෙන්නේ හුදෙකලා විවේකයෙහි ඇලුනු තැනැත්තා සඳහා ය, පිරිස සමඟ ඇලුනු පුද්ගලයාට නොවෙයි. මේ ධර්මය තිබෙන්නේ පටන්ගත් වීරිය ඇති තැනැත්තා සඳහා ය, කුසීත පුද්ගලයාට නොවෙයි. මේ ධර්මය තිබෙන්නේ එළඹ සිටි සිහි ඇති තැනැත්තා සඳහා ය, මුළා සිහි ඇති පුද්ගලයාට නොවෙයි. මේ ධර්මය තිබෙන්නේ සමාහිත සිත් ඇති තැනැත්තා සඳහා ය, එකඟ නොවූ සිත් ඇති පුද්ගලයාට නොවෙයි. මේ ධර්මය තිබෙන්නේ ප්‍රඥාවන්ත තැනැත්තා සඳහා ය, ප්‍රඥාව නැති පුද්ගලයාට නොවෙයි.'

එසේ වී නම් අනුරුද්ධයෙනි, ඔබ මේ අටවෙනි වූ මහාපුරුෂ විතර්කය ත් විතර්ක කරව. එනම් 'මේ ධර්මය තිබෙන්නේ ප්‍රපංච රහිත වූ නිවනෙහි ඇලුනු තැනැත්තාට ය. කෙලෙස් ඇතිවන අයුරින් සිත සිතා ප්‍රපංචයන්හි ඇලුනු පුද්ගලයාට නොවෙයි.'

අනුරුද්ධයෙනි, යම් කලක ඔබ මේ අෂ්ට මහා පුරුෂ විතර්කයන් විතර්ක කරන්නෙහි ද, එකල්හී ඔබ අනුරුද්ධයෙනි, යම්තාක් කැමති වන්නෙහි නම් කාමයන්ගෙන් වෙන් ව, අකුසල ධර්මයන්ගෙන් වෙන් ව, විතර්ක විචාර සහිත වූ විවේකයෙන් හටගත් ප්‍රීති සුඛය ඇති පළමුවෙනි ධ්‍යානය උපදවාගෙන වාසය කරන්නෙහි ය.

අනුරුද්ධයෙනි, යම් කලක ඔබ මේ අෂ්ට මහා පුරුෂ විතර්කයන් විතර්ක කරන්නෙහි ද, එකල්හී ඔබ අනුරුද්ධයෙනි, යම්තාක් කැමති වන්නෙහි නම් විතර්ක විචාරයන් සංසිඳීමෙන් තමා තුළ පැහැදීම ඇති කරවන සිතේ එකඟ බවින් යුතුව විතර්ක විචාර රහිත වූ සමාධියෙන් හටගත් ප්‍රීති සැපය ඇති දෙවෙනි ධ්‍යානය උපදවාගෙන වාසය කරන්නෙහි ය.

අනුරුද්ධයෙනි, යම් කලක ඔබ මේ අෂ්ට මහා පුරුෂ විතර්කයන් විතර්ක කරන්නෙහි ද, එකල්හී ඔබ අනුරුද්ධයෙනි, යම්තාක් කැමති වන්නෙහි නම් ප්‍රීතියට ද නොඇලීමෙන් සිහියෙන් හා නුවණින් යුතුව උපේක්ෂාවෙන් වසයි ද, කයෙන් සැපයක් ද විඳියි ද, ආර්යයන් වහන්සේලා උපේක්ෂාවෙන් යුතුව, සිහියෙන් යුතුව ඇති සැප විහරණය යැයි යම් ධ්‍යානයකට කියන ලද්දේ ද, ඒ තුන්වෙනි ධ්‍යානය උපදවාගෙන වාසය කරන්නෙහි ය.

අනුරුද්ධයෙනි, යම් කලක ඔබ මේ අෂ්ට මහා පුරුෂ විතර්කයන් විතර්ක

කරන්නෙහි ද, එකල්හී ඔබ අනුරුද්ධයෙනි, යම්තාක් කැමති වන්නෙහි නම් සැපය ද ප්‍රහාණය කිරීමෙන්, දුක ද ප්‍රහාණය කිරීමෙන් කලින් ම සොම්නස් දොම්නස් ඉක්ම යැමෙන් දුක් සැප රහිත වූ උපේක්ෂා සති පාරිශුද්ධියෙන් යුතු සතර වෙනි ධ්‍යානය උපදවාගෙන වාසය කරන්නෙහි ය.

අනුරුද්ධයෙනි, යම් කලක ඔබ මේ අෂ්ට මහා පුරුෂ විතර්කයන් විතර්ක කරන්නෙහි ද, මේ ගැඹුරු චිත්ත දියුණුවෙන් යුතු, මෙලොව දී ලබන සැප විහරණ ඇති සතරක් වූ ධ්‍යානයන් ද, කැමති සේ, නිදුකින්, බොහෝ සෙයින් ලබන්නෙහි ද, එකල්හී අනුරුද්ධයෙනි, ගෘහපතියෙකුට හෝ ගෘහපති පුත්‍රයෙකුට හෝ නා නා සායම් පෙවූ වස්ත්‍රයෙන් පිරුණු පෙට්ටගමක් යම් සේ ප්‍රිය වෙයි ද, එසෙයින් ම ඔබට ලද දෙයින් සතුටු වී වාසය කිරීම පිණිස, තෘෂ්ණාවට බිය නොවීම පිණිස, පහසු විහරණය පිණිස, නිවනෙහි බැස ගැනීම පිණිස, සිවුරු අතුරින් පාංශුකූල සිවුර ම මැනැවැ යි වැටහෙන්නේ ය.

අනුරුද්ධයෙනි, යම් කලක ඔබ මේ අෂ්ට මහා පුරුෂ විතර්කයන් විතර්ක කරන්නෙහි ද, මේ ගැඹුරු චිත්ත දියුණුවෙන් යුතු, මෙලොව දී ලබන සැප විහරණ ඇති සතරක් වූ ධ්‍යානයන් ද, කැමති සේ, නිදුකින්, බොහෝ සෙයින් ලබන්නෙහි ද, එකල්හී අනුරුද්ධයෙනි, ගෘහපතියෙකුට හෝ ගෘහපති පුත්‍රයෙකුට හෝ නොයෙක් සූපයෙන් යුතු, නොයෙක් ව්‍යංජනයෙන් යුතු බැහැර කළ කළු ඇට ඇති ඇල් හාලේ බතක් යම් සේ ප්‍රිය වෙයි ද, එසෙයින් ම ඔබට ලද දෙයින් සතුටු වී වාසය කිරීම පිණිස, තෘෂ්ණාවට බිය නොවීම පිණිස, පහසු විහරණය පිණිස, නිවනෙහි බැස ගැනීම පිණිස බොජුන් අතුරින් පිඬු සිඟීමෙන් ලත් ආහාරය මැනැවැ යි වැටහෙන්නේ ය.

අනුරුද්ධයෙනි, යම් කලක ඔබ මේ අෂ්ට මහා පුරුෂ විතර්කයන් ද විතර්ක කරන්නෙහි ද, මේ ගැඹුරු චිත්ත දියුණුවෙන් යුතු, මෙලොව දී ලබන සැප විහරණ ඇති සතරක් වූ ධ්‍යානයන් ද, කැමති සේ, නිදුකින්, බොහෝ සෙයින් ලබන්නෙහි ද, එකල්හී අනුරුද්ධයෙනි, ගෘහපතියෙකුට හෝ ගෘහපති පුත්‍රයෙකුට හෝ ඇතුළත පිටත හොඳින් පිරියම් කරන ලද, සුළං වැළකූ ජනෙල් කවුළු ඇති, පියන් වැසූ දොර ඇති, උස් මුදුන් වහළ ඇති කූටාගාරය යම් සේ ප්‍රිය වෙයි ද, එසෙයින් ම ඔබට ලද දෙයින් සතුටු වී වාසය කිරීම පිණිස, තෘෂ්ණාවට බිය නොවීම පිණිස, පහසු විහරණය පිණිස, නිවනෙහි බැස ගැනීම පිණිස සෙනසුන් අතුරින් රුක් සෙවණ සෙනසුන කරගැනීම මැනැවැ යි වැටහෙන්නේ ය.

අනුරුද්ධයෙනි, යම් කලක ඔබ මේ අෂ්ට මහා පුරුෂ විතර්කයන් ද

විතර්ක කරන්නෙහි ද, මේ ගැඹුරු චිත්ත දියුණුවෙන් යුතු, මෙලොව දී ලබන සැප විහරණ ඇති සතරක් වූ ධ්‍යානයන් ද, කැමති සේ, නිදුකින්, බොහෝ සෙයින් ලබන්නෙහි ද, එකල්හී අනුරුද්ධයෙනි, ගෘහපතියෙකුට හෝ ගෘහපති පුත්‍රයෙකුට හෝ සොඳුරු පළස් අතුරන ලද, සුදු එළුලොම් අතුරන ලද, සිනිඳු පුළුන් වලින් කරන ලද, කදලි මෘගයන්ගේ සමින් කරන ලද උතුම් ඇතිරිලි අතුරන ලද, උඩු වියන් සහිත වූ, හිසට ත් - පයට ත් විල්ලුද කොට්ට ඇති යහන යම් සේ ප්‍රිය වෙයි ද, එසෙයින් ම ඔබට ලද දෙයින් සතුටු වී වාසය කිරීම පිණිස, තෘෂ්ණාවට බිය නොවීම පිණිස, පහසු විහරණය පිණිස, නිවනෙහි බැස ගැනීම පිණිස සයනාසන අතුරින් බිම තණ පැදුරෙහි සැතැපීම මැනැවැ යි වැටහෙන්නේ ය.

අනුරුද්ධයෙනි, යම් කලක ඔබ මේ අෂ්ට මහා පුරුෂ විතර්කයන් ද විතර්ක කරන්නෙහි ද, මේ ගැඹුරු චිත්ත දියුණුවෙන් යුතු, මෙලොව දී ලබන සැප විහරණ ඇති සතරක් වූ ධ්‍යානයන් ද, කැමති සේ, නිදුකින්, බොහෝ සෙයින් ලබන්නෙහි ද, එකල්හී අනුරුද්ධයෙනි, ගෘහපතියෙකුට හෝ ගෘහපති පුත්‍රයෙකුට හෝ ගිතෙල්, වෙඬරු, තෙල්, මී පැණි, උක් සකුරු යනාදී නා නා බෙහෙත් යම් සේ ප්‍රිය වෙයි ද, එසෙයින් ම ඔබට ලද දෙයින් සතුටු වී වාසය කිරීම පිණිස, තෘෂ්ණාවට බිය නොවීම පිණිස, පහසු විහරණය පිණිස, නිවනෙහි බැස ගැනීම පිණිස බෙහෙත් අතුරින් පූතිමුත්ත භේසජ්ජය මැනැවැ යි වැටහෙන්නේ ය.

එසේ වී නම් අනුරුද්ධයෙනි, ඔබ චේති ජනපදයෙහි මේ පාචීනවංශ මිගදායෙහි ම මීළඟ වස් කාලය ද වාසය කරන්න."

"එසේ ය, ස්වාමීනී" යි ආයුෂ්මත් අනුරුද්ධයන් වහන්සේ භාග්‍යවතුන් වහන්සේට පිළිවදන් දුන්හ.

ඉක්බිති භාග්‍යවතුන් වහන්සේ ආයුෂ්මත් අනුරුද්ධයන් වහන්සේට මේ අවවාදයෙන් අවවාද කොට බලවත් පුරුෂයෙක් දික් කළ අතක් හකුලන්නේ යම් සේ ද, හැකිලූ අතක් දිග හරින්නේ යම් සේ ද, එසෙයින් ම චේති ජනපදයෙහි පාචීනවංසදායෙන් නොපෙනී ගොස් භග්ග ජනපදයෙහි සුංසුමාරගිරියෙහි භේසකලා වනයෙහි මිගදායෙහි පහළ වූ සේක. භාග්‍යවතුන් වහන්සේ පණවන ලද අසුනෙහි වැඩහුන් සේක. එසේ වැඩහුන් භාග්‍යවතුන් වහන්සේ භික්ෂූන් වහන්සේලා ඇමතූ සේක.

"මහණෙනි, අෂ්ට මහා පුරුෂ විතර්කයන් දේශනා කරන්නෙමි. එය අසව්. මැනැවින් මෙනෙහි කරව්. පවසන්නෙමි."

"එසේ ය, ස්වාමීනී" යි ඒ භික්ෂූහු භාග්‍යවතුන් වහන්සේට පිළිවදන් දුන්හ. භාග්‍යවතුන් වහන්සේ මෙය වදාළ සේක.

"මහණෙනි, අෂ්ට මහා පුරුෂ විතර්ක යනු මොනවා ද?

මහණෙනි, මේ ධර්මය තිබෙන්නේ අල්පේච්ඡ තැනැත්තා සඳහා ය, ලාමක ආශාවෙන් යුතු පුද්ගලයාට නොවෙයි. මහණෙනි, මේ ධර්මය තිබෙන්නේ ලද දෙයින් සතුටුවෙන තැනැත්තා සඳහා ය, ලද දෙයින් අසතුටු වන පුද්ගලයාට නොවෙයි. මහණෙනි, මේ ධර්මය තිබෙන්නේ හුදෙකලා විවේකයෙහි ඇලුනු තැනැත්තා සඳහා ය, පිරිස සමඟ ඇලුනු පුද්ගලයාට නොවෙයි. මහණෙනි, මේ ධර්මය තිබෙන්නේ පටන්ගත් වීරිය ඇති තැනැත්තා සඳහා ය, කුසීත පුද්ගලයාට නොවෙයි. මහණෙනි, මේ ධර්මය තිබෙන්නේ එළඹ සිටි සිහි ඇති තැනැත්තා සඳහා ය, මුළා සිහි ඇති පුද්ගලයාට නොවෙයි. මහණෙනි, මේ ධර්මය තිබෙන්නේ සමාහිත සිත් ඇති තැනැත්තා සඳහා ය, එකඟ නොවූ සිත් ඇති පුද්ගලයාට නොවෙයි. මහණෙනි, මේ ධර්මය තිබෙන්නේ ප්‍රඥාවන්ත තැනැත්තා සඳහා ය, ප්‍රඥාව නැති පුද්ගලයාට නොවෙයි. මහණෙනි, මේ ධර්මය තිබෙන්නේ ප්‍රපංච රහිත වූ නිවනෙහි ඇලුනු තැනැත්තාට ය. කෙලෙස් ඇතිවන අයුරින් සිත සිතා ප්‍රපංචයන්හි ඇලුනු පුද්ගලයාට නොවෙයි.

1. 'මහණෙනි, මේ ධර්මය තිබෙන්නේ අල්පේච්ඡ තැනැත්තා සඳහා ය, ලාමක ආශාවෙන් යුතු පුද්ගලයාට නොවෙයි' යනුවෙන් යම් වචනයක් කියන ලද්දේ නම්, එය කුමක් පිණිස කියන ලද්දේ ද යත්;

මහණෙනි, මෙහිලා භික්ෂුවක් අල්පේච්ඡ වූයේ අන්‍යයෝ අල්පේච්ඡයෙකු වශයෙන් මාව දැනගන්නාහු නම් මැනැවැයි කැමති නොවෙයි. ලද දෙයින් සතුටු වන්නේ අන්‍යයෝ මාව ලද දෙයින් සතුටු වන්නෙකු වශයෙන් දැනගන්නාහු නම් මැනැවැයි කැමති නොවෙයි. හුදෙකලා විවේකයෙන් වසන්නේ අන්‍යයෝ මාව හුදෙකලා විවේකයෙන් වසන බව දැනගන්නාහු නම් මැනැවැයි කැමති නොවෙයි. පටන්ගත් වීරියෙන් යුතු වන්නේ අන්‍යයෝ මාව පටන්ගත් වීරිය ඇත්තෙකි යි දැනගන්නාහු නම් මැනැවැයි කැමති නොවෙයි. එළඹ සිටි සිහි ඇත්තේ අන්‍යයෝ මාව එළඹ සිටි සිහි ඇත්තෙකි යි දැනගන්නාහු නම් මැනැවැයි කැමති නොවෙයි. සමාහිත සිත් ඇත්තේ අන්‍යයෝ මාව සමාහිත සිත් ඇත්තෙකි යි දැනගන්නාහු නම් මැනැවැයි කැමති නොවෙයි. ප්‍රඥාවන්ත වූයේ අන්‍යයෝ මාව ප්‍රඥාවන්තයෙකි යි දැනගන්නාහු නම් මැනැවැයි කැමති නොවෙයි. ප්‍රපංච රහිත නිවනෙහි ඇලුනේ අන්‍යයෝ මාව ප්‍රපංච රහිත නිවනෙහි ඇලුනෙකි යි දැනගන්නාහු නම් මැනැවැයි කැමති නොවෙයි.

'මහණෙනි, මේ ධර්මය තිබෙන්නේ අල්පේච්ඡ තැනැත්තා සඳහා ය, ලාමක ආශාවෙන් යුතු පුද්ගලයාට නොවෙයි' යනුවෙන් යම් වචනයක් කියන ලද්දේ නම්, එය කියන ලද්දේ මෙකරුණ සඳහා ය.

2. 'මහණෙනි, මේ ධර්මය තිබෙන්නේ ලද දෙයින් සතුටුවෙන තැනැත්තා සඳහා ය, ලද දෙයින් අසතුටු වන පුද්ගලයාට නොවෙයි' යනුවෙන් යම් වචනයක් කියන ලද්දේ නම්, එය කුමක් පිණිස කියන ලද්දේ ද යත්;

මහණෙනි, මෙහිලා භික්ෂුව ලද දෙයින් සතුටු වෙයි. තමන් හට ලැබෙන සිවුරකින්, සෙනසුනකින්, පිණ්ඩපාතයකින්, ගිලන්පස බෙහෙත් පිරිකරකින් සතුටු වෙයි.

'මහණෙනි, මේ ධර්මය තිබෙන්නේ ලද දෙයින් සතුටුවෙන තැනැත්තා සඳහා ය, ලද දෙයින් අසතුටු වන පුද්ගලයාට නොවෙයි' යනුවෙන් යම් වචනයක් කියන ලද්දේ නම්, එය කියන ලද්දේ මෙකරුණ සඳහා ය.

3. මහණෙනි, 'මේ ධර්මය තිබෙන්නේ හුදෙකලා විවේකයෙහි ඇලුනු තැනැත්තා සඳහා ය, පිරිස සමඟ ඇලුනු පුද්ගලයාට නොවෙයි' යනුවෙන් යම් වචනයක් කියන ලද්දේ නම්, එය කුමක් පිණිස කියන ලද්දේ ද යත්;

මහණෙනි, මෙහිලා හුදෙකලා විවේකයෙන් වාසය කරන භික්ෂුව වෙත භික්ෂු, භික්ෂුණීහු, උපාසක, උපාසිකා, රජවරු, රාජමහාමාත්‍යවරු, තීර්ථකයෝ, තීර්ථක ශ්‍රාවකයෝ පැමිණෙති. එහිදී භික්ෂුව විවේකයට නැමුණු, විවේකයෙහි යෙදුණු, විවේකයට බර වූ, විවේකයෙහි පිහිටි, නෙක්ඛම්මයට ඇලුනු සිතින් යුතුව ම ඔවුන් සමඟ එයට ගැලපෙන කතාවක් ම කරන්නෙක් වෙයි.

'මහණෙනි, මේ ධර්මය තිබෙන්නේ හුදෙකලා විවේකයෙහි ඇලුනු තැනැත්තා සඳහා ය, පිරිස සමඟ ඇලුනු පුද්ගලයාට නොවෙයි' යනුවෙන් යම් වචනයක් කියන ලද්දේ නම්, එය කියන ලද්දේ මෙකරුණ සඳහා ය.

4. 'මහණෙනි, මේ ධර්මය තිබෙන්නේ පටන්ගත් වීරිය ඇති තැනැත්තා සඳහා ය, කුසීත පුද්ගලයාට නොවෙයි' යනුවෙන් යම් වචනයක් කියන ලද්දේ නම්, එය කුමක් පිණිස කියන ලද්දේ ද යත්;

මහණෙනි, මෙහිලා භික්ෂුව අරඹන ලද වීරිය ඇත්තේ වෙයි. අකුසල් දහම් ප්‍රහාණය කිරීමට හා කුසල් දහම් උපදවා ගැනීමට දැඩි වීරියෙන් යුතු වූයේ, දැඩි පරාක්‍රමයෙන් යුතු වූයේ, කුසල් දහම් පිළිබඳ ව පසුබට නොවන වීරිය ඇත්තේ වෙයි.

'මහණෙනි, මේ ධර්මය තිබෙන්නේ පටන්ගත් වීරිය ඇති තැනැත්තා සඳහා ය, කුසීත පුද්ගලයාට නොවෙයි' යනුවෙන් යම් වචනයක් කියන ලද්දේ නම්, එය කියන ලද්දේ මෙකරුණ සඳහා ය.

5. 'මහණෙනි, මේ ධර්මය තිබෙන්නේ එළඹ සිටි සිහි ඇති තැනැත්තා සඳහා ය, මුළා සිහි ඇති පුද්ගලයාට නොවෙයි' යනුවෙන් යම් වචනයක් කියන ලද්දේ නම්, එය කුමක් පිණිස කියන ලද්දේ ද යත්;

මහණෙනි, මෙහිලා භික්ෂුව සිහි ඇත්තේ වෙයි. උතුම් සිහියෙන් හා අවස්ථාවෝචිත නුවණින් යුක්ත වූයේ වෙයි. බොහෝ කලකට පෙර කළ දෑ ත්, බොහෝ කලකට පෙර කියූ දෑ ත් සිහි කරයි. නැවත නැවත සිහි කරයි.

'මහණෙනි, මේ ධර්මය තිබෙන්නේ එළඹ සිටි සිහි ඇති තැනැත්තා සඳහා ය, මුළා සිහි ඇති පුද්ගලයාට නොවෙයි' යනුවෙන් යම් වචනයක් කියන ලද්දේ නම්, එය කියන ලද්දේ මෙකරුණ සඳහා ය.

6. 'මහණෙනි, මේ ධර්මය තිබෙන්නේ සමාහිත සිත් ඇති තැනැත්තා සඳහා ය, එකඟ නොවූ සිත් ඇති පුද්ගලයාට නොවෙයි' යනුවෙන් යම් වචනයක් කියන ලද්දේ නම්, එය කුමක් පිණිස කියන ලද්දේ ද යත්;

මහණෙනි, මෙහිලා භික්ෂුව කාමයන්ගෙන් වෙන් ව ....(පෙ).... සතර වෙනි ධ්‍යානය උපදවාගෙන වාසය කරන්නේ වෙයි.

'මහණෙනි, මේ ධර්මය තිබෙන්නේ සමාහිත සිත් ඇති තැනැත්තා සඳහා ය, එකඟ නොවූ සිත් ඇති පුද්ගලයාට නොවෙයි' යනුවෙන් යම් වචනයක් කියන ලද්දේ නම්, එය කියන ලද්දේ මෙකරුණ සඳහා ය.

7. 'මහණෙනි, මේ ධර්මය තිබෙන්නේ ප්‍රඥාවන්ත තැනැත්තා සඳහා ය, ප්‍රඥාව නැති පුද්ගලයාට නොවෙයි' යනුවෙන් යම් වචනයක් කියන ලද්දේ නම්, එය කුමක් පිණිස කියන ලද්දේ ද යත්;

මහණෙනි, මෙහිලා භික්ෂුව ප්‍රඥාවන්ත වෙයි. හටගැනීම ත්, නැතිවීම ත් දැකීමට සමර්ථ ප්‍රඥාවෙන් යුක්ත වූයේ වෙයි. ආර්ය වූ තියුණු අවබෝධය ඇති කරවන, මැනැවින් දුක් ක්ෂය කරවන ප්‍රඥාවෙන් යුක්ත වූයේ වෙයි.

'මහණෙනි, මේ ධර්මය තිබෙන්නේ ප්‍රඥාවන්ත තැනැත්තා සඳහා ය, ප්‍රඥාව නැති පුද්ගලයාට නොවෙයි' යනුවෙන් යම් වචනයක් කියන ලද්දේ නම්, එය කියන ලද්දේ මෙකරුණ සඳහා ය.

8. 'මහණෙනි, මේ ධර්මය තිබෙන්නේ ප්‍රපංච රහිත වූ නිවනෙහි ඇලුනු තැනැත්තාට ය. කෙලෙස් ඇතිවන අයුරින් සිත සිතා ප්‍රපංචයන්හි ඇලුනු පුද්ගලයාට නොවෙයි' යනුවෙන් යම් වචනයක් කියන ලද්දේ නම්, එය කුමක් පිණිස කියන ලද්දේ ද යත්;

මහණෙනි, මෙහිලා භික්ෂුවගේ සිත ප්‍රපංච නිරෝධය නම් වූ නිවනෙහි බැස ගනියි. එහි ම පහදියි. එහි ම සිටියි. ඒ තුළ ම කෙලෙසුන්ගෙන් නිදහස් වෙයි.

'මහණෙනි, මේ ධර්මය තිබෙන්නේ ප්‍රපංච රහිත වූ නිවනෙහි ඇලුනු තැනැත්තාට ය. කෙලෙස් ඇතිවන අයුරින් සිත සිතා ප්‍රපංචයන්හි ඇලුනු පුද්ගලයාට නොවෙයි' යනුවෙන් යම් වචනයක් කියන ලද්දේ නම්, එය කියන ලද්දේ මෙකරුණ සඳහා ය."

එකල්හී ආයුෂ්මත් අනුරුද්ධයන් වහන්සේ ඉදිරියෙහි වූ වස් වැසීම ද චේති ජනපදයෙහි පාචීනවංස මිගදායෙහි ම කළ සේක. ඉක්බිති ආයුෂ්මත් අනුරුද්ධයන් වහන්සේ තනි ව, හුදෙකලාව, අප්‍රමාදී ව, කෙලෙස් තවන වීරිය ඇති ව, කාය ජීවිත දෙකෙහි අපේක්ෂා නැති ව වාසය කරමින් සුළු කලකින් ම යම් අරුතක් උදෙසා කුලපුත්‍රයෝ මනාකොට ගිහි ගෙයින් නික්ම අනගාරික සසුනෙහි පැවිදි වෙත් ද, ඒ බඹසරෙහි නිමාව වූ අනුත්තර වූ නිර්වාණය මෙලොව දී ම සිය විශිෂ්ට ඥානයෙන් සාක්ෂාත් කොට එයට පැමිණ වාසය කළහ. ඉපදීම ක්ෂය වූයේ ය. බඹසර වාසය නිම කරන ලදී. කළ යුත්ත කරන ලදී. නිවන පිණිස කළ යුතු අනෙකක් නැතැයි දැනගත්හ.

ආයුෂ්මත් අනුරුද්ධයන් වහන්සේ ද එක්තරා රහතන් වහන්සේ නමක් බවට පත්වූහ. එකල්හී අරහත්වයට පත් ආයුෂ්මත් අනුරුද්ධයන් වහන්සේ එවේලෙහි මේ ගාථාවන් වදාළහ.

(ගාථා)

1. ලෝකයෙහි අනුත්තර වූ ශාස්තෘන් වහන්සේ මාගේ සංකල්ප දැන මනෝමය කයින්, ඉර්ධිබලයෙන් මා වෙත වැඩම කළ සේක.

2. මාගේ සිතෙහි සංකල්ප තිබුණේ යම් අයුරකින් ද, එයට ත් වැඩියෙන් දෙසූ සේක. ප්‍රපංච රහිත වූ නිවනෙහි ඇලුනු බුදුරජාණෝ ප්‍රපංච රහිත නිර්වාණය දෙසූ සේක.

3. උන්වහන්සේගේ ධර්මය දැන බුදු සසුනෙහි ඇලී මම වාසය කළෙමි.

ත්‍රිවිද්‍යාව ලබාගත්තෙමි. බුදුරජුන්ගේ සසුන කරන ලද්දේ ය.

සාදු! සාදු!! සාදු!!!

අනුරුද්ධ සූත්‍රය නිමා විය.

තුන්වෙනි ගහපති වර්ගය අවසන් විය.

- **එහි පිළිවෙල උද්දානයයි :**

උග්ග සූත්‍ර දෙක, හත්ථක සූත්‍ර දෙක, මහානාම සූත්‍රය, ජීවක සූත්‍රය, බල සූත්‍ර දෙක, අක්ඛණ සූත්‍රය සහ අනුරුද්ධ සූත්‍රය වශයෙන් මෙහි සූත්‍ර දශයෙකි.

4. දාන වර්ගය

8.1.4.1.

දාන සූත්‍රය

දානය ගැන වදාළ දෙසුම

සැවැත් නුවර දී ය .....

මහණෙනි, මේ දාන අටකි. ඒ කවර අටක් ද යත්;

ළඟට පැමිණ දන් දෙයි. භය නිසා දන් දෙයි. මට දුන්නේ ය කියා දන් දෙයි. මට දෙන්නේ ය කියා දන් දෙයි. දන් දීම මැනැවැයි කියා දන් දෙයි. 'මම ආහාර පිසිමි. මොවුහු නොපිසිති. ආහාර පිසන්නෙම් නොපිසන්නවුන්ට නොදී සිටීම නුසුදුසු වෙමි' යි දන් දෙයි. 'මේ දානය දෙන මාගේ කල්‍යාණ කීර්ති ඝෝෂාව උස් ව පැතිරෙන්නේ යැ'යි දන් දෙයි. සමථ විදර්ශනා සිතෙහි අලංකාරය පිණිස දන් දෙයි.

මහණෙනි, මේ වනාහී දාන අට යි.

සාදු! සාදු!! සාදු!!!

දාන සූත්‍රය නිමා විය.

8.1.4.2.

දුතිය දාන සූත්‍රය

දානය ගැන වදාළ දෙවෙනි දෙසුම

සැවැත් නුවර දී ය .....

(ගාථාවකි)

1. ශ්‍රද්ධාව ඇති බව ද, පවට ලැජ්ජා ඇති බව ද, කුසල් ඇති බව ද, නිති දන් දෙන බව ද යන මේ ධර්මයන් සත්පුරුෂයන් විසින් අනුගමනය කරන ලද්දේ ය. මෙය දෙව්ලොවට මාර්ගය යැයි කියති. මේ තුළින් දෙව්ලොව යති.

සාදු! සාදු!! සාදු!!!

දුතිය දාන සූත්‍රය නිමා විය.

8.1.4.3.

දානවත්ථු සූත්‍රය

දානයට මුල්වෙන කරුණු ගැන වදාළ දෙසුම

සැවැත් නුවර දී ය .....

මහණෙනි, මේ දානයට මුල්වෙන කරුණු අටකි. ඒ කවර අටක් ද යත්;

කැමැත්ත නිසා දන් දෙයි. ද්වේෂය නිසා ත් දන් දෙයි. මෝහය නිසා ත් දන් දෙයි. ගැරහීමට බියෙනුත් දන් දෙයි. 'මාගේ පියා, මුතුන් මිත්තන් විසින් එකල දන් දෙන ලදී. එකල පින් කරන ලදී. ඒ පැරණි කුල සිරිත් පිරිහෙලන්නට නුසුදුසු වෙමි' යි දන් දෙයි. 'මම මේ දානය දී කය බිඳී මරණින් මතු සුගති සංඛ්‍යාත ස්වර්ග ලෝකයෙහි උපදින්නෙමි' යි දන් දෙයි. 'මම මේ දානය දෙන විට සිත පැහැදෙයි. සිතට සතුට ඇති වෙයි. සොම්නස උපදියි' කියා දන් දෙයි. සමථ විදර්ශනා භාවනාවට උපකාරය පිණිස, සිතෙහි අලංකාරය උදෙසා දන් දෙයි.

මහණෙනි, මේ වනාහී දානයට මුල්වන කරුණු අට යි.

සාදු! සාදු!! සාදු!!!

දානවත්ථු සූත්‍රය නිමා විය.

8.1.4.4.
ඛෙත්තූපම සූත්‍රය
කුඹුර උපමා කොට වදාළ දෙසුම

සැවැත් නුවර දී ය .....

මහණෙනි, අංග අටකින් යුක්ත වූ කුඹුරෙහි වපුරන ලද බීජය මහත්ඵල නොවෙයි. මහා රස ඇත්තේ නොවෙයි. වැඩෙන්නේ නොවෙයි. ඒ කවර අටඟින් සමන්විත කුඹුරක ද යත්;

මහණෙනි, මෙහිලා කුඹුරක් වළගොඩැලි ඇත්තේ වෙයි. ගල්, කුඩා ගල්, බොරළු ඇත්තේ වෙයි. කරමැටි ඇත්තේ වෙයි. ගැඹුරට නොසාන ලද්දේ වෙයි. දිය එන මාර්ග නැත්තේ වෙයි. දිය බසින මාර්ග නැත්තේ වෙයි. දිය ඇලි වලින් යුක්ත වූයේ නොවෙයි. නියර නැත්තේ වෙයි.

මහණෙනි, මෙසේ අංග අටකින් යුක්ත වූ කුඹුරෙහි වපුරන ලද බීජය මහත්ඵල නොවෙයි. මහා රස ඇත්තේ නොවෙයි. වැඩෙන්නේ නොවෙයි.

එසෙයින් ම මහණෙනි, අංග අටකින් සමන්විත වූ ශ්‍රමණ බ්‍රාහ්මණයන් හට දෙන ලද දානය මහත්ඵල නොවෙයි. මහානිශංසස නොවෙයි. මහත් බැබලීම් ඇත්තේ නොවෙයි. මහත් පැතිරීම් ඇත්තේ නොවෙයි. ඒ කවර අංග අටකින් යුතු කල්හි ද?

මහණෙනි, මෙහිලා ශ්‍රමණ බ්‍රාහ්මණයෝ මිසදිටු ගත්තෝ වෙති. මිථ්‍යා සංකල්ප ඇත්තෝ වෙති. මිථ්‍යා වචන ඇත්තෝ වෙති. මිථ්‍යා කායික ක්‍රියා ඇත්තෝ වෙති. මිථ්‍යා ජීවිකාව ඇත්තෝ වෙති. මිථ්‍යා උත්සාහය ඇත්තෝ වෙති. මිථ්‍යා සිහිය ඇත්තෝ වෙති. මිථ්‍යා සමාධිය ඇත්තෝ වෙති.

මහණෙනි, මෙසේ අංග අටකින් සමන්විත වූ ශ්‍රමණ බ්‍රාහ්මණයන් හට දෙන ලද දානය මහත්ඵල නොවෙයි. මහානිශංසස නොවෙයි. මහත් බැබලීම්

ඇත්තේ නොවෙයි. මහත් පැතිරීම් ඇත්තේ නොවෙයි.

මහණෙනි, අංග අටකින් යුක්ත වූ කුඹුරෙහි වපුරන ලද බීජය මහත්ඵල වෙයි. මහා රස ඇත්තේ වෙයි. වැඩෙන්නේ වෙයි. ඒ කවර අටඟින් සමන්විත කුඹුරක ද යත්;

මහණෙනි, මෙහිලා කුඹුරක් වළගොඩැලි නැත්තේ වෙයි. ගල්, කුඩා ගල්, බොරළු නැත්තේ වෙයි. කරමැටි නැත්තේ වෙයි. ගැඹුරට සාන ලද්දේ වෙයි. දිය එන මාර්ග ඇත්තේ වෙයි. දිය බසින මාර්ග ඇත්තේ වෙයි. දිය ඇලි වලින් යුක්ත වූයේ වෙයි. නියර ඇත්තේ වෙයි.

මහණෙනි, මෙසේ අංග අටකින් යුක්ත වූ කුඹුරෙහි වපුරන ලද බීජය මහත්ඵල වෙයි. මහා රස ඇත්තේ වෙයි. වැඩෙන්නේ වෙයි.

එසෙයින් ම මහණෙනි, අංග අටකින් සමන්විත වූ ශ්‍රමණ බ්‍රාහ්මණයන් හට දෙන ලද දානය මහත්ඵල වෙයි. මහානිශංස වෙයි. මහත් බැබලීම් ඇත්තේ වෙයි. මහත් පැතිරීම් ඇත්තේ වෙයි. ඒ කවර අංග අටකින් යුතු කල්හි ද?

මහණෙනි, මෙහිලා ශ්‍රමණ බ්‍රාහ්මණයෝ සම්දිටු ගත්තෝ වෙති. සම්‍යක් සංකල්ප ඇත්තෝ වෙති. සම්‍යක් වචන ඇත්තෝ වෙති. සම්‍යක් කායික ක්‍රියා ඇත්තෝ වෙති. සම්‍යක් ජීවිකාව ඇත්තෝ වෙති. සම්‍යක් උත්සාහය ඇත්තෝ වෙති. සම්‍යක් සිහිය ඇත්තෝ වෙති. සම්‍යක් සමාධිය ඇත්තෝ වෙති.

මහණෙනි, මෙසේ අංග අටකින් සමන්විත වූ ශ්‍රමණ බ්‍රාහ්මණයන් හට දෙන ලද දානය මහත්ඵල වෙයි. මහානිශංස වෙයි. මහත් බැබලීම් ඇත්තේ වෙයි. මහත් පැතිරීම් ඇත්තේ වෙයි.

(ගාථා)

1. යම් සේ සාරවත් කුඹුරෙහි වපුරන ලද බීජ සම්පත් ඇත්තේ ද, වැස්ස නිසි අයුරින් වසිනා කල්හී ධාන්‍ය සම්පත් උපදවා දෙයි.

2. ඒ කුඹුරට උවදුරු නැති බව නම් වූ සම්පත් ඇත්තේ ය. ගොයම වැඩෙන බවට සම්පත් ඇත්තේ ය. අස්වනු වැඩෙන බවට සම්පත් ඇත්තේ ය. ඒකාන්තයෙන් ම සරුඵල සම්පත් ඇත්තේ වෙයි.

3. එසෙයින් ම සිල්වතුන් උදෙසා දෙන ලද භෝජන සම්පත්තිය පුණ්‍ය සම්පත් ලබා දෙයි. ඔහු විසින් කරන ලද දෙය සාරවත් දෙයකි.

4. එහෙයින් සම්පත් කැමති ව මෙහිලා යහපත් කරුණින් යුතු පුද්ගල

තෙමේ යහපත් කරුණින් යුතු දන් පිළිගන්නවුන් සේවනය කළ යුත්තේ ය. මෙසේ සම්පත් සමෘද්ධිමත් වෙයි.

5. විද්‍යාවෙන් හා චරණයෙන් යුතු චිත්ත සම්පත්තිය ලබා කර්ම සම්පත්තිය ද කරයි. අර්ථ සම්පත්තිය ද ලබයි.

6. ලෝකයෙහි සැබෑ තතු ඒ අයුරින් ම දැන දෘෂ්ටි සම්පත්තියට පැමිණෙන්නේ ය. මාර්ග සම්පත්තියට පැමිණ පිරිපුන් සිත් ඇති මනසින් යුතුව නිවන කරා යන්නේ ය.

7. සියළු කෙලෙස් මලකඩ කම්පා කොට නිර්වාණ සැපතට පැමිණ සියළු දුකින් මිදෙයි නම් ඒ විමුක්තිය සකල සම්පත්තිය වෙයි.

සාදු! සාදු!! සාදු!!!

ඛෙත්තූපම සූත්‍රය නිමා විය.

8.1.4.5.
දානූපපත්ති සූත්‍රය
දානයෙන් ලැබෙන ඉපදීම ගැන වදාළ දෙසුම

සැවැත් නුවර දී ය .....

මහණෙනි, මේ දානයෙන් ලැබෙන ඉපදීම් අටකි. ඒ කවර අටක් ද යත්;

1. මහණෙනි, මෙහිලා කෙනෙක් ශ්‍රමණයෙකුට හෝ බ්‍රාහ්මණයෙකුට හෝ දානයක් දෙයි. ආහාර පාන, වස්ත්‍ර, පාවහන්, මල්, ගඳ විලවුන්, සයනාසන, කුටි, ප්‍රදීපෝපකරණ ආදිය දන් දෙයි. ඔහු යමක් දෙයි නම්, එය නැවත ලැබීමට පතයි. ඔහු පංචකාම ගුණයෙන් යුතුව සතුටින් ඉඳුරන් පිනවන මහාසාර ක්ෂත්‍රියයන් හෝ මහාසාර බ්‍රාහ්මණයන් හෝ මහාසාර ගෘහපතියන් හෝ දකියි. එවිට ඔහුට මෙසේ සිතෙයි. 'අහෝ! ඒකාන්තයෙන් මම කය බිඳී මරණින් මතු මහාසාර ක්ෂත්‍රියයන්ගේ හෝ මහාසාර බ්‍රාහ්මණයන්ගේ හෝ මහාසාර ගෘහපතියන්ගේ හෝ කුලයක උපදින්නේ නම් මැනැවැ' යි සිතා ඔහු ඒ කෙරෙහි සිත පිහිටුවයි. ඒ සිත අධිෂ්ඨාන කරයි. ඒ සිත දියුණු කරයි. හීන වූ පංච කාමයෙහි යෙදුණු ඔහුගේ සිත මතුවට මාර්ගඵල අවබෝධය පිණිස දියුණු නොකළ හෙයින් එහි ඉපදීම පිණිස හේතු වෙයි. කය බිඳී මරණින් මතු මහාසාර ක්ෂත්‍රියයන්ගේ

හෝ මහාසාර බ්‍රාහ්මණයන්ගේ හෝ මහාසාර ගෘහපතියන්ගේ හෝ කුලයක උපදියි. එය ත් සිල්වතාට යැයි කියමි. දුස්සීලයාට නොවෙයි. මහණෙනි, සිල්වත් තැනැත්තාගේ සිතෙහි ඇති අධිෂ්ඨානය පිරිසිදු බැවින් ඉෂ්ට වෙයි.

2. මහණෙනි, මෙහිලා කෙනෙක් ශ්‍රමණයෙකුට හෝ බ්‍රාහ්මණයෙකුට හෝ දානයක් දෙයි. ආහාර පාන, වස්ත්‍ර, පාවහන්, මල්, ගඳ විලවුන්, සයනාසන, කුටි, ප්‍රදීපෝපකරණ ආදිය දන් දෙයි. ඔහු යමක් දෙයි නම්, එය නැවත ලැබීමට පතයි. ඔහු මෙය අසන ලද්දේ ය. එනම් 'චාතුම්මහාරාජික දෙවිවරු දීර්ඝායුෂ ඇති ව සොඳුරු පැහැය ඇති ව සැප බහුල ව වසන බව යි.' එවිට ඔහුට මෙසේ සිතෙයි. 'අහෝ! ඒකාන්තයෙන් මම කය බිඳී මරණින් මතු චාතුම්මහාරාජික දෙවියන් අතර උපදින්නේ නම් මැනැවැ' යි සිතා ඔහු ඒ කෙරෙහි සිත පිහිටුවයි. ඒ සිත අධිෂ්ඨාන කරයි. ඒ සිත දියුණු කරයි. හීන වූ පංච කාමයෙහි යෙදුණු ඔහුගේ සිත මතුවට මාර්ගඵල අවබෝධය පිණිස දියුණු නොකළ හෙයින් එහි ඉපදීම පිණිස හේතු වෙයි. කය බිඳී මරණින් මතු චාතුම්මහාරාජික දෙවියන් අතර උපදියි. එය ත් සිල්වතාට යැයි කියමි. දුස්සීලයාට නොවෙයි. මහණෙනි, සිල්වත් තැනැත්තාගේ සිතෙහි ඇති අධිෂ්ඨානය පිරිසිදු බැවින් ඉෂ්ට වෙයි.

3.-7. මහණෙනි, මෙහිලා කෙනෙක් ශ්‍රමණයෙකුට හෝ බ්‍රාහ්මණයෙකුට හෝ දානයක් දෙයි. ආහාර පාන, වස්ත්‍ර, පාවහන්, මල්, ගඳ විලවුන්, සයනාසන, කුටි, ප්‍රදීපෝපකරණ ආදිය දන් දෙයි. ඔහු යමක් දෙයි නම්, එය නැවත ලැබීමට පතයි. ඔහු මෙය අසන ලද්දේ ය. එනම් 'තව්තිසා දෙවිවරු ....(පෙ).... යාම දෙවිවරු ....(පෙ).... තුසිත දෙවිවරු ....(පෙ).... නිම්මාණරතී දෙවිවරු ....(පෙ).... පරනිම්මිත වසවත්තී දෙවිවරු දීර්ඝායුෂ ඇති ව සොඳුරු පැහැය ඇති ව සැප බහුල ව වසන බව යි.' එවිට ඔහුට මෙසේ සිතෙයි. 'අහෝ! ඒකාන්තයෙන් මම කය බිඳී මරණින් මතු පරනිම්මිත වසවත්තී දෙවියන් අතර උපදින්නේ නම් මැනැවැ' යි සිතා ඔහු ඒ කෙරෙහි සිත පිහිටුවයි. ඒ සිත අධිෂ්ඨාන කරයි. ඒ සිත දියුණු කරයි. හීන වූ පංච කාමයෙහි යෙදුණු ඔහුගේ සිත මතුවට මාර්ගඵල අවබෝධය පිණිස දියුණු නොකළ හෙයින් එහි ඉපදීම පිණිස හේතු වෙයි. කය බිඳී මරණින් මතු පරනිම්මිත වසවත්තී දෙවියන් අතර උපදියි. එය ත් සිල්වතාට යැයි කියමි. දුස්සීලයාට නොවෙයි. මහණෙනි, සිල්වත් තැනැත්තාගේ සිතෙහි ඇති අධිෂ්ඨානය පිරිසිදු බැවින් ඉෂ්ට වෙයි.

8. මහණෙනි, මෙහිලා කෙනෙක් ශ්‍රමණයෙකුට හෝ බ්‍රාහ්මණයෙකුට හෝ දානයක් දෙයි. ආහාර පාන, වස්ත්‍ර, පාවහන්, මල්, ගඳ විලවුන්, සයනාසන, කුටි, ප්‍රදීපෝපකරණ ආදිය දන් දෙයි. ඔහු යමක් දෙයි නම්, එය නැවත ලැබීමට පතයි. ඔහු මෙය අසන ලද්දේ ය. එනම් 'බ්‍රහ්මකායික දෙවිවරු දීර්ඝායුෂ ඇති

ව සොඳුරු පැහැය ඇති ව සැප බහුල ව වසන බව යි.' එවිට ඔහුට මෙසේ සිතෙයි. 'අහෝ! ඒකාන්තයෙන් මම කය බිඳී මරණින් මතු බ්‍රහ්මකායික දෙවියන් අතර උපදින්නේ නම් මැනැවැ' යි සිතා ඔහු ඒ කෙරෙහි සිත පිහිටුවයි. ඒ සිත අධිෂ්ඨාන කරයි. ඒ සිත දියුණු කරයි. හීන වූ පංච කාමයෙහි යෙදුණු ඔහුගේ සිත මතුවට මාර්ගඵල අවබෝධය පිණිස දියුණු නොකළ හෙයින් එහි ඉපදීම පිණිස හේතු වෙයි. කය බිඳී මරණින් මතු බ්‍රහ්මකායික දෙවියන් අතර උපදියි. එය ත් සිල්වතාට යැයි කියමි. දුස්සීලයාට නොවෙයි. වීතරාගී තැනැත්තාට යැයි කියමි. සරාගී තැනැත්තාට නොවෙයි. මහණෙනි, සිල්වත් තැනැත්තාගේ සිතෙහි ඇති අධිෂ්ඨානය වීතරාගී බැවින් ඉෂ්ට වෙයි.

මහණෙනි, මේ වනාහී දානයෙන් ලැබෙන උපත් අට යි.

සාදු! සාදු!! සාදු!!!

දානූපපත්ති සූත්‍රය නිමා විය.

8.1.4.6.
පුඤ්ඤකිරියවත්ථු සූත්‍රය
පුණ්‍ය ක්‍රියාවන්ට මුල් වන දේ ගැන වදාළ දෙසුම

සැවැත් නුවර දී ය .....

මහණෙනි, පුණ්‍ය ක්‍රියාවන්ට මුල් වන දේවල් තුනකි. ඒ කවර තුනක් ද යත්;

දානය මුල් වී කරන ලද පුණ්‍ය ක්‍රියාව ය. සීලය මුල් වී කරන ලද පුණ්‍ය ක්‍රියාව ය. භාවනාව මුල් වී කරන ලද පුණ්‍ය ක්‍රියාව ය.

1. මහණෙනි, මෙහිලා කෙනෙක් විසින් දානය මුල් වී කරන ලද පුණ්‍ය ක්‍රියාව ස්වල්ප වශයෙන් කරන ලද්දේ වෙයි. සීලය මුල් වී කරන ලද පුණ්‍ය ක්‍රියාව ස්වල්ප වශයෙන් කරන ලද්දේ වෙයි. භාවනාව මුල් වී කරන ලද පුණ්‍ය ක්‍රියාව නොසැපයෙන ලද්දේ වෙයි. ඔහු කය බිඳී මරණින් මතු මිනිසුන් අතර භාග්‍යය නැති බවට පැමිණෙයි.

2. මහණෙනි, මෙහිලා කෙනෙක් විසින් දානය මුල් වී කරන ලද පුණ්‍ය ක්‍රියාව ප්‍රමාණවත් ලෙස කරන ලද්දේ වෙයි. සීලය මුල් වී කරන ලද පුණ්‍ය

ක්‍රියාව ප්‍රමාණවත් ලෙස කරන ලද්දේ වෙයි. භාවනාව මුල් වී කරන ලද පුණ්‍ය ක්‍රියාව නොසැපයෙන ලද්දේ වෙයි. ඔහු කය බිඳී මරණින් මතු මිනිසුන් අතර සෞභාග්‍යයට පැමිණෙයි.

3.   මහණෙනි, මෙහිලා කෙනෙක් විසින් දානය මුල් වී කරන ලද පුණ්‍ය ක්‍රියාව අධික ලෙස කරන ලද්දේ වෙයි. සීලය මුල් වී කරන ලද පුණ්‍ය ක්‍රියාව අධික ලෙස කරන ලද්දේ වෙයි. භාවනාව මුල් වී කරන ලද පුණ්‍ය ක්‍රියාව නොසැපයෙන ලද්දේ වෙයි. ඔහු කය බිඳී මරණින් මතු චාතුම්මහාරාජික දෙවියන් අතරට පැමිණෙයි.

මහණෙනි, එහි චාතුම්මහාරාජික දෙව් රජවරු සතර දෙනා දානය මුල් වී කරන ලද පුණ්‍ය ක්‍රියාව පමණට වැඩියෙන් කොට, සීලය මුල් වී කරන ලද පුණ්‍ය ක්‍රියාව පමණට වැඩියෙන් කොට, චාතුම්මහාරාජික දෙවියන් අතරෙහි කරුණු දහයකින් බලවත් ව සිටියි. එනම්, දිව්‍ය ආයුෂයෙන් ය. දිව්‍ය වර්ණයෙන් ය. දිව්‍ය සැපයෙන් ය. දිව්‍ය යසසින් ය. දිව්‍ය අධිපතිභාවයෙන් ය. දිව්‍ය රූපයෙන් ය. දිව්‍ය ශබ්දයෙන් ය. දිව්‍ය ගන්ධයෙන් ය. දිව්‍ය රසයෙන් ය. දිව්‍ය පහසෙන් ය.

4.   මහණෙනි, මෙහිලා කෙනෙක් විසින් දානය මුල් වී කරන ලද පුණ්‍ය ක්‍රියාව අධික ලෙස කරන ලද්දේ වෙයි. සීලය මුල් වී කරන ලද පුණ්‍ය ක්‍රියාව අධික ලෙස කරන ලද්දේ වෙයි. භාවනාව මුල් වී කරන ලද පුණ්‍ය ක්‍රියාව නොසැපයෙන ලද්දේ වෙයි. ඔහු කය බිඳී මරණින් මතු තව්තිසා දෙවියන් අතරට පැමිණෙයි.

මහණෙනි, එහි ශක්‍ර දේවේන්ද්‍ර තෙමේ දානය මුල් වී කරන ලද පුණ්‍ය ක්‍රියාව පමණට වැඩියෙන් කොට, සීලය මුල් වී කරන ලද පුණ්‍ය ක්‍රියාව පමණට වැඩියෙන් කොට, තව්තිසා දෙවියන් අතරෙහි කරුණු දහයකින් බලවත් ව සිටියි. එනම්, දිව්‍ය ආයුෂයෙන් ය. ....(පෙ).... දිව්‍ය පහසෙන් ය.

5.   මහණෙනි, මෙහිලා කෙනෙක් විසින් දානය මුල් වී කරන ලද පුණ්‍ය ක්‍රියාව අධික ලෙස කරන ලද්දේ වෙයි. සීලය මුල් වී කරන ලද පුණ්‍ය ක්‍රියාව අධික ලෙස කරන ලද්දේ වෙයි. භාවනාව මුල් වී කරන ලද පුණ්‍ය ක්‍රියාව නොසැපයෙන ලද්දේ වෙයි. ඔහු කය බිඳී මරණින් මතු යාම දෙවියන් අතරට පැමිණෙයි.

මහණෙනි, එහි සුයාම දිව්‍යපුත්‍ර තෙමේ දානය මුල් වී කරන ලද පුණ්‍ය ක්‍රියාව පමණට වැඩියෙන් කොට, සීලය මුල් වී කරන ලද පුණ්‍ය ක්‍රියාව පමණට

වැඩියෙන් කොට, යාම දෙවියන් අතරෙහි කරුණු දහයකින් බලවත් ව සිටියි. එනම්, දිව්‍ය ආයුෂයෙන් ය. ....(පෙ).... දිව්‍ය පහසෙන් ය.

6. මහණෙනි, මෙහිලා කෙනෙක් විසින් දානය මුල් වී කරන ලද පුණ්‍ය ක්‍රියාව අධික ලෙස කරන ලද්දේ වෙයි. සීලය මුල් වී කරන ලද පුණ්‍ය ක්‍රියාව අධික ලෙස කරන ලද්දේ වෙයි. භාවනාව මුල් වී කරන ලද පුණ්‍ය ක්‍රියාව නොසැපයෙන ලද්දේ වෙයි. ඔහු කය බිඳී මරණින් මතු තුසිත දෙවියන් අතරට පැමිණෙයි.

මහණෙනි, එහි සන්තුසිත දිව්‍යපුත්‍ර තෙමේ දානය මුල් වී කරන ලද පුණ්‍ය ක්‍රියාව පමණට වැඩියෙන් කොට, සීලය මුල් වී කරන ලද පුණ්‍ය ක්‍රියාව පමණට වැඩියෙන් කොට, තුසිත දෙවියන් අතරෙහි කරුණු දහයකින් බලවත් ව සිටියි. එනම්, දිව්‍ය ආයුෂයෙන් ය. ....(පෙ).... දිව්‍ය පහසෙන් ය.

7. මහණෙනි, මෙහිලා කෙනෙක් විසින් දානය මුල් වී කරන ලද පුණ්‍ය ක්‍රියාව අධික ලෙස කරන ලද්දේ වෙයි. සීලය මුල් වී කරන ලද පුණ්‍ය ක්‍රියාව අධික ලෙස කරන ලද්දේ වෙයි. භාවනාව මුල් වී කරන ලද පුණ්‍ය ක්‍රියාව නොසැපයෙන ලද්දේ වෙයි. ඔහු කය බිඳී මරණින් මතු නිම්මාණරතී දෙවියන් අතරට පැමිණෙයි.

මහණෙනි, එහි සුනිම්මිත දිව්‍යපුත්‍ර තෙමේ දානය මුල් වී කරන ලද පුණ්‍ය ක්‍රියාව පමණට වැඩියෙන් කොට, සීලය මුල් වී කරන ලද පුණ්‍ය ක්‍රියාව පමණට වැඩියෙන් කොට, නිම්මාණරතී දෙවියන් අතරෙහි කරුණු දහයකින් බලවත් ව සිටියි. එනම්, දිව්‍ය ආයුෂයෙන් ය. ....(පෙ).... දිව්‍ය පහසෙන් ය.

8. මහණෙනි, මෙහිලා කෙනෙක් විසින් දානය මුල් වී කරන ලද පුණ්‍ය ක්‍රියාව අධික ලෙස කරන ලද්දේ වෙයි. සීලය මුල් වී කරන ලද පුණ්‍ය ක්‍රියාව අධික ලෙස කරන ලද්දේ වෙයි. භාවනාව මුල් වී කරන ලද පුණ්‍ය ක්‍රියාව නොසැපයෙන ලද්දේ වෙයි. ඔහු කය බිඳී මරණින් මතු පරනිම්මිත වසවත්තී දෙවියන් අතරට පැමිණෙයි.

මහණෙනි, එහි වසවත්තී දිව්‍යපුත්‍ර තෙමේ දානය මුල් වී කරන ලද පුණ්‍ය ක්‍රියාව පමණට වැඩියෙන් කොට, සීලය මුල් වී කරන ලද පුණ්‍ය ක්‍රියාව පමණට වැඩියෙන් කොට, පරනිම්මිත වසවත්තී දෙවියන් අතරෙහි කරුණු දහයකින් බලවත් ව සිටියි. එනම්, දිව්‍ය ආයුෂයෙන් ය. දිව්‍ය වර්ණයෙන් ය. දිව්‍ය සැපයෙන් ය. දිව්‍ය යසසින් ය. දිව්‍ය අධිපතිභාවයෙන් ය. දිව්‍ය රූපයෙන් ය. දිව්‍ය ශබ්දයෙන් ය. දිව්‍ය ගන්ධයෙන් ය. දිව්‍ය රසයෙන් ය. දිව්‍ය පහසෙන්ය.

මහණෙනි, මේ වනාහී පුණ්‍ය ක්‍රියාවන්ට මුල්වන කරුණු තුන යි.

සාදු! සාදු!! සාදු!!!

පුඤ්ඤකිරියවත්ථු සූත්‍රය නිමා විය.

8.1.4.7.
සප්පුරිස දාන සූත්‍රය
සත්පුරුෂ දානය ගැන වදාළ දෙසුම

සැවැත් නුවර දී ය .....

මහණෙනි, මේ සත්පුරුෂ දාන අටකි. ඒ කවර අටක් ද යත්;

පිරිසිදු ලෙස දන් දෙයි. ප්‍රණීත ලෙස දන් දෙයි. කැප කාලයෙහි දන් දෙයි. කැප දෙයක් දන් දෙයි. නුවණින් විමසා දන් දෙයි. නිතර නිතර දන් දෙයි. දන් දෙන විට සිත පහදවා ගනියි. දන් දී සතුටට පත්වෙයි.

මහණෙනි, මේ වනාහී සත්පුරුෂ දාන අට යි.

(ගාථා)

1. සාරවත් කුඹුරක් බඳු බ්‍රහ්මචාරීන් වහන්සේලා විෂයෙහි පිරිසිදු ලෙස ත්, ප්‍රණීත ලෙස ත්, කැප කාලයෙහි දී ත්, කැප ලෙස ත්, නිතර නිතර ත් පැන් බොජුන් දන් දෙයි.

2. බොහෝ ආමිසය දන් දී පසුතැවිලි නොවෙයි. නුවණින් විමසා බලන උදවිය මෙසේ දෙන ලද දානය වර්ණනා කරති.

3. මෙසේ මසුරුමල දුරු වූ සිතින් දන් දී නුවණැති ශ්‍රද්ධාවත් තැනැත්තා දුක් රහිත වූ සැප ඇති ස්වර්ග ලෝකයට පැමිණෙයි.

සාදු! සාදු!! සාදු!!!

සප්පුරිස දාන සූත්‍රය නිමා විය.

8.1.4.8.
සප්පුරිස සූත්‍රය
සත්පුරුෂයා ගැන වදාළ දෙසුම

සැවැත් නුවර දී ය .....

මහණෙනි, සත්පුරුෂයා පවුලක උපදින්නේ බොහෝ දෙනාට යහපත, හිත සුව පිණිස වෙයි. මව්පියන් හට යහපත, හිත සුව පිණිස වෙයි. අඹුදරුවන් හට යහපත, හිත සුව පිණිස වෙයි. දාස කම්කරු පුරුෂයින් හට යහපත, හිත සුව පිණිස වෙයි. යහළු මිත්‍රයන් හට යහපත, හිත සුව පිණිස වෙයි. මිය පරලොව ගිය ඥාතීන්ට යහපත, හිත සුව පිණිස වෙයි. රජු හට යහපත, හිත සුව පිණිස වෙයි. දෙවියන් හට යහපත, හිත සුව පිණිස වෙයි. ශ්‍රමණ බ්‍රාහ්මණයන් හට යහපත, හිත සුව පිණිස වෙයි.

මහණෙනි, එය මෙබඳු දෙයකි. මහාවැස්ස සියළු ගොවි බිම් සරු කරන්නේ බොහෝ ජනයාට හිත සුව පිණිස වෙයි ද, එසෙයින් ම මහණෙනි, සත්පුරුෂයා පවුලක උපදින්නේ බොහෝ දෙනාට යහපත, හිත සුව පිණිස වෙයි. මව්පියන් හට යහපත, හිත සුව පිණිස වෙයි. අඹුදරුවන් හට යහපත, හිත සුව පිණිස වෙයි. දාස කම්කරු පුරුෂයින් හට යහපත, හිත සුව පිණිස වෙයි. යහළු මිත්‍රයන් හට යහපත, හිත සුව පිණිස වෙයි. මිය පරලොව ගිය ඥාතීන්ට යහපත, හිත සුව පිණිස වෙයි. රජු හට යහපත, හිත සුව පිණිස වෙයි. දෙවියන් හට යහපත, හිත සුව පිණිස වෙයි. ශ්‍රමණ බ්‍රාහ්මණයන් හට යහපත, හිත සුව පිණිස වෙයි.

(ගාථා)

1. ප්‍රඥාවන්ත තැනැත්තා ගිහි ගෙදර වසන්නේ ඒකාන්තයෙන් බොහෝ දෙනාට යහපත පිණිස වෙයි. දිවා රාත්‍රී දෙකෙහි අලස නොවූයේ හැමට පළමු මවට ත්, පියාට ත්,

2. පෙර තමාට කරන ලද ගුණ සිහි කරමින් කරුණු සහිත ව පුදන්නේ ය. අනගාරික වූ පැවිදි වූ බ්‍රහ්මචාරීන් වහන්සේලා ත් පුදන්නේ ය.

3. බැසගත් ශ්‍රද්ධාව ඇත්තේ ධර්මය දැන, මෙහි ප්‍රියශීලීන් පුදන්නේ ය. රජුට ද හිතවත් වූයේ දෙවියන්ට ද හිතවත් වූයේ ඥාති මිත්‍රාදීන්ට ද

හිතවත් වූයේ වෙයි.

4. සද්ධර්මයෙහි මැනැවින් පිහිටි හෙතෙමේ සියළු දෙනාට හිතවත් වූයේ වෙයි. මසුරු මල මැඩගෙන වාසය කරන ඔහු ස්වර්ග ලෝකය භජනය කරයි.

සාදු! සාදු!! සාදු!!!

සප්පුරිස සූත්‍රය නිමා විය.

8.1.4.9.
පුඤ්ඤාභිසන්ද සූත්‍රය
පුණ්‍ය ප්‍රවාහය ගැන වදාළ දෙසුම

සැවැත් නුවර දී ය .....

මහණෙනි, සැප ලබා දෙන්නා වූ, සැප විපාක ඇති, ස්වර්ගයෙහි උපත පිණිස පවතින්නා වූ, ඉෂ්ට වූ, කාන්ත වූ, මනාප වූ, හිත සුව පිණිස පවතින්නා වූ මේ පුණ්‍ය ගංගාවෝ කුසල් ගංගාවෝ අටකි. ඒ කවර අට කරුණක් ද යත්;

1. මහණෙනි, මෙහිලා ආර්යශ්‍රාවක තෙමේ බුදුරජුන් සරණ ගියේ වෙයි. මහණෙනි, සැප ලබා දෙන්නා වූ, සැප විපාක ඇති ස්වර්ගයෙහි උපත පිණිස පවතින්නා වූ ඉෂ්ට වූ, කාන්ත වූ, මනාප වූ, හිත සුව පිණිස පවතින්නා වූ පළමු වෙනි පුණ්‍ය ගංගාව, කුසල ගංගාව මෙය යි.

2. තව ද මහණෙනි, ආර්යශ්‍රාවක තෙමේ ධර්මය සරණ ගියේ වෙයි. මහණෙනි, සැප ලබා දෙන්නා වූ, සැප විපාක ඇති ස්වර්ගයෙහි උපත පිණිස පවතින්නා වූ ඉෂ්ට වූ, කාන්ත වූ, මනාප වූ, හිත සුව පිණිස පවතින්නා වූ දෙවෙනි පුණ්‍ය ගංගාව, කුසල ගංගාව මෙය යි.

3. තව ද මහණෙනි, ආර්යශ්‍රාවක තෙමේ ආර්ය සංඝයා සරණ ගියේ වෙයි. මහණෙනි, සැප ලබා දෙන්නා වූ, සැප විපාක ඇති ස්වර්ගයෙහි උපත පිණිස පවතින්නා වූ ඉෂ්ට වූ, කාන්ත වූ, මනාප වූ, හිත සුව පිණිස පවතින්නා වූ තෙවෙනි පුණ්‍ය ගංගාව, කුසල ගංගාව මෙය යි.

4. මහණෙනි, මේ පසක් වූ මහා දානයන් අග්‍ර යැයි දත යුත්තේ ය. බොහෝ

කල් පැවති දෙයක් බව දත යුත්තේ ය. බුද්ධාදී උතුමන්ගේ පරම්පරාවට අයත් දෙයක් බව දත යුත්තේ ය. පෞරාණික දෙයක් බව දත යුත්තේ ය. සංකීර්ණ නොවන දෙයක් බව දත යුත්තේ ය. පෙර බුදුවරු විසිනුත් බැහැර නොකළ දෙයකි. මෙකල්හි ද බැහැර නොකරන දෙයකි. අනාගතයෙහි බුදුවරුන් විසිනුත් බැහැර නොකරනු ලබන්නා වූ දෙයකි. නුවණැති ශ්‍රමණබ්‍රාහ්මණයින් විසින් නින්දා නොකරන ලද දෙයකි. ඒ කවර පසක් ද යත්;

මහණෙනි, මෙහිලා ආර්යශ්‍රාවක තෙමේ සතුන් මැරීම අත්හැර, සතුන් මැරීමෙන් වැළකුණේ වෙයි. මහණෙනි, සතුන් මැරීමෙන් වැළකී සිටින ආර්ය ශ්‍රාවකයා අප්‍රමාණ සත්වයන්ට අභය දෙයි. අවෛරය දෙයි. නිදුක් බව දෙයි. අප්‍රමාණ සත්වයන්ට අභය දී, අවෛරය දී, නිදුක් බව දී, අප්‍රමාණ වූ බිය නැති, වෛර නැති, නිදුක් බවට හිමිකරුවෙක් වෙයි. මහණෙනි, මේ දානය අග්‍ර යැයි දත යුතු වූ, බොහෝ කල් පැවති දෙයක් බව දත යුතු වූ, බුද්ධාදී උතුමන්ගේ පරම්පරාවට අයත් දෙයක් වූ, පෞරාණික දෙයක් වූ, සංකීර්ණ නොවන දෙයක් වූ පෙර බුදුවරු විසිනුත් බැහැර නොකළ දෙයක් වූ, මෙකල්හි ද බැහැර නොකරන දෙයක් වූ, අනාගතයෙහි බුදුවරුන් විසිනුත් බැහැර නොකරනු ලබන්නා වූ දෙයක් වූ, නුවණැති ශ්‍රමණබ්‍රාහ්මණයින් විසින් නින්දා නොකරන ලද දෙයක් වූ පළමු මහා දානය යි.

මහණෙනි, සැප ලබා දෙන්නා වූ, සැප විපාක ඇති ස්වර්ගයෙහි උපත පිණිස පවතින්නා වූ ඉෂ්ට වූ, කාන්ත වූ, මනාප වූ, හිත සුව පිණිස පවතින්නා වූ සිව්වෙනි පුණ්‍ය ගංගාව, කුසල ගංගාව මෙය යි.

5. මහණෙනි, මෙහිලා ආර්යශ්‍රාවක තෙමේ සොරකම අත්හැර, සොරකමින් වැළකුණේ වෙයි. මහණෙනි, සොරකමෙන් වැළකී සිටින ආර්ය ශ්‍රාවකයා අප්‍රමාණ සත්වයන්ට අභය දෙයි. අවෛරය දෙයි. නිදුක් බව දෙයි. අප්‍රමාණ සත්වයන්ට අභය දී, අවෛරය දී, නිදුක් බව දී, අප්‍රමාණ වූ බිය නැති, වෛර නැති, නිදුක් බවට හිමිකරුවෙක් වෙයි. මහණෙනි, මේ දානය අග්‍ර යැයි දත යුතු වූ, බොහෝ කල් පැවති දෙයක් බව දත යුතු වූ, බුද්ධාදී උතුමන්ගේ පරම්පරාවට අයත් දෙයක් වූ, පෞරාණික දෙයක් වූ, සංකීර්ණ නොවන දෙයක් වූ පෙර බුදුවරු විසිනුත් බැහැර නොකළ දෙයක් වූ, මෙකල්හි ද බැහැර නොකරන දෙයක් වූ, අනාගතයෙහි බුදුවරුන් විසිනුත් බැහැර නොකරනු ලබන්නා වූ දෙයක් වූ, නුවණැති ශ්‍රමණබ්‍රාහ්මණයින් විසින් නින්දා නොකරන ලද දෙයක් වූ දෙවෙනි මහා දානය යි.

මහණෙනි, සැප ලබා දෙන්නා වූ, සැප විපාක ඇති ස්වර්ගයෙහි උපත

පිණිස පවතින්නා වූ ඉෂ්ට වූ, කාන්ත වූ, මනාප වූ, හිත සුව පිණිස පවතින්නා වූ පස්වෙනි පුණ්‍ය ගංගාව, කුසල ගංගාව මෙය යි.

6. මහණෙනි, මෙහිලා ආර්යශ්‍රාවක තෙමේ වැරදි කාම සේවනය අත්හැර, වැරදි කාම සේවනයෙන් වැළකුණේ වෙයි. මහණෙනි, වැරදි කාම සේවනයෙන් වැළකී සිටින ආර්ය ශ්‍රාවකයා අප්‍රමාණ සත්වයන්ට අභය දෙයි. අවෛරය දෙයි. නිදුක් බව දෙයි. අප්‍රමාණ සත්වයන්ට අභය දී, අවෛරය දී, නිදුක් බව දී, අප්‍රමාණ වූ බිය නැති, වෛර නැති, නිදුක් බවට හිමිකරුවෙක් වෙයි. මහණෙනි, මේ දානය අග්‍ර යැයි දත යුතු වූ, බොහෝ කල් පැවති දෙයක් බව දත යුතු වූ, බුද්ධාදී උතුමන්ගේ පරම්පරාවට අයත් දෙයක් වූ, පෞරාණික දෙයක් වූ, සංකීර්ණ නොවන දෙයක් වූ පෙර බුදුවරු විසිනුත් බැහැර නොකළ දෙයක් වූ, මෙකල්හි ද බැහැර නොකරන දෙයක් වූ, අනාගතයෙහි බුදුවරුන් විසිනුත් බැහැර නොකරනු ලබන්නා වූ දෙයක් වූ, නුවණැති ශ්‍රමණබ්‍රාහ්මණයින් විසින් නින්දා නොකරන ලද දෙයක් වූ තෙවෙනි මහා දානය යි.

මහණෙනි, සැප ලබා දෙන්නා වූ, සැප විපාක ඇති ස්වර්ගයෙහි උපත පිණිස පවතින්නා වූ ඉෂ්ට වූ, කාන්ත වූ, මනාප වූ, හිත සුව පිණිස පවතින්නා වූ සයවෙනි පුණ්‍ය ගංගාව, කුසල ගංගාව මෙය යි.

7. මහණෙනි, මෙහිලා ආර්යශ්‍රාවක තෙමේ බොරු කීම අත්හැර, බොරු කීමෙන් වැළකුණේ වෙයි. මහණෙනි, බොරු කීමෙන් වැළකී සිටින ආර්ය ශ්‍රාවකයා අප්‍රමාණ සත්වයන්ට අභය දෙයි. අවෛරය දෙයි. නිදුක් බව දෙයි. අප්‍රමාණ සත්වයන්ට අභය දී, අවෛරය දී, නිදුක් බව දී, අප්‍රමාණ වූ බිය නැති, වෛර නැති, නිදුක් බවට හිමිකරුවෙක් වෙයි. මහණෙනි, මේ දානය අග්‍ර යැයි දත යුතු වූ, බොහෝ කල් පැවති දෙයක් බව දත යුතු වූ, බුද්ධාදී උතුමන්ගේ පරම්පරාවට අයත් දෙයක් වූ, පෞරාණික දෙයක් වූ, සංකීර්ණ නොවන දෙයක් වූ පෙර බුදුවරු විසිනුත් බැහැර නොකළ දෙයක් වූ, මෙකල්හි ද බැහැර නොකරන දෙයක් වූ, අනාගතයෙහි බුදුවරුන් විසිනුත් බැහැර නොකරනු ලබන්නා වූ දෙයක් වූ, නුවණැති ශ්‍රමණබ්‍රාහ්මණයින් විසින් නින්දා නොකරන ලද දෙයක් වූ සිව්වෙනි මහා දානය යි.

මහණෙනි, සැප ලබා දෙන්නා වූ, සැප විපාක ඇති ස්වර්ගයෙහි උපත පිණිස පවතින්නා වූ ඉෂ්ට වූ, කාන්ත වූ, මනාප වූ, හිත සුව පිණිස පවතින්නා වූ සත්වෙනි පුණ්‍ය ගංගාව, කුසල ගංගාව මෙය යි.

8. මහණෙනි, මෙහිලා ආර්යශ්‍රාවක තෙමේ මත්පැන් - මත්ද්‍රව්‍ය භාවිතය අත්හැර, මත්පැන් - මත්ද්‍රව්‍ය භාවිතයෙන් වැළකුණේ වෙයි. මහණෙනි, මත්පැන්

- මත්ද්‍රව්‍ය භාවිතයෙන් වැළකී සිටින ආර්ය ශ්‍රාවකයා අප්‍රමාණ සත්වයන්ට අභය දෙයි. අවෛරය දෙයි. නිදුක් බව දෙයි. අප්‍රමාණ සත්වයන්ට අභය දී, අවෛරය දී, නිදුක් බව දී, අප්‍රමාණ වූ බිය නැති, වෛර නැති, නිදුක් බවට හිමිකරුවෙක් වෙයි. මහණෙනි, මේ දානය අග්‍ර යැයි දත යුතු වූ, බොහෝ කල් පැවති දෙයක් බව දත යුතු වූ, බුද්ධාදී උතුමන්ගේ පරම්පරාවට අයත් දෙයක් වූ, පෞරාණික දෙයක් වූ, සංකීර්ණ නොවන දෙයක් වූ පෙර බුදුවරු විසිනුත් බැහැර නොකළ දෙයක් වූ, මෙකල්හි ද බැහැර නොකරන දෙයක් වූ, අනාගතයෙහි බුදුවරුන් විසිනුත් බැහැර නොකරනු ලබන්නා වූ දෙයක් වූ, නුවණැති ශ්‍රමණබ්‍රාහ්මණයින් විසින් නින්දා නොකරන ලද දෙයක් වූ පස්වෙනි මහා දානය යි.

මහණෙනි, සැප ලබා දෙන්නා වූ, සැප විපාක ඇති ස්වර්ගයෙහි උපත පිණිස පවතින්නා වූ ඉෂ්ට වූ, කාන්ත වූ, මනාප වූ, හිත සුව පිණිස පවතින්නා වූ පස්වෙනි පුණ්‍ය ගංගාව, කුසල ගංගාව මෙය යි.

මහණෙනි, සැප ලබා දෙන්නා වූ, සැප විපාක ඇති ස්වර්ගයෙහි උපත පිණිස පවතින්නා වූ ඉෂ්ට වූ, කාන්ත වූ, මනාප වූ, හිත සුව පිණිස පවතින්නා වූ අටක් වූ පුණ්‍ය ගංගාවන්, කුසල ගංගාවන් මේවා ය.

සාදු! සාදු!! සාදු!!!

පුඤ්ඤාභිසන්ද සූත්‍රය නිමා විය.

8.1.4.10.
අපාය සංවත්තනික සූත්‍රය
අපායෙහි ඉපදීමට හේතු වන දේ ගැන වදාළ දෙසුම

සැවැත් නුවර දී ය .....

1. මහණෙනි, සතුන් මැරීම සේවනය කිරීමෙන්, නැවත නැවත කිරීමෙන්, බහුල ව කිරීමෙන්, නිරයෙහි උපතට හේතු වෙයි. තිරිසන් අපායෙහි උපතට හේතුවෙයි. ප්‍රේත ලෝකයෙහි උපතට හේතු වෙයි. සතුන් මැරීමෙන් ලැබෙන හැමට සැහැල්ලු විපාකයක් ඇද්ද, ඒ අනුව මිනිස් ලොව උපන් තැනැත්තාගේ ආයුෂ කෙටි වීමට හේතු වෙයි.

2. මහණෙනි, සොරකම් කිරීම සේවනය කිරීමෙන්, නැවත නැවත කිරීමෙන්, බහුල ව කිරීමෙන්, නිරයෙහි උපතට හේතු වෙයි. තිරිසන් අපායෙහි උපතට හේතුවෙයි. ප්‍රේත ලෝකයෙහි උපතට හේතු වෙයි. සොරකම් කිරීමෙන් ලැබෙන හැමට සැහැල්ලු විපාකයක් ඇද්ද, ඒ අනුව මිනිස් ලොව උපන් තැනැත්තාගේ තමන්ගේ දේපල වස්තුව විනාශ වීමට හේතු වෙයි.

3. මහණෙනි, වැරදි කාමයෙහි හැසිරීම සේවනය කිරීමෙන්, නැවත නැවත කිරීමෙන්, බහුල ව කිරීමෙන්, නිරයෙහි උපතට හේතු වෙයි. තිරිසන් අපායෙහි උපතට හේතුවෙයි. ප්‍රේත ලෝකයෙහි උපතට හේතු වෙයි. වැරදි කාමයෙහි හැසිරීමෙන් ලැබෙන හැමට සැහැල්ලු විපාකයක් ඇද්ද, ඒ අනුව මිනිස් ලොව උපන් තැනැත්තාගේ සතුරන් සහිත වෛරයට හේතු වෙයි.

4. මහණෙනි, බොරු කීම සේවනය කිරීමෙන්, නැවත නැවත කිරීමෙන්, බහුල ව කිරීමෙන්, නිරයෙහි උපතට හේතු වෙයි. තිරිසන් අපායෙහි උපතට හේතුවෙයි. ප්‍රේත ලෝකයෙහි උපතට හේතු වෙයි. බොරු කීමෙන් ලැබෙන හැමට සැහැල්ලු විපාකයක් ඇද්ද, ඒ අනුව මිනිස් ලොව උපන් තැනැත්තා හට කරුණු රහිත ව නින්දා අපහාස විඳීමට හේතු වෙයි.

5. මහණෙනි, කේළාම් කීම සේවනය කිරීමෙන්, නැවත නැවත කිරීමෙන්, බහුල ව කිරීමෙන්, නිරයෙහි උපතට හේතු වෙයි. තිරිසන් අපායෙහි උපතට හේතුවෙයි. ප්‍රේත ලෝකයෙහි උපතට හේතු වෙයි. කේළාම් කීමෙන් ලැබෙන හැමට සැහැල්ලු විපාකයක් ඇද්ද, ඒ අනුව මිනිස් ලොව උපන් තැනැත්තාගේ හිත මිත්‍රයන් බිඳී යාමට හේතු වෙයි.

6. මහණෙනි, දරුණු වචන කීම සේවනය කිරීමෙන්, නැවත නැවත කිරීමෙන්, බහුල ව කිරීමෙන්, නිරයෙහි උපතට හේතු වෙයි. තිරිසන් අපායෙහි උපතට හේතුවෙයි. ප්‍රේත ලෝකයෙහි උපතට හේතු වෙයි. දරුණු වචන කීමෙන් ලැබෙන හැමට සැහැල්ලු විපාකයක් ඇද්ද, ඒ අනුව මිනිස් ලොව උපන් තැනැත්තා හට තමා අසතුටු වචන අසන්නට හේතු වෙයි.

7. මහණෙනි, නිසරු බස් පැවසීම සේවනය කිරීමෙන්, නැවත නැවත කිරීමෙන්, බහුල ව කිරීමෙන්, නිරයෙහි උපතට හේතු වෙයි. තිරිසන් අපායෙහි උපතට හේතුවෙයි. ප්‍රේත ලෝකයෙහි උපතට හේතු වෙයි. නිසරු බස් පැවසීමෙන් ලැබෙන හැමට සැහැල්ලු විපාකයක් ඇද්ද, ඒ අනුව මිනිස් ලොව උපන් තැනැත්තාගේ වචන කිසිවෙක් විශ්වාස නොකිරීමට හේතු වෙයි.

8. මහණෙනි, මත්පැන් - මත්ද්‍රව්‍ය භාවිතය සේවනය කිරීමෙන්, නැවත

නැවත කිරීමෙන්, බහුල ව කිරීමෙන්, නිරයෙහි උපතට හේතු වෙයි. තිරිසන් අපායෙහි උපතට හේතුවෙයි. ප්‍රේත ලෝකයෙහි උපතට හේතු වෙයි. මත්පැන් - මත්ද්‍රව්‍ය භාවිතා කිරීමෙන් ලැබෙන හැමට සැහැල්ලු විපාකයක් ඇද්ද, ඒ අනුව මිනිස් ලොව උපන් තැනැත්තා හට උම්මත්තක බවට පත්වීමට හේතු වෙයි.

සාදු! සාදු!! සාදු!!!

අපාය සංවත්තනික සූත්‍රය නිමා විය.

සිව්වෙනි දාන වර්ගය අවසන් විය.

- **එහි පිළිවෙල උද්දානයයි :**

දාන සූත්‍ර දෙක, වත්ථු සූත්‍රය, ඛෙත්ත සූත්‍රය, දානූපපත්ති සූත්‍රය, පුණ්‍යක්‍රියා සූත්‍රය, සප්පුරිස සූත්‍ර දෙක, අභිසන්ද සූත්‍රය සහ සංවත්තනික සූත්‍රය වශයෙන් මෙහි සූත්‍ර දශයෙකි.

5. උපෝසථ වර්ගය

8.1.5.1.
සංඛිත්ත අට්ඨංගුපෝසථ සූත්‍රය
අෂ්ටාංග උපෝසථය ගැන කෙටියෙන් වදාළ දෙසුම

මා විසින් මෙසේ අසන ලදී. එක් සමයක භාග්‍යවතුන් වහන්සේ සැවැත් නුවර ජේතවනය නම් වූ අනේපිඬු සිටුහුගේ ආරාමයෙහි වැඩවසන සේක. එකල්හී භාග්‍යවතුන් වහන්සේ "මහණෙනි" යි භික්ෂූන් ඇමතූ සේක. "පින්වතුන් වහන්සැ"යි ඒ භික්ෂූහු භාග්‍යවතුන් වහන්සේට පිළිවදන් දුන්හ. භාග්‍යවතුන් වහන්සේ මෙය වදාළ සේක.

මහණෙනි, අංග අටකින් යුක්ත ව උපෝසථ සිල් සමාදන් වීම මහත්ඵල ඇත්තේ වෙයි. මහත් අනුසස් ඇත්තේ වෙයි. මහත් බැබලීම් ඇත්තේ වෙයි. මහත් පැතිරීම් ඇත්තේ වෙයි.

මහණෙනි, කවර අයුරින් අංග අටකින් යුතු උපෝසථය සමාදන් වීමෙන් ද, මහත්ඵල ඇති වන්නේ? මහානිශංස ඇති වන්නේ? මහත් බැබලීම් ඇති වන්නේ? මහත් පැතිරීම් ඇති වන්නේ?

1. මහණෙනි, මෙහිලා ආර්යශ්‍රාවකයා මෙසේ නුවණින් සළකයි. 'දිවි ඇති තෙක් රහතන් වහන්සේලා සතුන් මැරීම අත්හැර, සතුන් මැරීමෙන් වැළකුණු සේක. දඬු මුගුරු අත්හැර, අවි ආයුධ අත්හැර, ලැජ්ජා ඇති ව, දයාවෙන් යුක්ත ව, සියළු ප්‍රාණ භූතයින් කෙරෙහි හිතානුකම්පී ව වසන සේක. මම ත් අද මේ රාත්‍රිය ත්, මේ දහවල ත්, සතුන් මැරීම අත්හැර, සතුන් මැරීමෙන් වැළකී සිටිමි. දඬු මුගුරු අත්හැර, අවි ආයුධ අත්හැර, ලැජ්ජා ඇති ව, දයාවෙන් යුක්ත ව, සියළු ප්‍රාණ භූතයින් කෙරෙහි හිතානුකම්පී ව වාසය කරමි. මම මේ අංගය සමාදන් වීමෙන් ද රහතන් වහන්සේලා අනුව යමි. මා විසින් උපෝසථය ද

වසන ලද්දේ වන්නේ ය' කියා මේ පළමු අංගයෙන් සමන්විත වෙයි.

2. 'රහතන් වහන්සේලා දිවි තිබෙන තුරු සොරකම අත්හැර සොරකමින් වැළකී සිටින සේක. දුන් දේ පමණක් ගන්නා, දුන් දේ පමණක් ගන්නට කැමති වන, සොර රහිත වූ පිරිසිදු වූ සිතින් යුතුව වසන සේක. මම ත් අද මේ රාත්‍රිය ත්, මේ දහවල ත් සොරකම අත්හැර සොරකමින් වැළකී සිටිමි. දුන් දේ පමණක් ගන්නා, දුන් දේ පමණක් ගන්නට කැමති වන, සොර රහිත වූ පිරිසිදු වූ සිතින් යුතුව වාසය කරමි. මේ අංගය සමාදන් වීමෙන් ද රහතන් වහන්සේලා අනුව යමි. මා විසින් උපෝසථය ද වසන ලද්දේ වන්නේ ය' කියා මේ දෙවෙනි අංගයෙන් සමන්විත වෙයි.

3. 'රහතන් වහන්සේලා දිවි තිබෙන තුරු අබ්‍රහ්මචාරී බව අත්හැර බ්‍රහ්මචාරී ව වසන සේක. ලාමක දෙයක් වන මෛථුන සේවනයෙන් වැළකී සිටින සේක. මම ත් අද මේ රාත්‍රිය ත්, මේ දහවල ත් අබ්‍රහ්මචාරී බව අත්හැර බ්‍රහ්මචාරී ව වසමි. ලාමක දෙයක් වන මෛථුන සේවනයෙන් වැළකී වාසය කරමි. මම මේ අංගය සමාදන් වීමෙන් රහතන් වහන්සේලා අනුව යමි. මා විසින් උපෝසථය ද වසන ලද්දේ වන්නේ ය' කියා මේ තුන්වෙනි අංගයෙන් සමන්විත වෙයි.

4. 'රහතන් වහන්සේලා දිවි තිබෙන තුරු බොරු කීම අත්හැර, බොරු කීමෙන් වැළකී සිටින සේක. සත්‍ය වචන පවසන, ඇත්තෙන් ඇත්ත ගලපා පවසන, ස්ථිර වචන පවසන, ඇදහිය යුතු වචන පවසන, ලොව නොරවටන වචන පවසන සේක. මම ත් අද මේ රාත්‍රිය ත්, මේ දහවල ත් බොරු කීම අත්හැර, බොරු කීමෙන් වැළකී සිටිමි. සත්‍ය වචන පවසන, ඇත්තෙන් ඇත්ත ගලපා පවසන, ස්ථිර වචන පවසන, ඇදහිය යුතු වචන පවසන, ලොව නොරවටන වචන පවසමි. මම මේ අංගය සමාදන් වීමෙන් රහතන් වහන්සේලා අනුව යමි. මා විසින් උපෝසථය ද වසන ලද්දේ වන්නේ ය' කියා මේ සිව්වෙනි අංගයෙන් සමන්විත වෙයි.

5. 'රහතන් වහන්සේලා දිවි තිබෙන තුරු මත්පැන් - මත්ද්‍රව්‍ය භාවිතය බැහැර කොට මත්පැන් - මත්ද්‍රව්‍ය භාවිතයෙන් වෙන් වී සිටින සේක. මම ත් අද මේ රාත්‍රිය ත්, මේ දහවල ත් මත්පැන් - මත්ද්‍රව්‍ය භාවිතය බැහැර කොට මත්පැන් - මත්ද්‍රව්‍ය භාවිතයෙන් වෙන් වී සිටිමි. මම මේ අංගය සමාදන් වීමෙන් රහතන් වහන්සේලා අනුව යමි. මා විසින් උපෝසථය ද වසන ලද්දේ වන්නේ ය' කියා මේ පස්වෙනි අංගයෙන් සමන්විත වෙයි.

6. 'රහතන් වහන්සේලා දිවි තිබෙන තුරු පෙරවරුවෙහි පමණක් වළඳමින්, රාත්‍රී භෝජනයෙන් තොර ව, නොකල්හී ආහාර ගැනීමෙන් වැළකී සිටින සේක.

මම ත් අද මේ රාත්‍රිය ත්, මේ දහවල ත් පෙරවරුවෙහි පමණක් වළඳමින්, රාත්‍රී භෝජනයෙන් තොර ව, නොකල්හී ආහාර ගැනීමෙන් වැළකී සිටිමි. මම මේ අංගය සමාදන් වීමෙන් රහතන් වහන්සේලා අනුව යමි. මා විසින් උපෝසථය ද වසන ලද්දේ වන්නේ ය' කියා මේ සයවෙනි අංගයෙන් සමන්විත වෙයි.

7. 'රහතන් වහන්සේලා දිවි තිබෙන තුරු නැටුම්, ගැයුම්, වැයුම්, විකාර දේ නැරඹීම, මල්, සුවඳ විලවුන් දැරීම, විසිතුරු වස්ත්‍රාභරණයෙන් සැරසීම ආදියෙන් වැළකී සිටින සේක. මම ත් අද මේ රැය ත්, මේ දහවල ත් නැටුම්, ගැයුම්, වැයුම්, විකාර දේ නැරඹීම, මල්, සුවඳ විලවුන් දැරීම, විසිතුරු වස්ත්‍රාභරණයෙන් සැරසීම ආදියෙන් වැළකී සිටිමි. මම මේ අංගය සමාදන් වීමෙන් රහතන් වහන්සේලා අනුව යමි. මා විසින් උපෝසථය ද වසන ලද්දේ වන්නේ ය' කියා මේ සත්වෙනි අංගයෙන් සමන්විත වෙයි.

8. 'රහතන් වහන්සේලා දිවි තිබෙන තුරු වටිනා සුඛෝපභෝගී ආසන අත්හැර, වටිනා සුඛෝපභෝගී ආසන වලින් වැළකී, ඇඳක හෝ පැදුරක හෝ බිම සැතපුණු සේක. මම ත් අද මේ රැය ත් මේ දහවල ත් වටිනා සුඛෝපභෝගී ආසන අත්හැර, වටිනා සුඛෝපභෝගී ආසන වලින් වැළකී, ඇඳක හෝ පැදුරක හෝ බිම සැතපෙමි. මම මේ අංගය සමාදන් වීමෙන් රහතන් වහන්සේලා අනුව යමි. මා විසින් උපෝසථය ද වසන ලද්දේ වන්නේ ය' කියා මේ අටවෙනි අංගයෙන් සමන්විත වෙයි.

මහණෙනි, මෙසේ අංග අටකින් යුක්ත ව උපෝසථ සිල් සමාදන් වීම මහත්ඵල ඇත්තේ වෙයි. මහත් අනුසස් ඇත්තේ වෙයි. මහත් බැබලීම් ඇත්තේ වෙයි. මහත් පැතිරීම් ඇත්තේ වෙයි.

සාදු! සාදු!! සාදු!!!

සංඛිත්ත අට්ඨංගුපෝසථ සූත්‍රය නිමා විය.

8.1.5.2.
විත්ථත අට්ඨංගුපෝසථ සූත්‍රය
අෂ්ටාංග උපෝසථය ගැන සවිස්තර ව වදාළ දෙසුම

සැවැත් නුවර දී ය .....

මහණෙනි, අංග අටකින් යුක්ත ව උපෝසථ සිල් සමාදන් වීම මහත්ඵල ඇත්තේ වෙයි. මහත් අනුසස් ඇත්තේ වෙයි. මහත් බැබලීම් ඇත්තේ වෙයි. මහත් පැතිරීම් ඇත්තේ වෙයි.

මහණෙනි, කවර අයුරින් අංග අටකින් යුතු උපෝසථය සමාදන් වීමෙන් ද, මහත්ඵල ඇති වන්නේ? මහානිශංස ඇති වන්නේ? මහත් බැබලීම් ඇති වන්නේ? මහත් පැතිරීම් ඇති වන්නේ?

මහණෙනි, මෙහිලා ආර්යශ්‍රාවකයා මෙසේ නුවණින් සළකයි. 'දිවි ඇති තෙක් රහතන් වහන්සේලා සතුන් මැරීම අත්හැර, සතුන් මැරීමෙන් වැළකුණු සේක. දඬු මුගුරු අත්හැර, අවි ආයුධ අත්හැර, ලැජ්ජා ඇති ව, දයාවෙන් යුක්ත ව, සියළු ප්‍රාණ භූතයින් කෙරෙහි හිතානුකම්පී ව වසන සේක. මම ත් අද මේ රාත්‍රිය ත්, මේ දහවල ත්, සතුන් මැරීම අත්හැර, සතුන් මැරීමෙන් වැළකී සිටිමි. දඬු මුගුරු අත්හැර, අවි ආයුධ අත්හැර, ලැජ්ජා ඇති ව, දයාවෙන් යුක්ත ව, සියළු ප්‍රාණ භූතයින් කෙරෙහි හිතානුකම්පී ව වාසය කරමි. මම මේ අංගය සමාදන් වීමෙන් රහතන් වහන්සේලා අනුව යමි. මා විසින් උපෝසථය ද වසන ලද්දේ වන්නේ ය' කියා මේ පළමු අංගයෙන් සමන්විත වෙයි.

....(පෙ).... 'රහතන් වහන්සේලා දිවි තිබෙන තුරු වටිනා සුඛෝපභෝගී ආසන අත්හැර, වටිනා සුඛෝපභෝගී ආසන වලින් වැළකී, ඇඳක හෝ පැදුරක හෝ බිම සැතපුණු සේක. මම ත් අද මේ රැය ත් මේ දහවල ත් වටිනා සුඛෝපභෝගී ආසන අත්හැර, වටිනා සුඛෝපභෝගී ආසන වලින් වැළකී, ඇඳක හෝ පැදුරක හෝ බිම සැතපෙමි. මම මේ අංගය සමාදන් වීමෙන් රහතන් වහන්සේලා අනුව යමි. මා විසින් උපෝසථය ද වසන ලද්දේ වන්නේ ය' කියා මේ අටවෙනි අංගයෙන් සමන්විත වෙයි.

මහණෙනි, මෙසේ අංග අටකින් යුක්ත ව උපෝසථ සිල් සමාදන් වීම මහත්ඵල ඇත්තේ වෙයි. මහත් අනුසස් ඇත්තේ වෙයි. මහත් බැබලීම් ඇත්තේ වෙයි. මහත් පැතිරීම් ඇත්තේ වෙයි.

කොපමණ මහත්ඵල වෙයි ද? කොපමණ මහානිශංස වෙයි ද? කොපමණ මහා බැබලීම් ඇත්තේ වෙයි ද? කොපමණ මහා පැතිරීම් ඇත්තේ වෙයි ද?

මහණෙනි, එය මෙබඳු දෙයකි. යමෙක් මේ අංග, මගධ, කාසි, කෝසල, වජ්ජි, මල්ල, චේතිය, වංග, කුරු, පංචාල, මච්ඡ, සූරසේන, අස්සක, අවන්ති, ගන්ධාර, කාම්බෝජ යන සොළොස් මහා ජනපදයන්හි බොහෝ සත්රුවන් ඇති ව, ඉසුරුමත් බව ත් අධිපති බව ත් ඇති ව, රාජ්‍ය කරවන්නේ වෙයි ද, මෙය අෂ්ටාංග උපෝසථය සමාදන් වීමෙන් ලැබෙන විපාකයෙහි සොළොස් කලාවෙන් එක් කලාවක් වත් නොවටියි. ඒ මක් නිසා ද යත්, මහණෙනි, මිනිස් ලොව රජ සැප දිව්‍ය සැප හා සසඳා බලද්දී ඉතා දිළිඳු ය.

මහණෙනි, මිනිස් ආයුෂයෙන් පනස් වසරක් යන මෙය චාතුම්මහාරාජික දෙවියන්ගේ එක් රාත්‍රී දහවලකි. එයින් තිස් රැයක් මාසයකි. ඒ මාසයෙන් දොළොස් මසක් අවුරුද්දකි. ඒ අවුරුද්දෙන් දිව්‍ය වර්ෂ පන්සියයක් චාතුම්මහාරාජික දෙවියන්ගේ ආයුෂ වෙයි. මහණෙනි, යම් කරුණකින් මෙලොවෙහි ඇතැම් ස්ත්‍රියක් හෝ පුරුෂයෙක් හෝ අෂ්ටාංග උපෝසථ සිල් ආරක්ෂා කොට කය බිඳී මරණින් මතු චාතුම්මහාරාජික දෙව්ලොවෙහි උපදින්නේ ය යන කරුණ සිදුවන දෙයකි. දකින්නට ලැබෙන දෙයකි. මහණෙනි, මෙකරුණ පවසන ලද්දේ දිව්‍ය සැප හා සසඳා බලද්දී මිනිස් ලොව රජ සැප ඉතා දිළිඳු නිසා ය.

මහණෙනි, මිනිස් ආයුෂයෙන් සිය වසරක් යන මෙය තව්තිසා දෙවියන්ගේ එක් රාත්‍රී දහවලකි. එයින් තිස් රැයක් මාසයකි. ඒ මාසයෙන් දොළොස් මසක් අවුරුද්දකි. ඒ අවුරුද්දෙන් දිව්‍ය වර්ෂ දහසක් තව්තිසා දෙවියන්ගේ ආයුෂ වෙයි. මහණෙනි, යම් කරුණකින් මෙලොවෙහි ඇතැම් ස්ත්‍රියක් හෝ පුරුෂයෙක් හෝ අෂ්ටාංග උපෝසථ සිල් ආරක්ෂා කොට කය බිඳී මරණින් මතු තව්තිසා දෙව්ලොවෙහි උපදින්නේ ය යන කරුණ සිදුවන දෙයකි. දකින්නට ලැබෙන දෙයකි. මහණෙනි, මෙකරුණ පවසන ලද්දේ දිව්‍ය සැප හා සසඳා බලද්දී මිනිස් ලොව රජ සැප ඉතා දිළිඳු නිසා ය.

මහණෙනි, මිනිස් ආයුෂයෙන් දෙසිය වසරක් යන මෙය යාම දෙවියන්ගේ එක් රාත්‍රී දහවලකි. එයින් තිස් රැයක් මාසයකි. ඒ මාසයෙන් දොළොස් මසක් අවුරුද්දකි. ඒ අවුරුද්දෙන් දිව්‍ය වර්ෂ දෙදහසක් යාම දෙවියන්ගේ ආයුෂ වෙයි. මහණෙනි, යම් කරුණකින් මෙලොවෙහි ඇතැම් ස්ත්‍රියක් හෝ පුරුෂයෙක් හෝ අෂ්ටාංග උපෝසථ සිල් ආරක්ෂා කොට කය බිඳී මරණින් මතු යාම දෙව්ලොවෙහි උපදින්නේ ය යන කරුණ සිදුවන දෙයකි. දකින්නට ලැබෙන දෙයකි. මහණෙනි, මෙකරුණ පවසන ලද්දේ දිව්‍ය සැප හා සසඳා බලද්දී

මිනිස් ලොව රජ සැප ඉතා දිළිඳු නිසා ය.

මහණෙනි, මිනිස් ආයුෂයෙන් හාරසිය වසරක් යන මෙය තුසිත දෙවියන්ගේ එක් රාත්‍රී දහවලකි. එයින් තිස් රැයක් මාසයකි. ඒ මාසයෙන් දොළොස් මසක් අවුරුද්දකි. ඒ අවුරුද්දෙන් දිව්‍ය වර්ෂ හාරදහසක් තුසිත දෙවියන්ගේ ආයුෂ වෙයි. මහණෙනි, යම් කරුණකින් මෙලොවෙහි ඇතැම් ස්ත්‍රියක් හෝ පුරුෂයෙක් හෝ අෂ්ටාංග උපෝසථ සිල් ආරක්ෂා කොට කය බිඳී මරණින් මතු තුසිත දෙව්ලොවෙහි උපදින්නේ ය යන කරුණ සිදුවන දෙයකි. දකින්නට ලැබෙන දෙයකි. මහණෙනි, මෙකරුණ පවසන ලද්දේ දිව්‍ය සැප හා සසඳා බලද්දී මිනිස් ලොව රජ සැප ඉතා දිළිඳු නිසා ය.

මහණෙනි, මිනිස් ආයුෂයෙන් අටසිය වසරක් යන මෙය නිම්මාණරතී දෙවියන්ගේ එක් රාත්‍රී දහවලකි. එයින් තිස් රැයක් මාසයකි. ඒ මාසයෙන් දොළොස් මසක් අවුරුද්දකි. ඒ අවුරුද්දෙන් දිව්‍ය වර්ෂ අටදහසක් නිම්මාණරතී දෙවියන්ගේ ආයුෂ වෙයි. මහණෙනි, යම් කරුණකින් මෙලොවෙහි ඇතැම් ස්ත්‍රියක් හෝ පුරුෂයෙක් හෝ අෂ්ටාංග උපෝසථ සිල් ආරක්ෂා කොට කය බිඳී මරණින් මතු නිම්මාණරතී දෙව්ලොවෙහි උපදින්නේ ය යන කරුණ සිදුවන දෙයකි. දකින්නට ලැබෙන දෙයකි. මහණෙනි, මෙකරුණ පවසන ලද්දේ දිව්‍ය සැප හා සසඳා බලද්දී මිනිස් ලොව රජ සැප ඉතා දිළිඳු නිසා ය.

මහණෙනි, මිනිස් ආයුෂයෙන් එක්දහස් හයසිය වසරක් යන මෙය පරනිම්මිත වසවත්තී දෙවියන්ගේ එක් රාත්‍රී දහවලකි. එයින් තිස් රැයක් මාසයකි. ඒ මාසයෙන් දොළොස් මසක් අවුරුද්දකි. ඒ අවුරුද්දෙන් දිව්‍ය වර්ෂ දහසය දහසක් පරනිම්මිතවසවත්තී දෙවියන්ගේ ආයුෂ වෙයි. මහණෙනි, යම් කරුණකින් මෙලොවෙහි ඇතැම් ස්ත්‍රියක් හෝ පුරුෂයෙක් හෝ අෂ්ටාංග උපෝසථ සිල් ආරක්ෂා කොට කය බිඳී මරණින් මතු පරනිම්මිත වසවත්තී දෙව්ලොවෙහි උපදින්නේ ය යන කරුණ සිදුවන දෙයකි. දකින්නට ලැබෙන දෙයකි. මහණෙනි, මෙකරුණ පවසන ලද්දේ දිව්‍ය සැප හා සසඳා බලද්දී මිනිස් ලොව රජ සැප ඉතා දිළිඳු නිසා ය.

(ගාථා)

1. සතුන් නොමරන්නේ ය. නුදුන් දෑ නොගන්නේ ය. බොරු නොකියන්නේ ය. මද්‍ය පානය නොකරන්නේ ය. අබ්‍රහ්මචාරී බව වූ මෛථුන සේවනයෙන් දුරු වන්නේ ය. රෑ විකල් බොජුන් නොවළඳන්නේ ය.

2. මල් නොපළඳින්නේ ය. සුවඳ විලවුන් නොගල්වන්නේ ය. කැප වූ ඇඳක

හෝ බිම පැදුරෙහි හෝ සැතපෙන්නේ ය. මෙය දුකෙහි නිමාවට පැමිණි බුදුරජුන් විසින් වදාරණ ලද අංග අටකින් යුතු උපෝසථය වෙයි.

3. සඳ ත්, හිරු ත් යන දෙදෙන සොඳුරු දැකුම් ඇති ව යම්තාක් දිලෙමින් හැසිරෙත් ද, එසේ හැසිරෙන අඳුර දුරලන ඒ සඳ හිරු දෙදෙන දිශා බබුළුවමින් අහසෙහි දිළිසෙයි.

4. මේ සඳ හිරු අතර ලෝකයෙහි මුතු, මැණික්, වෛරෝඩි, සොඳුරු සිංගී ස්වර්ණ, කංචන යනාදී යම් ධනයක් වේ ද, හටක නම් රත්‍රන් ආදියක් වෙයි ද, ඒ සියල්ල අට්ඨාංග උපෝසථ සිල් සුරකින තැනැත්තාට ලැබෙන විපාකයෙන් සොළොස් වන කලාවෙන් කලාවකට ද නොපැමිණෙයි. සඳ එළිය ත්, සියළු තරු එළිය ත් එබඳු ම ය.

5. එහෙයින් සිල්වත් වූ ස්ත්‍රියක් වෙයි ද, පුරුෂයෙක් වෙයි ද, අංග අටකින් යුක්ත වූ උපෝසථ සිල් මැනැවින් ආරක්ෂා කොට සැප උපදවාලන පින් කොට නින්දා නැති ස්වර්ගයට යන්නාහු ය.

සාදු! සාදු!! සාදු!!!

විත්ථත අට්ඨංගුපෝසථ සූත්‍රය නිමා විය.

8.1.5.3.
විසාඛූපෝසථ සූත්‍රය
උපෝසථය ගැන විශාඛාවට වදාළ දෙසුම

එක් සමයක භාග්‍යවතුන් වහන්සේ සැවැත් නුවර පූර්වාරාමය නම් මිගාර මාතු ප්‍රාසාදයෙහි වැඩවසන සේක. එකල්හී මිගාර මාතා විශාඛා උපාසිකාවෝ භාග්‍යවතුන් වහන්සේ වෙත පැමිණියා ය. පැමිණ භාග්‍යවතුන් වහන්සේට සකසා වන්දනා කොට එකත්පස් ව හුන්නා ය. එකත්පස් ව හුන් විශාඛා මිගාර මාතාවට භාග්‍යවතුන් වහන්සේ මෙය වදාළ සේක.

"විශාඛාවෙනි, අංග අටකින් යුක්ත ව උපෝසථ සිල් සමාදන් වීම මහත්ඵල ඇත්තේ වෙයි. මහත් අනුසස් ඇත්තේ වෙයි. මහත් බැබලීම් ඇත්තේ වෙයි. මහත් පැතිරීම් ඇත්තේ වෙයි.

විශාඛාවෙනි, කවර අයුරින් අංග අටකින් යුතු උපෝසථය සමාදන් වීමෙන් ද, මහත්ඵල ඇති වන්නේ? මහානිශංස ඇති වන්නේ? මහත් බැබලීම් ඇති වන්නේ? මහත් පැතිරීම් ඇති වන්නේ?

විශාඛාවෙනි, මෙහිලා ආර්යශ්‍රාවකයා මෙසේ නුවණින් සලකයි. 'දිවි ඇති තෙක් රහතන් වහන්සේලා සතුන් මැරීම අත්හැර, සතුන් මැරීමෙන් වැළකුණු සේක. දඬු මුගුරු අත්හැර, අවි ආයුධ අත්හැර, ලැජ්ජා ඇති ව, දයාවෙන් යුක්ත ව, සියළු ප්‍රාණ භූතයින් කෙරෙහි හිතානුකම්පී ව වසන සේක. මම ත් අද මේ රාත්‍රිය ත්, මේ දහවල ත්, සතුන් මැරීම අත්හැර, සතුන් මැරීමෙන් වැළකී සිටිමි. දඬු මුගුරු අත්හැර, අවි ආයුධ අත්හැර, ලැජ්ජා ඇති ව, දයාවෙන් යුක්ත ව, සියළු ප්‍රාණ භූතයින් කෙරෙහි හිතානුකම්පී ව වාසය කරමි. මම මේ අංගය සමාදන් වීමෙන් රහතන් වහන්සේලා අනුව යමි. මා විසින් උපෝසථය ද වසන ලද්දේ වන්නේ ය' කියා මේ පළමු අංගයෙන් සමන්විත වෙයි.

....(පෙ).... 'රහතන් වහන්සේලා දිවි තිබෙන තුරු වටිනා සුඛෝපභෝගී ආසන අත්හැර, වටිනා සුඛෝපභෝගී ආසන වලින් වැළකී, ඇඳක හෝ පැදුරක හෝ බිම සැතපුණු සේක. මම ත් අද මේ රැය ත් මේ දහවල ත් වටිනා සුඛෝපභෝගී ආසන අත්හැර, වටිනා සුඛෝපභෝගී ආසන වලින් වැළකී, ඇඳක හෝ පැදුරක හෝ බිම සැතපෙමි. මම මේ අංගය සමාදන් වීමෙන් රහතන් වහන්සේලා අනුව යමි. මා විසින් උපෝසථය ද වසන ලද්දේ වන්නේ ය' කියා මේ අටවෙනි අංගයෙන් සමන්විත වෙයි.

විශාඛාවෙනි, මෙසේ අංග අටකින් යුක්ත ව උපෝසථ සිල් සමාදන් වීම මහත්ඵල ඇත්තේ වෙයි. මහත් අනුසස් ඇත්තේ වෙයි. මහත් බැබලීම් ඇත්තේ වෙයි. මහත් පැතිරීම් ඇත්තේ වෙයි.

කොපමණ මහත්ඵල වෙයි ද? කොපමණ මහානිශංස වෙයි ද? කොපමණ මහා බැබලීම් ඇත්තේ වෙයි ද? කොපමණ මහා පැතිරීම් ඇත්තේ වෙයි ද?

විශාඛාවෙනි, එය මෙබඳු දෙයකි. යමෙක් මේ අංග, මගධ, කාසි, කෝසල, වජ්ජි, මල්ල, චේතිය, වංග, කුරු, පංචාල, මච්ඡ, සූරසේන, අස්සක, අවන්ති, ගන්ධාර, කාම්බෝජ යන සොළොස් මහා ජනපදයන්හි බොහෝ සත්රුවන් ඇති ව, ඉසුරුමත් බව ත් අධිපති බව ත් ඇති ව, රාජ්‍ය කරවන්නේ වෙයි ද, මෙය අෂ්ටාංග උපෝසථය සමාදන් වීමෙන් ලැබෙන විපාකයෙහි සොළොස් කලාවෙන් එක් කලාවක් වත් නොවටියි. ඒ මක් නිසා ද යත්, විශාඛාවෙනි, මිනිස් ලොව රජ සැප දිව්‍ය සැප හා සසඳා බලද්දී ඉතා දිළිඳු ය.

විශාඛාවෙනි, මිනිස් ආයුෂයෙන් පනස් වසරක් යන මෙය චාතුම්මහාරාජික දෙවියන්ගේ එක් රාත්‍රී දහවලකි. එයින් තිස් රැයක් මාසයකි. ඒ මාසයෙන් දොළොස් මසක් අවුරුද්දකි. ඒ අවුරුද්දෙන් දිව්‍ය වර්ෂ පන්සියයක් චාතුම්මහාරාජික දෙවියන්ගේ ආයුෂ වෙයි. විශාඛාවෙනි, යම් කරුණකින් මෙලොවෙහි ඇතැම් ස්ත්‍රියක් හෝ පුරුෂයෙක් හෝ අෂ්ටාංග උපෝසථ සිල් ආරක්ෂා කොට කය බිඳී මරණින් මතු චාතුම්මහාරාජික දෙව්ලොවෙහි උපදින්නේ ය යන කරුණ සිදුවන දෙයකි. දකින්නට ලැබෙන දෙයකි. විශාඛාවෙනි, මෙකරුණ පවසන ලද්දේ දිව්‍ය සැප හා සසඳා බලද්දී මිනිස් ලොව රජ සැප ඉතා දිළිඳු නිසා ය.

විශාඛාවෙනි, මිනිස් ආයුෂයෙන් සිය වසරක් යන මෙය තව්තිසා දෙවියන්ගේ එක් රාත්‍රී දහවලකි. එයින් තිස් රැයක් මාසයකි. ඒ මාසයෙන් දොළොස් මසක් අවුරුද්දකි. ඒ අවුරුද්දෙන් දිව්‍ය වර්ෂ දහසක් තව්තිසා දෙවියන්ගේ ආයුෂ වෙයි. විශාඛාවෙනි, යම් කරුණකින් මෙලොවෙහි ඇතැම් ස්ත්‍රියක් හෝ පුරුෂයෙක් හෝ අෂ්ටාංග උපෝසථ සිල් ආරක්ෂා කොට කය බිඳී මරණින් මතු තව්තිසා දෙව්ලොවෙහි උපදින්නේ ය යන කරුණ සිදුවන දෙයකි. දකින්නට ලැබෙන දෙයකි. විශාඛාවෙනි, මෙකරුණ පවසන ලද්දේ දිව්‍ය සැප හා සසඳා බලද්දී මිනිස් ලොව රජ සැප ඉතා දිළිඳු නිසා ය.

විශාඛාවෙනි, මිනිස් ආයුෂයෙන් දෙසිය වසරක් ....(පෙ).... හාරසිය වසරක් ....(පෙ).... අටසිය වසරක් ....(පෙ).... විශාඛාවෙනි, මිනිස් ආයුෂයෙන් එක්දහස් හයසියයක් යන මෙය පරනිම්මිත වසවත්තී දෙවියන්ගේ එක් රාත්‍රී දහවලකි. එයින් තිස් රැයක් මාසයකි. ඒ මාසයෙන් දොළොස් මසක් අවුරුද්දකි. ඒ අවුරුද්දෙන් දිව්‍ය වර්ෂ දහසය දහසක් පරනිම්මිතවසවත්තී දෙවියන්ගේ ආයුෂ වෙයි. විශාඛාවෙනි, යම් කරුණකින් මෙලොවෙහි ඇතැම් ස්ත්‍රියක් හෝ පුරුෂයෙක් හෝ අෂ්ටාංග උපෝසථ සිල් ආරක්ෂා කොට කය බිඳී මරණින් මතු පරනිම්මිත වසවත්තී දෙව්ලොවෙහි උපදින්නේ ය යන කරුණ සිදුවන දෙයකි. දකින්නට ලැබෙන දෙයකි. විශාඛාවෙනි, මෙකරුණ පවසන ලද්දේ දිව්‍ය සැප හා සසඳා බලද්දී මිනිස් ලොව රජ සැප ඉතා දිළිඳු නිසා ය.

(ගාථා)

1. සතුන් නොමරන්නේ ය. නුදුන් දෑ නොගන්නේ ය. බොරු නොකියන්නේ ය. මද්‍ය පානය නොකරන්නේ ය. අබ්‍රහ්මචාරී බව වූ මෛථුන සේවනයෙන් දුරු වන්නේ ය. රෑ විකල් බොජුන් නොවළඳන්නේ ය.

2. මල් නොපළඳින්නේ ය. සුවඳ විලවුන් නොගල්වන්නේ ය. කැප වූ ඇඳක හෝ බිම පැදුරෙහි හෝ සැතපෙන්නේ ය. මෙය දුකෙහි නිමාවට පැමිණි

බුදුරජුන් විසින් වදාරණ ලද අංග අටකින් යුතු උපෝසථය වෙයි.

3. සඳ ත්, හිරු ත් යන දෙදෙන සොඳුරු දැකුම් ඇති ව යම්තාක් දිලෙමින් හැසිරෙත් ද, එහි හැසිරෙන අඳුර දුරලන ඒ සඳ හිරු දෙදෙන දිශා බබුළුවමින් අහසෙහි දිළිසෙයි.

4. මේ සඳ හිරු අතර ලෝකයෙහි මුතු, මැණික්, වෛරෝඩි, සොඳුරු සිංගී ස්වර්ණ, කංචන යනාදී යම් ධනයක් වේ ද, හටක නම් රත්‍රන් ආදියක් වෙයි ද, ඒ සියල්ල අට්ඨාංග උපෝසථ සිල් සුරකින තැනැත්තාට ලැබෙන විපාකයෙන් සොළොස් වන කලාවෙන් කලාවකට ද නොපැමිණෙයි. සඳ එළිය ත්, සියළු තරු එළිය ත් එබඳු ම ය.

5. එහෙයින් සිල්වත් වූ ස්ත්‍රියක් වෙයි ද, පුරුෂයෙක් වෙයි ද, අංග අටකින් යුක්ත වූ උපෝසථ සිල් මැනැවින් ආරක්ෂා කොට සැප උපදවාලන පින් කොට නින්දා නැති ස්වර්ගයට යන්නාහු ය.

සාදු! සාදු!! සාදු!!!

විසාඛූපෝසථ සූත්‍රය නිමා විය.

8.1.5.4.
වාසෙට්ඨූපෝසථ සූත්‍රය
උපෝසථය ගැන වාසෙට්ඨ උපාසකට වදාළ දෙසුම

එක් සමයක භාග්‍යවතුන් වහන්සේ කොසඹෑ නුවර මහාවනයෙහි කූටාගාර ශාලාවෙහි වැඩවසන සේක. එකල්හී වාසෙට්ඨ උපාසක තෙමේ භාග්‍යවතුන් වහන්සේ වෙත පැමිණියේ ය. පැමිණ භාග්‍යවතුන් වහන්සේට සකසා වන්දනා කොට එකත්පස් ව හුන්නේ ය. එකත්පස් ව හුන් වාසෙට්ඨ උපාසකට භාග්‍යවතුන් වහන්සේ මෙය වදාළ සේක.

"වාසෙට්ඨයෙනි, අංග අටකින් යුක්ත ව උපෝසථ සිල් සමාදන් වීම මහත්ඵල ඇත්තේ වෙයි. ....(පෙ).... නින්දා නැති ස්වර්ගයට යන්නාහු ය."

මෙසේ වදාළ කල්හී වාසෙට්ඨ උපාසක තෙමේ භාග්‍යවතුන් වහන්සේට මෙය පැවසුවේ ය.

"ස්වාමීනී, මාගේ ප්‍රිය ලේ ඥාතීහු මේ අට්ඨාංග උපෝසථය සමාදන් ව රකිත් නම්, එය මාගේ ප්‍රිය වූ ලේ ඥාතීන් හට ද බොහෝ කල් හිත සුව පිණිස වන්නේ ය.

ස්වාමීනී, සියළුම ක්ෂත්‍රියයෝ ත්, මේ අට්ඨාංග උපෝසථය සමාදන් ව රකිත් නම්, එය සියළුම ක්ෂත්‍රියයන් හට ද බොහෝ කල් හිත සුව පිණිස වන්නේ ය.

ස්වාමීනී, සියළුම බ්‍රාහ්මණයෝ ත්, ...(පෙ).... වෛශ්‍යයෝ ....(පෙ).... ශුද්‍රයෝ මේ අට්ඨාංග උපෝසථය සමාදන් ව රකිත් නම්, එය සියළුම ශුද්‍රයන් හට ද බොහෝ කල් හිත සුව පිණිස වන්නේ ය."

"වාසෙට්ඨයෙනි, එය එසේ ම ය. වාසෙට්ඨයෙනි, එය එසේ ම ය. ඉදින් වාසෙට්ඨයෙනි, සියළුම ක්ෂත්‍රියයෝ ත්, මේ අට්ඨාංග උපෝසථය සමාදන් ව රකිත් නම්, එය සියළුම ක්ෂත්‍රියයන් හට ද බොහෝ කල් හිත සුව පිණිස වන්නේ ය. වාසෙට්ඨයෙනි, සියළුම බ්‍රාහ්මණයෝ ත්, ...(පෙ).... වෛශ්‍යයෝ ....(පෙ).... ශුද්‍රයෝ මේ අට්ඨාංග උපෝසථය සමාදන් ව රකිත් නම්, එය සියළුම ශුද්‍රයන් හට ද බොහෝ කල් හිත සුව පිණිස වන්නේ ය. වාසෙට්ඨයෙනි, ඉදින් දෙවියන් සහිත වූ මරුන් සහිත වූ බඹුන් සහිත වූ ශ්‍රමණ බ්‍රාහ්මණයන් සහිත වූ දෙව් මිනිස් ප්‍රජාවෙන් යුතු සියළු ලෝකයා මේ අට්ඨාංග උපෝසථය සමාදන් ව රකිත් නම්, එය දෙවියන් සහිත වූ මරුන් සහිත වූ බඹුන් සහිත වූ ශ්‍රමණ බ්‍රාහ්මණයන් සහිත වූ දෙව් මිනිස් ප්‍රජාවෙන් යුතු සියළු ලෝකයා හට බොහෝ කල් හිත සුව පිණිස වන්නේ ය.

වාසෙට්ඨයෙනි, මේ මහා සාල වෘක්ෂයෝ අෂ්ටාංග උපෝසථය සමාදන් වෙන්නට හැකි වෙත් නම්, එය මේ මහා සාල වෘක්ෂයන්ට ද බොහෝ කල් හිත සුව පිණිස පවතිනු ඇත. මනුෂ්‍ය වූ පුද්ගලයන් ගැන කවර කථා ද?"

සාදු! සාදු!! සාදු!!!

වාසෙට්ඨූපෝසථ සූත්‍රය නිමා විය.

8.1.5.5.
බොජ්ඣුපෝසථ සූත්‍රය
උපෝසථය ගැන බොජ්ඣා උපාසිකාවට වදාළ දෙසුම

එක් සමයක භාග්‍යවතුන් වහන්සේ සැවැත් නුවර ජේතවනය නම් වූ අනේපිඬු සිටුතුමාගේ ආරාමයෙහි වැඩවසන සේක. එකල්හී බොජ්ඣා උපාසිකාවෝ භාග්‍යවතුන් වහන්සේ වෙත පැමිණියා ය. පැමිණ භාග්‍යවතුන් වහන්සේට සකසා වන්දනා කොට එකත්පස් ව හුන්නා ය. එකත්පස් ව හුන් බොජ්ඣා උපාසිකාවට භාග්‍යවතුන් වහන්සේ මෙය වදාළ සේක.

"බොජ්ඣාවෙනි, අංග අටකින් යුක්ත ව උපෝසථ සිල් සමාදන් වීම මහත්ඵල ඇත්තේ වෙයි. මහත් අනුසස් ඇත්තේ වෙයි. මහත් බැබලීම් ඇත්තේ වෙයි. මහත් පැතිරීම් ඇත්තේ වෙයි.

බොජ්ඣාවෙනි, කවර අයුරින් අංග අටකින් යුතු උපෝසථය සමාදන් වීමෙන් ද, මහත්ඵල ඇති වන්නේ? මහානිශංස ඇති වන්නේ? මහත් බැබලීම් ඇති වන්නේ? මහත් පැතිරීම් ඇති වන්නේ?

බොජ්ඣාවෙනි, මෙහිලා ආර්යශ්‍රාවකයා මෙසේ නුවණින් සළකයි. 'දිවි ඇති තෙක් රහතන් වහන්සේලා සතුන් මැරීම අත්හැර, සතුන් මැරීමෙන් වැළකුණු සේක. දඬු මුගුරු අත්හැර, අවි ආයුධ අත්හැර, ලැජ්ජා ඇති ව, දයාවෙන් යුක්ත ව, සියළු ප්‍රාණ භූතයින් කෙරෙහි හිතානුකම්පී ව වසන සේක. මම ත් අද මේ රාත්‍රිය ත්, මේ දහවල ත්, සතුන් මැරීම අත්හැර, සතුන් මැරීමෙන් වැළකී සිටිමි. දඬු මුගුරු අත්හැර, අවි ආයුධ අත්හැර, ලැජ්ජා ඇති ව, දයාවෙන් යුක්ත ව, සියළු ප්‍රාණ භූතයින් කෙරෙහි හිතානුකම්පී ව වාසය කරමි. මම මේ අංගය සමාදන් වීමෙන් රහතන් වහන්සේලා අනුව යමි. මා විසින් උපෝසථය ද වසන ලද්දේ වන්නේ ය' කියා මේ පළමු අංගයෙන් සමන්විත වෙයි.

....(පෙ).... 'රහතන් වහන්සේලා දිවි තිබෙන තුරු වටිනා සුඛෝපභෝගී ආසන අත්හැර, වටිනා සුඛෝපභෝගී ආසන වලින් වැළකී, ඇඳක හෝ පැදුරක හෝ බිම සැතපුණු සේක. මම ත් අද මේ රය ත් මේ දහවල ත් වටිනා සුඛෝපභෝගී ආසන අත්හැර, වටිනා සුඛෝපභෝගී ආසන වලින් වැළකී, ඇඳක හෝ පැදුරක හෝ බිම සැතපෙමි. මම මේ අංගය සමාදන් වීමෙන් රහතන් වහන්සේලා අනුව යමි. මා විසින් උපෝසථය ද වසන ලද්දේ වන්නේ

ය' කියා මේ අටවෙනි අංගයෙන් සමන්විත වෙයි.

බොජ්ඣාවෙනි, මෙසේ අංග අටකින් යුක්ත ව උපෝසථ සිල් සමාදන් වීම මහත්ඵල ඇත්තේ වෙයි. මහත් අනුසස් ඇත්තේ වෙයි. මහත් බැබලීම් ඇත්තේ වෙයි. මහත් පැතිරීම් ඇත්තේ වෙයි.

කොපමණ මහත්ඵල වෙයි ද? කොපමණ මහානිශංස වෙයි ද? කොපමණ මහා බැබලීම් ඇත්තේ වෙයි ද? කොපමණ මහා පැතිරීම් ඇත්තේ වෙයි ද?

බොජ්ඣාවෙනි, එය මෙබඳු දෙයකි. යමෙක් මේ අංග, මගධ, කාසි, කෝසල, වජ්ජි, මල්ල, චේතිය, වංග, කුරු, පංචාල, මච්ඡ, සූරසේන, අස්සක, අවන්ති, ගන්ධාර, කාම්බෝජ යන සොළොස් මහා ජනපදයන්හි බොහෝ සත්රුවන් ඇති ව, ඉසුරුමත් බව ත් අධිපති බව ත් ඇති ව, රාජ්‍ය කරවන්නේ වෙයි ද, මෙය අෂ්ටාංග උපෝසථය සමාදන් වීමෙන් ලැබෙන විපාකයෙහි සොළොස් කලාවෙන් එක් කලාවක් වත් නොවටියි. ඒ මක් නිසා ද යත්, බොජ්ඣාවෙනි, මිනිස් ලොව රජ සැප දිව්‍ය සැප හා සසඳා බලද්දී ඉතා දිළිඳු ය.

බොජ්ඣාවෙනි, මිනිස් ආයුෂයෙන් පනස් වසරක් යන මෙය චාතුම්මහාරාජික දෙවියන්ගේ එක් රාත්‍රී දහවලකි. එයින් තිස් රැයක් මාසයකි. ඒ මාසයෙන් දොළොස් මසක් අවුරුද්දකි. ඒ අවුරුද්දෙන් දිව්‍ය වර්ෂ පන්සියයක් චාතුම්මහාරාජික දෙවියන්ගේ ආයුෂ වෙයි. බොජ්ඣාවෙනි, යම් කරුණකින් මෙලොවෙහි ඇතැම් ස්ත්‍රියක් හෝ පුරුෂයෙක් හෝ අෂ්ටාංග උපෝසථ සිල් ආරක්ෂා කොට කය බිඳී මරණින් මතු චාතුම්මහාරාජික දෙව්ලොවෙහි උපදින්නේ ය යන කරුණ සිදුවන දෙයකි. දකින්නට ලැබෙන දෙයකි. බොජ්ඣාවෙනි, මෙකරුණ පවසන ලද්දේ දිව්‍ය සැප හා සසඳා බලද්දී මිනිස් ලොව රජ සැප ඉතා දිළිඳු නිසා ය.

බොජ්ඣාවෙනි, මිනිස් ආයුෂයෙන් සිය වසරක් යන මෙය තව්තිසා දෙවියන්ගේ එක් රාත්‍රී දහවලකි. එයින් තිස් රැයක් මාසයකි. ඒ මාසයෙන් දොළොස් මසක් අවුරුද්දකි. ඒ අවුරුද්දෙන් දිව්‍ය වර්ෂ දහසක් තව්තිසා දෙවියන්ගේ ආයුෂ වෙයි. බොජ්ඣාවෙනි, යම් කරුණකින් මෙලොවෙහි ඇතැම් ස්ත්‍රියක් හෝ පුරුෂයෙක් හෝ අෂ්ටාංග උපෝසථ සිල් ආරක්ෂා කොට කය බිඳී මරණින් මතු තව්තිසා දෙව්ලොවෙහි උපදින්නේ ය යන කරුණ සිදුවන දෙයකි. දකින්නට ලැබෙන දෙයකි. බොජ්ඣාවෙනි, මෙකරුණ පවසන ලද්දේ දිව්‍ය සැප හා සසඳා බලද්දී මිනිස් ලොව රජ සැප ඉතා දිළිඳු නිසා ය.

බොජ්ඣාවෙනි, මිනිස් ආයුෂයෙන් දෙසිය වසරක් ....(පෙ).... හාරසිය වසරක් ....(පෙ).... අටසිය වසරක් ....(පෙ).... බොජ්ඣාවෙනි, මිනිස් ආයුෂයෙන් එක්දහස් හයසිය වසරක් යන මෙය පරනිම්මිත වසවත්තී දෙවියන්ගේ එක් රාත්‍රී දහවලකි. එයින් තිස් රැයක් මාසයකි. ඒ මාසයෙන් දොළොස් මසක් අවුරුද්දකි. ඒ අවුරුද්දෙන් දිව්‍ය වර්ෂ දහසය දහසක් පරනිම්මිතවසවත්තී දෙවියන්ගේ ආයුෂ වෙයි. බොජ්ඣාවෙනි, යම් කරුණකින් මෙලොවෙහි ඇතැම් ස්ත්‍රියක් හෝ පුරුෂයෙක් හෝ අෂ්ටාංග උපෝසථ සිල් ආරක්ෂා කොට කය බිඳී මරණින් මතු පරනිම්මිත වසවත්තී දෙව්ලොවෙහි උපදින්නේ ය යන කරුණ සිදුවන දෙයකි. දකින්නට ලැබෙන දෙයකි. බොජ්ඣාවෙනි, මෙකරුණ පවසන ලද්දේ දිව්‍ය සැප හා සසඳා බලද්දී මිනිස් ලොව රජ සැප ඉතා දිළිඳු නිසා ය.

(ගාථා)

1. සතුන් නොමරන්නේ ය. නුදුන් දෑ නොගන්නේ ය. බොරු නොකියන්නේ ය. මද්‍ය පානය නොකරන්නේ ය. අබ්‍රහ්මචාරී බව වූ මෛථුන සේවනයෙන් දුරු වන්නේ ය. රෑ විකල් බොජුන් නොවළඳන්නේ ය.

2. මල් නොපළඳින්නේ ය. සුවඳ විලවුන් නොගල්වන්නේ ය. කැප වූ ඇඳක හෝ බිම පැදුරෙහි හෝ සැතපෙන්නේ ය. මෙය දුකෙහි නිමාවට පැමිණි බුදුරජුන් විසින් වදාරණ ලද අංග අටකින් යුතු උපෝසථය වෙයි.

3. සඳ ත්, හිරු ත් යන දෙදෙන සොඳුරු දැකුම් ඇති ව යම්තාක් දිලෙමින් හැසිරෙත් ද, එහි හැසිරෙන අඳුර දුරලන ඒ සඳ හිරු දෙදෙන දිශා බබුළුවමින් අහසෙහි දිළිසෙයි.

4. මේ සඳ හිරු අතර ලෝකයෙහි මුතු, මැණික්, වෛරෝඩි, සොඳුරු සිංගී ස්වර්ණ, කංචන යනාදී යම් ධනයක් වේ ද, හටක නම් රත්‍රන් ආදියක් වෙයි ද, ඒ සියල්ල අට්ඨාංග උපෝසථ සිල් සුරකින තැනැත්තාට ලැබෙන විපාකයෙන් සොළොස් වන කලාවෙන් කලාවකට ද නොපැමිණෙයි. සඳ එළිය ත්, සියළු තරු එළිය ත් එබඳු ම ය.

5. එහෙයින් සිල්වත් වූ ස්ත්‍රියක් වෙයි ද, පුරුෂයෙක් වෙයි ද, අංග අටකින් යුක්ත වූ උපෝසථ සිල් මැනැවින් ආරක්ෂා කොට සැප උපදවාලන පින් කොට නින්දා නැති ස්වර්ගයට යන්නාහු ය.

සාදු! සාදු!! සාදු!!!

බොජ්ඣුපෝසථ සූත්‍රය නිමා විය.

8.1.5.6.
අනුරුද්ධ මනාපකායික සූත්‍රය
අනුරුද්ධ තෙරුන් වෙත පැමිණි මනාපකායික දෙවියන් ගැන වදාළ දෙසුම

එක් සමයක භාග්‍යවතුන් වහන්සේ කොසඹෑ නුවර ඝෝෂිතාරාමයෙහි වැඩවසන සේක. එසමයෙහි ආයුෂ්මත් අනුරුද්ධයන් වහන්සේ දිවා විහරණය පිණිස වැඩම කොට භාවනාවෙන් සිටියහ. එවිට බොහෝ මනාපකායික දේවතාවියෝ ආයුෂ්මත් අනුරුද්ධයන් වහන්සේ වෙත පැමිණියාහු ය. පැමිණ ආයුෂ්මත් අනුරුද්ධයන් වහන්සේට වන්දනා කොට එකත්පස් ව සිටියාහු ය. එකත්පස් ව සිටි ඒ දේවතාවියෝ ආයුෂ්මත් අනුරුද්ධයන් වහන්සේට මෙය සැලකළහ.

"ස්වාමීනී, අනුරුද්ධයන් වහන්ස, අපි මනාපකායික දේවතාවියෝ වෙමු. තුන් තැනක ඉසුරුමත් ව සිටිමු. වසඟයෙහි පවත්වමු. ස්වාමීනී, අනුරුද්ධයන් වහන්ස, අපි යම් බඳු සිරුරු පැහැයක් කැමති වෙමු නම්, සැණෙකින් එබඳු සිරුරු පැහැයක් ලබන්නෙමු. අපි යම්බඳු ස්වරයක් කැමති වෙමු නම්, සැණෙකින් එබඳු ස්වරයක් ලබන්නෙමු. අපි යම්බඳු සැපයක් කැමති වෙමු නම්, සැණෙකින් එබඳු සැපයක් ලබන්නෙමු. ස්වාමීනී, අනුරුද්ධයන් වහන්ස, මනාපකායික දේවතාවියන් වන අපි මේ තුන් තැනෙහි ඉසුරුමත් බවින් සිටිමු. වසඟයෙහි පවත්වන්නෙමු."

එකල්හී ආයුෂ්මත් අනුරුද්ධයන් වහන්සේට මේ අදහස ඇතිවූයේ ය.

'සැබැවින් ම මේ සියළු දේවතාවියෝ නිල් වෙත් නම්, නිල් පැහැ ඇත්තියෝ වෙත් නම්, නිල් වස්ත්‍ර ඇත්තියෝ වෙත් නම්, නීලාලංකාර ඇත්තියෝ වෙත් නම් මැනැවි.'

එවිට ඒ දේවතාවියෝ ආයුෂ්මත් අනුරුද්ධයන් වහන්සේගේ සිත දැන සියල්ලෝ නිල් පැහැ ඇති ව, නිල් වත් ඇති ව, නීලාලංකාර ඇති ව සිටියාහු ය.

ඉක්බිති ආයුෂ්මත් අනුරුද්ධයන් වහන්සේට මේ අදහස ඇතිවූයේ ය.

'සැබැවින් ම මේ සියළු දේවතාවියෝ කහ වෙත් නම්, ...(පෙ).... රතු වෙත් නම්, ...(පෙ).... සැබැවින් ම මේ සියළු දේවතාවියෝ සුදු වෙත් නම්, සුදු පැහැ ඇත්තියෝ වෙත් නම්, සුදු වස්ත්‍ර ඇත්තියෝ වෙත් නම්, ශ්වේතාලංකාර ඇත්තියෝ වෙත් නම් මැනැවි.'

එවිට ඒ දේවතාවියෝ ආයුෂ්මත් අනුරුද්ධයන් වහන්සේගේ සිත දැන සියල්ලෝ සුදු පැහැ ඇති ව, සුදු වත් ඇති ව, ශ්වේතාලංකාර ඇති ව සිටියාහු ය.

එකල්හී ඒ දේවතාවියන් අතුරින් එකියක් ගැයුවා ය. තව එකියක් නැටුවා ය. තව ත් එකියක් තාලම්පොට වාදනය කළා ය. යම් සේ මැනැවින් සකසන ලද, ස්වරයන් ගලපන ලද, දක්ෂයින් විසින් මැනැවින් වාදනය කරන ලද, පංචාංගික තූර්ය නාදයෙහි යම් මිහිරි වූ ත්, කෙලෙස් හටගන්නා වූ ත්, කමනීය වූ ත්, ප්‍රේමනීය වූ ත්, මදනීය වූ ත් හඬක් වෙයි ද, එසෙයින් ම ඒ අලංකාර වූ දේවතාවියන්ගේ හඬ මිහිරි ත් වෙයි. රජනීය ත් වෙයි. කමනීය ත් වෙයි. ප්‍රේමනීය ත් වෙයි. මදනීය ත් වෙයි. එවිට ආයුෂ්මත් අනුරුද්ධයන් වහන්සේ නේත්‍රයන් පහතට හැරවූ සේක. එවිට ඒ දේවතාවියෝ ආර්ය වූ අනුරුද්ධයන් වහන්සේ මෙය නොපිළිගන්නා සේක් නොවැ යි එහි ම නොපෙනී ගියහ.

ඉක්බිති ආයුෂ්මත් අනුරුද්ධයන් වහන්සේ සවස් වරුවෙහි භාවනාවෙන් නැගිට භාග්‍යවතුන් වහන්සේ වෙත පැමිණියහ. පැමිණ භාග්‍යවතුන් වහන්සේට සකසා වන්දනා කොට එකත්පස් ව හිඳගත්හ. එකත්පස් ව හුන් ආයුෂ්මත් අනුරුද්ධයන් වහන්සේ භාග්‍යවතුන් වහන්සේට මෙය පැවසූහ.

"ස්වාමීනී, මෙහි මම දිවා විහරණය පිණිස ගොස් භාවනාවෙන් සිටියෙමි. එවිට බොහෝ මනාපකායික දේවතාවියෝ මා වෙත පැමිණියාහු ය. පැමිණ මා හට වන්දනා කොට එකත්පස් ව සිටියාහු ය. එකත්පස් ව සිටි ඒ දේවතාවියෝ මා හට මෙය සැලකළහ.

'ස්වාමීනී, අනුරුද්ධයන් වහන්ස, අපි මනාපකායික දේවතාවියෝ වෙමු. තුන් තැනක ඉසුරුමත් ව සිටිමු. වසඟයෙහි පවත්වමු. ස්වාමීනී, අනුරුද්ධයන් වහන්ස, අපි යම් බඳු සිරුරු පැහැයක් කැමති වෙමු නම්, සැණෙකින් එබඳු සිරුරු පැහැයක් ලබන්නෙමු. අපි යම්බඳු ස්වරයක් කැමති වෙමු නම්, සැණෙකින් එබඳු ස්වරයක් ලබන්නෙමු. අපි යම්බඳු සැපයක් කැමති වෙමු නම්, සැණෙකින් එබඳු සැපයක් ලබන්නෙමු. ස්වාමීනී, අනුරුද්ධයන් වහන්ස, මනාපකායික දේවතාවියන් වන අපි මේ තුන් තැනෙහි ඉසුරුමත් බවින් සිටිමු. වසඟයෙහි පවත්වන්නෙමු.'

ස්වාමීනී, ඒ මට මේ අදහස ඇතිවූයේ ය.

'සැබැවින් ම මේ සියළු දේවතාවියෝ නිල් වෙත් නම්, නිල් පැහැ ඇත්තියෝ වෙත් නම්, නිල් වස්ත්‍ර ඇත්තියෝ වෙත් නම්, නීලාලංකාර ඇත්තියෝ වෙත් නම් මැනැවි.'

එවිට ස්වාමීනී, ඒ දේවතාවියෝ මාගේ සිත දැන සියල්ලෝ නිල් පැහැ ඇති ව, නිල් වත් ඇති ව, නීලාලංකාර ඇති ව සිටියාහු ය.

ස්වාමීනී, ඒ මට මේ අදහස ඇතිවූයේ ය.

'සැබැවින් ම මේ සියළු දේවතාවියෝ කහ වෙත් නම්, ...(පෙ).... රතු වෙත් නම්, ...(පෙ).... සැබැවින් ම මේ සියළු දේවතාවියෝ සුදු වෙත් නම්, සුදු පැහැ ඇත්තියෝ වෙත් නම්, සුදු වස්ත්‍ර ඇත්තියෝ වෙත් නම්, ශ්වේතාලංකාර ඇත්තියෝ වෙත් නම් මැනැවි.'

එවිට ස්වාමීනී, ඒ දේවතාවියෝ මාගේ සිත දැන සියල්ලෝ සුදු පැහැ ඇති ව, සුදු වත් ඇති ව, ශ්වේතාලංකාර ඇති ව සිටියාහු ය.

එකල්හී ඒ දේවතාවියන් අතුරින් එකියක් ගැයුවා ය. තව එකියක් නැටුවා ය. තව ත් එකියක් තාලම්පොට වාදනය කළා ය. යම් සේ මැනැවින් සකසන ලද, ස්වරයන් ගලපන ලද, දක්ෂයින් විසින් මැනැවින් වාදනය කරන ලද, පංචාංගික තූර්ය නාදයෙහි යම් මිහිරි වූ ත්, කෙලෙස් හටගන්නා වූ ත්, කමනීය වූ ත්, ප්‍රේමනීය වූ ත්, මදනීය වූ ත් හඬක් වෙයි ද, එසෙයින් ම ඒ අලංකාර වූ දේවතාවියන්ගේ හඬ මිහිරි ත් වෙයි. රජනීය ත් වෙයි. කමනීය ත් වෙයි. ප්‍රේමනීය ත් වෙයි. මදනීය ත් වෙයි. එවිට ස්වාමීනී, මාගේ නේත්‍රයන් පහතට හැරවූයෙමි. එකල්හී ස්වාමීනී, ඒ දේවතාවියෝ ආර්ය වූ අනුරුද්ධයන් වහන්සේ මෙය නොපිළිගන්නා සේක් නොවැ යි එහි ම නොපෙනී ගියහ.

ස්වාමීනී, ස්ත්‍රියක් කොතෙක් ධර්මයන්ගෙන් යුක්ත වූවා කය බිඳී මරණින් මතු මනාපකායික දෙවියන් අතර උපදින්නී ද?"

"අනුරුද්ධයෙනි, අට කරුණකින් සමන්විත වූ ස්ත්‍රිය කය බිඳී මරණින් මතු මනාපකායික දෙවියන් අතර උපදින්නී ය. ඒ කවර අටක් ද යත්;

1. අනුරුද්ධයෙනි, මෙහිලා මව්පියවරු යහපත කැමති ව, හිතවත් ව, අනුකම්පාවෙන්, අනුකම්පාව උපදවා යම් ස්වාමියෙකුට ස්ත්‍රියක් දෙත් නම්, ඇය ඒ ස්වාමියාට පළමු ව අවදිවන්නී, හැමට පසු ව නිදන්නී කුමක් කළ යුතු දැයි විමසන්නී, ප්‍රිය මනාප හැසිරීම් ඇති ව ප්‍රිය තෙපුල් ඇත්තී වෙයි.

2. යම් ඒ ස්වාමියාගේ ගුරුවරු වෙත් ද, මව හෝ පියා හෝ වෙත් ද, ශ්‍රමණ බ්‍රාහ්මණයෝ හෝ වෙත් ද, ඔවුන්ට ද සත්කාර කරයි. ගරු කරයි. බුහුමන් කරයි. පුදයි. වෙත පැමිණි කල්හී ආසනයෙන් ද, පැනින් ද පුදයි.

3. ස්වාමියාගේ නිවසෙහි ඇති කටයුතු අතර එළලොම් කැටීම වේවා, කපු කැටීම වේවා, එහිලා දක්ෂ වෙයි. අලස නැත්තී වෙයි. කටයුතු සංවිධානය කිරීමෙහි උපාය වීමංසනයෙන් යුතු වෙයි.

4. ස්වාමියාගේ යම් ඒ අභ්‍යන්තර ජනයා වෙත් ද, මෙහෙකරුවන් වේවා, දාසයන් වේවා, කම්කරුවන් වේවා සිටිත් ද, ඔවුන් කළ දේ කළ දේ වශයෙන් දන්නීය. නොකළ දේ නොකළ දේ වශයෙන් දන්නී ය. ගිලන් වූවන්ගේ ගිලන් බව ත්, බල - දුබල බව ත් දන්නී ය. ඔවුන් හට කන බොන දෑ බෙදා හදා දෙන්නී ය.

5. තම ස්වාමියා යම් ධනයක් හෝ ධාන්‍යයක් හෝ රනක් හෝ රැගෙන එයි නම්, එය ආරක්ෂා කරයි. රකියි. එහිලා ධූර්ත නැත්තී, සොර නැත්තී, ලොල් නැත්තී, එය නොනසන්නී වෙයි.

6. බුදුරජුන් සරණ ගිය, ධර්මය සරණ ගිය, සංඝයා සරණ ගිය උපාසිකාවක් වෙයි.

7. සිල්වත් වෙයි. සතුන් මැරීමෙන් වැළකුණී වෙයි. සොරකමින් වැළකුණී වෙයි. වැරදි කාම සේවනයෙන් වැළකුණී වෙයි. බොරු කීමෙන් වැළකුණී වෙයි. මත්පැන් - මත්ද්‍රව්‍ය භාවිතයෙන් වැළකුණී වෙයි.

8. ත්‍යාගවන්තියක් වෙයි. මසුරුමල දුරු වූ සිතින් ගෙදර වසන්නී වෙයි. දානය පිණිස අත්හැර දොවනා ලද අත් ඇත්තී වෙයි. අනුන්ගේ ඉල්ලීමට සුදුසු වන්නී වෙයි. දන් බෙදන්නී වෙයි. දන් බෙදීමෙහි ඇලුණී වෙයි.

අනුරුද්ධයෙනි, මේ අට කරුණෙන් සමන්විත වූ ස්ත්‍රිය කය බිඳී මරණින් මතු මනාපකායික දෙවියන් අතර උපදින්නී ය.

(ගාථා)

1. යම් පුරුෂයෙක් හැම විට, නිතර බලවත් වීරියෙන් යුතුව, උත්සාහයෙන් යුතුව යම් ස්ත්‍රියක් පෝෂණය කරයි ද, ඒ ගෘහණිය තමාට කැමති සියල්ල දෙන ස්වාමියා හෙලා නොදකින්නී ය.

2. නුවණැති ස්ත්‍රිය ස්වාමියා කෙරෙහි ඊර්ෂ්‍යාවෙන් නොබනින්නී වෙයි.

ස්වාමියාගේ ගුරුතන්හි සිටින සියල්ලන් පුදන්නී වෙයි.

3. නැගී සිටින වීරිය ඇත්තී වෙයි. කම්මැලි නැත්තී වෙයි. පරිවාර ජනයාට සංග්‍රහ කරන්නී වෙයි. ස්වාමියාගේ සිත් සතුටු කරමින් හැසිරෙන්නී ඔහු ඉපැයූ ධනය රකින්නී වෙයි.

4. යම් ස්ත්‍රියක් මෙසේ ස්වාමියාට සේවය කොට ස්වාමියාගේ කැමැත්ත අනුව සිටියා වෙයි ද, ඕ තොමෝ මනාප කායික (නිම්මාණරතී) දෙවියන් සිටින තැන උපදින්නී ය.

සාදු! සාදු!! සාදු!!!

අනුරුද්ධ මනාපකායික සූත්‍රය නිමා විය.

8.1.5.7.
විසාඛා මනාපකායික සූත්‍රය
මනාපකායික දෙවියන් ගැන විශාඛාවට වදාළ දෙසුම

එක් සමයක භාග්‍යවතුන් වහන්සේ සැවැත් නුවර පූර්වාරාමය නම් මිගාර මාතු ප්‍රාසාදයෙහි වැඩවසන සේක. එකල්හී මිගාර මාතා විශාඛා උපාසිකාවෝ ....(පෙ).... එකත්පස් ව හුන් විශාඛා මිගාර මාතාවට භාග්‍යවතුන් වහන්සේ මෙය වදාළ සේක.

"විශාඛාවෙනි, අට කරුණකින් සමන්විත වූ ස්ත්‍රිය කය බිඳී මරණින් මතු මනාපකායික දෙවියන් අතර උපදින්නී ය. ඒ කවර අටක් ද යත්;

විශාඛාවෙනි, මෙහිලා මව්පියවරු යහපත කැමති ව, හිතවත් ව, අනුකම්පාවෙන්, අනුකම්පාව උපදවා යම් ස්වාමියෙකුට ස්ත්‍රියක් දෙත් නම්, ඇය ඒ ස්වාමියාට පළමු ව අවදිවන්නී, හැමට පසු ව නිදන්නී කුමක් කළ යුතු දැයි විමසන්නී, ප්‍රිය මනාප හැසිරීම් ඇති ව ප්‍රිය තෙපුල් ඇත්තී වෙයි. ....(පෙ).... ත්‍යාගවන්තියක් වෙයි. මසුරුමල දුරු වූ සිතින් ගෙදර වසන්නී වෙයි. දානය පිණිස අත්හැර දොවනා ලද අත් ඇත්තී වෙයි. අනුන්ගේ ඉල්ලීමට සුදුසු වන්නී වෙයි. දන් බෙදන්නී වෙයි. දන් බෙදීමෙහි ඇලුණී වෙයි.

විශාඛාවෙනි, මේ අට කරුණෙන් සමන්විත වූ ස්ත්‍රිය කය බිඳී මරණින් මතු මනාපකායික දෙවියන් අතර උපදින්නී ය.

(ගාථා)

1. යම් පුරුෂයෙක් හැම විට, නිතර බලවත් වීරියෙන් යුතුව, උත්සාහයෙන් යුතුව යම් ස්ත්‍රියක් පෝෂණය කරයි ද, ඒ ගෘහණිය තමාට කැමති සියල්ල දෙන ස්වාමියා හෙලා නොදකින්නී ය.

2. නුවණැති ස්ත්‍රිය ස්වාමියා කෙරෙහි ඊර්ෂ්‍යාවෙන් නොබනින්නී වෙයි. ස්වාමියාගේ ගුරුතන්හි සිටින සියල්ලන් පුදන්නී වෙයි.

3. නැගී සිටින වීරිය ඇත්තී වෙයි. කම්මැලි නැත්තී වෙයි. පරිවාර ජනයාට සංග්‍රහ කරන්නී වෙයි. ස්වාමියාගේ සිත් සතුටු කරමින් හැසිරෙන්නී ඔහු ඉපැයූ ධනය රකින්නී වෙයි.

4. යම් ස්ත්‍රියක් මෙසේ ස්වාමියාට සේවය කොට ස්වාමියාගේ කැමැත්ත අනුව සිටියා වෙයි ද, ඕ තොමෝ මනාප කායික (නිම්මාණරතී) දෙවියන් සිටින තැන උපදින්නී ය.

සාදු! සාදු!! සාදු!!!

විශාඛා මනාපකායික සූත්‍රය නිමා විය.

8.1.5.8.
නකුලමාතු මනාපකායික සූත්‍රය
මනාපකායික දෙවියන් ගැන නකුලමාතාවට වදාළ දෙසුම

එක් සමයක භාග්‍යවතුන් වහන්සේ භග්ග ජනපදයෙහි සුංසුමාර ගිරියෙහි භේසකලා වනයෙහි මිගදායෙහි වැඩවසන සේක. එකල්හී නකුලමාතා ගෘහපතිනිය භාග්‍යවතුන් වහන්සේ වෙත පැමිණියා ය. පැමිණ ....(පෙ).... එකත්පස් ව හුන් නකුලමාතා ගෘහපතිනියට භාග්‍යවතුන් වහන්සේ මෙය වදාළ සේක.

"නකුලමාතාවෙනි, අට කරුණකින් සමන්විත වූ ස්ත්‍රිය කය බිඳී මරණින් මතු මනාපකායික දෙවියන් අතර උපදින්නී ය. ඒ කවර අටක් ද යත්;

1. නකුලමාතාවෙනි, මෙහිලා මව්පියවරු යහපත කැමති ව, හිතවත් ව, අනුකම්පාවෙන්, අනුකම්පාව උපදවා යම් ස්වාමියෙකුට ස්ත්‍රියක් දෙත් නම්,

ඇය ඒ ස්වාමියාට පළමු ව අවදිවන්නී, හැමට පසු ව නිදන්නී කුමක් කළ යුතු දැයි විමසන්නී, ප්‍රිය මනාප හැසිරීම් ඇති ව ප්‍රිය තෙපුල් ඇත්තී වෙයි.

2. යම් ඒ ස්වාමියාගේ ගුරුවරු වෙත් ද, මව හෝ පියා හෝ වෙත් ද, ශ්‍රමණ බ්‍රාහ්මණයෝ හෝ වෙත් ද, ඔවුන්ට ද සත්කාර කරයි. ගරු කරයි. බුහුමන් කරයි. පුදයි. වෙත පැමිණි කල්හී ආසනයෙන් ද, පැනින් ද පුදයි.

3. ස්වාමියාගේ නිවසෙහි ඇති කටයුතු අතර එළුලොම් කැටීම වේවා, කපු කැටීම වේවා, එහිලා දක්ෂ වෙයි. අලස නැත්තී වෙයි. කටයුතු සංවිධානය කිරීමෙහි උපාය වීමංසනයෙන් යුතු වෙයි.

4. ස්වාමියාගේ යම් ඒ අභ්‍යන්තර ජනයා වෙත් ද, මෙහෙකරුවන් වේවා, දාසයන් වේවා, කම්කරුවන් වේවා සිටිත් ද, ඔවුන් කළ දේ කළ දේ වශයෙන් දන්නීය. නොකළ දේ නොකළ දේ වශයෙන් දන්නී ය. ගිලන් වූවන්ගේ ගිලන් බව ත්, බල - දුබල බව ත් දන්නී ය. ඔවුන් හට කන බොන දෑ බෙදා හදා දෙන්නී ය.

5. තම ස්වාමියා ධනයක් හෝ ධාන්‍යයක් හෝ රනක් හෝ රැගෙන එයි නම්, එය ආරක්ෂා කරයි. රකියි. එහිලා ධූර්ත නැත්තී, සොර නැත්තී, ලොල් නැත්තී, එය නොනසන්නී වෙයි.

6. බුදුරජුන් සරණ ගිය, ධර්මය සරණ ගිය, සංඝයා සරණ ගිය උපාසිකාවක් වෙයි.

7. සිල්වත් වෙයි. සතුන් මැරීමෙන් වැළකුණී වෙයි. සොරකමින් වැළකුණී වෙයි. වැරදි කාම සේවනයෙන් වැළකුණී වෙයි. බොරු කීමෙන් වැළකුණී වෙයි. මත්පැන් - මත්ද්‍රව්‍ය භාවිතයෙන් වැළකුණී වෙයි.

8. ත්‍යාගවන්තියක් වෙයි. මසුරුමල දුරු වූ සිතින් ගෙදර වසන්නී වෙයි. දානය පිණිස අත්හැර දොවනා ලද අත් ඇත්තී වෙයි. අනුන්ගේ ඉල්ලීමට සුදුසු වන්නී වෙයි. දන් බෙදන්නී වෙයි. දන් බෙදීමෙහි ඇලුණී වෙයි.

නකුලමාතාවෙනි, මේ අට කරුණෙන් සමන්විත වූ ස්ත්‍රිය කය බිඳී මරණින් මතු මනාපකායික දෙවියන් අතර උපදින්නී ය.

(ගාථා)

1. යම් පුරුෂයෙක් හැම විට, නිතර බලවත් වීරියෙන් යුතුව, උත්සාහයෙන් යුතුව යම් ස්ත්‍රියක් පෝෂණය කරයි ද, ඒ ගෘහණිය තමාට කැමති සියල්ල දෙන ස්වාමියා හෙලා නොදකින්නී ය.

2. නුවණැති ස්ත්‍රිය ස්වාමියා කෙරෙහි ඊර්ෂ්‍යාවෙන් නොබනින්නී වෙයි. ස්වාමියාගේ ගුරුතන්හි සිටින සියල්ලන් පුදන්නී වෙයි.

3. නැගී සිටින වීරිය ඇත්තී වෙයි. කම්මැලි නැත්තී වෙයි. පරිවාර ජනයාට සංග්‍රහ කරන්නී වෙයි. ස්වාමියාගේ සිත් සතුටු කරමින් හැසිරෙන්නී ඔහු ඉපැයූ ධනය රකින්නී වෙයි.

4. යම් ස්ත්‍රියක් මෙසේ ස්වාමියාට සේවය කොට ස්වාමියාගේ කැමැත්ත අනුව සිටියා වෙයි ද, ඕ තොමෝ මනාප කායික (නිම්මාණරතී) දෙවියන් සිටින තැන උපදින්නී ය.

සාදු! සාදු!! සාදු!!!

නකුලමාතු මනාපකායික සූත්‍රය නිමා විය.

8.1.5.9.
පඨම ලෝකවිජය සූත්‍රය
ලොව ජය ගැනීම ගැන වදාළ පළමු දෙසුම

එක් සමයක භාග්‍යවතුන් වහන්සේ සැවැත් නුවර පූර්වාරාමය නම් මිගාර මාතු ප්‍රාසාදයෙහි වැඩවසන සේක. එකල්හී මිගාර මාතා විශාඛා උපාසිකාවෝ භාග්‍යවතුන් වහන්සේ වෙත පැමිණියා ය. ....(පෙ).... එකත්පස් ව හුන් විශාඛා මිගාර මාතාවට භාග්‍යවතුන් වහන්සේ මෙය වදාළ සේක.

"විශාඛාවෙනි, සතර කරුණකින් සමන්විත වූ ස්ත්‍රිය මෙලොව දිනීම පිණිස පිළිපන්නී වෙයි. ඇය විසින් මෙලොව සතුටු කරන්නී වෙයි. ඒ කවර සතරකින් ද යත්,

විශාඛාවෙනි, මෙහිලා ස්ත්‍රිය මැනැවින් සකස් කොට කටයුතු කරන්නී වෙයි. සිය පිරිවර ජනයා හට සංග්‍රහ කරන ලද්දී වෙයි. සැමියා හට මනාප ලෙස හැසිරෙන්නී වෙයි. සැමියා ඉපැයූ දෙය රකින්නී වෙයි.

1. විශාඛාවෙනි, කෙසේ නම් ස්ත්‍රිය මැනැවින් සකස් කොට කටයුතු කරන්නී ද? විශාඛාවෙනි, මෙහිලා ස්ත්‍රිය ස්වාමියාගේ නිවසෙහි ඇති කටයුතු අතර එළලොම් කැටීම වේවා, කපු කැටීම වේවා, එහිලා දක්ෂ වෙයි. අලස නැත්තී වෙයි. කටයුතු සංවිධානය කිරීමෙහි උපාය වීමංසනයෙන් යුතු වෙයි.

විශාඛාවෙනි, මෙසේ ස්ත්‍රිය මැනැවින් සකස් කොට කටයුතු කරන්නී වෙයි.

2. විශාඛාවෙනි, කෙසේ නම් ස්ත්‍රිය සිය පිරිවර ජනයා හට සංග්‍රහ කරන ලද්දී වෙයි ද? විශාඛාවෙනි, මෙහිලා ස්ත්‍රිය ස්වාමියාගේ යම් ඒ අභ්‍යන්තර ජනයා වෙත් ද, මෙහෙකරුවන් වේවා, දාසයන් වේවා, කම්කරුවන් වේවා සිටිත් ද, ඔවුන් කළ දේ කළ දේ වශයෙන් දන්නීය. නොකළ දේ නොකළ දේ වශයෙන් දන්නී ය. ගිලන් වූවන්ගේ ගිලන් බව ත්, බල - දුබල බව ත් දන්නී ය. ඔවුන්ට කන බොන දෑ බෙදා හදා දෙන්නී ය. විශාඛාවෙනි, මෙසේ ස්ත්‍රිය සිය පිරිවර ජනයා හට සංග්‍රහ කරන ලද්දී වෙයි.

3. විශාඛාවෙනි, කෙසේ නම් ස්ත්‍රිය සැමියා හට මනාප ලෙස හැසිරෙන්නී වෙයි ද? විශාඛාවෙනි, මෙහිලා ස්ත්‍රිය යමක් ස්වාමියා හට අමනාප යැයි කියන ලද්දේ ද, එබඳු දෙයක් දිවි යත ත් නොකරන්නී වෙයි. මෙසේ විශාඛාවෙනි, ස්ත්‍රිය සැමියා හට මනාප ලෙස හැසිරෙන්නී වෙයි.

4. විශාඛාවෙනි, කෙසේ නම් ස්ත්‍රිය සැමියා ඉපැයූ දෙය රකින්නී වෙයි ද? විශාඛාවෙනි, මෙහිලා ස්ත්‍රිය තම ස්වාමියා යම් ධනයක් හෝ ධාන්‍යයක් හෝ රනක් හෝ රැගෙන එයි නම්, එය ආරක්ෂා කරයි. රකියි. එහිලා ධූර්ත නැත්තී, සොර නැත්තී, ලොල් නැත්තී, එය නොනසන්නී වෙයි. මෙසේ විශාඛාවෙනි, ස්ත්‍රිය සැමියා ඉපැයූ දෙය රකින්නී වෙයි. විශාඛාවෙනි, මේ සතර කරුණින් සමන්විත වූ ස්ත්‍රිය මෙලොව දිනීම පිණිස පිළිපන්නී වෙයි. ඇය විසින් මෙලොව සතුටු කරන්නී වෙයි.

විශාඛාවෙනි, සතර කරුණකින් සමන්විත වූ ස්ත්‍රිය පරලොව දිනීම පිණිස පිළිපන්නී වෙයි. ඇය විසින් පරලොව සතුටු කරන්නී වෙයි. ඒ කවර සතරකින් ද යත්,

විශාඛාවෙනි, මෙහිලා ස්ත්‍රිය ශ්‍රද්ධාවෙන් යුක්ත වෙයි. සීලයෙන් යුක්ත වෙයි. ත්‍යාගයෙන් යුක්ත වෙයි. ප්‍රඥාවෙන් යුක්ත වෙයි.

5. විශාඛාවෙනි, කෙසේ නම් ස්ත්‍රිය ශ්‍රද්ධාසම්පන්න වෙයි ද? විශාඛාවෙනි, මෙහිලා ස්ත්‍රිය සැදැහැවත් වෙයි. තථාගතයන් වහන්සේගේ අවබෝධය අදහා ගන්නී වෙයි. එනම් 'මේ මේ කරුණින් ඒ භාග්‍යවතුන් වහන්සේ අරහං වන සේක. සම්මා සම්බුද්ධ වන සේක. විජ්ජාචරණ සම්පන්න වන සේක. සුගත වන සේක. ලෝකවිදූ වන සේක. අනුත්තරෝ පුරිසදම්ම සාරථී වන සේක. සත්ථා දේවමනුස්සානං වන සේක. බුද්ධ වන සේක. භගවා වන සේක' යනුවෙනි. විශාඛාවෙනි, මෙසේ ස්ත්‍රිය ශ්‍රද්ධා සම්පන්න වෙයි.

6. විශාඛාවෙනි, කෙසේ නම් ස්ත්‍රිය සීලසම්පන්න වෙයි ද? විශාඛාවෙනි, මෙහිලා ස්ත්‍රිය සතුන් මැරීමෙන් වැළකුණී වෙයි. ....(පෙ).... මත්පැන් හා මත්ද්‍රව්‍ය භාවිතයෙන් වැළකුණී වෙයි. විශාඛාවෙනි, මෙසේ ස්ත්‍රිය සීල සම්පන්න වෙයි.

7. විශාඛාවෙනි, කෙසේ නම් ස්ත්‍රිය ත්‍යාග සම්පන්න වෙයි ද? විශාඛාවෙනි, මෙහිලා ස්ත්‍රිය ත්‍යාගවන්තියක් වෙයි. මසුරුමල දුරු වූ සිතින් ගෙදර වසන්නී වෙයි. දානය පිණිස අත්හැර දොවනා ලද අත් ඇත්තී වෙයි. අනුන්ගේ ඉල්ලීමට සුදුසු වන්නී වෙයි. දන් බෙදන්නී වෙයි. දන් බෙදීමෙහි ඇලුණී වෙයි. විශාඛාවෙනි, මෙසේ ස්ත්‍රිය ත්‍යාග සම්පන්න වෙයි.

8. විශාඛාවෙනි, කෙසේ නම් ස්ත්‍රිය ප්‍රඥා සම්පන්න වෙයි ද? විශාඛාවෙනි, මෙහිලා ස්ත්‍රිය ප්‍රඥාවන්තියක් වෙයි. හටගැනීම ත්, නැතිවීම ත් දැකීමට සමර්ථ ප්‍රඥාවෙන් යුක්ත වූවා වෙයි. ආර්ය වූ තියුණු අවබෝධය ඇති කරවන, මැනැවින් දුක් ක්ෂය කරවන ප්‍රඥාවෙන් යුක්ත වූවා වෙයි. විශාඛාවෙනි, මෙසේ ස්ත්‍රිය ප්‍රඥා සම්පන්න වෙයි.

විශාඛාවෙනි, මේ සතර කරුණෙන් සමන්විත වූ ස්ත්‍රිය පරලොව දිනීම පිණිස පිළිපන්නී වෙයි. ඇය විසින් පරලොව සතුටු කරන්නී වෙයි.

(ගාථා)

1. ස්ත්‍රිය මැනැවින් සංවිධානය කොට කටයුතු කරන්නී, සිය පිරිවර ජනයාට ද මැනැවින් සලකන ලද්දී, ස්වාමියා සතුටු වන අයුරින් හැසිරෙයි. සැමියා සපයන ධනය රකියි.

2. ශ්‍රද්ධාවෙන් ද, සීලයෙන් ද, ඉල්ලා සිටින්නවුන්ගේ වචන දන්නී වෙයි ද, මසුරු මල බැහැර කළ සිතින් වසයි ද, පරලොව සැප ලැබෙන මාර්ගය නිතර පිරිසිදු කරයි ද,

3. මේ අෂ්ට ධර්මය යම් ස්ත්‍රියක් තුළ තිබෙයි නම්, ධර්මයෙහි පිහිටි ඇය සිල්වතියකි. සත්‍යය පවසන්නියකි.

4. ස්ත්‍රිය තමා ත් මේ අංග අට සමාදන් වෙයි. අන්‍යයන් ද සමාදන් කරවන්නී වෙයි. එවිට අංග දහසයකි. මෙබඳු වූ සිල්වත් උපාසිකාව මනාපකායික දෙව්ලොවට පැමිණෙන්නී ය.

සාදු! සාදු!! සාදු!!!

පඨම ලෝකවිජය සූත්‍රය නිමා විය.

8.1.5.10.
දුතිය ලෝකවිජය සූත්‍රය
ලොව ජය ගැනීම ගැන වදාළ දෙවෙනි දෙසුම

සැවැත් නුවර දී ය .....

මහණෙනි, සතර කරුණකින් සමන්විත වූ ස්ත්‍රිය මෙලොව දිනීම පිණිස පිළිපන්නී වෙයි. ඇය විසින් මෙලොව සතුටු කරන්නී වෙයි. ඒ කවර සතරකින් ද යත්,

මහණෙනි, මෙහිලා ස්ත්‍රිය මැනැවින් සකස් කොට කටයුතු කරන්නී වෙයි. සිය පිරිවර ජනයා හට සංග්‍රහ කරන ලද්දී වෙයි. සැමියා හට මනාප ලෙස හැසිරෙන්නී වෙයි. සැමියා ඉපැයූ දෙය රකින්නී වෙයි.

1. මහණෙනි, කෙසේ නම් ස්ත්‍රිය මැනැවින් සකස් කොට කටයුතු කරන්නී ද? මහණෙනි, මෙහිලා ස්ත්‍රිය ස්වාමියාගේ නිවසෙහි ඇති කටයුතු අතර එළලොම් කැටීම වේවා, කපු කැටීම වේවා, එහිලා දක්ෂ වෙයි. අලස නැත්තී වෙයි. කටයුතු සංවිධානය කිරීමෙහි උපාය විමංසනයෙන් යුතු වෙයි. මහණෙනි, මෙසේ ස්ත්‍රිය මැනැවින් සකස් කොට කටයුතු කරන්නී වෙයි.

2. මහණෙනි, කෙසේ නම් ස්ත්‍රිය සිය පිරිවර ජනයා හට සංග්‍රහ කරන ලද්දී වෙයි ද? මහණෙනි, මෙහිලා ස්ත්‍රිය ස්වාමියාගේ යම් ඒ අභ්‍යන්තර ජනයා වෙත් ද, මෙහෙකරුවන් වේවා, දාසයන් වේවා, කම්කරුවන් වේවා සිටිත් ද, ඔවුන් කළ දේ කළ දේ වශයෙන් දන්නීය. නොකළ දේ නොකළ දේ වශයෙන් දන්නී ය. ගිලනුන්ගේ ගිලන් බව ත්, බල - දුබල බව ත් දන්නී ය. ඔවුන් හට කන බොන දෑ බෙදා හදා දෙන්නී ය. මහණෙනි, මෙසේ ස්ත්‍රිය සිය පිරිවර ජනයා හට සංග්‍රහ කරන ලද්දී වෙයි.

3. මහණෙනි, කෙසේ නම් ස්ත්‍රිය සැමියා හට මනාප ලෙස හැසිරෙන්නී වෙයි ද? මහණෙනි, මෙහිලා ස්ත්‍රිය යමක් ස්වාමියා හට අමනාප යැයි කියන ලද්දේ ද, එබඳු දෙයක් දිවි යත ත් නොකරන්නී වෙයි. මෙසේ මහණෙනි, ස්ත්‍රිය සැමියා හට මනාප ලෙස හැසිරෙන්නී වෙයි.

4. මහණෙනි, කෙසේ නම් ස්ත්‍රිය සැමියා ඉපැයූ දෙය රකින්නී වෙයි ද?

මහණෙනි, මෙහිලා ස්ත්‍රිය තම ස්වාමියා යම් ධනයක් හෝ ධාන්‍යයක් හෝ රනක් හෝ රැගෙන එයි නම්, එය ආරක්ෂා කරයි. රකියි. එහිලා ධූර්ත නැත්තී, සොර නැත්තී, ලොල් නැත්තී, එය නොනසන්නී වෙයි. මෙසේ මහණෙනි, ස්ත්‍රිය සැමියා ඉපැයූ දෙය රකින්නී වෙයි. මහණෙනි, මේ සතර කරුණින් සමන්විත වූ ස්ත්‍රිය මෙලොව දිනීම පිණිස පිළිපන්නී වෙයි. ඇය විසින් මෙලොව සතුටු කරන්නී වෙයි.

මහණෙනි, සතර කරුණකින් සමන්විත වූ ස්ත්‍රිය පරලොව දිනීම පිණිස පිළිපන්නී වෙයි. ඇය විසින් පරලොව සතුටු කරන්නී වෙයි. ඒ කවර සතරකින් ද යත්,

මහණෙනි, මෙහිලා ස්ත්‍රිය ශ්‍රද්ධාවෙන් යුක්ත වෙයි. සීලයෙන් යුක්ත වෙයි. ත්‍යාගයෙන් යුක්ත වෙයි. ප්‍රඥාවෙන් යුක්ත වෙයි.

5. මහණෙනි, කෙසේ නම් ස්ත්‍රිය ශ්‍රද්ධාසම්පන්න වෙයි ද? මහණෙනි, මෙහිලා ස්ත්‍රිය සැදැහැවත් වෙයි. තථාගතයන් වහන්සේගේ අවබෝධය අදහා ගන්නී වෙයි. එනම් 'මේ මේ කරුණින් ඒ භාග්‍යවතුන් වහන්සේ අරහං වන සේක. සම්මා සම්බුද්ධ වන සේක. විජ්ජාචරණ සම්පන්න වන සේක. සුගත වන සේක. ලෝකවිදූ වන සේක. අනුත්තරෝ පුරිසදම්ම සාරථී වන සේක. සත්ථා දේවමනුස්සානං වන සේක. බුද්ධ වන සේක. භගවා වන සේක' යනුවෙනි. මහණෙනි, මෙසේ ස්ත්‍රිය ශ්‍රද්ධා සම්පන්න වෙයි.

6. මහණෙනි, කෙසේ නම් ස්ත්‍රිය සීලසම්පන්න වෙයි ද? මහණෙනි, මෙහිලා ස්ත්‍රිය සතුන් මැරීමෙන් වැළකුණී වෙයි. ....(පෙ).... මත්පැන් හා මත්ද්‍රව්‍ය භාවිතයෙන් වැළකුණී වෙයි. මහණෙනි, මෙසේ ස්ත්‍රිය සීල සම්පන්න වෙයි.

7. මහණෙනි, කෙසේ නම් ස්ත්‍රිය ත්‍යාග සම්පන්න වෙයි ද? මහණෙනි, මෙහිලා ස්ත්‍රිය ත්‍යාගවන්තියක් වෙයි. මසුරුමල දුරු වූ සිතින් ගෙදර වසන්නී වෙයි. දානය පිණිස අත්හැර දොවනා ලද අත් ඇත්තී වෙයි. අනුන්ගේ ඉල්ලීමට සුදුසු වන්නී වෙයි. දන් බෙදන්නී වෙයි. දන් බෙදීමෙහි ඇලුණී වෙයි. මහණෙනි, මෙසේ ස්ත්‍රිය ත්‍යාග සම්පන්න වෙයි.

8. මහණෙනි, කෙසේ නම් ස්ත්‍රිය ප්‍රඥා සම්පන්න වෙයි ද? මහණෙනි, මෙහිලා ස්ත්‍රිය ප්‍රඥාවන්තියක් වෙයි. හටගැනීම ත්, නැතිවීම ත් දැකීමට සමර්ථ ප්‍රඥාවෙන් යුක්ත වූවා වෙයි. ආර්ය වූ තියුණු අවබෝධය ඇති කරවන, මැනැවින් දුක් ක්ෂය කරවන ප්‍රඥාවෙන් යුක්ත වූවා වෙයි. මහණෙනි, මෙසේ ස්ත්‍රිය ප්‍රඥා සම්පන්න වෙයි.

මහණෙනි, මේ සතර කරුණෙන් සමන්විත වූ ස්ත්‍රිය පරලොව දිනීම පිණිස පිළිපන්නී වෙයි. ඇය විසින් පරලොව සතුටු කරන්නී වෙයි.

(ගාථා)

1. ස්ත්‍රිය මැනැවින් සංවිධානය කොට කටයුතු කරන්නී, සිය පිරිවර ජනයාට ද මැනැවින් සලකන ලද්දී, ස්වාමියා සතුටු වන අයුරින් හැසිරෙයි. සැමියා සපයන ධනය රකියි.

2. ශ්‍රද්ධාවෙන් ද, සීලයෙන් ද, ඉල්ලා සිටින්නවුන්ගේ වචන දන්නී වෙයි ද, මසුරු මල බැහැර කළ සිතින් වසයි ද, පරලොව සැප ලැබෙන මාර්ගය නිතර පිරිසිදු කරයි ද,

3. මේ අෂ්ට ධර්මය යම් ස්ත්‍රියක් තුළ තිබෙයි නම්, ධර්මයෙහි පිහිටි ඇය සිල්වතියකි. සත්‍යය පවසන්නියකි.

4. ස්ත්‍රිය තමා ත් මේ අංග අට සමාදන් වෙයි. අන්‍යයන් ද සමාදන් කරවන්නී වෙයි. එවිට අංග දහසයකි. මෙබඳු වූ සිල්වත් උපාසිකාව මනාපකායික දෙව්ලොවට පැමිණෙන්නී ය.

සාදු! සාදු!! සාදු!!!

දුතිය ලෝකවිජය සූත්‍රය නිමා විය.

පස්වෙනි උපෝසථ වර්ගය අවසන් විය.

- එහි පිළිවෙල උද්දානයයි :

සංඛිත්ත සූත්‍රය, විත්ථත සූත්‍රය, විශාඛුපෝසථ සූත්‍රය, වාසෙට්ඨ සූත්‍රය, බොජ්ඣා සූත්‍රය, අනුරුද්ධ මනාපකායික සූත්‍රය, විශාඛා මනාපකායික සූත්‍රය, නකුලමාතා මනාපකායික සූත්‍රය සහ ලෝක විජය සූත්‍ර දෙක වශයෙන් මෙහි සූත්‍ර දසයකි.

පළමුවෙනි පණ්ණාසකය නිමා විය.

දෙවෙනි පණ්ණාසකය

1. ගෝතමී වර්ගය

8.2.1.1.
ගෝතමී සූත්‍රය
ප්‍රජාපතී ගෞතමියට වදාළ දෙසුම

එක් සමයක භාග්‍යවතුන් වහන්සේ ශාක්‍ය ජනපදයෙහි කපිලවස්තුවෙහි නිග්‍රෝධාරාමයෙහි වැඩවසන සේක. එකල්හී මහා ප්‍රජාපතී ගෞතමිය භාග්‍යවතුන් වහන්සේ වෙත පැමිණියා ය. පැමිණ භාග්‍යවතුන් වහන්සේට සකසා වන්දනා කොට එකත්පස් ව හුන්නා ය. එකත්පස් ව හුන් මහාප්‍රජාපතී ගෞතමිය භාග්‍යවතුන් වහන්සේට මෙය පැවසුවා ය.

"ස්වාමීනී, තථාගතයන් වහන්සේ විසින් වදාරණ ලද ධර්ම විනයෙහි ස්ත්‍රිය ගිහි ගෙයින් නික්ම අනගාරිකා පැවිද්ද ලබන්නී නම් යහපති."

"ගෞතමිය, ඔය ඇති. තථාගතයන් වදාරණ ලද ධර්ම විනයෙහි ස්ත්‍රිය විසින් ගිහි ගෙයින් නික්ම ලබන අනගාරිකා පැවිද්ද ඔබට රුචි නොවේවා!"

දෙවන වතාවට ත් මහාප්‍රජාපතී ගෞතමිය භාග්‍යවතුන් වහන්සේට මෙය පැවසුවා ය.

"ස්වාමීනී, තථාගතයන් වහන්සේ විසින් වදාරණ ලද ධර්ම විනයෙහි ස්ත්‍රිය ගිහි ගෙයින් නික්ම අනගාරිකා පැවිද්ද ලබන්නී නම් යහපති."

"ගෞතමිය, ඔය ඇති. තථාගතයන් වදාරණ ලද ධර්ම විනයෙහි ස්ත්‍රිය විසින් ගිහි ගෙයින් නික්ම ලබන අනගාරිකා පැවිද්ද ඔබට රුචි නොවේවා!"

තෙවන වතාවට ත් මහාප්‍රජාපතී ගෞතමිය භාග්‍යවතුන් වහන්සේට මෙය පැවසුවා ය.

"ස්වාමීනී, තථාගතයන් වහන්සේ විසින් වදාරණ ලද ධර්ම විනයෙහි ස්ත්‍රිය ගිහි ගෙයින් නික්ම අනගාරිකා පැවිද්ද ලබන්නී නම් යහපති."

"ගෞතමිය, ඔය ඇති. තථාගතයන් වදාරණ ලද ධර්ම විනයෙහි ස්ත්‍රිය විසින් ගිහි ගෙයින් නික්ම ලබන අනගාරිකා පැවිද්ද ඔබට රුචි නොවේවා!"

ඉක්බිති මහා ප්‍රජාපතී ගෞතමිය 'භාග්‍යවතුන් වහන්සේ තථාගත ප්‍රවිදිත ධර්ම විනයෙහි ස්ත්‍රිය විසින් ගිහි ගෙයින් නික්ම ලබන අනගාරිකා පැවිද්දට අවසර නොදෙන සේකැ'යි දුකට පත් වූවා, නොසතුටු වූවා, කඳුළු වැගිරුණු මුහුණ ඇත්තී, හඬන්නී භාග්‍යවතුන් වහන්සේට සකසා වන්දනා කොට පැදකුණු කොට බැහැරට ගියා ය.

ඉක්බිති භාග්‍යවතුන් වහන්සේ කපිලවස්තුවෙහි කැමති තාක් කල් වාසය කොට විශාලා මහනුවර බලා චාරිකාවෙහි වැඩි සේක. අනුපිළිවෙලින් චාරිකාවෙහි වඩිමින් විශාලා මහනුවරට වැඩි සේක. එහිදී භාග්‍යවතුන් වහන්සේ විශාලා මහනුවර මහා වනයෙහි කූටාගාර ශාලාවෙහි වැඩවසන සේක.

ඉක්බිති මහාප්‍රජාපතී ගෞතමිය කෙස් සින්දවා මුඩු කරවාගෙන කසාවත් හැඳ, එලෙසින් ම වූ බොහෝ ශාක්‍ය ස්ත්‍රීන් සමඟ විශාලා මහනුවර බලා පිටත් වූවා ය. අනුපිළිවෙලින් පැමිණ විශාලා මහනුවර මහා වනයෙහි කූටාගාර ශාලාවට පැමිණියා ය.

එකල්හී මහා ප්‍රජාපතී ගෞතමිය ඉදිමී ගිය පාදයන්ගෙන් යුක්ත ව දූහුවිලි වැකී ගිය සිරුරෙන් යුක්ත ව දුකට පත් වූවා, දොම්නස් වූවා, කඳුළු වැකුණු මුව ඇත්තී, හඬන්නී, දොරටුවෙන් බැහැර කොටුවෙහි සිටියා ය. ආයුෂ්මත් ආනන්දයන් වහන්සේ දුකට පත් ව, දොම්නස් ව, කඳුළු වැකුණු මුව ඇති ව, හඬමින් දොරටුවෙන් බැහැර කොටුවෙහි සිටින මහාප්‍රජාපතී ගෞතමිය දුටහ. දැක මහා ප්‍රජාපතී ගෞතමියට මෙය පැවසූහ.

"කිම, ගෞතමියෙනි, ඔබ කුමක් හෙයින් දුකට පත් ව, දොම්නස් ව, කඳුළු වැකුණු මුව ඇති ව, හඬමින් දොරටුවෙන් බාහිරව සිටින්නී ද?"

"එසේ ය. ස්වාමීනී, ආනන්දයන් වහන්ස, භාග්‍යවතුන් වහන්සේ තථාගත ප්‍රවිදිත ධර්ම විනයෙහි ස්ත්‍රිය විසින් ගිහි ගෙයින් නික්ම ලබන අනගාරිකා පැවිද්දට අවසර නොදෙන සේක."

"එසේ වී නම් ගෞතමියෙනි, යම්තාක් මම භාග්‍යවතුන් වහන්සේ ගෙන් තථාගත ප්‍රවිදිත ධර්ම විනයෙහි ස්ත්‍රිය විසින් ගිහි ගෙයින් නික්ම ලබන

අනගාරිකා පැවිද්දට ආයාචනා කරම් ද, ඒ තාක් මෙහි ම සිටුව."

ඉක්බිති ආයුෂ්මත් ආනන්දයන් වහන්සේ භාග්‍යවතුන් වහන්සේ වෙත එළැඹියේ ය. එළඹ භාග්‍යවතුන් වහන්සේට සකසා වන්දනා කොට එකත්පස් ව හිඳගත්තේ ය. එකත්පස් ව හුන් ආයුෂ්මත් ආනන්දයන් වහන්සේ භාග්‍යවතුන් වහන්සේට මෙය සැළ කළහ.

"ස්වාමීනී, භාග්‍යවතුන් වහන්සේ තථාගත ප්‍රවිදිත ධර්ම විනයෙහි ස්ත්‍රිය විසින් ගිහි ගෙයින් නික්ම ලබන අනගාරිකා පැවිද්දට අවසර නොදෙන සේකැයි මහාප්‍රජාපතී ගෞතමිය දුකට පත් වූවා, නොසතුටු වූවා, කඳුළු වැගිරුණු මුහුණ ඇත්තී, හඬන්නී දොරටුවෙන් බැහැර කොටුවෙයි සිටියි.

ස්වාමීනී, තථාගතයන් වහන්සේ විසින් වදාරණ ලද ධර්ම විනයෙහි ස්ත්‍රිය ගිහි ගෙයින් නික්ම අනගාරිකා පැවිද්ද ලබන්නී නම් යහපති."

"ආනන්දයෙනි, ඔය ඇති. තථාගතයන් වදාරණ ලද ධර්ම විනයෙහි ස්ත්‍රිය විසින් ගිහි ගෙයින් නික්ම ලබන අනගාරිකා පැවිද්ද ඔබට රුචි නොවේවා!"

දෙවන වතාවට ත් ....(පෙ).... තුන්වෙනි වතාවට ත් ආයුෂ්මත් ආනන්දයන් වහන්සේ භාග්‍යවතුන් වහන්සේට මෙය පැවසූහ.

"ස්වාමීනී, තථාගතයන් වහන්සේ විසින් වදාරණ ලද ධර්ම විනයෙහි ස්ත්‍රිය ගිහි ගෙයින් නික්ම අනගාරිකා පැවිද්ද ලබන්නී නම් යහපති."

"ආනන්දයෙනි, ඔය ඇති. තථාගතයන් වදාරණ ලද ධර්ම විනයෙහි ස්ත්‍රිය විසින් ගිහි ගෙයින් නික්ම ලබන අනගාරිකා පැවිද්ද ඔබට රුචි නොවේවා!"

ඉක්බිති ආයුෂ්මත් ආනන්දයන් වහන්සේට මේ අදහස ඇතිවූයේ ය. 'භාග්‍යවතුන් වහන්සේ තථාගත ප්‍රවිදිත ධර්ම විනයෙහි ස්ත්‍රිය විසින් ගිහි ගෙයින් නික්ම ලබන අනගාරිකා පැවිද්දට අවසර නොදෙන සේක. ඉදින් මම වෙනස් වූ ක්‍රමයකින් තථාගත ප්‍රවිදිත ධර්ම විනයෙහි ස්ත්‍රිය විසින් ගිහි ගෙයින් නික්ම ලබන අනගාරිකා පැවිද්ද උදෙසා භාග්‍යවතුන් වහන්සේට ආයාචනා කරන්නෙම් නම් යහපති.'

එකල්හී ආයුෂ්මත් ආනන්දයන් වහන්සේ භාග්‍යවතුන් වහන්සේට මෙය පැවසූහ.

"ස්වාමීනී, තථාගත ප්‍රවිදිත ධර්ම විනයෙහි ගිහිගෙයින් නික්ම අනගාරික ව පැවිදි බව ලැබූ ස්ත්‍රිය සෝවාන් ඵලය ද, සකදාගාමී ඵලය ද, අනාගාමී ඵලය

ද, අරහත් ඵලය ද අත්දකින්නට සමර්ථ වන්නී ද?"

"ආනන්දයෙනි, තථාගත ප්‍රවිදිත ධර්ම විනයෙහි ගිහිගෙයින් නික්ම අනගාරික ව පැවිදි බව ලැබූ ස්ත්‍රිය සෝවාන් ඵලය ද, සකදාගාමී ඵලය ද, අනාගාමී ඵලය ද, අරහත් ඵලය ද අත්දකින්නට සමර්ථ වන්නී ය."

"ඉදින් ස්වාමීනී, තථාගත ප්‍රවිදිත ධර්ම විනයෙහි ගිහිගෙයින් නික්ම අනගාරික ව පැවිදි බව ලැබූ ස්ත්‍රිය සෝවාන් ඵලය ද, සකදාගාමී ඵලය ද, අනාගාමී ඵලය ද, අරහත් ඵලය ද ලබන්නට සමර්ථ වන්නී නම්, ස්වාමීනී, මහාප්‍රජාපතී ගෞතමිය භාග්‍යවතුන් වහන්සේට බොහෝ උපකාරී වූවා ය. සුළුමව් වූවා ය. අත් පා වැඩුවා ය. පෝෂණය කළා ය. භාග්‍යවතුන් වහන්සේගේ මව් කළුරිය කළ කල්හී කිරි පෙව්වා ය. ස්වාමීනී, තථාගතයන් වහන්සේ විසින් වදාරණ ලද ධර්ම විනයෙහි ස්ත්‍රිය ගිහි ගෙයින් නික්ම අනගාරිකා පැවිද්ද ලබන්නී නම් යහපති."

"ඉදින් ආනන්දයෙනි, මහාප්‍රජාපතී ගෞතමිය අෂ්ට ගරුධර්මයන් පිළිගන්නී නම් ඇයට එය ම උපසම්පදාව වේවා!

1. උපසම්පදාවෙන් සියවසක් ගෙවූ භික්ෂුණිය විසිනුත් එදින ම උපසම්පදා වූ භික්ෂුවට වන්දනා කිරීම්, දැක හුනස්නෙන් නැගිටීම්, ඇඳිලි බැඳ වැඳීම්, යහපත් වත් කිරීම් කළ යුත්තී ය. මේ ධර්මය ත් සත්කාර කොට, ගරු කොට, බුහුමන් කොට, පුදා දිවි ඇති තෙක් නොඉක්මවිය යුත්තී ය.

2. භික්ෂුණිය විසින් අවවාද දෙන භික්ෂුවක් නැති ආවාසයෙහි වස් නොඑළඹිය යුත්තී ය. මේ ධර්මය ත් සත්කාර කොට, ගරු කොට, බුහුමන් කොට, පුදා දිවි ඇති තෙක් නොඉක්මවිය යුත්තී ය.

3. භික්ෂුණිය අඩමසක් පාසා භික්ෂු සංඝයා වෙතින් ධර්මයන් දෙකක් ලැබිය යුත්තී ය. එනම් පොහොය කිරීම ගැන ඇසීම ත්, අවවාද ලැබීමට එළඹීම ත් ය. මේ ධර්මය ත් සත්කාර කොට, ගරු කොට, බුහුමන් කොට, පුදා දිවි ඇති තෙක් නොඉක්මවිය යුත්තී ය.

4. වස් වැසූ භික්ෂුණිය විසින් භික්ෂු, භික්ෂුණී උභය සංඝයා කෙරෙහි තම පිරිසිදු බව ගැන තුන් තැනකින් පැවරිය යුත්තී ය. දැකීමෙන්, ඇසීමෙන්, සැක කිරීමෙන් ය. මේ ධර්මය ත් සත්කාර කොට, ගරු කොට, බුහුමන් කොට, පුදා දිවි ඇති තෙක් නොඉක්මවිය යුත්තී ය.

5. බරපතල ඇවතකට පත් භික්ෂුණිය විසින් භික්ෂු, භික්ෂුණී උභය සංඝයා

කෙරෙහි පක්ෂ මානත් පිරිය යුත්තී ය. මේ ධර්මය ත් සත්කාර කොට, ගරු කොට, බුහුමන් කොට, පුදා දිවි ඇති තෙක් නොඉක්මවිය යුත්තී ය.

6. දෙවසරක් සය ධර්මයක හික්මුණු ශික්ෂා ඇති සික්ඛමානාව විසින් භික්ෂු, භික්ෂුණී උභය සංඝයා කෙරෙහි උපසම්පදාව සෙවිය යුත්තී ය. මේ ධර්මය ත් සත්කාර කොට, ගරු කොට, බුහුමන් කොට, පුදා දිවි ඇති තෙක් නොඉක්මවිය යුත්තී ය.

7. භික්ෂුණිය විසින් කවර හෝ කරුණක් වෙනුවෙන් භික්ෂුවකට ආක්‍රෝශ නොකළ යුත්තේ ය. පරිභව නොකළ යුත්තේ ය. මේ ධර්මය ත් සත්කාර කොට, ගරු කොට, බුහුමන් කොට, පුදා දිවි ඇති තෙක් නොඉක්මවිය යුත්තී ය.

8. ආනන්දයෙනි, අද සිට භික්ෂුණීන් හට භික්ෂූන් කෙරෙහි අවවාද අනුශාසනා දීම ආදිය වැසුණේ ය. භික්ෂූන් හට භික්ෂුණීන් කෙරෙහි අවවාද අනුශාසනා දීම ආදිය නොවැසුණේ ය. මේ ධර්මය ත් සත්කාර කොට, ගරු කොට, බුහුමන් කොට, පුදා දිවි ඇති තෙක් නොඉක්මවිය යුත්තී ය.

ඉදින් ආනන්දයෙනි, මහාප්‍රජාපතී ගෞතමිය මේ අෂ්ට ගරු ධර්මයන් පිළිගනියි නම් ඇයට එය ම උපසම්පදාව වේවා!"

ඉක්බිති ආයුෂ්මත් ආනන්දයන් වහන්සේ භාග්‍යවතුන් වහන්සේ වෙතින් මේ අෂ්ට ගරු ධර්මයන් ඉගෙන මහාප්‍රජාපතී ගෞතමිය වෙත එළැඹියහ. එළැඹ මහාප්‍රජාපතී ගෞතමියට මෙය පැවසූහ.

"ඉදින් ගෞතමියෙනි, ඔබ මේ අෂ්ට ගරු ධර්මයන් පිළිගන්නී නම් ඔබට එය ම උපසම්පදාව වන්නේ ය.

උපසම්පදාවෙන් සියවසක් ගෙවූ භික්ෂුණිය විසිනුත් එදින ම උපසම්පදා වූ භික්ෂුවට වන්දනා කිරීම්, දක හුනස්නෙන් නැගිටීම්, ඇඳිලි බැඳ වැඳීම්, යහපත් වත් කිරීම් කළ යුත්තී ය. මේ ධර්මය ත් සත්කාර කොට, ගරු කොට, බුහුමන් කොට, පුදා දිවි ඇති තෙක් නොඉක්මවිය යුත්තී ය. ....(පෙ).... අද සිට භික්ෂුණීන් හට භික්ෂූන් කෙරෙහි අවවාද අනුශාසනා දීම ආදිය වැසුණේ ය. භික්ෂූන් හට භික්ෂුණීන් කෙරෙහි අවවාද අනුශාසනා දීම ආදිය නොවැසුණේ ය. මේ ධර්මය ත් සත්කාර කොට, ගරු කොට, බුහුමන් කොට, පුදා දිවි ඇති තෙක් නොඉක්මවිය යුත්තී ය.

ඉදින් ගෞතමියෙනි, ඔබ මේ අෂ්ට ගරු ධර්මයන් පිළිගන්නී නම් ඔබට එය ම උපසම්පදාව වන්නේ ය."

"ස්වාමීනී, ආනන්දයන් වහන්ස, සැරසෙනු කැමති තරුණ යොවුන් ස්ත්‍රියක් හෝ පුරුෂයෙක් හෝ හිස සෝදා ස්නානය කොට මහනෙල් මල් මාලාවක් හෝ දෑ සමන් මල් මාලාවක් හෝ අලුත් මල් මාලාවක් හෝ ලබා දෝතින් ම පිළිගෙන උත්තමාංගය වූ සිරස මත තබන්නේ යම් සේ ද, එසෙයින් ම ස්වාමීනී, දිවි හිමියෙන් නොඉක්මවිය යුතු වූ මේ අෂ්ට ගරු ධර්මයන් මම පිළිගනිමි."

එවිට ආයුෂ්මත් ආනන්දයන් වහන්සේ භාග්‍යවතුන් වහන්සේ කරා එළැඹියහ. එළඹ භාග්‍යවතුන් වහන්සේට සකසා වන්දනා කොට එකත්පස් ව හුන්හ. එකත්පස් ව හුන් ආයුෂ්මත් ආනන්දයන් වහන්සේ භාග්‍යවතුන් වහන්සේට මෙය සැළ කළහ.

"ස්වාමීනී, මහාප්‍රජාපතී ගෞතමිය විසින් දිවි හිමියෙන් කඩ නොකළ යුතු වූ අෂ්ට ගරු ධර්මයෝ පිළිගන්නා ලදහ."

"ඉදින් ආනන්දයෙනි, තථාගත ප්‍රවිදිත ධර්ම විනයෙහි ස්ත්‍රිය ගිහි ගෙයින් නික්ම අනගාරික පැවිද්ද නොලැබුවා නම් ආනන්දයෙනි, සසුන් බඹසර බොහෝ කල් පවතිනු ඇත. දහස් වසරක් ම සද්ධර්මය පිහිටන්නේ ය. ආනන්දයෙනි, යම් කලක තථාගත ප්‍රවිදිත ධර්ම විනයෙහි ස්ත්‍රිය ගිහි ගෙයින් නික්ම සසුනට වැදගත්තී ද, ආනන්දයෙනි, දැන් සසුන් බඹසර බොහෝ කල් නොපවතින්නේ ය. ආනන්දයෙනි, දැන් සද්ධර්මය පන්සිය වසරක් ම පවතින්නේ ය.

ආනන්දයෙනි, එය මෙබඳු දෙයකි. බොහෝ ස්ත්‍රීන් ඇති, අල්ප වූ පුරුෂයන් ඇති, යම්කිසි පවුල් වෙත් නම්, කුම්භත්ථේනක නම් වූ කළයක් තුළ පහනක් දල්වා මැදියම් රැයෙහි බියගන්වා පැමිණෙන සොරුන් විසින් ඒ කුලයෝ පහසුවෙන් නැසිය හැකි වන්නාහු ය. එසෙයින් ම ආනන්දයෙනි, යම් ධර්ම විනය ස්ත්‍රිය ගිහි ගෙයින් නික්ම සසුනට වැදගත්තී ද, ඒ සසුන් බඹසර බොහෝ කල් නොපවතින්නේ ය.

ආනන්දයෙනි, එය මෙබඳු දෙයකි. සාරවත් හැල් වී කුඹුරක සේතට්ඨික නම් රෝගය ඇතිවෙයි ද, එවිට ඒ සාරවත් කුඹුර බොහෝ කල් පවතින්නේ නොවෙයි. එසෙයින් ම ආනන්දයෙනි, යම් ධර්ම විනය ස්ත්‍රිය ගිහි ගෙයින් නික්ම සසුනට වැදගත්තී ද, ඒ සසුන් බඹසර බොහෝ කල් නොපවතින්නේ ය.

ආනන්දයෙනි, එය මෙබඳු දෙයකි. සාරවත් උක් යායක උක් ගස් ඇතුළ රතු වෙන මඤ්ජෙට්ඨිකා නම් උක් රෝගයක් වැළඳෙයි ද, එවිට ඒ සාරවත්

උක් යාය බොහෝ කල් පවතින්නේ නොවෙයි. එසෙයින් ම ආනන්දයෙනි, යම් ධර්ම විනය ස්ත්‍රිය ගිහි ගෙයින් නික්ම සසුනට වැදගත්තී ද, ඒ සසුන් බඹසර බොහෝ කල් නොපවතින්නේ ය.

ආනන්දයෙනි, යම් සේ පුරුෂයෙක් මහත් විලක දිය නොබැස යනු පිණිස වේලාසනින් ම නියර බඳින්නේ වෙයි ද, එසෙයින් ම ආනන්දයෙනි, මා විසින් වේලාසනින් ම භික්ෂුණීන් හට දිවි හිමියෙන් නොඉක්මවනු පිණිස අෂ්ට ගරු ධර්මයෝ පණවන ලද්දාහු ය.

සාදු! සාදු!! සාදු!!!

ගෝතමී සූත්‍රය නිමා විය.

8.2.1.2.
භික්ඛුනෝවාදක සූත්‍රය
භික්ෂුණීන්ට අවවාද කරන්නා ගැන වදාළ දෙසුම

එක් සමයක භාග්‍යවතුන් වහන්සේ විශාලා මහනුවර මහාවනයෙහි කූටාගාර ශාලාවෙහි වැඩවසන සේක. එකල්හී ආයුෂ්මත් ආනන්දයන් වහන්සේ භාග්‍යවතුන් වහන්සේ වෙත පැමිණියේ ය. පැමිණ භාග්‍යවතුන් වහන්සේට සකසා වන්දනා කොට එකත්පස් ව හුන්නේ ය. එකත්පස් ව හුන් ආයුෂ්මත් ආනන්දයන් වහන්සේ භාග්‍යවතුන් වහන්සේට මෙය සැළකළහ.

"ස්වාමීනි, කොපමණ කරුණුවලින් යුක්ත වූ භික්ෂුවක් ද, භික්ෂුණීන් හට අවවාද කිරීම පිණිස සම්මත කළ යුත්තේ?"

"ආනන්දයෙනි, අට කරුණකින් යුක්ත වූ භික්ෂුව භික්ෂුණීන්ට අවවාද කරන භික්ෂුවක් ලෙස සම්මත කළ යුත්තේ ය. ඒ කවර අට කරුණක් ද යත්;

ආනන්දයෙනි, මෙහිලා භික්ෂුව සිලවත් වෙයි. ....(පෙ).... සමාදන් වූ සිල්පදවල හික්මෙයි. බහුශ්‍රැත වෙයි ....(පෙ).... නුවණින් අවබෝධ කරන ලද්දේ ය. භික්ඛු - භික්ඛුණී ප්‍රාතිමෝක්ෂයෝ විස්තර වශයෙන්, විභාග වශයෙන්, යහපත් ලෙස පවත්වමින් සූත්‍ර වශයෙන් ද, ඛන්ධක පරිවාර වශයෙන් මනා විනිශ්චයෙන් යුතුව හොඳින් ප්‍රගුණ කරන ලද්දාහු ය. කල්‍යාණ වචන ඇත්තේ වෙයි. කල්‍යාණ වචන භාවිතය ඇත්තේ වෙයි. වැදගත් වචන ඇත්තේ වෙයි.

නොවිසුරුණු වචන ඇත්තේ වෙයි. නිර්දෝෂී වචන ඇත්තේ වෙයි. අරුත් හඟවන වචන ඇත්තේ වෙයි. භික්ෂුණී සංඝයා හට දැහැමි කථාවෙන් කරුණු දක්වන්නට, සමාදන් කරවන්නට, උත්සාහවත් කරවන්නට, සතුටු කරවන්නට සමර්ථ වූ ප්‍රතිබල සම්පන්න වූයේ වෙයි. භික්ෂුණීන් හට බොහෝ සෙයින් ගෞරව සම්ප්‍රයුක්ත ලෙස ප්‍රිය මනාප වෙයි. භාග්‍යවතුන් වහන්සේ උදෙසා පැවිදි වූ කසාවත් පොරවන භික්ෂුණිය සමඟ බරපතල ආපත්තියකට නොපැමිණි විරූ වෙයි. උපසම්පදාවෙන් වසර විස්සක් හෝ එයට වැඩි වූ වසර ගණනක් පිරුණේ වෙයි.

ආනන්දයෙනි, මේ අට කරුණෙන් යුක්ත වූ භික්ෂුව භික්ෂුණීන්ට අවවාද කරන භික්ෂුවක් ලෙස සම්මත කළ යුත්තේ ය."

සාදු! සාදු!! සාදු!!!

භික්ඛුනෝවාදක සූත්‍රය නිමා විය.

8.2.1.3.
සංඛිත්ත ගෝතමියෝවාද සූත්‍රය
ගෞතමියට අවවාද වශයෙන් කෙටියෙන් වදාළ දෙසුම

එක් සමයක භාග්‍යවතුන් වහන්සේ විශාලා මහනුවර මහාවනයෙහි කූටාගාර ශාලාවෙහි වැඩවසන සේක. එකල්හී මහා ප්‍රජාපතී ගෞතමිය භාග්‍යවතුන් වහන්සේ වෙත පැමිණියා ය. පැමිණ භාග්‍යවතුන් වහන්සේට සකසා වන්දනා කොට එකත්පස් ව සිටියා ය. එකත්පස් ව හුන් මහාප්‍රජාපතී ගෞතමිය භාග්‍යවතුන් වහන්සේට මෙය පැවසුවා ය.

"ස්වාමීනී, භාග්‍යවතුන් වහන්සේගේ ධර්මය අසා යම්බඳු මම හුදෙකලාව, අප්‍රමාදී ව, කෙලෙස් තවන වීරිය ඇති ව, කාය ජීවිත දෙකෙහි අපේක්ෂා නැති ව වාසය කරන්නෙම් නම් භාග්‍යවතුන් වහන්සේ මා හට සංක්ෂේපයෙන් ධර්මය වදාරණ සේක් නම් යහපති."

"ගෞතමිය, ඔබ 'මේ ධර්මයෝ සරාගය පිණිස පවතිත්. විරාගය පිණිස නොපවතිත්. කෙලෙසුන් හා එක්වීම පිණිස පවතිත්. කෙලෙසුන් හා එක්නොවීම පිණිස නොපවතිත්. සසර ගමන පිණිස පවතිත්. සසරින් මිදීම

පිණිස නොපවතිත්. අධික ආශාව පිණිස පවතිත්. අල්පේච්ඡතාවය පිණිස නොපවතිත්. ලද දෙයින් නොසතුටු වීම පිණිස පවතිත්. ලද දෙයින් සතුටු වීම පිණිස නොපවතිත්. පිරිස සමඟ ඇලීම පිණිස පවතිත්. හුදෙකලා වාසය පිණිස නොපවතිත්. කුසීතකම පිණිස පවතිත්. වීරිය ඇරඹීම පිණිස නොපවතිත්. දුක සේ පෝෂණය කිරීම පිණිස පවතිත්. පහසුවෙන් පෝෂණය කිරීම පිණිස නොපවතිත්' යැයි ඔබ යම් ධර්මයන් පිළිබඳ ව දන්නී නම් ඒකාන්තයෙන් ම ගෞතමිය, මෙය දරා ගත යුත්තී ය. එනම් මෙය ධර්මය නොවෙයි, මෙය විනය නොවෙයි, මෙය ශාස්තෘ ශාසනය නොවෙයි කියා ය.

ගෞතමිය, ඔබ 'මේ ධර්මයෝ විරාගය පිණිස පවතිත්. සරාගය පිණිස නොපවතිත්. කෙලෙසුන් හා එක්නොවීම පිණිස පවතිත්. කෙලෙසුන් හා එක්වීම පිණිස නොපවතිත්. සසරින් මිදීම පිණිස පවතිත්. සසර ගමන පිණිස නොපවතිත්. අල්පේච්ඡතාව පිණිස පවතිත්. අධික ආශාව පිණිස නොපවතිත්. ලද දෙයින් සතුටු වීම පිණිස පවතිත්. ලද දෙයින් සතුටු නොවීම පිණිස නොපවතිත්. හුදෙකලා වාසය පිණිස පවතිත්. පිරිස සමඟ ඇලීම පිණිස නොපවතිත්. වීරිය ඇරඹීම පිණිස පවතිත්. කුසීතකම පිණිස නොපවතිත්. පහසුවෙන් පෝෂණය කිරීම පිණිස පවතිත්. දුක සේ පෝෂණය කිරීම පිණිස නොපවතිත්' යැයි ඔබ යම් ධර්මයන් පිළිබඳ ව දන්නී නම් ඒකාන්තයෙන් ම ගෞතමිය, මෙය දරා ගත යුත්තී ය. එනම් මෙය ධර්මය වෙයි, මෙය විනය වෙයි, මෙය ශාස්තෘ ශාසනය වෙයි කියා ය."

සාදු! සාදු!! සාදු!!!

සංඛිත්ත ගෝතමියෝවාද සූත්‍රය නිමා විය.

8.2.1.4.
ව්‍යග්ඝපජ්ජ සූත්‍රය
ව්‍යග්ඝපජ්ජ නමින් අමතන දීඝජාණු කෝලිය පුත්‍රයාට වදාළ දෙසුම

එක් සමයක භාග්‍යවතුන් වහන්සේ කෝලිය ජනපදයෙහි කක්කරපත්ත නම් වූ කෝලියයන්ගේ නියම්ගමෙහි වැඩවෙසෙන සේක. එකල්හී දීඝජාණු කෝලිය පුත්‍රයා භාග්‍යවතුන් වහන්සේ වෙත පැමිණියේ ය. පැමිණ භාග්‍යවතුන්

වහන්සේට සකසා වන්දනා කොට එකත්පස් ව හුන්නේ ය. එකත්පස් ව හුන් දීඝජාණු කෝලිය පුත්‍රයා භාග්‍යවතුන් වහන්සේට මෙය පැවසුවේ ය.

"ස්වාමීනී, අපි කම් සැප අනුභව කරන ගිහියෝ වෙමු. අඹුදරුවන්ගේ කරදර ඇති ව ගිහිගෙදර නිදන අය වෙමු. කසී සළු, සුවඳ සඳුන් පරිහරණය කරමු. මල් සුවඳ විලවුන් දරමු. රන් රිදී පරිහරණය කරමු. ස්වාමීනී, යම් ධර්මයක් අපට මෙලොවදී හිත පිණිස ත්, මෙලොව දී සැප පිණිස ත්, පරලොව හිත පිණිස ත්, පරලොව සැප පිණිස ත් හේතු වෙයි ද, එබඳු වූ ධර්මයක් භාග්‍යවතුන් වහන්සේ වදාරණ සේක්වා!"

"ව්‍යග්ඝපජ්ජයෙනි, මේ ධර්මයන් සතරක් කුල පුත්‍රයා හට මෙලොවදී හිත පිණිස ත්, මෙලොව දී සැප පිණිස ත් හේතු වෙයි. ඒ කවර සතරක් ද යත්; උට්ඨාන සම්පදා, ආරක්ඛ සම්පදා, කල්‍යාණමිත්‍රතා සහ සමජීවිකතාව යි.

1. ව්‍යග්ඝපජ්ජයෙනි, නැගී සිටීමේ සම්පත්තිය නම් වූ උට්ඨාන සම්පදාව යනු කුමක් ද?

ව්‍යග්ඝපජ්ජයෙනි, මෙහිලා කුලපුත්‍රයෙක් යම් කර්මාන්තයකින් ජීවිතය ගෙවයි නම්, එනම් ගොවිතැනින් වේවා, වෙළඳාමෙන් වේවා, ගවපාලනයෙන් වේවා, දුනු ශිල්පයෙන් වේවා, රාජ්‍ය සේවයෙන් වේවා, වෙනත් ශිල්පයකින් වේවා ජීවත් වෙයි නම්, එහිලා ඔහු දක්ෂ වෙයි. කම්මැලි නොවෙයි. ක්‍රමානුකූල ව කිරීමට, පිළිවෙලකට කිරීමට, උපාය වීමංසන කුසලතාවයෙන් යුක්ත වෙයි. ව්‍යග්ඝපජ්ජයෙනි, මෙය නැගී සිටීමේ සම්පත්තිය යැයි කියනු ලැබේ.

2. ව්‍යග්ඝපජ්ජයෙනි, රැකීමේ සම්පත්තිය නම් වූ ආරක්ඛ සම්පදාව යනු කුමක් ද?

ව්‍යග්ඝපජ්ජයෙනි, මෙහිලා කුලපුත්‍රයා හට නැගී සිටි වීරියෙන් යුතුව ලබන ලද, අතපය වෙහෙසීමෙන් රැස් කරන ලද, ඩහදිය හෙළා උපදවන ලද, ධාර්මික වූ, ධාර්මික ව ලැබුණු යම් දේපල වස්තුවක් ඇද්ද, ඒවාට නිසි ආරක්ෂාව ත්, රැකවරණය ත් යොදයි. එනම් 'කිම, මාගේ මේ භෝගයෝ රජවරු පැහැර නොගනිත් නම්, සොරු පැහැර නොගනිත් නම්, ගින්නෙන් නොදැවෙයි නම්, ජලයෙන් ගසා ගෙන නොයයි නම්, අප්‍රියයෝ දායාද කර නොගනිත් නම් මැනැවැ' යි. ව්‍යග්ඝපජ්ජයෙනි, මෙය රැකීමේ සම්පත්තිය යැයි කියනු ලැබේ.

3. ව්‍යග්ඝපජ්ජයෙනි, කල්‍යාණ මිත්‍රයන් සිටීම යනු කුමක් ද?

ව්‍යග්ඝපජ්ජයෙනි, මෙහිලා කුලපුත්‍රයා යම් ගමක හෝ නියම් ගමක හෝ

වසයි නම්, එහි යම් ඒ ගෘහපතීහු හෝ ගෘහපතිපුත්‍රයෝ හෝ මේරූ ගති ඇති තරුණයෝ වේවා, මේරූ ගති ඇති වැඩිහිටියෝ වේවා, ශ්‍රද්ධාවෙන් යුක්ත වෙත් ද, සීලයෙන් යුක්ත වෙත් ද, ත්‍යාගයෙන් යුක්ත වෙත් ද, ප්‍රඥාවෙන් යුක්ත වෙත් ද ඔවුන් සමඟ සිටියි. කතා බස් කරයි. සාකච්ඡාවන්ට පැමිණෙයි. යම්බඳු සැදැහැවත්වූවන්ගේ ශ්‍රද්ධා සම්පත්තිය අනුව හික්මෙයි ද, යම්බඳු සිල්වත් වූවන්ගේ සීල සම්පත්තිය අනුව හික්මෙයි ද, යම්බඳු ත්‍යාගී වූවන්ගේ ත්‍යාග සම්පත්තිය අනුව හික්මෙයි ද, යම්බඳු ප්‍රඥාවන්ත වූවන්ගේ ප්‍රඥා සම්පත්තිය අනුව හික්මෙයි ද, ව්‍යග්ඝපජ්ජයෙනි, මෙය කල්‍යාණමිත්‍රයන් ඇති බව යැයි කියනු ලැබෙයි.

4. ව්‍යග්ඝපජ්ජයෙනි, සමබර කොට ජීවත් වීම නම් වූ සමජීවිකතාව යනු කුමක් ද?

ව්‍යග්ඝපජ්ජයෙනි, මෙහිලා කුලපුත්‍රයා භෝග සම්පත්වල ආදායම ද දැන, භෝග සම්පත්වල වියදම ද දැන ඉතා මහත් නොවූ ත්, ඉතා පහත් නොවූ ත් සම වූ ජීවිතයක් ගෙවයි. මෙසේ ජීවත් වන කල්හී 'මාගේ ආදායම වියදම යටත් කොට තිබෙයි. මාගේ වියදම ආදායම යටපත් නොකොට තිබෙයි' කියා ය.

ව්‍යග්ඝපජ්ජයෙනි, එය මෙබඳු දෙයකි. තරාදියක් අත ඇතියෙක් හෝ තරාදියක් තිබෙන්නාගේ අතවැසියෙක් හෝ තරාදිය ඔසොවා මෙපමණකින් පහත් වෙයි. මෙපමණකින් උස් වෙයි කියා දන්නේ ද, එසෙයින් ම ව්‍යග්ඝපජ්ජයෙනි, කුලපුත්‍රයා භෝග සම්පත්වල ආදායම ද දැන, භෝග සම්පත්වල වියදම ද දැන ඉතා මහත් නොවූ ත්, ඉතා පහත් නොවූ ත් සම වූ ජීවිතයක් ගෙවයි. මෙසේ ජීවත් වන කල්හී 'මාගේ ආදායමට වියදම යටත් කොට තිබෙයි. මාගේ වියදම ආදායම යටපත් නොකොට තිබෙයි' කියා ය.

ඉදින් ව්‍යග්ඝපජ්ජයෙනි, මේ කුලපුත්‍රයා ස්වල්ප ආදායමක් ඇති ව උදාර ජීවිතයක් ගෙවයි නම්, ඔහුට 'මේ කුලපුත්‍ර තෙමේ දිඹුල් කන්නැහේ භෝගයන් කනවා නොවැ' යි කියන්නෝ සිටිති.

ඉදින් ව්‍යග්ඝපජ්ජයෙනි, මේ කුලපුත්‍රයා සුවිශාල ආදායමක් ඇති ව දුක සේ ජීවිතය ගෙවයි නම්, ඔහුට 'මේ කුලපුත්‍ර තෙමේ අනාථ මරණයකින් මැරෙන්නෙකු සෙයින් මැරෙන්නේ නොවැ' යි කියන්නෝ සිටිති.

ව්‍යග්ඝපජ්ජයෙනි, යම් කලක කුලපුත්‍රයා භෝග සම්පත්වල ආදායම ද දැන, භෝග සම්පත්වල වියදම ද දැන ඉතා මහත් නොවූ ත්, ඉතා පහත් නොවූ

ත් සම වූ ජීවිතයක් ගෙවයි. මෙසේ ජීවත් වන කල්හී 'මාගේ ආදායමට වියදම යටත් කොට තිබෙයි. මාගේ වියදම ආදායම යටපත් නොකොට තිබෙයි' කියා ය. ව්‍යග්ඝපජ්ජයෙනි, මෙය සමජීවිකතාව යැයි කියනු ලැබෙයි.

ව්‍යග්ඝපජ්ජයෙනි, මෙසේ උපදවා ගත් භෝග සම්පත්වල විනාශය පිණිස පවතින අපාය මුඛ සතරකි. එනම්, ස්ත්‍රී ධූර්තයෙක් වෙයි. සුරා සොඬෙක් වෙයි. සූදු කරුවෙක් වෙයි. පාපී යහළුවන් ඇති, පාපී යහළුවන්ට නැඹුරු වූ, පාපී මිතුරන් ඇත්තෙක් වෙයි.

ව්‍යග්ඝපජ්ජයෙනි, යම් සේ මහත් වූ පොකුණකට ජලය එන මාර්ග ද සතරක් ම ඇත්තේ නම්, ජලය පිටවන මාර්ග ද සතරක් ඇත්තේ නම්, එහිලා පුරුෂයෙක් ඒ පොකුණෙහි ජලය එන මාර්ග වසන්නේ ය. ජලය පිටවෙන මාර්ග විවෘත කරන්නේ ය. වැස්ස ද මනාකොට නොවසින්නේ ය. ව්‍යග්ඝපජ්ජයෙනි, මෙසේ ඇති කල්හී ඒ විශාල පොකුණට හානියක් ම කැමති විය යුත්තේ ය. අභිවෘද්ධියක් නොකැමති විය යුත්තේ ය.

එසෙයින් ම ව්‍යග්ඝපජ්ජයෙනි, මෙසේ උපදවා ගත් භෝග සම්පත්වල විනාශය පිණිස පවතින අපාය මුඛ සතරකි. එනම්, ස්ත්‍රී ධූර්තයෙක් වෙයි. සුරා සොඬෙක් වෙයි. සූදු කරුවෙක් වෙයි. පාපී යහළුවන් ඇති, පාපී යහළුවන්ට නැඹුරු වූ, පාපී මිතුරන් ඇත්තෙක් වෙයි.

ව්‍යග්ඝපජ්ජයෙනි, මෙසේ උපදවා ගත් භෝග සම්පත්වල විනාශ නොවීම පිණිස පවතින ආදායම එන මුඛ සතරකි. එනම්, ස්ත්‍රී ධූර්තයෙක් නොවෙයි. සුරා සොඬෙක් නොවෙයි. සූදු කරුවෙක් නොවෙයි. කල්‍යාණ යහළුවන් ඇති, කල්‍යාණ යහළුවන්ට නැඹුරු වූ, කල්‍යාණ මිත්‍රයන් ඇත්තෙක් වෙයි.

ව්‍යග්ඝපජ්ජයෙනි, යම් සේ මහත් වූ පොකුණකට ජලය එන මාර්ග ද සතරක් ම ඇත්තේ නම්, ජලය පිටවන මාර්ග ද සතරක් ඇත්තේ නම්, එහිලා පුරුෂයෙක් ඒ පොකුණෙහි ජලය එන මාර්ග විවෘත කරන්නේ ය. ජලය පිටවෙන මාර්ග වසන්නේ ය. වැස්ස ද මනාකොට වසින්නේ ය. ව්‍යග්ඝපජ්ජයෙනි, මෙසේ ඇති කල්හී ඒ විශාල පොකුණට අභිවෘද්ධියක් ම කැමති විය යුත්තේ ය. හානියක් නොකැමති විය යුත්තේ ය.

එසෙයින් ම ව්‍යග්ඝපජ්ජයෙනි, මෙසේ උපදවා ගත් භෝග සම්පත්වල විනාශ නොවීම පිණිස පවතින ආදායම එන මුඛ සතරකි. එනම්, ස්ත්‍රී ධූර්තයෙක් නොවෙයි. සුරා සොඬෙක් නොවෙයි. සූදු කරුවෙක් නොවෙයි. කල්‍යාණ යහළුවන් ඇති, කල්‍යාණ යහළුවන්ට නැඹුරු වූ, කලණ මිතුරන් ඇත්තෙක්

වෙයි.

ව්‍යග්ඝපජ්ජයෙනි, මේ සතර ධර්මයන් වනාහී කුල පුත්‍රයා හට මෙලොවදී හිත පිණිස ත්, මෙලොව දී සැප පිණිස ත් හේතු වෙයි.

ව්‍යග්ඝපජ්ජයෙනි, මේ ධර්මයන් සතරක් කුලපුත්‍රයා හට පරලොවදී හිත පිණිස ත්, පරලොව දී සැප පිණිස ත් හේතු වෙයි. ඒ කවර සතරක් ද යත්; ශ්‍රද්ධා සම්පත්තිය, සීල සම්පත්තිය, ත්‍යාග සම්පත්තිය සහ ප්‍රඥා සම්පත්තිය යි.

5. ව්‍යග්ඝපජ්ජයෙනි, ශ්‍රද්ධා සම්පත්තිය යනු කුමක් ද?

ව්‍යග්ඝපජ්ජයෙනි, මෙහිලා කුලපුත්‍රයා ශ්‍රද්ධාවන්ත වූයේ වෙයි. තථාගතයන් වහන්සේගේ අවබෝධය අදහා ගත්තේ වෙයි. එනම්, 'මේ මේ කරුණෙනුත් ඒ භාග්‍යවතුන් වහන්සේ අරහං වන සේක. සම්මා සම්බුද්ධ වන සේක. විජ්ජාචරණ සම්පන්න වන සේක. සුගත වන සේක. ලෝකවිදූ වන සේක. අනුත්තරෝ පුරිසදම්ම සාරථී වන සේක. සත්ථා දේවමනුස්සානං වන සේක. බුද්ධ වන සේක. භගවා වන සේක' යනුවෙනි. ව්‍යග්ඝපජ්ජයෙනි, මෙය ශ්‍රද්ධා සම්පත්තිය යැයි කියනු ලැබේ.

6. ව්‍යග්ඝපජ්ජයෙනි, සීල සම්පත්තිය යනු කුමක්ද? ව්‍යග්ඝපජ්ජයෙනි, මෙහිලා කුලපුත්‍රයා සතුන් මැරීමෙන් වැළකුණේ වෙයි. සොරකමින් වැළකුණේ වෙයි. වැරදි කාම සේවනයෙන් වැළකුණේ වෙයි. බොරු කීමෙන් වැළකුණේ වෙයි. මත්පැන් මත්ද්‍රව්‍ය භාවිතයෙන් වැළකුණේ වෙයි. ව්‍යග්ඝපජ්ජයෙනි, මෙය සීල සම්පත්තිය යැයි කියනු ලැබේ.

7. ව්‍යග්ඝපජ්ජයෙනි, ත්‍යාග සම්පත්තිය යනු කුමක්ද? ව්‍යග්ඝපජ්ජයෙනි, මෙහිලා කුලපුත්‍රයා මසුරුමල බැහැර කළ සිතින් යුතුව ගිහිගෙදර වාසය කරයි. දන් පැන් දීම පිණිස නොබැඳුණු සිතින් යුතු වෙයි. දෙන්නට සූදානම් වූ අත් ඇති ව සිටියි. දීමෙහි ඇලුනේ වෙයි. තමාගෙන් ඉල්ලීමට සුදුසු වූයේ වෙයි. දන් දීමෙහි බෙදීමෙහි ඇලුනේ වෙයි. ව්‍යග්ඝපජ්ජයෙනි, මෙය ත්‍යාග සම්පත්තිය යැයි කියනු ලැබේ.

8. ව්‍යග්ඝපජ්ජයෙනි, ප්‍රඥා සම්පත්තිය යනු කුමක් ද? ව්‍යග්ඝපජ්ජයෙනි, මෙහිලා කුලපුත්‍රයා ප්‍රඥාවන්ත වෙයි. හටගැනීම ත්, නැතිවීම ත් දැකීමට සමර්ථ ප්‍රඥාවෙන් යුක්ත වූයේ වෙයි. ආර්ය වූ තියුණු අවබෝධය ඇති කරවන, මැනැවින් දුක් ක්ෂය කරවන ප්‍රඥාවෙන් යුක්ත වූයේ වෙයි. ව්‍යග්ඝපජ්ජයෙනි, මෙය ප්‍රඥා සම්පත්තිය යැයි කියනු ලැබේ.

ව්‍යග්ඝපජ්ජයෙනි, මේ සතර ධර්මයන් වනාහී කුලපුත්‍රයා හට පරලොවදී හිත පිණිස ත්, පරලොව දී සැප පිණිස ත් හේතු වෙයි.

(ගාථා)

1. කර්මාන්ත කටයුතු වලදී නැගී සිටින වීරියෙන් යුතුව, අප්‍රමාදී ව සංවිධානය කරයි. සම සේ ජීවිතය පරිහරණය කරයි. සපයන ලද දේ රකියි.

2. ශ්‍රද්ධාවෙන් යුතු වූයේ, සීලයෙන් යුතු වූයේ, අනුන් ඉල්ලන දේ දන්නේ, පහවූ මසුරුමල ඇත්තේ, පරලොව සැප පිණිස ඇති මාර්ගය නිතර පිරිසිදු කරයි.

3. ගිහි ගෙදර වාසය කරන සැදැහැවත් කෙනා හට මෙලොව - පරලොව දෙකෙහි ම මේ අෂ්ට ධර්මයන් සැප ලබා දෙන බව සත්‍යනාම වූ බුදුරජුන් විසින් වදාරණ ලද්දේ ය.

4. මෙලොවෙහි ද හිතසුව පිණිස, පරලොව ද හිතසුව පිණිස හේතුවන ත්‍යාගය මෙසේ මේ ගිහියන්ගේ පින දියුණු කරයි.

සාදු! සාදු!! සාදු!!!

ව්‍යග්ඝපජ්ජ සූත්‍රය නිමා විය.

8.2.1.5.
උජ්ජය සූත්‍රය
උජ්ජය බ්‍රාහ්මණයාට වදාළ දෙසුම

සැවැත් නුවර දී ය ....

එකල්හී උජ්ජය බ්‍රාහ්මණයා භාග්‍යවතුන් වහන්සේ වෙත පැමිණියේ ය. පැමිණ භාග්‍යවතුන් වහන්සේ සමඟ සතුටු වූයේ ය. සතුටු විය යුතු පිළිසඳර කථාව කොට එකත්පස් ව හුන්නේ ය. එකත්පස් ව හුන් උජ්ජය බ්‍රාහ්මණයා භාග්‍යවතුන් වහන්සේට මෙය පැවසුවේ ය.

"භවත් ගෞතමයන් වහන්ස, අපි පිට පළාතක වාසය කරන්නට යනු

කැමැත්තෙමු. ඒ අපට යම් ධර්මයක් මෙලොවදී හිත පිණිස ත්, මෙලොව දී සැප පිණිස ත්, පරලොව හිත පිණිස ත්, පරලොව සැප පිණිස ත් හේතු වෙයි ද, එබඳු වූ ධර්මයක් භවත් ගෞතමයන් වහන්සේ වදාරණ සේක්වා!"

"බ්‍රාහ්මණය, මේ ධර්මයන් සතරක් කුල පුත්‍රයා හට මෙලොවදී හිත පිණිස ත්, මෙලොව දී සැප පිණිස ත් හේතු වෙයි. ඒ කවර සතරක් ද යත්; උට්ඨාන සම්පදා, ආරක්ඛ සම්පදා, කල්‍යාණමිත්‍රතා සහ සමජීවිකතාව යි.

1. බ්‍රාහ්මණය, නැගී සිටීමේ සම්පත්තිය නම් වූ උට්ඨාන සම්පදාව යනු කුමක් ද?

බ්‍රාහ්මණය, මෙහිලා කුලපුත්‍රයෙක් යම් කර්මාන්තයකින් ජීවිතය ගෙවයි නම්, එනම් ගොවිතැනින් වේවා, වෙළඳාමෙන් වේවා, ගවපාලනයෙන් වේවා, දුනු ශිල්පයෙන් වේවා, රාජ්‍ය සේවයෙන් වේවා, වෙනත් ශිල්පයකින් වේවා ජීවත් වෙයි නම්, එහිලා ඔහු දක්ෂ වෙයි. කම්මැලි නොවෙයි. ක්‍රමානුකූල ව කිරීමට, පිළිවෙලකට කිරීමට, උපාය වීමංසන කුසලතාවයෙන් යුක්ත වෙයි. බ්‍රාහ්මණය, මෙය නැගී සිටීමේ සම්පත්තිය යැයි කියනු ලැබේ.

2. බ්‍රාහ්මණය, රැකීමේ සම්පත්තිය නම් වූ ආරක්ඛ සම්පදාව යනු කුමක් ද?

බ්‍රාහ්මණය, මෙහිලා කුලපුත්‍රයා හට නැගී සිටි වීරියෙන් යුතුව ලබන ලද, අතපය වෙහෙසීමෙන් රැස් කරන ලද, ඩහදිය හෙළා උපදවන ලද, ධාර්මික වූ, ධාර්මික ව ලැබුණු යම් දේපල වස්තුවක් ඇද්ද, ඒවාට නිසි ආරක්ෂාව ත්, රැකවරණය ත් යොදයි. එනම් 'කිම, මාගේ මේ භෝගයෝ රජවරු පැහැර නොගනිත් නම්, සොරු පැහැර නොගනිත් නම්, ගින්නෙන් නොදැවෙයි නම්, ජලයෙන් ගසා ගෙන නොයයි නම්, අප්‍රියයෝ දායාද කර නොගනිත් නම් මැනැවැ' යි. බ්‍රාහ්මණය, මෙය රැකීමේ සම්පත්තිය යැයි කියනු ලැබේ.

3. බ්‍රාහ්මණය, කල්‍යාණ මිත්‍රයන් සිටීම යනු කුමක් ද?

බ්‍රාහ්මණය, මෙහිලා කුලපුත්‍රයා යම් ගමක හෝ නියම් ගමක හෝ වසයි නම්, එහි යම් ඒ ගෘහපතීහු හෝ ගෘහපතිපුත්‍රයෝ හෝ මේරූ ගති ඇති තරුණයෝ වේවා, මේරූ ගති ඇති වැඩිහිටියෝ වේවා, ශ්‍රද්ධාවෙන් යුක්ත වෙත් ද, සීලයෙන් යුක්ත වෙත් ද, ත්‍යාගයෙන් යුක්ත වෙත් ද, ප්‍රඥාවෙන් යුක්ත වෙත් ද ඔවුන් සමඟ සිටියි. කතා බස් කරයි. සාකච්ඡාවන්ට පැමිණෙයි. යම්බඳු සැදැහැවත්වූවන්ගේ ශ්‍රද්ධා සම්පත්තිය අනුව හික්මෙයි ද, යම්බඳු සිල්වත් වූවන්ගේ සීල සම්පත්තිය අනුව හික්මෙයි ද, යම්බඳු ත්‍යාගී වූවන්ගේ ත්‍යාග

සම්පත්තිය අනුව හික්මෙයි ද, යම්බඳු ප්‍රඥාවන්ත වූවන්ගේ ප්‍රඥා සම්පත්තිය අනුව හික්මෙයි ද, බ්‍රාහ්මණය, මෙය කල්‍යාණමිත්‍රයන් ඇති බව යැයි කියනු ලැබෙයි.

4. බ්‍රාහ්මණය, සමබර කොට ජීවත් වීම නම් වූ සමජීවිකතාව යනු කුමක් ද?

බ්‍රාහ්මණය, මෙහිලා කුලපුත්‍රයා භෝග සම්පත්වල ආදායම ද දැන, භෝග සම්පත්වල වියදම ද දැන ඉතා මහත් නොවූ ත්, ඉතා පහත් නොවූ ත් සම වූ ජීවිතයක් ගෙවයි. මෙසේ ජීවත් වන කල්හී 'මාගේ ආදායමට වියදම යටපත් කොට තිබෙයි. මාගේ වියදම ආදායම යටපත් නොකොට තිබෙයි' කියා ය.

බ්‍රාහ්මණය, එය මෙබඳු දෙයකි. තරාදියක් අත ඇතියෙක් හෝ තරාදියක් තිබෙන්නාගේ අතවැසියෙක් හෝ තරාදිය ඔසොවා මෙපමණකින් පහත් වෙයි. මෙපමණකින් උස් වෙයි කියා දන්නේ ද, එසෙයින් ම බ්‍රාහ්මණය, කුලපුත්‍රයා භෝග සම්පත්වල ආදායම ද දැන, භෝග සම්පත්වල වියදම ද දැන ඉතා මහත් නොවූ ත්, ඉතා පහත් නොවූ ත් සම වූ ජීවිතයක් ගෙවයි. මෙසේ ජීවත් වන කල්හී 'මාගේ ආදායමට වියදම යටපත් කොට තිබෙයි. මාගේ වියදම ආදායම යටපත් නොකොට තිබෙයි' කියා ය.

ඉදින් බ්‍රාහ්මණය, මේ කුලපුත්‍රයා ස්වල්ප ආදායමක් ඇති ව උදාර ජීවිතයක් ගෙවයි නම්, ඔහුට 'මේ කුලපුත්‍ර තෙමේ දිඹුල් කන්නැහේ භෝගයන් කනවා නොවැ' යි කියන්නෝ සිටිති.

ඉදින් බ්‍රාහ්මණය, මේ කුලපුත්‍රයා සුවිශාල ආදායමක් ඇති ව දුක සේ ජීවිතය ගෙවයි නම්, ඔහුට 'මේ කුලපුත්‍ර තෙමේ අනාථ මරණයකින් මැරෙන්නෙකු සෙයින් මැරෙන්නේ නොවැ' යි කියන්නෝ සිටිති.

බ්‍රාහ්මණය, යම් කලක කුලපුත්‍රයා භෝග සම්පත්වල ආදායම ද දැන, භෝග සම්පත්වල වියදම ද දැන ඉතා මහත් නොවූ ත්, ඉතා පහත් නොවූ ත් සම වූ ජීවිතයක් ගෙවයි. මෙසේ ජීවත් වන කල්හී 'මාගේ ආදායමට වියදම යටපත් කොට තිබෙයි. මාගේ වියදම ආදායම යටපත් නොකොට තිබෙයි' කියා ය. බ්‍රාහ්මණය, මෙය සමජීවිකතාව යැයි කියනු ලැබෙයි.

බ්‍රාහ්මණය, මෙසේ උපදවා ගත් භෝග සම්පත්වල විනාශය පිණිස පවතින අපාය මුඛ සතරකි. එනම්, ස්ත්‍රී ධූර්තයෙක් වෙයි. සුරා සොඬෙක් වෙයි. සූදු කරුවෙක් වෙයි. පාපී යහළුවන් ඇති, පාපී යහළුවන්ට නැඹුරු වූ, පාපී මිතුරන් ඇත්තෙක් වෙයි.

බ්‍රාහ්මණය, යම්සේ මහත් වූ පොකුණකට ජලය එන මාර්ග ද සතරක් ම ඇත්තේ නම්, ජලය පිටවන මාර්ග ද සතරක් ම ඇත්තේ නම්, එහිලා පුරුෂයෙක් ඒ පොකුණෙහි ජලය එන මාර්ග වසන්නේ ය. ජලය පිටවෙන මාර්ග විවෘත කරන්නේ ය. වැස්ස ද මනාකොට නොවසින්නේ ය. බ්‍රාහ්මණය, මෙසේ ඇති කල්හී ඒ විශාල පොකුණට හානියක් ම කැමති විය යුත්තේ ය. අභිවෘද්ධියක් නොකැමති විය යුත්තේ ය.

එසෙයින් ම බ්‍රාහ්මණය, මෙසේ උපදවා ගත් භෝග සම්පත්වල විනාශය පිණිස පවතින අපාය මුඛ සතරකි. එනම්, ස්ත්‍රී ධූර්තයෙක් වෙයි. සුරා සොඬෙක් වෙයි. සූදු කරුවෙක් වෙයි. පාපී යහළුවන් ඇති, පාපී යහළුවන්ට නැඹුරු වූ, පාපී මිතුරන් ඇත්තෙක් වෙයි.

බ්‍රාහ්මණය, මෙසේ උපදවා ගත් භෝග සම්පත්වල විනාශ නොවීම පිණිස පවතින ආදායම එන මුඛ සතරකි. එනම්, ස්ත්‍රී ධූර්තයෙක් නොවෙයි. සුරා සොඬෙක් නොවෙයි. සූදු කරුවෙක් නොවෙයි. කල්‍යාණ යහළුවන් ඇති, කල්‍යාණ යහළුවන්ට නැඹුරු වූ, කල්‍යාණ මිත්‍රයන් ඇත්තෙක් වෙයි.

බ්‍රාහ්මණය, මහත් වූ පොකුණකට ජලය එන මාර්ග ද සතරක් ම ඇත්තේ නම්, ජලය පිටවන මාර්ග ද සතරක් ම ඇත්තේ නම්, එහිලා පුරුෂයෙක් ඒ පොකුණෙහි ජලය එන මාර්ග විවෘත කරන්නේ ය. ජලය පිටවෙන මාර්ග වසන්නේ ය. වැස්ස ද මනාකොට වසින්නේ ය. බ්‍රාහ්මණය, මෙසේ ඇති කල්හී ඒ විශාල පොකුණට අභිවෘද්ධියක් ම කැමති විය යුත්තේ ය. හානියක් නොකැමති විය යුත්තේ ය.

එසෙයින් ම බ්‍රාහ්මණය, මෙසේ උපදවා ගත් භෝග සම්පත්වල විනාශ නොවීම පිණිස පවතින ආදායම එන මුඛ සතරකි. එනම්, ස්ත්‍රී ධූර්තයෙක් නොවෙයි. සුරා සොඬෙක් නොවෙයි. සූදු කරුවෙක් නොවෙයි. කල්‍යාණ යහළුවන් ඇති, කල්‍යාණ යහළුවන්ට නැඹුරු වූ, කලණ මිතුරන් ඇත්තෙක් වෙයි.

බ්‍රාහ්මණය, මේ සතර ධර්මයන් වනාහී කුල පුත්‍රයා හට මෙලොවදී හිත පිණිස ත්, මෙලොව දී සැප පිණිස ත් හේතු වෙයි.

බ්‍රාහ්මණය, මේ ධර්මයන් සතරක් කුලපුත්‍රයා හට පරලොවදී හිත පිණිස ත්, පරලොව දී සැප පිණිස ත් හේතු වෙයි. ඒ කවර සතරක් ද යත්; ශ්‍රද්ධා සම්පත්තිය, සීල සම්පත්තිය, ත්‍යාග සම්පත්තිය සහ ප්‍රඥා සම්පත්තිය යි.

5. බ්‍රාහ්මණය, ශ්‍රද්ධා සම්පත්තිය යනු කුමක් ද?

බ්‍රාහ්මණය, මෙහිලා කුලපුත්‍රයා ශ්‍රද්ධාවන්ත වූයේ වෙයි. තථාගතයන් වහන්සේගේ අවබෝධය අදහා ගත්තේ වෙයි. එනම්, 'මේ මේ කරුණෙනුත් ඒ භාග්‍යවතුන් වහන්සේ අරහං වන සේක. සම්මා සම්බුද්ධ වන සේක. විජ්ජාචරණ සම්පන්න වන සේක. සුගත වන සේක. ලෝකවිදූ වන සේක. අනුත්තරෝ පුරිසදම්ම සාරථී වන සේක. සත්ථා දේවමනුස්සානං වන සේක. බුද්ධ වන සේක. භගවා වන සේක' යනුවෙනි. බ්‍රාහ්මණය, මෙය ශ්‍රද්ධා සම්පත්තිය යැයි කියනු ලැබේ.

6. බ්‍රාහ්මණය, සීල සම්පත්තිය යනු කුමක්ද? බ්‍රාහ්මණය, මෙහිලා කුලපුත්‍රයා සතුන් මැරීමෙන් වැළකුණේ වෙයි. සොරකමින් වැළකුණේ වෙයි. වැරදි කාම සේවනයෙන් වැළකුණේ වෙයි. බොරු කීමෙන් වැළකුණේ වෙයි. මත්පැන් මත්ද්‍රව්‍ය භාවිතයෙන් වැළකුණේ වෙයි. බ්‍රාහ්මණය, මෙය සීල සම්පත්තිය යැයි කියනු ලැබේ.

7. බ්‍රාහ්මණය, ත්‍යාග සම්පත්තිය යනු කුමක්ද? බ්‍රාහ්මණය, මෙහිලා කුලපුත්‍රයා මසුරුමල බැහැර කළ සිතින් යුතුව ගිහිගෙදර වාසය කරයි. දන් පැන් දීම පිණිස නොබැඳුණු සිතින් යුතු වෙයි. දෙන්නට සූදානම් වූ අත් ඇති ව සිටියි. දීමෙහි ඇලුනේ වෙයි. තමාගෙන් ඉල්ලීමට සුදුසු වූයේ වෙයි. දන් දීමෙහි බෙදීමෙහි ඇලුනේ වෙයි. බ්‍රාහ්මණය, මෙය ත්‍යාග සම්පත්තිය යැයි කියනු ලැබේ.

8. බ්‍රාහ්මණය, ප්‍රඥා සම්පත්තිය යනු කුමක් ද? බ්‍රාහ්මණය, මෙහිලා කුලපුත්‍රයා ප්‍රඥාවන්ත වෙයි. හටගැනීම ත්, නැතිවීම ත් දැකීමට සමර්ථ ප්‍රඥාවෙන් යුක්ත වූයේ වෙයි. ආර්ය වූ තියුණු අවබෝධය ඇති කරවන, මැනැවින් දුක් ක්ෂය කරවන ප්‍රඥාවෙන් යුක්ත වූයේ වෙයි. බ්‍රාහ්මණය, මෙය ප්‍රඥා සම්පත්තිය යැයි කියනු ලැබේ.

බ්‍රාහ්මණය, මේ සතර ධර්මයන් වනාහී කුලපුත්‍රයා හට පරලොවදී හිත පිණිස ත්, පරලොව දී සැප පිණිස ත් හේතු වෙයි.

(ගාථා)

1. කර්මාන්ත කටයුතු වලදී නැගී සිටින වීරියෙන් යුතුව, අප්‍රමාදී ව සංවිධානය කරයි. සම සේ ජීවිතය පරිහරණය කරයි. සපයන ලද දේ රකියි.

2. ශ්‍රද්ධාවෙන් යුතු වූයේ, සීලයෙන් යුතු වූයේ, අනුන් ඉල්ලන දේ දන්නේ, පහවූ මසුරුමල ඇත්තේ, පරලොව සැප පිණිස ඇති මාර්ගය නිතර

පිරිසිදු කරයි.

3. ගිහි ගෙදර වාසය කරන සැදැහැවත් කෙනා හට මෙලොව - පරලොව දෙකෙහි ම මේ අෂ්ට ධර්මයන් සැප ලබා දෙන බව සත්‍යනාම වූ බුදුරජුන් විසින් වදාරණ ලද්දේ ය.

4. මෙලොවෙහි ද හිතසුව පිණිස, පරලොව ද හිතසුව පිණිස හේතුවන ත්‍යාගය මෙසේ මේ ගිහියන්ගේ පින දියුණු කරයි.

සාදු! සාදු!! සාදු!!!

උජ්ජය සූත්‍රය නිමා විය.

8.2.1.6.
කාමාධිවචන සූත්‍රය
කාමයන්ට කියන නම් ගැන වදාළ දෙසුම

සැවැත් නුවර දී ය .....

මහණෙනි, භය යනු මෙය කාමයන්ට කියන නමකි. මහණෙනි, දුක යනු මෙය කාමයන්ට කියන නමකි. මහණෙනි, රෝගය යනු මෙය කාමයන්ට කියන නමකි. මහණෙනි, ගඬුව යනු මෙය කාමයන්ට කියන නමකි. මහණෙනි, හුල යනු මෙය කාමයන්ට කියන නමකි. මහණෙනි, ඇලීම යනු මෙය කාමයන්ට කියන නමකි. මහණෙනි, මඩ යනු මෙය කාමයන්ට කියන නමකි. මහණෙනි, මව්කුස යනු මෙය කාමයන්ට කියන නමකි.

මහණෙනි, කාමයන්ට මේ භය යන නාමය තිබෙන්නේ කුමක් හෙයින් ද? මහණෙනි, යම් හෙයකින් කාමරාගයෙන් ඇලී ගිය, ඡන්දරාගයෙන් බැඳී ගිය කෙනෙකු මෙලොව භයෙනුත් නිදහස් නොවෙයි නම්, පරලොව භයෙනුත් නිදහස් නොවෙයි නම්, එහෙයින් කාමයන්ට මේ භය යන නම යෙදෙයි.

මහණෙනි, කාමයන්ට මේ දුක යන නාමය ....(පෙ).... රෝගය යන නාමය ....(පෙ).... ගඬුව යන නාමය ....(පෙ).... හුල යන නාමය ....(පෙ).... ඇලීම යන නාමය ....(පෙ).... මඩ යන නාමය ....(පෙ).... මව්කුස යන නාමය තිබෙන්නේ කුමක් හෙයින් ද? මහණෙනි, යම් කාමරාගයකින් ඇලී ගිය, ඡන්දරාගයෙන්

බැඳී ගිය කෙනෙකු මෙලොව මච්කුසෙනුත් නිදහස් නොවෙයි නම්, පරලොව මච්කුසෙනුත් නිදහස් නොවෙයි නම්, එහෙයින් කාමයන්ට මේ මච්කුස යන නම යෙදෙයි.

(ගාථා)

1. භය යනුවෙනුත්, දුක යනුවෙනුත්, රෝගය යනුවෙනුත්, ගඬුව යනුවෙනුත්, හුල යනුවෙනුත්, ඇලීම යනුවෙනුත්, මඩ යනුවෙනුත්, මච්කුස යනුවෙනුත්, මේ කාමයන්ට කියනු ලැබෙයි. පෘථග්ජන සත්වයා එහි ඇලී සිටිති.

2. මිහිරි වෙස් ගත් කාමයෙහි බැසගත් තැනැත්තා යළි මච්කුසක් කරා ම යයි. යම් කලක භික්ෂුව කෙලෙස් තවන වීරියෙන් යුතුව නුවණින් විමසීම අත්නොහරියි ද,

3. ඔහු මේ කාමය නම් වූ එතෙර වීමට දුෂ්කර මහා මඩවල ඉක්මවා මෙබඳු වූ ජරා මරණයට බැස ගත් සැලෙමින් සිටින ප්‍රජාව දකියි.

සාදු! සාදු!! සාදු!!!

කාමාධිවචන සූත්‍රය නිමා විය.

8.2.1.7.
පඨම ආහුනෙය්‍යභික්ඛු සූත්‍රය
දන් පැන් පිදීමට සුදුසු භික්ෂුව ගැන වදාළ පළමු දෙසුම

සැවැත් නුවර දී ය ....

මහණෙනි, කරුණු අටකින් සමන්විත වූ භික්ෂුව දන් පැන් පිදීමට සුදුසු වෙයි. ආගන්තුක සත්කාරයට සුදුසු වෙයි. පින් රැස්කරගැනීම පිණිස උපස්ථාන ලැබීමට සුදුසු වෙයි. වැඳුම් පිදුම් ලැබීමට සුදුසු වෙයි. ලෝකයාගේ අනුත්තර වූ පින් කෙත වෙයි. ඒ කවර අට කරුණකින් ද යත්;

මහණෙනි, මෙහිලා භික්ෂුව සිල්වත් වෙයි. ....(පෙ).... ශික්ෂා පදයන්හි සමාදන් ව හික්මෙයි. බහුශ්‍රැත වෙයි ....(පෙ).... නුවණින් අවබෝධ කරන ලද්දේ වෙයි. කළ්‍යාණ යහළුවන් ඇත්තේ, කළ්‍යාණ යහළුවන්ට නැඹුරු වූයේ, කළ්‍යාණ මිත්‍රයන් ඇත්තේ වෙයි. සම්මා දිට්ඨියෙන් යුක්ත වූයේ, නිවැරදි දැක්මෙන් යුක්ත

වූයේ වෙයි. ගැඹුරු චිත්ත දියුණුවෙන් යුතු වූ මෙලොවදී ලබන සතරක් වූ ධ්‍යානයන් කැමති සේ ලබන්නේ, නිදුකින් ලබන්නේ, බොහෝ සේ ලබන්නේ වෙයි. අනේක ප්‍රකාර වූ පෙර විසූ කඳ පිළිවෙල සිහි කරයි. එනම් එක උපතක් වශයෙන් ද, උපත් දෙකක් වශයෙන් ද, ...(පෙ).... මෙසේ කරුණු සහිත වූ, විස්තර සහිත වූ අනේක ප්‍රකාර වූ පෙර විසූ කඳ පිළිවෙල සිහි කරයි. මිනිස් දැක්ම ඉක්මවා ගිය විශුද්ධ දිව්‍ය නේත්‍රයෙන් චුතවන්නා වූත්, උපදින්නා වූත් සත්වයන් දකියි. ....(පෙ).... කර්මානුරූප ව සුගතියේ ත් දුගතියේ ත් උපදින අයුරු දනියි. ආශ්‍රවයන් ක්ෂය වීමෙන් අනාශ්‍රව වූ චිත්ත විමුක්තියත්, ප්‍රඥා විමුක්තියත් මේ ජීවිතයේදී ම තම විශිෂ්ට නුවණින් අත්දැක එයට පැමිණ වාසය කරයි.

මහණෙනි, මේ කරුණු අටින් සමන්විත වූ භික්ෂුව දන් පැන් පිදීමට සුදුසු වෙයි. ආගන්තුක සත්කාරයට සුදුසු වෙයි. පින් රැස්කරගැනීම පිණිස උපස්ථාන ලැබීමට සුදුසු වෙයි. වැඳුම් පිදුම් ලැබීමට සුදුසු වෙයි. ලෝකයාගේ අනුත්තර වූ පින් කෙත වෙයි.

සාදු! සාදු!! සාදු!!!

පඨම ආහුනෙය්‍ය භික්ඛු සූත්‍රය නිමා විය.

8.2.1.8.
දුතිය ආහුනෙය්‍යභික්ඛු සූත්‍රය
දන් පැන් පිදීමට සුදුසු භික්ෂුව ගැන වදාළ දෙවෙනි දෙසුම

සැවැත් නුවර දී ය ....

මහණෙනි, කරුණු අටකින් සමන්විත වූ භික්ෂුව දන් පැන් පිදීමට සුදුසු වෙයි. ....(පෙ).... ලෝකයාගේ අනුත්තර වූ පින් කෙත වෙයි. ඒ කවර අට කරුණකින් ද යත්;

මහණෙනි, මෙහිලා භික්ෂුව සිල්වත් වෙයි. ....(පෙ).... ශික්ෂා පදයන්හි සමාදන් ව හික්මෙයි. බහුශ්‍රැත වෙයි ....(පෙ).... නුවණින් අවබෝධ කරන ලද්දේ වෙයි. පටන් ගත් වීරිය ඇත්තේ වෙයි. දැඩි වීරියෙන් යුතු වූයේ, දැඩි පරාක්‍රමයෙන් යුතු වූයේ, කුසල් දහම් පිළිබඳ ව පසුබට නොවන වීරිය ඇත්තේ වෙයි. දුර ඈත සෙනසුන්වල වසන අරණ්‍යවාසිකයෙක් වෙයි. භාවනාවට ඇති නොඇල්ම ත්,

කාමයට ඇති ඇල්ම ත් මැඩලන්නේ වෙයි. උපන් අරතිය මැඩ මැඩ වාසය කරයි. භය භේරව මැඩලන්නේ වෙයි. උපන් භය භේරව මැඩ මැඩ වාසය කරන්නේ වෙයි. ගැඹුරු චිත්ත දියුණුවෙන් යුතු මෙලොවදී ලබන සතරක් වූ ධ්‍යානයන් කැමති සේ ලබන්නේ, නිදුකින් ලබන්නේ, බොහෝ සේ ලබන්නේ වෙයි. ආශ්‍රවයන් ක්ෂය වීමෙන් අනාශ්‍රව වූ චිත්ත විමුක්තියත්, ප්‍රඥා විමුක්තියත් මේ ජීවිතයේදී ම තම විශිෂ්ට නුවණින් අත්දැක එයට පැමිණ වාසය කරයි.

මහණෙනි, මේ කරුණු අටන් සමන්විත වූ භික්ෂුව දන් පැන් පිදීමට සුදුසු වෙයි. ....(පෙ).... ලෝකයාගේ අනුත්තර වූ පින් කෙත වෙයි.

සාදු! සාදු!! සාදු!!!

දුතිය ආහුනෙය්‍ය භික්ඛු සූත්‍රය නිමා විය.

8.2.1.9.
පඨම අට්ඨපුග්ගල සූත්‍රය
පුද්ගලයන් අට දෙනා ගැන වදාළ පළමු දෙසුම

සැවැත් නුවර දී ය ....

මහණෙනි, මේ පුද්ගලයෝ අට දෙනා දන් පැන් පිදීමට සුදුසු වෙති. ආගන්තුක සත්කාරයට සුදුසු වෙති. පින් රැස්කරගැනීම පිණිස කරනු ලබන උපස්ථාන ලැබීමට සුදුසු වෙති. වැඳුම් පිදුම් ලැබීමට සුදුසු වෙති. ලෝකයාගේ අනුත්තර වූ පින් කෙත වේ. ඒ කවර අට දෙනෙක් ද යත්;

සෝවාන් වූ කෙනා ය, සෝවාන් ඵලය සාක්ෂාත් කිරීමට පිළිපන් කෙනා ය, සකදාගාමී වූ කෙනා ය, සකදාගාමී ඵලය සාක්ෂාත් කිරීමට පිළිපන් කෙනා ය, අනාගාමී වූ කෙනා ය, අනාගාමී ඵලය සාක්ෂාත් කිරීමට පිළිපන් කෙනා ය, රහතන් වහන්සේ ය, අරහත් ඵලය සාක්ෂාත් කිරීමට පිළිපන් කෙනා ය.

මහණෙනි, මේ පුද්ගලයෝ අට දෙනා දන් පැන් පිදීමට සුදුසු වෙති. ආගන්තුක සත්කාරයට සුදුසු වෙති. පින් රැස්කරගැනීම පිණිස කරනු ලබන උපස්ථාන ලැබීමට සුදුසු වෙති. වැඳුම් පිදුම් ලැබීමට සුදුසු වෙති. ලෝකයාගේ අනුත්තර වූ පින් කෙත වේ.

(ගාථා)

1. සතර මාර්ගයෙහි පිළිපන්නෝ ය. සතර ඵලයෙහි සිටියෝ ය. මේ සංඝ තෙමේ නිවන් මග තුළ ඍජු වූයේ, ප්‍රඥාවෙන් ද, සීලයෙන් ද, සමාහිත සිතින් ද යුක්ත වූයේ වෙයි.

2. දන් දෙන මිනිසුන් හට, පින් කැමති වූ ප්‍රාණීන් හට, මත්තෙහි සැප විපාක ලබා දෙන පින් කරන තැනැත්තන් හට සංඝයාට දෙන ලද දානය මහත්ඵල වෙයි.

සාදු! සාදු!! සාදු!!!

පඨම අට්ඨපුග්ගල සූත්‍රය නිමා විය.

8.2.1.10.
දුතිය අට්ඨපුග්ගල සූත්‍රය
පුද්ගලයන් අට දෙනා ගැන වදාළ දෙවෙනි දෙසුම

සැවැත් නුවර දී ය ....

මහණෙනි, මේ පුද්ගලයෝ අට දෙනා දන් පැන් පිදීමට සුදුසු වෙති. ....(පෙ).... ලෝකයාගේ අනුත්තර වූ පින් කෙත වේ. ඒ කවර අට දෙනෙක් ද යත්;

සෝවාන් වූ කෙනා ය, සෝවාන් ඵලය සාක්ෂාත් කිරීමට පිළිපන් කෙනා ය, ...(පෙ).... රහතන් වහන්සේ ය, අරහත් ඵලය සාක්ෂාත් කිරීමට පිළිපන් කෙනා ය.

මහණෙනි, මේ පුද්ගලයෝ අට දෙනා දන් පැන් පිදීමට සුදුසු වෙති. ....(පෙ).... ලෝකයාගේ අනුත්තර වූ පින් කෙත වේ.

(ගාථා)

1. සතර මාර්ගයෙහි පිළිපන්නෝ ය. සතර ඵලයෙහි සිටියෝ ය. මේ අෂ්ට පුද්ගල සංඝ තෙමේ සත්වයන්ගේ උත්කෘෂ්ට පිරිස වෙයි.

2. දන් දෙන මිනිසුන් හට, පින් කැමති වූ ප්‍රාණීන් හට මත්තෙහි සැප

විපාක ලබා දෙන පින් කරන තැනැත්තන් හට සංඝයාට දෙන ලද දානය මහත්ඵල වෙයි.

සාදු! සාදු!! සාදු!!!

දුතිය අට්ඨපුග්ගල සූත්‍රය නිමා විය.

පළමුවෙනි ගෝතමී වර්ගය අවසන් විය.

- **එහි පිළිවෙල උද්දානයයි :**

ගෝතමී සූත්‍රය, ඕවාද සූත්‍රය, සංඛිත්ත සූත්‍රය, දීඝජාණු සූත්‍රය, උජ්ජය සූත්‍රය, කාමාධිවචන සූත්‍රය, ආහුණෙය්‍ය සූත්‍ර දෙක සහ අට්ඨපුග්ගල සූත්‍ර දෙක වශයෙන් මෙහි සූත්‍ර දසයකි.

2. චාපාල වර්ගය

8.2.2.1.
ලාභිච්ඡා සූත්‍රය
ලාභ ලැබීමේ කැමැත්ත ගැන වදාළ දෙසුම

සැවැත් නුවර දී ය .....

මහණෙනි, මේ පුද්ගලයෝ අට දෙනෙක් ලෝකයෙහි විද්‍යමාන ව සිටිති. ඒ කවර අට දෙනෙක් ද යත්;

1. මහණෙනි, මෙහිලා හුදෙකලා විවේකයට ගිය, තමා සන්තක කිසිවක් නැති ව වසන භික්ෂුවට ලාභ ලැබීමේ ආශාවක් උපදියි. ඔහු ලාභ ලැබීම පිණිස නැගී සිටියි. උත්සාහ කරයි. වෑයම් කරයි. ලාභ ලැබීම පිණිස නැගී සිටින, උත්සාහ කරන, වෑයම් කරන ඔහුට ලාභය නූපදියි. ඔහු ඒ අලාභයෙන් ශෝක කරයි. ක්ලාන්ත වෙයි. හඬා වැළපෙයි. ළයෙහි අත් පැහැර හඬයි. සිහි මුලාවට පැමිණෙයි. මහණෙනි, මේ භික්ෂුව ලාභයට ආශාවෙන් වාසය කරන්නේ යැයි ද, ලාභය පිණිස නැගී සිටින්නේ ය, උත්සාහ කරන්නේ ය, වෑයම් කරන්නේ ය. එනමුදු ලැබීම ද නැත්තේ, ශෝකී වූයේ වැළපෙන්නේ සද්ධර්මයෙන් චුත වූයේ ය යැයි කියනු ලැබේ.

2. මහණෙනි, මෙහිලා හුදෙකලා විවේකයට ගිය, තමා සන්තක කිසිවක් නැති ව වසන භික්ෂුවට ලාභ ලැබීමේ ආශාවක් උපදියි. ඔහු ලාභ ලැබීම පිණිස නැගී සිටියි. උත්සාහ කරයි. වෑයම් කරයි. ලාභ ලැබීම පිණිස නැගී සිටින, උත්සාහ කරන, වෑයම් කරන ඔහුට ලාභය උපදියි. ඔහු ඒ ලාභයෙන් මත් වෙයි. ප්‍රමාද වෙයි. ප්‍රමාදයට පැමිණෙයි. මහණෙනි, මේ භික්ෂුව ලාභයට ආශාවෙන් වාසය කරන්නේ යැයි ද, ලාභය පිණිස නැගී සිටින්නේ ය, උත්සාහ කරන්නේ ය, වෑයම් කරන්නේ ය, ලැබීම ද ඇත්තේ, එයින් මත් වූයේ ත්, ප්‍රමාද වූයේ ත්

සද්ධර්මයෙන් චුත වූයේ ත් වේ යැයි කියනු ලැබේ.

3.   මහණෙනි, මෙහිලා හුදෙකලා විවේකයට ගිය, තමා සන්තක කිසිවක් නැති ව වසන හික්ෂුවට ලාභ ලැබීමේ ආශාවක් උපදියි. ඔහු ලාභ ලැබීම පිණිස නැඟී නොසිටියි. උත්සාහ නොකරයි. වෑයම් නොකරයි. ලාභ ලැබීම පිණිස නැඟී නොසිටින, උත්සාහ නොකරන, වෑයම් නොකරන ඔහුට ලාභය නූපදියි. ඔහු ඒ අලාභයෙන් ශෝක කරයි. ක්ලාන්ත වෙයි. හඬා වැළපෙයි. ළයෙහි අත් පැහැර හඬයි. සිහි මුලාවට පැමිණෙයි. මහණෙනි, මේ හික්ෂුව ලාභයට ආශාවෙන් වාසය කරන්නේ යැයි ද, ලාභය පිණිස නැඟී නොසිටින්නේ ය, උත්සාහ නොකරන්නේ ය, වෑයම් නොකරන්නේ ය, ලැබීම ද නැත්තේ, ශෝකී වූයේ වැළපෙන්නේ සද්ධර්මයෙන් ද චුත වූයේ ය යැයි කියනු ලැබේ.

4.   මහණෙනි, මෙහිලා හුදෙකලා විවේකයට ගිය, තමා සන්තක කිසිවක් නැති ව වසන හික්ෂුවට ලාභ ලැබීමේ ආශාවක් උපදියි. ඔහු ලාභ ලැබීම පිණිස නැඟී නොසිටියි. උත්සාහ නොකරයි. වෑයම් නොකරයි. ලාභ ලැබීම පිණිස නැඟී නොසිටින, උත්සාහ නොකරන, වෑයම් නොකරන ඔහුට ලාභය උපදියි. ඔහු ඒ ලාභයෙන් මත් වෙයි. ප්‍රමාද වෙයි. ප්‍රමාදයට පැමිණෙයි. මහණෙනි, මේ හික්ෂුව ලාභයට ආශාවෙන් වාසය කරන්නේ යැයි ද, ලාභය පිණිස නැඟී නොසිටින්නේ ය, උත්සාහ නොකරන්නේ ය, වෑයම් නොකරන්නේ ය, ලැබීම ද ඇත්තේ, එයින් මත් වූයේ ත්, ප්‍රමාද වූයේ ත් සද්ධර්මයෙන් චුත වූයේ ත් වේ යැයි කියනු ලැබේ.

5.   මහණෙනි, මෙහිලා හුදෙකලා විවේකයට ගිය, තමා සන්තක කිසිවක් නැති ව වසන හික්ෂුවට ලාභ ලැබීමේ ආශාවක් උපදියි. ඔහු ලාභ ලැබීම පිණිස නැඟී සිටියි. උත්සාහ කරයි. වෑයම් කරයි. ලාභ ලැබීම පිණිස නැඟී සිටින, උත්සාහ කරන, වෑයම් කරන ඔහුට ලාභය නූපදියි. ඔහු ඒ අලාභයෙන් ශෝක නොකරයි. ක්ලාන්ත නොවෙයි. හඬා නොවැළපෙයි. ළයෙහි අත් පැහැර නොහඬයි. සිහි මුලාවට නොපැමිණෙයි. මහණෙනි, මේ හික්ෂුව ලාභයට ආශාවෙන් වාසය කරන්නේ යැයි ද, ලාභය පිණිස නැඟී සිටින්නේ ය, උත්සාහ කරන්නේ ය, වෑයම් කරන්නේ ය. එනමුදු ලැබීම ද නැත්තේ, ශෝකී නොවූයේ නොවැළපෙන්නේ සද්ධර්මයෙන් ද චුත නොවූයේ ය යැයි කියනු ලැබේ.

6.   මහණෙනි, මෙහිලා හුදෙකලා විවේකයට ගිය, තමා සන්තක කිසිවක් නැති ව වසන හික්ෂුවට ලාභ ලැබීමේ ආශාවක් උපදියි. ඔහු ලාභ ලැබීම පිණිස නැඟී සිටියි. උත්සාහ කරයි. වෑයම් කරයි. ලාභ ලැබීම පිණිස නැඟී සිටින, උත්සාහ කරන, වෑයම් කරන ඔහුට ලාභය උපදියි. ඔහු ඒ ලාභයෙන් මත්

නොවෙයි. ප්‍රමාද නොවෙයි. ප්‍රමාදයට නොපැමිණෙයි. මහණෙනි, මේ භික්ෂුව ලාභයට ආශාවෙන් වාසය කරන්නේ යැයි ද, ලාභය පිණිස නැගී සිටින්නේ ය, උත්සාහ කරන්නේ ය, වෑයම් කරන්නේ ය, ලැබීම ද ඇත්තේ, එයින් මත් නොවූයේ ත්, ප්‍රමාද නොවූයේ ත් සද්ධර්මයෙන් චුත නොවූයේ ත් වේ යැයි කියනු ලැබේ.

7. මහණෙනි, මෙහිලා හුදෙකලා විවේකයට ගිය, තමා සන්තක කිසිවක් නැති ව වසන භික්ෂුවට ලාභ ලැබීමේ ආශාවක් උපදියි. ඔහු ලාභ ලැබීම පිණිස නැගී නොසිටියි. උත්සාහ නොකරයි. වෑයම් නොකරයි. ලාභ ලැබීම පිණිස නැගී නොසිටින, උත්සාහ නොකරන, වෑයම් නොකරන ඔහුට ලාභය නූපදියි. ඔහු ඒ අලාභයෙන් ශෝක නොකරයි. ක්ලාන්ත නොවෙයි. හඬා නොවැළපෙයි. ළයෙහි අත් පැහැර නොහඬයි. සිහි මුළාවට නොපැමිණෙයි. මහණෙනි, මේ භික්ෂුව ලාභයට ආශාවෙන් වාසය කරන්නේ යැයි ද, ලාභය පිණිස නැගී නොසිටින්නේ ය, උත්සාහ නොකරන්නේ ය, වෑයම් නොකරන්නේ ය, ලැබීම ද නැත්තේ, ශෝකී නොවූයේ නොවැළපෙන්නේ සද්ධර්මයෙන් ද චුත නොවූයේ ය යැයි කියනු ලැබේ.

8. මහණෙනි, මෙහිලා හුදෙකලා විවේකයට ගිය, තමා සන්තක කිසිවක් නැති ව වසන භික්ෂුවට ලාභ ලැබීමේ ආශාවක් උපදියි. ඔහු ලාභ ලැබීම පිණිස නැගී නොසිටියි. උත්සාහ නොකරයි. වෑයම් නොකරයි. ලාභ ලැබීම පිණිස නැගී නොසිටින, උත්සාහ නොකරන, වෑයම් නොකරන ඔහුට ලාභය උපදියි. ඔහු ඒ ලාභයෙන් මත් නොවෙයි. ප්‍රමාද නොවෙයි. ප්‍රමාදයට නොපැමිණෙයි. මහණෙනි, මේ භික්ෂුව ලාභයට ආශාවෙන් වාසය කරන්නේ යැයි ද, ලාභය පිණිස නැගී නොසිටින්නේ ය, උත්සාහ නොකරන්නේ ය, වෑයම් නොකරන්නේ ය, ලැබීම ද ඇත්තේ, එයින් මත් නොවූයේ ත්, ප්‍රමාද නොවූයේ ත් සද්ධර්මයෙන් චුත නොවූයේ ත් වේ යැයි කියනු ලැබේ.

මහණෙනි, මේ පුද්ගලයෝ අට දෙනා ලෝකයෙහි විද්‍යමාන ව සිටිති.

සාදු! සාදු!! සාදු!!!

ලාභිච්ඡා සූත්‍රය නිමා විය.

8.2.2.2.
අලං සූත්‍රය
සුදුසු ය යන කරුණ ගැන වදාළ දෙසුම

සැවැත් නුවර දී ය .....

1. මහණෙනි, සය කරුණකින් සමන්විත වූ භික්ෂුව තමාගේ යහපතට ත් සුදුසු ය. අනුන්ගේ යහපතට ත් සුදුසු ය. ඒ කවර සය කරුණකින් ද යත්;

මහණෙනි, මෙහිලා භික්ෂුව කුසල් දහම් පිළිබඳ ව වහා වටහාගන්නේ ද වෙයි. ඇසූ ධර්මයන් මැනැවින් දරණ ස්වභාවය ඇත්තේ ද වෙයි. දරාගත් ධර්මයන්ගේ අර්ථ නුවණින් පරීක්ෂා කරන්නේ ද වෙයි. අර්ථ දැන, ධර්මය දැන ධර්මානුධර්ම ප්‍රතිපදාවෙන් යුක්ත වූයේ ද වෙයි. කල්‍යාණ වචන ඇත්තේ වෙයි. සොඳුරු වචන පවසන්නේ, වැදගත් වචන පවසන්නේ, නොවිසුරුණු වචන පවසන්නේ, නිදොස් වචන පවසන්නේ, අරුත් හඟවන වචන පවසන්නේ වෙයි. සබ්‍රහ්මචාරීන් වහන්සේලා හට කරුණු පෙන්වා දෙන්නේ, සමාදන් කරවන්නේ, උනන්දු කරවන්නේ, සතුටු කරවන්නේ ද වෙයි.

මහණෙනි, මේ සය කරුණෙන් සමන්විත වූ භික්ෂුව තමාගේ යහපතට ත් සුදුසු ය. අනුන්ගේ යහපතට ත් සුදුසු ය.

2. මහණෙනි, පස් කරුණකින් සමන්විත වූ භික්ෂුව තමාගේ යහපතට ත් සුදුසු ය. අනුන්ගේ යහපතට ත් සුදුසු ය. ඒ කවර පස් කරුණකින් ද යත්;

මහණෙනි, මෙහිලා භික්ෂුව කුසල් දහම් පිළිබඳ ව වහා නොවටහාගන්නේ ද වෙයි. ඇසූ ධර්මයන් මැනැවින් දරණ ස්වභාවය ඇත්තේ ද වෙයි. දරාගත් ධර්මයන්ගේ අර්ථ නුවණින් පරීක්ෂා කරන්නේ ද වෙයි. අර්ථ දැන, ධර්මය දැන ධර්මානුධර්ම ප්‍රතිපදාවෙන් යුක්ත වූයේ ද වෙයි. කල්‍යාණ වචන ඇත්තේ වෙයි. ....(පෙ).... අරුත් හඟවන වචන පවසන්නේ වෙයි. සබ්‍රහ්මචාරීන් වහන්සේලා හට කරුණු පෙන්වා දෙන්නේ, සමාදන් කරවන්නේ, උනන්දු කරවන්නේ, සතුටු කරවන්නේ ද වෙයි.

මහණෙනි, මේ පස් කරුණෙන් සමන්විත වූ භික්ෂුව තමාගේ යහපතට ත් සුදුසු ය. අනුන්ගේ යහපතට ත් සුදුසු ය.

3. මහණෙනි, සිව් කරුණකින් සමන්විත වූ භික්ෂුව තමාගේ යහපතට සුදුසු

ය. අනුන්ගේ යහපතට නුසුදුසු ය. ඒ කවර සිව් කරුණකින් ද යත්;

මහණෙනි, මෙහිලා භික්ෂුව කුසල් දහම් පිළිබඳ ව වහා වටහාගන්නේ ද වෙයි. ඇසූ ධර්මයන් මැනැවින් දරණ ස්වභාවය ඇත්තේ ද වෙයි. දරාගත් ධර්මයන්ගේ අර්ථ නුවණින් පරීක්ෂා කරන්නේ ද වෙයි. අර්ථ දැන, ධර්මය දැන ධර්මානුධර්ම ප්‍රතිපදාවෙන් යුක්ත වූයේ ද වෙයි. කල්‍යාණ වචන නැත්තේ වෙයි. සොඳුරු වචන පවසන, වැදගත් වචන පවසන, නොවිසුරුණු වචන පවසන, නිදොස් වචන පවසන, අරුත් හඟවන වචන පවසන ස්වභාවය ඇත්තේ ද නොවෙයි. සබ්‍රහ්මචාරීන් වහන්සේලා හට කරුණු පෙන්වා දෙන, සමාදන් කරවන, උනන්දු කරවන, සතුටු කරවන ස්වභාවය ඇත්තේ ද නොවෙයි.

මහණෙනි, මේ සිව් කරුණෙන් සමන්විත වූ භික්ෂුව තමාගේ යහපතට සුදුසු ය. අනුන්ගේ යහපතට නුසුදුසු ය.

4. මහණෙනි, සිව් කරුණකින් සමන්විත වූ භික්ෂුව අනුන්ගේ යහපතට සුදුසු ය. තමන්ගේ යහපතට නුසුදුසු ය. ඒ කවර සිව් කරුණකින් ද යත්;

මහණෙනි, මෙහිලා භික්ෂුව කුසල් දහම් පිළිබඳ ව වහා වටහාගන්නේ ද වෙයි. ඇසූ ධර්මයන් මැනැවින් දරණ ස්වභාවය ඇත්තේ ද වෙයි. දරාගත් ධර්මයන්ගේ අර්ථ නුවණින් පරීක්ෂා නොකරන්නේ ද වෙයි. අර්ථ දැන, ධර්මය දැන ධර්මානුධර්ම ප්‍රතිපදාවෙන් යුක්ත වූයේ ද නොවෙයි. කල්‍යාණ වචන ඇත්තේ වෙයි. සොඳුරු වචන පවසන්නේ, වැදගත් වචන පවසන්නේ, නොවිසුරුණු වචන පවසන්නේ, නිදොස් වචන පවසන්නේ, අරුත් හඟවන වචන පවසන්නේ ද වෙයි. සබ්‍රහ්මචාරීන් වහන්සේලා හට කරුණු පෙන්වා දෙන්නේ, සමාදන් කරවන්නේ, උනන්දු කරවන්නේ, සතුටු කරවන්නේ වෙයි.

මහණෙනි, මේ සිව් කරුණෙන් සමන්විත වූ භික්ෂුව අනුන්ගේ යහපතට සුදුසු ය. තමන්ගේ යහපතට නුසුදුසු ය.

5. මහණෙනි, තුන් කරුණකින් සමන්විත වූ භික්ෂුව තමාගේ යහපතට සුදුසු ය. අනුන්ගේ යහපතට නුසුදුසු ය. ඒ කවර තුන් කරුණකින් ද යත්;

මහණෙනි, මෙහිලා භික්ෂුව කුසල් දහම් පිළිබඳ ව වහා නොවටහාගන්නේ ද වෙයි. ඇසූ ධර්මයන් මැනැවින් දරණ ස්වභාවය ඇත්තේ ද වෙයි. දරාගත් ධර්මයන්ගේ අර්ථ නුවණින් පරීක්ෂා කරන්නේ ද වෙයි. අර්ථ දැන, ධර්මය දැන ධර්මානුධර්ම ප්‍රතිපදාවෙන් යුක්ත වූයේ ද වෙයි. කල්‍යාණ වචන ඇත්තේ නොවෙයි. සොඳුරු වචන පවසන, වැදගත් වචන පවසන, නොවිසුරුණු වචන පවසන, නිදොස් වචන පවසන, අරුත් හඟවන වචන

පවසන ස්වභාවයෙන් යුක්ත ද නොවෙයි. සබ්‍රහ්මචාරීන් වහන්සේලා හට කරුණු පෙන්වා දෙන, සමාදන් කරවන, උනන්දු කරවන, සතුටු කරවන ස්වභාවයෙන් යුක්ත ද නොවෙයි.

මහණෙනි, මේ තුන් කරුණෙන් සමන්විත වූ භික්ෂුව තමාගේ යහපතට සුදුසු ය. අනුන්ගේ යහපතට නුසුදුසු ය.

6. මහණෙනි, තුන් කරුණකින් සමන්විත වූ භික්ෂුව අනුන්ගේ යහපතට සුදුසු ය. තමන්ගේ යහපතට නුසුදුසු ය. ඒ කවර තුන් කරුණකින් ද යත්;

මහණෙනි, මෙහිලා භික්ෂුව කුසල් දහම් පිළිබඳ ව වහා නොවටහා ගන්නේ ද වෙයි. ඇසූ ධර්මයන් මැනැවින් දරණ ස්වභාවය ඇත්තේ ද වෙයි. දරාගත් ධර්මයන්ගේ අර්ථ නුවණින් පරීක්ෂා කරන්නේ ද නොවෙයි. අර්ථ දැන, ධර්මය දැන ධර්මානුධර්ම ප්‍රතිපදාවෙන් යුක්ත වූයේ ද නොවෙයි. කල්‍යාණ වචන ඇත්තේ වෙයි. සොඳුරු වචන පවසන්නේ, වැදගත් වචන පවසන්නේ, නොවිසුරුණු වචන පවසන්නේ, නිදොස් වචන පවසන්නේ, අරුත් හඟවන වචන පවසන්නේ ද වෙයි. සබ්‍රහ්මචාරීන් වහන්සේලා හට කරුණු පෙන්වා දෙන්නේ, සමාදන් කරවන්නේ, උනන්දු කරවන්නේ, සතුටු කරවන්නේ ද වෙයි.

මහණෙනි, මේ තුන් කරුණෙන් සමන්විත වූ භික්ෂුව අනුන්ගේ යහපතට සුදුසු ය. තමන්ගේ යහපතට නුසුදුසු ය.

7. මහණෙනි, දෙකරුණකින් සමන්විත වූ භික්ෂුව තමාගේ යහපතට සුදුසු ය. අනුන්ගේ යහපතට නුසුදුසු ය. ඒ කවර දෙකරුණකින් ද යත්;

මහණෙනි, මෙහිලා භික්ෂුව කුසල් දහම් පිළිබඳ ව වහා වටහාගන්නේ ද නොවෙයි. ඇසූ ධර්මයන් මැනැවින් දරණ ස්වභාවය ඇත්තේ ද නොවෙයි. දරාගත් ධර්මයන්ගේ අර්ථ නුවණින් පරීක්ෂා කරන්නේ ද වෙයි. අර්ථ දැන, ධර්මය දැන ධර්මානුධර්ම ප්‍රතිපදාවෙන් යුක්ත වූයේ ද වෙයි. කල්‍යාණ වචන ඇත්තේ නොවෙයි. ....(පෙ).... අරුත් හඟවන වචන පවසන ස්වභාවයෙන් යුක්ත ද නොවෙයි. සබ්‍රහ්මචාරීන් වහන්සේලා හට කරුණු පෙන්වා දෙන, සමාදන් කරවන, උනන්දු කරවන, සතුටු කරවන ස්වභාවයෙන් යුක්ත නොවෙයි.

මහණෙනි, මේ දෙකරුණෙන් සමන්විත වූ භික්ෂුව තමාගේ යහපතට සුදුසු ය. අනුන්ගේ යහපතට නුසුදුසු ය.

8. මහණෙනි, දෙකරුණකින් සමන්විත වූ භික්ෂුව අනුන්ගේ යහපතට සුදුසු ය. තමන්ගේ යහපතට නුසුදුසු ය. ඒ කවර දෙකරුණකින් ද යත්;

මහණෙනි, මෙහිලා භික්ෂුව කුසල් දහම් පිළිබඳ ව වහා වටහාගන්නේ ද නොවෙයි. ඇසූ ධර්මයන් මැනැවින් දරණ ස්වභාවය ඇත්තේ ද නොවෙයි. දරාගත් ධර්මයන්ගේ අර්ථ නුවණින් පරීක්ෂා කරන්නේ ද නොවෙයි. අර්ථ දැන, ධර්මය දැන ධර්මානුධර්ම ප්‍රතිපදාවෙන් යුක්ත වූයේ ද නොවෙයි. කල්‍යාණ වචන ඇත්තේ වෙයි. සොඳුරු වචන පවසන්නේ, වැදගත් වචන පවසන්නේ, නොවිසුරුණු වචන පවසන්නේ, නිදොස් වචන පවසන්නේ, අරුත් හඟවන වචන පවසන්නේ ද වෙයි. සබ්‍රහ්මචාරීන් වහන්සේලා හට කරුණු පෙන්වා දෙන්නේ, සමාදන් කරවන්නේ, උනන්දු කරවන්නේ, සතුටු කරවන්නේ වෙයි.

මහණෙනි, මේ දෙකරුණෙන් සමන්විත වූ භික්ෂුව අනුන්ගේ යහපතට සුදුසු ය. තමන්ගේ යහපතට නුසුදුසු ය.

සාදු! සාදු!! සාදු!!!

අලං සූත්‍රය නිමා විය.

8.2.2.3.
සංඛිත්තදේසිත සූත්‍රය
කෙටියෙන් වදාළ දෙසුම

සැවැත් නුවර දී ය .....

එකල්හී එක්තරා භික්ෂුවක් භාග්‍යවතුන් වහන්සේ වෙත පැමිණියේ ය. පැමිණ භාග්‍යවතුන් වහන්සේට සකසා වන්දනා කොට එකත්පස් ව හිඳගත්තේ ය. එකත්පස් ව හුන් ඒ භික්ෂුව භාග්‍යවතුන් වහන්සේට මෙය පැවසුවේ ය.

"ස්වාමීනී, මම භාග්‍යවතුන් වහන්සේගේ යම් ධර්මයක් අසා තනිව ම, හුදෙකලාව, අප්‍රමාදී ව, කෙලෙස් තවන වීරිය ඇති ව, කාය ජීවිත දෙකෙහි අපේක්ෂා නැති ව වාසය කරන්නෙම් නම්, භාග්‍යවතුන් වහන්සේ මා හට සැකෙවින් ධර්මය දේශනා කරන සේක්" නම් මැනැවි.

"මෙහිලා මෙසේ ම ඇතැම් හිස් පුරුෂයෝ මගෙන් ඉල්ලා සිටිති. ධර්මය දෙසූ කල්හී මා පසුපස ම ලුහුබැඳ පැමිණිය යුතු යැයි හඟිති."

"ස්වාමීනී, භාග්‍යවතුන් වහන්සේ මා හට කෙටියෙන් ධර්මය දේශනා

කරන සේක්වා! සුගතයන් වහන්ස, මා හට කෙටියෙන් ධර්මය දේශනා කරන සේක්වා! මම භාග්‍යවතුන් වහන්සේ වදාළ කරුණෙහි අර්ථ දැනගන්නෙම් නම් යහපති. මම භාග්‍යවතුන් වහන්සේගේ ධර්මයට දායාද වන්නෙම් නම් යහපති."

"එහෙයින් භික්ෂුව ඔබ මෙසේ හික්මිය යුතුයි. 'මාගේ සිත ආධ්‍යාත්මයෙහි ම මනාකොට පිහිටා සිටියේ වන්නේ ය. උපන් පාපී අකුසල දහම් ද සිත මැඩගෙන නොසිටින්නේ ය' යනුවෙනි. භික්ෂුව, ඔබ මෙසේ ම හික්මිය යුත්තේ ය.

භික්ෂුව, යම් කලක ඔබගේ සිත ආධ්‍යාත්මයෙහි මනාව පිහිටා තිබේ ද, උපන් පාපී අකුසල ධර්මයන් සිත යටකොට නොයයි ද, එකල්හී භික්ෂුව, ඔබ මෙසේ හික්මිය යුත්තේ ය. 'මා විසින් මෛත්‍රී චිත්ත විමුක්තිය දියුණු කරන ලද්දේ, බහුල ව ප්‍රගුණ කරන ලද්දේ, යානාවක් මෙන් කරන ලද්දේ, ලැග සිටින තැනක් මෙන් කරන ලද්දේ, මැනැවින් පවත්වන ලද්දේ, ඉතා හොඳින් අරඹන ලද්දේ වන්නේ ය' කියා ය. භික්ෂුව, ඔබ මෙසේ ම හික්මිය යුත්තේ ය.

යම් කලක භික්ෂුව, ඔබ විසින් මේ සමාධිය මෙසේ දියුණු කරන ලද්දේ ද, බහුල ව කරන ලද්දේ ද, එකල්හී භික්ෂුව, ඔබ මේ සමාධිය විතර්ක සහිත ව ත්, විචාර සහිත ව ත් වඩන්න. විතර්ක නැති ව ත්, විචාර මාත්‍ර ඇති ව ත් වඩන්න. විතර්ක රහිත කොට ත්, විචාර රහිත කොට ත් වඩන්න. ප්‍රීතිය සහිත කොට ත් වඩන්න. ප්‍රීතිය රහිත කොට ත් වඩන්න. සැප සහගත ව ත් වඩන්න. උපේක්ෂා සහගත ව ත් වඩන්න.

යම් කලක භික්ෂුව, ඔබ විසින් මේ සමාධිය මෙසේ දියුණු කරන ලද්දේ ද, බහුල ව කරන ලද්දේ ද, එකල්හී භික්ෂුව, ඔබ මෙසේ හික්මිය යුතුයි. 'මාගේ කරුණා චිත්ත විමුක්තිය ....(පෙ).... මගේ මුදිතා චිත්ත විමුක්තිය ....(පෙ).... මාගේ උපේක්ඛා චිත්ත විමුක්තිය දියුණු කරන ලද්දේ, බහුල ව ප්‍රගුණ කරන ලද්දේ, යානාවන් මෙන් කරන ලද්දේ, ලැග සිටින තැනක් මෙන් කරන ලද්දේ, මැනැවින් පවත්වන ලද්දේ, ඉතා හොඳින් අරඹන ලද්දේ වන්නේ ය' කියා ය. භික්ෂුව ඔබ මෙසේ ම හික්මිය යුත්තේ ය.

යම් කලක භික්ෂුව, ඔබ විසින් මේ සමාධිය මෙසේ දියුණු කරන ලද්දේ ද, බහුල ව කරන ලද්දේ ද, එකල්හී භික්ෂුව, ඔබ මේ සමාධිය විතර්ක සහිත ව ත්, විචාර සහිත ව ත් වඩන්න. විතර්ක නැති ව ත්, විචාර මාත්‍ර ඇති ව ත් වඩන්න. විතර්ක රහිත කොට ත්, විචාර රහිත කොට ත් වඩන්න. ප්‍රීතිය සහිත කොට ත් වඩන්න. ප්‍රීතිය රහිත කොට ත් වඩන්න. සැප සහගත ව ත් වඩන්න. උපේක්ෂා සහගත ව ත් වඩන්න.

යම් කලක භික්ෂුව, ඔබ විසින් මේ සමාධිය මෙසේ දියුණු කරන ලද්දේ ද, බහුල ව කරන ලද්දේ ද, එකල්හී භික්ෂුව, ඔබ මෙසේ හික්මිය යුතුයි. 'කෙලෙස් තවන වීරියෙන් යුතුව, නුවණින් යුතුව, සිහියෙන් යුතුව ලෝකයෙහි ඇලීම් ගැටීම් දුරුකොට කය පිළිබඳ ව කායානුපස්සනා භාවනාවෙන් වසන්නෙමි' යි කියා භික්ෂුව, ඔබ මෙසේ ම හික්මිය යුතුයි.

යම් කලක භික්ෂුව, ඔබ විසින් මේ සමාධිය මෙසේ දියුණු කරන ලද්දේ ද, බහුල ව කරන ලද්දේ ද, එකල්හී භික්ෂුව, ඔබ මේ සමාධිය විතර්ක සහිත ව ත්, විචාර සහිත ව ත් වඩන්න. විතර්ක නැති ව ත්, විචාර මාත්‍ර ඇති ව ත් වඩන්න. විතර්ක රහිත කොට ත්, විචාර රහිත කොට ත් වඩන්න. ප්‍රීතිය සහිත කොට ත් වඩන්න. ප්‍රීතිය රහිත කොට ත් වඩන්න. සැප සහගත ව ත් වඩන්න. උපේක්ෂා සහගත ව ත් වඩන්න.

යම් කලක භික්ෂුව, ඔබ විසින් මේ සමාධිය මෙසේ දියුණු කරන ලද්දේ ද, බහුල ව කරන ලද්දේ ද, එකල්හී භික්ෂුව, ඔබ මෙසේ හික්මිය යුතුයි. 'කෙලෙස් තවන වීරියෙන් යුතුව, නුවණින් යුතුව, සිහියෙන් යුතුව ලෝකයෙහි ඇලීම් ගැටීම් දුරුකොට විඳීම් පිළිබඳ ව වේදනානුපස්සනා භාවනාවෙන් ....(පෙ).... සිත පිළිබඳ ව චිත්තානුපස්සනා භාවනාවෙන් ....(පෙ).... ධර්මයන් පිළිබඳ ව ධම්මනාපස්සනා භාවනාවෙන් වසන්නෙමි' යි කියා භික්ෂුව, ඔබ මෙසේ ම හික්මිය යුතුයි.

යම් කලක භික්ෂුව, ඔබ විසින් මේ සමාධිය මෙසේ දියුණු කරන ලද්දේ ද, බහුල ව කරන ලද්දේ ද, එකල්හී භික්ෂුව, ඔබ මේ සමාධිය විතර්ක සහිත ව ත්, විචාර සහිත ව ත් වඩන්න. විතර්ක නැති ව ත්, විචාර මාත්‍ර ඇති ව ත් වඩන්න. විතර්ක රහිත කොට ත්, විචාර රහිත කොට ත් වඩන්න. ප්‍රීතිය සහිත කොට ත් වඩන්න. ප්‍රීතිය රහිත කොට ත් වඩන්න. සැප සහගත ව ත් වඩන්න. උපේක්ෂා සහගත ව ත් වඩන්න.

යම් කලක භික්ෂුව, ඔබ විසින් මේ සමාධිය මෙසේ දියුණු කරන ලද්දේ ද, බහුල ව කරන ලද්දේ ද, එකල්හී භික්ෂුව, ඔබ යම් යම් තැනක යන්නෙහි නම් ඔබ පහසුවෙන් ම යන්නෙහි ය. යම් යම් තැනක සිටිහි නම් පහසුවෙන් ම සිටින්නෙහි ය. යම් යම් තැනක හිඳින්නෙහි නම් පහසුවෙන් ම හිඳින්නෙහි ය. යම් යම් තැනක සැතපෙන්නෙහි නම් පහසුවෙන් ම සැතපෙන්නෙහි ය.

එකල්හී ඒ භික්ෂුව තනිවී, හුදෙකලා වී, අප්‍රමාදී ව, කෙලෙස් තවන වීරිය ඇති ව, කාය ජීවිත දෙකෙහි අපේක්ෂා නැති ව වාසය කරන්නේ යම් අරුතක් උදෙසා කුලපුත්‍රයෝ මනාකොට ගිහිගෙයින් නික්ම බුදුසසුනෙහි පැවිදි වෙත්

ද, ඒ අරුත වන බඹසර අවසන් කොට ඇති අනුත්තර නිර්වාණය මෙලොව දී ම සිය විශිෂ්ට ඥානයෙන් සාක්ෂාත් කොට පැමිණ වාසය කළේ ය. ඉපදීම ක්ෂය වූයේ ය. බඹසර වාසය නිම කරන ලදී. කළ යුත්ත කරන ලදී. නිවන් මග පිණිස කළ යුතු අනෙකක් නැතැයි දැනගත්තේ ය. ඒ භික්ෂුව රහතන් වහන්සේලා අතුරින් එක්තරා රහත් නමක් බවට පත්වූයේ ය.

සාදු! සාදු!! සාදු!!!

සංඛිත්තදේසිත සූත්‍රය නිමා විය.

8.2.2.4.
අධිදේවඤාණදස්සන සූත්‍රය
අධිදේවඥාන දර්ශනය ගැන වදාළ දෙසුම

එක් සමයක භාග්‍යවතුන් වහන්සේ ගයාවෙහි ගයා ශීර්ෂයෙහි වැඩවසන සේක. එකල්හී භාග්‍යවතුන් වහන්සේ 'මහණෙනි' යි භික්ෂූන් ඇමතූ සේක. 'ස්වාමීනී' යි ඒ භික්ෂූහු භාග්‍යවතුන් වහන්සේට පිළිවදන් දුන්හ. භාග්‍යවතුන් වහන්සේ මෙය වදාළ සේක.

1. මහණෙනි, සම්බුද්ධත්වයට පෙර අභිසම්බෝධිය නොලැබුවේ බෝධිසත්ව වූයේ ම මම සමාධි ආලෝකය හඳුනාගනිමි. රූප නොදකිමි.

2. මහණෙනි, ඒ මට මේ අදහස ඇතිවිය. ඉදින් මම ආලෝකය ද හඳුනා ගන්නෙම් නම්, රූප ත් දකින්නෙම් නම්, මෙසේ මාගේ මේ ඥාන දර්ශනය වඩා ත් පිරිසිදු වන්නේ ය කියා ය. මහණෙනි, ඒ මම පසු කාලයක අප්‍රමාදී ව කෙලෙස් තවන වීරියෙන් යුතුව කාය ජීවිත දෙකෙහි අපේක්ෂා නැති ව වාසය කරන්නෙම් ආලෝකය ද හඳුනමි. රූප ද දකිමි. එනමුත් දෙවියන් සමඟ නොසිටිමි. කතා බස් නොකරමි. සාකච්ඡාවට නොපැමිණෙමි.

3. මහණෙනි, ඒ මට මේ අදහස ඇතිවිය. ඉදින් මම ආලෝකය ද හඳුනා ගන්නෙම් නම්, රූප ත් දකින්නෙම් නම්, ඒ දෙවියන් සමඟ සිටින්නෙම් නම්, කතා බස් කරන්නෙම් නම්, සාකච්ඡාවට පැමිණෙන්නෙම් නම්, මෙසේ මාගේ මේ ඥාන දර්ශනය වඩා ත් පිරිසිදු වන්නේ ය කියා ය. මහණෙනි, ඒ මම පසු කාලයක අප්‍රමාදී ව කෙලෙස් තවන වීරියෙන් යුතුව කාය ජීවිත දෙකෙහි

අපේක්ෂා නැති ව වාසය කරන්නෙම් ආලෝකය ද හඳුනමි. රූප ද දකිමි. ඒ දෙවියන් සමඟ ද සිටිමි. කතා බස් කරමි. සාකච්ඡාවට පැමිණෙමි. එනමුත් මේ දේවතාවෝ අසවල් අසවල් දේවනිකායෙන් පැමිණියෝ ය යි ඒ දෙවිවරු න් ගැන නොදනිමි.

4. මහණෙනි, ඒ මට මේ අදහස ඇතිවිය. ඉදින් මම ආලෝකය ත් හැඳින ගන්නෙම් නම්, රූප ත් දකින්නෙම් නම්, ඒ දෙවියන් සමඟ ද සිටින්නෙම් නම්, කතා බස් කරන්නෙම් නම්, සාකච්ඡාවට පැමිණෙන්නෙම් නම්, මේ දේවතාවෝ අසවල් අසවල් දේවනිකායෙන් පැමිණියෝ යැයි ඒ දෙවිවරුන් ගැන දැනගන්නෙම් නම්, මෙසේ මාගේ මේ ඥාන දර්ශනය වඩා ත් පිරිසිදු වන්නේ ය කියා ය. මහණෙනි, ඒ මම පසු කාලයක අප්‍රමාදී ව කෙලෙස් තවන වීරියෙන් යුතුව කාය ජීවිත දෙකෙහි අපේක්ෂා නැති ව වාසය කරන්නෙම් ආලෝකය ද හඳුනමි. රූප ද දකිමි. ඒ දෙවියන් සමඟ ද සිටිමි. කතා බස් කරමි. සාකච්ඡාවට පැමිණෙමි. මේ දේවතාවෝ අසවල් අසවල් දේවනිකායෙන් පැමිණියෝ යැයි ඒ දෙවිවරුන් ගැන දනිමි. එනමුත් මේ දෙවිවරු මේ කර්ම විපාකයෙන් මෙයින් චුත ව එහි උපන්නාහු යැයි ඒ දෙවිවරුන් ගැන නොදනිමි. ....(පෙ)....

5. මේ දෙවිවරු මේ කර්ම විපාකයෙන් මෙයින් චුත ව එහි උපන්නාහු යැයි ඒ දෙවිවරුන් ගැන දනිමි. නමුත් ඒ දෙවිවරුන් ගැන මෙසේ නොදනිමි. එනම් මේ දෙවිවරු මේ කර්ම විපාකයෙන් මෙබඳු ආහාර ඇති ව, මෙබඳු සැප දුක් විඳින්නාහු යැයි ....(පෙ)....

6. මේ දෙවිවරු මේ කර්ම විපාකයෙන් මෙබඳු ආහාර ඇති ව, මෙබඳු සැප දුක් විඳින්නාහු යැයි ඒ දෙවිවරුන් ගැන දනිමි. නමුත් මේ දෙවිවරු මෙබඳු වූ දීර්ඝායුෂ ඇත්තෝ ය, මේ අයුරින් බොහෝ කල් සිටින්නෝ යැයි ඒ දෙවිවරුන් ගැන නොදනිමි. ....(පෙ)....

7. මේ දෙවිවරු මෙබඳු වූ දීර්ඝායුෂ ඇත්තෝ ය, මේ අයුරින් බොහෝ කල් සිටින්නෝ යැයි ඒ දෙවිවරුන් ගැන දනිමි. නමුත් මේ දෙවිවරුන් සමඟ මම කලින් භවයන්හි වාසය කළ විරූ ද? වාසය නොකළ විරූ දැයි ඒ දෙවිවරුන් ගැන නොදනිමි. ....(පෙ)....

8. මහණෙනි, ඒ මට මේ අදහස ඇතිවිය. ඉදින් මම ආලෝකය ත් හැඳින ගන්නෙම් නම්, රූප ත් දකින්නෙම් නම්, ඒ දෙවියන් සමඟ ද සිටින්නෙම් නම්, කතා බස් කරන්නෙම් නම්, සාකච්ඡාවට පැමිණෙන්නෙම් නම්, මේ දේවතාවෝ අසවල් අසවල් දේවනිකායෙන් පැමිණියෝ යැයි ඒ දෙවිවරුන් ගැන දැනගන්නෙම් නම්, මේ දෙවිවරු මේ කර්ම විපාකයෙන් මෙයින් චුත ව

එහි උපන්නාහු යැයි ඒ දෙවිවරුන් ගැන දැනගන්නෙම් නම්, මේ දෙවිවරු මේ කර්ම විපාකයෙන් මෙබඳු ආහාර ඇති ව, මෙබඳු සැප දුක් විඳින්නාහු යැයි දැනගන්නෙම් නම්, මේ දෙවිවරු මෙබඳු වූ දීර්ඝායුෂ ඇත්තෝ ය, මේ අයුරින් බොහෝ කල් සිටින්නෝ යැයි ඒ දෙවිවරුන් ගැන දැනගන්නෙම් නම්, මේ දෙවිවරුන් සමඟ මම කලින් භවයන්හි වාසය කළ විරූ ද? වාසය නොකළ විරූ දැයි ඒ දෙවිවරුන් ගැන දැනගන්නෙම් නම් මෙසේ මාගේ මේ ඥාන දර්ශනය වඩා ත් පිරිසිදු වන්නේ ය කියා ය.

මහණෙනි, ඒ මම පසු කාලයක අප්‍රමාදී ව කෙලෙස් තවන වීරියෙන් යුතුව කාය ජීවිත දෙකෙහි අපේක්ෂා නැති ව වාසය කරන්නෙම් ආලෝකය ද හඳුනමි. රූප ද දකිමි. ඒ දෙවියන් සමඟ ද සිටිමි. කතා බස් කරමි. සාකච්ඡාවට පැමිණෙමි. මේ දේවතාවෝ අසවල් අසවල් දේවනිකායෙන් පැමිණියෝ යැයි ඒ දෙවිවරුන් ගැන දනිමි. මේ දෙවිවරු මේ කර්ම විපාකයෙන් මෙයින් චුත ව එහි උපන්නාහු යැයි ඒ දෙවිවරුන් ගැන දනිමි. මේ දෙවිවරු මේ කර්ම විපාකයෙන් මෙබඳු ආහාර ඇති ව, මෙබඳු සැප දුක් විඳින්නාහු යැයි ඒ දෙවිවරුන් ගැන දනිමි. මේ දෙවිවරු මෙබඳු වූ දීර්ඝායුෂ ඇත්තෝ ය, මේ අයුරින් බොහෝ කල් සිටින්නෝ යැයි ඒ දෙවිවරුන් ගැන දනිමි. මේ දෙවිවරුන් සමඟ මම කලින් භවයන්හි වාසය කළ විරූ ද? වාසය නොකළ විරූ දැයි ඒ දෙවිවරුන් ගැන දනිමි.

මහණෙනි, යම්තාක් කල් මා හට මෙසේ පරිවර්ත අටකින් යුතු අධිදේව ඥානදර්ශනය පිරිසිදු ව නොවැටහුණේ වෙයි ද, ඒ තාක් කල් මහණෙනි, මම දෙවියන් සහිත වූ, මරුන් සහිත වූ, බඹුන් සහිත වූ, ශ්‍රමණ බ්‍රාහ්මණයන් සහිත වූ දෙව් මිනිස් ප්‍රජාවෙන් යුතු ලෝකයෙහි අනුත්තර වූ සම්මා සම්බෝධිය අවබෝධ කළ බවට ප්‍රතිඥා නොදුන්නෙමි.

මහණෙනි, යම් කලක මා හට මෙසේ පරිවර්ත අටකින් යුතු අධිදේව ඥානදර්ශනය පිරිසිදු ව වැටහුණේ වෙයි ද, එකල්හී මහණෙනි, මම දෙවියන් සහිත වූ, මරුන් සහිත වූ, බඹුන් සහිත වූ, ශ්‍රමණ බ්‍රාහ්මණයන් සහිත වූ දෙව් මිනිස් ප්‍රජාවෙන් යුතු ලෝකයෙහි අනුත්තර වූ සම්මා සම්බෝධිය අවබෝධ කළ බවට ප්‍රතිඥා දුන්නෙමි.

මා තුළ ඥානදර්ශනය උපන්නේ ය. මාගේ චිත්ත විමුක්තිය නොවෙනස් වෙයි. මෙය අන්තිම උපතයි. දැන් පුනර්භවයක් නැත්තේ ය.

සාදු! සාදු!! සාදු!!!

අධිදේවඤාණදස්සන සූත්‍රය නිමා විය.

8.2.2.5.

අභිභායතන සූත්‍රය

ඒ ඒ කරුණ මැඩලීමේ සමාධිය ගැන වදාළ දෙසුම

සැවැත් නුවර දී ය .....

මහණෙනි, මේ අටක් වූ අභිභූ ආයතනයෝ ය. ඒ කවර අටක් ද යත්;

1.   ආධ්‍යාත්මයෙහි රූප සංඥා ඇත්තේ කෙනෙක් බාහිර ස්වල්ප වූ වර්ණවත්, දුර්වර්ණ රූප දකියි. ඒවා මැඩගෙන දනිමි යි දකිමි යි යන සංඥාව ඇත්තේ වෙයි. මෙය පළමු අභිභූ ආයතනය යි.

2.   ආධ්‍යාත්මයෙහි රූප සංඥා ඇත්තේ කෙනෙක් බාහිර අප්‍රමාණ වූ වර්ණවත්, දුර්වර්ණ රූප දකියි. ඒවා මැඩගෙන දනිමි යි දකිමි යි යන සංඥාව ඇත්තේ වෙයි. මෙය දෙවෙනි අභිභූ ආයතනය යි.

3.   ආධ්‍යාත්මයෙහි අරූප සංඥා ඇත්තේ කෙනෙක් බාහිර ස්වල්ප වූ වර්ණවත්, දුර්වර්ණ රූප දකියි. ඒවා මැඩගෙන දනිමි යි දකිමි යි යන සංඥාව ඇත්තේ වෙයි. මෙය තුන්වෙනි අභිභූ ආයතනය යි.

4.   ආධ්‍යාත්මයෙහි අරූප සංඥා ඇත්තේ කෙනෙක් බාහිර අප්‍රමාණ වූ වර්ණවත්, දුර්වර්ණ රූප දකියි. ඒවා මැඩගෙන දනිමි යි දකිමි යි යන සංඥාව ඇත්තේ වෙයි. මෙය සිව්වෙනි අභිභූ ආයතනය යි.

5.   ආධ්‍යාත්මයෙහි අරූප සංඥා ඇත්තේ කෙනෙක් බාහිර නිල් වූ, නිල් පැහැ ඇති, නීල නිදර්ශන ඇති, නිල් ආලෝක ඇති රූප දකියි. ඒවා මැඩගෙන දනිමි යි දකිමි යි යන සංඥාව ඇත්තේ වෙයි. මෙය පස්වෙනි අභිභූ ආයතනය යි.

6.   ආධ්‍යාත්මයෙහි අරූප සංඥා ඇත්තේ කෙනෙක් බාහිර කහ වූ, කහ පැහැ ඇති, කහ නිදර්ශන ඇති, කහ ආලෝක ඇති රූප දකියි. ඒවා මැඩගෙන දනිමි යි දකිමි යි යන සංඥාව ඇත්තේ වෙයි. මෙය සයවෙනි අභිභූ ආයතනය යි.

7.   ආධ්‍යාත්මයෙහි අරූප සංඥා ඇත්තේ කෙනෙක් බාහිර රතු වූ, රතු පැහැ ඇති, රතු නිදර්ශන ඇති, රතු ආලෝක ඇති රූප දකියි. ඒවා මැඩගෙන දනිමි

යි දකිමි යි යන සංඥාව ඇත්තේ වෙයි. මෙය සත්වෙනි අභිභූ ආයතනය යි.

8. ආධ්‍යාත්මයෙහි අරූප සංඥා ඇත්තේ කෙනෙක් බාහිර සුදු වූ, සුදු පැහැ ඇති, සුදු නිදර්ශන ඇති, සුදු ආලෝක ඇති රූප දකියි. ඒවා මැඩගෙන දනිමි යි දකිමි යි යන සංඥාව ඇත්තේ වෙයි. මෙය අටවෙනි අභිභූ ආයතනය යි.

මහණෙනි, මේ වනාහී අටක් වූ අභිභූ ආයතනයෝ ය.

සාදු! සාදු!! සාදු!!!

අභිභායතන සූත්‍රය නිමා විය.

8.2.2.6.
විමොක්ඛ සූත්‍රය
විමෝක්ෂය ගැන වදාළ දෙසුම

සැවැත් නුවර දී ය .....

මහණෙනි, මේ අටක් වූ විමෝක්ෂයෝ ය. ඒ කවර අටක් ද යත්;

1. රූප ධ්‍යානයෙන් යුක්ත වූයේ බාහිර රූපයන් දකියි. මෙය පළමු විමෝක්ෂය යි.

2. ආධ්‍යාත්මයෙහි අරූප සංඥා ඇත්තේ කෙනෙක් බාහිර රූප දකියි. මෙය දෙවෙනි විමෝක්ෂය යි.

3. සුභ දෙයක් ම යැයි සළකා ධ්‍යානයට ඇළුණේ වෙයි. මෙය තුන්වෙනි විමෝක්ෂය යි.

4. සියළු ආකාරයෙන් ම රූප සංඥාවන් ඉක්මවීමෙන්, ගොරෝසු සංඥාවන් නැති වීමෙන් නා නා සංඥා මෙනෙහි නොකිරීමෙන් 'අනන්ත වූ ආකාසය' යැයි ආකාසානඤ්චායතනයට පැමිණ වාසය කරයි. මෙය සිව්වෙනි විමෝක්ෂය යි.

5. සියළු ආකාරයෙන් ම ආකාසානඤ්චාතනය ඉක්මවීමෙන්, 'අනන්ත වූ විඤ්ඤාණය' යැයි විඤ්ඤාණඤ්චායතනයට පැමිණ වාසය කරයි. මෙය පස්වෙනි විමෝක්ෂය යි.

6. සියළු ආකාරයෙන් ම විඤ්ඤාණඤ්චායතනය ඉක්මවීමෙන් 'කිසිවක් නැතැ' යි ආකිඤ්චඤ්ඤායතනයට පැමිණ වාසය කරයි. මෙය සයවෙනි විමෝක්ෂය යි.

7. සියළු ආකාරයෙන් ම ආකිඤ්චඤ්ඤායතනය ඉක්මවීමෙන් නේවසංඥානාසංඥායතනයට පැමිණ වාසය කරයි. මෙය සත්වෙනි විමෝක්ෂය යි.

8. සියළු ආකාරයෙන් ම නේවසංඥානාසංඥායතනය ඉක්මවීමෙන් සංඥාවේදයිත නිරෝධයට පැමිණ වාසය කරයි. මෙය අටවෙනි විමෝක්ෂය යි.

මහණෙනි, මේ වනාහී අටක් වූ විමෝක්ෂයෝ ය.

සාදු! සාදු!! සාදු!!!

විමොක්ඛ සූත්‍රය නිමා විය.

8.2.2.7.
අනරියවෝහාර සූත්‍රය
අනාර්ය ව්‍යවහාරය ගැන වදාළ දෙසුම

සැවැත් නුවර දී ය .....

මහණෙනි, මේ අනාර්ය ව්‍යවහාරයෝ අටකි. ඒ කවර අටක් ද යත්;

1. නුදුටු දේ දකින ලද්දේ යැයි කියන බව ය.

2. නොඇසූ දේ අසන ලද්දේ යැයි කියන බව ය.

3. ආඝ්‍රාණය නොකළ දේ ආඝ්‍රාණය කරන ලද්දේ යැයි කියන බව ය, රස නොවිඳි දේ රස විඳින ලද්දේ යැයි කියන බව ය, පහස ලබන ලද දේ පහස නොලබන ලද්දේ යැයි කියන බව ය. (අමුතේ මුතවාදිතා)

4. සිතින් නොදැනගත් දේ සිතින් දැනගන්නා ලද්දේ ය යැයි කියන බව ය.

5. දුටු දේ නොදකින ලද්දේ යැයි කියන බව ය.

6. ඇසූ දේ නොඅසන ලද්දේ යැයි කියන බව ය.

7. ආඝ්‍රාණය කළ දේ ආඝ්‍රාණය නොකරන ලද්දේ යැයි කියන බව ය, රස විඳි දේ රස නොවිඳින ලද්දේ යැයි කියන බව ය, පහස ලබන ලද දේ පහස නොලබන ලද්දේ යැයි කියන බව ය. (මුතේ අමුතවාදිතා)

8. සිතින් දැනගත් දේ සිතින් නොදනගන්නා ලද්දේ ය යැයි කියන බව ය.

මහණෙනි, මේ වනාහී අටක් වූ අනාර්ය ව්‍යවහාරයෝ ය.

සාදු! සාදු!! සාදු!!!

අනරියවෝහාර සූත්‍රය නිමා විය.

8.2.2.8.
අරියවෝහාර සූත්‍රය
ආර්ය ව්‍යවහාරය ගැන වදාළ දෙසුම

සැවැත් නුවර දී ය .....

මහණෙනි, මේ ආර්ය ව්‍යවහාරයෝ අටකි. ඒ කවර අටක් ද යත්;

1. නුදුටු දේ නොදකින ලද්දේ යැයි කියන බව ය.

2. නොඇසූ දේ නොඅසන ලද්දේ යැයි කියන බව ය.

3. ආඝ්‍රාණය නොකළ දේ ආඝ්‍රාණය නොකරන ලද්දේ යැයි කියන බව ය, රස නොවිඳි දේ රස නොවිඳින ලද්දේ යැයි කියන බව ය, පහස නොලබන ලද දේ පහස නොලබන ලද්දේ යැයි කියන බව ය. (අමුතේ අමුතවාදිතා)

4. සිතින් නොදැනගත් දේ සිතින් නොදනගන්නා ලද්දේ ය යැයි කියන බව ය.

5. දුටු දේ දකින ලද්දේ යැයි කියන බව ය.

6. ඇසූ දේ අසන ලද්දේ යැයි කියන බව ය.

7. ආඝ්‍රාණය කළ දේ ආඝ්‍රාණය කරන ලද්දේ යැයි කියන බව ය, රස විඳි

දේ රස විඳින ලද්දේ යැයි කියන බව ය, පහස ලබන ලද දේ පහස ලබන ලද්දේ යැයි කියන බව ය. (මුතේ මුතවාදිතා)

8. සිතින් දැනගත් දේ සිතින් දැනගන්නා ලද්දේ ය යැයි කියන බව ය.

මහණෙනි, මේ වනාහී අටක් වූ ආර්ය ව්‍යවහාරයෝ ය.

සාදු! සාදු!! සාදු!!!

අරියවෝහාර සූත්‍රය නිමා විය.

8.2.2.9.
පරිස සූත්‍රය
පිරිස ගැන වදාළ දෙසුම

සැවැත් නුවර දී ය .....

මහණෙනි, මේ පිරිස් අටකි. ඒ කවර අටක් ද යත්,

ක්ෂත්‍රිය පිරිස ය. බ්‍රාහ්මණ පිරිස ය. ගෘහපති පිරිස ය. ශ්‍රමණ පිරිස ය. චාතුම්මහාරාජික පිරිස ය. තව්තිසා පිරිස ය. මාර පිරිස ය. බ්‍රහ්ම පිරිස ය.

මහණෙනි, මම නොයෙක් සිය ගණන් ක්ෂත්‍රිය පිරිස් වෙත එළඹුණු බව දනිමි. එහිදී මා විසින් ඔවුන් හා වාඩි වී සිටි විරූ ය. කතා බස් කළ විරූ ය. සාකච්ඡාවන්ට පැමිණි විරූ ය. එහිදී ඔවුන්ගේ යම්බඳු වර්ණයක් වෙයි ද, මාගේ එබඳු වර්ණයක් වෙයි. ඔවුන්ගේ යම්බඳු ස්වරයක් වෙයි ද, මාගේ එබඳු ස්වරයක් වෙයි. දැහැමි කථාවෙන් ඔවුන්ට කරුණු දක්වමි. සමාදන් කරවමි. උත්සාහවත් කරවමි. සතුටු කරවමි. ඔවුන් සමඟ කතා කරන මාව මේ කතා කරන්නේ කවර වූ දෙවියෙක් ද? කවර වූ මිනිසෙක් ද? යි නොදනිති. දැහැමි කතාවෙන් කරුණු දක්වා, සමාදන් කරවා, උත්සාහවත් කරවා, සතුටු කරවා නොපෙනී යමි. නොපෙනී ගිය කල්හි ත් නොපෙනී ගියේ කවර වූ දෙවියෙක් ද? කවර වූ මිනිසෙක් දැයි මාව නොදනිති.

මහණෙනි, මම නොයෙක් සිය ගණන් බ්‍රාහ්මණ පිරිස ....(පෙ).... ගෘහපති පිරිස ....(පෙ).... ශ්‍රමණ පිරිස ....(පෙ).... චාතුම්මහාරාජික පිරිස ....(පෙ).... තව්තිසා පිරිස ....(පෙ).... මාර පිරිස ....(පෙ).... බ්‍රහ්ම පිරිස් වෙත එළඹුණු බව

දනිමි. එහිදී මා විසින් ඔවුන් හා වාඩි වී සිටි විරූ ය. කතා බස් කළ විරූ ය. සාකච්ඡාවන්ට පැමිණි විරූ ය. එහිදී ඔවුන්ගේ යම්බඳු වර්ණයක් වෙයි ද, මාගේ එබඳු වර්ණයක් වෙයි. ඔවුන්ගේ යම්බඳු ස්වරයක් වෙයි ද, මාගේ එබඳු ස්වරයක් වෙයි. දැහැමි කථාවෙන් ඔවුන්ට කරුණු දක්වමි. සමාදන් කරවමි. උත්සාහවත් කරවමි. සතුටු කරවමි. ඔවුන් සමඟ කතා කරන මාව මේ කතා කරන්නේ කවර වූ දෙවියෙක් ද? කවර වූ මිනිසෙක් ද? යි නොදනිති. දැහැමි කතාවෙන් කරුණු දක්වා, සමාදන් කරවා, උත්සාහවත් කරවා, සතුටු කරවා නොපෙනී යමි. නොපෙනී ගිය කල්හි ත් නොපෙනී ගියේ කවර වූ දෙවියෙක් ද? කවර වූ මිනිසෙක් දැයි මාව නොදනිති.

මහණෙනි, මේ වනාහී අට පිරිස යි.

සාදු! සාදු!! සාදු!!!

පරිස සූත්‍රය නිමා විය.

8.2.2.10.
භූමිචාල සූත්‍රය
භූමි චලනය ගැන වදාළ දෙසුම

එක් සමයක භාග්‍යවතුන් වහන්සේ විශාලා මහනුවර මහාවනයෙහි කූටාගාර ශාලාවෙහි වැඩවෙසෙන සේක. එකල්හී භාග්‍යවතුන් වහන්සේ පෙරවරුවෙහි සිවුරු හැඳ පොරවාගෙන, පාත්‍රය හා සිවුර ගෙන විශාලා මහනුවරට පිඬු පිණිස පිවිසි සේක. විශාලා මහනුවර පිඬු පිණිස හැසිර පසුබත් කාලයෙහි පිණ්ඩපාතයෙන් වැළකුණු සේක් ආයුෂ්මත් ආනන්දයන් වහන්සේ ඇමතූ සේක.

"ආනන්දයෙනි, පත්කඩය ගනුව. චාපාල සෑය වෙත දිවා විහරණය පිණිස යම්හ."

"එසේ ය, ස්වාමීනී" යි ආයුෂ්මත් ආනන්දයන් වහන්සේ භාග්‍යවතුන් වහන්සේට පිළිවදන් දී නිසීදනය ගෙන භාග්‍යවතුන් වහන්සේ පසුපසින් පිටත් වූහ. ඉක්බිති භාග්‍යවතුන් වහන්සේ චාපාල සෑය වෙත එළඹ පණවන ලද අසුනෙහි වැඩහුන් සේක. වැඩහිඳ ආයුෂ්මත් ආනන්දයන් වහන්සේට මෙය

පැවසූ සේක.

"ආනන්දයෙනි, විශාලා මහනුවර මනහර ය. උදේනි සෑය මනහර ය. ගෝතමක සෑය මනහර ය. සත්තම්බක සෑය මනහර ය. බහුපුත්තක සෑය මනහර ය. සාරන්දද සෑය මනහර ය. චාපාල සෑය මනහර ය. ආනන්දයෙනි, යම් කිසිවෙකු විසින් සතර ඉර්ධිපාදයන් දියුණු කොට, බහුල ව ප්‍රගුණ කොට, නැග යා හැකි යානාවක් මෙන් කොට, සිටිය හැකි තැනක් මෙන් කොට, මැනැවින් පවත්වා, මැනැවින් දියුණු කොට, මැනැවින් අරඹන ලදු ව ඇත්නම්, ඔහු කැමති නම් ආනන්දයෙනි, කල්පයක් හෝ කල්පයට වැඩියෙනුත් සිටින්නේ ය.

ආනන්දයෙනි, තථාගතයන් විසිනුත් සතර ඉර්ධිපාදයන් දියුණු කොට, බහුල ව ප්‍රගුණ කොට, නැග යා හැකි යානාවක් මෙන් කොට, සිටිය හැකි තැනක් මෙන් කොට, මැනැවින් පවත්වා, මැනැවින් දියුණු කොට, මැනැවින් අරඹන ලද හෙයින් ආනන්දයෙනි, තථාගතයෝ කැමති නම් කල්පයක් හෝ කල්පයට වැඩියෙනුත් සිටිය හැක්කෝ ය."

මෙසේ ත් භාග්‍යවතුන් වහන්සේ විසින් ගොරෝසු නිමිති පවසන කල්හී, ගොරෝසු එළියක් පෙන්වන කල්හී ද ආයුෂ්මත් ආනන්දයන් වහන්සේ එය වටහා ගන්නට අසමත් වූහ.

'ස්වාමීනී, භාග්‍යවතුන් වහන්ස, බොහෝ ජනයාට හිත පිණිස, බොහෝ ජනයාට සුව පිණිස, දෙව් මිනිසුන්ට යහපත හිතසුව පිණිස, ලෝකානුකම්පාවෙන් කල්පයක් වැඩසිටින සේක්වා! සුගතයන් වහන්ස, කල්පයක් වැඩසිටින සේක්වා!' වශයෙන් භාග්‍යවතුන් වහන්සේට ඇරයුම් නොකළහ. මාරයා විසින් යටපත් කරන ලද සිතක් ඇත්තෙකු පරිද්දෙනි.

දෙවෙනි වතාවට ත් භාග්‍යවතුන් වහන්සේ ....(පෙ).... තෙවෙනි වතාවට ත් භාග්‍යවතුන් වහන්සේ ආයුෂ්මත් ආනන්දයන් වහන්සේට මෙය පැවසූ සේක.

"ආනන්දයෙනි, විශාලා මහනුවර මනහර ය. උදේනි සෑය මනහර ය. ගෝතමක සෑය මනහර ය. සත්තම්බක සෑය මනහර ය. බහුපුත්තක සෑය මනහර ය. සාරන්දද සෑය මනහර ය. චාපාල සෑය මනහර ය. ආනන්දයෙනි, යම් කිසිවෙකු විසින් සතර ඉර්ධිපාදයන් දියුණු කොට, බහුල ව ප්‍රගුණ කොට, නැග යා හැකි යානාවක් මෙන් කොට, සිටිය හැකි තැනක් මෙන් කොට, මැනැවින් දියුණු කොට, මැනැවින් අරඹන ලදු ව ඇත්නම්, ඔහු කැමති නම් ආනන්දයෙනි, කල්පයක් හෝ කල්පයට වැඩියෙනුත් සිටින්නේ ය.

ආනන්දයෙනි, තථාගතයන් විසිනුත් සතර ඉර්ධිපාදයන් දියුණු කොට, බහුල ව ප්‍රගුණ කොට, නැග යා හැකි යානාවක් මෙන් කොට, සිටිය හැකි තැනක් මෙන් කොට, මැනැවින් පවත්වා, මැනැවින් දියුණු කොට, මැනැවින් අරඹන ලද හෙයින් ආනන්දයෙනි, තථාගතයෝ කැමති නම් කල්පයක් හෝ කල්පයට වැඩියෙනුත් සිටිය හැක්කෝ ය."

මෙසේ ත් භාග්‍යවතුන් වහන්සේ විසින් ගොරෝසු නිමිති පවසන කල්හී, ගොරෝසු එළියක් පෙන්වන කල්හී ද ආයුෂ්මත් ආනන්දයන් වහන්සේ එය වටහා ගන්නට අසමත් වූහ.

'ස්වාමීනී, භාග්‍යවතුන් වහන්ස, බොහෝ ජනයාට හිත පිණිස, බොහෝ ජනයාට සුව පිණිස, දෙව් මිනිසුන්ට යහපත හිතසුව පිණිස, ලෝකානුකම්පාවෙන් කල්පයක් වැඩසිටින සේක්වා! සුගතයන් වහන්ස, කල්පයක් වැඩසිටින සේක්වා!' වශයෙන් භාග්‍යවතුන් වහන්සේට ඇරයුම් නොකළහ. මාරයා විසින් යටපත් කරන ලද සිතක් ඇත්තෙකු පරිද්දෙනි.

ඉක්බිති භාග්‍යවතුන් වහන්සේ ආයුෂ්මත් ආනන්දයන් වහන්සේ ඇමතූ සේක.

"ආනන්දයෙනි, ඔබ දැන් යමකට කල් දන්නෙහි නම් යව."

"එසේ ය, ස්වාමීනී" යි ආයුෂ්මත් ආනන්දයන් වහන්සේ භාග්‍යවතුන් වහන්සේට පිළිවදන් දී හුනස්නෙන් නැගිට භාග්‍යවතුන් වහන්සේට සකසා වන්දනා කොට පැදකුණු කොට භාග්‍යවතුන් වහන්සේට නුදුරින් එක්තරා රුක් සෙවණක හිඳගත්හ.

ඉක්බිති පවිටු මාර තෙමේ ආයුෂ්මත් ආනන්දයන් බැහැරට ගිය නොබෝ වේලාවකින් භාග්‍යවතුන් වහන්සේට මෙය පැවසුවේ ය.

"ස්වාමීනී, භාග්‍යවතුන් වහන්ස, පිරිනිවන් පානා සේක්වා! සුගතයන් වහන්ස, පිරිනිවන් පානා සේක්වා! ස්වාමීනී, දැන් භාග්‍යවතුන් වහන්සේට පිරිනිවීමට කාලය යි. ස්වාමීනී, මේ වචනය භාග්‍යවතුන් වහන්සේ විසින් වදාරණ ලද්දේ ය. එනම්, 'මාරය, යම්තාක් මාගේ භික්ෂු ශ්‍රාවකයෝ ව්‍යක්ත නොවෙත් ද, විනීත නොවෙත් ද, විශාරද නොවෙත් ද, නිවනට පැමිණුනාහු නොවෙත් ද, බහුශ්‍රැත නොවෙත් ද, ධර්මධර නොවෙත් ද, ධර්මානුධර්ම ප්‍රතිපදාවෙහි පිළිපන්නාහු නොවෙත් ද, සාමීචිප්‍රතිපදාවෙහි පිළිපන්නාහු නොවෙත් ද, අනුධර්මචාරී නොවෙත් ද, සිය ආචාර්යවාදය උගෙන නොකියන්නාහු ද, දේශනා නොකරන්නාහු ද, නොපණවන්නාහු ද, නොපිහිටුවන්නාහු ද, විවෘත

නොකරන්නාහු ද, බෙදා නොදක්වන්නාහු ද, ඉස්මතු නොකරන්නාහු ද, උපන් අන්‍ය වාදයන් කරුණු සහිත ව මැනැවින් නිග්‍රහ කොට ප්‍රාතිහාර්යය සහිත ව ධර්මය දේශනා නොකරන්නාහු ද, ඒ තාක් මම පිරිනිවන් නොපාන්නෙමි' යන වචනය යි.

ස්වාමීනී, මෙකල්හී භාග්‍යවතුන් වහන්සේගේ භික්ෂු ශ්‍රාවකයෝ ව්‍යක්ත වෙති. විනීත වෙති. විශාරද වෙති. නිවනට පැමිණුනාහු වෙති. බහුශ්‍රැත වෙති. ධර්මධර වෙති. ධර්මානුධර්ම ප්‍රතිපදාවෙහි පිළිපන්නාහු වෙති. සාමීචිප්‍රතිපදාවෙහි පිළිපන්නාහු වෙති. අනුධර්මචාරී වෙති. සිය ආචාර්යවාදය උගෙන කියති. දේශනා කරති. පණවති. පිහිටුවති. විවෘත කරති. බෙදා දක්වති. ඉස්මතු කරති. උපන් අන්‍ය වාදයන් කරුණු සහිත ව මැනැවින් නිග්‍රහ කොට ප්‍රාතිහාර්යය සහිත ව ධර්මය දේශනා කරති.

ස්වාමීනී, භාග්‍යවතුන් වහන්ස, පිරිනිවන් පානා සේක්වා! සුගතයන් වහන්ස, පිරිනිවන් පානා සේක්වා! ස්වාමීනී, දැන් භාග්‍යවතුන් වහන්සේට පිරිනිවීමට කාලය යි.

ස්වාමීනී, මේ වචනය භාග්‍යවතුන් වහන්සේ විසින් වදාරණ ලද්දේ ය. එනම්, 'මාරය, යම්තාක් මාගේ භික්ෂුණී ශ්‍රාවිකාවෝ ....(පෙ).... මාගේ උපාසක ශ්‍රාවකයෝ ....(පෙ).... යම්තාක් මාගේ උපාසිකා ශ්‍රාවිකාවෝ ව්‍යක්ත නොවෙත් ද, විනීත නොවෙත් ද, විශාරද නොවෙත් ද, නිවනට පැමිණුනාහු නොවෙත් ද, බහුශ්‍රැත නොවෙත් ද, ධර්මධර නොවෙත් ද, ධර්මානුධර්ම ප්‍රතිපදාවෙහි පිළිපන්නාහු නොවෙත් ද, සාමීචිප්‍රතිපදාවෙහි පිළිපන්නාහු නොවෙත් ද, අනුධර්මචාරී නොවෙත් ද, සිය ආචාර්යවාදය උගෙන නොකියන්නාහු ද, දේශනා නොකරන්නාහු ද, නොපණවන්නාහු ද, නොපිහිටුවන්නාහු ද, විවෘත නොකරන්නාහු ද, බෙදා නොදක්වන්නාහු ද, ඉස්මතු නොකරන්නාහු ද, උපන් අන්‍ය වාදයන් කරුණු සහිත ව මැනැවින් නිග්‍රහ කොට ප්‍රාතිහාර්යය සහිත ව ධර්මය දේශනා නොකරන්නාහු ද, ඒ තාක් පිරිනිවන් නොපාන්නෙමි' යන වචනය යි.

ස්වාමීනී, මෙකල්හී භාග්‍යවතුන් වහන්සේගේ උපාසිකා ශ්‍රාවිකාවෝ ව්‍යක්ත වෙති. විනීත වෙති. විශාරද වෙති. නිවනට පැමිණුනාහු වෙති. බහුශ්‍රැත වෙති. ධර්මධර වෙති. ධර්මානුධර්ම ප්‍රතිපදාවෙහි පිළිපන්නාහු වෙති. සාමීචිප්‍රතිපදාවෙහි පිළිපන්නාහු වෙති. අනුධර්මචාරී වෙති. සිය ආචාර්යවාදය උගෙන කියති. දේශනා කරති. පණවති. පිහිටුවති. විවෘත කරති. බෙදා දක්වති. ඉස්මතු කරති. උපන් අන්‍ය වාදයන් කරුණු සහිත ව මැනැවින් නිග්‍රහ කොට ප්‍රාතිහාර්යය සහිත ව ධර්මය දේශනා කරති.

ස්වාමීනී, භාග්‍යවතුන් වහන්ස, පිරිනිවන් පානා සේක්වා! සුගතයන් වහන්ස, පිරිනිවන් පානා සේක්වා! ස්වාමීනී, දැන් භාග්‍යවතුන් වහන්සේට පිරිනිවීමට කාලය යි.

ස්වාමීනී, මේ වචනය භාග්‍යවතුන් වහන්සේ විසින් වදාරණ ලද්දේ ය. 'මාරය, යම්තාක් මාගේ මේ නිවන් මග සමෘද්ධිමත් නොවෙයි ද, දියුණු නොවෙයි ද, පැතිරුණේ නොවෙයි ද, බොහෝ දෙනා අතර ප්‍රකට වූයේ නොවෙයි ද, පෘථුල භාවයට පත්වූයේ නොවෙයි ද, දෙවි මිනිසුන් අතර මැනැවින් ප්‍රසිද්ධ වූයේ නොවෙයි ද, ඒ තාක් මම පිරිනිවන් නොපාන්නෙමි' යි.

ස්වාමීනී, මෙකල්හී භාග්‍යවතුන් වහන්සේගේ නිවන් මග සමෘද්ධිමත් වෙයි. දියුණු වෙයි. පැතිරුණේ වෙයි. බොහෝ දෙනා අතර ප්‍රකට වූයේ වෙයි. පෘථුල භාවයට පත්වූයේ වෙයි. දෙවි මිනිසුන් අතර මැනැවින් ප්‍රසිද්ධ වූයේ වෙයි.

ස්වාමීනී, භාග්‍යවතුන් වහන්ස, පිරිනිවන් පානා සේක්වා! සුගතයන් වහන්ස, පිරිනිවන් පානා සේක්වා! ස්වාමීනී, දැන් භාග්‍යවතුන් වහන්සේට පිරිනිවීමට කාලය යි."

"මාරය, ඔබ අල්ප උත්සාහයෙන් සිටුව. තථාගතයන්ගේ පරිනිර්වාණය වැඩිකල් නොයා සිදුවන්නේ ය. මෙයින් තුන් මසක් ඇවෑමෙන් තථාගතයෝ පිරිනිවී යන්නාහු ය."

ඉක්බිති භාග්‍යවතුන් වහන්සේ චාපාල සෑයෙහි දී මනා සිහියෙන් යුතුව, නුවණින් යුතුව කල්පයක් වැඩසිටිය හැකි ආයු සංස්කාරය අත්හළ සේක. භාග්‍යවතුන් වහන්සේ විසින් ආයුසංස්කාරය අත්හළ කල්හී මහත් වූ පෘථිවි චලනයක් වූයේ ය. බිහිසුණු වූ ලොමු දහගැනීමක් වූයේ ය. අහස ගුගුරා වැහි පොද වැටුණේ ය. එකල්හී භාග්‍යවතුන් වහන්සේ මේ අර්ථය දැන ඒ වේලාවෙහි මෙම උදානය පහළ කළ සේක.

(ගාථාවකි)

> ආධ්‍යාත්මයෙහි වූ නිවනෙහි ඇලුනු සිත් ඇති, එකඟ වූ සිත් ඇති, ශාක්‍ය මුනීන්ද්‍රයාණෝ හටගත් තුල්‍ය වූ අතුල්‍ය වූ භව සංස්කාරයන් අත්හළ සේක. තමන් වහන්සේ තුළ පැවති කල්පයක් වැඩසිටීමෙහි ආයුසංස්කාරය යුද ඇඳුමක් බිඳින පරිද්දෙන් බිඳ හළ සේක.

එකල්හී ආයුෂ්මත් ආනන්දයන් වහන්සේට මේ අදහස ඇතිවූයේ ය.

'ඒකාන්තයෙන් මේ මහා භූමි සැලීමක් නොවැ. ඒකාන්තයෙන් ඉතා මහත් වූ භූමි සැලීමක් නොවැ. බිහිසුණු වූ ලොමු දහගැනීමක් නොවැ. අහස ගුගුරා වැසි බිඳු වැටීමක් නොවැ. මේ මහා භූමි චලනයට හේතුව කුමක් ද? ප්‍රත්‍යය කුමක් ද?'

ඉක්බිති ආයුෂ්මත් ආනන්දයන් වහන්සේ භාග්‍යවතුන් වහන්සේ වෙත එළඹියහ. එළඹ භාග්‍යවතුන් වහන්සේට සකසා වන්දනා කොට එකත්පස් ව හිඳගත්හ. එකත්පස් ව හුන් ආයුෂ්මත් ආනන්දයන් වහන්සේ භාග්‍යවතුන් වහන්සේට මෙය සැළකළහ.

"ස්වාමීනී, ඒකාන්තයෙන් මේ මහා භූමි සැලීමක් නොවැ. ඒකාන්තයෙන් ඉතා මහත් වූ භූමි සැලීමක් නොවැ. බිහිසුණු වූ ලොමු දහගැනීමක් නොවැ. අහස ගුගුරා වැසි බිඳු වැටීමක් නොවැ. ස්වාමීනී, මේ මහා භූමි චලනයට හේතුව කුමක් ද? ප්‍රත්‍යය කුමක් ද?"

"ආනන්දයෙනි, මහත් වූ භූමි චලනයක හටගැනීමට මේ කරුණු අටක් හේතු වෙයි. ප්‍රත්‍යය වෙයි. ඒ කවර අටක් ද යත්,

1. ආනන්දයෙනි, මේ මහා පෘථිවිය ජලයෙහි පිහිටියේ ය. ජලය වාතයෙහි පිහිටියේ ය. වාතය ආකාසයෙහි පිහිටියේ ය. ආනන්දයෙනි, යම් කරුණකින් මහා වාතයෝ හමත් නම් එබඳු කලක් වෙයි. මහා වාතයෝ හමද්දී ජලය කම්පා වෙයි. කම්පනය වූ ජලය පෘථිවිය සොළවයි. ආනන්දයෙනි, මහත් වූ භූමි චලනයක හටගැනීමට මේ පළමු හේතුව වෙයි. පළමු ප්‍රත්‍යය වෙයි.

2. තව ද ආනන්දයෙනි, ඉර්ධිමත් වූ චිත්ත වශීප්‍රාප්ත වූ ශ්‍රමණයෙක් වේවා, බ්‍රාහ්මණයෙක් වේවා, මහත් ඉර්ධිමත් වූ මහත් ආනුභාව ඇති දෙවියෙක් වේවා, සිටියි ද, ඔහු විසින් පෘථිවි සංඥාව ස්වල්ප වශයෙන් වඩන ලද්දේ වෙයි. ජල සංඥාව අප්‍රමාණ කොට වඩන ලද්දේ වෙයි. ඔහු මේ පෘථිවිය සොළවයි. හාත්පසින් සොළොවයි. බලවත් ව සොළොවයි. ආනන්දයෙනි, මහත් වූ භූමි චලනයක හටගැනීමට මේ දෙවෙනි හේතුව වෙයි. දෙවෙනි ප්‍රත්‍යය වෙයි.

3. තව ද ආනන්දයෙනි, යම් කලක බෝසත් තෙමේ තුසිත දෙව්ලොවින් චුත ව මනා සිහි නුවණින් යුතුව මව් කුසෙහි බැසගන්නේ වෙයි ද, එකල්හී මේ පොළොව සෙළවෙයි. හාත්පසින් සෙළවෙයි. බලවත් ව සෙළවෙයි. ආනන්දයෙනි, මහත් වූ භූමි චලනයක හටගැනීමට මේ තුන්වෙනි හේතුව වෙයි. තුන්වෙනි ප්‍රත්‍යය වෙයි.

4. තව ද ආනන්දයෙනි, යම් කලක බෝසත් තෙමේ මනා සිහි නුවණින්

යුතුව මව් කුසින් නික්මෙන්නේ වෙයි ද, එකල්හී මේ පොළොව සෙළවෙයි. හාත්පසින් සෙළවෙයි. බලවත් ව සෙළවෙයි. ආනන්දයෙනි, මහත් වූ භූමි චලනයක හටගැනීමට මේ සිව්වෙනි හේතුව වෙයි. සිව්වෙනි ප්‍රත්‍යය වෙයි.

5. තව ද ආනන්දයෙනි, යම් කලක තථාගතයාණෝ අනුත්තර වූ සම්මා සම්බෝධිය අවබෝධ කරත් ද, එකල්හී මේ පොළොව සෙළවෙයි. හාත්පසින් සෙළවෙයි. බලවත් ව සෙළවෙයි. ආනන්දයෙනි, මහත් වූ භූමි චලනයක හටගැනීමට මේ පස්වෙනි හේතුව වෙයි. පස්වෙනි ප්‍රත්‍යය වෙයි.

6. තව ද ආනන්දයෙනි, යම් කලක තථාගතයාණෝ අනුත්තර වූ ධර්ම චක්‍රය ප්‍රවර්තනය කරත් ද, එකල්හී මේ පොළොව සෙළවෙයි. හාත්පසින් සෙළවෙයි. බලවත් ව සෙළවෙයි. ආනන්දයෙනි, මහත් වූ භූමි චලනයක හටගැනීමට මේ සයවෙනි හේතුව වෙයි. සයවෙනි ප්‍රත්‍යය වෙයි.

7. තව ද ආනන්දයෙනි, යම් කලක තථාගතයාණෝ මනා සිහි නුවණින් යුතුව කල්පයක් වැඩසිටිය හැකි ආයුසංස්කාරය අත්හරිත් ද, එකල්හී මේ පොළොව සෙළවෙයි. හාත්පසින් සෙළවෙයි. බලවත් ව සෙළවෙයි. ආනන්දයෙනි, මහත් වූ භූමි චලනයක හටගැනීමට මේ සත්වෙනි හේතුව වෙයි. සත්වෙනි ප්‍රත්‍යය වෙයි.

8. තව ද ආනන්දයෙනි, යම් කලක තථාගතයාණෝ අනුපාදිශේෂ පරිනිර්වාණ ධාතුවෙන් පිරිනිවන් පාත් ද, එකල්හී මේ පොළොව සෙළවෙයි. හාත්පසින් සෙළවෙයි. බලවත් ව සෙළවෙයි. ආනන්දයෙනි, මහත් වූ භූමි චලනයක හටගැනීමට මේ අටවෙනි හේතුව වෙයි. අටවෙනි ප්‍රත්‍යය වෙයි.

ආනන්දයෙනි, මහත් වූ භූමි චලනයක හටගැනීමට මේ කරුණු අට හේතු වෙයි. ප්‍රත්‍යය වෙයි.

සාදු! සාදු!! සාදු!!!

භූමිචාල සූත්‍රය නිමා විය.

දෙවෙනි චාපාල වර්ගය අවසන් විය.

- එහි පිළිවෙල උද්දානයයි :

ඉච්ඡා සූත්‍රය, අලං සූත්‍රය, සංඛිත්ත සූත්‍රය, ගයා සූත්‍රය, අධිදේවඤාණදස්සන සූත්‍රය, අභිභූ සූත්‍රය, විමොක්ඛ සූත්‍රය, වෝහාර සූත්‍ර දෙක, පරිස සූත්‍රය සහ භූමිචාල සූත්‍රය වශයෙන් මෙහි සූත්‍ර දසයකි.

3. යමක වර්ගය

8.2.3.1.
පඨම සමන්තපාසාදික සූත්‍රය
හැම අයුරින් පැහැදීම ඇති කරන දේ ගැන වදාළ පළමු දෙසුම

සැවැත් නුවර දී ය .....

මහණෙනි, භික්ෂුව සැදැහැවත් වෙයි. සිල්වත් නොවෙයි. මෙසේ ඔහු ඒ අංගයෙන් අසම්පූර්ණ වෙයි. 'මම කවර අයුරින් සැදැහැවතෙක් ද, සිල්වතෙක් ද වෙම් දැ' යි ඔහු විසින් ඒ අංගය සම්පූර්ණ කළ යුත්තේ ය. යම් කලක මහණෙනි, භික්ෂුව සැදැහැවත් ද, සිල්වත් ද වෙයි නම්, මෙසේ හේ ඒ අංගයෙන් සම්පූර්ණ වූයේ වෙයි.

මහණෙනි, භික්ෂුව සැදැහැවත් ද වෙයි. සිල්වත් ද වෙයි. එනමුදු බහුශ්‍රැත නොවෙයි. මෙසේ ඔහු ඒ අංගයෙන් අසම්පූර්ණ වෙයි. 'මම කවර අයුරින් සැදැහැවතෙක් ද, සිල්වතෙක් ද, බහුශ්‍රැතයෙක් ද වෙම් දැ' යි ඔහු විසින් ඒ අංගය සම්පූර්ණ කළ යුත්තේ ය. යම් කලක මහණෙනි, භික්ෂුව සැදැහැවත් ද, සිල්වත් ද, බහුශ්‍රැතයෙක් ද වෙයි නම්, මෙසේ හේ ඒ අංගයෙන් සම්පූර්ණ වූයේ වෙයි.

මහණෙනි, භික්ෂුව සැදැහැවත් ද වෙයි. සිල්වත් ද වෙයි. බහුශ්‍රැතයෙක් ද වෙයි. එනමුදු ධර්ම කථිකයෙක් නොවෙයි. ....(පෙ).... ධර්ම කථිකයෙක් ද වෙයි. පිරිස අතර හැසිරෙන්නෙක් නොවෙයි. ....(පෙ).... පිරිස අතර හැසිරෙන්නෙක් ද වෙයි. විශාරද ව පිරිසට දහම් නොදෙසයි ....(පෙ).... විශාරද ව පිරිසට දහම් දෙසන්නේ ද වෙයි. එනමුදු ගැඹුරු චිත්ත දියුණුවෙන් යුතු මෙලොව දී ලබන

සැප විහරණයෙන් යුතු සතරක් වූ ධ්‍යානයන් කැමති සේ, නිදුකින්, ඉතා පහසුවෙන් ලබන්නේ නොවෙයි. ....(පෙ).... ගැඹුරු චිත්ත දියුණුවෙන් යුතු මෙලොව දී ලබන සැප විහරණයෙන් යුතු සතරක් වූ ධ්‍යානයන් කැමති සේ, නිදුකින්, ඉතා පහසුවෙන් ලබන්නේ වෙයි. එනමුත් ආශ්‍රවයන් ක්ෂය කොට අනාශ්‍රව වූ චිත්ත විමුක්තිය ත්, ප්‍රඥා විමුක්තිය ත් සිය විශිෂ්ට ඥානයෙන් සාක්ෂාත් කොට වාසය නොකරන්නේ වෙයි. මෙසේ ඔහු ඒ අංගයෙන් අසම්පූර්ණ වෙයි.

'මම කවර අයුරින් සැදැහැවතෙක් ද, සිල්වතෙක් ද, බහුශ්‍රැතයෙක් ද, ධර්ම කථිකයෙක් ද, පිරිසෙහි හැසිරෙන්නෙක් ද, විශාරද ව පිරිසට දහම් දෙසන්නෙක් ද, ගැඹුරු චිත්ත දියුණුවෙන් යුතු මෙලොව දී ලබන සැප විහරණයෙන් යුතු සතරක් වූ ධ්‍යානයන් කැමති සේ, නිදුකින්, ඉතා පහසුවෙන් ලබන්නෙක් ද, ආශ්‍රවයන් ක්ෂය කොට අනාශ්‍රව වූ චිත්ත විමුක්තිය ත්, ප්‍රඥා විමුක්තිය ත් සිය විශිෂ්ට ඥානයෙන් සාක්ෂාත් කොට පැමිණ වාසය කරන්නෙක් ද වෙම් දැ' යි ඔහු විසින් ඒ අංගය සම්පූර්ණ කළ යුත්තේ ය.

යම් කලක මහණෙනි, භික්ෂුව සැදැහැවත් ද, සිල්වත් ද, බහුශ්‍රැතයෙක් ද, ධර්ම කථිකයෙක් ද, පිරිසෙහි හැසිරෙන්නෙක් ද, විශාරද ව පිරිසට දහම් දෙසන්නෙක් ද, ගැඹුරු චිත්ත දියුණුවෙන් යුතු මෙලොව දී ලබන සැප විහරණයෙන් යුතු සතරක් වූ ධ්‍යානයන් කැමති සේ, නිදුකින්, ඉතා පහසුවෙන් ලබන්නෙක් ද, ආශ්‍රවයන් ක්ෂය කොට අනාශ්‍රව වූ චිත්ත විමුක්තිය ත්, ප්‍රඥා විමුක්තිය ත් සිය විශිෂ්ට ඥානයෙන් සාක්ෂාත් කොට පැමිණ වාසය කරන්නෙක් ද වෙයි නම්, මෙසේ හේ ඒ අංගයෙන් සම්පූර්ණ වූයේ වෙයි.

මහණෙනි, මේ අංග අටෙන් සමන්විත වූ භික්ෂුව හැම අයුරින් ම පැහැදීම ඇති කරවන්නේ ද වෙයි. සියළු ආකාරයෙන් සම්පූර්ණ ද වෙයි.

සාදු! සාදු!! සාදු!!!

පඨම සමන්තපාසාදික සූත්‍රය නිමා විය.

8.2.3.2.
දුතිය සමන්තපාසාදික සූත්‍රය
හැම අයුරින් පැහැදීම ඇති කරන දේ ගැන වදාළ දෙවෙනි දෙසුම

සැවැත් නුවර දී ය .....

මහණෙනි, භික්ෂුව සැදැහැවත් වෙයි. සිල්වත් නොවෙයි. මෙසේ ඔහු ඒ අංගයෙන් අසම්පූර්ණ වෙයි. 'මම කවර අයුරින් සැදැහැවතෙක් ද, සිල්වතෙක් ද වෙම් දැ' යි ඔහු විසින් ඒ අංගය සම්පූර්ණ කළ යුත්තේ ය. යම් කලක මහණෙනි, භික්ෂුව සැදැහැවත් ද, සිල්වත් ද වෙයි නම්, මෙසේ හේ ඒ අංගයෙන් සම්පූර්ණ වූයේ වෙයි.

මහණෙනි, භික්ෂුව සැදැහැවත් ද වෙයි. සිල්වත් ද වෙයි. එනමුදු බහුශ්‍රැත නොවෙයි. ....(පෙ).... බහුශ්‍රැතයෙක් ද වෙයි. එනමුදු ධර්ම කථිකයෙක් නොවෙයි. ....(පෙ).... ධර්ම කථිකයෙක් ද වෙයි. පිරිස අතර හැසිරෙන්නෙක් නොවෙයි. ....(පෙ).... පිරිස අතර හැසිරෙන්නෙක් ද වෙයි. විශාරද ව පිරිසට දහම් නොදෙසයි ....(පෙ).... විශාරද ව පිරිසට දහම් දෙසන්නේ ද වෙයි. එනමුදු රූප ධ්‍යානයන් ඉක්මවා අරූප වූ යම් ඒ ශාන්ත විමෝක්ෂයන් ඇද්ද, ඒවා කයින් ස්පර්ශ කොට වාසය නොකරන්නේ වෙයි. ....(පෙ).... රූප ධ්‍යානයන් ඉක්මවා අරූප වූ යම් ඒ ශාන්ත විමෝක්ෂයන් ඇද්ද, ඒවා කයින් ස්පර්ශ කොට වාසය කරන්නේ වෙයි. එනමුත් ආශ්‍රවයන් ක්ෂය කොට අනාශ්‍රව වූ චිත්ත විමුක්තිය ත්, ප්‍රඥා විමුක්තිය ත් සිය විශිෂ්ට ඥානයෙන් සාක්ෂාත් කොට පැමිණ වාසය නොකරන්නේ වෙයි. මෙසේ ඔහු ඒ අංගයෙන් අසම්පූර්ණ වෙයි.

'මම කවර අයුරින් සැදැහැවතෙක් ද, සිල්වතෙක් ද, බහුශ්‍රැතයෙක් ද, ධර්ම කථිකයෙක් ද, පිරිසෙහි හැසිරෙන්නෙක් ද, විශාරද ව පිරිසට දහම් දෙසන්නෙක් ද, රූප ධ්‍යානයන් ඉක්මවා අරූප වූ යම් ඒ ශාන්ත විමෝක්ෂයන් ඇද්ද, ඒවා කයින් ස්පර්ශ කොට වාසය කරන්නෙක් ද, ආශ්‍රවයන් ක්ෂය කොට අනාශ්‍රව වූ චිත්ත විමුක්තිය ත්, ප්‍රඥා විමුක්තිය ත් සිය විශිෂ්ට ඥානයෙන් සාක්ෂාත් කොට පැමිණ වාසය කරන්නෙක් ද වෙම් දැ' යි ඔහු විසින් ඒ අංගය සම්පූර්ණ කළ යුත්තේ ය.

යම් කලක මහණෙනි, භික්ෂුව සැදැහැවත් ද, සිල්වත් ද, බහුශ්‍රැතයෙක්

ද, ධර්ම කථිකයෙක් ද, පිරිසෙහි හැසිරෙන්නෙක් ද, විශාරද ව පිරිසට දහම් දෙසන්නෙක් ද, රූප ධ්‍යානයන් ඉක්මවා අරූප වූ යම් ඒ ශාන්ත විමෝක්ෂයන් ඇද්ද, ඒවා කයින් ස්පර්ශ කොට වාසය කරන්නෙක් ද, ආශ්‍රවයන් ක්ෂය කොට අනාශ්‍රව වූ චිත්ත විමුක්තිය ත්, ප්‍රඥා විමුක්තිය ත් සිය විශිෂ්ට ඥානයෙන් සාක්ෂාත් කොට පැමිණ වාසය කරන්නෙක් ද වෙයි නම්, මෙසේ හේ ඒ අංගයෙන් සම්පූර්ණ වූයේ වෙයි.

මහණෙනි, මේ අංග අටෙන් සමන්විත වූ භික්ෂුව හැම අයුරින් ම පැහැදීම ඇති කරවන්නේ ද වෙයි. සියළු ආකාරයෙන් සම්පූර්ණ ද වෙයි.

සාදු! සාදු!! සාදු!!!

දුතිය සමන්තපාසාදික සූත්‍රය නිමා විය.

8.2.3.3.
පඨම මරණසති සූත්‍රය
මරණසතිය ගැන වදාළ පළමු දෙසුම

එක් සමයක භාග්‍යවතුන් වහන්සේ නාදිකා නම් ගමෙහි ගෙඩිගෙහි වාසය කරන සේක. එකල්හී භාග්‍යවතුන් වහන්සේ "මහණෙනි" යි භික්ෂූන් ඇමතූ සේක. "පින්වතුන් වහන්සැ"යි ඒ භික්ෂූහු භාග්‍යවතුන් වහන්සේට පිළිවදන් දුන්හ. භාග්‍යවතුන් වහන්සේ මෙය වදාළ සේක.

"මහණෙනි, මරණසතිය භාවිත කිරීමෙන්, බහුල ව ප්‍රගුණ කිරීමෙන් මහත්ඵල මහානිශංස ලැබෙන්නේ ය. නිවනට බැසගෙන ඇත්තේ ය. නිවන කෙළවර කොට ඇත්තේ ය. මහණෙනි, ඔබ මරණසතිය වඩන්නහු ද?"

1. මෙසේ වදාළ කල්හී එක්තරා භික්ෂුවක් භාග්‍යවතුන් වහන්සේට මෙය පැවසුවේ ය.

"ස්වාමීනී, මම මරණය පිළිබඳ සිහි කිරීම වඩමි."

"භික්ෂුව, ඔබ මරණසතිය වඩන්නේ කවර අයුරින් ද?"

"ස්වාමීනී, මෙහිලා මට මෙසේ සිතෙයි. 'අහෝ! ඒකාන්තයෙන් මම් එක් රෑ දහවලක් ජීවත් වන්නෙම් නම්, එතෙක් කල් භාග්‍යවතුන් වහන්සේගේ

ශාසනය මෙනෙහි කරන්නෙම් නම්, ඒකාන්තයෙන් මා විසින් බොහෝ දෙයක් කරන ලද්දේ වන්නේ ය' වශයෙනි. ස්වාමීනී, මම ඔය අයුරින් මරණසතිය වඩමි."

2. වෙනත් භික්ෂුවක් ද භාග්‍යවතුන් වහන්සේට මෙය පැවසුවේ ය.

"ස්වාමීනී, මම ත් මරණය පිළිබඳ සිහි කිරීම වඩමි."

"භික්ෂුව, ඔබ මරණසතිය වඩන්නේ කවර අයුරින් ද?"

"ස්වාමීනී, මෙහිලා මට මෙසේ සිතෙයි. 'අහෝ! ඒකාන්තයෙන් මම් දවසක් ජීවත් වන්නෙම් නම්, එතෙක් කල් භාග්‍යවතුන් වහන්සේගේ ශාසනය මෙනෙහි කරන්නෙම් නම්, ඒකාන්තයෙන් මා විසින් බොහෝ දෙයක් කරන ලද්දේ වන්නේ ය' වශයෙනි. ස්වාමීනී, මම ඔය අයුරින් මරණසතිය වඩමි."

3. වෙනත් භික්ෂුවක් ද භාග්‍යවතුන් වහන්සේට මෙය පැවසුවේ ය.

"ස්වාමීනී, මම ත් මරණය පිළිබඳ සිහි කිරීම වඩමි."

"භික්ෂුව, ඔබ මරණසතිය වඩන්නේ කවර අයුරින් ද?"

"ස්වාමීනී, මෙහිලා මට මෙසේ සිතෙයි. 'අහෝ! ඒකාන්තයෙන් මම් අඩ දවසක් ජීවත් වන්නෙම් නම්, එතෙක් කල් භාග්‍යවතුන් වහන්සේගේ ශාසනය මෙනෙහි කරන්නෙම් නම්, ඒකාන්තයෙන් මා විසින් බොහෝ දෙයක් කරන ලද්දේ වන්නේ ය' වශයෙනි. ස්වාමීනී, මම ඔය අයුරින් මරණසතිය වඩමි."

4. තවත් භික්ෂුවක් ද භාග්‍යවතුන් වහන්සේට මෙය පැවසුවේ ය.

"ස්වාමීනී, මම ත් මරණය පිළිබඳ සිහි කිරීම වඩමි."

"භික්ෂුව, ඔබ මරණසතිය වඩන්නේ කවර අයුරින් ද?"

"ස්වාමීනී, මෙහිලා මට මෙසේ සිතෙයි. 'අහෝ! ඒකාන්තයෙන් මම් එක් ආහාර වේලක් වළඳන තෙක් ජීවත් වන්නෙම් නම්, එතෙක් කල් භාග්‍යවතුන් වහන්සේගේ ශාසනය මෙනෙහි කරන්නෙම් නම්, ඒකාන්තයෙන් මා විසින් බොහෝ දෙයක් කරන ලද්දේ වන්නේ ය' වශයෙනි. ස්වාමීනී, මම ඔය අයුරින් මරණසතිය වඩමි."

5. තවත් භික්ෂුවක් ද භාග්‍යවතුන් වහන්සේට මෙය පැවසුවේ ය.

"ස්වාමීනී, මම ත් මරණය පිළිබඳ සිහි කිරීම වඩමි."

"භික්ෂුව, ඔබ මරණසතිය වඩන්නේ කවර අයුරින් ද?"

"ස්වාමීනී, මෙහිලා මට මෙසේ සිතෙයි. 'අහෝ! ඒකාන්තයෙන් මම් අඩ ආහාර වේලක් වළඳන තෙක් ජීවත් වන්නෙම් නම්, එතෙක් කල් භාග්‍යවතුන් වහන්සේගේ ශාසනය මෙනෙහි කරන්නෙම් නම්, ඒකාන්තයෙන් මා විසින් බොහෝ දෙයක් කරන ලද්දේ වන්නේ ය' වශයෙනි. ස්වාමීනී, මම ඔය අයුරින් මරණසතිය වඩමි."

6. තවත් භික්ෂුවක් ද භාග්‍යවතුන් වහන්සේට මෙය පැවසුවේ ය.

"ස්වාමීනී, මම ත් මරණය පිළිබඳ සිහි කිරීම වඩමි."

"භික්ෂුව, ඔබ මරණසතිය වඩන්නේ කවර අයුරින් ද?"

"ස්වාමීනී, මෙහිලා මට මෙසේ සිතෙයි. 'අහෝ! ඒකාන්තයෙන් මම් සතර පස් පිඩක් ආහාර සපා අනුභව කෙරෙම් ද, එතෙක් කල් ජීවත් වන්නෙම් නම්, එතෙක් කල් භාග්‍යවතුන් වහන්සේගේ ශාසනය මෙනෙහි කරන්නෙම් නම්, ඒකාන්තයෙන් මා විසින් බොහෝ දෙයක් කරන ලද්දේ වන්නේ ය' වශයෙනි. ස්වාමීනී, මම ඔය අයුරින් මරණසතිය වඩමි."

7. තවත් භික්ෂුවක් ද භාග්‍යවතුන් වහන්සේට මෙය පැවසුවේ ය.

"ස්වාමීනී, මම ත් මරණය පිළිබඳ සිහි කිරීම වඩමි."

"භික්ෂුව, ඔබ මරණසතිය වඩන්නේ කවර අයුරින් ද?"

"ස්වාමීනී, මෙහිලා මට මෙසේ සිතෙයි. 'අහෝ! ඒකාන්තයෙන් මම් එක් පිඩක් ආහාර සපා අනුභව කෙරෙම් ද, එතෙක් කල් ජීවත් වන්නෙම් නම්, එතෙක් කල් භාග්‍යවතුන් වහන්සේගේ ශාසනය මෙනෙහි කරන්නෙම් නම්, ඒකාන්තයෙන් මා විසින් බොහෝ දෙයක් කරන ලද්දේ වන්නේ ය' වශයෙනි. ස්වාමීනී, මම ඔය අයුරින් මරණසතිය වඩමි."

8. තවත් භික්ෂුවක් ද භාග්‍යවතුන් වහන්සේට මෙය පැවසුවේ ය.

"ස්වාමීනී, මම ත් මරණය පිළිබඳ සිහි කිරීම වඩමි."

"භික්ෂුව, ඔබ මරණසතිය වඩන්නේ කවර අයුරින් ද?"

"ස්වාමීනී, මෙහිලා මට මෙසේ සිතෙයි. 'අහෝ! ඒකාන්තයෙන් මම් යම් කාලයක් තුළ ආශ්වාස කොට ප්‍රශ්වාස කරන්නෙම් ද, ප්‍රශ්වාස කොට ආශ්වාස කරන්නෙම් ද, එතෙක් කල් ජීවත් වන්නෙම් නම්, එතෙක් කල් භාග්‍යවතුන්

වහන්සේගේ ශාසනය මෙනෙහි කරන්නෙම් නම්, ඒකාන්තයෙන් මා විසින් බොහෝ දෙයක් කරන ලද්දේ වන්නේ ය' වශයෙනි. ස්වාමීනී, මම ඔය අයුරින් මරණසතිය වඩමි."

මෙසේ පැවසූ කල්හී භාග්‍යවතුන් වහන්සේ ඒ භික්ෂූන් හට මෙය වදාළ සේක.

"මහණෙනි, යම් මේ භික්ෂුවක් මෙසේ මරණසතිය වඩයි ද, එනම් (1) 'අහෝ! ඒකාන්තයෙන් මම් එක් රෑ දහවලක් ජීවත් වන්නෙම් නම්, එතෙක් කල් භාග්‍යවතුන් වහන්සේගේ ශාසනය මෙනෙහි කරන්නෙම් නම්, ඒකාන්තයෙන් මා විසින් බොහෝ දෙයක් කරන ලද්දේ වන්නේ ය' කියා හෝ මහණෙනි, යම් මේ භික්ෂුවක් මෙසේ මරණසතිය වඩයි ද, එනම් (2) 'අහෝ! ඒකාන්තයෙන් මම් දවසක් ජීවත් වන්නෙම් නම්, එතෙක් කල් භාග්‍යවතුන් වහන්සේගේ ශාසනය මෙනෙහි කරන්නෙම් නම්, ඒකාන්තයෙන් මා විසින් බොහෝ දෙයක් කරන ලද්දේ වන්නේ ය' කියා හෝ මහණෙනි, යම් මේ භික්ෂුවක් මෙසේ මරණසතිය වඩයි ද, එනම් (3) 'අහෝ! ඒකාන්තයෙන් මම් අඩදවසක් ජීවත් වන්නෙම් නම්, එතෙක් කල් භාග්‍යවතුන් වහන්සේගේ ශාසනය මෙනෙහි කරන්නෙම් නම්, ඒකාන්තයෙන් මා විසින් බොහෝ දෙයක් කරන ලද්දේ වන්නේ ය' කියා හෝ මහණෙනි, යම් මේ භික්ෂුවක් මෙසේ මරණසතිය වඩයි ද, එනම් (4) 'අහෝ! ඒකාන්තයෙන් මම් එක් ආහාර වේලක් වළඳන තෙක් ජීවත් වන්නෙම් නම්, එතෙක් කල් භාග්‍යවතුන් වහන්සේගේ ශාසනය මෙනෙහි කරන්නෙම් නම්, ඒකාන්තයෙන් මා විසින් බොහෝ දෙයක් කරන ලද්දේ වන්නේ ය' කියා හෝ මහණෙනි, යම් මේ භික්ෂුවක් මෙසේ මරණසතිය වඩයි ද, එනම් (5) 'අහෝ! ඒකාන්තයෙන් මම් අඩ ආහාර වේලක් වළඳන තෙක් ජීවත් වන්නෙම් නම්, එතෙක් කල් භාග්‍යවතුන් වහන්සේගේ ශාසනය මෙනෙහි කරන්නෙම් නම්, ඒකාන්තයෙන් මා විසින් බොහෝ දෙයක් කරන ලද්දේ වන්නේ ය' කියා හෝ මහණෙනි, යම් මේ භික්ෂුවක් මෙසේ මරණසතිය වඩයි ද, එනම් (6) 'අහෝ! ඒකාන්තයෙන් මම් සතර පස් පිඬක් ආහාර සපා අනුභව කෙරෙම් ද, එතෙක් කල් ජීවත් වන්නෙම් නම්, එතෙක් කල් භාග්‍යවතුන් වහන්සේගේ ශාසනය මෙනෙහි කරන්නෙම් නම්, ඒකාන්තයෙන් මා විසින් බොහෝ දෙයක් කරන ලද්දේ වන්නේ ය' කියා හෝ වෙයි ද, මහණෙනි, මේ භික්ෂූහු ප්‍රමාදී ව වාසය කරන්නෝ ය. ආශ්‍රවයන් ක්ෂය වීම පිණිස සෙමෙන් මරණසතිය වඩත් යැයි කියනු ලැබේ.

මහණෙනි, යම් මේ භික්ෂුවක් මෙසේ මරණසතිය වඩයි ද, එනම් (7) 'අහෝ! ඒකාන්තයෙන් මම් එක් පිඬක් ආහාර සපා අනුභව කෙරෙම් ද,

එතෙක් කල් ජීවත් වන්නෙම් නම්, එතෙක් කල් භාග්‍යවතුන් වහන්සේගේ ශාසනය මෙනෙහි කරන්නෙම් නම්, ඒකාන්තයෙන් මා විසින් බොහෝ දෙයක් කරන ලද්දේ වන්නේ ය' කියා හෝ මහණෙනි, යම් මේ භික්ෂුවක් මෙසේ මරණසතිය වඩයි ද, එනම් (8) 'අහෝ! ඒකාන්තයෙන් මම් යම් කාලයක් තුළ ආශ්වාස කොට ප්‍රශ්වාස කරන්නෙම් ද, ප්‍රශ්වාස කොට ආශ්වාස කරන්නෙම් ද, එතෙක් කල් ජීවත් වන්නෙම් නම්, එතෙක් කල් භාග්‍යවතුන් වහන්සේගේ ශාසනය මෙනෙහි කරන්නෙම් නම්, ඒකාන්තයෙන් මා විසින් බොහෝ දෙයක් කරන ලද්දේ වන්නේ ය' කියා හෝ වෙයි ද, මහණෙනි, මේ භික්ෂූහු අප්‍රමාදී ව වාසය කරන්නෝ ය. ආශ්‍රවයන් ක්ෂය වීම පිණිස තියුණු ලෙස මරණසතිය වඩත් යැයි කියනු ලැබේ.

එහෙයින් මහණෙනි, මෙසේ හික්මිය යුත්තේ ය. 'අප්‍රමාදී ව වාසය කරන්නෙමු. ආශ්‍රවයන් ක්ෂය වීම පිණිස තියුණු ලෙස මරණසතිය වඩන්නෙමු' යි. මහණෙනි, ඔබ විසින් මෙසේ හික්මිය යුත්තේ ය."

සාදු! සාදු!! සාදු!!!

පඨම මරණසති සූත්‍රය නිමා විය.

8.2.3.4.
දුතිය මරණසති සූත්‍රය
මරණසතිය ගැන වදාළ දෙවෙනි දෙසුම

එක් සමයක භාග්‍යවතුන් වහන්සේ නාදිකා නම් ගමෙහි ගෙඩිගෙහි වාසය කරන සේක. එකල්හී භාග්‍යවතුන් වහන්සේ "මහණෙනි" යි භික්ෂූන් ඇමතූ සේක. 'පින්වතුන් වහන්සැ'යි ඒ භික්ෂූහු භාග්‍යවතුන් වහන්සේට පිළිවදන් දුන්හ. භාග්‍යවතුන් වහන්සේ මෙය වදාළ සේක.

මහණෙනි, මරණසතිය භාවිත කිරීමෙන්, බහුල ව ප්‍රගුණ කිරීමෙන් මහත්ඵල මහානිශංස ලැබෙන්නේ ය. නිවනට බැසගෙන ඇත්තේ ය. නිවන කෙළවර කොට ඇත්තේ ය. මහණෙනි, කෙසේ භාවිත කරන ලද, කෙසේ බහුල ව ප්‍රගුණ කරන ලද මරණසතිය මහත්ඵල මහානිශංස ලැබ දෙන්නේ ද? නිවනට බැසගෙන ඇත්තේ, නිවන කෙළවර කොට ඇත්තේ ද?

මහණෙනි, මෙහිලා භික්ෂුව දහවල් ගෙවී ගොස් රැය එළැඹි කල්හී මෙසේ නුවණින් සළකයි. 'මාගේ මරණයට බොහෝ කාරණාවෝ තිබෙත්. සර්පයෙක් හෝ මට දෂ්ට කරන්නේ ය. ගෝනුස්සෙක් හෝ මට දෂ්ට කරන්නේ ය. පත්තෑයෙක් හෝ මට දෂ්ට කරන්නේ ය. එයින් මාගේ මරණය සිදුවිය හැක්කේ ය. එය මට අනතුරක් විය හැක්කේ ය. පය පැකිළී හෝ මම වැටෙන්නෙම් නම්, අනුභව කළ බත් නොදිරවන්නේ නම්, මාගේ පිත හෝ කිපෙයි නම්, මාගේ සෙම හෝ කිපෙයි නම්, ආයුධයක් සේ නපුරු ලෙස මාගේ වාතය කිපෙයි නම්, මිනිස්සු හෝ මාව මැරීමට උපක්‍රම කරත් නම්, අමනුෂ්‍යයෝ හෝ මාව මැරීමට උපක්‍රම කරත් නම්, ඒ හේතුවෙන් මා මරණයට පත් විය හැක්කේ ය. එය මට අනතුරක් විය හැක්කේ ය' වශයෙනි.

මහණෙනි, ඒ භික්ෂුව විසින් මෙසේ නුවණින් සැළකිය යුත්තේ ය. 'රාත්‍රියෙහි මරණයට පත්වන මා හට අන්තරායකර වූ යම් ඒ අකුසල ධර්මයෝ ඇද්ද, ඒවා මා තුළ අප්‍රහීණ ව තිබෙත් ද, ඉදින් මහණෙනි, භික්ෂුව නුවණින් සළකා බලද්දී මෙසේ දනියි නම්, එනම් 'රාත්‍රියෙහි මරණයට පත් වෙන මා හට අනතුරු පිණිස වූ පාපී අකුසල ධර්මයන් මා තුළ අප්‍රහීණ ව ඇත්තේ ය' යි. මහණෙනි, ඒ භික්ෂුව විසින් ඒ පාපී අකුසල ධර්මයන්ගේ ප්‍රහාණය පිණිස ම අධිමාත්‍ර වූ කැමැත්තක් ද, වීර්යයක් ද, උත්සාහයක් ද, බලවත් උත්සාහයක් ද, අත්නොහරින උත්සාහයක් ද, සිහියක් ද, නුවණින් කටයුතු කිරීමක් ද කළ යුත්තේ ය. මහණෙනි, යම් සේ ඇඳි වත ගිනි ගත් කෙනෙක් හෝ හිස ගිනි ගත් කෙනෙක් හෝ ඒ ඇඳි වත වේවා හිස වේවා නිවීම පිණිස අධිමාත්‍ර වූ කැමැත්තක් ද, වීර්යයක් ද, උත්සාහයක් ද, බලවත් උත්සාහයක් ද, අත්නොහරින උත්සාහයක් ද, සිහියක් ද, නුවණින් කටයුතු කිරීමක් කරන්නේ ද එසෙයින් ම මහණෙනි, ඒ භික්ෂුව විසින් ඒ පාපී අකුසල ධර්මයන්ගේ ප්‍රහාණය පිණිස ම අධිමාත්‍ර වූ කැමැත්තක් ද, වීර්යයක් ද, උත්සාහයක් ද, බලවත් උත්සාහයක් ද, අත්නොහරින උත්සාහයක් ද, සිහියක් ද, නුවණින් කටයුතු කිරීමක් ද කළ යුත්තේ ය.

ඉදින් මහණෙනි, භික්ෂුව නුවණින් සළකා බලද්දී මෙසේ දනියි නම්, එනම් 'රාත්‍රියෙහි මරණයට පත් වෙන මා හට අනතුරු පිණිස වූ පාපී අකුසල ධර්මයන් මා තුළ ප්‍රහීණ ව ඇත්තේ ය' යි. මහණෙනි, ඒ භික්ෂුව විසින් ඒ ප්‍රීති ප්‍රමුදිත බවින් ම දවල් රෑ දෙක්හි කුසල් දහම්හි හික්මෙමින් වාසය කළ යුත්තේ ය.

මහණෙනි, මෙහිලා භික්ෂුව රැය ගෙවී ගොස් දහවල් එළැඹි කල්හී මෙසේ නුවණින් සළකයි. 'මාගේ මරණයට බොහෝ කාරණාවෝ තිබෙත්. සර්පයෙක් හෝ මට දෂ්ට කරන්නේ ය. ගෝනුස්සෙක් හෝ මට දෂ්ට කරන්නේ ය.

පත්තෑයෙක් හෝ මට දෂ්ට කරන්නේ ය. එයින් මාගේ මරණය සිදුවිය හැක්කේ ය. එය මට අනතුරක් විය හැක්කේ ය. පය පැකිළී හෝ මම වැටෙන්නෙම් නම්, අනුභව කළ බත් නොදිරවන්නේ නම්, මාගේ පිත හෝ කිපෙයි නම්, මාගේ සෙම හෝ කිපෙයි නම්, ආයුධයක් සේ නපුරු ලෙස මාගේ වාතය කිපෙයි නම්, මිනිස්සු හෝ මාව මැරීමට උපක්‍රම කරත් නම්, අමනුෂ්‍යයෝ හෝ මාව මැරීමට උපක්‍රම කරත් නම්, ඒ හේතුවෙන් මා මරණයට පත් විය හැක්කේ ය. එය මට අනතුරක් විය හැක්කේ ය' වශයෙනි.

මහණෙනි, ඒ භික්ෂුව විසින් මෙසේ නුවණින් සැළකිය යුත්තේ ය. 'දහවල්හි මරණයට පත්වන මා හට අන්තරායකර වූ යම් ඒ අකුසල ධර්මයෝ ඇද්ද, ඒවා මා තුළ අප්‍රහීණ ව තිබෙත් ද, ඉදින් මහණෙනි, භික්ෂුව නුවණින් සළකා බලද්දී මෙසේ දනියි නම්, එනම් 'දහවල්හි මරණයට පත් වෙන මා හට අනතුරු පිණිස වූ පාපී අකුසල ධර්මයන් මා තුළ අප්‍රහීණ ව ඇත්තේ ය' යි. මහණෙනි, ඒ භික්ෂුව විසින් ඒ පාපී අකුසල ධර්මයන්ගේ ප්‍රහාණය පිණිස ම අධිමාත්‍ර වූ කැමැත්තක් ද, වීර්යයක් ද, උත්සාහයක් ද, බලවත් උත්සාහයක් ද, අත්නොහරින උත්සාහයක් ද, සිහියක් ද, නුවණින් කටයුතු කිරීමක් ද කළ යුත්තේ ය. මහණෙනි, යම් සේ ඇඳි වත ගිනි ගත් කෙනෙක් හෝ හිස ගිනි ගත් කෙනෙක් හෝ ඒ ඇඳි වත වේවා හිස වේවා නිවීම පිණිස අධිමාත්‍ර වූ කැමැත්තක් ද, වීර්යයක් ද, උත්සාහයක් ද, බලවත් උත්සාහයක් ද, අත්නොහරින උත්සාහයක් ද, සිහියක් ද, නුවණින් කටයුතු කිරීමක් කරන්නේ ද එසෙයින් ම මහණෙනි, ඒ භික්ෂුව විසින් ඒ පාපී අකුසල ධර්මයන්ගේ ප්‍රහාණය පිණිස ම අධිමාත්‍ර වූ කැමැත්තක් ද, වීර්යයක් ද, උත්සාහයක් ද, බලවත් උත්සාහයක් ද, අත්නොහරින උත්සාහයක් ද, සිහියක් ද, නුවණින් කටයුතු කිරීමක් ද කළ යුත්තේ ය.

ඉදින් මහණෙනි, භික්ෂුව නුවණින් සළකා බලද්දී මෙසේ දනියි නම්, එනම් 'දහවල්හි මරණයට පත් වෙන මා හට අනතුරු පිණිස වූ පාපී අකුසල ධර්මයන් මා තුළ ප්‍රහීණ ව ඇත්තේ ය' යි. මහණෙනි, ඒ භික්ෂුව විසින් ඒ ප්‍රීති ප්‍රමුදිත බවින් ම දවල් රෑ දෙක්හි කුසල් දහම්හි හික්මෙමින් වාසය කළ යුත්තේ ය.

මහණෙනි, මෙසේ මරණසතිය භාවිත කිරීමෙන්, මෙසේ බහුල ව ප්‍රගුණ කිරීමෙන් මහත්ඵල මහානිශංස ලැබෙන්නේ ය. නිවනට බැසගෙන ඇත්තේ ය. නිවන කෙළවර කොට ඇත්තේ ය.

සාදු! සාදු!! සාදු!!!

දුතිය මරණසති සූත්‍රය නිමා විය.

8.2.3.5.
පඨම සම්පදා සූත්‍රය
සම්පත්තිය ගැන වදාළ පළමු දෙසුම

සැවැත් නුවර දී ය .....

මහණෙනි, මේ සම්පත් අටකි. ඒ කවර අටක් ද යත්;

නැගී සිටීමේ වීරිය නම් වූ උට්ඨාන සම්පදාව ය. රැක ගැනීම නම් වූ ආරක්ඛ සම්පදාව ය. කළණ මිතුරන් ඇති බව නම් වූ කල්‍යාණමිත්තතා ය. අය වැය හඳුනා දිවි ගෙවීම නම් වූ සමජීවිකතා ය. ශ්‍රද්ධා සම්පදාව ය. සීල සම්පදාව ය. චාග සම්පදාව ය. ප්‍රඥා සම්පදාව ය.

මහණෙනි, මේ වනාහී සම්පත් අට යි.

(ගාථා)

1. කර්මාන්ත කටයුතු වලදී නැගී සිටින වීරියෙන් යුතුව, අප්‍රමාදී ව සංවිධානය කරයි. සම සේ ජීවිතය පරිහරණය කරයි. සපයන ලද දේ රකියි.

2. ශ්‍රද්ධාවෙන් යුතු වූයේ, සීලයෙන් යුතු වූයේ, අනුන් ඉල්ලන දේ දන්නේ, පහවූ මසුරුමල ඇත්තේ, පරලොව සැප පිණිස ඇති මාර්ගය නිතර පිරිසිදු කරයි.

3. ගිහි ගෙදර වාසය කරන සැදැහැවත් කෙනා හට මෙලොව - පරලොව දෙකෙහි ම මේ අෂ්ට ධර්මයන් සැප ලබා දෙන බව සත්‍යනාම වූ බුදුරජුන් විසින් වදාරණ ලද්දේ ය.

4. මෙලොවෙහි ද හිතසුව පිණිස, පරලොව ද හිතසුව පිණිස හේතුවන ත්‍යාගය මෙසේ මේ ගිහියන්ගේ පින දියුණු කරයි.

සාදු! සාදු!! සාදු!!!

පඨම සම්පදා සූත්‍රය නිමා විය.

8.2.3.6.
දුතිය සම්පදා සූත්‍රය
සම්පත්තිය ගැන වදාළ දෙවෙනි දෙසුම

සැවැත් නුවර දී ය .....

මහණෙනි, මේ සම්පත් අටකි. ඒ කවර අටක් ද යත්;

නැගී සිටීමේ වීරිය නම් වූ උට්ඨාන සම්පදාව ය. රැක ගැනීම නම් වූ ආරක්ඛ සම්පදාව ය. කළණ මිතුරන් ඇති බව නම් වූ කල්‍යාණමිත්තතා ය. අය වැය හඳුනා දිවි ගෙවීම නම් වූ සමජීවිකතා ය. ශ්‍රද්ධා සම්පදාව ය. සීල සම්පදාව ය. චාග සම්පදාව ය. ප්‍රඥා සම්පදාව ය.

1. මහණෙනි, නැගී සිටීමේ සම්පත්තිය නම් වූ උට්ඨාන සම්පදාව යනු කුමක් ද?

මහණෙනි, මෙහිලා කුලපුත්‍රයෙක් යම් කර්මාන්තයකින් ජීවිතය ගෙවයි නම්, එනම් ගොවිතැනින් වේවා, වෙළඳාමෙන් වේවා, ගවපාලනයෙන් වේවා, දුනු ශිල්පයෙන් වේවා, රාජ්‍ය සේවයෙන් වේවා, වෙනත් ශිල්පයකින් වේවා ජීවත් වෙයි නම්, එහිලා ඔහු දක්ෂ වෙයි. කම්මැලි නොවෙයි. ක්‍රමානුකූල ව කිරීමට, පිළිවෙලකට කිරීමට, උපාය වීමංසන කුසලතාවයෙන් යුක්ත වෙයි. මහණෙනි, මෙය නැගී සිටීමේ සම්පත්තිය යැයි කියනු ලැබේ.

2. මහණෙනි, රැකීමේ සම්පත්තිය නම් වූ ආරක්ඛ සම්පදාව යනු කුමක් ද?

මහණෙනි, මෙහිලා කුලපුත්‍රයා හට නැගී සිටි වීරියෙන් යුතුව ලබන ලද, අතපය වෙහෙසීමෙන් රැස් කරන ලද, ඩහදිය හෙළා උපදවන ලද, ධාර්මික වූ, ධාර්මික ව ලැබුණු යම් දේපල වස්තුවක් ඇද්ද, ඒවාට නිසි ආරක්ෂාව ත්, රැකවරණය ත් යොදයි. එනම් 'කිම, මාගේ මේ භෝගයෝ රජවරු පැහැර නොග නිත් නම්, සොරු පැහැර නොගනිත් නම්, ගින්නෙන් නොදැවෙයි නම්, ජලයෙන් ගසා ගෙන නොයයි නම්, අප්‍රියයෝ දායාද කර නොගනිත් නම් මැනැවැ' යි. මහණෙනි, මෙය රැකීමේ සම්පත්තිය යැයි කියනු ලැබේ.

3. මහණෙනි, කල්‍යාණ මිත්‍රයන් සිටීම යනු කුමක් ද?

මහණෙනි, මෙහිලා කුලපුත්‍රයා යම් ගමක හෝ නියම් ගමක හෝ වසයි නම්, එහි යම් ඒ ගෘහපතියෙක් හෝ ගෘහපතිපුත්‍රයෙක් හෝ වැඩිහිටි ගති ඇති තරුණයෙක් වේවා, වැඩිහිටි ගති ඇති වැඩිහිටියෙක් වේවා, ශ්‍රද්ධාවෙන් යුක්ත වෙත් ද, සීලයෙන් යුක්ත වෙත් ද, ත්‍යාගයෙන් යුක්ත වෙත් ද, ප්‍රඥාවෙන් යුක්ත වෙත් ද ඔවුන් සමඟ සිටියි. කතා බස් කරයි. සාකච්ඡාවන්ට පැමිණෙයි. යම්බඳු සැදැහැවත්වූවන්ගේ ශ්‍රද්ධා සම්පත්තිය අනුව හික්මෙයි ද, යම්බඳු සිල්වත් වූවන්ගේ සීල සම්පත්තිය අනුව හික්මෙයි ද, යම්බඳු ත්‍යාගී වූවන්ගේ ත්‍යාග සම්පත්තිය අනුව හික්මෙයි ද, යම්බඳු ප්‍රඥාවන්ත වූවන්ගේ ප්‍රඥා සම්පත්තිය අනුව හික්මෙයි ද, මහණෙනි, මෙය කල්‍යාණමිත්‍රයන් ඇති බව යැයි කියනු ලැබෙයි.

4. මහණෙනි, සමබර කොට ජීවත් වීම නම් වූ සමජීවිකතාව යනු කුමක් ද?

මහණෙනි, මෙහිලා කුලපුත්‍රයා භෝග සම්පත්වල ආදායම ද දැන, භෝග සම්පත්වල වියදම ද දැන ඉතා මහත් නොවූ ත්, ඉතා පහත් නොවූ ත් සම වූ ජීවිතයක් ගෙවයි. මෙසේ ජීවත් වන කල්හී 'මාගේ ආදායමට වියදම යටපත් කොට තිබෙයි. මාගේ වියදම ආදායම යටපත් නොකොට තිබෙයි' කියා ය.

මහණෙනි, එය මෙබඳු දෙයකි. තරාදියක් අත ඇතියෙක් හෝ තරාදියක් තිබෙන්නාගේ අතවැසියෙක් හෝ තරාදිය ඔසොවා මෙපමණකින් පහත් වෙයි. මෙපමණකින් උස් වෙයි කියා දන්නේ ද, එසෙයින් ම මහණෙනි, කුලපුත්‍රයා භෝග සම්පත්වල ආදායම ද දැන, භෝග සම්පත්වල වියදම ද දැන ඉතා මහත් නොවූ ත්, ඉතා පහත් නොවූ ත් සම වූ ජීවිතයක් ගෙවයි. මෙසේ ජීවත් වන කල්හී 'මාගේ ආදායමට වියදම යටපත් කොට තිබෙයි. මාගේ වියදම ආදායම යටපත් නොකොට තිබෙයි' කියා ය.

ඉදින් මහණෙනි, මේ කුලපුත්‍රයා ස්වල්ප ආදායමක් ඇති ව උදාර ජීවිතයක් ගෙවයි නම්, ඔහුට 'මේ කුලපුත්‍ර තෙමේ දිඹුල් කන්නැහේ භෝගයන් කනවා නොවැ' යි කියන්නෝ සිටිති.

ඉදින් මහණෙනි, මේ කුලපුත්‍රයා සුවිශාල ආදායමක් ඇති ව දුක සේ ජීවිතය ගෙවයි නම්, ඔහුට 'මේ කුලපුත්‍ර තෙමේ අනාථ මරණයකින් මැරෙන්නෙකු සෙයින් මැරෙන්නේ නොවැ' යි කියන්නෝ සිටිති.

මහණෙනි, යම් කලක කුලපුත්‍රයා භෝග සම්පත්වල ආදායම ද දැන, භෝග සම්පත්වල වියදම ද දැන ඉතා මහත් නොවූ ත්, ඉතා පහත් නොවූ ත්

සම වූ ජීවිතයක් ගෙවයි. මෙසේ ජීවත් වන කල්හී 'මාගේ ආදායමට වියදම යටපත් කොට තිබෙයි. මාගේ වියදම ආදායම යටපත් නොකොට තිබෙයි' කියා ය. මහණෙනි, මෙය සමජීවිකතාව යැයි කියනු ලැබෙයි.

5. මහණෙනි, ශ්‍රද්ධා සම්පත්තිය යනු කුමක් ද?

මහණෙනි, මෙහිලා කුලපුත්‍රයා ශ්‍රද්ධාවන්ත වූයේ වෙයි. තථාගතයන් වහන්සේගේ අවබෝධය අදහා ගත්තේ වෙයි. එනම්, 'මේ මේ කරුණෙනුත් ඒ භාග්‍යවතුන් වහන්සේ අරහං වන සේක. සම්මා සම්බුද්ධ වන සේක. විජ්ජාචරණ සම්පන්න වන සේක. සුගත වන සේක. ලෝකවිදූ වන සේක. අනුත්තරෝ පුරිසදම්ම සාරථී වන සේක. සත්ථා දේවමනුස්සානං වන සේක. බුද්ධ වන සේක. භගවා වන සේක' යනුවෙනි. මහණෙනි, මෙය ශ්‍රද්ධා සම්පත්තිය යැයි කියනු ලැබේ.

6. මහණෙනි, සීල සම්පත්තිය යනු කුමක්ද? මහණෙනි, මෙහිලා කුලපුත්‍රයා සතුන් මැරීමෙන් වැළකුණේ වෙයි. සොරකමින් වැළකුණේ වෙයි. වැරදි කාම සේවනයෙන් වැළකුණේ වෙයි. බොරු කීමෙන් වැළකුණේ වෙයි. මත්පැන් මත්ද්‍රව්‍ය භාවිතයෙන් වැළකුණේ වෙයි. මහණෙනි, මෙය සීල සම්පත්තිය යැයි කියනු ලැබේ.

7. මහණෙනි, ත්‍යාග සම්පත්තිය යනු කුමක්ද? මහණෙනි, මෙහිලා කුලපුත්‍රයා මසුරුමල බැහැර කළ සිතින් යුතුව ගිහිගෙදර වාසය කරයි. දන් පැන් දීම පිණිස නොබැඳුණු සිතින් යුතු වෙයි. දෙන්නට සූදානම් වූ අත් ඇති ව සිටියි. දීමෙහි ඇලුනේ වෙයි. තමාගෙන් ඉල්ලීමට සුදුසු වූයේ වෙයි. දන් දීමෙහි බෙදීමෙහි ඇලුනේ වෙයි. මහණෙනි, මෙය ත්‍යාග සම්පත්තිය යැයි කියනු ලැබේ.

8. මහණෙනි, ප්‍රඥා සම්පත්තිය යනු කුමක් ද? මහණෙනි, මෙහිලා කුලපුත්‍රයා ප්‍රඥාවන්ත වෙයි. හටගැනීම ත්, නැතිවීම ත් දැකීමට සමර්ථ ප්‍රඥාවෙන් යුක්ත වූයේ වෙයි. ආර්ය වූ තියුණු අවබෝධය ඇති කරවන, මැනැවින් දුක් ක්ෂය කරවන ප්‍රඥාවෙන් යුක්ත වූයේ වෙයි. මහණෙනි, මෙය ප්‍රඥා සම්පත්තිය යැයි කියනු ලැබේ.

මහණෙනි, මේ වනාහී සම්පත් අට යි.

(ගාථා)

1. කර්මාන්ත කටයුතු වලදී නැගී සිටින වීරියෙන් යුතුව, අප්‍රමාදී ව

සංවිධානය කරයි. සම සේ ජීවිතය පරිහරණය කරයි. සපයන ලද දේ රකියි.

2. ශ්‍රද්ධාවෙන් යුතු වූයේ, සීලයෙන් යුතු වූයේ, අනුන් ඉල්ලන දේ දන්නේ, පහවූ මසුරුමල ඇත්තේ, පරලොව සැප පිණිස ඇති මාර්ගය නිතර පිරිසිදු කරයි.

3. ගිහි ගෙදර වාසය කරන සැදැහැවත් කෙනා හට මෙලොව - පරලොව දෙකෙහි ම මේ අෂ්ට ධර්මයන් සැප ලබා දෙන බව සත්‍යනාම වූ බුදුරජුන් විසින් වදාරණ ලද්දේ ය.

4. මෙලොවෙහි ද හිතසුව පිණිස, පරලොව ද හිතසුව පිණිස හේතුවන ත්‍යාගය මෙසේ මේ ගිහියන්ගේ පින දියුණු කරයි.

සාදු! සාදු!! සාදු!!!

දුතිය සම්පදා සූත්‍රය නිමා විය.

8.2.3.7.
ඉච්ඡා සූත්‍රය
කැමැත්ත ගැන වදාළ දෙසුම

සැවැත් නුවර දී ය .....

එකල්හී ආයුෂ්මත් සාරිපුත්තයන් වහන්සේ 'ආයුෂ්මත් මහණෙනි' යි භික්ෂූන් ඇමතූ සේක. 'ආයුෂ්මතුන් වහන්සැ' යි ඒ භික්ෂූහු ආයුෂ්මත් සාරිපුත්තයන් වහන්සේට පිළිවදන් දුන්හ. ආයුෂ්මත් සාරිපුත්තයන් වහන්සේ මෙය වදාළ සේක.

ආයුෂ්මත්නි, මේ පුද්ගලයෝ අට දෙනෙක් ලෝකයෙහි විද්‍යමාන ව සිටිති. ඒ කවර අට දෙනෙක් ද යත්;

1. ආයුෂ්මත්නි, මෙහිලා හුදෙකලා විවේකයට ගිය, තමා සන්තක කිසිවක් නැති ව වසන භික්ෂුවට ලාභ ලැබීමේ ආශාවක් උපදියි. ඔහු ලාභ ලැබීම පිණිස නැගී සිටියි. උත්සාහ කරයි. වෑයම් කරයි. ලාභ ලැබීම පිණිස නැගී සිටින, උත්සාහ කරන, වෑයම් කරන ඔහුට ලාභය නූපදියි. ඔහු ඒ අලාභයෙන් ශෝක

කරයි. ක්ලාන්ත වෙයි. හඬා වැළපෙයි. ළයෙහි අත් පැහැර හඬයි. සිහි මුලාවට පැමිණෙයි. ආයුෂ්මත්නි, මේ භික්ෂුව ලාභයට ආශාවෙන් වාසය කරන්නේ යැයි ද, ලාභය පිණිස නැගී සිටින්නේ ය, උත්සාහ කරන්නේ ය, වෑයම් කරන්නේ ය. එනමුදු ලැබීම ද නැත්තේ, ශෝකී වූයේ වැළපෙන්නේ සද්ධර්මයෙන් ද චුත වූයේ ය යැයි කියනු ලැබේ.

2. ආයුෂ්මත්නි, මෙහිලා හුදෙකලා විවේකයට ගිය, තමා සන්තක කිසිවක් නැති ව වසන භික්ෂුවට ලාභ ලැබීමේ ආශාවක් උපදියි. ඔහු ලාභ ලැබීම පිණිස නැගී සිටියි. උත්සාහ කරයි. වෑයම් කරයි. ලාභ ලැබීම පිණිස නැගී සිටින, උත්සාහ කරන, වෑයම් කරන ඔහුට ලාභය උපදියි. ඔහු ඒ ලාභයෙන් මත් වෙයි. ප්‍රමාද වෙයි. මත්වීමෙන් ප්‍රමාදයට පැමිණෙයි. ආයුෂ්මත්නි, මේ භික්ෂුව ලාභයට ආශාවෙන් වාසය කරන්නේ යැයි ද, ලාභය පිණිස නැගී සිටින්නේ ය, උත්සාහ කරන්නේ ය, වෑයම් කරන්නේ ය, ලැබීම ද ඇත්තේ, එයින් මත් වූයේ ත්, ප්‍රමාද වූයේ ත් සද්ධර්මයෙන් චුත වූයේ ත් වේ යැයි කියනු ලැබේ.

3. ආයුෂ්මත්නි, මෙහිලා හුදෙකලා විවේකයට ගිය, තමා සන්තක කිසිවක් නැති ව වසන භික්ෂුවට ලාභ ලැබීමේ ආශාවක් උපදියි. ඔහු ලාභ ලැබීම පිණිස නැගී නොසිටියි. උත්සාහ නොකරයි. වෑයම් නොකරයි. ලාභ ලැබීම පිණිස නැගී නොසිටින, උත්සාහ නොකරන, වෑයම් නොකරන ඔහුට ලාභය නූපදියි. ඔහු ඒ අලාභයෙන් ශෝක කරයි. ක්ලාන්ත වෙයි. හඬා වැළපෙයි. ළයෙහි අත් පැහැර හඬයි. සිහි මුලාවට පැමිණෙයි. ආයුෂ්මත්නි, මේ භික්ෂුව ලාභයට ආශාවෙන් වාසය කරන්නේ යැයි ද, ලාභය පිණිස නැගී නොසිටින්නේ ය, උත්සාහ නොකරන්නේ ය, වෑයම් නොකරන්නේ ය, ලැබීම ද නැත්තේ, ශෝකී වූයේ වැළපෙන්නේ සද්ධර්මයෙන් ද චුත වූයේ ය යැයි කියනු ලැබේ.

4. ආයුෂ්මත්නි, මෙහිලා හුදෙකලා විවේකයට ගිය, තමා සන්තක කිසිවක් නැති ව වසන භික්ෂුවට ලාභ ලැබීමේ ආශාවක් උපදියි. ඔහු ලාභ ලැබීම පිණිස නැගී නොසිටියි. උත්සාහ නොකරයි. වෑයම් නොකරයි. ලාභ ලැබීම පිණිස නැගී නොසිටින, උත්සාහ නොකරන, වෑයම් නොකරන ඔහුට ලාභය උපදියි. ඔහු ඒ ලාභයෙන් මත් වෙයි. ප්‍රමාද වෙයි. මත්වීමෙන් ප්‍රමාදයට පැමිණෙයි. ආයුෂ්මත්නි, මේ භික්ෂුව ලාභයට ආශාවෙන් වාසය කරන්නේ යැයි ද, ලාභය පිණිස නැගී නොසිටින්නේ ය, උත්සාහ නොකරන්නේ ය, වෑයම් නොකරන්නේ ය, ලැබීම ද ඇත්තේ, එයින් මත් වූයේ ත්, ප්‍රමාද වූයේ ත් සද්ධර්මයෙන් චුත වූයේ ත් වේ යැයි කියනු ලැබේ.

5. ආයුෂ්මත්නි, මෙහිලා හුදෙකලා විවේකයට ගිය, තමා සන්තක කිසිවක්

නැති ව වසන භික්ෂුවට ලාභ ලැබීමේ ආශාවක් උපදියි. ඔහු ලාභ ලැබීම පිණිස නැඟී සිටියි. උත්සාහ කරයි. වෑයම් කරයි. ලාභ ලැබීම පිණිස නැඟී සිටින, උත්සාහ කරන, වෑයම් කරන ඔහුට ලාභය නූපදියි. ඔහු ඒ අලාභයෙන් ශෝක නොකරයි. ක්ලාන්ත නොවෙයි. හඬා නොවැළපෙයි. ළයෙහි අත් පැහැර නොහඬයි. සිහි මුලාවට නොපැමිණෙයි. ආයුෂ්මත්නි, මේ භික්ෂුව ලාභයට ආශාවෙන් වාසය කරන්නේ යැයි ද, ලාභය පිණිස නැඟී සිටින්නේ ය, උත්සාහ කරන්නේ ය, වෑයම් කරන්නේ ය. එනමුදු ලැබීම ද නැත්තේ, ශෝකී නොවූයේ නොවැළපෙන්නේ සද්ධර්මයෙන් ද චුත නොවූයේ ය යැයි කියනු ලැබේ.

6. ආයුෂ්මත්නි, මෙහිලා හුදෙකලා විවේකයට ගිය, තමා සන්තක කිසිවක් නැති ව වසන භික්ෂුවට ලාභ ලැබීමේ ආශාවක් උපදියි. ඔහු ලාභ ලැබීම පිණිස නැඟී සිටියි. උත්සාහ කරයි. වෑයම් කරයි. ලාභ ලැබීම පිණිස නැඟී සිටින, උත්සාහ කරන, වෑයම් කරන ඔහුට ලාභය උපදියි. ඔහු ඒ ලාභයෙන් මත් නොවෙයි. ප්‍රමාද නොවෙයි. ප්‍රමාදයට නොපැමිණෙයි. ආයුෂ්මත්නි, මේ භික්ෂුව ලාභයට ආශාවෙන් වාසය කරන්නේ යැයි ද, ලාභය පිණිස නැඟී සිටින්නේ ය, උත්සාහ කරන්නේ ය, වෑයම් කරන්නේ ය, ලැබීම ද ඇත්තේ, එයින් මත් නොවූයේ ත්, ප්‍රමාද නොවූයේ ත් සද්ධර්මයෙන් චුත නොවූයේ ත් වේ යැයි කියනු ලැබේ.

7. ආයුෂ්මත්නි, මෙහිලා හුදෙකලා විවේකයට ගිය, තමා සන්තක කිසිවක් නැති ව වසන භික්ෂුවට ලාභ ලැබීමේ ආශාවක් උපදියි. ඔහු ලාභ ලැබීම පිණිස නැඟී නොසිටියි. උත්සාහ නොකරයි. වෑයම් නොකරයි. ලාභ ලැබීම පිණිස නැඟී නොසිටින, උත්සාහ නොකරන, වෑයම් නොකරන ඔහුට ලාභය නූපදියි. ඔහු ඒ අලාභයෙන් ශෝක නොකරයි. ක්ලාන්ත නොවෙයි. හඬා නොවැළපෙයි. ළයෙහි අත් පැහැර නොහඬයි. සිහි මුලාවට නොපැමිණෙයි. ආයුෂ්මත්නි, මේ භික්ෂුව ලාභයට ආශාවෙන් වාසය කරන්නේ යැයි ද, ලාභය පිණිස නැඟී නොසිටින්නේ ය, උත්සාහ නොකරන්නේ ය, වෑයම් නොකරන්නේ ය, ලැබීම ද නැත්තේ, ශෝකී නොවූයේ නොවැළපෙන්නේ සද්ධර්මයෙන් ද චුත නොවූයේ ය යැයි කියනු ලැබේ.

8. ආයුෂ්මත්නි, මෙහිලා හුදෙකලා විවේකයට ගිය, තමා සන්තක කිසිවක් නැති ව වසන භික්ෂුවට ලාභ ලැබීමේ ආශාවක් උපදියි. ඔහු ලාභ ලැබීම පිණිස නැඟී නොසිටියි. උත්සාහ නොකරයි. වෑයම් නොකරයි. ලාභ ලැබීම පිණිස නැඟී නොසිටින, උත්සාහ නොකරන, වෑයම් නොකරන ඔහුට ලාභය උපදියි. ඔහු ඒ ලාභයෙන් මත් නොවෙයි. ප්‍රමාද නොවෙයි. ප්‍රමාදයට නොපැමිණෙයි. ආයුෂ්මත්නි, මේ භික්ෂුව ලාභයට ආශාවෙන් වාසය කරන්නේ යැයි ද, ලාභය

පිණිස නැගී නොසිටින්නේ ය, උත්සාහ නොකරන්නේ ය, වෑයම් නොකරන්නේ ය, ලැබීම ද ඇත්තේ, එයින් මත් නොවූයේ ත්, ප්‍රමාද නොවූයේ ත් සද්ධර්මයෙන් චුත නොවූයේ ත් වේ යැයි කියනු ලැබේ.

ආයුෂ්මත්නි, මේ පුද්ගලයෝ අට දෙනා ලෝකයෙහි විද්‍යමාන ව සිටිති.

සාදු! සාදු!! සාදු!!!

ලාභිච්ඡා සූත්‍රය නිමා විය.

8.2.3.8.
අලං සූත්‍රය
සුදුසු ය යන කරුණ ගැන වදාළ දෙසුම

සැවැත් නුවර දී ය .....

එකල්හී ආයුෂ්මත් සාරිපුත්තයන් වහන්සේ භික්ෂූන් ඇමතූ සේක. ....(පෙ)....

ආයුෂ්මත්නි, සය කරුණකින් සමන්විත වූ භික්ෂුව තමාගේ යහපතට ත් සුදුසු ය. අනුන්ගේ යහපතට ත් සුදුසු ය. ඒ කවර සය කරුණකින් ද යත්;

ආයුෂ්මත්නි, මෙහිලා භික්ෂුව කුසල් දහම් පිළිබඳ ව වහා වටහා ගන්නේ ද වෙයි. ඇසූ ධර්මයන් මැනැවින් දරණ ස්වභාවය ඇත්තේ ද වෙයි. දරාගත් ධර්මයන්ගේ අර්ථ නුවණින් පරීක්ෂා කරන්නේ ද වෙයි. අර්ථ දැන, ධර්මය දැන ධර්මානුධර්ම ප්‍රතිපදාවෙන් යුක්ත වූයේ ද වෙයි. කල්‍යාණ වචන ඇත්තේ වෙයි. සොඳුරු වචන පවසන්නේ, වැදගත් වචන පවසන්නේ, නොවිසුරුණු වචන පවසන්නේ, නිදොස් වචන පවසන්නේ, අරුත් හඟවන වචන පවසන්නේ ද වෙයි. සබ්‍රහ්මචාරීන් වහන්සේලා හට කරුණු පෙන්වා දෙන්නේ, සමාදන් කරවන්නේ, උනන්දු කරවන්නේ, සතුටු කරවන්නේ වෙයි.

ආයුෂ්මත්නි, මේ සය කරුණෙන් සමන්විත වූ භික්ෂුව තමාගේ යහපතට ත් සුදුසු ය. අනුන්ගේ යහපතට ත් සුදුසු ය.

ආයුෂ්මත්නි, පස් කරුණකින් සමන්විත වූ භික්ෂුව තමාගේ යහපතට ත් සුදුසු ය. අනුන්ගේ යහපතට ත් සුදුසු ය. ඒ කවර පස් කරුණකින් ද යත්;

ආයුෂ්මත්නි, මෙහිලා භික්ෂුව කුසල් දහම් පිළිබඳ ව වහා නොවටහාගන්නේ ද වෙයි. ඇසූ ධර්මයන් මැනැවින් දරණ ස්වභාවය ඇත්තේ ද වෙයි. දරාගත් ධර්මයන්ගේ අර්ථ නුවණින් පරීක්ෂා කරන්නේ ද වෙයි. අර්ථ දැන, ධර්මය දැන ධර්මානුධර්ම ප්‍රතිපදාවෙන් යුක්ත වූයේ ද වෙයි. කල්‍යාණ වචන ඇත්තේ වෙයි. ....(පෙ).... අරුත් හඟවන වචන පවසන්නේ ද වෙයි. සබ්‍රහ්මචාරීන් වහන්සේලා හට කරුණු කරුණු පෙන්වා දෙන්නේ, සමාදන් කරවන්නේ, උනන්දු කරවන්නේ, සතුටු කරවන්නේ වෙයි.

ආයුෂ්මත්නි, මේ පස් කරුණෙන් සමන්විත වූ භික්ෂුව තමාගේ යහපතට ත් සුදුසු ය. අනුන්ගේ යහපතට ත් සුදුසු ය.

ආයුෂ්මත්නි, සිව් කරුණකින් සමන්විත වූ භික්ෂුව තමාගේ යහපතට සුදුසු ය. අනුන්ගේ යහපතට නුසුදුසු ය. ඒ කවර සිව් කරුණකින් ද යත්;

ආයුෂ්මත්නි, මෙහිලා භික්ෂුව කුසල් දහම් පිළිබඳ ව වහා වටහාගන්නේ ද වෙයි. ඇසූ ධර්මයන් මැනැවින් දරණ ස්වභාවය ඇත්තේ ද වෙයි. දරාගත් ධර්මයන්ගේ අර්ථ නුවණින් පරීක්ෂා කරන්නේ ද වෙයි. අර්ථ දැන, ධර්මය දැන ධර්මානුධර්ම ප්‍රතිපදාවෙන් යුක්ත වූයේ ද වෙයි. කල්‍යාණ වචන නැත්තේ ද වෙයි. ....(පෙ).... සබ්‍රහ්මචාරීන් වහන්සේලා හට කරුණු පෙන්වා දෙන, සමාදන් කරවන, උනන්දු කරවන, සතුටු කරවන ස්වභාවය නැත්තේ ද වෙයි.

ආයුෂ්මත්නි, මේ සිව් කරුණෙන් සමන්විත වූ භික්ෂුව තමාගේ යහපතට සුදුසු ය. අනුන්ගේ යහපතට නුසුදුසු ය.

ආයුෂ්මත්නි, සිව් කරුණකින් සමන්විත වූ භික්ෂුව අනුන්ගේ යහපතට සුදුසු ය. තමන්ගේ යහපතට නුසුදුසු ය. ඒ කවර සිව් කරුණකින් ද යත්;

ආයුෂ්මත්නි, මෙහිලා භික්ෂුව කුසල් දහම් පිළිබඳ ව වහා වටහාගන්නේ ද වෙයි. ඇසූ ධර්මයන් මැනැවින් දරණ ස්වභාවය ඇත්තේ ද වෙයි. දරාගත් ධර්මයන්ගේ අර්ථ නුවණින් පරීක්ෂා නොකරන්නේ ද වෙයි. අර්ථ දැන, ධර්මය දැන ධර්මානුධර්ම ප්‍රතිපදාවෙන් යුක්ත වූයේ ද නොවෙයි. කල්‍යාණ වචන ඇත්තේ වෙයි. ....(පෙ).... සබ්‍රහ්මචාරීන් වහන්සේලා හට කරුණු පෙන්වා දෙන්නේ, සමාදන් කරවන්නේ, උනන්දු කරවන්නේ, සතුටු කරවන්නේ ද වෙයි.

ආයුෂ්මත්නි, මේ සිව් කරුණෙන් සමන්විත වූ භික්ෂුව අනුන්ගේ යහපතට සුදුසු ය. තමන්ගේ යහපතට නුසුදුසු ය.

ආයුෂ්මත්නි, තුන් කරුණකින් සමන්විත වූ භික්ෂුව තමාගේ යහපතට

සුදුසු ය. අනුන්ගේ යහපතට නුසුදුසු ය. ඒ කවර තුන් කරුණකින් ද යත්;

ආයුෂ්මත්නි, මෙහිලා භික්ෂුව කුසල් දහම් පිළිබඳ ව වහා වටහාගන්නේ ද නොවෙයි. ඇසූ ධර්මයන් මැනැවින් දරණ ස්වභාවය ඇත්තේ ද වෙයි. දරාගත් ධර්මයන්ගේ අර්ථ නුවණින් පරීක්ෂා කරන්නේ ද වෙයි. අර්ථ දැන, ධර්මය දැන ධර්මානුධර්ම ප්‍රතිපදාවෙන් යුක්ත වූයේ ද වෙයි. කල්‍යාණ වචන ඇත්තේ නොවෙයි. ....(පෙ).... සබ්‍රහ්මචාරීන් වහන්සේලා හට කරුණු පෙන්වා දෙන, සමාදන් කරවන, උනන්දු කරවන, සතුටු කරවන ස්වභාවයෙන් යුක්ත ද නොවෙයි.

ආයුෂ්මත්නි, මේ තුන් කරුණෙන් සමන්විත වූ භික්ෂුව තමාගේ යහපතට සුදුසු ය. අනුන්ගේ යහපතට නුසුදුසු ය.

ආයුෂ්මත්නි, තුන් කරුණකින් සමන්විත වූ භික්ෂුව අනුන්ගේ යහපතට සුදුසු ය. තමන්ගේ යහපතට නුසුදුසු ය. ඒ කවර තුන් කරුණකින් ද යත්;

ආයුෂ්මත්නි, මෙහිලා භික්ෂුව කුසල් දහම් පිළිබඳ ව වහා වටහාගන්නේ ද නොවෙයි. ඇසූ ධර්මයන් මැනැවින් දරණ ස්වභාවය ඇත්තේ ද වෙයි. දරාගත් ධර්මයන්ගේ අර්ථ නුවණින් පරීක්ෂා කරන්නේ ද නොවෙයි. අර්ථ දැන, ධර්මය දැන ධර්මානුධර්ම ප්‍රතිපදාවෙන් යුක්ත වූයේ ද නොවෙයි. කල්‍යාණ වචන ඇත්තේ වෙයි. .....(පෙ).... සබ්‍රහ්මචාරීන් වහන්සේලා හට කරුණු පෙන්වා දෙන්නේ, සමාදන් කරවන්නේ, උනන්දු කරවන්නේ, සතුටු කරවන්නේ ද වෙයි.

ආයුෂ්මත්නි, මේ තුන් කරුණෙන් සමන්විත වූ භික්ෂුව අනුන්ගේ යහපතට සුදුසු ය. තමන්ගේ යහපතට නුසුදුසු ය.

ආයුෂ්මත්නි, දෙකරුණකින් සමන්විත වූ භික්ෂුව තමාගේ යහපතට සුදුසු ය. අනුන්ගේ යහපතට නුසුදුසු ය. ඒ කවර දෙකරුණකින් ද යත්;

ආයුෂ්මත්නි, මෙහිලා භික්ෂුව කුසල් දහම් පිළිබඳ ව වහා වටහාගන්නේ ද නොවෙයි. ඇසූ ධර්මයන් මැනැවින් දරණ ස්වභාවය ඇත්තේ ද නොවෙයි. දරාගත් ධර්මයන්ගේ අර්ථ නුවණින් පරීක්ෂා කරන්නේ ද වෙයි. අර්ථ දැන, ධර්මය දැන ධර්මානුධර්ම ප්‍රතිපදාවෙන් යුක්ත වූයේ ද වෙයි. කල්‍යාණ වචන ඇත්තේ නොවෙයි. ....(පෙ).... සබ්‍රහ්මචාරීන් වහන්සේලා හට කරුණු පෙන්වා දෙන, සමාදන් කරවන, උනන්දු කරවන, සතුටු කරවන ස්වභාවයෙන් යුක්ත ද නොවෙයි.

ආයුෂ්මත්නි, මේ දෙකරුණෙන් සමන්විත වූ භික්ෂුව තමාගේ යහපතට

සුදුසු ය. අනුන්ගේ යහපතට නුසුදුසු ය.

ආයුෂ්මත්නි, දෙකරුණකින් සමන්විත වූ භික්ෂුව අනුන්ගේ යහපතට සුදුසු ය. තමන්ගේ යහපතට නුසුදුසු ය. ඒ කවර දෙකරුණකින් ද යත්;

ආයුෂ්මත්නි, මෙහිලා භික්ෂුව කුසල් දහම් පිළිබඳ ව වහා වටහාගන්නේ ද නොවෙයි. ඇසූ ධර්මයන් මැනැවින් දරණ ස්වභාවය ඇත්තේ ද නොවෙයි. දරාගත් ධර්මයන්ගේ අර්ථ නුවණින් පරීක්ෂා කරන්නේ ද නොවෙයි. අර්ථ දැන, ධර්මය දැන ධර්මානුධර්ම ප්‍රතිපදාවෙන් යුක්ත වූයේ ද නොවෙයි. කල්‍යාණ වචන ඇත්තේ වෙයි. සොඳුරු වචන පවසන්නේ, වැදගත් වචන පවසන්නේ, නොවිසුරුණු වචන පවසන්නේ, නිදොස් වචන පවසන්නේ, අරුත් හඟවන වචන පවසන්නේ ද වෙයි. සබ්‍රහ්මචාරීන් වහන්සේලා හට කරුණු පෙන්වා දෙන්නේ, සමාදන් කරවන්නේ, උනන්දු කරවන්නේ, සතුටු කරවන්නේ ද වෙයි.

ආයුෂ්මත්නි, මේ දෙකරුණෙන් සමන්විත වූ භික්ෂුව අනුන්ගේ යහපතට සුදුසු ය. තමන්ගේ යහපතට නුසුදුසු ය.

සාදු! සාදු!! සාදු!!!

අලං සූත්‍රය නිමා විය.

8.2.3.9.
සේඛපරිහානිය සූත්‍රය
ධර්මයෙහි හික්මෙන භික්ෂුවගේ පිරිහීම ගැන වදාළ දෙසුම

සැවැත් නුවර දී ය .....

මහණෙනි, මේ කරුණු අට ධර්මයෙහි හික්මෙන භික්ෂුවගේ පිරිහීම පිණිස පවතියි. ඒ කවර කරුණු අටක් ද යත්;

බාහිර වැඩකටයුතුවල ඇලී සිටීම, අනවශ්‍ය කථාවෙහි ඇලී සිටීම, නින්දෙහි ඇලී සිටීම, පිරිස සමඟ ඇලී සිටීම, ඉන්ද්‍රියයන්හි නොවැසූ දොරටු ඇති බව, වළඳන ආහාරයෙහි අර්ථය නොදන්නා බව, කෙලෙස් ඇතිවෙන කරුණු සමඟ එක් වී සිටීම, කෙලෙස් ඇතිවෙන සිතුවිලි සිතමින් සිටීම.

මහණෙනි, මේ කරුණු අට ධර්මයෙහි හික්මෙන භික්ෂුවගේ පිරිහීම

පිණිස පවතියි.

මහණෙනි, මේ කරුණු අට ධර්මයෙහි හික්මෙන භික්ෂුවගේ නොපිරිහීම පිණිස පවතියි. ඒ කවර කරුණු අටක් ද යත්;

බාහිර වැඩකටයුතුවල ඇලී නොසිටීම, අනවශ්‍ය කථාවෙහි ඇලී නොසිටීම, නින්දෙහි ඇලී නොසිටීම, පිරිස සමඟ ඇලී නොසිටීම, ඉන්ද්‍රියයන්හි වැසූ දොරටු ඇති බව, වළඳන ආහාරයෙහි අර්ථය දන්නා බව, කෙලෙස් ඇතිවෙන කරුණු සමඟ එක් වී නොසිටීම, කෙලෙස් ඇතිවෙන සිතුවිලි සිතමින් නොසිටීම.

මහණෙනි, මේ කරුණු අට ධර්මයෙහි හික්මෙන භික්ෂුවගේ නොපිරිහීම පිණිස පවතියි.

සාදු! සාදු!! සාදු!!!

සේඛපරිහානිය සූත්‍රය නිමා විය.

8.2.3.10.
කුසීතාරම්භවත්ථු සූත්‍රය
කුසීත බවට හා පටන් ගත් වීරිය ඇති බවට මුල්වෙන කරුණු ගැන වදාළ දෙසුම

සැවැත් නුවර දී ය .....

මහණෙනි, මේ කුසීත බවට මුල්වෙන කරුණු අටකි. ඒ කවර අටක් ද යත්;

1. මහණෙනි, මෙහිලා භික්ෂුව විසින් කළ යුතු කිසියම් කටයුත්තක් ඇත්තේ වෙයි. එවිට ඔහුට මෙසේ සිතෙයි. 'මා විසින් මේ කටයුත්ත කළ යුතු වන්නේ නොවැ. මේ වැඩය කරන කල්හී මාගේ ශරීරය ක්ලාන්ත වනු ඇත. එහෙයින් මම එයට පෙර නිදාගන්නෙමි' යි ඔහු නිදයි. නොපැමිණි මාර්ගඵලයන්ට පැමිණීම පිණිස, නොලැබූ මාර්ගඵලයන් ලැබීම පිණිස, අත්නොදුටු මාර්ගඵලයන් අත්දැකීම පිණිස, වීර්යය පටන් නොගනියි. මහණෙනි, මෙය කුසීත බවට මුල් වන පළමු කරුණ යි.

2. තව ද මහණෙනි, භික්ෂුව විසින් කිසියම් කටයුත්තක් කරන ලද්දේ වෙයි. එවිට ඔහුට මෙසේ සිතෙයි. 'මම මේ කටයුත්ත කළෙමි. මේ වැඩය කරන කල්හී මාගේ ශරීරය ක්ලාන්ත වී ගියේ නොවැ. එහෙයින් මම දැන් නිදාගන්නෙමි' යි ඔහු නිදයි. නොපැමිණි මාර්ගඵලයන්ට පැමිණීම පිණිස, නොලැබූ මාර්ගඵලයන් ලැබීම පිණිස, අත්නොදුටු මාර්ගඵලයන් අත්දැකීම පිණිස, වීර්යය පටන් නොගනියි. මහණෙනි, මෙය කුසීත බවට මුල් වන දෙවෙනි කරුණ යි.

3. තව ද මහණෙනි, භික්ෂුව විසින් යා යුතු කිසියම් ගමනක් ඇත්තේ වෙයි. එවිට ඔහුට මෙසේ සිතෙයි. 'මා විසින් මේ ගමන යා යුතු වන්නේ නොවැ. මේ ගමන යන කල්හී මාගේ ශරීරය ක්ලාන්ත වනු ඇත. එහෙයින් මම එයට පෙර නිදාගන්නෙමි' යි ඔහු නිදයි. නොපැමිණි මාර්ගඵලයන්ට පැමිණීම පිණිස, නොලැබූ මාර්ගඵලයන් ලැබීම පිණිස, අත්නොදුටු මාර්ගඵලයන් අත්දැකීම පිණිස, වීර්යය පටන් නොගනියි. මහණෙනි, මෙය කුසීත බවට මුල් වන තුන්වෙනි කරුණ යි.

4. තව ද මහණෙනි, භික්ෂුව විසින් කිසියම් ගමනක් ගියේ වෙයි. එවිට ඔහුට මෙසේ සිතෙයි. 'මම මේ ගමන ගියෙමි. මේ ගමන යන කල්හී මාගේ ශරීරය ක්ලාන්ත වී ගියේ නොවැ. එහෙයින් මම දැන් නිදාගන්නෙමි' යි ඔහු නිදයි. නොපැමිණි මාර්ගඵලයන්ට පැමිණීම පිණිස, නොලැබූ මාර්ගඵලයන් ලැබීම පිණිස, අත්නොදුටු මාර්ගඵලයන් අත්දැකීම පිණිස, වීර්යය පටන් නොගනියි. මහණෙනි, මෙය කුසීත බවට මුල් වන සිව්වෙනි කරුණ යි.

5. තව ද මහණෙනි, භික්ෂුව ගමකට හෝ නියම් ගමකට හෝ පිඬු පිණිස යයි. එහිදී රූක්ෂ වේවා, ප්‍රණීත වේවා කුස පිරෙන තරමට ආහාර නොලැබුණේ වෙයි. එවිට ඔහුට මෙසේ සිතෙයි. 'මම ගමකට හෝ නියම් ගමකට හෝ පිඬු පිණිස ගියෙමි. එහිදී රූක්ෂ වේවා, ප්‍රණීත වේවා කුස පිරෙන තරමට ආහාර නොලැබුණේ නොවැ. ඒ මාගේ ශරීරය ක්ලාන්ත වී ඇත. මම කිසිවක් කරගත නොහැක්කෙමි. එහෙයින් මම නිදාගන්නෙමි' යි ඔහු නිදයි. නොපැමිණි මාර්ගඵලයන්ට පැමිණීම පිණිස, නොලැබූ මාර්ගඵලයන් ලැබීම පිණිස, අත්නොදුටු මාර්ගඵලයන් අත්දැකීම පිණිස, වීර්යය පටන් නොගනියි. මහණෙනි, මෙය කුසීත බවට මුල් වන පස්වෙනි කරුණ යි.

6. තව ද මහණෙනි, භික්ෂුව ගමකට හෝ නියම් ගමකට හෝ පිඬු පිණිස යයි. එහිදී රූක්ෂ වේවා, ප්‍රණීත වේවා කුස පිරෙන තරමට ආහාරලැබුණේ වෙයි. එවිට ඔහුට මෙසේ සිතෙයි. 'මම ගමකට හෝ නියම් ගමකට හෝ පිඬු පිණිස ගියෙමි. එහිදී රූක්ෂ වේවා, ප්‍රණීත වේවා කුස පිරෙන තරමට ආහාර

ලැබුණේ නොවැ. එහෙයින් මාගේ ශරීරයෙහි බර ගතියක් ඇත. මම කිසිවක් කරගත නොහැක්කෙමි. මෑ ඇට වැළඳූ කලක සෙයින් හැඟෙයි. එහෙයින් මම නිදා ගන්නෙමි' යි ඔහු නිදයි. නොපැමිණි මාර්ගඵලයන්ට පැමිණීම පිණිස, නොලැබූ මාර්ගඵලයන් ලැබීම පිණිස, අත්නොදුටු මාර්ගඵලයන් අත්දැකීම පිණිස, වීර්යය පටන් නොගනියි. මහණෙනි, මෙය කුසීත බවට මුල් වන සයවෙනි කරුණ යි.

7. තව ද මහණෙනි, භික්ෂුවට ස්වල්ප වූ ආබාධයක් උපන්නේ වෙයි. එවිට ඔහුට මෙසේ සිතෙයි. 'මට මේ ස්වල්ප වූ ආබාධයක් උපන්නේ නොවැ. හාන්සි වී සිටින්නට අදහස ඇත. එහෙයින් මම නිදාගන්නෙමි' යි ඔහු නිදයි. නොපැමිණි මාර්ගඵලයන්ට පැමිණීම පිණිස, නොලැබූ මාර්ගඵලයන් ලැබීම පිණිස, අත්නොදුටු මාර්ගඵලයන් අත්දැකීම පිණිස, වීර්යය පටන් නොගනියි. මහණෙනි, මෙය කුසීත බවට මුල් වන සත්වෙනි කරුණ යි.

8. තව ද මහණෙනි, භික්ෂුව ගිලන් බවින් නැගී සිටියේ වෙයි. ගිලන් බවින් නැගිට වැඩිකල් ඇත්තේ නොවෙයි. එවිට ඔහුට මෙසේ සිතෙයි. 'මම ගිලන් බවින් නැගී සිටියේ වෙමි. ගිලන් බවින් නැගිට වැඩිකල් ඇත්තේ නොවෙමි. එහෙයින් මගේ කය දුර්වල නොවැ. කිසි කටයුත්තකට නොනැමෙයි. එහෙයින් මම නිදාගන්නෙමි' යි ඔහු නිදයි. නොපැමිණි මාර්ගඵලයන්ට පැමිණීම පිණිස, නොලැබූ මාර්ගඵලයන් ලැබීම පිණිස, අත්නොදුටු මාර්ගඵලයන් අත්දැකීම පිණිස, වීර්යය පටන් නොගනියි. මහණෙනි, මෙය කුසීත බවට මුල් වන අටවෙනි කරුණ යි.

මහණෙනි, මේ වනාහී කුසීත බවට මුල්වෙන කරුණු අට යි.

මහණෙනි, මේ වීරිය පටන් ගැනීමට මුල්වෙන කරුණු අටකි. ඒ කවර අටක් ද යත්;

1. මහණෙනි, මෙහිලා භික්ෂුව විසින් කළ යුතු කිසියම් කටයුත්තක් ඇත්තේ වෙයි. එවිට ඔහුට මෙසේ සිතෙයි. 'මා විසින් මේ කටයුත්ත කළ යුතු වන්නේ නොවැ. මේ වැඩය කරන කල්හී මා හට බුදුරජුන්ගේ අනුශාසනය මෙනෙහි කරන්නට පහසු නොවෙයි. එහෙයින් මම කලින් ම නොලැබූ මාර්ගඵලයන් ලැබීම පිණිස, අත්නොදුටු මාර්ගඵලයන් අත්දැකීම පිණිස, වීර්යය පටන් ගනිමි.' ඔහු නොපැමිණි මාර්ගඵලයන්ට පැමිණීම පිණිස, නොලැබූ මාර්ගඵලයන් ලැබීම පිණිස, අත්නොදුටු මාර්ගඵලයන් අත්දැකීම පිණිස, වීර්යය පටන් ගනියි. මහණෙනි, මෙය වීරිය පටන් ගැනීමට මුල් වන පළමු කරුණ යි.

2. තව ද මහණෙනි, භික්ෂුව විසින් කිසියම් කටයුත්තක් කරන ලද්දේ වෙයි. එවිට ඔහුට මෙසේ සිතෙයි. 'මම මේ කටයුත්ත කළෙමි. මේ වැඩය කරන කල්හී මට බුදුරජුන්ගේ අනුශාසනය මෙනෙහි කරන්නට බැරි වූයේ නොවැ. එහෙයින් මම නොපැමිණි මාර්ගඵලයන්ට පැමිණීම පිණිස, නොලැබූ මාර්ගඵලයන් ලැබීම පිණිස, අත්නොදුටු මාර්ගඵලයන් අත්දැකීම පිණිස, වීර්යය පටන් ගනිමි.' ඔහු නොපැමිණි මාර්ගඵලයන්ට පැමිණීම පිණිස, නොලැබූ මාර්ගඵලයන් ලැබීම පිණිස, අත්නොදුටු මාර්ගඵලයන් අත්දැකීම පිණිස, වීර්යය පටන් ගනියි. මහණෙනි, මෙය වීරිය පටන් ගැනීමට මුල් වන දෙවෙනි කරුණ යි.

3. තව ද මහණෙනි, භික්ෂුව විසින් යා යුතු කිසියම් ගමනක් ඇත්තේ වෙයි. එවිට ඔහුට මෙසේ සිතෙයි. 'මා විසින් මේ ගමන යා යුතු වන්නේ නොවැ. මේ ගමන යන කල්හී මා හට බුදුරජුන්ගේ අනුශාසනය මෙනෙහි කරන්නට පහසු නොවෙයි. එහෙයින් මම කලින් ම නොපැමිණි මාර්ගඵලයන්ට පැමිණීම පිණිස, නොලැබූ මාර්ගඵලයන් ලැබීම පිණිස, අත්නොදුටු මාර්ගඵලයන් අත්දැකීම පිණිස, වීර්යය පටන් ගනිමි.' ඔහු නොපැමිණි මාර්ගඵලයන්ට පැමිණීම පිණිස, නොලැබූ මාර්ගඵලයන් ලැබීම පිණිස, අත්නොදුටු මාර්ගඵලයන් අත්දැකීම පිණිස, වීර්යය පටන් ගනියි. මහණෙනි, මෙය වීරිය පටන් ගැනීමට මුල් වන තුන්වෙනි කරුණ යි.

4. තව ද මහණෙනි, භික්ෂුව කිසියම් ගමනක් ගියේ වෙයි. එවිට ඔහුට මෙසේ සිතෙයි. 'මම මේ ගමන ගියෙමි. මේ ගමන ගිය නිසාවෙන් මා හට බුදුරජුන්ගේ අනුශාසනය මෙනෙහි කරන්නට බැරි වූයේ නොවැ. එහෙයින් මම නොපැමිණි මාර්ගඵලයන්ට පැමිණීම පිණිස, නොලැබූ මාර්ගඵලයන් ලැබීම පිණිස, අත්නොදුටු මාර්ගඵලයන් අත්දැකීම පිණිස, වීර්යය පටන් ගනිමි.' ඔහු නොපැමිණි මාර්ගඵලයන්ට පැමිණීම පිණිස, නොලැබූ මාර්ගඵලයන් ලැබීම පිණිස, අත්නොදුටු මාර්ගඵලයන් අත්දැකීම පිණිස, වීර්යය පටන් ගනියි. මහණෙනි, මෙය වීරිය පටන් ගැනීමට මුල් වන සිව්වෙනි කරුණ යි.

5. තව ද මහණෙනි, භික්ෂුව ගමකට හෝ නියම් ගමකට හෝ පිඬු පිණිස යයි. එහිදී රූක්ෂ වේවා, ප්‍රණීත වේවා කුස පිරෙන තරමට ආහාර නොලැබුණේ වෙයි. එවිට ඔහුට මෙසේ සිතෙයි. 'මම ගමකට හෝ නියම් ගමකට හෝ පිඬු පිණිස ගියෙමි. එහිදී රූක්ෂ වේවා, ප්‍රණීත වේවා කුස පිරෙන තරමට ආහාර නොලැබුණේ නොවැ. ඒ මාගේ ශරීරය සැහැල්ලු වී ඇත. මම යමක් කරගත හැක්කෙමි. එහෙයින් මම නොපැමිණි මාර්ගඵලයන්ට පැමිණීම පිණිස, නොලැබූ මාර්ගඵලයන් ලැබීම පිණිස, අත්නොදුටු මාර්ගඵලයන් අත්දැකීම පිණිස, වීර්යය

පටන් ගනිමි.' ඔහු නොපැමිණි මාර්ගඵලයන්ට පැමිණීම පිණිස, නොලැබූ මාර්ගඵලයන් ලැබීම පිණිස, අත්නොදුටු මාර්ගඵලයන් අත්දැකීම පිණිස, වීර්යය පටන් ගනියි. මහණෙනි, මෙය වීරිය පටන් ගැනීමට මුල් වන පස්වෙනි කරුණ යි.

6. තව ද මහණෙනි, භික්ෂුව ගමකට හෝ නියම් ගමකට හෝ පිඬු පිණිස යයි. එහිදී රූක්ෂ වේවා, ප්‍රණීත වේවා කුස පිරෙන තරමට ආහාර ලැබුණේ වෙයි. එවිට ඔහුට මෙසේ සිතෙයි. 'මම ගමකට හෝ නියම් ගමකට හෝ පිඬු පිණිස ගියෙමි. එහිදී රූක්ෂ වේවා, ප්‍රණීත වේවා කුස පිරෙන තරමට ආහාර ලැබුණේ නොවැ. එහෙයින් මාගේ ශරීරයෙහි සවිබල ඇත. මම කිසිවක් කරගත හැක්කෙමි. එහෙයින් මම නොපැමිණි මාර්ගඵලයන්ට පැමිණීම පිණිස, නොලැබූ මාර්ගඵලයන් ලැබීම පිණිස, අත්නොදුටු මාර්ගඵලයන් අත්දැකීම පිණිස, වීර්යය පටන් ගනිමි.' ඔහු නොපැමිණි මාර්ගඵලයන්ට පැමිණීම පිණිස, නොලැබූ මාර්ගඵලයන් ලැබීම පිණිස, අත්නොදුටු මාර්ගඵලයන් අත්දැකීම පිණිස, වීර්යය පටන් ගනියි. මහණෙනි, මෙය වීරිය පටන් ගැනීමට මුල් වන සයවෙනි කරුණ යි.

7. තව ද මහණෙනි, භික්ෂුවට ස්වල්ප වූ ආබාධයක් උපන්නේ වෙයි. එවිට ඔහුට මෙසේ සිතෙයි. 'මට මේ ස්වල්ප වූ ආබාධයක් උපන්නේ නොවැ. මේ ආබාධය වැඩිවෙයි නම්, එබඳු දෙයකට කරුණු ද පෙනෙයි. ආබාධය වැඩි වූ කල්හී බුදුරජුන්ගේ අනුශාසනය මෙනෙහි කරන්නට පහසු නොවෙයි. එහෙයින් මම කලින් ම නොපැමිණි මාර්ගඵලයන්ට පැමිණීම පිණිස, නොලැබූ මාර්ගඵලයන් ලැබීම පිණිස, අත්නොදුටු මාර්ගඵලයන් අත්දැකීම පිණිස, වීර්යය පටන් ගනිමි.' ඔහු නොපැමිණි මාර්ගඵලයන්ට පැමිණීම පිණිස, නොලැබූ මාර්ගඵලයන් ලැබීම පිණිස, අත්නොදුටු මාර්ගඵලයන් අත්දැකීම පිණිස, වීර්යය පටන් ගනියි. මහණෙනි, මෙය වීරිය පටන් ගැනීමට මුල් වන සත්වෙනි කරුණ යි.

8. තව ද මහණෙනි, භික්ෂුව ගිලන් බවින් නැගී සිටියේ වෙයි. ගිලන් බවින් නැගිට වැඩිකල් ඇත්තේ නොවෙයි. එවිට ඔහුට මෙසේ සිතෙයි. 'මම ගිලන් බවින් නැගී සිටියේ වෙමි. ගිලන් බවින් නැගිට වැඩිකල් ඇත්තේ නොවෙමි. මේ ආබාධය නැවත ත් හටගන්නට ඇති ඉඩකඩ පෙනෙයි. ආබාධිත වූ කල්හී බුදුරජුන්ගේ අනුශාසනය මෙනෙහි කරන්නට පහසු නොවෙයි. එහෙයින් මම කලින් ම නොපැමිණි මාර්ගඵලයන්ට පැමිණීම පිණිස, නොලැබූ මාර්ගඵලයන් ලැබීම පිණිස, අත්නොදුටු මාර්ගඵලයන් අත්දැකීම පිණිස, වීර්යය පටන් ගනිමි.' ඔහු නොපැමිණි මාර්ගඵලයන්ට පැමිණීම පිණිස, නොලැබූ මාර්ගඵලයන්

ලැබීම පිණිස, අත්නොදුටු මාර්ගඵලයන් අත්දැකීම පිණිස, වීර්යය පටන් ගනියි. මහණෙනි, මෙය වීරිය පටන් ගැනීමට මුල් වන අටවෙනි කරුණ යි.

මහණෙනි, මේ වනාහී වීරිය පටන් ගැනීමට මුල්වෙන කරුණු අට යි.

සාදු! සාදු!! සාදු!!!

කුසීතාරම්භවත්ථු සූත්‍රය නිමා විය.

තුන්වෙනි යමක වර්ගය අවසන් විය.

- **එහි පිළිවෙල උද්දානයයි :**

සද්ධා සූත්‍ර දෙක ය, මරණසති සූත්‍ර දෙක ය, සම්පදා සූත්‍ර දෙක ය, ඉච්ඡා සූත්‍රය, අලං සූත්‍රය, පරිහානි සූත්‍රය සහ කුසීතාරම්භවත්ථු සූත්‍රය වශයෙන් මෙහි සූත්‍ර දසයකි.

4. සති වර්ගය

8.2.4.1.
සතිසම්පජඤ්ඤ සූත්‍රය
සිහි නුවණ ගැන වදාළ දෙසුම

සැවැත් නුවර දී ය .....

මහණෙනි, සිහි නුවණ නැති කල්හී, සිහි නුවණ නැති තැනැත්තා හට පවට ඇති ලැජ්ජා - භය යනු නැසී ගිය හේතු සම්පත්තියකි.

පවට ලැජ්ජා - භය නැති කල්හී, පවට ලැජ්ජා භය නැති තැනැත්තා හට ඉන්ද්‍රිය සංවරය යනු නැසී ගිය හේතු සම්පත්තියකි.

ඉන්ද්‍රිය සංවරය නැති කල්හී, ඉන්ද්‍රිය සංවරය නැති තැනැත්තා හට සීලය යනු නැසී ගිය හේතු සම්පත්තියකි.

සීලය නැති කල්හී, සිල් වැනසුන තැනැත්තා හට සම්මා සමාධිය යනු නැසී ගිය හේතු සම්පත්තියකි.

සම්මා සමාධිය නැති කල්හී, සම්මා සමාධිය නැති තැනැත්තා හට ඇත්ත ඇති සැටියෙන් ම දන්නා නුවණ යනු නැසී ගිය හේතු සම්පත්තියකි.

ඇත්ත ඇති සැටියෙන් ම දන්නා නුවණින් නැති කල්හී, ඇත්ත ඇති සැටියෙන් ම දන්නා නුවණ නැති තැනැත්තා හට අවබෝධයෙන්ම එපා වී නොඇල්මට පත්වීම යනු නැසී ගිය හේතු සම්පත්තියකි.

අවබෝධයෙන් ම එපා වී නොඇල්මට පත්වීම නැති කල්හී, අවබෝධයෙන් ම එපා වී නොඇල්ම ඇති නොවූ තැනැත්තා හට තමා සදහට ම නිදහස් වී ගිය බව දන්නා නුවණ යනු නැසී ගිය හේතු සම්පත්තියකි.

මහණෙනි, එය මෙබඳු දෙයකි. ගිලිහී ගිය අතුඉති ඇති, ගිලිහී ගිය කොළ ඇති රුකක් ඇත්තේ ය. ඒ රුකෙහි පිට පොතු ත් වැඩී පිරිපුන් බවට නොයයි. ඇතුල් සිවිය ත්, එළය ත්, අරටුව ත් වැඩී පිරිපුන් බවට නොයයි. එසෙයින් ම මහණෙනි, සිහි නුවණ නැති කල්හී, සිහි නුවණින් තොර තැනැත්තා හට පවට ලැජ්ජා - භය යනු නැසී ගිය හේතු සම්පත්තියකි. පවට ලැජ්ජා - භය නැති කල්හී පවට ලැජ්ජා භය නැති තැනැත්තා හට ඉන්ද්‍රිය සංවරය යනු නැසී ගිය හේතු සම්පත්තියකි. ....(පෙ).... විමුක්ති ඥානදර්ශනය යනු නැසී ගිය හේතු සම්පත්තියකි.

මහණෙනි, සිහි නුවණ ඇති කල්හී, සිහි නුවණින් යුතු තැනැත්තා හට පවට ලැජ්ජා - භය යන හේතු සම්පත්තිය ඇති දෙයකි.

පවට ලැජ්ජා - භය ඇති කල්හී, පවට ලැජ්ජා භයෙන් යුතු තැනැත්තා හට ඉන්ද්‍රිය සංවරය යන හේතු සම්පත්තිය ඇති දෙයකි.

ඉන්ද්‍රිය සංවරය ඇති කල්හී, ඉන්ද්‍රිය සංවරයෙන් යුතු තැනැත්තා හට සීලය යන හේතු සම්පත්තිය ඇති දෙයකි.

මහණෙනි, සීලයෙන් යුක්ත වූ සිල්වත් තැනැත්තා හට සම්මා සමාධිය යන හේතු සම්පත්තිය ඇති දෙයකි.

සම්මා සමාධිය ඇති කල්හී, සම්මා සමාධියෙන් යුතු තැනැත්තා හට ඇත්ත ඇති සැටියෙන් ම දන්නා නුවණ යන හේතු සම්පත්තිය ඇති දෙයකි.

ඇත්ත ඇති සැටියෙන් ම දන්නා නුවණ ඇති කල්හී, ඇත්ත ඇති සැටියෙන් ම දන්නා නුවණින් යුතු තැනැත්තා හට අවබෝධයෙන්ම එපා වී නොඇල්මට පත්වීම යන හේතු සම්පත්තිය ඇති දෙයකි.

අවබෝධයෙන් ම එපා වී නොඇල්මට පත්වීම ඇති කල්හී, අවබෝධයෙන් ම එපා වී නොඇල්මෙන් යුතු තැනැත්තා හට තමා සදහට ම නිදහස් වී ගිය බව දන්නා නුවණ යන හේතු සම්පත්තිය ඇති දෙයකි.

මහණෙනි, එය මෙබඳු දෙයකි. මැනැවින් වැඩී ගිය අතුඉති ඇති, මැනැවින් වැඩී ගිය කොළ ඇති රුකක් ඇත්තේ ය. ඒ රුකෙහි පිට පොතු ත් වැඩී පිරිපුන් බවට යයි. ඇතුල් සිවිය ත්, එළය ත්, අරටුව ත් වැඩී පිරිපුන් බවට යයි. එසෙයින් ම මහණෙනි, සිහි නුවණ ඇති කල්හී, සිහි නුවණින් යුතු තැනැත්තා හට පවට ලැජ්ජා - භය ඇති බව යන හේතු සම්පත්තිය ඇති දෙයකි. පවට ලැජ්ජා - භය ඇති කල්හී, පවට ලැජ්ජා භයෙන් යුතු තැනැත්තා

හට ඉන්ද්‍රිය සංවරය යන හේතු සම්පත්තිය ඇති දෙයකි. ....(පෙ).... විමුක්ති ඥානදර්ශනය යන හේතු සම්පත්තිය ඇති දෙයකි.

සාදු! සාදු!! සාදු!!!

සතිසම්පජඤ්ඤ සූත්‍රය නිමා විය.

8.2.4.2.
පුණ්ණිය සූත්‍රය
පුණ්ණිය තෙරුන්ට වදාළ දෙසුම

සැවැත් නුවර දී ය .....

එකල්හී ආයුෂ්මත් පුණ්ණිය තෙරණුවෝ භාග්‍යවතුන් වහන්සේ වෙත පැමිණියහ. පැමිණ ....(පෙ).... එකත්පස් ව හුන් ආයුෂ්මත් පුණ්ණිය තෙරණුවෝ භාග්‍යවතුන් වහන්සේට මෙය පැවසූහ.

"ස්වාමීනී, ඇතැම් අවස්ථාවන්හී දී තථාගතයන් වහන්සේට ධර්මය දේශනාව වැටහෙන සේක් නම්, ඇතැම් අවස්ථාවන්හී දී නොවැටහෙන සේක් නම්, එයට හේතුව කුමක් ද? ප්‍රත්‍යය කුමක් ද?"

"පුණ්ණිය, භික්ෂුව ශ්‍රද්ධාවන්ත වෙයි. එනමුදු තථාගතයන් වෙත නොඑළඹෙන්නේ නම්, ඒ තාක් තථාගතයන් හට ධර්ම දේශනාව නොවැටහෙයි. පුණ්ණිය, යම් කලක භික්ෂුව සැදහැවත් වූයේ ත් වෙයි ද, තථාගතයන් වෙත එළඹෙන්නේ ත් වෙයි ද, මෙසේ තථාගතයන් හට ධර්ම දේශනාව වැටහෙයි.

පුණ්ණිය, භික්ෂුව ශ්‍රද්ධාවන්ත වෙයි. තථාගතයන් වෙත එළඹෙන්නේ ද වෙයි. එනමුත් ඇසුරු නොකරන්නේ වෙයි ....(පෙ).... ඇසුරු කරන්නේ ද වෙයි. ප්‍රශ්න නොකරන්නේ වෙයි. ....(පෙ).... ප්‍රශ්න කරන්නේ ද වෙයි. යොමු කළ කන් ඇති ව ධර්මය නොඅසන්නේ වෙයි. ....(පෙ).... යොමු කළ කන් ඇති ව ධර්මය අසන්නේ ද වෙයි. ඇසූ දහම් නොදරන්නේ ද වෙයි. ....(පෙ).... ඇසූ දහම් දරන්නේ ද වෙයි. එනමුත් දරන ලද ධර්මයන්ගේ අරුත් නොපිරික්සන්නේ වෙයි ....(පෙ).... දරණ ලද ධර්මයන්ගේ අරුත් ද පිරික්සයි. එනමුත් අර්ථය දැන ධර්මය දැන ධර්මානුධර්ම ප්‍රතිපදාවෙහි නොයෙදෙන්නේ වෙයි නම්, ඒ තාක් තථාගතයන් හට ධර්ම දේශනාව නොවැටහෙයි.

පුණ්ණිය, යම් කලක භික්ෂුව සැදැහැවත් වූයේ ත් වෙයි ද, තථාගතයන් වෙත එළඹෙන්නේ ත් වෙයි ද, ඇසුරු කරන්නේ ත් වෙයි ද, ප්‍රශ්න කරන්නේ ත් වෙයි ද, යොමු කළ කන් ඇති ව ධර්මය අසන්නේ ත් වෙයි ද, ඇසූ දහම් දරන්නේ ත් වෙයි ද, දරන ලද ධර්මයන්ගේ අරුත් පිරික්සන්නේ ත් වෙයි ද, අර්ථය දැන ධර්මය දැන ධර්මානුධර්ම ප්‍රතිපදාවෙහි යෙදෙන්නේ ත් වෙයි ද, මෙසේ තථාගතයන් හට ධර්ම දේශනාව වැටහෙයි.

පුණ්ණිය, මේ ධර්මයන් අටෙන් යුක්ත වූ තැනැත්තාට තථාගතයන්ගේ ඒකාන්ත ප්‍රතිභානය ඇති ධර්ම දේශනාව වෙයි.

සාදු! සාදු!! සාදු!!!

පුණ්ණිය සූත්‍රය නිමා විය.

8.2.4.3.
කිංමූලක සූත්‍රය
කුමක් මුල්වීමෙන් ද යනුවෙන් වදාළ දෙසුම

සැවැත් නුවර දී ය .....

"ඉදින් මහණෙනි, අන්‍ය තීර්ථක පරිබ්‍රාජකයෝ මෙසේ අසත් නම්, එනම් 'ආයුෂ්මත්නි, සියළු ධර්මයෝ කුමක් මුල්කොට ඇත්තාහු ද? සියළු ධර්මයෝ කුමකින් හටගන්නාහු ද? සියළු ධර්මයෝ කුමක් ප්‍රභව කොට ඇත්තාහු ද? සියළු ධර්මයෝ කුමකට එක් වී ඇත්තාහු ද? සියළු ධර්මයෝ කුමක් ප්‍රමුඛ ව ඇත්තාහු ද? සියළු ධර්මයෝ කුමක් අධිපති කොට ඇත්තාහු ද? සියළු ධර්මයෝ කුමක් උතුම් කොට ඇත්තාහු ද? සියළු ධර්මයෝ කුමක් සාර කොට ඇත්තාහු ද?' මහණෙනි, මෙසේ අසන්නා වූ ඒ අන්‍ය තීර්ථක පරිබ්‍රාජකයන් හට ඔබ කුමන පිළිතුරක් දෙන්නහු ද?"

"ස්වාමීනී, අපගේ ධර්මයෝ භාග්‍යවතුන් වහන්සේ මුල්කොට ඇත්තාහු ය. භාග්‍යවතුන් වහන්සේ ප්‍රධාන කොට ඇත්තාහු ය. භාග්‍යවතුන් වහන්සේ පිළිසරණ කොට ඇත්තාහු ය. මේ වදාළ කරුණෙහි අර්ථය භාග්‍යවතුන් වහන්සේට ම වැටහෙන සේක් නම් යහපති. භාග්‍යවතුන් වහන්සේගෙන් අසා භික්ෂූහු දරන්නාහු ය."

"එසේ වී නම් මහණෙනි, අසව්. මැනැවින් මෙනෙහි කරව්. පවසන්නෙමි."

"එසේ ය, ස්වාමීනී" යි ඒ භික්ෂූහු භාග්‍යවතුන් වහන්සේට පිළිවදන් දුන්හ. භාග්‍යවතුන් වහන්සේ මෙය වදාළ සේක.

"ඉදින් මහණෙනි, අන්‍ය තීර්ථක පරිබ්‍රාජකයෝ මෙසේ අසත් නම්, එනම් 'ආයුෂ්මත්නි, සියළු ධර්මයෝ කුමක් මුල්කොට ඇත්තාහු ද? සියළු ධර්මයෝ කුමක් ප්‍රභව කොට ඇත්තාහු ද? සියළු ධර්මයෝ කුමකින් හටගන්නාහු ද? සියළු ධර්මයෝ කුමකට එක් වී ඇත්තාහු ද? සියළු ධර්මයෝ කුමක් ප්‍රමුඛ ව ඇත්තාහු ද? සියළු ධර්මයෝ කුමක් අධිපති කොට ඇත්තාහු ද? සියළු ධර්මයෝ කුමක් උතුම් කොට ඇත්තාහු ද? සියළු ධර්මයෝ කුමක් සාර කොට ඇත්තාහු ද?'යි මහණෙනි, මෙසේ අසන්නා වූ ඒ අන්‍ය තීර්ථක පරිබ්‍රාජකයන් හට මෙසේ පිළිතුරු දෙව්.

ආයුෂ්මත්නි, සියළු ධර්මයෝ කැමැත්ත මුල්කොට ඇත්තාහු ය. සියළු ධර්මයෝ මනසිකාරය ප්‍රභව කොට ඇත්තාහු ය. සියළු ධර්මයෝ ස්පර්ශයෙන් හටගත්තාහු ය. සියළු ධර්මයෝ විඳීම හා එක් වී ඇත්තාහු ය. සියළු ධර්මයෝ සමාධිය ප්‍රමුඛ ව ඇත්තාහු ය. සියළු ධර්මයෝ සිහිය අධිපති කොට ඇත්තාහු ය. සියළු ධර්මයෝ ප්‍රඥාව උතුම් කොට ඇත්තාහු ය. සියළු ධර්මයෝ විමුක්තිය සාර කොට ඇත්තාහු ය.

මහණෙනි, ඔබෙන් ඔය අයුරින් අසන ලද ඒ අන්‍යතීර්ථක පරිබ්‍රාජකයන් හට මේ අයුරින් පිළිතුරු දෙව්."

සාදු! සාදු!! සාදු!!!

කිංමූලක සූත්‍රය නිමා විය.

8.2.4.4.

මහා චෝරංග සූත්‍රය

මහා සොරාගේ ගතිගුණ ගැන වදාළ දෙසුම

සැවැත් නුවර දී ය .....

මහණෙනි, ගතිගුණ අටකින් යුක්ත වූ මහා සොරා වහා අවසානයට

පත් වෙයි. බොහෝ කල් නොපවතියි. ඒ කවර අටක් ද යත්;

පහර නොදෙන්නහුට පහර දෙයි. ඉතිරි නොකොට ම පැහැර ගනියි. ස්ත්‍රිය මරයි. කුමරිය දූෂණය කරයි. පැවිද්දා සතු දේ ත් පැහැර ගනියි. රාජ භාණ්ඩාගාරය පැහැර ගනියි. ඉතා නුදුරෙහි සොරකම් කරයි. ලත් දෙය නිධන් කරගන්නට දක්ෂ නොවෙයි.

මහණෙනි, මේ ගතිගුණ අටෙන් යුක්ත වූ මහා සොරා වහා අවසානයට පත් වෙයි. බොහෝ කල් නොපවතියි.

මහණෙනි, ගතිගුණ අටකින් යුක්ත වූ මහා සොරා ඉක්මනින් අවසානයට පත් නොවෙයි. බොහෝ කල් පවතියි. ඒ කවර අටක් ද යත්;

පහර නොදෙන්නහුට පහර නොදෙයි. ඉතිරි කොට පැහැර ගනියි. ස්ත්‍රිය නොමරයි. කුමරිය දූෂණය නොකරයි. පැවිද්දා සතු දේ පැහැර නොගනියි. රාජ භාණ්ඩාගාරය පැහැර නොගනියි. ඉතා නුදුරෙහි සොරකම් නොකරයි. ලත් දෙය නිධන් කරගන්නට දක්ෂ වෙයි.

මහණෙනි, මේ ගතිගුණ අටෙන් යුක්ත වූ මහා සොරා ඉක්මනින් අවසානයට පත් නොවෙයි. බොහෝ කල් පවතියි.

සාදු! සාදු!! සාදු!!!

මහා චෝරංග සූත්‍රය නිමා විය.

8.2.4.5.
තථාගතාධිවචන සූත්‍රය
තථාගත බුදුරජුන්ට පවසන නම් ගැන වදාළ දෙසුම

සැවැත් නුවර දී ය .....

මහණෙනි, 'ශ්‍රමණයා' (සමණෝ) යනු තථාගත අරහත් සම්මා සම්බුදුරජුන්ට පවසන නමකි.

මහණෙනි, 'බ්‍රාහ්මණයා' (බ්‍රාහ්මණෝ) යනු තථාගත අරහත් සම්මා සම්බුදුරජුන්ට පවසන නමකි.

මහණෙනි, 'ශල්‍යවෛද්‍යවරයා' (භිසක්කෝ) යනු තථාගත අරහත් සම්මා සම්බුදුරජුන්ට පවසන නමකි.

මහණෙනි, 'අවබෝධයෙහි පරතෙර පත් තැනැත්තා' (වේදගූ) යනු තථාගත අරහත් සම්මා සම්බුදුරජුන්ට පවසන නමකි.

මහණෙනි, 'නිර්මල තැනැත්තා' (නිම්මලෝ) යනු තථාගත අරහත් සම්මා සම්බුදුරජුන්ට පවසන නමකි.

මහණෙනි, 'කෙලෙස් මල දුරු කළ තැනැත්තා' (විමලෝ) යනු තථාගත අරහත් සම්මා සම්බුදුරජුන්ට පවසන නමකි.

මහණෙනි, 'නුවණැත්තා' (ඤාණී) යනු තථාගත අරහත් සම්මා සම්බුදුරජුන්ට පවසන නමකි.

මහණෙනි, 'දුකින් නිදහස් වූ තැනැත්තා' (විමුත්තෝ) යනු තථාගත අරහත් සම්මා සම්බුදුරජුන්ට පවසන නමකි.

(ගාථා)

1. ශ්‍රමණයෙක් විසින් යමකට පැමිණිය යුත්තේ ද, බ්‍රාහ්මණයෙක් විසින් බඹසර වැස නිම කළේ ද, පරතෙරෙහි පත්වූවහු විසින් යමකට පත් විය යුත්තේ ද, ශෛල්‍ය වෛද්‍යවරයා විසින් අනුත්තර වූ නිවනට පත් විය යුත්තේ ද,

2. නිර්මලයෙකු විසින් යමකට පත්විය යුත්තේ ද, මනා නුවණැති විමලයෙකු විසින් යමක් ලැබිය යුත්තේ ද, නුවණැත්තෙකු විසින් යමක් ලැබිය යුත්තේ ද, නිදහස් වූවෙකු විසින් අනුත්තර වූ නිවනක් ලැබිය යුත්තේ ද,

3. ඒ මම මාර යුද්ධය ජයගෙන දුකෙන් නිදහස් වුණෙමි. මාර බන්ධනයන් ගෙන් අන්‍යයන්ව ද නිදහස් කරමි. උත්තම දමනයට පත්වුණෙමි. හික්මීම අවසන් කොට පිරිනිවීමට පත් වුණෙමි. ශ්‍රේෂ්ඨත්වයට පත්වුණෙමි.

සාදු! සාදු!! සාදු!!!

තථාගතාධිවචන සූත්‍රය නිමා විය.

8.2.4.6.
නාගිත සූත්‍රය
නාගිත තෙරුන්ට වදාළ දෙසුම

එක් සමයක භාග්‍යවතුන් වහන්සේ කොසොල් ජනපදයෙහි චාරිකාවෙහි වඩමින් මහත් වූ භික්ෂු සංඝයා සමඟ ඉච්ඡානංගල නම් වූ කෝසලවාසීන්ගේ බ්‍රාහ්මණ ගමකට වැඩම කළ සේක. එකල්හී භාග්‍යවතුන් වහන්සේ ඒ ඉච්ඡානංගලයෙහි ඉච්ඡානංගල වන ලැහැබෙහි වැඩවසන සේක.

ඉච්ඡානංගලවැසි බ්‍රාහ්මණ ගෘහපතීහු මෙකරුණ ඇසූහ. 'ශාක්‍ය පුත්‍ර වූ ශාක්‍ය කුලයෙන් නික්මී පැවිදි වූ ශ්‍රමණ භවත් ගෞතමයන් වහන්සේ ඉච්ඡානංගලයට වැඩම කොට ඉච්ඡානංගලයෙහි ඉච්ඡානංගල වන ලැහැබෙහි වැඩ වාසය කරති' යි.

ඒ භවත් ගෞතමයන් වහන්සේගේ මෙබඳු වූ කල්‍යාණ කීර්ති ඝෝෂාවක් උස් ව පැන නැංගේ ය. එනම් මේ මේ කරුණෙනුත් ඒ භාග්‍යවතුන් වහන්සේ අරහං වන සේක. සම්මා සම්බුද්ධ වන සේක. ....(පෙ).... එබඳු වූ රහතුන්ගේ දැක්ම පවා ඉතා යහපත් ය' යනුවෙනි.

ඉක්බිති ඉච්ඡානංගලවැසි බ්‍රාහ්මණගෘහපතීහු ඒ රාත්‍රිය ඇවෑමෙන් බෙහෝ ඛාද්‍ය භෝජ්‍යයන් ගෙන ඉච්ඡානංගල වන ලැහැබ යම් තැනක ඇත්තේ ද, එතැනට පැමිණියහ. පැමිණ දොරටුවෙන් බැහැර කොටසෙහි උස් හඬ ඇති ව, මහා ඝෝෂා ඇති ව සිටියාහු ය.

එසමයෙහි ආයුෂ්මත් නාගිත තෙරණුවෝ භාග්‍යවතුන් වහන්සේගේ උපස්ථායක වෙති. එකල්හී භාග්‍යවතුන් වහන්සේ ආයුෂ්මත් නාගිත තෙරුන් ඇමතූ සේක.

"නාගිතයෙනි, ඒ උස් හඬින් කෑ ගසන්නෝ, මහා හඬින් කෑ ගසන්නෝ කවරහු ද? මසුන් මරා විකුණන තැන සිටින කෙවුලන් බඳු නොවැ."

"ස්වාමීනී, මේ ඉච්ඡානංගලවැසි බ්‍රාහ්මණගෘහපතීහු භාග්‍යවතුන් වහන්සේ ද, භික්ෂු සංඝයා ද උදෙසා බොහෝ ඛාද්‍ය භෝජ්‍ය ගෙනවුත් බාහිර දොරටු කොටුවෙහි සිටියාහු ය."

"නාගිතයෙනි, පිරිවර සමඟ මම එක් නොවෙම්වා! පිරිවර ද මා සමඟ එක්

නොවේවා! නාගිතයෙනි, මම යම් නෙක්ඛම්ම සැපයක්, හුදෙකලා විවේකයෙන් ලද සැපයක්, සංසිඳීමෙන් ලද සැපයක්, සම්බෝධි සැපයක්, කැමති සේ ලබන්නෙම් ද, නිදුකින් ලබන්නෙම් ද, ඉතා පහසුවෙන් ලබන්නෙම් ද, එසේ මා ලබන මේ නෙක්ඛම්ම සුවය, පවිවේක සුවය, උපසම සුවය, සම්බෝධ සුවය යම් කෙනෙකුට කැමති සේ නොලැබෙන්නේ නම්, නිදුකින් නොලැබෙන්නේ නම්, ඉතා පහසුවෙන් නොලැබෙන්නේ නම් ඔහු ඒ අසූචි සැපය, නිද්‍රා සැපය, ලාභ සත්කාර කීර්ති ප්‍රශංසාවන්ගෙන් ලැබෙන සැපය පිළිගන්නේ ය."

"ස්වාමීනී, භාග්‍යවතුන් වහන්සේ දැන් ඉවසන සේක්වා! සුගතයන් වහන්සේ ඉවසන සේක්වා! ස්වාමීනී, භාග්‍යවතුන් වහන්සේට මෙය ඉවසන්නට කාලය යි. ස්වාමීනී, භාග්‍යවතුන් වහන්සේ දැන් යම් යම් දිශාවකට වඩිනා සේක් ද, ඒ ඒ දිශාවට නියම්ගම්වාසී වූ ත්, ජනපදවාසී වූ ත්, බ්‍රාහ්මණගෘහපතිවරු ද, නිගම ජනපදවාසීහු ද නැඹුරු වී සිටිත් ම ය. ස්වාමීනී, එය මෙබඳු දෙයකි. මහත් දිය බිඳු සහිත ව වැස්ස වසිනා කල්හී පහළට නැඹුරු වූ බිමට අනුව ජලය ගලා යයි ද, ස්වාමීනී, එසෙයින් ම භාග්‍යවතුන් වහන්සේ යම් යම් දිශාවකට වඩිනා සේක් ද, ඒ ඒ දිශාවට නියම්ගම්වාසී වූ ත්, ජනපදවාසී වූ ත්, බ්‍රාහ්මණගෘහපතීහු, නිගම ජනපදවාසීහු නැඹුරු වී සිටිත් ම ය. ඒ මක් නිසා ද යත්, ස්වාමීනී, භාග්‍යවතුන් වහන්සේගේ සීලය හා ඥානය නිසාවෙනි."

"නාගිතයෙනි, යස පිරිවර සමඟ මම එක් නොවෙම්වා! යස පිරිවර ද මා සමඟ එක් නොවේවා! නාගිතයෙනි, මම යම් නෙක්ඛම්ම සැපයක්, හුදෙකලා විවේකයෙන් ලද සැපයක්, සංසිඳීමෙන් ලද සැපයක්, සම්බෝධි සැපයක්, කැමති සේ ලබන්නෙම් ද, නිදුකින් ලබන්නෙම් ද, ඉතා පහසුවෙන් ලබන්නෙම් ද, එසේ මා ලබන මේ නෙක්ඛම්ම සුවය, පවිවේක සුවය, උපසම සුවය, සම්බෝධ සුවය යම් කෙනෙකුට කැමති සේ නොලැබෙන්නේ නම්, නිදුකින් නොලැබෙන්නේ නම්, ඉතා පහසුවෙන් නොලැබෙන්නේ නම් ඔහු ඒ අසූචි සැපය, නිද්‍රා සැපය, ලාභ සත්කාර කීර්ති ප්‍රශංසාවන්ගෙන් ලැබෙන සැපය පිළිගන්නේ ය.

නාගිතයෙනි, ඇතැම් දෙවියෝ පවා මේ නෙක්ඛම්ම සුවය, පවිවේක සුවය, උපසම සුවය, සම්බෝධ සුවය කැමති සේ ලබන්නාහු නොවෙති. නිදුකින් ලබන්නාහු නොවෙති. ඉතා පහසුවෙන් ලබන්නාහු නොවෙති. ඒ මම මේ නෙක්ඛම්ම සුවය, පවිවේක සුවය, උපසම සුවය, සම්බෝධ සුවය කැමති සේ ලබන්නෙම් වෙමි. නිදුකින් ලබන්නෙම් වෙමි. ඉතා පහසුවෙන් ලබන්නෙම් වෙමි.

1. නාගිතයෙනි, පිරිස සමඟ එකට එක් වී, නැවත නැවත එක් වී, එහි ඇලී

වාසය කරන ඔබට ද, මෙබඳු සිතක් වෙයි. 'යම්බඳු නෙක්ඛම්ම සුවයක්, පවිවේක සුවයක්, සංසිඳුණු සුවයක්, සම්බෝධ සුවයක් කැමති සේ ලබන්නෙම් වෙම් නම්, නිදුකින් ලබන්නෙම් වෙම් නම්, ඉතා පහසුවෙන් ලබන්නෙම් වෙම් නම්, ඒකාන්තයෙන් මේ ආයුෂ්මතුන් වහන්සේලා මේ නෙක්ඛම්ම සුවය, පවිවේක සුවය, උපසම සුවය, සම්බෝධ සුවය කැමති සේ ලබන්නාහු නොවෙති. නිදුකින් ලබන්නාහු නොවෙති. ඉතා පහසුවෙන් ලබන්නාහු නොවෙති. එනිසා ය, මේ ආයුෂ්මතුන් වහන්සේලා එක් රැස් වෙවී, නැවත නැවත එක් වෙවී, පිරිස් සමඟ ඇලී වාසය කරන්නේ.'

2. නාගිතයෙනි, මෙහිලා මම එකිනෙකාට ඇඟිලිවලින් කිතිකවමින්, මහ හඬින් සිනහසෙන, ක්‍රීඩා කරන භික්ෂූන් දකිමි. එවිට නාගිතයෙනි, මට මේ අදහස ඇතිවෙයි. 'මම යම්බඳු නෙක්ඛම්ම සුවයක්, පවිවේක සුවයක්, සංසිඳුණු සුවයක්, සම්බෝධ සුවයක් කැමති සේ ලබන්නෙම් ද, නිදුකින් ලබන්නෙම් ද, ඉතා පහසුවෙන් ලබන්නෙම් ද, ඒකාන්තයෙන් මේ ආයුෂ්මතුන් වහන්සේලා මේ නෙක්ඛම්ම සුවය, පවිවේක සුවය, උපසම සුවය, සම්බෝධ සුවය කැමති සේ ලබන්නාහු නොවෙති. නිදුකින් ලබන්නාහු නොවෙති. ඉතා පහසුවෙන් ලබන්නාහු නොවෙති. එනිසා ය, මේ ආයුෂ්මතුන් වහන්සේලා ඇඟිලිවලින් කිතිකවමින්, මහ හඬින් සිනහසෙමින් ක්‍රීඩා කරන්නේ.'

3. නාගිතයෙනි, මෙහිලා මම කැමති තාක් කුස පුරා අනුභව කොට, සයන සුඛයෙහි, ස්පර්ශ සුඛයෙහි, නිදි සුඛයෙහි යෙදී වාසය කරන භික්ෂූන් දකිමි. එවිට නාගිතයෙනි, මට මේ අදහස ඇතිවෙයි. 'මම යම්බඳු නෙක්ඛම්ම සුවයක්, පවිවේක සුවයක්, සංසිඳුණු සුවයක්, සම්බෝධ සුවයක් කැමති සේ ලබන්නෙම් ද, නිදුකින් ලබන්නෙම් ද, ඉතා පහසුවෙන් ලබන්නෙම් ද, ඒකාන්තයෙන් මේ ආයුෂ්මතුන් වහන්සේලා මේ නෙක්ඛම්ම සුවය, පවිවේක සුවය, උපසම සුවය, සම්බෝධ සුවය කැමති සේ ලබන්නාහු නොවෙති. නිදුකින් ලබන්නාහු නොවෙති. ඉතා පහසුවෙන් ලබන්නාහු නොවෙති. එනිසා ය, මේ ආයුෂ්මතුන් වහන්සේලා කැමති තාක් කුස පුරා අනුභව කොට, සයන සුඛයෙහි, ස්පර්ශ සුඛයෙහි, නිදි සුඛයෙහි යෙදී වාසය කරන්නේ.'

4. නාගිතයෙනි, මෙහිලා මම භික්ෂුවක් දකිමි. ග්‍රාමාන්ත විහාරයක වාසය කරන ඒ භික්ෂුව සිත එකඟ කොට භාවනාවෙන් වාඩි වී සිටියි. එවිට නාගිතයෙනි, මට මේ අදහස ඇතිවෙයි. 'දැන් ආරාමිකයෙක් වේවා, හෙරණක් වේවා, මේ ආයුෂ්මතුන් කරා පෙරලා පැමිණෙන්නේ ය. පැමිණ මේ ආයුෂ්මතුන් ඒ සමාධියෙන් බැහැර කරන්නේ ය' යි. එහෙයින් නාගිතයෙනි, මම ඒ භික්ෂුවගේ ගමෙහි වාසය කිරීම ගැන සතුටට පත් නොවෙමි.

5. නාගිතයෙනි, මම මෙහිලා අරණ්‍යයෙහි වාසය කරන භික්ෂුවක් අරණ්‍යයෙහි හිඳිමින් නිදිකිරා වැටෙනු දකිමි. එකල්හී නාගිතයෙනි, මට මෙබඳු සිතක් වෙයි. 'දැන් මේ ආයුෂ්මතුන් මේ නිදිමත වෙහෙස දුරු කොට අරණ්‍ය සංඥාව ම මෙනෙහි කොට සිත එකඟ කරන්නේ ය' යි. එහෙයින් නාගිතයෙනි, මම ඒ භික්ෂුවගේ අරණ්‍යයෙහි වාසය කිරීම ගැන සතුටට පත් වෙමි.

6. නාගිතයෙනි, මම මෙහිලා අරණ්‍යයෙහි වාසය කරන භික්ෂුවක් අරණ්‍යයෙහි එකඟ නොවූ සිතින් හිඳිනු දකිමි. එකල්හී නාගිතයෙනි, මට මෙබඳු සිතක් වෙයි. 'දැන් මේ ආයුෂ්මතුන් එකඟ නොවූ හෝ සිත එකඟ කරන්නේ ය. එකඟ වූ හෝ සිත රැකගන්නේ ය' යි. එහෙයින් නාගිතයෙනි, මම ඒ භික්ෂුවගේ අරණ්‍යයෙහි වාසය කිරීම ගැන සතුටට පත් වෙමි.

7. නාගිතයෙනි, මම මෙහිලා අරණ්‍යයෙහි වාසය කරන භික්ෂුවක් අරණ්‍යයෙහි එකඟ වූ සිතින් හිඳිනු දකිමි. එකල්හී නාගිතයෙනි, මට මෙබඳු සිතක් වෙයි. 'දැන් මේ ආයුෂ්මතුන් නීවරණයන්ගෙන් නිදහස් නොවූ සිත හෝ නිදහස් කරගන්නේ ය. නීවරණයන්ගෙන් නිදහස් වූ සිත හෝ රැකගන්නේ ය' යි. එහෙයින් නාගිතයෙනි, මම ඒ භික්ෂුවගේ අරණ්‍යයෙහි වාසය කිරීම ගැන සතුටට පත් වෙමි.

8. නාගිතයෙනි, යම් කලෙක මම දීර්ඝ මාර්ගයෙහි ගමන් කරන්නෙමි ද, ඉදිරියේ හෝ පසු පස්සෙහි හෝ කිසිවෙක් පෙනෙන්නට නැත්නම්, නාගිතයෙනි, එසමයෙහි මා හට අඩු ගණනේ වැසිකිලි කැසිකිලි කරන්නට හෝ පහසුවක් ඇත්තේ ය.

සාදු! සාදු!! සාදු!!!

නාගිත සූත්‍රය නිමා විය.

8.2.4.7.
පත්තනික්කුජ්ජන සූත්‍රය
පාත්‍රය යටට හැරවීම ගැන වදාළ දෙසුම

සැවැත් නුවර දී ය .....

මහණෙනි, සංඝයා වහන්සේ කැමති නම් අංග අටකින් යුක්ත වූ

උපාසකයා ඉදිරියේ පාත්‍රය යටට හැරවීමේ කර්මය කළ යුත්තාහු ය. ඒ කවර අටකින් ද යත්;

භික්ෂූන්ගේ අලාභය පිණිස උත්සාහ කරයි. භික්ෂූන්ට අනර්ථය කිරීමට උත්සාහ කරයි. භික්ෂූන් වාසය නොකරවීමට උත්සාහ කරයි. භික්ෂූන්ට ආක්‍රෝශ කරයි. පරිභව කරයි. භික්ෂූන් හා භික්ෂූන් භේද කරයි. බුදුරජුන්ගේ ගුණ නසා කරුණු කියයි. ධර්මයෙහි ගුණ නසා කරුණු කියයි. සංඝයාගේ ගුණ නසා කරුණු කියයි.

මහණෙනි, සංඝයා වහන්සේ කැමති නම් මේ අංග අටෙන් යුක්ත වූ උපාසකයා ඉදිරියේ පාත්‍රය යටට හැරවීමේ කර්මය කළ යුත්තාහු ය.

මහණෙනි, සංඝයා වහන්සේ කැමති නම් අංග අටකින් යුක්ත වූ උපාසකයා ඉදිරියේ පාත්‍රය උඩට හැරවීමේ කර්මය කළ යුත්තාහු ය. ඒ කවර අටකින් ද යත්;

භික්ෂූන්ගේ අලාභය පිණිස උත්සාහ නොකරයි. භික්ෂූන්ට අනර්ථය කිරීමට උත්සාහ නොකරයි. භික්ෂූන් වාසය නොකරවීමට උත්සාහ නොකරයි. භික්ෂූන්ට ආක්‍රෝශ නොකරයි. පරිභව නොකරයි. භික්ෂූන් හා භික්ෂූන් භේද නොකරයි. බුදුරජුන්ගේ ගුණ කියයි. ධර්මයේ ගුණ කියයි. සංඝයාගේ ගුණ කියයි.

මහණෙනි, සංඝයා වහන්සේ කැමති නම් මේ අංග අටෙන් යුක්ත වූ උපාසකයා ඉදිරියේ පාත්‍රය උඩට හැරවීමේ කර්මය කළ යුත්තාහු ය.

සාදු! සාදු!! සාදු!!!

පත්තනික්කුජ්ජන සූත්‍රය නිමා විය.

8.2.4.8.
අප්පසාදප්පසාද සූත්‍රය
අප්‍රසාදය සහ ප්‍රසාදය ගැන වදාළ දෙසුම

සැවැත් නුවර දී ය .....

මහණෙනි, උපාසකවරු කැමති නම් අංග අටකින් යුක්ත වූ භික්ෂුව හට

අප්‍රසාදය පළ කළ යුත්තාහු ය. ඒ කවර අටකින් ද යත්;

ගිහියන්ගේ අලාභය පිණිස උත්සාහ කරයි. ගිහියන්ට අනර්ථය කිරීමට උත්සාහ කරයි. ගිහියන්ට ආක්‍රෝශ කරයි. පරිභව කරයි. ගිහියන් හා ගිහියන් භේද කරයි. බුදුරජුන්ගේ ගුණ නසා කරුණු කියයි. ධර්මයෙහි ගුණ නසා කරුණු කියයි. සංඝයාගේ ගුණ නසා කරුණු කියයි. සංඝයාට නොගැලපෙන තැන්හි ද ඒ භික්ෂුව සිටිනු දකින්නට ලැබෙයි.

මහණෙනි, උපාසකවරු කැමති නම් මේ අංග අටෙන් යුක්ත වූ භික්ෂුව හට අප්‍රසාදය පළ කළ යුත්තාහු ය.

මහණෙනි, උපාසකවරු කැමති නම් අංග අටකින් යුක්ත වූ භික්ෂුව හට ප්‍රසාදය පළ කළ යුත්තාහු ය. ඒ කවර අටකින් ද යත්;

ගිහියන්ගේ අලාභය පිණිස උත්සාහ නොකරයි. ගිහියන්ට අනර්ථය කිරීමට උත්සාහ නොකරයි. ගිහියන්ට ආක්‍රෝශ නොකරයි. පරිභව නොකරයි. ගිහියන් හා ගිහියන් භේද නොකරයි. බුදුරජුන්ගේ ගුණ කියයි. ධර්මයේ ගුණ කියයි. සංඝයාගේ ගුණ කියයි. සංඝයාට නොගැලපෙන තැන්හි ඒ භික්ෂුව සිටිනු දකින්නට නොලැබෙයි.

මහණෙනි, උපාසකවරු කැමති නම් මේ අංග අටෙන් යුක්ත වූ භික්ෂුව හට ප්‍රසාදය පළ කළ යුත්තාහු ය.

සාදු! සාදු!! සාදු!!!

අප්පසාදප්පසාද සූත්‍රය නිමා විය.

8.2.4.9.
පටිසාරණීයකම්ම සූත්‍රය
ගිහියන් කමා කරවා ගැනීමේ කර්මය ගැන වදාළ දෙසුම

සැවැත් නුවර දී ය .....

මහණෙනි, සංඝයා වහන්සේ කැමති නම් අංග අටකින් යුක්ත වූ භික්ෂුවට ගිහියන් කමා කරවා ගැනීමේ කර්මය කළ යුත්තාහු ය. ඒ කවර අටකින් ද යත්;

ගිහියන්ගේ අලාභය පිණිස උත්සාහ කරයි. ගිහියන්ට අනර්ථය කිරීමට උත්සාහ කරයි. ගිහියන්ට ආක්‍රෝශ කරයි. පරිභව කරයි. ගිහියන් හා ගිහියන් භේද කරයි. බුදුරජුන්ගේ ගුණ නසා කරුණු කියයි. ධර්මයෙහි ගුණ නසා කරුණු කියයි. සංඝයාගේ ගුණ නසා කරුණු කියයි. ගිහියන්ට වූ ධාර්මික පොරොන්දුව ඉටු නොකරයි.

මහණෙනි, සංඝයා වහන්සේ කැමති නම් මේ අංග අටෙන් යුක්ත වූ භික්ෂුවට ගිහියන් කමා කරවා ගැනීමේ කර්මය කළ යුත්තාහු ය.

මහණෙනි, සංඝයා වහන්සේ කැමති නම් අංග අටකින් යුක්ත වූ භික්ෂුවට ගිහියන් කමා කරවා ගැනීමේ කර්මය සංසිඳවිය යුත්තාහු ය. ඒ කවර අටකින් ද යත්;

ගිහියන්ගේ අලාභය පිණිස උත්සාහ නොකරයි. ගිහියන්ට අනර්ථය කිරීමට උත්සාහ නොකරයි. ගිහියන්ට ආක්‍රෝශ නොකරයි. පරිභව නොකරයි. ගිහියන් හා ගිහියන් භේද නොකරයි. බුදුරජුන්ගේ ගුණ කියයි. ධර්මයේ ගුණ කියයි. සංඝයාගේ ගුණ කියයි. ගිහියන්ට වූ ධාර්මික පොරොන්දුව ඉටු කරයි.

මහණෙනි, සංඝයා වහන්සේ කැමති නම් මේ අංග අටෙන් යුක්ත වූ භික්ෂුවට ගිහියන් කමා කරවා ගැනීමේ කර්මය සංසිඳවිය යුත්තාහු ය.

සාදු! සාදු!! සාදු!!!

පටිසාරණීයකම්ම සූත්‍රය නිමා විය.

8.2.4.10.
තස්සපාපියාසිකා සම්මාවත්තන සූත්‍රය
සංඝයා වෙතින් බැහැර කිරීම හෝ සංඝයා වෙතට ගැනීම හෝ පිණිස විසඳන තෙක් මැනැවින් පැවතීම ගැන වදාළ දෙසුම

සැවැත් නුවර දී ය .....

මහණෙනි, සංඝයා වෙතින් බැහැර කිරීමෙන් හෝ සංඝයා වෙතට ගැනීමෙන් හෝ විසඳීම කරන තෙක් ඒ භික්ෂුව විසින් කරුණු අටක් මත

මැනැවින් පැවතිය යුත්තේ ය.

අන්‍යයන් උපසම්පදා නොකළ යුත්තේ ය. අන්‍යයන්ට නිස්සය නොදිය යුත්තේ ය. සාමණේර නමක් උපස්ථාන නොකළ යුත්තේ ය. භික්ෂුණීන්ට අවවාද කිරීම පිණිස පත්කිරීම නොපිළිගත යුත්තේ ය. කලින් සම්මත කොට තිබුණේ නමුත් භික්ෂුණීන්ට අවවාද නොකළ යුත්තේ ය. කිසි සංඝ සම්මුතියක් නොපිළිගත යුත්තේ ය. කිසි ප්‍රධානත්වයක නොතැබිය යුත්තේ ය. ඔහු ප්‍රධාන කොට සිටින සංඝයා විසින් විනය කර්ම කොට පිරිසිදු නොකළ යුත්තේ ය.

මහණෙනි, සංඝයා වෙතින් බැහැර කිරීමෙන් හෝ සංඝයා වෙතට ගැනීමෙන් හෝ විසඳීම කරන තෙක් ඒ භික්ෂුව විසින් මේ කරුණු අට මත මැනැවින් පැවතිය යුත්තේ ය.

සාදු! සාදු!! සාදු!!!

තස්සපාපියස්සිකා සම්මාවත්තන සූත්‍රය නිමා විය.

සිව්වෙනි සති වර්ගය අවසන් විය.

- එහි පිළිවෙල උද්දානයයි :

සති සූත්‍රය, පුණ්ණිය සූත්‍රය, මූල සූත්‍රය, චෝර සූත්‍රය, තථාගතාධිවචන සූත්‍රය, නාගිත සූත්‍රය, පත්ත සූත්‍රය, පසාද සූත්‍රය, පටිසාරණීය, සම්මාවත්තන සූත්‍රය වශයෙන් මෙහි සූත්‍ර දසයකි.

5. සාමඤ්ඤ වර්ගය

8.2.5.1.-27

සැවැත් නුවර දී ය .....

එකල්හී බොජ්ඣා උපාසිකාව ....(පෙ).... සිරිමා ....(පෙ).... පදුමා ....(පෙ).... සුතනා ....(පෙ).... මනුජා ....(පෙ).... උත්තරා ....(පෙ).... මුත්තා ....(පෙ).... ඛේමා ....(පෙ).... සෝමා ....(පෙ).... රුචී ....(පෙ).... චුන්දී රාජකුමාරිය ....(පෙ).... බිම්බී උපාසිකාව ....(පෙ).... සුමනා රාජකුමාරිය ....(පෙ).... මල්ලිකා දේවිය ....(පෙ).... තිස්සා උපාසිකාව ....(පෙ).... තිස්සාවගේ මව ....(පෙ).... සෝණා ....(පෙ).... සෝණාව ගේ මව ....(පෙ).... කාණා ....(පෙ).... කාණාවගේ මව ....(පෙ).... උත්තරා නන්දමාතා ....(පෙ).... විසාඛා මිගාරමාතා ....(පෙ).... ඛුජ්ජුත්තරා උපාසිකාව ....(පෙ).... සාමාවතී උපාසිකාව ....(පෙ).... සුප්පාවාසා කෝලිය රාජ දියණිය ....(පෙ).... සුප්පියා උපාසිකාව ....(පෙ).... නකුලමාතා ගෘහපතිනිය ....(පෙ)....

පස්වෙනි සාමඤ්ඤ වර්ගය අවසන් විය.

දෙවෙනි පණ්ණාසකය නිමා විය.

6. රාගාදී පෙයියාල සූත්‍රයෝ

8.6.1.
අට්ඨමග්ගංග සූත්‍රය
මාර්ග අංග අට ගැන වදාළ දෙසුම

සැවැත් නුවර දී ය .....

මහණෙනි, රාගය විශිෂ්ට ඥානයෙන් අවබෝධ කිරීම පිණිස අට ධර්මයක් වැඩිය යුත්තේ ය. ඒ කවර අටක් ද යත්;

සම්මා දිට්ඨිය, සම්මා සංකල්ප, සම්මා වාචා, සම්මා කම්මන්ත, සම්මා ආජීව, සම්මා වායාම, සම්මා සති, සම්මා සමාධි.

මහණෙනි, රාගය විශිෂ්ට ඥානයෙන් අවබෝධ කිරීම පිණිස මේ අට ධර්මයන් වැඩිය යුත්තේ ය.

සාදු! සාදු!! සාදු!!!

අට්ඨමග්ගංග සූත්‍රය නිමා විය.

8.6.2.
අට්ඨ අභිභායතන සූත්‍රය
ඒ ඒ කරුණු මැඩලීමේ සමාධි අට ගැන වදාළ දෙසුම

සැවැත් නුවර දී ය .....

මහණෙනි, රාගය විශිෂ්ට ඥානයෙන් අවබෝධ කිරීම පිණිස අට ධර්මයක් වැඩිය යුත්තේ ය. ඒ කවර අටක් ද යත්;

1.   ආධ්‍යාත්මයෙහි රූප සංඥා ඇත්තේ බාහිර ස්වල්ප වූ වර්ණවත්, දුර්වර්ණ රූප දකියි. ඒවා මැඩගෙන දනිමි යි දකිමි යි යන මෙබඳු සංඥා ඇත්තේ වෙයි.

2.   ආධ්‍යාත්මයෙහි රූප සංඥා ඇත්තේ බාහිර අප්‍රමාණ වූ වර්ණවත්, දුර්වර්ණ රූප දකියි. ඒවා මැඩගෙන දනිමි යි දකිමි යි යන මෙබඳු සංඥා ඇත්තේ වෙයි.

3.   ආධ්‍යාත්මයෙහි අරූප සංඥා ඇත්තේ බාහිර ස්වල්ප වූ වර්ණවත්, දුර්වර්ණ රූප දකියි. ඒවා මැඩගෙන දනිමි යි දකිමි යි යන මෙබඳු සංඥා ඇත්තේ වෙයි.

4.   ආධ්‍යාත්මයෙහි අරූප සංඥා ඇත්තේ බාහිර අප්‍රමාණ වූ වර්ණවත්, දුර්වර්ණ රූප දකියි. ඒවා මැඩගෙන දනිමි යි දකිමි යි යන මෙබඳු සංඥා ඇත්තේ වෙයි.

5.   ආධ්‍යාත්මයෙහි අරූප සංඥා ඇත්තේ බාහිර නිල් වූ, නිල් පැහැ ඇති, නීල නිදර්ශන ඇති, නිල් ආලෝක ඇති රූප දකියි. ඒවා මැඩගෙන දනිමි යි දකිමි යි යන මෙබඳු සංඥා ඇත්තේ වෙයි.

6.   ආධ්‍යාත්මයෙහි අරූප සංඥා ඇත්තේ බාහිර කහ වූ, කහ පැහැ ඇති, කහ නිදර්ශන ඇති, කහ ආලෝක ඇති රූප දකියි. ඒවා මැඩගෙන දනිමි යි දකිමි යි යන මෙබඳු සංඥා ඇත්තේ වෙයි.

7.   ආධ්‍යාත්මයෙහි අරූප සංඥා ඇත්තේ බාහිර රතු වූ, රතු පැහැ ඇති, රතු නිදර්ශන ඇති, රතු ආලෝක ඇති රූප දකියි. ඒවා මැඩගෙන දනිමි යි දකිමි යි යන මෙබඳු සංඥා ඇත්තේ වෙයි.

8.   ආධ්‍යාත්මයෙහි අරූප සංඥා ඇත්තේ බාහිර සුදු වූ, සුදු පැහැ ඇති, සුදු නිදර්ශන ඇති, සුදු ආලෝක ඇති රූප දකියි. ඒවා මැඩගෙන දනිමි යි දකිමි යි යන මෙබඳු සංඥා ඇත්තේ වෙයි.

මහණෙනි, රාගය විශිෂ්ට ඥානයෙන් අවබෝධ කිරීම පිණිස මේ අට ධර්මය වැඩිය යුත්තේ ය.

සාදු! සාදු!! සාදු!!!

අට්ඨ අභිභායතන සූත්‍රය නිමා විය.

8.6.3.
අට්ඨ විමොක්ඛ සූත්‍රය
අෂ්ට විමෝක්ෂය ගැන වදාළ දෙසුම

සැවැත් නුවර දී ය .....

මහණෙනි, රාගය විශිෂ්ට ඥානයෙන් අවබෝධ කිරීම පිණිස අට ධර්මයක් වැඩිය යුත්තේ ය. ඒ කවර අටක් ද යත්;

1. රූප ධ්‍යානයෙන් යුක්ත වූයේ බාහිර රූපයන් දකියි.

2. ආධ්‍යාත්මයෙහි අරූප සංඥා ඇත්තේ බාහිර රූප දකියි.

3. සුභ දෙයක් ම යැයි සළකා ධ්‍යානයට ඇලුනේ වෙයි.

4. සියළු ආකාරයෙන් රූප සංඥාවන් ඉක්මවීමෙන්, ගොරෝසු සංඥාවන් නැති වීමෙන් නා නා සංඥා මෙනෙහි නොකිරීමෙන් 'අනන්ත වූ ආකාසය' යැයි ආකාසානඤ්චායතනයට පැමිණ වාසය කරයි.

5. සියළු ආකාරයෙන් ආකාසානඤ්චාතනය ඉක්මවීමෙන්, 'අනන්ත වූ විඤ්ඤාණය' යැයි විඤ්ඤාණඤ්චායතනයට පැමිණ වාසය කරයි.

6. සියළු ආකාරයෙන් විඤ්ඤාණඤ්චායතනය ඉක්මවීමෙන් 'කිසිවක් නැතැ' යි ආකිඤ්චඤ්ඤායතනයට පැමිණ වාසය කරයි.

7. සියළු ආකාරයෙන් ආකිඤ්චඤ්ඤායතනය ඉක්මවීමෙන් නේවසංඥානාසංඥායතනයට පැමිණ වාසය කරයි.

8. සියළු ආකාරයෙන් නේවසංඥානාසංඥායතනය ඉක්මවීමෙන් සංඥාවේදයිත නිරෝධයට පැමිණ වාසය කරයි.

මහණෙනි, රාගය විශිෂ්ට ඥානයෙන් අවබෝධ කිරීම පිණිස මේ අට ධර්මය වැඩිය යුත්තේ ය.

සාදු! සාදු!! සාදු!!!

අට්ඨ විමොක්ඛ සූත්‍රය නිමා විය.

8.6.4.-510

සැවැත් නුවර දී ය .....

මහණෙනි, රාගය පිරිසිඳ අවබෝධ කරනු පිණිස ....(පෙ).... නැසීම පිණිස ....(පෙ).... ප්‍රහාණය පිණිස ....(පෙ).... ක්ෂය වීම පිණිස ....(පෙ).... වැනසීම පිණිස ....(පෙ).... නොඇල්ම පිණිස ....(පෙ).... නිරෝධය පිණිස ....(පෙ).... අත්හැරීම පිණිස ....(පෙ).... දුරුකිරීම පිණිස ....(පෙ).... මේ අට ධර්මයෝ වැඩිය යුත්තාහු ය.

ද්වේෂය ....(පෙ).... මෝහය ....(පෙ).... ක්‍රෝධය ....(පෙ).... බද්ධ වෛරය ....(පෙ).... ගුණමකු බව ....(පෙ).... තරඟයට වැඩකිරීම ....(පෙ).... ඊර්ෂ්‍යාව ....(පෙ).... මසුරුකම ....(පෙ).... මායාව ....(පෙ).... වංචනික බව ....(පෙ).... දැඩි බව ....(පෙ).... එකට එක කිරීම ....(පෙ).... මාන්නය ....(පෙ).... අතිමාන්නය ....(පෙ).... මදය ....(පෙ).... ප්‍රමාදය ....(පෙ).... විශිෂ්ට ඥානයෙන් අවබෝධ කරනු පිණිස ....(පෙ).... පිරිසිඳ අවබෝධ කරනු පිණිස ....(පෙ).... නැසීම පිණිස ....(පෙ).... ප්‍රහාණය පිණිස ....(පෙ).... ක්ෂය වීම පිණිස ....(පෙ).... වැනසීම පිණිස ....(පෙ).... නොඇල්ම පිණිස ....(පෙ).... නිරෝධය පිණිස ....(පෙ).... අත්හැරීම පිණිස ....(පෙ).... දුරුකිරීම පිණිස මේ අෂ්ට ධර්මයෝ වැඩිය යුත්තාහු ය.

සාදු! සාදු!! සාදු!!!

රාගාදී පෙය්‍යාලය නිමා විය.

අට්ඨක නිපාතය අවසන් විය.

නමෝ තස්ස භගවතෝ අරහතෝ සම්මාසම්බුද්ධස්ස
ඒ භාග්‍යවත් අරහත් සම්මා සම්බුදුරජාණන් වහන්සේට නමස්කාර වේවා!

සූත්‍ර පිටකයට අයත්

අංගුත්තර නිකාය
නවක නිපාතය

පළමු පණ්ණාසකය

1. සම්බෝධි වර්ගය

9.1.1.1.
සම්බෝධිපක්ඛිය සූත්‍රය
සත්‍යාවබෝධයට අයත් ධර්මය ගැන වදාළ දෙසුම

මා විසින් මෙසේ අසන ලදී. එක් සමයක භාග්‍යවතුන් වහන්සේ සැවැත් නුවර ජේතවනය නම් වූ අනේපිඬු සිටුහුගේ ආරාමයෙහි වැඩ වසන සේක. එකල්හී භාග්‍යවතුන් වහන්සේ "මහණෙනි" යි කියා භික්ෂූන් අමතා වදාළ සේක. "පින්වතුන් වහන්සැ"යි ඒ භික්ෂූහු භාග්‍යවතුන් වහන්සේට පිළිවදන් දුන්හ. භාග්‍යවතුන් වහන්සේ මෙය වදාළ සේක.

"ඉදින් මහණෙනි, අන්‍ය තීර්ථක පරිබ්‍රාජකයෝ මෙසේ විමසත් නම්, එනම් 'ආයුෂ්මත්නි, සත්‍යාවබෝධයට අයත් වූ ධර්මයන් දියුණු කරගැනීමට උපකාර වන්නේ කුමක් ද?' කියා, මහණෙනි, මෙසේ විමසන ඒ අන්‍යතීර්ථක පරිබ්‍රාජකයන් හට ඔබ කුමන පිළිතුරක් දෙන්නහු ද?"

"ස්වාමීනී, අපගේ ධර්මයෝ භාග්‍යවතුන් වහන්සේ මුල්කොට ඇත්තාහු ය. භාග්‍යවතුන් වහන්සේ ප්‍රධාන කොට ඇත්තාහු ය. භාග්‍යවතුන් වහන්සේ පිළිසරණ කොට ඇත්තාහු ය. ස්වාමීනී, මේ වදාළ කරුණෙහි අර්ථය භාග්‍යවතුන් වහන්සේට ම වැටහෙන සේක් නම් යහපති. භාග්‍යවතුන් වහන්සේගෙන් අසා භික්ෂූහු දරන්නාහු ය."

"එසේ වී නම් මහණෙනි, අසව්. මැනැවින් මෙනෙහි කරව්. පවසන්නෙමි."

"එසේ ය, ස්වාමීනී" යි ඒ භික්ෂූහු භාග්‍යවතුන් වහන්සේට පිළිවදන් දුන්හ. භාග්‍යවතුන් වහන්සේ මෙය වදාළ සේක.

"ඉදින් මහණෙනි, අන්‍ය තීර්ථක පරිබ්‍රාජකයෝ මෙසේ අසත් නම්, එනම් 'ආයුෂ්මත්නි, සත්‍යාවබෝධයට අයත් වූ ධර්මයන් දියුණු කරගැනීමට උපකාර වන්නේ කුමක් ද?' කියා, මහණෙනි, මෙසේ විමසන ඒ අන්‍යතීර්ථක පරිබ්‍රාජකයන් හට මෙසේ පිළිතුරු දෙව්.

1. ආයුෂ්මත්නි, මෙහිලා භික්ෂුව කළණ මිතුරන් ඇත්තේ වෙයි. කළණ යහළුවන් ඇත්තේ වෙයි. කළණ මිතුරන් ඇසුරට නැඹුරු වූයේ වෙයි. ආයුෂ්මත්නි, සත්‍යාවබෝධයට අයත් වූ ධර්මයන් දියුණු කරගැනීමට උපකාර වන පළමු කරුණ මෙය යි.

2. තව ද ආයුෂ්මත්නි, භික්ෂුව සිල්වත් වෙයි. ප්‍රාතිමෝක්ෂ සංවරයෙන් සංවර වූයේ වෙයි. යහපත් ඇවතුම් පැවතුම් ඇතිව වසන්නේ වෙයි. අණුමාත්‍ර වූ වරදෙහි ත් බිය දකින සුළු ව සමාදන් වූ ශික්ෂාපදයන්හි හික්මෙන්නේ වෙයි. ආයුෂ්මත්නි, සත්‍යාවබෝධයට අයත් වූ ධර්මයන් දියුණු කරගැනීමට උපකාර වන දෙවෙනි කරුණ මෙය යි.

3. තව ද ආයුෂ්මත්නි, භික්ෂුව කෙලෙස් පතුරු ගැලවී යන, සමථ විදර්ශනා භාවනා සිතට උපකාරී වන යම් ඒ කථාවක් ඇද්ද, එනම්, අල්පේච්ඡ බව ගැන කථා කිරීම, ලද දෙයින් සතුටු වීම ගැන කථා කිරීම, හුදෙකලා විවේකය ගැන කථා කිරීම, නොඇලී සිටීම ගැන කථා කිරීම, වීරිය පටන් ගැනීම ගැන කථා කිරීම, සීලය ගැන කථා කිරීම, සමාධිය ගැන කථා කිරීම, ප්‍රඥාව ගැන කථා කිරීම, විමුක්තිය ගැන කථා කිරීම, විමුක්ති ඥාන දර්ශනය ගැන කථා කිරීම ය.

මෙබඳු වූ කථාව කැමති සේ ලබන්නේ වෙයි. නිදුකින් ලබන්නේ වෙයි. විපුල සේ ලබන්නේ වෙයි. ආයුෂ්මත්නි, සත්‍යාවබෝධයට අයත් වූ ධර්මයන් දියුණු කරගැනීමට උපකාර වන තුන්වෙනි කරුණ මෙය යි.

4. තව ද ආයුෂ්මත්නි, භික්ෂුව පටන් ගත් වීරිය ඇත්තේ වෙයි. අකුසල් දහම් ප්‍රහාණය කිරීමට හා කුසල් දහම් උපදවා ගැනීමට දැඩි වීරියෙන් යුතු වූයේ, දැඩි පරාක්‍රමයෙන් යුතු වූයේ, කුසල් දහම් පිළිබඳ ව පසුබට නොවන වීරිය ඇත්තේ වෙයි. ආයුෂ්මත්නි, සත්‍යාවබෝධයට අයත් වූ ධර්මයන් දියුණු කරගැනීමට උපකාර වන සිව්වෙනි කරුණ මෙය යි.

5. තව ද ආයුෂ්මත්නි, භික්ෂුව ප්‍රඥාවන්ත වෙයි. හටගැනීම ත්, නැතිවීම ත් දැකීමට සමර්ථ ප්‍රඥාවෙන් යුක්ත වූයේ වෙයි. ආර්ය වූ තියුණු අවබෝධය ඇති කරවන, මැනැවින් දුක් ක්ෂය කරවන ප්‍රඥාවෙන් යුක්ත වූයේ වෙයි. ආයුෂ්මත්නි, සත්‍යාවබෝධයට අයත් වූ ධර්මයන් දියුණු කරගැනීමට උපකාර වන පස්වෙනි කරුණ මෙය යි.

මහණෙනි, කළණ මිතුරන් ඇති, කළණ යහළුවන් ඇති, කළණ මිතුරන්ගේ ඇසුරට වැටුණු භික්ෂුව විසින් මෙය කැමති විය යුත්තේ ය. සිල්වත් වන්නේ ය, ප්‍රාතිමෝක්ෂ සංවරයෙන් සංවර වන්නේ ය, යහපත් ඇවතුම් පැවතුම් ඇතිව වසන්නේ ය, අණුමාත්‍ර වූ වරදෙහි ත් බිය දකින සුළු ව සමාදන් වූ ශික්ෂාපදයන්හි හික්මෙන්නේ ය යන කරුණ යි.

මහණෙනි, කළණ මිතුරන් ඇති, කළණ යහළුවන් ඇති, කළණ මිතුරන්ගේ ඇසුරට වැටුණු භික්ෂුව විසින් මෙය කැමති විය යුත්තේ ය. කෙලෙස් පතුරු ගැලවී යන, සමථ විදර්ශනා භාවනා සිතට උපකාරී වන යම් ඒ කථාවක් ඇද්ද, එනම්, අල්පේච්ඡ බව ගැන කථා කිරීම, ...(පෙ).... මෙබඳු වූ කථාව කැමති සේ ලබන්නේ ය, නිදුකින් ලබන්නේ ය, විපුල සේ ලබන්නේ ය යන කරුණ යි.

මහණෙනි, කළණ මිතුරන් ඇති, කළණ යහළුවන් ඇති, කළණ මිතුරන්ගේ ඇසුරට වැටුණු භික්ෂුව විසින් මෙය කැමති විය යුත්තේ ය. පටන් ගත් වීරිය ඇත්තේ වන්නේ ය, අකුසල් දහම් ප්‍රහාණය කිරීමට හා කුසල් දහම් උපදවා ගැනීමට දැඩි වීරියෙන් යුතු වන්නේ ය, දැඩි පරාක්‍රමයෙන් යුතු වන්නේ ය, කුසල් දහම් පිළිබඳ ව පසුබට නොවන වීරිය ඇත්තේ වන්නේ ය යන කරුණ යි.

මහණෙනි, කළණ මිතුරන් ඇති, කළණ යහළුවන් ඇති, කළණ මිතුරන්ගේ ඇසුරට වැටුණු භික්ෂුව විසින් මෙය කැමති විය යුත්තේ ය. ප්‍රඥාවන්ත වන්නේ

ය, හටගැනීම ත් නැතිවීම ත් දැකීමට සමර්ථ ප්‍රඥාවෙන් යුක්ත වන්නේ ය, ආර්ය වූ තියුණු අවබෝධය ඇති කරවන, මැනැවින් දුක් ක්ෂය කරවන ප්‍රඥාවෙන් යුක්ත වන්නේ ය යන කරුණ යි.

මහණෙනි, ඒ භික්ෂුව විසින් මේ පංච ධර්මය මත පිහිටා වැඩිදුරට ත් ධර්මයන් සතරක් වැඩිය යුත්තේ ය.

6. රාගය ප්‍රහාණය කිරීමට අසුභය වැඩිය යුත්තේ ය.

7. ද්වේෂය ප්‍රහාණය කිරීමට මෛත්‍රිය වැඩිය යුත්තේ ය.

8. අනවශ්‍ය විතර්ක නැසීමට ආනාපානසතිය වැඩිය යුත්තේ ය.

9. 'මම වෙමි' යි යන මාන්නය මුලින් ම නැසීමට අනිත්‍ය සංඥාව වැඩිය යුත්තේ ය. මහණෙනි, අනිත්‍ය සංඥාව වඩන භික්ෂුව හට අනාත්ම සංඥාව පිහිටයි. අනාත්ම සංඥාව ඇති භික්ෂුවගේ සිත අස්මිමානය මුළුමනින් ම නැසීමට යයි. මෙලොවදී ම නිවනට පැමිණෙයි.

සාදු! සාදු!! සාදු!!!

සම්බෝධිපක්ඛිය සූත්‍රය නිමා විය.

9.1.1.2.
නිස්සයසම්පන්න සූත්‍රය
නිස්සයසම්පන්න භික්ෂුව ගැන වදාළ දෙසුම

සැවැත් නුවර දී ය .....

එකල්හී එක්තරා භික්ෂුවක් භාග්‍යවතුන් වහන්සේ වෙත පැමිණියේ ය. පැමිණ භාග්‍යවතුන් වහන්සේට සකසා වන්දනා කොට එකත්පස් ව හිඳගත්තේ ය. එකත්පස් ව හුන් ඒ භික්ෂුව භාග්‍යවතුන් වහන්සේට මෙය පැවසුවේ ය.

"ස්වාමීනි, 'නිස්සය සම්පන්න භික්ෂුව, නිස්සය සම්පන්න භික්ෂුව' යැයි කියනු ලැබේ. ස්වාමීනී, භික්ෂුවක් නිස්සය සම්පන්න වන්නේ කොතෙක් කරුණු මත ද?"

"භික්ෂුව, ඉදින් භික්ෂුවක් ශ්‍රද්ධාව ඇසුරු කොට අකුසලය දුරු කරයි

නම්, කුසලය වඩයි නම්, ඔහුගේ ඒ අකුසලය ප්‍රහීණ වූයේ ම වෙයි. භික්ෂුව, ඉදින් භික්ෂුවක් පවට ඇති ලැජ්ජාව ඇසුරු කොට ....(පෙ).... භික්ෂුව, ඉදින් භික්ෂුවක් පවට ඇති භය ඇසුරු කොට ....(පෙ).... භික්ෂුව, ඉදින් භික්ෂුවක් වීර්යය ඇසුරු කොට ....(පෙ).... භික්ෂුව, ඉදින් භික්ෂුවක් ප්‍රඥාව ඇසුරු කොට අකුසලය දුරු කරයි නම්, කුසලය වඩයි නම්, ඔහුගේ ඒ අකුසලය ප්‍රහීණ වූයේ ම වෙයි. ඒ භික්ෂුවගේ යම් අකුසලයක් ආර්ය වූ ප්‍රඥාවෙන් දැක ප්‍රහීණ වූයේ වෙයි ද, ඒ අකුසලය ප්‍රහීණ වූයේ, මැනැවින් ප්‍රහීණ වූයේ ම වෙයි.

භික්ෂුව, ඒ භික්ෂුව විසින් මේ පංච ධර්මයන් මත පිහිටා ධර්ම සතරක් ඇසුරු කොට වාසය කළ යුත්තේ ය. ඒ කවර සතරක් ද යත්, භික්ෂුව, මෙහිලා භික්ෂුවක් නුවණින් සළකා එකක් සේවනය කරයි. නුවණින් සළකා තව දෙයක් ඉවසයි. නුවණින් සළකා තව දෙයක් අත්හරියි. නුවණින් සළකා තව දෙයක් දුරු කරයි. භික්ෂුව, මෙසේ භික්ෂුවක් නිස්සය සම්පන්න වෙයි.

සාදු! සාදු!! සාදු!!!

නිස්සයසම්පන්න සූත්‍රය නිමා විය.

9.1.1.3.
මේඝිය සූත්‍රය
මේඝිය තෙරුන්ට වදාළ දෙසුම

මා විසින් මෙසේ අසන ලදී. එක් සමයක භාග්‍යවතුන් වහන්සේ චාලිකා නගරයෙහි චාලිකා පර්වතයෙහි වැඩවෙසෙන සේක. එසමයෙහි ආයුෂ්මත් මේඝිය තෙරණුවෝ භාග්‍යවතුන් වහන්සේගේ උපස්ථායක වෙති. එකල්හී ආයුෂ්මත් මේඝිය තෙරණුවෝ භාග්‍යවතුන් වහන්සේ වෙත පැමිණියහ. පැමිණ භාග්‍යවතුන් වහන්සේ සකසා වන්දනා කොට එකත්පස් ව සිටියහ. එකත්පස් ව සිටි ආයුෂ්මත් මේඝිය තෙරණුවෝ භාග්‍යවතුන් වහන්සේට මෙය පැවසූහ.

"ස්වාමීනී, මම ජන්තු ගමට පිණ්ඩපාතය වඩින්නට කැමති වෙමි."

"මේඝිය, දැන් යමකට කාලය නම් එය දැනගන්න."

ඉක්බිති ආයුෂ්මත් මේඝිය තෙරණුවෝ පෙරවරුවෙහි සිවුරු හැඳ පොරොවාගෙන පාත්‍රය හා සිවුරු ගෙන ජන්තු ගමට පිඬු පිණිස පිවිසියහ. ජන්තු ගමෙහි පිඬු පිණිස හැසිර පසුබත් කාලයෙහි පිණ්ඩපාතයෙන් පෙරලා

පැමිණ කිමිකාලා නදී තීරය වෙත එළඹියහ. කිමිකාලා නදී තීරයෙහි ඔබමොබ සක්මන් කරමින් සිටින ආයුෂ්මත් මේඝිය තෙරුන් හට ඉතා මනහර වූ, සිත පහන් කරවන අඹ වනයක් දකින්නට ලැබුණේ ය. දැක මෙසේ සිතුවේ ය. 'ඒකාන්තයෙන් ම මේ අඹ වනය මනහර ය. සිත පහන් කරවයි. ඒකාන්තයෙන් ම ප්‍රධන් වීර්යය වඩනු කැමති කුලපුත්‍රයෙකු හට ප්‍රධන් වීර්යය පිණිස අගනේ ය. ඉදින් භාග්‍යවතුන් වහන්සේ මට අවසර දෙන සේක් නම්, මම මේ අඹ වනයට ප්‍රධන් වීර්යය පිණිස එන්නෙමි.'

ඉක්බිති ආයුෂ්මත් මේඝිය තෙරණුවෝ භාග්‍යවතුන් වහන්සේ වෙත පැමිණියහ. පැමිණ භාග්‍යවතුන් වහන්සේට සකසා වන්දනා කොට එකත්පස් ව හිඳගත්හ. එකත්පස් ව හුන් ආයුෂ්මත් මේඝිය තෙරණුවෝ භාග්‍යවතුන් වහන්සේට මෙය පැවසූහ.

"ස්වාමීනී, මෙහි මම පෙරවරුවෙහි සිවුරු හැඳ පොරොවාගෙන පාත්‍රය හා සිවුරු ගෙන ජන්තු ගමට පිඬු පිණිස පිවිසියෙමි. ජන්තු ගමෙහි පිඬු පිණිස හැසිර පසුබත් කාලයෙහි පිණ්ඩපාතයෙන් පෙරලා පැමිණ කිමිකාලා නදී තීරය වෙත එළඹියෙමි. කිමිකාලා නදී තීරයෙහි ඔබමොබ සක්මන් කරමින් සිටින මට ඉතා මනහර වූ, සිත පහන් කරවන අඹ වනයක් දකින්නට ලැබුණේ ය. දැක මට මේ අදහස ඇතිවිය. 'ඒකාන්තයෙන් ම මේ අඹ වනය මනහර ය. සිත පහන් කරවයි. ඒකාන්තයෙන් ම ප්‍රධන් වීර්යය වඩනු කැමති කුලපුත්‍රයෙකු හට ප්‍රධන් වීර්යය පිණිස අගනේ ය. ඉදින් භාග්‍යවතුන් වහන්සේ මට අවසර දෙන සේක් නම්, මම ඒ අඹ වනයට ප්‍රධන් වීර්යය පිණිස යන්නෙමි' යි."

"මේඝිය, යම්තාක් අන්‍ය වූ කිසියම් භික්ෂුවක් පැමිණෙයි ද, ඒ තාක් ඉවසව. අපි එකලා ව සිටිම්හ."

දෙවෙනි වතාවට ත් ආයුෂ්මත් මේඝිය තෙරණුවෝ භාග්‍යවතුන් වහන්සේට මෙය පැවසූහ.

"ස්වාමීනී, භාග්‍යවතුන් වහන්සේට මත්තෙහි කළ යුතු කිසිවක් නැත්තේ ය. කරන ලද දෙයෙහි ත් යළි කිරීමක් නැත්තේ ය. ස්වාමීනී, මට වනාහී මත්තෙහි කළ යුතු දේ ඇත්තේ ය. කරන ලද දෙයෙහි ත් යළි කිරීමක් ඇත්තේ ය. ඉදින් භාග්‍යවතුන් වහන්සේ මට අවසර දෙන සේක් නම්, මම ඒ අඹ වනයට ප්‍රධන් වීර්යය පිණිස යන්නෙමි."

"මේඝිය, යම්තාක් අන්‍ය වූ කිසියම් භික්ෂුවක් පැමිණෙයි ද, ඒ තාක් ඉවසව. අපි එකලා ව සිටිම්හ."

තෙවෙනි වතාවට ත් ආයුෂ්මත් මේඝිය තෙරණුවෝ භාග්‍යවතුන් වහන්සේට මෙය පැවසූහ.

"ස්වාමීනී, භාග්‍යවතුන් වහන්සේට මත්තෙහි කළ යුතු කිසිවක් නැත්තේ ය. කරන ලද දෙයෙහි ත් යළි කිරීමක් නැත්තේ ය. ස්වාමීනී, මට වනාහී මත්තෙහි කළ යුතු දේ ඇත්තේ ය. කරන ලද දෙයෙහි ත් යළි කිරීමක් ඇත්තේ ය. ඉදින් භාග්‍යවතුන් වහන්සේ මට අවසර දෙන සේක් නම්, මම ඒ අඹ වනයට ප්‍රධන් වීර්යය පිණිස යන්නෙමි."

"මේඝිය, ප්‍රධන් වීර්යය පිණිස යැයි කියන්නහුට අපි කුමක් කියන්නෙමු ද? මේඝිය, දූන් යමකට කාලය යැයි හඟනෙහි නම්, ඔබ එය දනුව."

එකල්හී ආයුෂ්මත් මේඝිය තෙරණුවෝ හුනස්නෙන් නැගිට භාග්‍යවතුන් වහන්සේට සකසා වන්දනා කොට, පැදකුණු කොට ඒ අඹ වනය කරා ගියහ. ගොස් ඒ අඹ වනයේ ඇතුළට පිවිස එක්තරා රුක් සෙවණක දිවා විහරණය පිණිස හිඳගත්හ. එකල්හී ආයුෂ්මත් මේඝිය තෙරුන්ට ඒ අඹ වනයෙහි වාසය කරද්දී බොහෝ සෙයින් ම තුන් වැදෑරුම් පාපී අකුසල විතර්කයන් මතු වෙවී ආවේ ය. එනම් කාම විතර්ක, ව්‍යාපාද විතර්ක සහ විහිංසා විතර්ක යි. එවිට ආයුෂ්මත් මේඝිය තෙරුන්ට මේ අදහස ඇතිවූයේ ය.

'භවත්නි, ඒකාන්තයෙන් ආශ්චර්යයක් නොවැ. භවත්නි, ඒකාන්තයෙන් ම අද්භූතයක් නොවැ. මම වනාහී ශ්‍රද්ධාවෙන් යුතුව ගිහි ගෙය අත්හැර අනගාරික සසුනෙහි පැවිදි වුණෙමි. වැලිදු කාම විතර්ක, ව්‍යාපාද විතර්ක, විහිංසා විතර්ක යන මේ තුන් වැදෑරුම් පාපී අකුසල විතර්කයන් මා පසුපස ලුහුබඳිනවා නොවැ.'

ඉක්බිති ආයුෂ්මත් මේඝිය තෙරණුවෝ භාග්‍යවතුන් වහන්සේ වෙත එළඹියහ. එළඹ භාග්‍යවතුන් වහන්සේට සකසා වන්දනා කොට එකත්පස් ව හුන්හ. එකත්පස් ව හුන් ආයුෂ්මත් මේඝිය තෙරණුවෝ භාග්‍යවතුන් වහන්සේට මෙය පැවසූහ.

"ස්වාමීනී, මට ඒ අඹ වනයෙහි වාසය කරද්දී බොහෝ සෙයින් ම තුන් වැදෑරුම් පාපී අකුසල විතර්කයන් මතු වෙවී ආවේ ය. එනම් කාම විතර්ක, ව්‍යාපාද විතර්ක සහ විහිංසා විතර්ක යි. ස්වාමීනී, එවිට මට මේ අදහස ඇතිවූයේ ය.

'භවත්නි, ඒකාන්තයෙන් ආශ්චර්යයක් නොවැ. භවත්නි, ඒකාන්තයෙන් ම අද්භූතයක් නොවැ. මම වනාහී ශ්‍රද්ධාවෙන් යුතුව ගිහි ගෙය අත්හැර

අනගාරික සසුනෙහි පැවිදි වුණෙමි. වැලිඳු කාම විතර්කය, ව්‍යාපාද විතර්කය, විහිංසා විතර්කය යන මේ තුන් වැදෑරුම් පාපී අකුසල විතර්කයන් මා පසුපස ලුහුබඳිනවා නොවැ' යි."

"මේඝිය, නොමේරූ චිත්ත විමුක්තිය මෝරා යාම පිණිස පංච ධර්මයක් උපකාරී වෙයි. ඒ කවර පසක් ද යත්,

1. මේඝිය, මෙහිලා භික්ෂුව කළණ මිතුරන් ඇතතේ වෙයි. කළණ යහළුවන් ඇත්තේ වෙයි. කළණ මිතුරන් ඇසුරට නැඹුරු වූයේ වෙයි. මේඝිය, නොමේරූ චිත්ත විමුක්තිය මෝරා යාම පිණිස උපකාර වන පළමු කරුණ මෙය යි.

2. තව ද මේඝිය, භික්ෂුව සිල්වත් වෙයි. ප්‍රාතිමෝක්ෂ සංවරයෙන් සංවර වූයේ වෙයි. යහපත් ඇවතුම් පැවතුම් ඇතිව වසන්නේ වෙයි. අණුමාත්‍ර වූ වරදෙහි ත් බිය දකින සුළු ව සමාදන් වූ ශික්ෂාපදයන්හි හික්මෙන්නේ වෙයි. මේඝිය, නොමේරූ චිත්ත විමුක්තිය මෝරා යාම පිණිස උපකාර වන දෙවන කරුණ මෙය යි.

3. තව ද මේඝිය, භික්ෂුව කෙලෙස් පතුරු ගැලවී යන, සමථ විදර්ශනා භාවනා සිතට උපකාරී වන යම් ඒ කථාවක් ඇද්ද, එනම්, අල්පේච්ඡ බව ගැන කථා කිරීම, ...(පෙ).... මෙබඳු වූ කථාව කැමති සේ ලබන්නේ වෙයි. නිදුකින් ලබන්නේ වෙයි. විපුල සේ ලබන්නේ වෙයි. මේඝිය, නොමේරූ චිත්ත විමුක්තිය මෝරා යාම පිණිස උපකාර වන තුන්වෙනි කරුණ මෙය යි.

4. තව ද මේඝිය, භික්ෂුව පටන් ගත් වීරිය ඇත්තේ වෙයි. අකුසල් දහම් ප්‍රහාණය කිරීමට හා කුසල් දහම් උපදවා ගැනීමට දැඩි වීරියෙන් යුතු වූයේ, දැඩි පරාක්‍රමයෙන් යුතු වූයේ, කුසල් දහම් පිළිබඳ ව පසුබට නොවන වීරිය ඇත්තේ වෙයි. මේඝිය, නොමේරූ චිත්ත විමුක්තිය මෝරා යාම පිණිස උපකාර වන සිව්වෙනි කරුණ මෙය යි.

5. තව ද මේඝිය, භික්ෂුව ප්‍රඥාවන්ත වෙයි. හටගැනීම ත්, නැතිවීම ත් දැකීමට සමර්ථ ප්‍රඥාවෙන් යුක්ත වූයේ වෙයි. ආර්ය වූ තියුණු අවබෝධය ඇති කරවන, මැනැවින් දුක් ක්ෂය කරවන ප්‍රඥාවෙන් යුක්ත වූයේ වෙයි. මේඝිය, නොමේරූ චිත්ත විමුක්තිය මෝරා යාම පිණිස උපකාර වන පස්වෙනි කරුණ මෙය යි.

මේඝිය, කළණ මිතුරන් ඇති, කළණ යහළුවන් ඇති, කළණ මිතුරන්ගේ ඇසුරට වැටුණු භික්ෂුව විසින් මෙය කැමති විය යුත්තේ ය. සිල්වත් වන්නේ ය, ප්‍රාතිමෝක්ෂ සංවරයෙන් සංවර වන්නේ ය, යහපත් ඇවතුම් පැවතුම්

ඇතිව වසන්නේ ය, අණුමාත්‍ර වූ වරදෙහි ත් බිය දකින සුළු ව සමාදන් වූ ශික්ෂාපදයන්හි හික්මෙන්නේ ය යන කරුණ යි.

මේඝිය, කළණ මිතුරන් ඇති, කළණ යහළුවන් ඇති, කළණ මිතුරන්ගේ ඇසුරට වැටුණු භික්ෂුව විසින් මෙය කැමති විය යුත්තේ ය. කෙලෙස් පතුරු ගැලවී යන, සමථ විදර්ශනා භාවනා සිතට උපකාරී වන යම් ඒ කථාවක් ඇද්ද, එනම්, අල්පේච්ඡ බව ගැන කථා කිරීම, ...(පෙ).... මෙබඳු වූ කථාව කැමති සේ ලබන්නේ ය, නිදුකින් ලබන්නේ ය, විපුල සේ ලබන්නේ ය යන කරුණ යි.

මේඝිය, කළණ මිතුරන් ඇති, කළණ යහළුවන් ඇති, කළණ මිතුරන්ගේ ඇසුරට වැටුණු භික්ෂුව විසින් මෙය කැමති විය යුත්තේ ය. පටන් ගත් වීරිය ඇත්තේ වන්නේ ය, අකුසල් දහම් ප්‍රහාණය කිරීමට හා කුසල් දහම් උපදවා ගැනීමට දැඩි වීරියෙන් යුතු වන්නේ ය, දැඩි පරාක්‍රමයෙන් යුතු වන්නේ ය, කුසල් දහම් පිළිබඳ ව පසුබට නොවන වීරිය ඇත්තේ වන්නේ ය යන කරුණ යි.

මේඝිය, කළණ මිතුරන් ඇති, කළණ යහළුවන් ඇති, කළණ මිතුරන්ගේ ඇසුරට වැටුණු භික්ෂුව විසින් මෙය කැමති විය යුත්තේ ය. ප්‍රඥාවන්ත වන්නේ ය, හටගැනීම ත් නැතිවීම ත් දැකීමට සමර්ථ ප්‍රඥාවෙන් යුක්ත වන්නේ ය, ආර්ය වූ තියුණු අවබෝධය ඇති කරවන, මැනැවින් දුක් ක්ෂය කරවන ප්‍රඥාවෙන් යුක්ත වන්නේ ය යන කරුණ යි.

මේඝිය, ඒ භික්ෂුව විසින් මේ පංච ධර්මය මත පිහිටා වැඩිදුරට ත් ධර්මයන් සතරක් වැඩිය යුත්තේ ය.

6. රාගය ප්‍රහාණය කිරීමට අසුභය වැඩිය යුත්තේ ය.

7. ද්වේෂය ප්‍රහාණය කිරීමට මෛත්‍රිය වැඩිය යුත්තේ ය.

8. අනවශ්‍ය විතර්ක නැසීමට ආනාපානසතිය වැඩිය යුත්තේ ය.

9. 'මම වෙමි' යි යන මාන්නය මුලින් ම නැසීමට අනිත්‍ය සංඥාව වැඩිය යුත්තේ ය. මේඝිය, අනිත්‍ය සංඥාව වඩන භික්ෂුව හට අනාත්ම සංඥාව පිහිටයි. අනාත්ම සංඥාව ඇති භික්ෂුවගේ සිත අස්මිමානය මුළුමනින් ම නැසීමට යයි. මෙලොවදී ම නිවනට පැමිණෙයි.

සාදු! සාදු!! සාදු!!!

මේඝිය සූත්‍රය නිමා විය.

9.1.1.4.
නන්දක සූත්‍රය
නන්දක තෙරුන්ට වදාළ දෙසුම

එක් සමයක භාග්‍යවතුන් වහන්සේ සැවැත් නුවර ජේතවනය නම් වූ අනේපිඬු සිටුහුගේ ආරාමයෙහි වැඩවෙසෙන සේක. එසමයෙහි ආයුෂ්මත් නන්දක තෙරණුවෝ උපස්ථාන ශාලාවෙහි භික්ෂූන්ට දහැමි කථාවෙන් කරුණු දක්වති. සමාදන් කරවති. උත්සාහවත් කරවති. සතුටට පත් කරවති.

එකල්හී භාග්‍යවතුන් වහන්සේ සවස් වරුවෙහි භාවනාවෙන් නැගිට උපස්ථාන ශාලාවට වැඩි සේක. වැඩම කොට දොරටුවෙන් පිට කොටුවෙහි කථාව අවසන් වන තෙක් සිටගෙන සිටි සේක. ඉක්බිති කථාව අවසන් වූ බව දැන වදාළ භාග්‍යවතුන් වහන්සේ උගුර පාදා දොරගුලට තට්ටු කළ සේක. ඒ භික්ෂූහු භාග්‍යවතුන් වහන්සේට දොර විවර කළහ. ඉක්බිති භාග්‍යවතුන් වහන්සේ උපස්ථාන ශාලාවට පිවිසි සේක. පිවිස පැණවූ අසුනෙහි වැඩහුන් සේක. වැඩහුන් භාග්‍යවතුන් වහන්සේ ආයුෂ්මත් නන්දක තෙරුන් ඇමතූ සේක.

"නන්දකයෙනි, ඔබගේ මේ දීර්ඝ ධර්ම පරියාය භික්ෂූන්ට වැටහුණේ ය. එනමුදු දොරටුවෙන් පිට කොටුවෙහි කථාව අවසන් වන තෙක් සිටගෙන හුන් මාගේ පිට රිදෙයි."

මෙසේ වදාළ කල්හී ආයුෂ්මත් නන්දක තෙරණුවෝ තැති ගැනීමට පත් ව භාග්‍යවතුන් වහන්සේට මෙය පැවසූහ.

"ස්වාමීනී, අපි භාග්‍යවතුන් වහන්සේ බාහිර දොරටු කොටුවෙහි වැඩසිටි සේකැයි නොදනිමු. ඉදින් ස්වාමීනී, අපි භාග්‍යවතුන් වහන්සේ බාහිර දොරටු කොටුවෙහි වැඩසිටි සේකැයි දනිමු නම් මෙපමණකුත් අපට නොවැටහෙන්නේ ය."

එකල්හී භාග්‍යවතුන් වහන්සේ ආයුෂ්මත් නන්දක තෙරුන් තැති ගැනීමට පත් වී සිටින බව දැන ආයුෂ්මත් නන්දක තෙරුන්ට මෙය වදාළ සේක.

"යහපති. යහපති. නන්දකයෙනි. මෙසේ නන්දකයෙනි, ශ්‍රද්ධාවෙන් ගිහිගෙය හැර අනගාරික සසුනෙහි පැවිදි වූ ඔබ වැනි කුලපුත්‍රයන් හට මෙබඳු ධර්ම කථාවෙන් සිටීම යහපති. නන්දකයෙනි, ඔබ එක් රැස් වූ විට දෙකරුණක්

කළ යුත්තේ ය. ධර්ම කථාව හෝ කළ යුත්තේ ය. ආර්ය වූ නිශ්ශබ්දතාවයෙන් හෝ සිටිය යුත්තේ ය.

නන්දකයෙනි, භික්ෂුව සැදැහැවත් වෙයි. සිල්වත් නොවෙයි. මෙසේ ඔහු ඒ අංගයෙන් අසම්පූර්ණ වෙයි. 'මම කවර අයුරින් සැදැහැවතෙක් ද, සිල්වතෙක් ද වෙම් දැ' යි ඔහු විසින් ඒ අංගය සම්පූර්ණ කළ යුත්තේ ය. යම් කලක නන්දකයෙනි, භික්ෂුව සැදැහැවත් ද, සිල්වත් ද වෙයි නම්, මෙසේ හේ ඒ අංගයෙන් සම්පූර්ණ වූයේ වෙයි.

නන්දකයෙනි, භික්ෂුව සැදැහැවත් ද වෙයි. සිල්වත් ද වෙයි. එනමුත් ආධ්‍යාත්මයෙහි චිත්ත සමාධිය නොලබන්නේ වෙයි. මෙසේ ඔහු ඒ අංගයෙන් අසම්පූර්ණ වෙයි. 'මම කවර අයුරින් සැදැහැවතෙක් ද, සිල්වතෙක් ද, ආධ්‍යාත්මයෙහි චිත්ත සමාධිය ලබන්නෙක් ද වෙම් දැ' යි ඔහු විසින් ඒ අංගය සම්පූර්ණ කළ යුත්තේ ය. යම් කලක නන්දකයෙනි, භික්ෂුව සැදැහැවත් ද, සිල්වත් ද වෙයි නම්, ආධ්‍යාත්මයෙහි චිත්ත සමාධිය ද ලබයි නම් මෙසේ හේ ඒ අංගයෙන් සම්පූර්ණ වූයේ වෙයි.

නන්දකයෙනි, භික්ෂුව සැදැහැවත් ද වෙයි. සිල්වත් ද වෙයි. ආධ්‍යාත්මයෙහි චිත්ත සමාධිය ලබන්නේ ද වෙයි. එනමුත් අධිපඤ්ඤාධම්ම විපස්සනාව නොලබන්නේ වෙයි. මෙසේ ඔහු ඒ අංගයෙන් අසම්පූර්ණ වෙයි.

නන්දකයෙනි, එය මෙබඳු දෙයකි. පා සතරකින් යුතු සතෙක් සිටියි. ඔහුගේ එක පාදයක් කුඩා වූයේ, ලාමක වූයේ වෙයි. මෙසේ හේ ඒ අංගයෙන් අසම්පූර්ණ වෙයි. එසෙයින් ම නන්දකයෙනි, භික්ෂුව සැදැහැවත් ද වෙයි. සිල්වත් ද වෙයි. ආධ්‍යාත්මයෙහි චිත්ත සමාධිය ලබන්නේ ද වෙයි. එනමුත් අධිපඤ්ඤාධම්ම විපස්සනාව නොලබන්නේ වෙයි. මෙසේ ඔහු ඒ අංගයෙන් අසම්පූර්ණ වෙයි.

'මම කවර අයුරින් සැදැහැවතෙක් ද, සිල්වතෙක් ද, ආධ්‍යාත්මයෙහි චිත්ත සමාධිය ලබන්නෙක් ද, අධිපඤ්ඤාධම්ම විපස්සනාව ලබන්නෙක් ද වෙම් දැ' යි ඔහු විසින් ඒ අංගය සම්පූර්ණ කළ යුත්තේ ය. යම් කලක නන්දකයෙනි, භික්ෂුව සැදැහැවත් ද, සිල්වත් ද වෙයි නම්, ආධ්‍යාත්මයෙහි චිත්ත සමාධිය ද ලබයි නම්, අධිපඤ්ඤාධම්ම විපස්සනාව ද ලබයි නම්, මෙසේ හේ ඒ අංගයෙන් සම්පූර්ණ වූයේ වෙයි."

භාග්‍යවතුන් වහන්සේ මෙය වදාළ සේක. මෙය වදාළ සුගතයන් වහන්සේ හුනස්නෙන් නැගී විහාරයට පිවිසි සේක.

ඉක්බිති භාග්‍යවතුන් වහන්සේ වැඩි නොබෝ වේලාවකින් ආයුෂ්මත් නන්දක තෙරණුවෝ භික්ෂූන් ඇමතූහ.

"ආයුෂ්මත්නි, දැන් භාග්‍යවතුන් වහන්සේ පද සතරකින් මුළුමනින් ම පිරිපුන් පිරිසිදු නිවන් මග ප්‍රකාශ කොට වදාරා හුනස්නෙන් නැගී විහාරයට වැඩි සේක.

' නන්දකයෙනි, භික්ෂුව සැදැහැවත් වෙයි. සිල්වත් නොවෙයි. මෙසේ ඔහු ඒ අංගයෙන් අසම්පූර්ණ වෙයි. 'මම කවර අයුරින් සැදැහැවතෙක් ද, සිල්වතෙක් ද වෙම් දැ' යි ඔහු විසින් ඒ අංගය සම්පූර්ණ කළ යුත්තේ ය. යම් කලක නන්දකයෙනි, භික්ෂුව සැදැහැවත් ද, සිල්වත් ද වෙයි නම්, මෙසේ හේ ඒ අංගයෙන් සම්පූර්ණ වූයේ වෙයි.

නන්දකයෙනි, භික්ෂුව සැදැහැවත් ද වෙයි. සිල්වත් ද වෙයි. එනමුත් ආධ්‍යාත්මයෙහි චිත්ත සමාධිය නොලබන්නේ වෙයි. ....(පෙ).... ආධ්‍යාත්මයෙහි චිත්ත සමාධිය ලබන්නේ ද වෙයි. එනමුත් අධිපඤ්ඤාධම්ම විපස්සනාව නොලබන්නේ වෙයි. මෙසේ ඔහු ඒ අංගයෙන් අසම්පූර්ණ වෙයි.

නන්දකයෙනි, එය මෙබඳු දෙයකි. පා සතරකින් යුතු සතෙක් සිටියි. ඔහුගේ එක පාදයක් කුඩා වූයේ, ලාමක වූයේ වෙයි. මෙසේ හේ ඒ අංගයෙන් අසම්පූර්ණ වෙයි. එසෙයින් ම නන්දකයෙනි, භික්ෂුව සැදැහැවත් ද වෙයි. සිල්වත් ද වෙයි. ආධ්‍යාත්මයෙහි චිත්ත සමාධිය ලබන්නේ ද වෙයි. එනමුත් අධිපඤ්ඤාධම්ම විපස්සනාව නොලබන්නේ වෙයි. මෙසේ ඔහු ඒ අංගයෙන් අසම්පූර්ණ වෙයි.

'මම කවර අයුරින් සැදැහැවතෙක් ද, සිල්වතෙක් ද, ආධ්‍යාත්මයෙහි චිත්ත සමාධිය ලබන්නෙක් ද, අධිපඤ්ඤාධම්ම විපස්සනාව ලබන්නෙක් ද වෙම් දැ' යි ඔහු විසින් ඒ අංගය සම්පූර්ණ කළ යුත්තේ ය. යම් කලක නන්දකයෙනි, භික්ෂුව සැදැහැවත් ද, සිල්වත් ද වෙයි නම්, ආධ්‍යාත්මයෙහි චිත්ත සමාධිය ද ලබයි නම්, අධිපඤ්ඤාධම්ම විපස්සනාව ද ලබයි නම්, මෙසේ හේ ඒ අංගයෙන් සම්පූර්ණ වූයේ වෙයි.'

ආයුෂ්මත්නි, සුදුසු අවස්ථාවෙහි ධර්ම ශ්‍රවණය කිරීමෙහි, සුදුසු අවස්ථාවෙහි ධර්මය සාකච්ඡා කිරීමෙහි අනුසස් පසකි. ඒ කවර පසක් ද යත්;

ආයුෂ්මත්නි, මෙහිලා භික්ෂුවක් භික්ෂූන්ට ධර්මය දේශනා කරයි. එනම්, මුල කල්‍යාණ වූ, මැද කල්‍යාණ වූ, අවසානය කල්‍යාණ වූ, අර්ථ සහිත වූ, පැහැදිලි ප්‍රකාශනයෙන් යුක්ත වූ, මුළුමනින් ම පිරිපුන් පිරිසිදු නිවන් මග

පවසයි. ආයුෂ්මත්නි, භික්ෂුවක් යම් යම් අයුරින් භික්ෂූන්ට ධර්මය දෙසයි නම් ආදිකල්‍යාණ වූ ....(පෙ).... පිරිසිදු නිවන් මග පවසයි නම්, ඒ ඒ අයුරින් ඒ භික්ෂුව ශාස්තෘන් වහන්සේට ප්‍රිය ද වෙයි. මනාප ද වෙයි. ගරු ද වෙයි. සම්භාවනීය ද වෙයි. ආයුෂ්මත්නි, සුදුසු අවස්ථාවෙහි ධර්ම ශ්‍රවණය කිරීමෙහි, සුදුසු අවස්ථාවෙහි ධර්මය සාකච්ඡා කිරීමෙහි මේ පළමු ආනිශංසය යි.

තව ද ආයුෂ්මත්නි, භික්ෂුවක් භික්ෂූන්ට ධර්මය දේශනා කරයි. එනම්, මුල කල්‍යාණ වූ, ...(පෙ)..... නිවන් මග පවසයි. ආයුෂ්මත්නි, භික්ෂුවක් යම් යම් අයුරින් භික්ෂූන්ට ධර්මය දෙසයි නම් ආදිකල්‍යාණ වූ ....(පෙ).... පිරිසිදු නිවන් මග පවසයි නම්, ඒ ඒ අයුරින් ඒ භික්ෂුව ඒ ධර්මයෙහි අර්ථයට සංවේදී ත් වෙයි. ධර්මයට සංවේදී ත් වෙයි. ආයුෂ්මත්නි, සුදුසු අවස්ථාවෙහි ධර්ම ශ්‍රවණය කිරීමෙහි, සුදුසු අවස්ථාවෙහි ධර්මය සාකච්ඡා කිරීමෙහි මේ දෙවෙනි ආනිශංසය යි.

තව ද ආයුෂ්මත්නි, භික්ෂුවක් භික්ෂූන්ට ධර්මය දේශනා කරයි. එනම්, මුල කල්‍යාණ වූ, ...(පෙ)..... නිවන් මග පවසයි. ආයුෂ්මත්නි, භික්ෂුවක් යම් යම් අයුරින් භික්ෂූන්ට ධර්මය දෙසයි නම් ආදිකල්‍යාණ වූ ....(පෙ).... පිරිසිදු නිවන් මග පවසයි නම්, ඒ ඒ අයුරින් ඒ භික්ෂුව ඒ ධර්මයෙහි තිබෙන ගම්භීර වූ අර්ථපදයන් ප්‍රඥාවෙන් විනිවිද දකියි. ආයුෂ්මත්නි, සුදුසු අවස්ථාවෙහි ධර්ම ශ්‍රවණය කිරීමෙහි, සුදුසු අවස්ථාවෙහි ධර්මය සාකච්ඡා කිරීමෙහි මේ තුන්වෙනි ආනිශංසය යි.

තව ද ආයුෂ්මත්නි, භික්ෂුවක් භික්ෂූන්ට ධර්මය දේශනා කරයි. එනම්, මුල කල්‍යාණ වූ, ...(පෙ)..... නිවන් මග පවසයි. ආයුෂ්මත්නි, භික්ෂුවක් යම් යම් අයුරින් භික්ෂූන්ට ධර්මය දෙසයි නම් ආදිකල්‍යාණ වූ ....(පෙ).... පිරිසිදු නිවන් මග පවසයි නම්, ඒ ඒ අයුරින් ඒ භික්ෂුව සබ්‍රහ්මචාරීන් වහන්සේලා තවදුරටත් සම්භාවනා කරති. එනම් 'ඒකාන්තයෙන් මේ ආයුෂ්මත් තෙමේ උත්තමාර්ථයට පැමිණියේ හෝ වෙයි. පැමිණෙන්නේ හෝ වෙයි' කියා ය. ආයුෂ්මත්නි, සුදුසු අවස්ථාවෙහි ධර්ම ශ්‍රවණය කිරීමෙහි, සුදුසු අවස්ථාවෙහි ධර්මය සාකච්ඡා කිරීමෙහි මේ සිව්වෙනි ආනිශංසය යි.

තව ද ආයුෂ්මත්නි, භික්ෂුවක් භික්ෂූන්ට ධර්මය දේශනා කරයි. එනම්, මුල කල්‍යාණ වූ, ...(පෙ)..... නිවන් මග පවසයි. ආයුෂ්මත්නි, භික්ෂුවක් යම් යම් අයුරින් භික්ෂූන්ට ධර්මය දෙසයි නම් ආදිකල්‍යාණ වූ ....(පෙ).... පිරිසිදු නිවන් මග පවසයි නම්, ඒ ඒ කරුණෙහි යම් භික්ෂූහු ධර්මයෙහි හික්මෙමින් නොපත් අනුත්තර යෝගක්ෂේමය වූ නිර්වාණය පතමින් වාසය කරන්නාහු වෙත් ද, ඔවුහු

ඒ ධර්මය අසා නොපත් මාර්ගඵලයන්ට පත්වීම පිණිස, නොලැබූ මාර්ගඵලයන් ලැබීම පිණිස, සාක්ෂාත් නොකළ නිවන සාක්ෂාත් කිරීම පිණිස ත් වීරිය අරඹති. එහි යම් ඒ භික්ෂූහු රහත් වූවාහු, ක්ෂීණාශ්‍රව වූවාහු, බඹසර වාසය නිමකොට, කළ යුත්ත කොට, කෙලෙස් බර බහා තබා, පිළිවෙලින් පැමිණුන අරහත්වය ඇති, භව සංයෝජන ක්ෂය කළ, මැනැවින් දැන දුකින් නිදහස් වූවාහු වෙත් ද, ඒ භික්ෂූහු ඒ ධර්මය අසා මෙලොවදී ලබන සැප විහරණයෙහි ම යෙදී වාසය කරති. ආයුෂ්මත්නි, සුදුසු අවස්ථාවෙහි ධර්ම ශ්‍රවණය කිරීමෙහි, සුදුසු අවස්ථාවෙහි ධර්මය සාකච්ඡා කිරීමෙහි මේ පස්වෙනි ආනිශංසය යි.

ආයුෂ්මත්නි, මේ වනාහී සුදුසු අවස්ථාවෙහි ධර්ම ශ්‍රවණය කිරීමෙහි, සුදුසු අවස්ථාවෙහි ධර්මය සාකච්ඡා කිරීමෙහි අනුසස් පස යි.

සාදු! සාදු!! සාදු!!!

නන්දක සූත්‍රය නිමා විය.

9.1.1.5.
බලසංගහවත්ථු සූත්‍රය
බලසංග්‍රහයට මුල්වන දේ ගැන වදාළ දෙසුම

සැවැත් නුවර දී ය .....

මහණෙනි, මේ බල සතරකි. ඒ කවර සතරක් ද යත්;

ප්‍රඥා බලය, වීර්යය බලය, නිවැරදි දේ ගැන ඇති බලය සහ සංග්‍රහ බලය ය.

1. මහණෙනි, ප්‍රඥා බලය යනු කුමක් ද?

අකුසල ගණනට වැටෙන යම් අකුසල් දහම් වෙත් ද, කුසල් ගණනට වැටෙන යම් කුසල් දහම් වෙත් ද, වැරදි ගණනට වැටෙන යම් වැරදි දේ වෙත් ද, නිවැරදි ගණනට වැටෙන යම් නිවැරදි දේ වෙත් ද, කළු පැහැ ගණනට වැටෙන යම් කළු පැහැ අකුසල ධර්මයන් වෙත් ද, සුදු පැහැ ගණනට වැටෙන යම් සුදු පැහැ කුසල් වෙත් ද, සේවනය නොකළ යුතු ගණනට වැටෙන යම් සේවනය නොකළ යුතු දේ ඇද්ද, සේවනය කළ යුතු ගණනට වැටෙන යම්

සේවනය කළ යුතු දේ ඇද්ද, ආර්යභාවයට නුසුදුසු ගණනට වැටෙන යම් ආර්ය භාවයට නුසුදුසු දේ ඇද්ද, ආර්යභාවයට සුදුසු ගණනට වැටෙන යම් ආර්ය භාවයට සුදුසු දේ ඇද්ද, ඔහු විසින් ඒ ධර්මයෝ ප්‍රඥාවෙන් මැනැවින් දකින ලද්දාහු ය. සිතින් විමසන ලද්දාහු ය. මහණෙනි, මෙය ප්‍රඥා බලය යැයි කියනු ලැබෙයි.

2. මහණෙනි, වීර්යය බලය යනු කුමක් ද?

අකුසල ගණනට වැටෙන යම් අකුසල් දහම් වෙත් ද, වැරදි ගණනට වැටෙන යම් වැරදි දේ වෙත් ද, කළු පැහැ ගණනට වැටෙන යම් කළු පැහැ අකුසල් වෙත් ද, සේවනය නොකළ යුතු ගණනට වැටෙන යම් සේවනය නොකළ යුතු දේ ඇද්ද, ආර්යභාවයට නුසුදුසු ගණනට වැටෙන යම් ආර්ය භාවයට නුසුදුසු දේ ඇද්ද, ඒ ධර්මයන් ප්‍රහාණය කිරීම පිණිස කැමැත්ත උපදවයි. වෑයම් කරයි. වීරිය අරඹයි. සිත දැඩි කොට ගනියි. පධන් වීර්යය කරයි.

කුසල් ගණනට වැටෙන යම් කුසල් දහම් වෙත් ද, නිවැරදි ගණනට වැටෙන යම් නිවැරදි දේ වෙත් ද, සුදු පැහැ ගණනට වැටෙන යම් සුදු පැහැ කුසල් වෙත් ද, සේවනය කළ යුතු ගණනට වැටෙන යම් සේවනය කළ යුතු දේ ඇද්ද, ආර්යභාවයට සුදුසු ගණනට වැටෙන යම් ආර්ය භාවයට සුදුසු දේ ඇද්ද, ඒ ධර්මයන් උපදවා ගැනීම පිණිස කැමැත්ත උපදවයි. වෑයම් කරයි. වීරිය අරඹයි. සිත දැඩි කොට ගනියි. පධන් වීර්යය කරයි. මහණෙනි, මෙය වීර්යය බලය යැයි කියනු ලැබෙයි.

3. මහණෙනි, නිවැරදි දේ ගැන ඇති බලය යනු කුමක් ද?

මහණෙනි, මෙහිලා ආර්ය ශ්‍රාවකයා නිවැරදි වූ කාය කර්මයෙන් යුක්ත වෙයි. නිවැරදි වූ වචී කර්මයෙන් යුක්ත වෙයි. නිවැරදි වූ මනෝ කර්මයෙන් යුක්ත වෙයි. මහණෙනි, මෙය නිවැරදි දේ ගැන ඇති බලය යැයි කියනු ලැබෙයි.

4. මහණෙනි, සංග්‍රහ බලය යනු කුමක් ද?

මහණෙනි, සංග්‍රහයන්ට මුල්වන කරුණු සතරකි. එනම්, දානය, ප්‍රියවචනය, අර්ථචරියාව සහ සමානාත්මතාවය යි.

මහණෙනි, යම් මේ ධර්ම දානයක් ඇද්ද, මෙය දානයන් අතුරින් අග්‍ර වෙයි.

මහණෙනි, ධර්මයෙන් ප්‍රයෝජන ඇති ව, සවන් යොමු කොට සිටින කෙනෙකුට නැවත නැවත ධර්මය දෙසන්නේ ය යන යමක් වෙයි ද, මෙය

ප්‍රිය වචනයන් අතුරින් අග්‍ර වෙයි.

මහණෙනි, යම් මේ සැදැහැවත් නැති කෙනා ශ්‍රද්ධා සම්පත්තියෙහි සමාදන් කරවයි ද, ඇතුළු කරවයි ද, පිහිටුවයි ද, දුස්සීල කෙනා සීල සම්පත්තියෙහි සමාදන් කරවයි ද, ඇතුළු කරවයි ද, පිහිටුවයි ද, මසුරු කෙනා ත්‍යාග සම්පත්තියෙහි සමාදන් කරවයි ද, ඇතුළු කරවයි ද, පිහිටුවයි ද, ප්‍රඥාව නැති කෙනා ප්‍රඥා සම්පත්තියෙහි සමාදන් කරවයි ද, ඇතුළු කරවයි ද, පිහිටුවයි ද, මෙය අර්ථචරියාවන් අතුරින් අග්‍ර යැයි කියනු ලැබෙයි.

මහණෙනි, සෝවාන් කෙනෙක් සෝවාන් කෙනෙකුට සමානාත්ම වෙයි. සකදාගාමී කෙනෙක් සකදාගාමී කෙනෙකුට සමානාත්ම වෙයි. අනාගාමී කෙනෙක් අනාගාමී කෙනෙකුට සමානාත්ම වෙයි. රහතන් වහන්සේ නමක් තවත් රහතන් වහන්සේ නමකට සමානාත්ම වෙති. මෙය සමානාත්ම පිරිස අතුරින් සමානාත්මතාවයෙන් අග්‍ර වෙයි.

මහණෙනි, මෙය සංග්‍රහ බලය යැයි කියනු ලැබේ.

මහණෙනි, මේ වනාහී සතරක් වූ බලයන් ය.

මහණෙනි, මේ සතර බලයෙන් යුතු ආර්ය ශ්‍රාවකයා පස් ආකාර භයක් ඉක්මවා ගියේ වෙයි. ඒ කවර පසක් ද යත්, ජීවිකාව පිළිබඳ භය, ගැරහුම් ලැබීම පිළිබඳ භය, පිරිස ඉදිරියෙහි පසුබෑම පිළිබඳ භය, මරණය පිළිබඳ භය සහ දුගතිය පිළිබඳ භය ය.

මහණෙනි, ඒ ආර්ය ශ්‍රාවකයා මෙසේ නුවණින් සළකයි. මම ජීවිකාව පිළිබඳ භයට භය නොවෙමි. මම ජීවිකාව පිළිබඳ භයට කුමකට නම් භය වෙම් ද? මා තුළ සතර බලයක් තිබෙනවා නොවැ. එනම්, ප්‍රඥා බලය ත්, වීරිය බලය ත්, නිවැරදි දේ ගැන ඇති බලය ත්, සංග්‍රහ බලය ත් ය. ප්‍රඥාවක් නැති කෙනා නම් ජීවිකාව පිළිබඳ භයට භය වේවි. කුසීත කෙනා නම් ජීවිකාව පිළිබඳ භයට භය වේවි. වැරදි ලෙස කයින්, වචනයෙන්, මනසින් කටයුතු කරන කෙනා නම් ජීවිකාව පිළිබඳ භයට භය වේවි. සංග්‍රහයෙන් තොර කෙනා නම් ජීවිකාව පිළිබඳ භයට භය වේවි.

මම ගැරහුම් ලැබීම පිළිබඳ ව භයට භය නොවෙමි ....(පෙ).... මම පිරිස් මැද පසුබසින්නට වීමේ භයට භය නොවෙමි ....(පෙ).... මම මරණ භයට භය නොවෙමි. ....(පෙ).... මම දුගති භයට භය නොවෙමි. මම දුගති භයට කුමකට නම් භය වෙම් ද? මා තුළ සතර බලයක් තිබෙනවා නොවැ. එනම්, ප්‍රඥා බලය ත්, වීරිය බලය ත්, නිවැරදි දේ ගැන ඇති බලය ත්, සංග්‍රහ බලය ත් ය. ප්‍රඥාවක්

නැති කෙනා නම් දුගති භයට භය වේවි. කුසීත කෙනා නම් දුගති භයට භය වේවි. වැරදි ලෙස කයින්, වචනයෙන්, මනසින් කටයුතු කරන කෙනා නම් දුගති භයට භය වේවි. සංග්‍රහයෙන් තොර කෙනා නම් දුගති භයට භය වේවි.

මහණෙනි, මේ සතර බලයෙන් යුක්ත ආර්ය ශ්‍රාවකයා මේ පස් ආකාර බිය ඉක්මවා ගියේ වෙයි.

සාදු! සාදු!! සාදු!!!

බලසංගහවත්ථු සූත්‍රය නිමා විය.

9.1.1.6.
සේවිතබ්බාසේවිතබ්බ සූත්‍රය
සේවනය කළ යුතු නොකළ යුතු දේ ගැන වදාළ දෙසුම

සැවැත් නුවර දී ය .....

එකල්හී ආයුෂ්මත් සාරිපුත්තයන් වහන්සේ 'ආයුෂ්මත් මහණෙනි' යි භික්ෂූන් ඇමතූ සේක. 'ආයුෂ්මතුන් වහන්සැ' යි ඒ භික්ෂූහු ආයුෂ්මත් සාරිපුත්තයන් වහන්සේට පිළිවදන් දුන්හ. ආයුෂ්මත් සාරිපුත්තයන් වහන්සේ මෙය වදාළ සේක.

ආයුෂ්මත්නි, පුද්ගලයා ත් දෙඅයුරකින් දත යුත්තේ ය. එනම් සේවනය කළ යුතු වූ ත්, සේවනය නොකළ යුතු වූ ත් වශයෙනි. ආයුෂ්මත්නි, සිවුර ත් දෙඅයුරකින් දත යුත්තේ ය. එනම් සේවනය කළ යුතු වූ ත්, සේවනය නොකළ යුතු වූ ත් වශයෙනි. ආයුෂ්මත්නි, දානය ත් දෙඅයුරකින් දත යුත්තේ ය. එනම් සේවනය කළ යුතු වූ ත්, සේවනය නොකළ යුතු වූ ත් වශයෙනි. ආයුෂ්මත්නි, සෙනසුන ත් දෙඅයුරකින් දත යුත්තේ ය. එනම් සේවනය කළ යුතු වූ ත්, සේවනය නොකළ යුතු වූ ත් වශයෙනි. ආයුෂ්මත්නි, ගම් නියම්ගම ත් දෙඅයුරකින් දත යුත්තේ ය. එනම් සේවනය කළ යුතු වූ ත්, සේවනය නොකළ යුතු වූ ත් වශයෙනි. ආයුෂ්මත්නි, ජනපද ප්‍රදේශ ත් දෙඅයුරකින් දත යුත්තේ ය. එනම් සේවනය කළ යුතු වූ ත්, සේවනය නොකළ යුතු වූ ත් වශයෙනි.

'ආයුෂ්මත්නි, පුද්ගලයා ත් දෙඅයුරකින් දත යුත්තේ ය. එනම් සේවනය කළ යුතු වූ ත්, සේවනය නොකළ යුතු වූ ත් වශයෙනි' යි කියා යමක් කියන

ලද්දේ නම්, එය කියන ලද්දේ කුමක් සඳහා ද?

එහිලා යම් පුද්ගලයෙක් පිළිබඳ ව මෙසේ දැනගන්නේ ද, 'මේ පුද්ගලයා ව ඇසුරු කරන විට මා තුළ අකුසල් දහම් වැඩෙනවා නොවැ. කුසල් දහම් පිරිහෙනවා නොවැ. පැවිදි වූ මා විසින් ජීවත් වීම පිණිස යම් චීවර, පිණ්ඩපාත, සේනාසන, ගිලන්පස බෙහෙත් පිරිකර ආදියක් සොයා ගත යුතු නම්, ඒවා ද දුක සේ ලැබෙයි. යම් අර්ථයක් පිණිස මම ගිහි ගෙයින් නික්ම අනගාරික පැවිදි භාවය ලැබුවේ නම් මාගේ ඒ මාර්ගඵලාවබෝධය ද, භාවනා වශයෙන් පිරිපුන් බවට නොයයි.' යනුවෙන් මෙසේ ඒ පුද්ගලයා ගැන දැනගන්නා වූ පුද්ගලයා විසින් රාත්‍රියක වේවා, දහවල් කලක වේවා, ඔහුගෙන් නොවිමසා ම පිටත් ව යා යුත්තේ ය. ඔහු පසුපස නොයා යුත්තේ ය.

එහිලා යම් පුද්ගලයෙක් පිළිබඳ ව මෙසේ දැනගන්නේ ද, 'මේ පුද්ගලයා ව ඇසුරු කරන විට මා තුළ අකුසල් දහම් වැඩෙනවා නොවැ. කුසල් දහම් පිරිහෙනවා නොවැ. පැවිදි වූ මා විසින් ජීවත් වීම පිණිස යම් චීවර, පිණ්ඩපාත, සේනාසන, ගිලන්පස බෙහෙත් පිරිකර ආදියක් සොයා ගත යුතු නම්, ඒවා ද පහසුවෙන් ලැබෙයි. යම් අර්ථයක් පිණිස මම ගිහි ගෙයින් නික්ම අනගාරික පැවිදි භාවය ලැබුවේ නම් මාගේ ඒ මාර්ගඵලාවබෝධය ද, භාවනා වශයෙන් පිරිපුන් බවට නොයයි' යනුවෙන් මෙසේ ඒ පුද්ගලයා ගැන දැනගන්නා වූ පුද්ගලයා විසින් ඔහුගෙන් නොවිමසා හෝ පිටත් ව යා යුත්තේ ය. ඔහු පසුපස නොයා යුත්තේ ය.

එහිලා යම් පුද්ගලයෙක් පිළිබඳ ව මෙසේ දැනගන්නේ ද, 'මේ පුද්ගලයා ව ඇසුරු කරන විට මා තුළ අකුසල් දහම් පිරිහෙයි. කුසල් දහම් වැඩෙයි. පැවිදි වූ මා විසින් ජීවත් වීම පිණිස යම් චීවර, පිණ්ඩපාත, සේනාසන, ගිලන්පස බෙහෙත් පිරිකර ආදියක් සොයා ගත යුතු නම්, ඒවා ද දුක සේ ලැබෙයි. යම් අර්ථයක් පිණිස මම ගිහි ගෙයින් නික්ම අනගාරික පැවිදි භාවය ලැබුවේ නම් මාගේ ඒ මාර්ගඵලාවබෝධය ද, භාවනා වශයෙන් පිරිපුන් බවට යයි' යනුවෙන් මෙසේ ඒ පුද්ගලයා ගැන දැනගන්නා වූ පුද්ගලයා විසින් ඔහු පසුපසින් ම යා යුත්තේ ය. ඔහු අත්හැර නොයා යුත්තේ ය.

එහිලා යම් පුද්ගලයෙක් පිළිබඳ ව මෙසේ දැනගන්නේ ද, 'මේ පුද්ගලයා ව ඇසුරු කරන විට මා තුළ අකුසල් දහම් පිරිහෙයි. කුසල් දහම් වැඩෙයි. පැවිදි වූ මා විසින් ජීවත් වීම පිණිස යම් චීවර, පිණ්ඩපාත, සේනාසන, ගිලන්පස බෙහෙත් පිරිකර ආදියක් සොයා ගත යුතු නම්, ඒවා ද පහසුවෙන් ලැබෙයි. යම් අර්ථයක් පිණිස මම ගිහි ගෙයින් නික්ම අනගාරික පැවිදි භාවය ලැබුවේ

නම් ඒ මාර්ගඵලාවබෝධය ද, භාවනා වශයෙන් පිරිපුන් බවට යයි' යනුවෙන් මෙසේ ඒ පුද්ගලයා ගැන දැනගන්නා වූ පුද්ගලයා විසින් දිවි තිබෙන තුරා ඔහු පසුපසින් යා යුත්තේ ය. ඔහු විසින් අර පුද්ගලයා ව එළවා දමන නමුත් එතැනින් නොයා යුත්තේ ය.

'ආයුෂ්මත්නි, පුද්ගලයා ත් දෙඅයුරකින් දත යුත්තේ ය. එනම් සේවනය කළ යුතු වූ ත්, සේවනය නොකළ යුතු වූ ත් වශයෙනි'යි යමක් කියන ලද්දේ නම්, එය කියන ලද්දේ මේ සඳහා ය.

ආයුෂ්මත්නි, මම් සිවුර ද දෙවැදෑරුම් යැයි පවසමි. එනම් සේවනය කළ යුතු සිවුරකුත් තිබේ. සේවනය නොකළ යුතු සිවුරකුත් තිබේ' වශයෙන් යමක් පවසන ලද්දේ නම් එය කුමක් සඳහා පවසන ලද්දේ ද?

එහිලා යම් සිවුරක් පිළිබඳ ව මෙසේ දැනගන්නේ ද, 'මවිසින් මේ චීවරය සේවනය කරන කල්හී අකුසල් දහම් වැඩෙයි. කුසල් දහම් පිරිහෙයි' කියා යම් සිවුරක් ගැන දන්නේ නම් එබඳු වූ සිවුර සේවනය නොකළ යුතුය. එහිලා 'මවිසින් මේ චීවරය සේවනය කරන කල්හී කුසල් දහම් වැඩෙයි. අකුසල් දහම් පිරිහෙයි' කියා යම් සිවුරක් ගැන දන්නේ නම් එබඳු වූ සිවුර සේවනය කළ යුතුය. 'ආයුෂ්මත්නි, මම් සිවුර ද දෙවැදෑරුම් යැයි පවසමි. එනම් සේවනය කළ යුතු සිවුරකුත් තිබේ. සේවනය නොකළ යුතු සිවුරකුත් තිබේ' වශයෙන් යමක් පවසන ලද්දේ නම් එය පවසන ලද්දේ මේ සඳහා ය.

ආයුෂ්මත්නි, මම් පිණ්ඩපාතය ද දෙවැදෑරුම් යැයි පවසමි. එනම් සේවනය කළ යුතු පිණ්ඩපාතයකුත් තිබේ. සේවනය නොකළ යුතු පිණ්ඩපාතයකුත් තිබේ' වශයෙන් යමක් පවසන ලද්දේ නම් එය කුමක් සඳහා පවසන ලද්දේ ද?

එහිලා යම් පිණ්ඩපාතයක් පිළිබඳ ව මෙසේ දැනගන්නේ ද, 'මවිසින් මේ පිණ්ඩපාතය සේවනය කරන කල්හී අකුසල් දහම් වැඩෙයි. කුසල් දහම් පිරිහෙයි' කියා යම් පිණ්ඩපාතයක් ගැන දන්නේ නම් එබඳු වූ පිණ්ඩපාතය සේවනය නොකළ යුතුය. එහිලා 'මවිසින් මේ පිණ්ඩපාතය සේවනය කරන කල්හී කුසල් දහම් වැඩෙයි. අකුසල් දහම් පිරිහෙයි' කියා යම් පිණ්ඩපාතයක් ගැන දන්නේ නම් එබඳු වූ පිණ්ඩපාතය සේවනය කළ යුතුය. ආයුෂ්මත්නි, මම් පිණ්ඩපාතය ද දෙවැදෑරුම් යැයි පවසමි. එනම් සේවනය කළ යුතු පිණ්ඩපාතයකුත් තිබේ. සේවනය නොකළ යුතු පිණ්ඩපාතයකුත් තිබේ' වශයෙන් යමක් පවසන ලද්දේ නම් එය පවසන ලද්දේ මේ සඳහා ය.

ආයුෂ්මත්නි, මම් සේනාසනය ද දෙවැදෑරුම් යැයි පවසමි. එනම් සේවනය

කළ යුතු සේනාසනයකුත් තිබේ. සේවනය නොකළ යුතු සේනාසනයකුත් තිබේ' වශයෙන් යමක් පවසන ලද්දේ නම් එය කුමක් සඳහා පවසන ලද්දේ ද?

එහිලා යම් සේනාසනයක් පිළිබඳ ව මෙසේ දැනගන්නේ ද, 'මවිසින් මේ සේනාසනය සේවනය කරන කල්හී අකුසල් දහම් වැඩෙයි. කුසල් දහම් පිරිහෙයි' කියා යම් සේනාසනයක් ගැන දන්නේ නම් එබඳු වූ සේනාසනය සේවනය නොකළ යුතුය. එහිලා 'මවිසින් මේ සේනාසනය සේවනය කරන කල්හී කුසල් දහම් වැඩෙයි. අකුසල් දහම් පිරිහෙයි' කියා යම් සේනාසනයක් ගැන දන්නේ නම් එබඳු වූ සේනාසනය සේවනය කළ යුතුය. ආයුෂ්මත්නි, මම් සේනාසනය ද දෙවැදෑරුම් යැයි පවසමි. එනම් සේවනය කළ යුතු සේනාසනයකුත් තිබේ. සේවනය නොකළ යුතු සේනාසනයකුත් තිබේ' වශයෙන් යමක් පවසන ලද්දේ නම් එය පවසන ලද්දේ මේ සඳහා ය.

ආයුෂ්මත්නි, මම් ගම් නියම්ගම් ද දෙවැදෑරුම් යැයි පවසමි. එනම් සේවනය කළ යුතු ගම් නියම්ගම් ද තිබේ. සේවනය නොකළ යුතු ගම් නියම්ගම් ද තිබේ' වශයෙන් යමක් පවසන ලද්දේ නම් එය කුමක් සඳහා පවසන ලද්දේ ද?

එහිලා යම් ගම් නියම්ගම් පිළිබඳ ව මෙසේ දැනගන්නේ ද, 'මවිසින් මේ ගම් නියම්ගම් සේවනය කරන කල්හී අකුසල් දහම් වැඩෙයි. කුසල් දහම් පිරිහෙයි' කියා යම් ගම් නියම්ගමක් ගැන දන්නේ නම් එබඳු වූ ගම් නියම්ගම් සේවනය නොකළ යුතුය. එහිලා 'මවිසින් මේ ගම් නියම්ගම් සේවනය කරන කල්හී කුසල් දහම් වැඩෙයි. අකුසල් දහම් පිරිහෙයි' කියා යම් නියම්ගමක් ගැන දන්නේ නම් එබඳු වූ නියම්ගම් සේවනය කළ යුතුය. ආයුෂ්මත්නි, මම් ගම් නියම්ගම් ද දෙවැදෑරුම් යැයි පවසමි. එනම් සේවනය කළ යුතු ගම් නියම්ගම් ද තිබේ. සේවනය නොකළ යුතු ගම් නියම් ගම් ද තිබේ' වශයෙන් යමක් පවසන ලද්දේ නම් එය පවසන ලද්දේ මේ සඳහා ය.

ආයුෂ්මත්නි, මම් ජනපද ප්‍රදේශ ද දෙවැදෑරුම් යැයි පවසමි. එනම් සේවනය කළ යුතු ජනපද ප්‍රදේශත් තිබේ. සේවනය නොකළ යුතු ජනපද ප්‍රදේශත් තිබේ' වශයෙන් යමක් පවසන ලද්දේ නම් එය කුමක් සඳහා පවසන ලද්දේ ද?

එහිලා යම් ජනපද ප්‍රදේශයක් පිළිබඳ ව මෙසේ දැනගන්නේ ද, 'මවිසින් මේ ජනපද ප්‍රදේශ සේවනය කරන කල්හී අකුසල් දහම් වැඩෙයි. කුසල් දහම් පිරිහෙයි' කියා යම් ජනපද ප්‍රදේශයක් ගැන දන්නේ නම් එබඳු වූ ජනපද ප්‍රදේශ සේවනය නොකළ යුතුය. එහිලා 'මවිසින් මේ ජනපද ප්‍රදේශ සේවනය

කරන කල්හී කුසල් දහම් වැඩෙයි. අකුසල් දහම් පිරිහෙයි' කියා යම් ජනපද ප්‍රදේශයක් ගැන දන්නේ නම් එබඳු වූ ජනපද ප්‍රදේශ සේවනය කළ යුතුය. ආයුෂ්මත්නි, මම් ජනපද ප්‍රදේශය ද දෙවැදෑරුම් යැයි පවසමි. එනම් සේවනය කළ යුතු ජනපද ප්‍රදේශත් තිබේ. සේවනය නොකළ යුතු ජනපද ප්‍රදේශත් තිබේ' වශයෙන් යමක් පවසන ලද්දේ නම් එය පවසන ලද්දේ මේ සඳහා ය.

සාදු! සාදු!! සාදු!!!

සේවිතබ්බාසේවිතබ්බ සූත්‍රය නිමා විය.

9.1.1.7.
සුතවාපරිබ්බාජක සූත්‍රය
සුතවා පරිබ්‍රාජකයාට වදාළ දෙසුම

මා විසින් මෙසේ අසන ලදී. එක් සමයක භාග්‍යවතුන් වහන්සේ රජගහ නුවර ගිජ්ඣකූට පර්වතයෙහි වැඩවසන සේක. එකල්හී සුතවා පරිබ්‍රාජකයා භාග්‍යවතුන් වහන්සේ යම් තැනක වැඩසිටි සේක් ද, එතැනට පැමිණියේ ය. පැමිණ භාග්‍යවතුන් වහන්සේ සමඟ සතුටු වූයේ ය. සතුටු විය යුතු පිළිසඳර කතා බහ නිමවා එකත්පස් ව හුන්නේ ය. එකත්පස් ව හුන් සුතවා පරිබ්‍රාජකයා භාග්‍යවතුන් වහන්සේට මෙය පැවසුවේ ය.

"ස්වාමීනී, එක් සමයක භාග්‍යවතුන් වහන්සේ මේ ගිරිබ්බජයෙහි රජගහ නුවර ම වැඩවසන සේක. එහිදී ස්වාමීනී, මා විසින් භාග්‍යවතුන් වහන්සේ හමුවෙහිදී මෙසේ අසන ලද්දේ ය. පිළිගන්නා ලද්දේ ය. එනම් 'සුතවායෙනි, යම් ඒ භික්ෂුවක් අරහත් වෙයි ද, ක්ෂීණාශ්‍රව වෙයි ද, බඹසර වාසය නිම කරන ලද්දේ වෙයි ද, කළ යුත්ත කරන ලද්දේ වෙයි ද, කෙලෙස් බර බහා තැබූවේ වෙයි ද, අනුපිළිවෙලින් පත් අරහත්වය ඇත්තේ වෙයි ද, භව සංයෝජන ක්ෂය කළේ වෙයි ද, මැනැවින් දැන නිදහස් වූයේ වෙයි ද, ඒ භික්ෂුව පස් කරුණක් ඉක්මවා යන්නට අසමර්ථ වෙයි. ක්ෂීණාශ්‍රව භික්ෂුව දැන දැන සතෙකුගේ දිවි තොර කරන්නට අසමර්ථ වෙයි. ක්ෂීණාශ්‍රව භික්ෂුව නුදුන් දෙයක් සොර සිතින් ගන්නට අසමර්ථ වෙයි. ක්ෂීණාශ්‍රව භික්ෂුව මෛථුන සේවනය කරන්නට අසමර්ථ වෙයි. ක්ෂීණාශ්‍රව භික්ෂුව දැන දැන බොරුවක් පවසන්නට අසමර්ථ වෙයි. ක්ෂීණාශ්‍රව භික්ෂුව යම් සේ කලින් ගිහි ජීවිතය ගත කරන ලද්දේ ද,

ඒ අයුරින් එක් රැස් කොට තබාගෙන කාමයන් පරිභෝග කරන්නට අසමර්ථ වෙයි.'

කිම, ස්වාමීනී, මා විසින් භාග්‍යවතුන් වහන්සේ විසින් වදාරණ ලද ඒ කරුණ මනාකොට අසන ලද්දේ ද? මනාකොට ගන්නා ලද්දේ ද? මනාකොට මෙනෙහි කරන ලද්දේ ද? මනාකොට දරණ ලද්දේ ද?"

"සුතවායෙනි, ඒකාන්තයෙන් ම ඔබ විසින් එකරුණ මනාකොට අසන ලද්දේ ය. මනාකොට ගන්නා ලද්දේ ය. මනාකොට මෙනෙහි කරන ලද්දේ ය. මනාකොට දරණ ලද්දේ ය. සුතවායෙනි, කලිනුත් දැනුත් මම මෙසේ කියමි. යම් ඒ භික්ෂුවක් අරහත් වෙයි ද, ක්ෂීණාශ්‍රව වෙයි ද, බඹසර වාසය නිම කරන ලද්දේ වෙයි ද, කළ යුත්ත කරන ලද්දේ වෙයි ද, කෙලෙස් බර බහා තැබුවේ වෙයි ද, අනුපිළිවෙලින් පත් අරහත්වය ඇත්තේ වෙයි ද, භව සංයෝජන ක්ෂය කළේ වෙයි ද, මැනැවින් දැන නිදහස් වූයේ වෙයි ද, ඒ භික්ෂුව කරුණු නවයකින් ඉක්මවා යන්නට අසමර්ථ වෙයි. ක්ෂීණාශ්‍රව භික්ෂුව දැන දැන සතෙකුගේ දිවි තොර කරන්නට අසමර්ථ වෙයි. ක්ෂීණාශ්‍රව භික්ෂුව දුන් දෙයක් සොර සිතින් ගන්නට අසමර්ථ වෙයි. ක්ෂීණාශ්‍රව භික්ෂුව මෛථුන සේවනය කරන්නට අසමර්ථ වෙයි. ක්ෂීණාශ්‍රව භික්ෂුව දැන දැන බොරුවක් පවසන්නට අසමර්ථ වෙයි. ක්ෂීණාශ්‍රව භික්ෂුව යම් සේ කලින් ගිහි ජීවිතය ගත කරන ලද්දේ ද, ඒ අයුරින් එක් රැස් කොට තබාගෙන කාමයන් පරිභෝග කරන්නට අසමර්ථ වෙයි. ක්ෂීණාශ්‍රව භික්ෂුව බුදුරජුන් ප්‍රතික්ෂේප කරන්නට අසමර්ථ වෙයි. ක්ෂීණාශ්‍රව භික්ෂුව ධර්මය ප්‍රතික්ෂේප කරන්නට අසමර්ථ වෙයි. ක්ෂීණාශ්‍රව භික්ෂුව සංඝයා ප්‍රතික්ෂේප කරන්නට අසමර්ථ වෙයි. ක්ෂීණාශ්‍රව භික්ෂුව ශික්ෂාව ප්‍රතික්ෂේප කරන්නට අසමර්ථ වෙයි.

යම් ඒ භික්ෂුවක් අරහත් වෙයි ද, ක්ෂීණාශ්‍රව වෙයි ද, බඹසර වාසය නිම කරන ලද්දේ වෙයි ද, කළ යුත්ත කරන ලද්දේ වෙයි ද, කෙලෙස් බර බහා තැබුවේ වෙයි ද, අනුපිළිවෙලින් පත් අරහත්වය ඇත්තේ වෙයි ද, භව සංයෝජන ක්ෂය කළේ වෙයි ද, මැනැවින් දැන නිදහස් වූයේ වෙයි ද, ඒ අරහත් භික්ෂුව මේ කරුණු නවය ඉක්මවා යන්නට අසමර්ථ වේ යැයි සුතවායෙනි, කලිනුත් දැනුත් මම මෙසේ කියමි.

සාදු! සාදු!! සාදු!!!

සුතවාපරිබ්බාජක සූත්‍රය නිමා විය.

9.1.1.8.
සජ්ඣපරිබ්බාජක සූත්‍රය
සජ්ඣ පරිබ්‍රාජකයාට වදාළ දෙසුම

මා විසින් මෙසේ අසන ලදී. එක් සමයක භාග්‍යවතුන් වහන්සේ රජගහ නුවර ගිජ්ඣකූට පර්වතයෙහි වැඩවසන සේක. එකල්හී සජ්ඣ පරිබ්‍රාජකයා භාග්‍යවතුන් වහන්සේ යම් තැනක වැඩසිටි සේක් ද, එතැනට පැමිණියේ ය. පැමිණ භාග්‍යවතුන් වහන්සේ සමඟ සතුටු වූයේ ය. සතුටු විය යුතු පිළිසඳර කතා බහ නිමවා එකත්පස් ව හුන්නේ ය. එකත්පස් ව හුන් සජ්ඣ පරිබ්‍රාජකයා භාග්‍යවතුන් වහන්සේට මෙය පැවසුවේ ය.

"ස්වාමීනී, එක් සමයක භාග්‍යවතුන් වහන්සේ මේ ගිරිබ්බජයෙහි රජගහ නුවර ම වැඩවසන සේක. එහිදී ස්වාමීනී, මා විසින් භාග්‍යවතුන් වහන්සේ හමුවෙහිදී මෙසේ අසන ලද්දේ ය. හමුවෙහිදී පිළිගන්නා ලද්දේ ය. එනම් 'සජ්ඣයෙනි, යම් මේ භික්ෂුවක් අරහත් වෙයි ද, ක්ෂීණාශ්‍රව වෙයි ද, බඹසර වාසය නිම කරන ලද්දේ වෙයි ද, කළ යුත්ත කරන ලද්දේ වෙයි ද, කෙලෙස් බර බහා තැබුවේ වෙයි ද, අනුපිළිවෙලින් පත් අරහත්වය ඇත්තේ වෙයි ද, භව සංයෝජන ක්ෂය කළේ වෙයි ද, මැනැවින් දැන නිදහස් වූයේ වෙයි ද, ඒ භික්ෂුව පස් කරුණක් ඉක්මවා යන්නට අසමර්ථ වෙයි. ක්ෂීණාශ්‍රව භික්ෂුව දැන දැන සතෙකුගේ දිවි තොර කරන්නට අසමර්ථ වෙයි. ක්ෂීණාශ්‍රව භික්ෂුව නුදුන් දෙයක් සොර සිතින් ගන්නට අසමර්ථ වෙයි. ක්ෂීණාශ්‍රව භික්ෂුව මෛථුන සේවනය කරන්නට අසමර්ථ වෙයි. ක්ෂීණාශ්‍රව භික්ෂුව දැන දැන බොරුවක් පවසන්නට අසමර්ථ වෙයි. ක්ෂීණාශ්‍රව භික්ෂුව යම් සේ කලින් ගිහි ජීවිතය ගත කරන ලද්දේ ද, ඒ අයුරින් එක් රැස් කොට තබාගෙන කාමයන් පරිභෝග කරන්නට අසමර්ථ වෙයි.'

කිම, ස්වාමීනී, මා විසින් භාග්‍යවතුන් වහන්සේ විසින් වදාරණ ලද ඒ කරුණ මනාකොට අසන ලද්දේ ද? මනාකොට ගන්නා ලද්දේ ද? මනාකොට මෙනෙහි කරන ලද්දේ ද? මනාකොට දරණ ලද්දේ ද?"

"සජ්ඣයෙනි, ඒකාන්තයෙන් ම ඔබ විසින් එකරුණ මනාකොට අසන ලද්දේ ය. මනාකොට ගන්නා ලද්දේ ය. මනාකොට මෙනෙහි කරන ලද්දේ ය. මනාකොට දරණ ලද්දේ ය. සජ්ඣයෙනි, කලිනුත් දැනුත් මම මෙසේ කියමි. යම් ඒ භික්ෂුවක් අරහත් වෙයි ද, ක්ෂීණාශ්‍රව වෙයි ද, බඹසර වාසය නිම කරන

ලද්දේ වෙයි ද, කළ යුත්ත කරන ලද්දේ වෙයි ද, කෙලෙස් බර බහා තැබුවේ වෙයි ද, අනුපිළිවෙලින් පත් අරහත්වය ඇත්තේ වෙයි ද, භව සංයෝජන ක්ෂය කළේ වෙයි ද, මැනැවින් දැන නිදහස් වූයේ වෙයි ද, ඒ භික්ෂුව කරුණ නවයකින් ඉක්මවා යන්නට අසමර්ථ වෙයි. ක්ෂීණාශ්‍රව භික්ෂුව දැන දැන සතෙකුගේ දිවි තොර කරන්නට අසමර්ථ වෙයි. ....(පෙ).... ක්ෂීණාශ්‍රව භික්ෂුව යම් සේ කලින් ගිහි ජීවිතය ගත කරන ලද්දේ ද, ඒ අයුරින් එක් රැස් කොට තබාගෙන කාමයන් පරිභෝග කරන්නට අසමර්ථ වෙයි. ක්ෂීණාශ්‍රව භික්ෂුව කැමැත්තෙන් අගතියට යන්නට අසමර්ථ වෙයි. ක්ෂීණාශ්‍රව භික්ෂුව ද්වේෂයෙන් අගතියට යන්නට අසමර්ථ වෙයි. ක්ෂීණාශ්‍රව භික්ෂුව මෝහයෙන් අගතියට යන්නට අසමර්ථ වෙයි. ක්ෂීණාශ්‍රව භික්ෂුව භයෙන් අගතියට යන්නට අසමර්ථ වෙයි.

යම් ඒ භික්ෂුවක් අරහත් වෙයි ද, ක්ෂීණාශ්‍රව වෙයි ද, බඹසර වාසය නිම කරන ලද්දේ වෙයි ද, කළ යුත්ත කරන ලද්දේ වෙයි ද, කෙලෙස් බර බහා තැබුවේ වෙයි ද, අනුපිළිවෙලින් පත් අරහත්වය ඇත්තේ වෙයි ද, භව සංයෝජන ක්ෂය කළේ වෙයි ද, මැනැවින් දැන නිදහස් වූයේ වෙයි ද, ඒ අරහත් භික්ෂුව මේ කරුණු නවය ඉක්මවා යන්නට අසමර්ථ වේ යැයි සජ්ඣයෙනි, කලිනුත් දැනුත් මම මෙසේ කියමි.

සාදු! සාදු!! සාදු!!!

සජ්ඣපරිබ්බාජක සූත්‍රය නිමා විය.

9.1.1.9.
පුග්ගල සූත්‍රය
පුද්ගලයා ගැන වදාළ දෙසුම

සැවැත් නුවර දී ය .....

මහණෙනි, මේ පුද්ගලයෝ නව දෙනෙක් ලෝකයෙහි විද්‍යමාන ව සිටිති. ඒ කවර නව දෙනෙක් ද යත්, රහතන් වහන්සේ ය, රහත් මගට පිළිපන් පුද්ගලයා ය, අනාගාමී පුද්ගලයා ය, අනාගාමී ඵලය පසක් කරන්නට පිළිපන් පුද්ගලයා ය, සකදාගාමී පුද්ගලයා ය, සකදාගාමී ඵලය පසක් කරන්නට පිළිපන් පුද්ගලයා ය, සෝවාන් පුද්ගලයා ය, සෝවාන් ඵලය පසක් කරන්නට පිළිපන් පුද්ගලයා ය, පෘථග්ජනයා ය.

මහණෙනි, මේ වනාහී ලෝකයෙහි විද්‍යමාන ව සිටින පුද්ගලයෝ නව දෙනා ය.

සාදු! සාදු!! සාදු!!!

පුග්ගල සූත්‍රය නිමා විය.

9.1.1.10.
ආහුනෙය්‍යපුග්ගල සූත්‍රය
ආහුනෙය්‍ය පුද්ගලයා ගැන වදාළ දෙසුම

සැවැත් නුවර දී ය .....

මහණෙනි, මේ පුද්ගලයෝ නව දෙනෙක් ආහුනෙය්‍ය, පාහුනෙය්‍ය, දක්ඛිණෙය්‍ය, අංජලිකරණීය, ලෝකයාගේ අනුත්තර පින්කෙත වෙති. ඒ කවර නව දෙනෙක් ද යත්, රහතන් වහන්සේ ය, රහත් මගට පිළිපන් පුද්ගලයා ය, අනාගාමී පුද්ගලයා ය, අනාගාමී ඵලය පසක් කරන්නට පිළිපන් පුද්ගලයා ය, සකදාගාමී පුද්ගලයා ය, සකදාගාමී ඵලය පසක් කරන්නට පිළිපන් පුද්ගලයා ය, සෝවාන් පුද්ගලයා ය, සෝවාන් ඵලය පසක් කරන්නට පිළිපන් පුද්ගලයා ය, ගෝත්‍රභූ පුද්ගලයා ය.

මහණෙනි, මේ පුද්ගලයෝ නව දෙනා ආහුනෙය්‍ය, පාහුනෙය්‍ය, දක්ඛිණෙය්‍ය, අංජලිකරණීය, ලෝකයාගේ අනුත්තර පින්කෙත වෙති.

සාදු! සාදු!! සාදු!!!

ආහුනෙය්‍යපුග්ගල සූත්‍රය නිමා විය.

පළමුවෙනි සම්බෝධි වර්ගය අවසන් විය.

- එහි පිළිවෙල උද්දානයයි :

සම්බෝධි සූත්‍රය, නිස්සය සූත්‍රය, මේඝිය සූත්‍රය, නන්දක සූත්‍රය, බල සූත්‍රය, සේවිතබ්බාසේවිතබ්බ සූත්‍රය, සුතවා සූත්‍රය, සජ්ඣ සූත්‍රය, පුග්ගල සූත්‍රය සහ ආහුනෙය්‍ය සූත්‍රය වශයෙන් මෙහි සූත්‍ර දසයකි.

2. සීහනාද වර්ගය

9.1.2.1.
සාරිපුත්ත සීහනාද සූත්‍රය
සැරියුත් තෙරුන්ගේ සිහනද ගැන වදාළ දෙසුම

එක් සමයක භාග්‍යවතුන් වහන්සේ සැවැත් නුවර ජේතවනය නම් වූ අනේපිඬු සිටුහුගේ ආරාමයෙහි වැඩ වසන සේක. එකල්හී ආයුෂ්මත් සාරිපුත්තයන් වහන්සේ භාග්‍යවතුන් වහන්සේ වෙත පැමිණියහ. පැමිණ භාග්‍යවතුන් වහන්සේට සකසා වන්දනා කොට එකත්පස් ව හිඳගත්හ. එකත්පස් ව හුන් ආයුෂ්මත් සාරිපුත්තයන් වහන්සේ භාග්‍යවතුන් වහන්සේට මෙය පැවසූහ.

"ස්වාමීනී, මා විසින් සැවැත් නුවර වස් වසන ලද්දේ ය. ස්වාමීනී, මම දූන් ජනපද චාරිකාවෙහි යන්නට කැමැත්තෙමි."

"සාරිපුත්තයෙනි, දූන් යමකට කාලය දන්නෙහි නම්, ඔබ එය දනුව."

එකල්හී ආයුෂ්මත් සාරිපුත්තයන් වහන්සේ හුනස්නෙන් නැගිට භාග්‍යවතුන් වහන්සේ සකසා වන්දනා කොට පැදකුණු කොට බැහැරට වැඩි සේක.

ඉක්බිති එක්තරා භික්ෂුවක් ආයුෂ්මත් සාරිපුත්තයන් වහන්සේ වැඩම කොට සුළු වේලාවකින් භාග්‍යවතුන් වහන්සේට මෙය සැළ කළේ ය.

"ස්වාමීනී, ආයුෂ්මත් සාරිපුත්ත තෙමේ මගේ සිරුරෙහි හැපී ඒ වරද නැති නොකොට චාරිකාවට පිටත් වූයේ නොවැ."

ඉක්බිති භාග්‍යවතුන් වහන්සේ එක්තරා භික්ෂුවක් ඇමතූ සේක.

"භික්ෂුව, මෙහි එව. මාගේ වචනයෙන් සාරිපුත්තයන් අමතව. 'ආයුෂ්මත් සාරිපුත්තයෙනි, ශාස්තෘන් වහන්සේ ඔබ අමතන සේකැ' යි."

"එසේ ය, ස්වාමීනී" යි ඒ භික්ෂුව භාග්‍යවතුන් වහන්සේට පිළිවදන් දී ආයුෂ්මත් සාරිපුත්තයන් වහන්සේ යම් තැනක සිටි සේක් ද, එතැනට ගියේ ය. ගොස් ආයුෂ්මත් සාරිපුත්තයන් වහන්සේට මෙය පැවසුවේ ය.

"ආයුෂ්මත් සාරිපුත්තයෙනි, ශාස්තෘන් වහන්සේ ඔබ අමතන සේක."

"එසේ ය, ආයුෂ්මතැ" යි ආයුෂ්මත් සාරිපුත්තයන් වහන්සේ ඒ භික්ෂුවට පිළිවදන් දුන් සේක.

එසමයෙහි ආයුෂ්මත් මහා මොග්ගල්ලානයන් වහන්සේ ත්, ආයුෂ්මත් ආනන්දයන් වහන්සේ ත්, දොර යතුරු ගෙන වෙහෙරින් වෙහෙරට වැඩියාහ.

"පෙරට එව් ආයුෂ්මත්නි. පෙරට එව් ආයුෂ්මත්නි, දැන් ආයුෂ්මත් සාරිපුත්තයන් වහන්සේ භාග්‍යවතුන් වහන්සේ ඉදිරියෙහි සිංහනාද කරන්නාහ."

එකල්හී ආයුෂ්මත් සාරිපුත්තයන් වහන්සේ භාග්‍යවතුන් වහන්සේ වෙත එළඹියහ. එළඹ භාග්‍යවතුන් වහන්සේට සකසා වන්දනා කොට එකත්පස් ව හිඳගත්හ. එකත්පස් ව හුන් ආයුෂ්මත් සාරිපුත්තයන් වහන්සේට භාග්‍යවතුන් වහන්සේ මෙය වදාළ සේක.

"සාරිපුත්තයෙනි, මෙහිලා තොපට එක්තරා සබ්‍රහ්මචාරීන් වහන්සේ නමක් දොස් පැවරීමකට පැමිණියේ ය. 'ස්වාමීනී, ආයුෂ්මත් සාරිපුත්ත තෙමේ මගේ සිරුරෙහි හැපී ඒ වරද නැති නොකොට චාරිකාවට පිටත් වූයේ නොවැ'යි."

1. "ස්වාමීනී, යමෙකුට කය පිළිබඳ ව කායගතාසතිය නොපිහිටියේ නම් මෙහිලා ඔහු එක්තරා සබ්‍රහ්මචාරී නමකගේ සිරුරෙහි හැපී, ඒ වරද නැති නොකොට චාරිකාවෙහි පිටත් වන්නේ ය. ස්වාමීනී, යම් සේ පොළොවට පිරිසිදු දේ ත් දමති. අපිරිසිදු දේ ත් දමති. මල මුත්‍රා ත් දමති. කෙළ ත් දමති. සැරව ත් දමති. ලේ ත් දමති. ඒ හේතුවෙන් පොළොව නොපෙළෙයි. ලැජ්ජා නොවෙයි. පිළිකුලට පත් නොවෙයි. එසෙයින් ම ස්වාමීනී, මම පොළොව හා සම වූ සිතින් විපුල වූ, මහත්ගත වූ, අප්‍රමාණ වූ, අවෛරී ව තරහ නැති සිතින් වාසය කරමි.

2. ස්වාමීනී, යමෙකුට කය පිළිබඳ ව කායගතාසතිය නොපිහිටියේ නම් මෙහිලා ඔහු එක්තරා සබ්‍රහ්මචාරී නමකගේ සිරුරෙහි හැපී, ඒ වරද නැති

නොකොට චාරිකාවෙහි පිටත් වන්නේ ය. ස්වාමීනී, යම් සේ ජලයෙහි පිරිසිදු දේ ත් සෝදති. අපිරිසිදු දේ ත් සෝදති. මල මුත්‍රා ත් සෝදති. කෙළ ත් සෝදති. සැරව ත් සෝදති. ලේ ත් සෝදති. ඒ හේතුවෙන් ජලය නොපෙළෙයි. ලැජ්ජා නොවෙයි. පිළිකුලට පත් නොවෙයි. එසෙයින් ම ස්වාමීනී, මම ජලය හා සම වූ සිතින් විපුල වූ, මහත්ගත වූ, අප්‍රමාණ වූ, අවෛරී ව තරහ නැති සිතින් වාසය කරමි.

3. ස්වාමීනී, යමෙකුට කය පිළිබඳ ව කායගතාසතිය නොපිහිටියේ නම් මෙහිලා ඔහු එක්තරා සබ්‍රහ්මචාරී නමකගේ සිරුරෙහි හැපී, ඒ වරද නැති නොකොට චාරිකාවෙහි පිටත් වන්නේ ය. ස්වාමීනී, යම් සේ ගින්න පිරිසිදු දේ ත් දවයි. අපිරිසිදු දේ ත් දවයි. මල මුත්‍රා ත් දවයි. කෙළ ත් දවයි. සැරව ත් දවයි. ලේ ත් දවයි. ඒ හේතුවෙන් ගින්න නොපෙළෙයි. ලැජ්ජා නොවෙයි. පිළිකුලට පත් නොවෙයි. එසෙයින් ම ස්වාමීනී, මම ගින්න හා සම වූ සිතින් විපුල වූ, මහත්ගත වූ, අප්‍රමාණ වූ, අවෛරී ව තරහ නැති සිතින් වාසය කරමි.

4. ස්වාමීනී, යමෙකුට කය පිළිබඳ ව කායගතාසතිය නොපිහිටියේ නම් මෙහිලා ඔහු එක්තරා සබ්‍රහ්මචාරී නමකගේ සිරුරෙහි හැපී, ඒ වරද නැති නොකොට චාරිකාවෙහි පිටත් වන්නේ ය. ස්වාමීනී, යම් සේ සුළඟ පිරිසිදු දේ ත් ගෙන හමයි. අපිරිසිදු දේ ත් ගෙන හමයි. මල මුත්‍රා ත් ගෙන හමයි. කෙළ ත් ගෙන හමයි. සැරව ත් ගෙන හමයි. ලේ ත් ගෙන හමයි. ඒ හේතුවෙන් සුළඟ නොපෙළෙයි. ලැජ්ජා නොවෙයි. පිළිකුලට පත් නොවෙයි. එසෙයින් ම ස්වාමීනී, මම සුළඟ හා සම වූ සිතින් විපුල වූ, මහත්ගත වූ, අප්‍රමාණ වූ, අවෛරී ව තරහ නැති සිතින් වාසය කරමි.

5. ස්වාමීනී, යමෙකුට කය පිළිබඳ ව කායගතාසතිය නොපිහිටියේ නම් මෙහිලා ඔහු එක්තරා සබ්‍රහ්මචාරී නමකගේ සිරුරෙහි හැපී, ඒ වරද නැති නොකොට චාරිකාවෙහි පිටත් වන්නේ ය. ස්වාමීනී, යම් සේ දූවිලි පිසින රෙදි කඩ පිරිසිදු දේ ත් පිස දමයි. අපිරිසිදු දේ ත් පිස දමයි. මල මුත්‍රා ත් පිස දමයි. කෙළ ත් පිස දමයි. සැරව ත් පිස දමයි. ලේ ත් පිස දමයි. ඒ හේතුවෙන් දූවිලි පිසින රෙදිකඩ නොපෙළෙයි. ලැජ්ජා නොවෙයි. පිළිකුලට පත් නොවෙයි. එසෙයින් ම ස්වාමීනී, මම දූවිලි පිසින රෙදිකඩ හා සම වූ සිතින් විපුල වූ, මහත්ගත වූ, අප්‍රමාණ වූ, අවෛරී ව තරහ නැති සිතින් වාසය කරමි.

6. ස්වාමීනී, යමෙකුට කය පිළිබඳ ව කායගතාසතිය නොපිහිටියේ නම් මෙහිලා ඔහු එක්තරා සබ්‍රහ්මචාරී නමකගේ සිරුරෙහි හැපී, ඒ වරද නැති නොකොට චාරිකාවෙහි පිටත් වන්නේ ය. ස්වාමීනී, යම් සේ සැඩොල් දරුවෙක්

හෝ සැඩොල් දැරියක් හෝ පැසක් අතට ගෙන රෙදි කඩමාල්ලක් හැඳ ගමකට හෝ නියම් ගමකට හෝ පිවිසෙයි නම්, නීච සිත ම පිහිටුවාගෙන පිවිසෙයි ද, එසෙයින් ම ස්වාමීනී, මම සැඩොල් දරුවෙකු හා සම වූ සිතින් විපුල වූ, මහත්ගත වූ, අප්‍රමාණ වූ, අවෛරී ව තරහ නැති සිතින් වාසය කරමි.

7. ස්වාමීනී, යමෙකුට කය පිළිබඳ ව කායගතාසතිය නොපිහිටියේ නම් මෙහිලා ඔහු එක්තරා සබ්‍රහ්මචාරී නමකගේ සිරුරෙහි හැපී, ඒ වරද නැති නොකොට චාරිකාවෙහි පිටත් වන්නේ ය. ස්වාමීනී, යම් සේ අං කැඩී ගිය ගවයෙක් කීකරු වූයේ, හොඳින් දමනය වූයේ, හොඳින් හික්මුණේ, පාරක් පාරක් ගානේ, හංදියක් හංදියක් ගානේ ඇවිදගෙන යද්දී කිසිවෙකුට පයින් හෝ අඟින් හෝ හිංසාවක් නොකරයි ද, එසෙයින් ම ස්වාමීනි, මම අං කැඩී ගිය ගවයෙකු හා සම වූ සිතින් විපුල වූ, මහත්ගත වූ, අප්‍රමාණ වූ, අවෛරී ව තරහ නැති සිතින් වාසය කරමි.

8. ස්වාමීනී, යමෙකුට කය පිළිබඳ ව කායගතාසතිය නොපිහිටියේ නම් මෙහිලා ඔහු එක්තරා සබ්‍රහ්මචාරී නමකගේ සිරුරෙහි හැපී, ඒ වරද නැති නොකොට චාරිකාවෙහි පිටත් වන්නේ ය. ස්වාමීනී, යම් සේ සැරසෙනු කැමති තරුණ යොවුන් ස්ත්‍රියක් හෝ පුරුෂයෙක් හෝ හිස් සෝදා ස්නානය කොට සිටි කල්හී සර්ප කුණකින් හෝ බලු කුණකින් හෝ මිනිස් කුණකින් හෝ බෙල්ලෙහි දමන ලද්දේ නම් ඒ හේතුවෙන් පෙළෙයි ද, ලැජ්ජා වෙයි ද, පිළිකුල් කරයි ද, එසෙයින් ම ස්වාමීනී, මම මේ කුණු කයෙන් පීඩා විඳිමි. ලැජ්ජා වෙමි. පිළිකුල් කරමි.

9. ස්වාමීනී, යමෙකුට කය පිළිබඳ ව කායගතාසතිය නොපිහිටියේ නම් මෙහිලා ඔහු එක්තරා සබ්‍රහ්මචාරී නමකගේ සිරුරෙහි හැපී, ඒ වරද නැති නොකොට චාරිකාවෙහි පිටත් වන්නේ ය. ස්වාමීනී, යම් සේ පුරුෂයෙක් තැන තැන ලොකු කුඩා සිදුරු ඇති, කුණු මේද තෙල් උඩිනුත් වැගිරෙන යටිනුත් වැගිරෙන මස් භාජනයක් පරිහරණය කරයි ද, එසෙයින් ම ස්වාමීනී, මම තැන තැන ලොකු කුඩා සිදුරු ඇති, උඩිනු ත් යටිනුත් අශුචි වැගිරෙන මේ කුණු කයක් පරිහරණය කරමි.

ස්වාමීනී, යමෙකුට කය පිළිබඳ ව කායගතාසතිය නොපිහිටියේ නම් මෙහිලා ඔහු එක්තරා සබ්‍රහ්මචාරී නමකගේ සිරුරෙහි හැපී, ඒ වරද නැති නොකොට චාරිකාවෙහි පිටත් වන්නේ ය."

ඉක්බිති ඒ භික්ෂුව හුනස්නෙන් නැගිට සිවුර ඒකාංශ කොට භාග්‍යවතුන් වහන්සේගේ ශ්‍රී පාද අභියස සිරසින් වැටී භාග්‍යවතුන් වහන්සේට මෙය සැළ

කළේ ය.

"ස්වාමීනී, යම් සේ බාලයෙකු වෙත හෝ මෝඩයෙකු වෙත හෝ අදක්ෂයෙකු වෙත හෝ වරදක් පැමිණෙන්නේ ද, එසෙයින් ම මා කෙරෙහි වරද යටකොට ගියේ ය. මම ආයුෂ්මත් සාරිපුත්තයන් වහන්සේට යම් අසත්‍ය වූ තුච්ඡ වූ මුසා වූ අභූතයෙන් චෝදනා කළෙම් ද, ස්වාමීනී, භාග්‍යවතුන් වහන්සේ ඒ මාගේ වරද මත්තෙහි සංවර වීම පිණිස වරදක් වශයෙන් පිළිග න්නා සේක්වා!"

"ඒකාන්තයෙන් ම භික්ෂුව, යම් සේ බාලයෙකු වෙත හෝ මෝඩයෙකු වෙත හෝ අදක්ෂයෙකු වෙත හෝ වරදක් පැමිණෙන්නේ ද, එසෙයින් ම ඔබ කෙරෙහි වරද යටකොට ගියේ ය. ඔබ සාරිපුත්තයන්ට අසත්‍ය වූ තුච්ඡ වූ මුසා වූ අභූතයෙන් චෝදනා කළෙහි ය. යම් කලක භික්ෂුව, ඔබ වරද වරද වශයෙන් දැක ධර්මානුකූල ප්‍රතිකර්ම කරන්නෙහි ද, ඔබගේ ඒ වරද අපි පිළිග නිමු. භික්ෂුව, යමෙක් වරද වරද වශයෙන් දැක ධර්මානුකූල ව පිළියම් කරයි ද, මත්තෙහි සංවරයට පැමිණෙයි ද, එය ආර්ය විනයෙහි අභිවෘද්ධියකි."

ඉක්බිති භාග්‍යවතුන් වහන්සේ ආයුෂ්මත් සාරිපුත්තයන් වහන්සේ අමතා වදාළ සේක.

"සාරිපුත්තයෙනි, මේ හිස් පුරුෂයාගේ හිස මෙහි ම සත් කඩකට පැලෙන්නට කලින් සමාව දෙන්න."

"ඉදින් ස්වාමීනී, ඒ ආයුෂ්මත් තෙමේ 'මට සමාවෙන්න' කියා මෙසේ පවසයි නම්, මම ඒ ආයුෂ්මතුන්ට සමාව දෙමි."

සාදු! සාදු!! සාදු!!!

සාරිපුත්ත සීහනාද සූත්‍රය නිමා විය.

9.1.2.2.
සෝපාදිසේස සූත්‍රය
උපාදාන සහිත වීම ගැන වදාළ දෙසුම

එක් සමයක භාග්‍යවතුන් වහන්සේ සැවැත් නුවර ජේතවනය නම්

වූ අනේපිඬු සිටුහුගේ ආරාමයෙහි වැඩ වසන සේක. එකල්හී ආයුෂ්මත් සාරිපුත්තයන් වහන්සේ පෙරවරුවෙහි සිවුරු හැඳ පොරොවාගෙන, පාත්‍රය හා සිවුර ගෙන සැවැත් නුවරට පිඬු පිණිස පිවිසි සේක. එකල්හී ආයුෂ්මත් සාරිපුත්තයන් වහන්සේට මේ අදහස ඇතිවිය.

"සැවැත් නුවර පිඬු පිණිස හැසිරෙන්නට තව ම වේලාසන වැඩි යි. ඉදින් මම අන්‍ය තීර්ථක පරිබ්‍රාජකයන්ගේ ආරාමය වෙත යන්නෙම් නම්, යහපති. ඉක්බිති ආයුෂ්මත් සාරිපුත්තයන් වහන්සේ අන්‍ය තීර්ථක පරිබ්‍රාජකයන්ගේ ආරාමයට වැඩි සේක. වැඩම කොට ඒ අන්‍ය තීර්ථක පරිබ්‍රාජකයන් සමඟ සතුටු වූහ. සතුටු විය යුතු පිළිසඳර කතා බහේ යෙදී එකත්පස් ව වැඩහුන් සේක.

එසමයෙහි එහි රැස් වී සිටි අන්‍ය තීර්ථක පරිබ්‍රාජකයන් අතර මේ කතා ව හටගත්තේ ය.

"ආයුෂ්මත, යම් කෙනෙක් උපාදාන සහිත ව කළුරිය කරයි නම්, ඒ සියල්ලෝ නිරයෙන් නොමිදුණෝ ය. තිරිසන් යෝනියෙන් නොමිදුණෝ ය, ප්‍රේත විෂයෙන් නොමිදුණෝ ය. අපාය දුර්ගති විනිපාතයෙන් නොමිදුණෝ ය."

එකල්හී ආයුෂ්මත් සාරිපුත්තයන් වහන්සේ ඒ අන්‍ය තීර්ථක පරිබ්‍රාජකයන්ගේ වචනය නොපිළිගත්හ. ප්‍රතික්ෂේප නොකළහ. නොපිළිගෙන, ප්‍රතික්ෂේප නොකොට හුනස්නෙන් නැගී 'භාග්‍යවතුන් වහන්සේ වෙතින් මෙකරුණෙහි අර්ථය දැනගන්නෙමි' යි සිතා පිටත් ව වැඩියහ.

ඉක්බිති ආයුෂ්මත් සාරිපුත්තයන් වහන්සේ සැවැත් නුවර පිඬු පිණිස හැසිර පසුබත් කාලයෙහි පිණ්ඩපාතයෙන් වැළකී භාග්‍යවතුන් වහන්සේ වෙත වැඩියහ. වැඩම කොට භාග්‍යවතුන් වහන්සේ වෙත සකසා වන්දනා කොට එකත්පස් ව හිඳගත්හ. එකත්පස් ව හුන් ආයුෂ්මත් සාරිපුත්තයන් වහන්සේ භාග්‍යවතුන් වහන්සේට මෙය පැවසූ සේක.

"ස්වාමීනී, මෙහිලා මම පෙරවරුවෙහි සිවුරු හැඳ පොරොවාගෙන, පාත්‍රය හා සිවුර ගෙන සැවැත් නුවරට පිඬු පිණිස පිවිසියෙමි. එකල්හී ස්වාමීනී, මට මේ අදහස ඇතිවිය.

'සැවැත් නුවර පිඬු පිණිස හැසිරෙන්නට තව ම වේලාසන වැඩි යි. ඉදින් මම අන්‍ය තීර්ථක පරිබ්‍රාජකයන්ගේ ආරාමය වෙත යන්නෙම් නම්, යහපති.'

ඉක්බිති ස්වාමීනී, මම අන්‍ය තීර්ථක පරිබ්‍රාජකයන්ගේ ආරාමයට

වැඩියෙමි. වැඩම කොට ඒ අන්‍ය තීර්ථක පරිබ්‍රාජකයන් සමඟ සතුටු වුණෙමි. සතුටු විය යුතු පිළිසඳර කතා බහේ යෙදී එකත්පස් ව වැඩහුන්නෙමි.

එසමයෙහි ස්වාමීනී, එහි රැස් වී සිටි අන්‍ය තීර්ථක පරිබ්‍රාජකයන් අතර මේ කතා ව හටගත්තේ ය.

'ආයුෂ්මත, යම් කෙනෙක් උපාදාන සහිත ව කළුරිය කරයි නම්, ඒ සියල්ලෝ නිරයෙන් නොමිදුණෝ ය. තිරිසන් යෝනියෙන් නොමිදුණෝ ය, ප්‍රේත විෂයෙන් නොමිදුණෝ ය. අපාය දුර්ගති විනිපාතයෙන් නොමිදුණෝ ය.'

එකල්හී ස්වාමීනී, මම ඒ අන්‍ය තීර්ථක පරිබ්‍රාජකයන්ගේ වචනය නොපිළිගත්තෙමි. ප්‍රතික්ෂේප නොකළෙමි. නොපිළිගෙන, ප්‍රතික්ෂේප නොකොට හුනස්නෙන් නැගී 'භාග්‍යවතුන් වහන්සේ වෙතින් මෙකරුණෙහි අර්ථය දැනගන්නෙමි' යි සිතා පිටත් ව පැමිණියෙමි."

"සාරිපුත්තයෙනි, බාල වූ අව්‍යක්ත වූ අන්‍ය තීර්ථක පිරිවැජියෝ කවරහු ද? කවරහු නම් උපාදාන සහිත කෙනා 'උපාදාන සහිත කෙනෙකි' යි හෝ උපාදාන රහිත කෙනා 'උපාදාන රහිත කෙනෙකි' යි හෝ දන්නාහු ද?

සාරිපුත්තයෙනි, මේ උපාදාන සහිත පුද්ගලයෝ නව දෙනෙකි. ඔවුහු කළුරිය කරන්නාහු නිරයෙන් මිදුණෝ ය. තිරිසන් යෝනියෙන් මිදුණෝ ය. ප්‍රේත විෂයයෙන් මිදුණෝ ය. අපාය දුර්ගති විනිපාතයෙන් මිදුණෝ ය. ඒ කවර නව දෙනෙක් ද යත්;

1. සාරිපුත්තයෙනි, මෙහිලා ඇතැම් පුද්ගලයෙක් සීලය සම්පූර්ණ කරන්නේ වෙයි. සමාධිය සම්පූර්ණ කරන්නේ වෙයි. ප්‍රඥාව ප්‍රමාණවත් ලෙස කරන්නේ වෙයි. ඔහු පංච ඕරම්භාගීය සංයෝජනයන් ගෙවා අන්තරා පරිනිබ්බායී වෙයි. සාරිපුත්තයෙනි, මේ පළමු පුද්ගලයා උපාදාන සහිත ව කළුරිය කරද්දී නිරයෙන් මිදී සිටියේ ය. තිරිසන් යෝනියෙන් මිදී සිටියේ ය. ප්‍රේත විෂයෙන් මිදී සිටියේ ය. අපාය දුර්ගති විනිපාතයෙන් මිදී සිටියේ ය.

2.-5. තව ද සාරිපුත්තයෙනි, මෙහිලා ඇතැම් පුද්ගලයෙක් සීලය සම්පූර්ණ කරන්නේ වෙයි. සමාධිය සම්පූර්ණ කරන්නේ වෙයි. ප්‍රඥාව ප්‍රමාණවත් ලෙස කරන්නේ වෙයි. ඔහු පංච ඕරම්භාගීය සංයෝජනයන් ගෙවා උපහච්ච පරිනිබ්බායී වෙයි. ....(පෙ).... අසංඛාර පරිනිබ්බායී වෙයි. ....(පෙ).... සසංඛාර පරිනිබ්බායී වෙයි. ....(පෙ).... උද්ධංසෝත අකණිට්ඨගාමී වෙයි. සාරිපුත්තයෙනි, මේ පස්වෙනි පුද්ගලයා උපාදාන සහිත ව කළුරිය කරද්දී නිරයෙන් මිදී සිටියේ ය. තිරිසන් යෝනියෙන් මිදී සිටියේ ය. ප්‍රේත විෂයෙන් මිදී සිටියේ ය. අපාය

දුර්ගති විනිපාතයෙන් මිදී සිටියේ ය.

6. තව ද සාරිපුත්තයෙනි, මෙහිලා ඇතැම් පුද්ගලයෙක් සීලය සම්පූර්ණ කරන්නේ වෙයි. සමාධිය ප්‍රමාණවත් ලෙස කරන්නේ වෙයි. ප්‍රඥාව ප්‍රමාණවත් ලෙස කරන්නේ වෙයි. ඔහු තුනක් වූ සංයෝජනයන් ක්ෂය කොට, රාග - ද්වේෂ - මෝහ තුනී කිරීමෙන් සකදාගාමී වෙයි. එක් වරක් ම මේ ලොවට පැමිණ දුක් කෙළවර කරන්නේ වෙයි. සාරිපුත්තයෙනි, මේ සයවෙනි පුද්ගලයා උපාදාන සහිත ව කළුරිය කරද්දී නිරයෙන් මිදී සිටියේ ය. තිරිසන් යෝනියෙන් මිදී සිටියේ ය. ප්‍රේත විෂයෙන් මිදී සිටියේ ය. අපාය දුර්ගති විනිපාතයෙන් මිදී සිටියේ ය.

7. තව ද සාරිපුත්තයෙනි, මෙහිලා ඇතැම් පුද්ගලයෙක් සීලය සම්පූර්ණ කරන්නේ වෙයි. සමාධිය ප්‍රමාණවත් ලෙස කරන්නේ වෙයි. ප්‍රඥාව ප්‍රමාණවත් ලෙස කරන්නේ වෙයි. ඔහු තුනක් වූ සංයෝජනයන් ක්ෂය කිරීමෙන් ඒකබීජී වෙයි. මිනිස් ලොවෙහි එක්වරක් ම ඉපිද දුක් කෙළවර කරන්නේ වෙයි. සාරිපුත්තයෙනි, මේ සත්වෙනි පුද්ගලයා උපාදාන සහිත ව කළුරිය කරද්දී නිරයෙන් මිදී සිටියේ ය. තිරිසන් යෝනියෙන් මිදී සිටියේ ය. ප්‍රේත විෂයෙන් මිදී සිටියේ ය. අපාය දුර්ගති විනිපාතයෙන් මිදී සිටියේ ය.

8. තව ද සාරිපුත්තයෙනි, මෙහිලා ඇතැම් පුද්ගලයෙක් සීලය සම්පූර්ණ කරන්නේ වෙයි. සමාධිය ප්‍රමාණවත් ලෙස කරන්නේ වෙයි. ප්‍රඥාව ප්‍රමාණවත් ලෙස කරන්නේ වෙයි. ඔහු තුනක් වූ සංයෝජනයන් ක්ෂය කිරීමෙන් කෝලංකෝල වෙයි. දෙවරක් හෝ තුන්වරක් හෝ කාම ලෝකයෙහි සැරිසරා දුක් කෙළවර කරන්නේ වෙයි. සාරිපුත්තයෙනි, මේ අටවෙනි පුද්ගලයා උපාදාන සහිත ව කළුරිය කරද්දී නිරයෙන් මිදී සිටියේ ය. තිරිසන් යෝනියෙන් මිදී සිටියේ ය. ප්‍රේත විෂයෙන් මිදී සිටියේ ය. අපාය දුර්ගති විනිපාතයෙන් මිදී සිටියේ ය.

9. තව ද සාරිපුත්තයෙනි, මෙහිලා ඇතැම් පුද්ගලයෙක් සීලය සම්පූර්ණ කරන්නේ වෙයි. සමාධිය ප්‍රමාණවත් ලෙස කරන්නේ වෙයි. ප්‍රඥාව ප්‍රමාණවත් ලෙස කරන්නේ වෙයි. ඔහු තුනක් වූ සංයෝජනයන් ක්ෂය කිරීමෙන් සත්තක්ඛත්තුපරම වෙයි. දෙව් ලොවෙහි ත්, මනුලොවෙහි ත් සත් වරක් පරම කොට සැරිසරා දුක් කෙළවර කරන්නේ වෙයි. සාරිපුත්තයෙනි, මේ නවවෙනි පුද්ගලයා උපාදාන සහිත ව කළුරිය කරද්දී නිරයෙන් මිදී සිටියේ ය. තිරිසන් යෝනියෙන් මිදී සිටියේ ය. ප්‍රේත විෂයෙන් මිදී සිටියේ ය. අපාය දුර්ගති විනිපාතයෙන් මිදී සිටියේ ය.

සාරිපුත්තයෙනි, බාල වූ අව්‍යක්ත වූ අන්‍ය තීර්ථක පිරිවැජියෝ කවරහු ද? කවරහු නම් උපාදාන සහිත කෙනා 'උපාදාන සහිත කෙනෙකි' යි හෝ උපාදාන රහිත කෙනා 'උපාදාන රහිත කෙනෙකි' යි හෝ දන්නාහු ද?

සාරිපුත්තයෙනි, මේ උපාදාන සහිත පුද්ගලයෝ නව දෙනා කළුරිය කරන්නාහු නිරයෙන් මිදුණෝ ය. තිරිසන් යෝනියෙන් මිදුණෝ ය. ප්‍රේත විෂයයෙන් මිදුණෝ ය. අපාය දුර්ගති විනිපාතයෙන් මිදුණෝ ය. සාරිපුත්තයෙනි, මේ ධර්ම පරියාය ම විසින් මෙපමණ කලක් භික්ෂු, භික්ෂුණී, උපාසක, උපාසිකාවන්ට නොපැවසුවෙමි. ඒ මක් නිසා ද යත්, මේ ධර්ම පරියාය අසා ප්‍රමාදයට පත් නොවේවා යන කරුණ නිසා ය. නමුත් සාරිපුත්තයන් විසින් අසන ලද ප්‍රශ්නයට පිළිතුරු වශයෙන් මේ ධර්ම පරියාය පවසන ලදී.

සාදු! සාදු!! සාදු!!!

සෝපාදිසේස සූත්‍රය නිමා විය.

9.1.2.3.
මහා කොට්ඨිත සූත්‍රය
මහා කොට්ඨිත තෙරුන්ට වදාළ දෙසුම

සැවැත් නුවර දී ය .....

එකල්හී ආයුෂ්මත් මහා කොට්ඨිතයන් වහන්සේ ආයුෂ්මත් සාරිපුත්තයන් වහන්සේ වෙත වැඩියහ. වැඩම කොට ආයුෂ්මත් සාරිපුත්තයන් වහන්සේ සමඟ සතුටු වූහ. සතුටු විය යුතු පිළිසඳර කථාව නිමවා එකත්පස් ව හිඳගත්හ. එකත්පස් ව හුන් ආයුෂ්මත් මහා කොට්ඨිතයන් වහන්සේ ආයුෂ්මත් සාරිපුත්තයන් වහන්සේට මෙය වදාළහ.

"කිම, ආයුෂ්මත් සාරිපුත්තයෙනි, යම් කර්මයක් මෙලොව වින්ද යුතු ද, මාගේ ඒ කර්මය පරලොව විඳින්නට ලැබේවා යි යන මෙවැනි අදහසක් ඇතිව ද භාග්‍යවතුන් වහන්සේගේ ශාසනයෙහි බඹසර වසන්නේ?"

"ආයුෂ්මත්නි, එය එසේ නොවෙයි."

"කිම, ආයුෂ්මත් සාරිපුත්තයෙනි, යම් කර්මයක් පරලොව වින්ද යුතු

ද, මාගේ ඒ කර්මය මෙලොව විඳින්නට ලැබේවා යි යන මෙවැනි අදහසක් ඇතිව ද භාග්‍යවතුන් වහන්සේගේ ශාසනයෙහි බඹසර වසන්නේ?"

"ආයුෂ්මත්නි, එය එසේ නොවෙයි."

"කිම, ආයුෂ්මත් සාරිපුත්තයෙනි, යම් කර්මයක් සැප විඳීම ඇති කරවයි ද, මාගේ ඒ කර්මය සැප විඳීම ඇතිකරවන්නක් වේවා යි යන මෙවැනි අදහසක් ඇතිව ද භාග්‍යවතුන් වහන්සේගේ ශාසනයෙහි බඹසර වසන්නේ?"

"ආයුෂ්මත්නි, එය එසේ නොවෙයි."

"කිම, ආයුෂ්මත් සාරිපුත්තයෙනි, යම් කර්මයක් දුක් විඳීම ඇති කරවයි ද, මාගේ ඒ කර්මය සැප විඳීම ඇතිකරවන්නක් වේවා යි යන මෙවැනි අදහසක් ඇතිව ද භාග්‍යවතුන් වහන්සේගේ ශාසනයෙහි බඹසර වසන්නේ?"

"ආයුෂ්මත්නි, එය එසේ නොවෙයි."

"කිම, ආයුෂ්මත් සාරිපුත්තයෙනි, යම් කර්මයක් මේරීමෙන් විඳීම ඇති කරවයි ද, මාගේ ඒ කර්මය නොමේරීමෙන් විඳීම ඇතිකරවන්නක් වේවා යි යන මෙවැනි අදහසක් ඇතිව ද භාග්‍යවතුන් වහන්සේගේ ශාසනයෙහි බඹසර වසන්නේ?"

"ආයුෂ්මත්නි, එය එසේ නොවෙයි."

"කිම, ආයුෂ්මත් සාරිපුත්තයෙනි, යම් කර්මයක් නොමේරීමෙන් විඳීම ඇති කරවයි ද, මාගේ ඒ කර්මය මේරීමෙන් විඳීම ඇතිකරවන්නක් වේවා යි යන මෙවැනි අදහසක් ඇතිව ද භාග්‍යවතුන් වහන්සේගේ ශාසනයෙහි බඹසර වසන්නේ?"

"ආයුෂ්මත්නි, එය එසේ නොවෙයි."

"කිම, ආයුෂ්මත් සාරිපුත්තයෙනි, යම් කර්මයක් බොහෝ විඳීම් ඇති කරවයි ද, මාගේ ඒ කර්මය අල්ප විඳීම් ඇතිකරවන්නක් වේවා යි යන මෙවැනි අදහසක් ඇතිව ද භාග්‍යවතුන් වහන්සේගේ ශාසනයෙහි බඹසර වසන්නේ?"

"ආයුෂ්මත්නි, එය එසේ නොවෙයි."

"කිම, ආයුෂ්මත් සාරිපුත්තයෙනි, යම් කර්මයක් අල්ප විඳීම් ඇති කරවයි ද, මාගේ ඒ කර්මය බොහෝ විඳීම් ඇතිකරවන්නක් වේවා යි යන මෙවැනි අදහසක් ඇතිව ද භාග්‍යවතුන් වහන්සේගේ ශාසනයෙහි බඹසර වසන්නේ?"

"ආයුෂ්මත්නි, එය එසේ නොවෙයි."

"කිම, ආයුෂ්මත් සාරිපුත්තයෙනි, යම් කර්මයක් විඳීම් ඇති කරවයි ද, මාගේ ඒ කර්මය නොවිඳීම් ඇතිකරවන්නක් වේවා යි යන මෙවැනි අදහසක් ඇතිව ද භාග්‍යවතුන් වහන්සේගේ ශාසනයෙහි බඹසර වසන්නේ?"

"ආයුෂ්මත්නි, එය එසේ නොවෙයි."

"කිම, ආයුෂ්මත් සාරිපුත්තයෙනි, යම් කර්මයක් නොවිඳීම් ඇති කරවයි ද, මාගේ ඒ කර්මය විඳීම් ඇතිකරවන්නක් වේවා යි යන මෙවැනි අදහසක් ඇතිව ද භාග්‍යවතුන් වහන්සේගේ ශාසනයෙහි බඹසර වසන්නේ?"

"ආයුෂ්මත්නි, එය එසේ නොවෙයි."

"කිම, ආයුෂ්මත් සාරිපුත්තයෙනි, යම් කර්මයක් මෙලොව දී විඳීම් ඇති කරවයි ද, මාගේ ඒ කර්මය පරලොවදී විඳීම් ඇතිකරවන්නක් වේවා යි යන මෙවැනි අදහසක් ඇතිව ද භාග්‍යවතුන් වහන්සේගේ ශාසනයෙහි බඹසර වසන්නේ? කියා ඇසූ කල්හී 'ආයුෂ්මත්නි, එය එසේ නොවේ' යැයි පිළිතුරු දුන්නෙහි ය.

'කිම, ආයුෂ්මත් සාරිපුත්තයෙනි, යම් කර්මයක් පරලොව වින්ද යුතු ද, මාගේ ඒ කර්මය මෙලොව විඳින්නට ලැබේවා යි යන මෙවැනි අදහසක් ඇතිව ද භාග්‍යවතුන් වහන්සේගේ ශාසනයෙහි බඹසර වසන්නේ?'කියා ඇසූ කල්හී 'ආයුෂ්මත්නි, එය එසේ නොවේ' යැයි පිළිතුරු දුන්නෙහි ය.

'කිම, ආයුෂ්මත් සාරිපුත්තයෙනි, යම් කර්මයක් සැප විඳීම ඇති කරවයි ද, මාගේ ඒ කර්මය සැප විඳීම ඇතිකරවන්නක් වේවා යි යන මෙවැනි අදහසක් ඇතිව ද භාග්‍යවතුන් වහන්සේගේ ශාසනයෙහි බඹසර වසන්නේ? කියා ඇසූ කල්හී 'ආයුෂ්මත්නි, එය එසේ නොවේ' යැයි පිළිතුරු දුන්නෙහි ය.

'කිම, ආයුෂ්මත් සාරිපුත්තයෙනි, යම් කර්මයක් දුක් විඳීම ඇති කරවයි ද, මාගේ ඒ කර්මය සැප විඳීම ඇතිකරවන්නක් වේවා යි යන මෙවැනි අදහසක් ඇතිව ද භාග්‍යවතුන් වහන්සේගේ ශාසනයෙහි බඹසර වසන්නේ? කියා ඇසූ කල්හී 'ආයුෂ්මත්නි, එය එසේ නොවේ' යැයි පිළිතුරු දුන්නෙහි ය.

'කිම, ආයුෂ්මත් සාරිපුත්තයෙනි, යම් කර්මයක් මේරීමෙන් විඳීම ඇති කරවයි ද, මාගේ ඒ කර්මය නොමේරීමෙන් විඳීම ඇතිකරවන්නක් වේවා යි යන මෙවැනි අදහසක් ඇතිව ද භාග්‍යවතුන් වහන්සේගේ ශාසනයෙහි බඹසර වසන්නේ? කියා ඇසූ කල්හී 'ආයුෂ්මත්නි, එය එසේ නොවේ' යැයි පිළිතුරු

දුන්නෙහි ය.

'කිම, ආයුෂ්මත් සාරිපුත්තයෙනි, යම් කර්මයක් නොමේරීමෙන් විඳීම ඇති කරවයි ද, මාගේ ඒ කර්මය මේරීමෙන් විඳීම ඇතිකරවන්නක් වේවා යි යන මෙවැනි අදහසක් ඇතිව ද භාග්‍යවතුන් වහන්සේගේ ශාසනයෙහි බඹසර වසන්නේ? කියා ඇසූ කල්හී 'ආයුෂ්මත්නි, එය එසේ නොවේ' යැයි පිළිතුරු දුන්නෙහි ය.

'කිම, ආයුෂ්මත් සාරිපුත්තයෙනි, යම් කර්මයක් බොහෝ විඳීම් ඇති කරවයි ද, මාගේ ඒ කර්මය අල්ප විඳීම් ඇතිකරවන්නක් වේවා යි යන මෙවැනි අදහසක් ඇතිව ද භාග්‍යවතුන් වහන්සේගේ ශාසනයෙහි බඹසර වසන්නේ? කියා ඇසූ කල්හී 'ආයුෂ්මත්නි, එය එසේ නොවේ' යැයි පිළිතුරු දුන්නෙහි ය.

'කිම, ආයුෂ්මත් සාරිපුත්තයෙනි, යම් කර්මයක් අල්ප විඳීම් ඇති කරවයි ද, මාගේ ඒ කර්මය බොහෝ විඳීම් ඇතිකරවන්නක් වේවා යි යන මෙවැනි අදහසක් ඇතිව ද භාග්‍යවතුන් වහන්සේගේ ශාසනයෙහි බඹසර වසන්නේ? කියා ඇසූ කල්හී 'ආයුෂ්මත්නි, එය එසේ නොවේ' යැයි පිළිතුරු දුන්නෙහි ය.

'කිම, ආයුෂ්මත් සාරිපුත්තයෙනි, යම් කර්මයක් විඳීම් ඇති කරවයි ද, මාගේ ඒ කර්මය නොවිඳීම් ඇතිකරවන්නක් වේවා යි යන මෙවැනි අදහසක් ඇතිව ද භාග්‍යවතුන් වහන්සේගේ ශාසනයෙහි බඹසර වසන්නේ? කියා ඇසූ කල්හී 'ආයුෂ්මත්නි, එය එසේ නොවේ' යැයි පිළිතුරු දුන්නෙහි ය.

'කිම, ආයුෂ්මත් සාරිපුත්තයෙනි, යම් කර්මයක් නොවිඳීම් ඇති කරවයි ද, මාගේ ඒ කර්මය විඳීම් ඇතිකරවන්නක් වේවා යි යන මෙවැනි අදහසක් ඇතිව ද භාග්‍යවතුන් වහන්සේගේ ශාසනයෙහි බඹසර වසන්නේ? කියා ඇසූ කල්හී 'ආයුෂ්මත්නි, එය එසේ නොවේ' යැයි පිළිතුරු දුන්නෙහි ය.

එසේ නම් ආයුෂ්මත, භාග්‍යවතුන් වහන්සේගේ ශාසනයෙහි බඹසර හැසිරෙන්නේ කුමන අදහසක් ඇතිව ද?"

"ආයුෂ්මතුනි, යම් දෙයක් අවබෝධ නොකළේ ද, නුදුටුවේ ද, නොලැබුවේ ද, සාක්ෂාත් නොකළේ ද, නුවණින් නුදුටුවේ ද, ඒ දෙය අවබෝධ කිරීම පිණිස, දැකීම පිණිස, ලැබීම පිණිස, සාක්ෂාත් කිරීම පිණිස, නුවණින් දැකීම පිණිස භාග්‍යවතුන් වහන්සේගේ ශාසනයෙහි බඹසර වසන්නේ ය."

"ආයුෂ්මතුනි, යම් දෙයක් අවබෝධ කිරීම පිණිස, දැකීම පිණිස, ලැබීම පිණිස, සාක්ෂාත් කිරීම පිණිස, නුවණින් දැකීම පිණිස, භාග්‍යවතුන් වහන්සේගේ

ශාසනයෙහි බඹසර වසන්නේ නම්, ඒ අවබෝධ නොකළ, නුදුටු, නොලැබූ, සාක්ෂාත් නොකළ, නුවණින් නුදුටු ඒ දෙය කුමක් ද?"

"ආයුෂ්මත, 'මෙය දුක ය' යන මෙය වනාහී අවබෝධ නොකළ, නුදුටු, නොලැබූ, සාක්ෂාත් නොකළ, නුවණින් නුදුටු දෙය යි. ඒ දුක අවබෝධ කිරීම පිණිස ය, දැකීම පිණිස ය, ලැබීම පිණිස ය, සාක්ෂාත් කිරීම පිණිස ය, නුවණින් දැකීම පිණිස ය, භාග්‍යවතුන් වහන්සේගේ ශාසනයෙහි බඹසර වසන්නේ.

ආයුෂ්මත, 'මෙය දුකෙහි හටගැනීම ය' යන මෙය වනාහී අවබෝධ නොකළ, නුදුටු, නොලැබූ, සාක්ෂාත් නොකළ, නුවණින් නුදුටු දෙය යි. ඒ දුක අවබෝධ කිරීම පිණිස ය, දැකීම පිණිස ය, ලැබීම පිණිස ය, සාක්ෂාත් කිරීම පිණිස ය, නුවණින් දැකීම පිණිස ය, භාග්‍යවතුන් වහන්සේගේ ශාසනයෙහි බඹසර වසන්නේ.

ආයුෂ්මත, 'මෙය දුකෙහි නිරුද්ධ වීම ය' යන මෙය වනාහී අවබෝධ නොකළ, නුදුටු, නොලැබූ, සාක්ෂාත් නොකළ, නුවණින් නුදුටු දෙය යි. ඒ දුක අවබෝධ කිරීම පිණිස ය, දැකීම පිණිස ය, ලැබීම පිණිස ය, සාක්ෂාත් කිරීම පිණිස ය, නුවණින් දැකීම පිණිස ය, භාග්‍යවතුන් වහන්සේගේ ශාසනයෙහි බඹසර වසන්නේ.

ආයුෂ්මත, 'මෙය දුක් නිරුද්ධ වන්නා වූ මාර්ගය ය' යන මෙය වනාහී අවබෝධ නොකළ, නුදුටු, නොලැබූ, සාක්ෂාත් නොකළ, නුවණින් නුදුටු දෙය යි. ඒ දුක නිරුද්ධ වන්නා වූ මාර්ගය අවබෝධ කිරීම පිණිස ය, දැකීම පිණිස ය, ලැබීම පිණිස ය, සාක්ෂාත් කිරීම පිණිස ය, නුවණින් දැකීම පිණිස ය, භාග්‍යවතුන් වහන්සේගේ ශාසනයෙහි බඹසර වසන්නේ.

ආයුෂ්මත, මෙය වනාහී අවබෝධ නොකළ, නොදුටු, නොලැබූ, සාක්ෂාත් නොකළ, නුවණින් නුදුටු දෙය යි. එය අවබෝධ කිරීම පිණිස ය, දැකීම පිණිස ය, ලැබීම පිණිස ය, සාක්ෂාත් කිරීම පිණිස ය, නුවණින් දැකීම පිණිස ය, භාග්‍යවතුන් වහන්සේගේ ශාසනයෙහි බඹසර වසන්නේ."

සාදු! සාදු!! සාදු!!!

මහා කොට්ඨිත සූත්‍රය නිමා විය.

9.1.2.4.
සමිද්ධි සූත්‍රය
සමිද්ධි තෙරුන්ට වදාළ දෙසුම

සැවැත් නුවර දී ය......

එකල්හී ආයුෂ්මත් සමිද්ධි තෙරණුවෝ ආයුෂ්මත් සාරිපුත්තයන් වහන්සේ වෙත පැමිණියහ. පැමිණ ආයුෂ්මත් සාරිපුත්තයන් වහන්සේට සකසා වන්දනා කොට එකත්පස් ව හිඳගත්හ. එකත්පස් ව හුන් ආයුෂ්මත් සමිද්ධි තෙරුන්ට ආයුෂ්මත් සාරිපුත්තයන් වහන්සේ මෙය වදාළ සේක.

"සමිද්ධියෙනි, පුරුෂයාගේ සිතුවිලි, විතර්ක හටගන්නේ කුමක් අරමුණු කොට ද?" "ස්වාමීනී, නාමරූප අරමුණු කොට ය."

"සමිද්ධියෙනි, ඒවා නා නා ස්වභාවයට පත් වන්නේ කොතැනදී ද?" "ස්වාමීනී, ධාතූන්හිදී ය."

"සමිද්ධියෙනි, ඒවා හටගන්නේ කුමකින් ද?" "ස්වාමීනී, ස්පර්ශයෙන් හටගන්නේ ය."

"සමිද්ධියෙනි, ඒවා එක්රැස් වන්නේ කුමකට ද?" "ස්වාමීනී, වේදනාවට එක් රැස් වෙයි."

"සමිද්ධියෙනි, ඒවා ප්‍රමුඛ වන්නේ කුමකට ද?" "ස්වාමීනී, සමාධියට ප්‍රමුඛ වෙයි."

"සමිද්ධියෙනි, ඒවාට අධිපති වන්නේ කුමක් ද?" "ස්වාමීනී, අධිපති වන්නේ සිහිය යි."

"සමිද්ධියෙනි, ඒවා කුමක් උතුම් කොට ඇත්තේ ද?" "ස්වාමීනී, ප්‍රඥාව උතුම් කොට ඇත්තේ ය."

"සමිද්ධියෙනි, ඒවා කුමක් සාර කොට ඇත්තේ ද?" "ස්වාමීනී, විමුක්තිය සාර කොට ඇත්තේ ය."

"සමිද්ධියෙනි, ඒවා කුමක බැසගන්නේ ද?" "ස්වාමීනී, අමෘතයෙහි බැසග න්නේ ය."

"සමිද්ධියෙනි, පුරුෂයාගේ සිතුවිලි, විතර්ක හටගන්නේ කුමක් අරමුණු කොට දැයි ඇසූ කල්හී 'ස්වාමීනී, නාමරූප අරමුණු කොට යැ'යි කීවෙහි ය. සමිද්ධියෙනි, ඒවා නා නා ස්වභාවයට පත් වන්නේ කොතැනදී දැයි ඇසූ කල්හී ස්වාමීනී, ධාතුන්හිදී යැ'යි කීවෙහි ය. 'සමිද්ධියෙනි, ඒවා හටගන්නේ කුමකින් දැයි ඇසූ කල්හී 'ස්වාමීනී, ස්පර්ශයෙන් හටගන්නේ යැ'යි කීවෙහි ය. සමිද්ධියෙනි, ඒවා එක්රැස් වන්නේ කුමකට දැයි ඇසූ කල්හී 'ස්වාමීනී, වේදනාවට එක් රැස් වෙයි' යැයි කීවෙහි ය. සමිද්ධියෙනි, ඒවා ප්‍රමුඛ වන්නේ කුමකට දැයි ඇසූ කල්හී 'ස්වාමීනී, සමාධියට ප්‍රමුඛ වෙයි' යැයි කීවෙහි ය. සමිද්ධියෙනි, ඒවාට අධිපති වන්නේ කුමක් දැයි ඇසූ කල්හී 'ස්වාමීනී, අධිපති වන්නේ සිහිය යැ'යි කීවෙහි ය. සමිද්ධියෙනි, ඒවා කුමක් උතුම් කොට ඇත්තේ දැයි ඇසූ කල්හී 'ස්වාමීනී, ප්‍රඥාව උතුම් කොට ඇත්තේ යැ'යි කීවෙහි ය. සමිද්ධියෙනි, ඒවා කුමක් සාර කොට ඇත්තේ දැයි ඇසූ කල්හී 'ස්වාමීනී, විමුක්තිය සාර කොට ඇත්තේ යැ'යි කීවෙහි ය. සමිද්ධියෙනි, ඒවා කුමක බැසග න්නේ දැයි ඇසූ කල්හී 'ස්වාමීනී, අමෘතයෙහි බැසගන්නේ යැ'යි කීවෙහි ය.

යහපති, යහපති, සමිද්ධියෙනි. මා විසින් ප්‍රශ්න අසන ලද්දේ සමිද්ධියෙනි, ඔබ විසඳූ අයුරු යහපති. ඒ තුළින් ඔබ මාන්නයකට නොපැමිණියේ ය."

සාදු! සාදු!! සාදු!!!

සමිද්ධි සූත්‍රය නිමා විය.

9.1.2.5.
ගණ්ඩෝපම සූත්‍රය
ගඬුවක් උපමා කොට වදාළ දෙසුම

සැවැත් නුවර දී ය .....

මහණෙනි, යම් සේ නොයෙක් වසර ගණනක් පැරණි වූ ගඬුවක් ඇද්ද, එහි ජරාව පිටවෙන සිදුරු නවයක් ඇත්තේ ය. ඒ සිදුරු නවය බාහිර කෙනෙකු විසින් නොබිඳින ලද්දකි. එයින් යම් කිසිවක් වැගිරෙයි නම් අපිරිසිදු වූ දෙයක් ම වැගිරෙයි. දුර්ගන්ධයෙන් යුතු දෙයක් ම වැගිරෙයි. පිළිකුල් කටයුතු දෙයක් ම වැගිරෙයි. යම් කිසිවක් ගලයි නම් අපිරිසිදු වූ දෙයක් ම ගලයි. දුර්ගන්ධයෙන් යුතු දෙයක් ම ගලයි. පිළිකුල් කටයුතු දෙයක් ම ගලයි.

මහණෙනි, ගඬුව යනු සතර මහා භූතයන්ගෙන් හටගත්, මව්පියන්ගෙන් උපන්, බත් මාළුපිණියෙන් වැඩුණු, අනිත්‍ය වූ, සුවඳ ඉලීම් - පිරිමැදීම් ආදියෙන් පැවැත්විය යුතු, බිඳී නැසී වැනසී යන ස්වභාව ඇති, මේ කයට කියන නමකි. එහි ජරාව පිටවෙන සිදුරු නවයක් ඇත්තේ ය. ඒ සිදුරු නවය බාහිර කෙනෙකු විසින් නොබිඳින ලද්දකි. එයින් යම් කිසිවක් වැගිරෙයි නම් අපිරිසිදු වූ දෙයක් ම වැගිරෙයි. දුර්ගන්ධයෙන් යුතු දෙයක් ම වැගිරෙයි. පිළිකුල් කටයුතු දෙයක් ම වැගිරෙයි. යම් කිසිවක් ගලයි නම් අපිරිසිදු වූ දෙයක් ම ගලයි. දුර්ගන්ධයෙන් යුතු දෙයක් ම ගලයි. පිළිකුල් කටයුතු දෙයක් ම ගලයි.

එහෙයින් මහණෙනි, මේ කය පිළිබඳ ව නුවණින් දැක එපා වීම ඇති කරගනිව්.

සාදු! සාදු!! සාදු!!!

ගණ්ඩෝපම සූත්‍රය නිමා විය.

9.1.2.6.

සඤ්ඤා සූත්‍රය

සංඥාව ගැන වදාළ දෙසුම

සැවැත් නුවර දී ය .....

මහණෙනි, මේ සංඥා නවයකි. මේවා භාවිතා කිරීමෙන්, බහුල ව ප්‍රගුණ කිරීමෙන් මහත්ඵල ද, මහානිශංස ද ලැබේ. අමෘතයෙහි බැසගෙන ඇත්තේ ය. අමෘතයෙන් කෙළවර වන්නේ ය. ඒ කවර නවයක් ද යත්;

අසුභ සංඥාව ය, මරණ සංඥාව ය, ආහාරයෙහි පිළිකුල් සංඥාව ය, සියළු ලෝකයෙහි නොඇලෙන සංඥාව ය, අනිත්‍ය සංඥාව ය, අනිත්‍යයෙහි දුක්ඛ සංඥාව ය, දුකෙහි අනාත්ම සංඥාව ය, පහාණ සංඥාව ය, විරාග සංඥාව ය.

මහණෙනි, මේ සංඥා නවය යි. මේවා භාවිතා කිරීමෙන්, බහුල ව ප්‍රගුණ කිරීමෙන් මහත්ඵල ද, මහානිශංස ද ලැබේ. අමෘතයෙහි බැසගෙන ඇත්තේ ය. අමෘතයෙන් කෙළවර වන්නේ ය.

සාදු! සාදු!! සාදු!!!

සඤ්ඤා සූත්‍රය නිමා විය.

9.1.2.7.
කුලෝපගමන සූත්‍රය
නිවසක් වෙත එළඹීම ගැන වදාළ දෙසුම

සැවැත් නුවර දී ය .....

මහණෙනි, අංග නවයකින් යුතු වූ නිවසකට නොඑළඹුණේ එළඹෙන්නට හෝ සුදුසු නොවෙයි. එළඹුණු නමුත් හිඳගන්නට හෝ සුදුසු නොවෙයි. ඒ කවර අංග නවයක් ද යත්;

සතුටට පත් ව ආසනයෙන් නොනැගිටිති. සතුටට පත් ව වන්දනා නොකරති. සතුටට පත් ව ආසනය නොදෙති. ඔවුන් සතු දේවල් සඟවති. බොහෝ කොට තිබුණ ත් ස්වල්පයක් දෙති. ප්‍රණීත දේ තිබුණ ත් රූක්ෂ දේ දෙති. සකස් කොට නොව සකස් නොකොට දෙති. ධර්මය ශ්‍රවණයට සමීපයට පැමිණ වාඩි නොවෙති. පවසන ධර්මය ගැන අරුත් රස විඳිමින් සතුටු නොවෙති.

මහණෙනි, මේ අංග නවයෙන් යුතු වූ නිවසකට නොඑළඹුණේ එළඹෙන්නට හෝ සුදුසු නොවෙයි. එළඹුණු නමුත් හිඳගන්නට හෝ සුදුසු නොවෙයි.

මහණෙනි, අංග නවයකින් යුතු වූ නිවසකට නොඑළඹුණේ එළඹෙන්නට හෝ සුදුසු වෙයි. එළඹුණු නමුත් හිඳගන්නට හෝ සුදුසු වෙයි. ඒ කවර අංග නවයක් ද යත්;

සතුටට පත් ව ආසනයෙන් නැගිටිති. සතුටට පත් ව වන්දනා කරති. සතුටට පත් ව ආසනය දෙති. ඔවුන් සතු දේවල් නොසඟවති. බොහෝ කොට තිබෙන විට බොහෝ කොට දෙති. ප්‍රණීත දේ තිබෙන විට ප්‍රණීත දේ දෙති. නොසකස් කොට නොව සකස් කොට දෙති. ධර්මය ශ්‍රවණයට සමීපයට පැමිණ වාඩි වෙති. පවසන ධර්මය ගැන අරුත් රස විඳිමින් සතුටු වෙති.

මහණෙනි, මේ අංග නවයෙන් යුතු වූ නිවසකට නොඑළඹුණේ එළඹෙන්නට හෝ සුදුසු වෙයි. එළඹුණු නමුත් හිඳගන්නට හෝ සුදුසු වෙයි.

සාදු! සාදු!! සාදු!!!

කුලෝපගමන සූත්‍රය නිමා විය.

9.1.2.8.
නවංගුපෝසථ සූත්‍රය
අංග නවයකින් යුතු උපෝසථ සිල් ගැන වදාළ දෙසුම

සැවැත් නුවර දී ය .....

මහණෙනි, අංග නවයකින් යුක්ත ව උපෝසථ සිල් සමාදන් වීම මහත්ඵල ඇත්තේ වෙයි. මහත් අනුසස් ඇත්තේ වෙයි. මහත් බැබලීම් ඇත්තේ වෙයි. මහත් පැතිරීම් ඇත්තේ වෙයි.

මහණෙනි, කවර අයුරින් අංග නවයකින් යුතු උපෝසථය සමාදන් වීමෙන් ද, මහත්ඵල ඇති වන්නේ? මහානිශංස ඇති වන්නේ? මහත් බැබලීම් ඇති වන්නේ? මහත් පැතිරීම් ඇති වන්නේ?

1. මහණෙනි, මෙහිලා ආර්යශ්‍රාවකයා මෙසේ නුවණින් සළකයි. 'දිවි ඇති තෙක් රහතන් වහන්සේලා සතුන් මැරීම අත්හැර, සතුන් මැරීමෙන් වැළකුණු සේක. දඬු මුගුරු අත්හැර, අවි ආයුධ අත්හැර, ලැජ්ජා ඇති ව, දයාවෙන් යුක්ත ව, සියළු ප්‍රාණ භූතයින් කෙරෙහි හිතානුකම්පී ව වසන සේක. මම ත් අද මේ රාත්‍රිය ත්, මේ දහවල ත්, සතුන් මැරීම අත්හැර, සතුන් මැරීමෙන් වැළකී සිටිමි. දඬු මුගුරු අත්හැර, අවි ආයුධ අත්හැර, ලැජ්ජා ඇති ව, දයාවෙන් යුක්ත ව, සියළු ප්‍රාණ භූතයින් කෙරෙහි හිතානුකම්පී ව වාසය කරමි. මේ අංගය සමාදන් වීමෙන් ද රහතන් වහන්සේලා අනුව යමි. මාගේ උපෝසථය ද වසන ලද්දේ වන්නේ ය' කියා මේ පළමු අංගයෙන් සමන්විත වෙයි.

2. 'රහතන් වහන්සේලා දිවි තිබෙන තුරු සොරකම අත්හැර සොරකමින් වැළකී සිටින සේක. දුන් දේ පමණක් ගන්නා, දුන් දේ පමණක් ගන්නට කැමති වන, සොර රහිත වූ පිරිසිදු වූ සිතින් යුතුව වසන සේක. මම ත් අද මේ රාත්‍රිය ත්, දහවල ත් සොරකම අත්හැර සොරකමින් වැළකී සිටිමි. දුන් දේ පමණක් ගන්නා, දුන් දේ පමණක් ගන්නට කැමති වන, සොර රහිත වූ පිරිසිදු වූ සිතින් යුතුව වාසය කරමි. මේ අංගය සමාදන් වීමෙන් ද රහතන් වහන්සේලා අනුව යමි. මාගේ උපෝසථය ද වසන ලද්දේ වන්නේ ය' කියා මේ දෙවෙනි අංගයෙන් සමන්විත වෙයි.

3. 'රහතන් වහන්සේලා දිවි තිබෙන තුරු අබ්‍රහ්මචාරී බව අත්හැර බ්‍රහ්මචාරී ව වසන සේක. එයින් ඈත් වී සිටින සේක. ලාමක දෙයක් වන

මෛථුන සේවනයෙන් වැළකී සිටින සේක. මම ත් අද මේ රාත්‍රිය ත්, දහවල ත් අබ්‍රහ්මචාරී බව අත්හැර බ්‍රහ්මචාරී ව වසමි. ලාමක දෙයක් වන මෛථුන සේවනයෙන් වැළකී වාසය කරමි. මේ අංගය සමාදන් වීමෙන් ද රහතන් වහන්සේලා අනුව යමි. මාගේ උපෝසථය ද වසන ලද්දේ වන්නේ ය' කියා මේ තුන්වෙනි අංගයෙන් සමන්විත වෙයි.

4. 'රහතන් වහන්සේලා දිවි තිබෙන තුරු බොරු කීම අත්හැර, බොරු කීමෙන් වැළකී සිටින සේක. සත්‍ය වචන පවසන, ඇත්තෙන් ඇත්ත ගලපා පවසන, ස්ථිර වචන පවසන, ඇදහිය යුතු වචන පවසන, ලොව නොරවටන වචන පවසන සේක. මම ත් අද මේ රාත්‍රිය ත්, මේ දහවල ත් බොරු කීම අත්හැර, බොරු කීමෙන් වැළකී සිටිමි. සත්‍ය වචන පවසන, ඇත්තෙන් ඇත්ත ගලපා පවසන, ස්ථිර වචන පවසන, ඇදහිය යුතු වචන පවසන, ලොව නොරවටන වචන පවසමි. මේ අංගය සමාදන් වීමෙන් ද රහතන් වහන්සේලා අනුව යමි. මාගේ උපෝසථය ද වසන ලද්දේ වන්නේ ය' කියා මේ සිව්වෙනි අංගයෙන් සමන්විත වෙයි.

5. 'රහතන් වහන්සේලා දිවි තිබෙන තුරු මත්පැන් - මත්ද්‍රව්‍ය භාවිතය බැහැර කොට මත්පැන් - මත්ද්‍රව්‍ය භාවිතයෙන් වෙන් වී සිටින සේක. මම ත් අද මේ රාත්‍රිය ත්, මේ දහවල ත් මත්පැන් - මත්ද්‍රව්‍ය භාවිතය බැහැර කොට මත්පැන් - මත්ද්‍රව්‍ය භාවිතයෙන් වෙන් වී සිටිමි. මේ අංගය සමාදන් වීමෙන් ද රහතන් වහන්සේලා අනුව යමි. මාගේ උපෝසථය ද වසන ලද්දේ වන්නේ ය' කියා මේ පස්වෙනි අංගයෙන් සමන්විත වෙයි.

6. 'රහතන් වහන්සේලා දිවි තිබෙන තුරු පෙරවරුවෙහි පමණක් වළඳමින්, රාත්‍රී භෝජනයෙන් තොර ව, නොකල්හී ආහාර ගැනීමෙන් වැළකී සිටින සේක. මම ත් අද මේ රාත්‍රිය ත්, මේ දහවල ත් පෙරවරුවෙහි පමණක් වළඳමින්, රාත්‍රී භෝජනයෙන් තොර ව, නොකල්හී ආහාර ගැනීමෙන් වැළකී සිටිමි. මේ අංගය සමාදන් වීමෙන් ද රහතන් වහන්සේලා අනුව යමි. මාගේ උපෝසථය ද වසන ලද්දේ වන්නේ ය' කියා මේ සයවෙනි අංගයෙන් සමන්විත වෙයි.

7. 'රහතන් වහන්සේලා දිවි තිබෙන තුරු නැටුම්, ගැයුම්, වැයුම්, විකාර දේ නැරඹීම, මල්, සුවඳ විලවුන් දැරීම, විසිතුරු වස්ත්‍රාභරණයෙන් සැරසීම ආදියෙන් වැළකී සිටි සේක. මම ත් අද මේ රැය ත්, දහවල ත් නැටුම්, ගැයුම්, වැයුම්, විකාර දේ නැරඹීම, මල්, සුවඳ විලවුන් දැරීම, විසිතුරු වස්ත්‍රාභරණයෙන් සැරසීම ආදියෙන් වැළකී සිටිමි. මේ අංගය සමාදන් වීමෙන් ද රහතන් වහන්සේලා අනුව යමි. මාගේ උපෝසථය ද වසන ලද්දේ වන්නේ ය' කියා මේ සත්වෙනි

අංගයෙන් සමන්විත වෙයි.

8. 'රහතන් වහන්සේලා දිවි තිබෙන තුරු වටිනා සුඛෝපභෝගී ආසන අත්හැර, වටිනා සුඛෝපභෝගී ආසන වලින් වැළකී, ඇඳක හෝ පැදුරක හෝ බිම සැතපුණු සේක. මම ත් අද මේ රැය ත් දහවල ත් වටිනා සුඛෝපභෝගී ආසන අත්හැර, වටිනා සුඛෝපභෝගී ආසන වලින් වැළකී, ඇඳක හෝ පැදුරක හෝ බිම සැතපෙමි. මේ අංගය සමාදන් වීමෙන් ද රහතන් වහන්සේලා අනුව යමි. මාගේ උපෝසථය ද වසන ලද්දේ වන්නේ ය' කියා මේ අටවෙනි අංගයෙන් සමන්විත වෙයි.

9. මහණෙනි, මෙහිලා ආර්ය ශ්‍රාවක තෙමේ මෛත්‍රී සහගත සිතින් එක් දිශාවක් පතුරුවා වාසය කරයි. ඒ අයුරින් දෙවෙනි දිශාවට ත්, ...(පෙ).... ඒ අයුරින් තුන්වෙනි දිශාවට ත් ....(පෙ).... ඒ අයුරින් සතර වෙනි දිශාවට ත් ....(පෙ).... මෙසේ උඩ - යට - සරස සියළු තැන, සියළු සත්වයන්ට, සියළු ලෝකයාට විපුල වූ, මහද්ගත වූ, අප්‍රමාණ වූ, වෛර නැති, දුක් නැති මෛත්‍රී සහගත සිතින් පතුරුවා වාසය කරයි. මේ නවවෙනි අංගයෙන් සමන්විත වෙයි.

මහණෙනි, මෙසේ අංග නවයකින් යුක්ත ව උපෝසථ සිල් සමාදන් වීම මහත්ඵල ඇත්තේ වෙයි. මහත් අනුසස් ඇත්තේ වෙයි. මහත් බැබලීම් ඇත්තේ වෙයි. මහත් පැතිරීම් ඇත්තේ වෙයි.

සාදු! සාදු!! සාදු!!!

නවංගුපෝසථ සූත්‍රය නිමා විය.

9.1.2.9.
දේවතා සූත්‍රය
දෙවියන් ගැන වදාළ දෙසුම

සැවැත් නුවර දී ය .....

මහණෙනි, බොහෝ දේවතාවෝ මේ රාත්‍රියෙහි බෙහෙවින් ඉක්ම ගිය රැය ඇති කල්හී, මනස්කාන්ත පැහැ ඇති ව, මුළු මහත් ජේතවනය බබුළුවාගෙන මා වෙත පැමිණියාහු ය. පැමිණ මා හට සකසා වන්දනා කොට එකත්පස් ව සිටියහ. එකත්පස් ව සිටි ඒ දේවතාවෝ මා හට මෙය පැවසූහ.

"ස්වාමීනී, පෙර අපි මිනිස් ලොව ගිහි ගෙදර සිටිද්දී පැවිද්දෝ අප නිවෙස්වලට වැඩියහ. ස්වාමීනී, අපි ඔවුන් දැක හුනස්නෙන් නැගිට්ටෙමු. එනමුදු නොවැන්දෙමු. ස්වාමීනී, ඒ අපි අසම්පූර්ණ පුණ්‍යකර්මයෙන් යුතුව විපිළිසර ව පසුතැවෙමින් හීන වූ දෙව්කයකට පැමිණියෝ වෙමු."

මහණෙනි, අන්‍ය වූ ද බොහෝ දේවතාවෝ මා වෙත එළඹ මෙය පැවසූහ.

"ස්වාමීනී, පෙර අපි මිනිස් ලොව ගිහි ගෙදර සිටිද්දී පැවිද්දෝ අප නිවෙස්වලට වැඩියහ. ස්වාමීනී, අපි ඔවුන් දැක හුනස්නෙන් නැගිට්ටෙමු. වැන්දෙමු. එනමුදු ආසනයෙන් නොපැවරුවෙමු. ස්වාමීනී, ඒ අපි අසම්පූර්ණ පුණ්‍යකර්මයෙන් යුතුව විපිළිසර ව පසුතැවෙමින් හීන වූ දෙව්කයකට පැමිණියෝ වෙමු."

මහණෙනි, අන්‍ය වූ ද බොහෝ දේවතාවෝ මා වෙත එළඹ මෙය පැවසූහ.

"ස්වාමීනී, පෙර අපි මිනිස් ලොව ගිහි ගෙදර සිටිද්දී පැවිද්දෝ අප නිවෙස්වලට වැඩියහ. ස්වාමීනී, අපි ඔවුන් දැක හුනස්නෙන් නැගිට්ටෙමු. වැන්දෙමු. ආසනයෙන් පැවරුවෙමු. එනමුදු අපට ඇති අයුරින්, බල අයුරින් දානය නොබෙදුවෙමු. ....(පෙ).... අපට ඇති අයුරින්, බල අයුරින් දානය බෙදුවෙමු. එනමුදු ධර්ම ශ්‍රවණයට ළඟට ගොස් වාඩිනොවුණෙමු ....(පෙ).... ධර්ම ශ්‍රවණයට ළඟට ගොස් වාඩිවුණෙමු. එනමුදු යොමු කළ කන් ඇති ව ධර්මය නොඇසුවෙමු ....(පෙ).... යොමු කළ කන් ඇති ව ධර්මය ඇසුවෙමු. එනමුදු ඇසූ දහම් මතකයෙහි රඳවා නොගත්තෙමු. ....(පෙ).... ඇසූ දහම් මතකයෙහි රඳවා ගත්තෙමු. එනමුදු එසේ මතකයෙහි රඳවා ගත් ධර්මයෙහි අර්ථය නොපිරික්සුවෙමු. ....(පෙ).... එසේ මතකයෙහි රඳවා ගත් ධර්මයෙහි අර්ථය පිරික්සුවෙමු. එනමුදු අර්ථය දැන, ධර්මය දැන ධර්මානුධර්ම ප්‍රතිපදාවෙහි නොපිළිපැද්දෙමු. ස්වාමීනී, ඒ අපි අසම්පූර්ණ පුණ්‍යකර්මයෙන් යුතුව විපිළිසර ව පසුතැවෙමින් හීන වූ දෙව්කයකට පැමිණියෝ වෙමු."

මහණෙනි, අන්‍ය වූ ද බොහෝ දේවතාවෝ මා වෙත එළඹ මෙය පැවසූහ.

"ස්වාමීනී, පෙර අපි මිනිස් ලොව ගිහි ගෙදර සිටිද්දී පැවිද්දෝ අප නිවෙස්වලට වැඩියහ. ස්වාමීනී, අපි ඔවුන් දැක හුනස්නෙන් නැගිට්ටෙමු. වැන්දෙමු. ආසනයෙන් පැවරුවෙමු. අපට ඇති අයුරින්, බල අයුරින් දානය

බෙදුවෙමු. ධර්ම ශ්‍රවණයට ළඟට ගොස් වාඩිවුණෙමු. යොමු කළ කන් ඇති ව ධර්මය ඇසුවෙමු. ඇසූ දහම් මතකයෙහි රඳවා ගත්තෙමු. එසේ මතකයෙහි රඳවා ගත් ධර්මයෙහි අර්ථය පිරික්සුවෙමු. අර්ථය දැන, ධර්මය දැන ධර්මානුධර්ම ප්‍රතිපදාවෙහි පිළිපැද්දෙමු. ස්වාමීනී, ඒ අපි සම්පූර්ණ පුණ්‍යකර්මයෙන් යුතුව විපිළිසර නොවෙමින්, නොපසුතැවෙමින් ප්‍රණීත වූ දෙව්කයකට පැමිණියෝ වෙමු."

මහණෙනි, ඔය තිබෙන්නේ රුක් සෙවණ ය. ඔය තිබෙන්නේ ශූන්‍යාග ාරයන් ය. මහණෙනි, ධ්‍යාන වඩව්. ප්‍රමාදයට පත් නොවව්. ප්‍රමාදයට පත් ව පසු ව කලින් පැවසූ දේවතාවන් ලෙසින් විපිළිසර වන්නට එපා!"

සාදු! සාදු!! සාදු!!!

දේවතා සූත්‍රය නිමා විය.

9.1.2.10.
වේලාම සූත්‍රය
වේලාම බ්‍රාහ්මණයා ගැන වදාළ දෙසුම

එක් සමයක භාග්‍යවතුන් වහන්සේ සැවැත් නුවර ජේතවන නම් වූ අනේපිඬු සිටුහුගේ ආරාමයෙහි වැඩවසන සේක. එකල්හී අනාථපිණ්ඩික ගෘහපති තෙමේ භාග්‍යවතුන් වහන්සේ වෙත පැමිණියේ ය. පැමිණ භාග්‍යවතුන් වහන්සේට සකසා වන්දනා කොට එකත්පස් ව හිඳගත්තේ ය. එකත්පස් ව හුන් අනාථපිණ්ඩික ගෘහපති හට භාග්‍යවතුන් වහන්සේ මෙය වදාළ සේක.

"ගෘහපතිය, ඔබගේ නිවසෙහි තවමත් දන් දෙනවා ද?"

"ස්වාමීනී, මාගේ නිවසෙහි දන් දෙනු ලැබෙයි. එය ත් රූක්ෂ වූ කාඩි හොදි දෙවෙනි කොට ඇති නිවුඩු හාලේ බත් ය."

"ගෘහපතිය, රූක්ෂ දෙයක් හෝ ප්‍රණීත දෙයක් හෝ දානයකට දෙයි නම්, එය ත් නොසකස්කොට දෙයි නම්, නොගරු කොට දෙයි නම්, සිය අතින් නොදෙයි නම්, බැහැරට දමන දෙයක් ලෙසින් දෙයි නම්, 'දෙන්නේ යම් සේ ද, ලැබෙන්නේ එසේ ය' යන්න විශ්වාස නොකොට දෙයි නම්, යම් යම් තැනක ඒ ඒ දානයෙහි විපාකය පහළ වෙයි ද, ප්‍රණීත වූ බත් අනුභව කිරීමට ඔහුගේ සිත

නොනැමෙයි. උදාර වූ වස්ත්‍රයන් හැඳීමට ඔහුගේ සිත නොනැමෙයි. උදාර වූ වාහන වලින් යන්නට ඔහුගේ සිත නොනැමෙයි. පංච කාමයන් උදාර ලෙසින් පරිභෝග කරන්නට ඔහුගේ සිත නොනැමෙයි. ඔහුට යම් දරුවෝ සිටිත් ද, බිරින්දෑවරු සිටිත් ද, දාසයෝ සිටිත් ද, මෙහෙකරුවෝ සිටිත් ද, කම්කරුවෝ සිටිත් ද, ඔවුහු ද ඔහුගේ වචනය අසන්නට කැමති නොවෙති. ඇහුම්කන් දීමට කන් යොමු නොකරති. කියන දේ තේරුම් ගැනීමට සිත නොපිහිටුවති. ඒ මක් නිසා ද යත්, ගෘහපතිය, නොසකස් කොට කළ කර්මයෙහි විපාක ලැබෙන්නේ ඒ අයුරින් නිසා ය.

ගෘහපතිය, රූක්ෂ දෙයක් හෝ ප්‍රණීත දෙයක් හෝ දානයකට දෙයි නම්, එය ත් සකස්කොට දෙයි නම්, ගරු කොට දෙයි නම්, සිය අතින් දෙයි නම්, බැහැර නොකරන දෙයක් ලෙසින් දෙයි නම්, 'දෙන්නේ යම් සේ ද, ලැබෙන්නේ එසේ ය' යන්න විශ්වාස කොට දෙයි නම්, යම් යම් තැනක ඒ ඒ දානයෙහි විපාකය පහළ වෙයි ද, ප්‍රණීත වූ බත් අනුභව කිරීමට ඔහුගේ සිත නැමෙයි. උදාර වූ වස්ත්‍රයන් හැඳීමට ඔහුගේ සිත නැමෙයි. උදාර වූ වාහන වලින් යන්නට ඔහුගේ සිත නැමෙයි. පංච කාමයන් උදාර ලෙසින් පරිභෝග කරන්නට ඔහුගේ සිත නැමෙයි. ඔහුට යම් දරුවෝ සිටිත් ද, බිරින්දෑවරු සිටිත් ද, දාසයෝ සිටිත් ද, මෙහෙකරුවෝ සිටිත් ද, කම්කරුවෝ සිටිත් ද, ඔවුහු ද ඔහුගේ වචනය අසන්නට කැමති වෙති. ඇහුම්කන් දීමට කන් යොමු කරති. කියන දේ තේරුම් ගැනීමට සිත පිහිටුවති. ඒ මක් නිසා ද යත්, ගෘහපතිය, සකස් කොට කළ කර්මයෙහි විපාක ලැබෙන්නේ ඒ අයුරින් නිසා ය.

ගෘහපතිය, මෙය පෙර සිදුවූ දෙයකි. වේලාම නම් බ්‍රාහ්මණයෙක් සිටියේ ය. ඔහු මෙබඳු වූ දානයක්, මහා දානයක් දුන්නේ ය. රිදී පුරවා රනින් කළ බඳුන් අසූහාර දහසක් දන් දුන්නේ ය. රන් පුරවා රිදියෙන් කළ බඳුන් අසූහාර දහසක් දන් දුන්නේ ය. රිදී පුරවා රනින් කළ බඳුන් අසූහාර දහසක් දන් දුන්නේ ය. රනින් කළ සැරසිලි ඇති රන් කොඩි ඇති රන්රසුදැල් ඇති අලංකාර හස්තීන් අසූහාර දහසක් දන් දුන්නේ ය. සිංහ සම් ඇතිරූ, ව්‍යාඝ්‍ර සම් ඇතිරූ, දිවි සම් ඇතිරූ, පණ්ඩුකම්බල ඇතිරූ, රනින් සැරසූ රන් කොඩි සහිත, රන්රසුදැල් සහිත රථ අසූහාර දහසක් දන් දුන්නේ ය. දුහුල් වස්ත්‍රයෙන් සැරසූ කස්ලෝ කොසු ඇති දෙනුන් අසූහාර දහසක් දන් දුන්නේ ය. මිණි කොඬොලින් සැරසූ අසූහාර දහසක් කන්‍යාවන් දන් දුන්නේ ය. දිගු ලොම් ඇති පළස් අතුරන ලද, සුදු ඇතිරිලි අතුරන ලද, ඝන පුළුන් සහිත එළලොම් ඇතිරිලි අතුරන ලද, කදලි මුව සමින් කරන ලද ඇතිරිලි අතුරන ලද, උඩුවියන් සහිත, හිසට හා පයට විල්ලුද කොට්ට තැබූ යහන් අසූහාර දහසක් දන් දුන්නේ ය. ඉතා සියුම්

වස්ත්‍ර, ඉතා සියුම් කසී සළු, සියුම් කම්බිලි, සියුම් කපු වස්ත්‍ර ආදිය අසූහාර දහස් කෝටියක් දන් දුන්නේ ය. ආහාරපාන, ඛාද්‍ය භෝජ්‍ය, ලෙය්‍ය පෙය්‍ය ආදිය ගැන කවර කථා ද? ගඟක් ගලන්නැහේ දන් දුන්නේ ය.

ගෘහපතිය, ඔබට මෙසේ සිතක් ඇතිවන්නට පුළුවනි. 'එසමයෙහි වේලාම බ්‍රාහ්මණයා අන්‍යයෙක් විය හැක්කේ ය. ඔහු ඒ මහා දානය නම් දානයක් දුන්නේ ය.' ගෘහපතිය, මෙසේ නොසිතිය යුත්තේ ය. එසමයෙහි වේලාම නම් බ්‍රාහ්මණ ව සිටියේ මම ය. මම මහාදාන නම් වූ ඒ දානය දුනිමි.

ගෘහපතිය, ඒ දානය පිළිගන්නට දන් පිළිගැනීමෙහි සුදුසු කිසිවෙක් එකල පොළෝ තලයෙහි නොසිටියේ ය. කිසිවෙක් ඒ දක්ෂිණා ව පිරිසිදු නොකළේ ය.

ගෘහපතිය, වේලාම බ්‍රාහ්මණයා මහාදානය නම් වූ යම් දානයක් දුන්නේ ද, යමෙක් එක් සෝතාපන්න කෙනෙකුන් වළඳවයි ද, මෙය ඒ වේලාම බ්‍රාහ්මණයාගේ දානයට වඩා මහත් වූ අධිකතර ඵලයක් ඇත්තේ ය.

ගෘහපතිය, වේලාම බ්‍රාහ්මණයා මහාදානය නම් වූ යම් දානයක් දුන්නේ ද, යමෙක් සෝතාපන්න සිය දෙනෙකුන් වළඳවයි ද, යමෙක් එක් සකදාගාමී කෙනෙකුන් වළඳවයි ද, මෙය ඒ දානයන්ට වඩා මහත් වූ අධිකතර ඵලයක් ඇත්තේ ය.

ගෘහපතිය, වේලාම බ්‍රාහ්මණයා මහාදානය නම් වූ දානයක් දුන්නේ ද, යමෙක් සකදාගාමී සිය දෙනෙකුන් වළඳවයි ද, යමෙක් එක් අනාගාමී කෙනෙකුන් වළඳවයි ද, ...(පෙ).... යමෙක් අනාගාමී සිය දෙනෙකුන් වළඳවයි ද, යමෙක් එක් රහත් නමක් වළඳවයි ද, ...(පෙ).... යමෙක් රහතන් වහන්සේලා සිය දෙනෙකුන් වළඳවයි ද, යමෙක් එක් පසේබුදුවරයෙකු වළඳවයි ද, ...(පෙ).... යමෙක් පසේබුදුවරු සිය දෙනෙකුන් වළඳවයි ද, යමෙක් තථාගත අරහත් සම්මා සම්බුදුරජුන් වළඳවයි ද, ...(පෙ).... යමෙක් බුදුරජුන් ප්‍රමුඛ භික්ෂු සංඝයා වළඳවයි ද, ...(පෙ).... යමෙක් සිව් දිශාවෙන් වඩින සංඝයා උදෙසා විහාරයක් කරවයි ද, ...(පෙ).... යමෙක් පැහැදුණු සිතින් යුතුව බුදුරජුන් ද, ධර්මය ද, සංඝයා ද, සරණ යයි ද, ...(පෙ).... යමෙක් පැහැදුණු සිතින් යුතුව සතුන් මැරීමෙන් වැළකීම ය, සොරකමෙන් වැළකීම ය, වැරදි කාම සේවනයෙන් වැළකීම ය, බොරු කීමෙන් වැළකීම ය, මත්පැන් - මත්ද්‍රව්‍ය භාවිතයෙන් වැළකීම ය යන සිල්පද සමාදන් වෙයි ද, ...(පෙ).... යමෙක් අඩුගණනේ සුවඳ ස්වල්පයක් සිඹිනා මොහොතක් මෛත්‍රී චිත්තය දියුණු කරයි ද, මෙය එයට වඩා මහත් වූ අධිකතර ඵලයක් ඇත්තේ ය.

ගෘහපතිය, වේලාම බ්‍රාහ්මණයා මහාදානය නම් වූ යම් දානයක් දුන්නේ ද, යමෙක් එක් සෝතාපන්න කෙනෙකුන් වළඳවයි ද, යමෙක් සෝතාපන්න සිය දෙනෙකුන් වළඳවයි ද, යමෙක් එක් සකදාගාමී කෙනෙකුන් වළඳවයි ද, යමෙක් සකදාගාමී සිය දෙනෙකුන් වළඳවයි ද, යමෙක් එක් අනාගාමී කෙනෙකුන් වළඳවයි ද, යමෙක් අනාගාමී සිය දෙනෙකුන් වළඳවයි ද, යමෙක් එක් රහත් නමක් වළඳවයි ද, යමෙක් රහතන් වහන්සේලා සිය දෙනෙකුන් වළඳවයි ද, යමෙක් එක් පසේබුදුවරයෙකු වළඳවයි ද, යමෙක් පසේබුදුවරු සිය දෙනෙකුන් වළඳවයි ද, යමෙක් තථාගත අරහත් සම්මා සම්බුදුරජුන් වළඳවයි ද, යමෙක් බුදුරජුන් ප්‍රමුඛ භික්ෂු සංඝයා වළඳවයි ද, යමෙක් සිව් දිශාවෙන් වඩින සංඝයා උදෙසා විහාරයක් කරවයි ද, යමෙක් පැහැදුණු සිතින් යුතුව බුදුරජුන්ද, ධර්මය ද, සංඝයා ද සරණ යයි ද, යමෙක් පැහැදුණු සිතින් යුතුව සතුන් මැරීමෙන් වැළකීම ය, සොරකමෙන් වැළකීම ය, වැරදි කාම සේවනයෙන් වැළකීම ය, බොරු කීමෙන් වැළකීම ය, මත්පැන් - මත්ද්‍රව්‍ය භාවිතයෙන් වැළකීම ය යන සිල්පද සමාදන් වෙයි ද, යමෙක් අඩුගණනේ සුවඳ ස්වල්පයක් සිඹිනා මොහොතක් මෛත්‍රී චිත්තය දියුණු කරයි ද, යමෙක් අසුරු සැණක් ගසන මොහොතක් අනිත්‍ය සංඥාව වඩයි නම් මෙය ඒ සියල්ලට වඩා මහත් වූ අධිකතර ඵලයක් ඇත්තේ ය.”

සාදු! සාදු!! සාදු!!!

වේලාම සූත්‍රය නිමා විය.

දෙවෙනි සීහනාද වර්ගය අවසන් විය.

- එහි පිළිවෙල උද්දානයයි :

සීහනාද සූත්‍රය, සෝපාදිසේස සූත්‍රය, කොට්ඨිත සූත්‍රය, සමිද්ධි සූත්‍රය, ගණ්ඩ සූත්‍රය, සංඥා සූත්‍රය, කුල සූත්‍රය, මෙත්තා සූත්‍රය, දේවතා සූත්‍රය සහ වේලාම සූත්‍රය වශයෙන් මෙහි සූත්‍ර දසයකි.

3. සත්තාවාස වර්ගය

9.1.3.1.
ඨාන සූත්‍රය
කරුණ ගැන වදාළ දෙසුම

සැවැත් නුවර දී ය .....

මහණෙනි, තුන් කරුණකින් උතුරු කුරු දිවයින්වාසී මිනිස්සු තව්තිසාවැසි දෙවියන් ද, දඹදිව්වැසි මිනිසුන් ද යටකොට ගෙන සිටිති. ඒ කවර කරුණු තුනකින් ද යත්;

1. කිසිවක් කෙරෙහි මගේ ය කියා දැඩි බැඳීමක් නැතිකම ත්, අයිතිවාසිකම් නැතිකම ත් ය.

2. නියත ආයුෂ ඇති බව ය.

3. විශේෂ දියුණුවීම් ඇති බව ය.

මහණෙනි, මේ තුන් කරුණෙන් උතුරු කුරු දිවයින්වාසී මිනිස්සු තව්තිසාවැසි දෙවියන් ද, දඹදිව්වැසි මිනිසුන් ද යටකොට ගෙන සිටිති.

මහණෙනි, තුන් කරුණකින් තව්තිසාවැසි දෙවියෝ උතුරු කුරු දිවයින්වාසී මිනිසුන් ද, දඹදිව්වැසි මිනිසුන් ද යටකොට ගෙන සිටිති. ඒ කවර කරුණු තුනකින් ද යත්;

1. දිව්‍ය වූ ආයුෂයෙන් ය.

2. දිව්‍ය වූ සිරුරු පැහැයෙන් ය.

3. දිව්‍ය වූ සැපයෙන් ය.

මහණෙනි, මේ තුන් කරුණෙන් තව්තිසාවැසි දෙවියෝ උතුරු කුරු දිවයින්වාසී මිනිසුන් ද, දඹදිව්වැසි මිනිසුන් ද යටකොට ගෙන සිටිති.

මහණෙනි, තුන් කරුණකින් දඹදිව්වැසි මිනිස්සු තව්තිසාවැසි දෙවියන් ද, උතුරු කුරු දිවයින්වාසී මිනිසුන් ද, යටකොට ගෙන සිටිති. ඒ කවර කරුණු තුනකින් ද යත්;

1. අතිදක්ෂ බැවින් ය.

2. සිහි ඇති බැවින් ය.

3. මෙහිදී ම බඹසරවාසය කිරීමෙන් ය.

මහණෙනි, මේ තුන් කරුණෙන් දඹදිව්වැසි මිනිස්සු තව්තිසාවැසි දෙවියන් ද, උතුරු කුරු දිවයින්වාසී මිනිසුන් ද, යටකොට ගෙන සිටිති.

සාදු! සාදු!! සාදු!!!

ඨාන සූත්‍රය නිමා විය.

9.1.3.2.

බලුංක සූත්‍රය

පහත් වර්ගයේ සත්වයා ගැන වදාළ දෙසුම

සැවැත් නුවර දී ය .....

මහණෙනි, පහත් වර්ගයේ අශ්වයන් තිදෙනෙක් ගැන ත්, පහත් වර්ගයේ පුරුෂයන් තිදෙනෙක් ගැන ත්, යහපත් වර්ගයේ අශ්වයන් තිදෙනෙක් ගැන ත්, යහපත් වර්ගයේ පුරුෂයන් තිදෙනෙක් ගැන ත්, සොඳුරු වූ ආජානීය වර්ගයේ අශ්වයන් තිදෙනෙක් ගැන ත්, සොඳුරු වූ ආජානීය වර්ගයේ පුරුෂයන් තිදෙනෙක් ගැන ත් ඔබට දේශනා කරන්නෙමි. එය අසව්. මැනැවින් මෙනෙහි කරව්. පවසන්නෙමි.

'එසේ ය ස්වාමීනී' යි ඒ භික්ෂූහු භාග්‍යවතුන් වහන්සේට පිළිවදන් දුන්හ. භාග්‍යවතුන් වහන්සේ මෙය වදාළ සේක.

මහණෙනි, පහත් වර්ගයේ අශ්වයන් තිදෙනා කවරහු ද?

මහණෙනි, මෙහිලා පහත් වර්ගයේ ඇතැම් අශ්වයෙක් ජව සම්පන්න වෙයි. නමුත් වර්ණ සම්පන්න නොවෙයි. ආරෝහ පරිනාහ සම්පන්න ද නොවෙයි.

මහණෙනි, මෙහිලා පහත් වර්ගයේ ඇතැම් අශ්වයෙක් ජව සම්පන්න ද වෙයි. වර්ණ සම්පන්න ද වෙයි. නමුත් ආරෝහ පරිනාහ සම්පන්න නොවෙයි.

මහණෙනි, මෙහිලා පහත් වර්ගයේ ඇතැම් අශ්වයෙක් ජව සම්පන්න ද වෙයි. වර්ණ සම්පන්න ද වෙයි. ආරෝහ පරිනාහ සම්පන්න ද වෙයි.

මහණෙනි, මේ වනාහී පහත් වර්ගයේ අශ්වයෝ තිදෙනා ය.

මහණෙනි, පහත් වර්ගයේ පුරුෂයන් තිදෙනා කවරහු ද?

මහණෙනි, මෙහිලා පහත් වර්ගයේ ඇතැම් පුරුෂයෙක් ජව සම්පන්න ද වෙයි. නමුත් වර්ණ සම්පන්න ද නොවෙයි. ආරෝහ පරිනාහ සම්පන්න ද නොවෙයි.

මහණෙනි, මෙහිලා පහත් වර්ගයේ ඇතැම් පුරුෂයෙක් ජව සම්පන්න ද වෙයි. වර්ණ සම්පන්න වෙයි. නමුත් ආරෝහ පරිනාහ සම්පන්න නොවෙයි.

මහණෙනි, මෙහිලා පහත් වර්ගයේ ඇතැම් පුරුෂයෙක් ජව සම්පන්න වෙයි. වර්ණ සම්පන්න ද වෙයි. ආරෝහ පරිනාහ සම්පන්න ද වෙයි.

මහණෙනි, කෙසේ නම් පහත් වර්ගයේ පුරුෂයෙක් ජව සම්පන්න වෙයි ද? නමුත් වර්ණ සම්පන්න නොවෙයි ද? ආරෝහ පරිනාහ සම්පන්න ද නොවෙයි ද?

මහණෙනි, මෙහිලා භික්ෂුව මේ දුක යැයි ඒ සැටියෙන් ම දනියි. මෙය දුකෙහි හටගැනීම යැයි ඒ සැටියෙන් ම දනියි. මෙය දුකෙහි නිරුද්ධ වීම යැයි ඒ සැටියෙන් ම දනියි. මෙය දුක් නිරුද්ධ වන මාර්ගය යැයි ඒ සැටියෙන් ම දනියි. මෙය ඔහුගේ ජවය යි කියමි. ගැඹුරු ධර්මයෙහිලා, ගැඹුරු විනයෙහිලා ඔහුගෙන් ප්‍රශ්න ඇසූ කල්හී එය වළක්වයි. විසඳීමට නොහැකි වෙයි. මෙය ඔහුගේ පැහැය නැති බව යැයි කියමි. චීවර, පිණ්ඩපාත, සේනාසන, ගිලන්පස බෙහෙත් පිරිකර නොලබනසුළු වෙයි. මෙය ඔහුගේ ආරෝහ පරිනාහය නැති බව යැයි කියමි. මහණෙනි, මෙසේ පහත් වර්ගයේ පුරුෂයා ජව සම්පන්න වෙයි. නමුත් වර්ණ සම්පන්න නොවෙයි. ආරෝහ පරිනාහ සම්පන්න ද නොවෙයි.

මහණෙනි, කෙසේ නම් පහත් වර්ගයේ පුරුෂයෙක් ජව සම්පන්න වෙයි ද? වර්ණ සම්පන්න වෙයි ද? නමුත් ආරෝහ පරිනාහ සම්පන්න නොවෙයි ද?

මහණෙනි, මෙහිලා භික්ෂුව මේ දුක යැයි ඒ සැටියෙන් ම දනියි. මෙය දුකෙහි හටගැනීම යැයි ඒ සැටියෙන් ම දනියි. මෙය දුකෙහි නිරුද්ධ වීම යැයි ඒ සැටියෙන් ම දනියි. මෙය දුක් නිරුද්ධ වන මාර්ගය යැයි ඒ සැටියෙන් ම දනියි. මෙය ඔහුගේ ජවය යි කියමි. ගැඹුරු ධර්මයෙහිලා, ගැඹුරු විනයෙහිලා ඔහුගෙන් ප්‍රශ්න ඇසූ කල්හී එය නොවළක්වයි. විසඳීමට හැකි වෙයි. මෙය ඔහුගේ පැහැය යැයි කියමි. චීවර, පිණ්ඩපාත, සේනාසන, ගිලන්පස බෙහෙත් පිරිකර නොලබනසුළු වෙයි. මෙය ඔහුගේ ආරෝහ පරිනාහය නැති බව යැයි කියමි. මහණෙනි, මෙසේ පහත් වර්ගයේ පුරුෂයා ජව සම්පන්න ද වෙයි. වර්ණ සම්පන්න ද වෙයි. නමුත් ආරෝහ පරිනාහ සම්පන්න නොවෙයි.

මහණෙනි, කෙසේ නම් පහත් වර්ගයේ පුරුෂයෙක් ජව සම්පන්න වෙයි ද? වර්ණ සම්පන්න වෙයි ද? ආරෝහ පරිනාහ සම්පන්න වෙයි ද?

මහණෙනි, මෙහිලා භික්ෂුව මේ දුක යැයි ඒ සැටියෙන් ම දනියි. මෙය දුකෙහි හටගැනීම යැයි ඒ සැටියෙන් ම දනියි. මෙය දුකෙහි නිරුද්ධ වීම යැයි ඒ සැටියෙන් ම දනියි. මෙය දුක් නිරුද්ධ වන මාර්ගය යැයි ඒ සැටියෙන් ම දනියි. මෙය ඔහුගේ ජවය යි කියමි. ගැඹුරු ධර්මයෙහිලා, ගැඹුරු විනයෙහිලා ඔහුගෙන් ප්‍රශ්න ඇසූ කල්හී නොවළක්වයි. විසඳීමට හැකි වෙයි. මෙය ඔහුගේ පැහැය යැයි කියමි. චීවර, පිණ්ඩපාත, සේනාසන, ගිලන්පස බෙහෙත් පිරිකර ලබනසුළු වෙයි. මෙය ඔහුගේ ආරෝහ පරිනාහය බව යැයි කියමි. මහණෙනි, මෙසේ පහත් වර්ගයේ පුරුෂයා ජව සම්පන්න වෙයි. වර්ණ සම්පන්න ද වෙයි. ආරෝහ පරිනාහ සම්පන්න ද නොවෙයි.

මහණෙනි, මේ වනාහී පහත් වර්ගයේ පුරුෂයෝ තිදෙනා ය.

මහණෙනි, යහපත් වර්ගයේ අශ්වයෝ තිදෙනා කවරහු ද? මහණෙනි, මෙහිලා ඇතැම් යහපත් වර්ගයේ අශ්වයෙක් ....(පෙ).... ජව සම්පන්න ද වෙයි. වර්ණ සම්පන්න ද වෙයි. ආරෝහ පරිනාහ සම්පන්න ද වෙයි. මහණෙනි, මේ වනාහී යහපත් වර්ගයේ අශ්වයෝ තිදෙනා ය.

මහණෙනි, යහපත් වර්ගයේ පුරුෂයෝ තිදෙනා කවරහු ද? මහණෙනි, මෙහිලා ඇතැම් යහපත් වර්ගයේ පුරුෂයෙක් ....(පෙ).... ජව සම්පන්න ද වෙයි. වර්ණ සම්පන්න ද වෙයි. ආරෝහ පරිනාහ සම්පන්න ද වෙයි.

මහණෙනි, කෙසේ නම් යහපත් වර්ගයේ පුරුෂයෙක් ....(පෙ).... ජව

සම්පන්න වෙයි ද? වර්ණ සම්පන්න වෙයි ද? ආරෝහ පරිනාහ සම්පන්න ත් වෙයි ද?

මහණෙනි, මෙහිලා භික්ෂුව පංච ඕරම්භාගීය සංයෝජන ගෙවා දැමීමෙන් සුද්ධාවාස බඹලොව ඕපපාතික ව උපදින්නේ ඒ ලොවෙන් යළි කාම ලොවට නොවැටෙන ස්වභාවයෙන් යුක්ත වූයේ, එහි ම පිරිනිවන් පාන්නේ වෙයි. මෙය ඔහුගේ ජවය යි කියමි. ගැඹුරු ධර්මයෙහිලා, ගැඹුරු විනයෙහිලා ඔහුගෙන් ප්‍රශ්න ඇසූ කල්හී නොවළවක්වයි. විසඳීමට හැකි වෙයි. මෙය ඔහුගේ පැහැය යැයි කියමි. චීවර, පිණ්ඩපාත, සේනාසන, ගිලන්පස බෙහෙත් පිරිකර ලබනසුළු වෙයි. මෙය ඔහුගේ ආරෝහ පරිනාහය බව යැයි කියමි. මහණෙනි, මෙසේ යහපත් වර්ගයේ පුරුෂයා ජව සම්පන්න ද වෙයි. වර්ණ සම්පන්න ද වෙයි. ආරෝහ පරිනාහ සම්පන්න ද වෙයි.

මහණෙනි, මේ වනාහී යහපත් වර්ගයේ පුරුෂයෝ තිදෙනා ය.

මහණෙනි, සොඳුරු වූ ආජානේය අශ්වයෝ තිදෙනා කවරහු ද? මහණෙනි, මෙහිලා ඇතැම් සොඳුරු වූ ආජානේය අශ්වයෙක් ....(පෙ).... ජව සම්පන්න ද වෙයි. වර්ණ සම්පන්න ද වෙයි. ආරෝහ පරිනාහ සම්පන්න ද වෙයි. මහණෙනි, මේ වනාහී සොඳුරු වූ ආජානේය අශ්වයෝ තිදෙනා ය.

මහණෙනි, සොඳුරු වූ ආජානේය පුරුෂයෝ තිදෙනා කවරහු ද? මහණෙනි, මෙහිලා ඇතැම් සොඳුරු වූ ආජානේය පුරුෂයෙක් ....(පෙ).... ජව සම්පන්න ද වෙයි. වර්ණ සම්පන්න ද වෙයි. ආරෝහ පරිනාහ සම්පන්න ද වෙයි.

මහණෙනි, කෙසේ නම් සොඳුරු වූ ආජානේය වර්ගයේ ඇතැම් පුරුෂයෙක් ....(පෙ).... ජව සම්පන්න වෙයි ද? වර්ණ සම්පන්න වෙයි ද? ආරෝහ පරිනාහ සම්පන්න වෙයි ද?

මහණෙනි, මෙහිලා භික්ෂුව ආශ්‍රවයන් ක්ෂය වීමෙන් අනාශ්‍රව වූ චිත්ත විමුක්තිය ත්, ප්‍රඥා විමුක්තිය ත් මේ ජීවිතයේදී ම ස්වකීය විශිෂ්ට නුවණින් සාක්ෂාත් කොට එයට පැමිණ වාසය කරන්නේ වෙයි. මෙය ඔහුගේ ජවය යි කියමි. ගැඹුරු ධර්මයෙහිලා, ගැඹුරු විනයෙහිලා ඔහුගෙන් ප්‍රශ්න ඇසූ කල්හී නොවළක්වයි. විසඳීමට හැකි වෙයි. මෙය ඔහුගේ පැහැය යැයි කියමි. චීවර, පිණ්ඩපාත, සේනාසන, ගිලන්පස බෙහෙත් පිරිකර ලබනසුළු වෙයි. මෙය ඔහුගේ ආරෝහ පරිනාහය බව යැයි කියමි. මහණෙනි, මෙසේ සොඳුරු වූ ආජානේය පුරුෂයා ජව සම්පන්න වෙයි. වර්ණ සම්පන්න ද වෙයි. ආරෝහ

පරිනාහ සම්පන්න වෙයි. මහණෙනි, මේ වනාහී සොඳුරු වූ ආජානේය පුරුෂයෝ තිදෙනා ය.

සාදු! සාදු!! සාදු!!!

බලුංක සූත්‍රය නිමා විය.

9.1.3.3.
තණ්හාමූලක සූත්‍රය
තණ්හාව මුල් කොට ඇති දේ ගැන වදාළ දෙසුම

සැවැත් නුවර දී ය .....

මහණෙනි, තණ්හාව මුල් කොට ඇති කරුණු නවයක් දේශනා කරන්නෙමි. එය අසව්. මැනැවින් මෙනෙහි කරව්. පවසන්නෙමි. 'එසේ ය, ස්වාමීනී' යි ඒ භික්ෂූහු භාග්‍යවතුන් වහන්සේට පිළිවදන් දුන්හ. භාග්‍යවතුන් වහන්සේ මෙය වදාළ සේක.

මහණෙනි, තණ්හාව මුල් කොට ඇති නවයක් වූ කරුණු මොනවා ද? තණ්හාව හේතු කොට ගෙන සොයන්නේ ය. සෙවීම හේතු කොට ගෙන ලැබෙන්නේ ය. ලැබීම හේතු කොට ගෙන විනිශ්චය කරන්නේ ය. විනිශ්චය හේතු කොට ගෙන ඡන්දරාගය හටගන්නේ ය. ඡන්දරාගය හේතු කොට ගෙන එහි සිත ආශාවෙන් බැස ගන්නේ ය. එහි සිත ආශාවෙන් බැස ගැනීම හේතු කොට ගෙන අයිතිවාසිකම් කියන්නේ ය. අයිතිවාසිකම් කීම හේතු කොට ගෙන මසුරුකම හටගන්නේ ය. මසුරුකම හේතුකොට ගෙන එය රකින්නේ ය. ආරක්ෂාව පිළිබඳව අර්බුදයේදී දඬු මුගුරු ගැනීම්, අවි ආයුධ ගැනීම්, කලකෝලාහල කරගැනීම්, යුද්ධ කිරීම්, 'තෝ තමයි, තෝ තමයි' කියමින් බැන ගැනීම්, කේලාම් කීම්, බොරු කීම් ආදී අනේක වූ පාපී අකුසල් දහම් හටගනියි. මහණෙනි, මේ වනාහී තණ්හාව මුල් කොට ඇති කරුණු නවය යි.

සාදු! සාදු!! සාදු!!!

තණ්හාමූලක සූත්‍රය නිමා විය.

9.1.3.4.
සත්තාවාස සූත්‍රය
සත්වයන්ගේ වාසස්ථාන ගැන වදාළ දෙසුම

සැවැත් නුවර දී ය .....

මහණෙනි, මේ සත්වයන්ගේ වාසස්ථාන නවයකි. ඒ කවර නවයක් ද යත්;

1. මහණෙනි, කයින් ද නා නා ස්වභාව ඇති, සංඥාවෙන් ද නා නා ස්වභාව ඇති සත්වයෝ සිටිති. යම් සේ මිනිස්සු ද, ඇතැම් දෙවියෝ ද, ඇතැම් විනිපාතිකයෝ ද වෙත් නම් එබඳු ය. මෙය සත්වයන්ගේ පළමු වාසස්ථානය යි.

2. මහණෙනි, කයින් නා නා ස්වභාව ඇති, සංඥාවෙන් එක ම ස්වභාවයක් ඇති සත්වයෝ සිටිති. යම් සේ පළමු ධ්‍යානයෙන් උපන් බ්‍රහ්මකායික දෙවියෝ වෙත් නම් එබඳු ය. මෙය සත්වයන්ගේ දෙවෙනි වාසස්ථානය යි.

3. මහණෙනි, කයින් එක ම ස්වභාව ඇති, සංඥාවෙන් නා නා ස්වභාව ඇති සත්වයෝ සිටිති. යම් සේ ආභස්සර දෙවියෝ වෙත් නම් එබඳු ය. මෙය සත්වයන්ගේ තෙවෙනි වාසස්ථානය යි.

4. මහණෙනි, කයින් ද එක ම ස්වභාව ඇති, සංඥාවෙන් ද එක ම ස්වභාව ඇති සත්වයෝ සිටිති. යම් සේ සුභකිණ්හ දෙවියෝ වෙත් නම් එබඳු ය. මෙය සත්වයන්ගේ සිව්වෙනි වාසස්ථානය යි.

5. මහණෙනි, සංඥාවෙන් තොර වූ සංවේදී බවින් තොර වූ සත්වයෝ සිටිති. යම් සේ අසඤ්ඤසත්ත දෙවියෝ වෙත් නම් එබඳු ය. මෙය සත්වයන්ගේ පස්වෙනි වාසස්ථානය යි.

6. මහණෙනි, සියළු අයුරින් රූප සංඥාවන් ඉක්මවීමෙන්, ගොරෝසු සංඥාවන් නැති වීමෙන් සංඥාවන්ගේ නා නා ස්වභාවය මෙනෙහි නොකිරීමෙන් 'අනන්ත ආකාසය' යැයි ආකාසානඤ්චායතනයට පැමිණි සත්වයෝ සිටිති. මෙය සත්වයන්ගේ සය වෙනි වාසස්ථානය යි.

7. මහණෙනි, සියළු අයුරින් ආකාසානඤ්චායතනය ඉක්මවීමෙන්,

'විඤ්ඤාණය අනන්ත' යැයි විඤ්ඤාණඤ්චායතනයට පැමිණි සත්වයෝ සිටිති. මෙය සත්වයන්ගේ සත්වෙනි වාසස්ථානය යි.

8. මහණෙනි, සියළු අයුරින් විඤ්ඤාණඤ්චායතනය ඉක්ම ගොස් 'කිසිවක් නැතැ' යි ආකිඤ්චඤ්ඤායතනයට පැමිණි සත්වයෝ සිටිති. මෙය සත්වයන්ගේ අටවෙනි වාසස්ථානය යි.

9. මහණෙනි, සියළු අයුරින් ආකිඤ්චඤ්ඤායතනය ඉක්මවීමෙන් නේවසඤ්ඤා නාසඤ්ඤායතනයට පැමිණි සත්වයෝ සිටිති. මෙය සත්වයන්ගේ නව වෙනි වාසස්ථානය යි.

මහණෙනි, මේ වනාහී නවයක් වූ සත්වයන්ගේ වාසස්ථානයෝ ය.

සාදු! සාදු!! සාදු!!!

සත්තාවාස සූත්‍රය නිමා විය.

9.1.3.5.
පඤ්ඤා පරිචිත සූත්‍රය
පුරුදු කරන ලද ප්‍රඥාව ගැන වදාළ දෙසුම

සැවැත් නුවර දී ය .....

මහණෙනි, යම් කලක භික්ෂුවගේ සිත මැනැවින් පුරුදු කරන ලද ප්‍රඥාවෙන් යුක්ත වෙයි ද, එකල්හී මහණෙනි, ඒ භික්ෂුව මේ වචනය පවසන්නට සුදුසු ය. එනම්, 'ඉපදීම ක්ෂය වූයේ ය. බඹසර වැස නිමවන ලදී. කළ යුත්ත කරන ලදී. නිවන පිණිස කළ යුතු වෙනත් දෙයක් නැතැ' යි දන්නෙමි යි කියා ය.

මහණෙනි, කෙසේ නම් භික්ෂුවගේ සිත මැනැවින් පුරුදු කරන ලද ප්‍රඥාවෙන් යුක්ත වෙයි ද?

මාගේ සිත දුරු වූ රාගය ඇත්තේ යැයි මැනැවින් පුරුදු කරන ලද ප්‍රඥාවෙන් යුක්ත සිතක් ඇත්තේ වෙයි. මාගේ සිත දුරු වූ ද්වේෂය ඇත්තේ යැයි මැනැවින් පුරුදු කරන ලද ප්‍රඥාවෙන් යුක්ත සිතක් ඇත්තේ වෙයි. මාගේ සිත දුරු වූ මෝහය ඇත්තේ යැයි මැනැවින් පුරුදු කරන ලද ප්‍රඥාවෙන් යුක්ත

සිතක් ඇත්තේ වෙයි. මාගේ සිත රාගී ස්වභාවයෙන් තොර යැයි මැනැවින් පුරුදු කරන ලද ප්‍රඥාවෙන් යුක්ත සිතක් ඇත්තේ වෙයි. මාගේ සිත කිපෙන ස්වභාවයෙන් තොර යැයි මැනැවින් පුරුදු කරන ලද ප්‍රඥාවෙන් යුක්ත සිතක් ඇත්තේ වෙයි. මාගේ සිත මුලා වන ස්වභාවයෙන් තොර යැයි මැනැවින් පුරුදු කරන ලද ප්‍රඥාවෙන් යුක්ත සිතක් ඇත්තේ වෙයි. මාගේ සිත කාම භවයට නොපෙරලෙන ස්වභාවයෙන් යුතු යැයි මැනැවින් පුරුදු කරන ලද ප්‍රඥාවෙන් යුක්ත සිතක් ඇත්තේ වෙයි. මාගේ සිත රූප භවයට නොපෙරලෙන ස්වභාවයෙන් යුතු යැයි මැනැවින් පුරුදු කරන ලද ප්‍රඥාවෙන් යුක්ත සිතක් ඇත්තේ වෙයි. මාගේ සිත අරූප භවයට නොපෙරලෙන ස්වභාවයෙන් යුතු යැයි මැනැවින් පුරුදු කරන ලද ප්‍රඥාවෙන් යුක්ත සිතක් ඇත්තේ වෙයි.

මහණෙනි, යම් කලක භික්ෂුව හට මැනැවින් පුරුදු කරන ලද ප්‍රඥාවෙන් යුක්ත සිතක් ඇත්තේ වෙයි ද, එකල්හී මහණෙනි, ඒ භික්ෂුව මේ වචනය පවසන්නට සුදුසු ය. එනම්, 'ඉපදීම ක්ෂය වූයේ ය. බඹසර වැස නිමවන ලදී. කළ යුත්ත කරන ලදී. නිවන පිණිස කළ යුතු වෙනත් දෙයක් නැතැ' යි දන්නෙමි යි කියා ය.

සාදු! සාදු!! සාදු!!!

පඤ්ඤා පරිචිත සූත්‍රය නිමා විය.

9.1.3.6.
සිලායූපෝපම සූත්‍රය
ගල් කණුව උපමා කොට වදාළ දෙසුම

මා විසින් මෙසේ අසන ලදී. එක් සමයක ආයුෂ්මත් සාරිපුත්තයන් වහන්සේ ද, ආයුෂ්මත් චන්දිකාපුත්ත තෙරණුවෝ ද රජගහ නුවර කලන්දක නිවාප නම් වූ වේළුවනයෙහි වැඩවෙසෙති. එහිදී ආයුෂ්මත් චන්දිකාපුත්ත තෙරණුවෝ 'ආයුෂ්මත් මහණෙනි' යි භික්ෂූන් ඇමතූහ. 'ආයුෂ්මතුන් වහන්සැ' යි ඒ භික්ෂූහු ආයුෂ්මත් චන්දිකාපුත්ත තෙරුන්ට පිළිතුරු දුන්හ. ආයුෂ්මත් චන්දිකාපුත්ත තෙරණුවෝ මෙය පැවසූහ.

"ආයුෂ්මත්නි, දෙව්දත් තෙමේ භික්ෂූන්ට මෙසේ දහම් දෙසයි. එනම් 'යම් කලක ආයුෂ්මත්නි, භික්ෂුවගේ සිතෙන් සිත පුරුදු කරන ලද්දේ වෙයි

ද, එකල්හී ඒ භික්ෂුව මේ වචනය පවසන්නට සුදුසු ය. එනම්, 'ඉපදීම ක්ෂය වූයේ ය. බඹසර වැස නිමවන ලදී. කළ යුත්ත කරන ලදී. නිවන පිණිස කළ යුතු වෙනත් දෙයක් නැතැ' යි දන්නෙමි යි කියා ය."

එකල්හී ආයුෂ්මත් සාරිපුත්තයන් වහන්සේ ආයුෂ්මත් චන්දිකාපුත්ත තෙරුන්ට මෙය වදාළහ.

"ආයුෂ්මත් චන්දිකාපුත්තයෙනි, දෙව්දත් තෙමේ භික්ෂූන්ට මෙසේ දහම් නොදෙසයි. එනම් 'යම් කලක ආයුෂ්මත්නි, භික්ෂුවගේ සිතෙන් සිත පුරුදු කරන ලද්දේ වෙයි ද, එකල්හී ඒ භික්ෂුව මේ වචනය පවසන්නට සුදුසු ය. එනම්, 'ඉපදීම ක්ෂය වූයේ ය. බඹසර වැස නිමවන ලදී. කළ යුත්ත කරන ලදී. නිවන පිණිස කළ යුතු වෙනත් දෙයක් නැතැ' යි දන්නෙමි යි කියා ය."

ආයුෂ්මත් චන්දිකාපුත්තයෙනි, දෙව්දත් තෙමේ භික්ෂූන්ට මෙසේ දහම් දෙසයි. එනම් 'යම් කලක ආයුෂ්මත්නි, භික්ෂුවගේ සිතෙන් සිත මැනැවින් පුරුදු කරන ලද්දේ වෙයි ද, එකල්හී ඒ භික්ෂුව මේ වචනය පවසන්නට සුදුසු ය. එනම්, 'ඉපදීම ක්ෂය වූයේ ය. බඹසර වැස නිමවන ලදී. කළ යුත්ත කරන ලදී. නිවන පිණිස කළ යුතු වෙනත් දෙයක් නැතැ' යි දන්නෙමි යි කියා ය."

දෙවෙනි වතාවට ත් ....(පෙ).... තුන්වෙනි වතාවට ත් ආයුෂ්මත් චන්දිකාපුත්ත තෙරණුවෝ භික්ෂූන් ඇමතූහ.

"ආයුෂ්මත්නි, දෙව්දත් තෙමේ භික්ෂූන්ට මෙසේ දහම් දෙසයි. එනම් 'යම් කලක ආයුෂ්මත්නි, භික්ෂුවගේ සිතෙන් සිත පුරුදු කරන ලද්දේ වෙයි ද, එකල්හී ඒ භික්ෂුව මේ වචනය පවසන්නට සුදුසු ය. එනම්, 'ඉපදීම ක්ෂය වූයේ ය. බඹසර වැස නිමවන ලදී. කළ යුත්ත කරන ලදී. නිවන පිණිස කළ යුතු වෙනත් දෙයක් නැතැ' යි දන්නෙමි යි කියා ය."

තුන්වෙනි වතාවට ත් ආයුෂ්මත් සාරිපුත්තයන් වහන්සේ ආයුෂ්මත් චන්දිකාපුත්ත තෙරුන්ට මෙය වදාළහ.

"ආයුෂ්මත් චන්දිකාපුත්තයෙනි, දෙව්දත් තෙමේ භික්ෂූන්ට මෙසේ දහම් නොදෙසයි. එනම් 'යම් කලක ආයුෂ්මත්නි, භික්ෂුවගේ සිතෙන් සිත පුරුදු කරන ලද්දේ වෙයි ද, එකල්හී ඒ භික්ෂුව මේ වචනය පවසන්නට සුදුසු ය. එනම්, 'ඉපදීම ක්ෂය වූයේ ය. බඹසර වැස නිමවන ලදී. කළ යුත්ත කරන ලදී. නිවන පිණිස කළ යුතු වෙනත් දෙයක් නැතැ' යි දන්නෙමි යි කියා ය."

ආයුෂ්මත් චන්දිකාපුත්තයෙනි, දෙව්දත් තෙමේ භික්ෂූන්ට මෙසේ දහම්

දෙසයි. එනම් 'යම් කලක ආයුෂ්මත්නි, භික්ෂුවගේ සිතෙන් සිත මැනැවින් පුරුදු කරන ලද්දේ වෙයි ද, එකල්හී ඒ භික්ෂුව මේ වචනය පවසන්නට සුදුසු ය. එනම්, 'ඉපදීම ක්ෂය වූයේ ය. බඹසර වැස නිමවන ලදී. කළ යුත්ත කරන ලදී. නිවන පිණිස කළ යුතු වෙනත් දෙයක් නැතැ' යි දන්නෙමි යි කියා ය.

ආයුෂ්මත්නි, කෙසේ නම් භික්ෂුවගේ සිතෙන් සිත මැනැවින් පුරුදු කරන ලද්දේ වෙයි ද?

මාගේ සිත දුරු වූ රාගය ඇත්තේ යැයි මැනැවින් පුරුදු කරන ලද සිතක් ඇත්තේ වෙයි. මාගේ සිත දුරු වූ ද්වේෂය ඇත්තේ යැයි මැනැවින් පුරුදු කරන ලද සිතක් ඇත්තේ වෙයි. මාගේ සිත දුරු වූ මෝහය ඇත්තේ යැයි මැනැවින් පුරුදු කරන ලද සිතක් ඇත්තේ වෙයි. මාගේ සිත රාගී ස්වභාවයෙන් තොර යැයි මැනැවින් පුරුදු කරන ලද සිතක් ඇත්තේ වෙයි. මාගේ සිත කිපෙන ස්වභාවයෙන් තොර යැයි මැනැවින් පුරුදු කරන ලද සිතක් ඇත්තේ වෙයි. මාගේ සිත මුලා වන ස්වභාවයෙන් තොර යැයි මැනැවින් සිතෙන් පුරුදු කරන ලද සිතක් ඇත්තේ වෙයි. මාගේ සිත කාම භවයට නොපෙරළෙන ස්වභාවයෙන් යුතු යැයි මැනැවින් පුරුදු කරන ලද සිතක් ඇත්තේ වෙයි. මාගේ සිත රූප භවයට නොපෙරළෙන ස්වභාවයෙන් යුතු යැයි මැනැවින් පුරුදු කරන ලද සිතක් ඇත්තේ වෙයි. මාගේ සිත අරූප භවයට නොපෙරළෙන ස්වභාවයෙන් යුතු යැයි මැනැවින් පුරුදු කරන ලද සිතක් ඇත්තේ වෙයි.

ආයුෂ්මත්නි, මෙසේ මැනැවින් නිදහස් වූ සිත් ඇති භික්ෂුවට බොහෝ සෙයින් නමුත් ඇසින් දත යුතු රූපයෝ ඇස් හමුවට පැමිණෙත් නම්, ඒ රූපයෝ ඒ භික්ෂුවගේ සිත යට කොට නොයත්. ඔහුගේ සිත ඒ රූප හා මිශ්‍ර නොවුණේ වෙයි. ස්ථිර ව පිහිටා සිටියේ, අකම්පිත ව සිටියේ වෙයි. ඒ සියල්ලෙහි අනිත්‍යය ද දකියි. බොහෝ සෙයින් නමුත් කනින් ඇසිය යුතු ශබ්දයෝ කන ඉදිරියට පැමිණෙත් නම්, ...(පෙ).... බොහෝ සෙයින් නමුත් නාසයෙන් දත යුතු ගන්ධයෝ නාසය ඉදිරියට පැමිණෙත් නම්, ...(පෙ).... බොහෝ සෙයින් නමුත් දිවෙන් දත යුතු රසයෝ දිව ඉදිරියට පැමිණෙත් නම්, ...(පෙ).... බොහෝ සෙයින් නමුත් කයින් දත යුතු ස්පර්ශයෝ කය ඉදිරියට පැමිණෙත් නම්, ...(පෙ).... බොහෝ සෙයින් නමුත් මනසින් දත යුතු ආරම්මණයෝ මනස හමුවට පැමිණෙත් නම්, ඒ ආරම්මණයෝ ඒ භික්ෂුවගේ සිත යට කොට නොයත්. ඔහුගේ සිත ඒ ආරම්මණ හා මිශ්‍ර නොවුණේ වෙයි. ස්ථිර ව පිහිටා සිටියේ, අකම්පිත ව සිටියේ වෙයි. ඒ සියල්ලෙහි අනිත්‍යය ද දකියි.

ආයුෂ්මත්නි, එය මෙබඳු දෙයකි. සොළොස් රියනක ගල් ටැඹක් තිබෙයි. ඒ ටැඹෙහි අට රියනක් පොළොවට යට කරන ලද්දේ වෙයි. අට රියනක් පොළොවෙන් උඩට මතු වූයේ වෙයි. එකල්හී පෙරදිග දිශාවෙනුත් බලවත් සේ හමන්නා වූ වැසි සුළඟ ඒ ගල් ටැඹ කම්පා නොකරයි. විශේෂයෙන් කම්පා නොකරයි. නොවෙව්ළුවයි. එමෙන් ම බටහිර දිශාවෙනුත් බලවත් සේ හමන්නා වූ වැසි සුළඟ ....(පෙ).... එමෙන් ම උතුරු දිශාවෙනුත් බලවත් සේ හමන්නා වූ වැසි සුළඟ ....(පෙ).... එමෙන් ම දකුණු දිශාවෙනුත් බලවත් සේ හමන්නා වූ වැසි සුළඟ ඒ ගල් ටැඹ කම්පා නොකරයි. විශේෂයෙන් කම්පා නොකරයි. නොවෙව්ළුවයි. එයට හේතුව කුමක් ද? ආයුෂ්මත්නි, වළ ගැඹුරට සාරා ඇති බැවිනි. ගල් ටැඹ මැනැවින් සිටුවා ඇති බැවිනි.

එසෙයින් ම ආයුෂ්මත්නි, මෙසේ මැනැවින් නිදහස් වූ සිත් ඇති භික්ෂුවට බොහෝ සෙයින් නමුත් ඇසින් දත යුතු රූපයෝ ඇස් හමුවට පැමිණෙත් නම්, ඒ රූපයෝ ඒ භික්ෂුවගේ සිත යට කොට නොයත්. ඔහුගේ සිත ඒ රූප හා මිශ්‍ර නොවුණේ වෙයි. ස්ථිර ව පිහිටා සිටියේ, අකම්පිත ව සිටියේ වෙයි. ඒ සියල්ලෙහි අනිත්‍ය දකියි. බොහෝ සෙයින් නමුත් කනින් දත යුතු ශබ්දයෝ කන ඉදිරියට පැමිණෙත් නම්, ...(පෙ).... බොහෝ සෙයින් නමුත් නාසයෙන් දත යුතු ගන්ධයෝ නාසය ඉදිරියට පැමිණෙත් නම්, ...(පෙ).... බොහෝ සෙයින් නමුත් දිවෙන් දත යුතු රසයෝ දිව ඉදිරියට පැමිණෙත් නම්, ...(පෙ).... බොහෝ සෙයින් නමුත් කයින් දත යුතු ස්පර්ශයෝ කය ඉදිරියට පැමිණෙත් නම්, ...(පෙ).... බොහෝ සෙයින් නමුත් මනසින් දත යුතු ආරම්මණයෝ මනස හමුවට පැමිණෙත් නම්, ඒ ආරම්මණයෝ ඒ භික්ෂුවගේ සිත යට කොට නොයත්. ඔහුගේ සිත ඒ ආරම්මණ හා මිශ්‍ර නොවුණේ වෙයි. ස්ථිර ව පිහිටා සිටියේ, අකම්පිත ව සිටියේ වෙයි. ඒ සියල්ලෙහි අනිත්‍ය දකියි.

සාදු! සාදු!! සාදු!!!

සිලායූපෝපම සූත්‍රය නිමා විය.

9.1.3.7.
පඨම වේරභය සූත්‍රය
වෛර භය ගැන වදාළ පළමු දෙසුම

සැවැත් නුවර දී ය ....

එකල්හී අනාථපිණ්ඩික ගෘහපති තෙමේ භාග්‍යවතුන් වහන්සේ යම් තැනක වැඩසිටි සේක් ද, එතැනට පැමිණියේ ය. පැමිණ භාග්‍යවතුන් වහන්සේට සකසා වන්දනා කොට එකත්පස් ව හිඳ ගත්තේ ය. එකත්පස් ව හුන් අනාථපිණ්ඩික ගෘහපති හට භාග්‍යවතුන් වහන්සේ මෙය වදාළ සේක.

"ගෘහපතිය, ආර්ය ශ්‍රාවකයා හට යම් විටෙක භය වෛර ඇතිවෙන කරුණු පහ සංසිඳී ඇද්ද, සෝතාපත්ති අංග සතරින් යුක්ත වෙයි ද, ඔහු කැමති නම්, තමා ම තමා ගැන මෙසේ පැවසිය හැකිය. 'මම නිරයෙන් මිදුණු කෙනෙක්මි. තිරිසන් අපායෙන් මිදුණු කෙනෙක්මි. ප්‍රේත විෂයෙන් මිදුණු කෙනෙක්මි. අපාය දුර්ගතියට නොවැටෙන ස්වභාවයෙන් කෙනෙක්මි. නියත වශයෙන් නිවන පිහිට කොට ඇති සෝවාන් වූ කෙනෙක්මි' යි.

සංසිඳුණා වූ ඒ භය වෛර ඇතිවන කරුණු පහ මොනවාද?

1. ගෘහපතිය, යමෙක් ප්‍රාණඝාතය කරන්නේ, ප්‍රාණඝාතය හේතුවෙන් මෙලොව දී ද යම් භයක් හා වෛරයක් උපදවා ගනියි ද, පරලොව දී ද යම් භයක් හා වෛරයක් උපදවා ගනියි ද, සිතින් ද දුක් දොම්නස් විඳියි ද, ප්‍රාණඝාතයෙන් වැළකී සිටින තැනැත්තා ඒ මෙලොව දී ලබන භය හා වෛර නොලබයි. පරලොව දී ලබන භය හා වෛර ත් නොලබයි. මානසික දුක් දොම්නසුත් නොවිඳියි. මේ අයුරින් ප්‍රාණඝාතයෙන් වැළකී සිටින්නහුගේ භය හා වෛර සංසිඳුණේ වෙයි.

2.-5. ගෘහපතිය, නුදුන් දේ සොරකම් කරනා තැනැත්තා ....(පෙ).... කාමයන්හි අනාචාරී ව හැසිරෙන්නා ....(පෙ).... අසත්‍ය දේ පවසන්නා ....(පෙ).... ගෘහපතිය, යමෙක් මත් වීමට ත්, ප්‍රමාදයට ත් හේතුවෙන සුරාමේරය පානය කරන්නේ, මත් වීමට ත්, ප්‍රමාදයට ත් හේතුවෙන සුරාමේරය හේතුවෙන් මෙලොව දී ද යම් භයක් හා වෛරයක් උපදවා ගනියි ද, පරලොව දී ද යම් භයක් හා වෛරයක් උපදවා ගනියි ද, සිතින් ද දුක් දොම්නස් විඳියි ද, මත් වීමට ත්, ප්‍රමාදයට ත් හේතුවෙන සුරාමේරයෙන් වැළකී සිටින තැනැත්තා ඒ මෙලොව දී ලබන භය

හා වෛර නොලබයි. පරලොව දී ලබන භය හා වෛර ත් නොලබයි. මානසික දුක් දොම්නසුත් නොවිඳියි. මේ අයුරින් මත් වීමට ත්, ප්‍රමාදයට ත් හේතුවෙන සුරාමේරයෙන් වැළකී සිටින්නහුගේ භය හා වෛර සංසිඳුණේ වෙයි. මෙම භය වෛර ඇතිවන පස් කරුණ සංසිඳුණේ වෙයි.

කවර වූ සෝතාපත්ති අංග සතරකින් සමන්විත වෙයිද?

6. ගෘහපතිය, මෙහිලා ආර්ය ශ්‍රාවකයා බුදුරජුන් කෙරෙහි නොසෙල්වෙන ප්‍රසාදයෙන් යුක්ත වෙයි. එනම් 'මේ මේ කරුණින් ඒ භාග්‍යවතුන් වහන්සේ අරහං වන සේක, සම්මා සම්බුද්ධ වන සේක, විජ්ජාචරණ සම්පන්න වන සේක. සුගත වන සේක. ලෝකවිදූ වන සේක, අනුත්තරෝ පුරිසදම්ම සාරථී වන සේක, සත්ථා දේවමනුස්සානං වන සේක, බුද්ධ වන සේක, භගවා වන සේක'යි.

7. ධර්මය පිළිබඳ ව නොසෙල්වෙන ප්‍රසාදයෙන් යුක්ත වෙයි. එනම් 'භාග්‍යවතුන් වහන්සේ විසින් වදාරණ ලද ධර්මය ස්වාක්ඛාත වන සේක. සන්දිට්ඨික වන සේක. අකාලික වන සේක. ඒහිපස්සික වන සේක. ඕපනයික වන සේක. පච්චත්තං වේදිතබ්බෝ විඤ්ඤූහී වන සේක' යි.

8. ශ්‍රාවක සංඝයා පිළිබඳ ව ද නොසෙල්වෙන ප්‍රසාදයෙන් යුක්ත වෙයි. එනම් 'භාග්‍යවතුන් වහන්සේගේ ශ්‍රාවක සංඝරත්නය සුපටිපන්න වන සේක. භාග්‍යවතුන් වහන්සේගේ ශ්‍රාවක සංඝරත්නය උජුපටිපන්න වන සේක. භාග්‍යවතුන් වහන්සේගේ ශ්‍රාවක සංඝරත්නය ඤායපටිපන්න වන සේක. භාග්‍යවතුන් වහන්සේගේ ශ්‍රාවක සංඝරත්නය සාමීචිපටිපන්න වන සේක. පුරුෂ යුගල සතරකින් යුතු වන සේක. පුරුෂ පුද්ගල අට දෙනෙකුගෙන් යුතු වන සේක. ආහුණෙය්‍ය වන සේක. පාහුණෙය්‍ය වන සේක. දක්ඛිණෙය්‍ය වන සේක. අංජලිකරණීය වන සේක. ලොවෙහි අනුත්තර පින්කෙත වන සේක'යි.

9. ආර්යකාන්ත සීලයෙන් ද යුක්ත වෙයි. එනම්, නොබිඳුණු, සිදුරු රහිත වූ, පැල්ලම් නැති, කැලැල් නැති, ණය නැති, නුවණැත්තන් විසින් පසසනු ලබන, මිසදිටු මත ස්පර්ශ නොකළ, සමාධිය පිණිස හිත වූ සීලයකින් යුක්ත වෙයි. මෙම සෝතාපත්ති අංග සතරෙන් සමන්විත වූයේ වෙයි.

ගෘහපතිය, ආර්ය ශ්‍රාවකයා හට යම් විටෙක මෙම භය වෛර ඇතිවෙන කරුණු පහ සංසිඳී ඇද්ද, මෙම සෝතාපත්ති අංග සතරින් යුක්ත වෙයි ද, ඔහු කැමති නම්, තමා ම තමා ගැන මෙසේ පැවසිය හැකිය. 'මම නිරයෙන් මිදුණු කෙනෙක්මි. තිරිසන් අපායෙන් මිදුණු කෙනෙක්මි. ප්‍රේත විෂයෙන් මිදුණු

කෙනෙක්මි. අපාය දුර්ගතියට නොවැටෙන ස්වභාවයෙන් යුතු කෙනෙක්මි. නියත වශයෙන් නිවන පිහිට කොට ඇති සෝවාන් වූ කෙනෙක්මි' යි.

සාදු! සාදු!! සාදු!!!

පඨම වේර භය සූත්‍රය නිමා විය.

9.1.3.8.
දුතිය වේරභය සූත්‍රය
වෛර භය ගැන වදාළ දෙවෙනි දෙසුම

සැවැත් නුවර දී ය ....

මහණෙනි, ආර්ය ශ්‍රාවකයා හට යම් විටෙක භය වෛර ඇතිවෙන කරුණු පහ සංසිඳී ඇද්ද, සෝතාපත්ති අංග සතරින් යුක්ත වෙයි ද, ඔහු කැමති නම්, තමා ම තමා ගැන මෙසේ පැවසිය හැකිය. 'මම නිරයෙන් මිදුණු කෙනෙක්මි. තිරිසන් අපායෙන් මිදුණු කෙනෙක්මි. ප්‍රේත විෂයෙන් මිදුණු කෙනෙක්මි. අපාය දුර්ගතියට නොවැටෙන ස්වභාවයෙන් යුතු කෙනෙක්මි. නියත වශයෙන් නිවන පිහිට කොට ඇති සෝවාන් වූ කෙනෙක්මි' යි.

සංසිඳුණා වූ ඒ භය වෛර ඇතිවන කරුණු පහ මොනවාද? ....(පෙ).... මෙම භය වෛර ඇතිවන පස් කරුණ සංසිඳුණේ වෙයි.

කවර වූ සෝතාපත්ති අංග සතරකින් සමන්විත වෙයිද? ....(පෙ).... මෙම සෝතාපත්ති අංග සතරෙන් සමන්විත වූයේ වෙයි.

මහණෙනි, ආර්ය ශ්‍රාවකයා හට යම් විටෙක මෙම භය වෛර ඇතිවෙන කරුණු පහ සංසිඳී ඇද්ද, මෙම සෝතාපත්ති අංග සතරින් යුක්ත වෙයි ද, ඔහු කැමති නම්, තමා ම තමා ගැන මෙසේ පැවසිය හැකිය. 'මම නිරයෙන් මිදුණු කෙනෙක්මි. තිරිසන් අපායෙන් මිදුණු කෙනෙක්මි. ප්‍රේත විෂයෙන් මිදුණු කෙනෙක්මි. අපාය දුර්ගතියට නොවැටෙන ස්වභාවයෙන් යුතු කෙනෙක්මි. නියත වශයෙන් නිවන පිහිට කොට ඇති සෝවාන් වූ කෙනෙක්මි' යි.

සාදු! සාදු!! සාදු!!!

දුතිය වේර භය සූත්‍රය නිමා විය.

9.1.3.9.
ආඝාතවත්ථු සූත්‍රය
වෛර බැඳීමට මුල් වෙන කරුණු ගැන වදාළ දෙසුම

සැවැත් නුවර දී ය .....

මහණෙනි, මේ වෛර බැඳීමට මුල් වෙන කරුණු නවයකි. ඒ කවර නවයක් ද යත්;

පෙර මට අනර්ථය කළේ ය කියා වෛර බැඳ ගනියි. දැනුත් මට අනර්ථය කරයි කියා වෛර බැඳ ගනියි. අනාගතයේ ත් මට අනර්ථය කරන්නේ ය කියා වෛර බැඳ ගනියි.

පෙර මාගේ ප්‍රියමනාප කෙනාට අනර්ථය කළේ ය කියා වෛර බැඳ ගනියි. දැනුත් මාගේ ප්‍රියමනාප කෙනාට අනර්ථය කරයි කියා වෛර බැඳ ගනියි. අනාගතයේ ත් මාගේ ප්‍රියමනාප කෙනාට අනර්ථය කරන්නේ ය කියා වෛර බැඳ ගනියි.

පෙර මාගේ අප්‍රිය අමනාප කෙනාට උදව් කළේ ය කියා වෛර බැඳ ගනියි. දැනුත් මාගේ අප්‍රිය අමනාප කෙනාට උදව් කරයි කියා වෛර බැඳ ගනියි. අනාගතයේ ත් මාගේ අප්‍රිය අමනාප කෙනාට උදව් කරන්නේ ය කියා වෛර බැඳ ගනියි.

මහණෙනි, මේ වනාහී වෛර බැඳීමට මුල් වෙන කරුණු නවය යි.

සාදු! සාදු!! සාදු!!!

ආඝාතවත්ථු සූත්‍රය නිමා විය.

9.1.3.10.

ආඝාතපටිවිනය සූත්‍රය

වෛර බැඳීම දුරුකිරීම ගැන වදාළ දෙසුම

සැවැත් නුවර දී ය .....

මහණෙනි, මේ වෛර බැඳීම දුරුකිරීම පිණිස ඇති කරුණු නවයකි. ඒ කවර නවයක් ද යත්;

පෙර මට අනර්ථය කළේ ය. එනමුත් එය නොවේවා කියා මෙහිලා කෙසේ නම් ලබන්ට දැයි සිතා ඒ වෛර බැඳ ගැනීම දුරු කරයි. දැනුත් මට අනර්ථය කරයි. එනමුත් එය නොවේවා කියා මෙහිලා කෙසේ නම් ලබන්ට දැයි සිතා ඒ වෛර බැඳ ගැනීම දුරු කරයි. අනාගතයේ ත් මට අනර්ථය කරන්නේ ය. එනමුත් එය නොවේවා කියා මෙහිලා කෙසේ නම් ලබන්ට දැයි සිතා ඒ වෛර බැඳ ගැනීම දුරු කරයි.

පෙර මාගේ ප්‍රියමනාප කෙනාට අනර්ථය කළේ ය. එනමුත් එය නොවේවා කියා මෙහිලා කෙසේ නම් ලබන්ට දැයි සිතා ඒ වෛර බැඳ ගැනීම දුරු කරයි. දැනුත් මාගේ ප්‍රියමනාප කෙනාට අනර්ථය කරයි. එනමුත් එය නොවේවා කියා මෙහිලා කෙසේ නම් ලබන්ට දැයි සිතා ඒ වෛර බැඳ ගැනීම දුරු කරයි. අනාගතයේ ත් මාගේ ප්‍රියමනාප කෙනාට අනර්ථය කරන්නේ ය. එනමුත් එය නොවේවා කියා මෙහිලා කෙසේ නම් ලබන්ට දැයි සිතා ඒ වෛර බැඳ ගැනීම දුරු කරයි.

පෙර මාගේ අප්‍රිය අමනාප කෙනාට උදව් කළේ ය. එනමුත් එය නොවේවා කියා මෙහිලා කෙසේ නම් ලබන්ට දැයි සිතා ඒ වෛර බැඳ ගැනීම දුරු කරයි. දැනුත් මාගේ අප්‍රිය අමනාප කෙනාට උදව් කරයි. එනමුත් එය නොවේවා කියා මෙහිලා කෙසේ නම් ලබන්ට දැයි සිතා ඒ වෛර බැඳ ගැනීම දුරු කරයි. අනාගතයේ ත් මාගේ අප්‍රිය අමනාප කෙනාට උදව් කරන්නේ ය. එනමුත් එය නොවේවා කියා මෙහිලා කෙසේ නම් ලබන්ට දැයි සිතා ඒ වෛර බැඳ ගැනීම දුරු කරයි.

මහණෙනි, මේ වනාහී වෛර බැඳීම දුරුකිරීම පිණිස ඇති කරුණු නවය යි.

සාදු! සාදු!! සාදු!!!

ආඝාතවත්ථු සූත්‍රය නිමා විය.

9.1.3.11.
අනුපුබ්බ නිරෝධ සූත්‍රය
පිළිවෙලින් නිරුද්ධ වීම ගැන වදාළ දෙසුම

සැවැත් නුවර දී ය .....

මහණෙනි, මේ පිළිවෙලින් නිරුද්ධ වීම් නවයකි. ඒ කවර නවයක් ද යත්;

ප්‍රථම ධ්‍යානයට සමවැදී සිටින කෙනාගේ කාම සංඥා නිරුද්ධ වෙයි. දෙවෙනි ධ්‍යානයට සමවැදී සිටින කෙනාගේ විතර්ක විචාර නිරුද්ධ වෙයි. තුන්වෙනි ධ්‍යානයට සමවැදී සිටින කෙනාගේ ප්‍රීතිය නිරුද්ධ වෙයි. සතරවෙනි ධ්‍යානයට සමවැදී සිටින කෙනාගේ ආශ්වාස ප්‍රශ්වාස නිරුද්ධ වෙයි. ආකාසානඤ්චායතනයනට සමවැදී සිටින කෙනාගේ රූප සංඥා නිරුද්ධ වෙයි. විඤ්ඤාණඤ්චායතනයට සමවැදී සිටින කෙනාගේ ආකාසානඤ්චායතන සංඥා නිරුද්ධ වෙයි. ආකිඤ්චඤ්ඤායතනයට සමවැදී සිටින කෙනාගේ විඤ්ඤාණඤ්චායතන සංඥා නිරුද්ධ වෙයි. නේවසඤ්ඤානාසඤ්ඤායතනයට සමවැදී සිටින කෙනාගේ ආකිඤ්චඤ්ඤායතන සංඥා නිරුද්ධ වෙයි. සඤ්ඤා වේදයිත නිරෝධ සමාපත්තියට සමවැදී සිටින කෙනාගේ සංඥා ත්, වේදනා ත් නිරුද්ධ වෙයි.

මහණෙනි, මේ වනාහී පිළිවෙලින් නිරුද්ධ වීම් නවය යි.

සාදු! සාදු!! සාදු!!!

අනුපුබ්බ නිරෝධ සූත්‍රය නිමා විය.

තුන්වෙනි සත්තාවාස වර්ගය අවසන් විය.

- එහි පිළිවෙල උද්දානයයි :

ඨාන සූත්‍රය, බලුංක සූත්‍රය, තණ්හාමූලක සූත්‍රය, සත්තාවාස සූත්‍රය, පඤ්ඤාපරිචිත සූත්‍ර දෙක, සිලායූප සූත්‍රය, වේර සූත්‍ර දෙක, ආඝාත සූත්‍ර දෙක සහ අනුපුබ්බනිරෝධ සූත්‍රය වශයෙන් මෙහි සූත්‍ර එකොළොසකි.

4. මහා වර්ගය

9.1.4.1.
අනුපුබ්බවිහාර සූත්‍රය
අනුපූර්ව විහරණය ගැන වදාළ දෙසුම

සැවැත් නුවර දී ය .....

මහණෙනි, මේ නවයක් වූ අනුපිළිවෙල ඇති විහරණයෝ ය. ඒ කවර නවයක් ද යත්;

මහණෙනි, මෙහිලා භික්ෂුව කාමයන්ගෙන් වෙන් ව, අකුසල ධර්මයන්ගෙන් වෙන් ව, විතර්ක විචාර සහිත වූ විවේකයෙන් හටගත් ප්‍රීති සුඛය ඇති පළමුවෙනි ධ්‍යානය උපදවාගෙන වාසය කරයි.

විතර්ක විචාරයන් සංසිඳීමෙන් තමා තුළ පැහැදීම ඇති කරවන සිතේ එකඟ බවින් යුතුව විතර්ක විචාර රහිත වූ සමාධියෙන් හටගත් ප්‍රීති සැපය ඇති දෙවෙනි ධ්‍යානය උපදවාගෙන වාසය කරයි.

ප්‍රීතියට ද නොඇලීමෙන් සිහියෙන් හා නුවණින් යුතුව උපේක්ෂාවෙන් වසයි. කයෙන් සැපයක් ද විඳියි. ආර්යයන් වහන්සේලා 'උපේක්ෂාවෙන් යුතුව, සිහියෙන් යුතුව ඇති සැප විහරණය' යැයි යම් ධ්‍යානයකට කියන ලද්දේ ද, ඒ තුන්වෙනි ධ්‍යානය උපදවාගෙන වාසය කරයි.

සැපය ද ප්‍රහාණය කිරීමෙන්, දුක ද ප්‍රහාණය කිරීමෙන් කලින් ම සොම්නස් දොම්නස් ඉක්ම යෑමෙන් දුක් සැප රහිත වූ උපේක්ෂා සති පාරිශුද්ධියෙන් යුතු සතර වෙනි ධ්‍යානය උපදවාගෙන වාසය කරයි.

සියළු අයුරින් රූප සංඥාවන් ඉක්මවීමෙන්, ගොරෝසු සංඥාවන් නැති

වීමෙන් සංඥාවන්ගේ නා නා ස්වභාවය මෙනෙහි නොකිරීමෙන් 'අනන්ත ආකාසය' යැයි ආකාසානඤ්චායතනයට පැමිණ වාසය කරයි.

සියළු අයුරින් ආකාසානඤ්චායතනය ඉක්මවීමෙන්, 'විඤ්ඤාණය අනන්ත' යැයි විඤ්ඤාණඤ්චායතනයට පැමිණ වාසය කරයි.

සියළු අයුරින් විඤ්ඤාණඤ්චායතනය ඉක්ම ගොස් 'කිසිවක් නැතැ' යි ආකිඤ්චඤ්ඤායතනයට පැමිණ වාසය කරයි.

සියළු අයුරින් ආකිඤ්චඤ්ඤායතනය ඉක්මවීමෙන් නේවසඤ්ඤා නාසඤ්ඤායතනයට පැමිණ වාසය කරයි.

සියළු අයුරින් නේවසඤ්ඤානාසඤ්ඤායතනය ඉක්මවාගොස් සංඥාවේදයිත නිරෝධ සමාපත්තියට පැමිණ වාසය කරයි.

මහණෙනි, මේ වනාහී නවයක් වූ අනුපිළිවෙල ඇති විහරණයෝ ය.

සාදු! සාදු!! සාදු!!!

අනුපුබ්බවිහාර සූත්‍රය නිමා විය.

9.1.4.2.
අනුපුබ්බවිහාර සමාපත්ති සූත්‍රය
අනුපූර්ව විහරණයන්ට සමවැදීම ගැන වදාළ දෙසුම

සැවැත් නුවර දී ය .....

මහණෙනි, මේ නවයක් වූ අනුපිළිවෙලින් සමවදින විහරණයන් පිළිබඳ ව දෙසන්නෙමි. එය අසව්. ....(පෙ).... ඒ නවයක් වූ අනුපිළිවෙලින් සමවදින විහරණයෝ මොනවා ද?

1.　　යම් තැනක කාමයෝ නිරුද්ධ වෙත් නම්, යම් කෙනෙක් කාමයන් නැවත නැවත නිරුද්ධ කරමින් වාසය කරත් නම්, ඒකාන්තයෙන් ඒ ආයුෂ්මත්හු කාමපිපාසය නැත්තෝ ය. නිවුණාහු ය. තණ්හා නැත්තෝ ය. ඒ අංගයෙන් එතෙරට ගියාහු යැයි කියමි.

කාමයෝ කොතැනක නිරුද්ධ වෙත් ද? කවුරු නම් කාමයන් නැවත

නැවත නිරුද්ධ කොට වාසය කරත් ද? මෙකරුණ මම නොදනිමි, මෙකරුණ මම නොදකිමි කියා යමෙක් මෙසේ කියයි නම් ඔහුට මෙසේ කිව යුත්තේ ය.

'ආයුෂ්මත්නි, මෙහිලා භික්ෂුව කාමයන්ගෙන් වෙන් ව, අකුසල ධර්මයන්ගෙන් වෙන් ව, ...(පෙ).... පළමුවෙනි ධ්‍යානය උපදවාගෙන වාසය කරයි. කාමයන් නිරුද්ධ වන්නේ මේ ප්‍රථම ධ්‍යානයෙහි ය. ප්‍රථම ධ්‍යානය ලැබූ අය ද කාමයන් නිරුද්ධ කොට නිරුද්ධ කොට වාසය කරති' මහණෙනි, ඒකාන්තයෙන් වංචා නැති, මායා නැති භික්ෂුව 'යහපති' යි ඒ වචනය සතුටින් පිළිගන්නේ ය. අනුමෝදන් වන්නේ ය. 'යහපති' යි කියා ඒ වචනය සතුටින් පිළිගෙන, අනුමෝදන් වී ඇඳිලි බැඳ වන්දනා කරමින් ඔවුන් ඇසුරු කරන්නේ ය.

2. යම් තැනක විතර්ක විචාරයෝ නිරුද්ධ වෙත් නම්, යම් කෙනෙකුත් විතර්ක විචාරයන් නැවත නැවත නිරුද්ධ කොට වාසය කරත් නම්, ඒකාන්තයෙන් ඒ ආයුෂ්මත්හු කාම පිපාසය නැත්තෝ ය. නිවුණාහු ය. තණ්හා නැත්තෝ ය. ඒ අංගයෙන් එතෙරට ගියාහු යැයි කියමි.

විතර්ක විචාරයෝ කොතැනක නිරුද්ධ වෙත් ද? කවුරු නම් විතර්ක විචාරයන් නැවත නැවත නිරුද්ධ කොට වාසය කරත් ද? මෙකරුණ මම නොදනිමි, මෙකරුණ මම නොදකිමි කියා මෙසේ යමෙක් කියයි නම් ඔහුට මෙසේ කිව යුත්තේ ය. 'ආයුෂ්මත්නි, මෙහිලා භික්ෂුවක් විතර්ක විචාරයන් සංසිඳීමෙන් තමා තුළ පැහැදීම ඇති කරවන සිතේ එකඟ බවින් යුතුව විතර්ක විචාර රහිත වූ සමාධියෙන් හටගත් ප්‍රීති සැපය ඇති දෙවෙනි ධ්‍යානය උපදවාගෙන වාසය කරයි. විතර්ක විචාරයන් නිරුද්ධ වන්නේ මෙහි ය. දෙවෙනි ධ්‍යානය ලැබූ අය විතර්ක විචාරයන් නිරුද්ධ කොට නිරුද්ධ කොට වාසය කරති.' මහණෙනි, ඒකාන්තයෙන් වංචා නැති, මායා නැති භික්ෂුව 'යහපති' යි ඒ වචනය සතුටින් පිළිගන්නේ ය. අනුමෝදන් වන්නේ ය. 'යහපති' යි කියා ඒ වචනය සතුටින් පිළිගෙන, අනුමෝදන් වී ඇඳිලි බැඳ වන්දනා කරමින් ඔවුන් ඇසුරු කරන්නේ ය.

3. යම් තැනක ප්‍රීතිය නිරුද්ධ වෙයි නම්, යම් කෙනෙක් ප්‍රීතිය නැවත නැවත නිරුද්ධ කොට වාසය කරත් නම්, ඒකාන්තයෙන් ඒ ආයුෂ්මත්හු කාම පිපාසය නැත්තෝ ය. නිවුණාහු ය. තණ්හා නැත්තෝ ය. ඒ අංගයෙන් එතෙරට ගියාහු යැයි කියමි.

ප්‍රීතිය කොතැනක නිරුද්ධ වෙයි ද? කවුරු නම් ප්‍රීතිය නැවත නැවත නිරුද්ධ කොට වාසය කරත් ද? මෙකරුණ මම නොදනිමි, මෙකරුණ මම

නොදකිමි කියා මෙසේ යමෙක් කියයි නම් ඔහුට මෙසේ කිව යුත්තේ ය. 'ආයුෂ්මත්නි, මෙහිලා භික්ෂුවක් ප්‍රීතියට ද නොඇලීමෙන් සිහියෙන් හා නුවණින් යුතුව උපේක්ෂාවෙන් වසයි. කයෙන් සැපයක් ද විඳියි. ආර්යයන් වහන්සේලා උපේක්ෂාවෙන් යුතුව, සිහියෙන් යුතුව ඇති සැප විහරණය යැයි යම් ධ්‍යානයකට කියන ලද්දේ ද, ඒ තුන්වෙනි ධ්‍යානය උපදවාගෙන වාසය කරයි. ප්‍රීතිය නිරුද්ධ වන්නේ මෙහි ය. තුන්වෙනි ධ්‍යානය ලැබූ අය ප්‍රීතිය නිරුද්ධ කොට නිරුද්ධ කොට වාසය කරති.' මහණෙනි, ඒකාන්තයෙන් වංචා නැති, මායා නැති භික්ෂුව 'යහපති' යි ඒ වචනය සතුටින් පිළිගන්නේ ය. අනුමෝදන් වන්නේ ය. 'යහපති' යි කියා ඒ වචනය සතුටින් පිළිගෙන, අනුමෝදන් වී ඇඳිලි බැඳ වන්දනා කරමින් ඔවුන් ඇසුරු කරන්නේ ය.

4. යම් තැනක උපේක්ෂා සැපය නිරුද්ධ වෙයි නම්, යම් කෙනෙක් උපේක්ෂා සැපය නැවත නැවත නිරුද්ධ කොට වාසය කරත් නම්, ඒකාන්තයෙන් ඒ ආයුෂ්මත්හු කාම පිපාසය නැත්තෝ ය. නිවුණාහු ය. තණ්හා නැත්තෝ ය. ඒ අංගයෙන් එතෙරට ගියාහු යැයි කියමි.

උපේක්ෂා සැපය කොතැනක නිරුද්ධ වෙයි ද? කවුරු නම් උපේක්ෂා සැපය නැවත නැවත නිරුද්ධ කොට වාසය කරත් ද? මෙකරුණ මම නොදනිමි, මෙකරුණ මම නොදකිමි කියා මෙසේ යමෙක් කියයි නම් ඔහුට මෙසේ කිව යුත්තේ ය. 'ආයුෂ්මත්නි, මෙහිලා භික්ෂුවක් සැපය ද ප්‍රහාණය කිරීමෙන්, දුක ද ප්‍රහාණය කිරීමෙන් කලින් ම සොම්නස් දොම්නස් ඉක්ම යෑමෙන් දුක් සැප රහිත වූ උපෙක්ෂා සති පාරිශුද්ධියෙන් යුතු සතර වෙනි ධ්‍යානය උපදවාගෙන වාසය කරයි. උපේක්ෂා සැපය නිරුද්ධ වන්නේ මෙහි ය. සතර වැනි ධ්‍යානය ලැබූ අය උපේක්ෂා සැපය නිරුද්ධ කොට නිරුද්ධ කොට වාසය කරති.' මහණෙනි, ඒකාන්තයෙන් වංචා නැති, මායා නැති භික්ෂුව 'යහපති' යි ඒ වචනය සතුටින් පිළිගන්නේ ය. අනුමෝදන් වන්නේ ය. 'යහපති' යි කියා ඒ වචනය සතුටින් පිළිගෙන, අනුමෝදන් වී ඇඳිලි බැඳ වන්දනා කරමින් ඔවුන් ඇසුරු කරන්නේ ය.

5. යම් තැනක රූප සංඥා නිරුද්ධ වෙයි නම්, යම් කෙනෙක් රූප සංඥා නැවත නැවත නිරුද්ධ කොට වාසය කරත් නම්, ඒකාන්තයෙන් ඒ ආයුෂ්මත්හු කාම පිපාසය නැත්තෝ ය. නිවුණාහු ය. තණ්හා නැත්තෝ ය. ඒ අංගයෙන් එතෙරට ගියාහු යැයි කියමි.

රූප සංඥා කොතැනක නිරුද්ධ වෙයි ද? කවුරු නම් රූප සංඥා නැවත නැවත නිරුද්ධ කොට වාසය කරත් ද? මෙකරුණ මම නොදනිමි, මෙකරුණ

මම නොදකිමි කියා මෙසේ යමෙක් කියයි නම් ඔහුට මෙසේ කිව යුත්තේ ය. 'ආයුෂ්මත්නි, මෙහිලා භික්ෂුවක් සියළු අයුරින් රූප සංඥාවන් ඉක්මවීමෙන්, ගොරෝසු සංඥාවන් නැති වීමෙන් සංඥාවන්ගේ නා නා ස්වභාවය මෙනෙහි නොකිරීමෙන් 'අනන්ත ආකාසය' යැයි ආකාසානඤ්චායතනය උපදවාගෙන වාසය කරයි. රූප සංඥා නිරුද්ධ වන්නේ මෙහි ය. ආකාසානඤ්චායතනය ලැබූ අය රූප සංඥා නිරුද්ධ කොට නිරුද්ධ කොට වාසය කරති.' මහණෙනි, ඒකාන්තයෙන් වංචා නැති, මායා නැති භික්ෂුව 'යහපති' යි ඒ වචනය සතුටින් පිළිගන්නේ ය. අනුමෝදන් වන්නේ ය. 'යහපති' යි කියා ඒ වචනය සතුටින් පිළිගෙන, අනුමෝදන් වී ඇඳිලි බැඳ වන්දනා කරමින් ඔවුන් ඇසුරු කරන්නේ ය.

6. යම් තැනක ආකාසානඤ්චායතන සංඥාව නිරුද්ධ වෙයි නම්, යම් කෙනෙක් ආකාසානඤ්චායතන සංඥාව නැවත නැවත නිරුද්ධ කොට වාසය කරත් නම්, ඒකාන්තයෙන් ඒ ආයුෂ්මත්හු කාම පිපාසය නැත්තෝ ය. නිවුණාහු ය. තණ්හා නැත්තෝ ය. ඒ අංගයෙන් එතෙරට ගියාහු යැයි කියමි.

ආකාසානඤ්චායතන සංඥාව කොතැනක නිරුද්ධ වෙයි ද? කවුරු නම් ආකාසානඤ්චායතන සංඥාව නැවත නැවත නිරුද්ධ කොට වාසය කරත් ද? මෙකරුණ මම නොදනිමි, මෙකරුණ මම නොදකිමි කියා මෙසේ යමෙක් කියයි නම් ඔහුට මෙසේ කිව යුත්තේ ය. 'ආයුෂ්මත්නි, මෙහිලා භික්ෂුවක් සියළු අයුරින් ආකාසානඤ්චායතනය ඉක්මවීමෙන්, 'විඤ්ඤාණය අනන්ත' යැයි විඤ්ඤාණඤ්චායතනය උපදවාගෙන වාසය කරයි. ආකාසානඤ්චායතන සංඥාව නිරුද්ධ වන්නේ මෙහි ය. විඤ්ඤාණඤ්චායතනය ලැබූ අය ආකාසානඤ්චායතන සංඥාව නිරුද්ධ කොට නිරුද්ධ කොට වාසය කරති.' මහණෙනි, ඒකාන්තයෙන් වංචා නැති, මායා නැති භික්ෂුව 'යහපති' යි ඒ වචනය සතුටින් පිළිගන්නේ ය. අනුමෝදන් වන්නේ ය. 'යහපති' යි කියා ඒ වචනය සතුටින් පිළිගෙන, අනුමෝදන් වී ඇඳිලි බැඳ වන්දනා කරමින් ඔවුන් ඇසුරු කරන්නේ ය.

7. යම් තැනක විඤ්ඤාණඤ්චායතන සංඥාව නිරුද්ධ වෙයි නම්, යම් කෙනෙක් විඤ්ඤාණඤ්චායතන සංඥාව නැවත නැවත නිරුද්ධ කොට වාසය කරත් නම්, ඒකාන්තයෙන් ඒ ආයුෂ්මත්හු කාම පිපාසය නැත්තෝ ය. නිවුණාහු ය. තණ්හා නැත්තෝ ය. ඒ අංගයෙන් එතෙරට ගියාහු යැයි කියමි.

විඤ්ඤාණඤ්චායතන සංඥාව කොතැනක නිරුද්ධ වෙයි ද? කවුරු නම් විඤ්ඤාණඤ්චායතන සංඥාව නැවත නැවත නිරුද්ධ කොට වාසය කරත් ද?

මෙකරුණ මම නොදනිමි, මෙකරුණ මම නොදකිමි කියා මෙසේ යමෙක් කියයි නම් ඔහුට මෙසේ කිව යුත්තේ ය. 'ආයුෂ්මත්නි, මෙහිලා භික්ෂුවක් සියළු අයුරින් විඤ්ඤාණඤ්චායතනය ඉක්ම ගොස් 'කිසිවක් නැතැ' යි ආකිඤ්චඤ්ඤායතනය උපදවාගෙන වාසය කරයි. විඤ්ඤාණඤ්චායතන සංඥාව නිරුද්ධ වන්නේ මෙහි ය. ආකිඤ්චඤ්ඤායතනය ලැබූ අය විඤ්ඤාණඤ්චායතන සංඥාව නිරුද්ධ කොට නිරුද්ධ කොට වාසය කරති.' මහණෙනි, ඒකාන්තයෙන් වංචා නැති, මායා නැති භික්ෂුව 'යහපති' යි ඒ වචනය සතුටින් පිළිගන්නේ ය. අනුමෝදන් වන්නේ ය. 'යහපති' යි කියා ඒ වචනය සතුටින් පිළිගෙන, අනුමෝදන් වී ඇඳිලි බැඳ වන්දනා කරමින් ඔවුන් ඇසුරු කරන්නේ ය.

8. යම් තැනක ආකිඤ්චඤ්ඤායතන සංඥාව නිරුද්ධ වෙයි නම්, යම් කෙනෙක් ආකිඤ්චඤ්ඤායතන සංඥාව නැවත නැවත නිරුද්ධ කොට වාසය කරත් නම්, ඒකාන්තයෙන් ඒ ආයුෂ්මත්හු කාම පිපාසය නැත්තෝ ය. නිවුණාහු ය. තණ්හා නැත්තෝ ය. ඒ අංගයෙන් එතෙරට ගියාහු යැයි කියමි.

ආකිඤ්චඤ්ඤායතන සංඥාව කොතැනක නිරුද්ධ වෙයි ද? කවුරු නම් ආකිඤ්චඤ්ඤායතන සංඥාව නැවත නැවත නිරුද්ධ කොට වාසය කරත් ද? මෙකරුණ මම නොදනිමි, මෙකරුණ මම නොදකිමි කියා මෙසේ යමෙක් කියයි නම් ඔහුට මෙසේ කිව යුත්තේ ය. 'ආයුෂ්මත්නි, මෙහිලා භික්ෂුවක් සියළු ආකිඤ්චඤ්ඤායතනය ඉක්මවීමෙන් නේවසඤ්ඤානාසඤ්ඤායතනය උපදවාගෙන වාසය කරයි. ආකිඤ්චඤ්ඤායතන සංඥාව නිරුද්ධ වන්නේ මෙහි ය. නේවසඤ්ඤානාසඤ්ඤායතනය ලැබූ අය ආකිඤ්චඤ්ඤායතන සංඥාව නිරුද්ධ කොට නිරුද්ධ කොට වාසය කරති.' මහණෙනි, ඒකාන්තයෙන් වංචා නැති, මායා නැති භික්ෂුව 'යහපති' යි ඒ වචනය සතුටින් පිළිගන්නේ ය. අනුමෝදන් වන්නේ ය. 'යහපති' යි කියා ඒ වචනය සතුටින් පිළිගෙන, අනුමෝදන් වී ඇඳිලි බැඳ වන්දනා කරමින් ඔවුන් ඇසුරු කරන්නේ ය.

9. යම් තැනක නේවසඤ්ඤානාසඤ්ඤායතන සංඥාව නිරුද්ධ වෙයි නම්, යම් කෙනෙක් නේවසඤ්ඤානාසඤ්ඤායතන සංඥාව නැවත නැවත නිරුද්ධ කොට වාසය කරත් නම්, ඒකාන්තයෙන් ඒ ආයුෂ්මත්හු කාම පිපාසය නැත්තෝ ය. නිවුණාහු ය. තණ්හා නැත්තෝ ය. ඒ අංගයෙන් එතෙරට ගියාහු යැයි කියමි.

නේවසඤ්ඤානාසඤ්ඤායතන සංඥාව කොතැනක නිරුද්ධ වෙයි ද? කවුරු නම් නේවසඤ්ඤානාසඤ්ඤායතන සංඥාව නැවත නැවත නිරුද්ධ කොට වාසය කරත් ද? මෙකරුණ මම නොදනිමි, මෙකරුණ මම නොදකිමි කියා

මෙසේ යමෙක් කියයි නම් ඔහුට මෙසේ කිව යුත්තේ ය. 'ආයුෂ්මත්නි, මෙහිලා භික්ෂුවක් සියළු නේවසඤ්ඤානාසඤ්ඤායතනය ඉක්මවා ගොස් සංඥාවේදයිත නිරෝධ සමාපත්තිය උපදවාගෙන වාසය කරයි. නේවසඤ්ඤානාසඤ්ඤායතන සංඥාව නිරුද්ධ වන්නේ මෙහි ය. සංඥාවේදයිත නිරෝධ සමාපත්තිය ලැබූ අය නේවසඤ්ඤානාසඤ්ඤායතන සංඥාව නිරුද්ධ කොට නිරුද්ධ කොට වාසය කරති.' මහණෙනි, ඒකාන්තයෙන් වංචා නැති, මායා නැති භික්ෂුව 'යහපති' යි ඒ වචනය සතුටින් පිළිගන්නේ ය. අනුමෝදන් වන්නේ ය. 'යහපති' යි කියා ඒ වචනය සතුටින් පිළිගෙන, අනුමෝදන් වී ඇදිලි බැඳ වන්දනා කරමින් ඔවුන් ඇසුරු කරන්නේ ය.

මහණෙනි, මේ වනාහී නවයක් වූ අනුපිළිවෙලින් සමවදින විහරණයෝ ය.

සාදු! සාදු!! සාදු!!!

අනුපුබ්බවිහාර සමාපත්ති සූත්‍රය නිමා විය.

9.1.4.3.
නිබ්බානසුඛ සූත්‍රය
නිවන් සැප ගැන වදාළ දෙසුම

මා විසින් මෙසේ අසන ලදී. එක් සමයක ආයුෂ්මත් සාරිපුත්තයන් වහන්සේ රජගහ නුවර කලන්දක නිවාප නම් වූ වේළුවනයෙහි වැඩවසන සේක. එහිදී ආයුෂ්මත් සාරිපුත්තයන් වහන්සේ 'ආයුෂ්මත් මහණෙනි' යි භික්ෂූන් ඇමතූ සේක. 'ආයුෂ්මතුන් වහන්සැ' යි ඒ භික්ෂූහු ආයුෂ්මත් සාරිපුත්තයන් වහන්සේට පිළිවදන් දුන්හ. ආයුෂ්මත් සාරිපුත්තයන් වහන්සේ මෙය වදාළ සේක.

"ආයුෂ්මත්නි, මේ නිවන සැපයක් නොවැ. ආයුෂ්මත්නි, මේ නිවන සැපයක් නොවැ."

මෙසේ වදාළ කල්හී ආයුෂ්මත් උදායී තෙරණුවෝ ආයුෂ්මත් සාරිපුත්තයන් වහන්සේට මෙය පැවසූහ.

"කිම, ආයුෂ්මත් සාරිපුත්තයෙනි, යම් තැනක විඳින දෙයක් නැත්නම්

එහි කවර නම් සැපයක් ඇත්තේ ද?"

"ආයුෂ්මත, යම් තැනක විඳින දෙයක් නැද්ද, එහි ඇති සැපය එය ම නොවැ.

ආයුෂ්මත්නි, මේ කාම ගුණයෝ පසකි. ඒ කවර පසක් ද යත්, ඇසින් දත යුතු ඉෂ්ට වූ, කාන්ත වූ, මනාප වූ, ප්‍රිය ස්වභාව ඇති, කාමූපසංහිත වූ, රජනීය වූ රූපයෝ ය. කනෙන් දත යුතු ශබ්දයෝ ය ....(පෙ).... නාසයෙන් දත යතු ගන්ධයෝ ය. ....(පෙ).... දිවෙන් දත යුතු රසයෝ ය. ....(පෙ).... කයෙන් දත යුතු ඉෂ්ට වූ, කාන්ත වූ, මනාප වූ, ප්‍රිය ස්වභාව ඇති, කාමූපසංහිත වූ, රජනීය වූ ස්පර්ශයෝ ය. ආයුෂ්මත්නි, මේ වනාහී පංච කාම ගුණයෝ ය. ආයුෂ්මත්නි, මේ පංච කාම ගුණයන් නිසාවෙන් හටගන්නා යම් සැපයක් සොම්නසක් ඇද්ද, මෙය කාම සැපය යැයි කියනු ලැබේ.

1. ආයුෂ්මත්නි, මෙහිලා භික්ෂුවක් කාමයන්ගෙන් වෙන් ව, අකුසල ධර්මයන්ගෙන් වෙන් ව, විතර්ක විචාර සහිත වූ විවේකයෙන් හටගත් ප්‍රීති සුඛය ඇති පළමුවෙනි ධ්‍යානය උපදවාගෙන වාසය කරයි. ඉදින් ආයුෂ්මත්නි, ඒ භික්ෂුවට මේ විහරණයෙන් වාසය කරද්දී කාම සහගත සංඥා මනසිකාරයෝ මතුවෙත් නම්, එය ඔහුට පීඩාවකි. ආයුෂ්මත්නි, එය මෙබඳු දෙයකි. සැපසේ සිටින කෙනෙකුට පීඩාව පිණිස දුකක් උපදින්නේ යම් සේ ද, එසෙයින් ම ඒ කාම සහගත සංඥා මනසිකාරයෝ ඔහු තුළ මතුවෙත් නම් එය ඔහුට පීඩාවකි. ආයුෂ්මත්නි, යම් පීඩාවක් ඇද්ද, එය භාග්‍යවතුන් වහන්සේ දුක යැයි වදාරණ ලද්දේ ය. ආයුෂ්මත්නි, යම් සේ නිර්වාණය සැපයක් වෙයි ද, එය මේ ක්‍රමයෙනුත් දත යුත්තේ ය.

2. තව ද ආයුෂ්මත්නි, භික්ෂුවක් විතර්ක විචාරයන් සංසිඳීමෙන් ....(පෙ).... දෙවෙනි ධ්‍යානය උපදවාගෙන වාසය කරයි. ආයුෂ්මත්නි, ඒ භික්ෂුවට මේ විහරණයෙන් වාසය කරද්දී විතර්ක සහගත සංඥා මනසිකාරයෝ මතුවෙත් නම්, එය ඔහුට පීඩාවකි. ආයුෂ්මත්නි, එය මෙබඳු දෙයකි. සැපසේ සිටින කෙනෙකුට පීඩාව පිණිස දුකක් උපදින්නේ යම් සේ ද, එසෙයින් ම ඒ විතර්ක සහගත සංඥා මනසිකාරයෝ ඔහු තුළ මතුවෙත් නම් එය ඔහුට පීඩාවකි. ආයුෂ්මත්නි, යම් පීඩාවක් ඇද්ද, එය භාග්‍යවතුන් වහන්සේ දුක යැයි වදාරණ ලද්දේ ය. ආයුෂ්මත්නි, යම් සේ නිර්වාණය සැපයක් වෙයි ද, එය මේ ක්‍රමයෙනුත් දත යුත්තේ ය.

3. තව ද ආයුෂ්මත්නි, භික්ෂුවක් ප්‍රීතියට ද නොඇලීමෙන් ....(පෙ).... ඒ තුන්වෙනි ධ්‍යානය උපදවාගෙන වාසය කරයි. ආයුෂ්මත්නි, ඒ භික්ෂුවට මේ

විහරණයෙන් වාසය කරද්දී ප්‍රීති සහගත සංඥා මනසිකාරයෝ මතුවෙත් නම්, එය ඔහුට පීඩාවකි. ආයුෂ්මත්නි, එය මෙබඳු දෙයකි. සැපසේ සිටින කෙනෙකුට පීඩාව පිණිස දුකක් උපදින්නේ යම් සේ ද, එසෙයින් ම ඒ ප්‍රීති සහගත සංඥා මනසිකාරයෝ ඔහු තුළ මතුවෙත් නම් එය ඔහුට පීඩාවකි. ආයුෂ්මත්නි, යම් පීඩාවක් ඇද්ද, එය භාග්‍යවතුන් වහන්සේ දුක යැයි වදාරණ ලද්දේ ය. ආයුෂ්මත්නි, යම් සේ නිර්වාණය සැපයක් වෙයි ද, එය මේ ක්‍රමයෙනුත් දත යුත්තේ ය.

4. තව ද ආයුෂ්මත්නි, භික්ෂුවක් සැපය ද ප්‍රහාණය කිරීමෙන්, ...(පෙ).... සතර වෙනි ධ්‍යානය උපදවාගෙන වාසය කරයි. ආයුෂ්මත්නි, ඒ භික්ෂුවට මේ විහරණයෙන් වාසය කරද්දී උපේක්ෂා සහගත සංඥා මනසිකාරයෝ මතුවෙත් නම්, එය ඔහුට පීඩාවකි. ආයුෂ්මත්නි, එය මෙබඳු දෙයකි. සැපසේ සිටින කෙනෙකුට පීඩාව පිණිස දුකක් උපදින්නේ යම් සේ ද, එසෙයින් ම ඒ උපේක්ෂා සහගත සංඥා මනසිකාරයෝ ඔහු තුළ මතුවෙත් නම් එය ඔහුට පීඩාවකි. ආයුෂ්මත්නි, යම් පීඩාවක් ඇද්ද, එය භාග්‍යවතුන් වහන්සේ දුක යැයි වදාරණ ලද්දේ ය. ආයුෂ්මත්නි, යම් සේ නිර්වාණය සැපයක් වෙයි ද, එය මේ ක්‍රමයෙනුත් දත යුත්තේ ය.

5. තව ද ආයුෂ්මත්නි, භික්ෂුවක් සියළු අයුරින් රූප සංඥාවන් ඉක්මවීමෙන්, ගොරෝසු සංඥාවන් නැති වීමෙන් සංඥාවන්ගේ නා නා ස්වභාවය මෙනෙහි නොකිරීමෙන් 'අනන්ත ආකාසය' යැයි ආකාසානඤ්චායතනය උපදවාගෙන වාසය කරයි. ආයුෂ්මත්නි, ඒ භික්ෂුවට මේ විහරණයෙන් වාසය කරද්දී රූප සහගත සංඥා මනසිකාරයෝ මතුවෙත් නම්, එය ඔහුට පීඩාවකි. ආයුෂ්මත්නි, එය මෙබඳු දෙයකි. සැපසේ සිටින කෙනෙකුට පීඩාව පිණිස දුකක් උපදින්නේ යම් සේ ද, එසෙයින් ම ඒ රූප සහගත සංඥා මනසිකාරයෝ ඔහු තුළ මතුවෙත් නම් එය ඔහුට පීඩාවකි. ආයුෂ්මත්නි, යම් පීඩාවක් ඇද්ද, එය භාග්‍යවතුන් වහන්සේ දුක යැයි වදාරණ ලද්දේ ය. ආයුෂ්මත්නි, යම් සේ නිර්වාණය සැපයක් වෙයි ද, එය මේ ක්‍රමයෙනුත් දත යුත්තේ ය.

6. තව ද ආයුෂ්මත්නි, භික්ෂුවක් සියළු අයුරින් ආකාසානඤ්චායතනය ඉක්මවීමෙන්, 'විඤ්ඤාණය අනන්ත' යැයි විඤ්ඤාණඤ්චායතනය උපදවාගෙන වාසය කරයි. ආයුෂ්මත්නි, ඒ භික්ෂුවට මේ විහරණයෙන් වාසය කරද්දී ආකාසානඤ්චායතන සහගත සංඥා මනසිකාරයෝ මතුවෙත් නම්, එය ඔහුට පීඩාවකි. ආයුෂ්මත්නි, එය මෙබඳු දෙයකි. සැපසේ සිටින කෙනෙකුට පීඩාව පිණිස දුකක් උපදින්නේ යම් සේ ද, එසෙයින් ම ඒ ආකාසානඤ්චායතන සහගත සංඥා මනසිකාරයෝ ඔහු තුළ මතුවෙත් නම් එය ඔහුට පීඩාවකි. ආයුෂ්මත්නි,

යම් පීඩාවක් ඇද්ද, එය භාග්‍යවතුන් වහන්සේ දුක යැයි වදාරණ ලද්දේ ය. ආයුෂ්මත්නි, යම් සේ නිර්වාණය සැපයක් වෙයි ද, එය මේ ක්‍රමයෙනුත් දත යුත්තේ ය.

7. තව ද ආයුෂ්මත්නි, භික්ෂුවක් සියළු අයුරින් විඤ්ඤාණඤ්චායතනය ඉක්ම ගොස් 'කිසිවක් නැතැ' යි ආකිඤ්චඤ්ඤායතනය උපදවාගෙන වාසය කරයි. ආයුෂ්මත්නි, ඒ භික්ෂුවට මේ විහරණයෙන් වාසය කරද්දී විඤ්ඤාණඤ්චායතන සහගත සංඥා මනසිකාරයෝ මතුවෙත් නම්, එය ඔහුට පීඩාවකි. ආයුෂ්මත්නි, එය මෙබඳු දෙයකි. සැපසේ සිටින කෙනෙකුට පීඩාව පිණිස දුකක් උපදින්නේ යම් සේ ද, එසෙයින් ම ඒ විඤ්ඤාණඤ්චායතන සහගත සංඥා මනසිකාරයෝ ඔහු තුළ මතුවෙත් නම් එය ඔහුට පීඩාවකි. ආයුෂ්මත්නි, යම් පීඩාවක් ඇද්ද, එය භාග්‍යවතුන් වහන්සේ දුක යැයි වදාරණ ලද්දේ ය. ආයුෂ්මත්නි, යම් සේ නිර්වාණය සැපයක් වෙයි ද, එය මේ ක්‍රමයෙනුත් දත යුත්තේ ය.

8. තව ද ආයුෂ්මත්නි, භික්ෂුවක් සියළු අයුරින් ආකිඤ්චඤ්ඤායතනය ඉක්මවීමෙන් නේවසඤ්ඤානාසඤ්ඤායතනය උපදවාගෙන වාසය කරයි. ආයුෂ්මත්නි, ඒ භික්ෂුවට මේ විහරණයෙන් වාසය කරද්දී ආකිඤ්චඤ්ඤායතන සහගත සංඥා මනසිකාරයෝ මතුවෙත් නම්, එය ඔහුට පීඩාවකි. ආයුෂ්මත්නි, එය මෙබඳු දෙයකි. සැපසේ සිටින කෙනෙකුට පීඩාව පිණිස දුකක් උපදින්නේ යම් සේ ද, එසෙයින් ම ඒ ආකිඤ්චඤ්ඤායතන සහගත සංඥා මනසිකාරයෝ ඔහු තුළ මතුවෙත් නම් එය ඔහුට පීඩාවකි. ආයුෂ්මත්නි, යම් පීඩාවක් ඇද්ද, එය භාග්‍යවතුන් වහන්සේ දුක යැයි වදාරණ ලද්දේ ය. ආයුෂ්මත්නි, යම් සේ නිර්වාණය සැපයක් වෙයි ද, එය මේ ක්‍රමයෙනුත් දත යුත්තේ ය.

9. තව ද ආයුෂ්මත්නි, භික්ෂුවක් සියළු අයුරින් නේවසඤ්ඤානාසඤ්ඤායතනය ඉක්මවාගොස් සංඥාවේදයිත නිරෝධ සමාපත්තිය උපදවාගෙන වාසය කරයි. ප්‍රඥාවෙන් දැක ඔහු විසින් ආශ්‍රවයන් ද ක්ෂය කරන ලද්දේ වෙයි. ආයුෂ්මත්නි, යම් සේ නිර්වාණය සැපයක් වෙයි ද, එය මේ ක්‍රමයෙනුත් දත යුත්තේ ය.

සාදු! සාදු!! සාදු!!!

නිබ්බානසුඛ සූත්‍රය නිමා විය.

9.1.4.4.
ගාවීඋපමා සූත්‍රය
ගවදෙන උපමා කොට වදාළ දෙසුම

සැවැත් නුවර දී ය .....

මහණෙනි, එය මෙබඳු දෙයකි. කන්දක හැසිරෙන බාල වූ, අව්‍යක්ත වූ, තණබිම් නොදන්නා වූ ගවදෙන විෂම පර්වතයෙහි හැසිරෙන්නට අදක්ෂ වන්නී ය. ඇයට මෙසේ සිතෙයි. 'ඉදින් මම නොගිය විරූ දිශාවකට යන්නෙම් නම්, නොකෑ විරූ තණ කන්නෙම් නම්, නොබිව් විරූ පැන් බොන්නෙම් නම් යහපති' යි.

මෙසේ සිතා ඇය පෙර පාදයන් මැනැවින් පිහිටුවීමක් නොකොට, පසු පාදයන් උඩට ඔසොවයි. ඇය නොගිය විරූ දිශාවකට ත් නොයයි. නොකෑ විරූ තණ ත් නොකයි. නොබිව් විරූ පැනුත් නොබොයි. යම් ප්‍රදේශයක සිටි ඇයට මෙසේ සිතෙයි නම්, 'ඉදින් මම නොගිය විරූ දිශාවකට යන්නෙම් නම්, නොකෑ විරූ තණ කන්නෙම් නම්, නොබිව් විරූ පැන් බොන්නෙම් නම් යහපති' යි. නමුත් ඇය ඒ ප්‍රදේශයට සුවසේ පෙරළා නොඑයි. ඒ මක් නිසා ද යත්, මහණෙනි, කන්දක හැසිරෙන බාල වූ, අව්‍යක්ත වූ, තණබිම් නොදන්නා වූ ගවදෙන විෂම පර්වතයෙහි හැසිරෙන්නට අදක්ෂ වන නිසා ය.

එසෙයින් ම මහණෙනි, මෙහිලා ඇතැම් භික්ෂුවක් බාල වෙයි ද, අව්‍යක්ත වෙයි ද, ක්ෂේත්‍රය නොදනියි ද, අදක්ෂ වෙයි ද, ඔහු කාමයන්ගෙන් වෙන් ව, අකුසල ධර්මයන්ගෙන් වෙන් ව, විතර්ක විචාර සහිත වූ විවේකයෙන් හටගත් ප්‍රීති සුඛය ඇති පළමුවෙනි ධ්‍යානය උපදවාගෙන වාසය කරයි. ඔහු ඒ සමාධි නිමිත්ත සේවනය නොකරයි. දියුණු නොකරයි. බහුල ව ප්‍රගුණ නොකරයි. මනාකොට අධිෂ්ඨාන නොකරයි.

ඔහුට මෙසේ සිතෙයි. 'ඉදින් මම විතර්ක විචාරයන් සංසිඳුවා ....(පෙ).... දෙවෙනි ධ්‍යානයට පැමිණ වාසය කරන්නෙම් නම් යහපති' යි. නමුත් ඔහු විතර්ක විචාරයන් සංසිඳුවා ....(පෙ).... දෙවෙනි ධ්‍යානයට පැමිණ වාසය කරන්නට අසමර්ථ වෙයි. ඔහුට මෙසේ සිතෙයි. 'ඉදින් මම කාමයන්ගෙන් වෙන් ව ....(පෙ).... පළමුවෙනි ධ්‍යානයට පැමිණ වාසය කරන්නෙම් නම් යහපති' යි. නමුත් ඔහු කාමයන්ගෙන් වෙන් ව ....(පෙ).... පළමුවෙනි ධ්‍යානයට

පැමිණ වාසය කරන්නට අසමර්ථ වෙයි. මහණෙනි, මේ භික්ෂුව දෙපැත්තෙන් ම නැසුණේ, දෙපැත්තෙන් ම පිරිහුණේ යැයි කියනු ලැබේ. මහණෙනි, යම් සේ කන්දක හැසිරෙන බාල වූ, අව්‍යක්ත වූ, තණබිම් නොදන්නා වූ ගවදෙන විෂම පර්වතයෙහි හැසිරෙන්නට අදක්ෂ වෙයි ද, එබඳු ය.

මහණෙනි, එය මෙබඳු දෙයකි. කන්දක හැසිරෙන නුවණැති, ව්‍යක්ත වූ, තණබිම් දන්නා වූ ගවදෙන විෂම පර්වතයෙහි හැසිරෙන්නට දක්ෂ වන්නී ය. ඇයට මෙසේ සිතෙයි. 'ඉදින් මම නොගිය විරූ දිශාවකට යන්නෙම් නම්, නොකෑ විරූ තණ කන්නෙම් නම්, නොබිව් විරූ පැන් බොන්නෙම් නම් යහපති' යි.

මෙසේ සිතා ඇය පෙර පාදයන් මැනැවින් පිහිටුවා ගෙන, පසු පාදයන් උඩට ඔසොවයි. ඇය නොගිය විරූ දිශාවකට ත් යයි. නොකෑ විරූ තණ ත් කයි. නොබිව් විරූ පැනුත් බොයි. යම් ප්‍රදේශයක සිටි ඇයට මෙසේ සිතෙයි නම් 'ඉදින් මම නොගිය විරූ දිශාවකට යන්නෙම් නම්, නොකෑ විරූ තණ කන්නෙම් නම්, නොබිව් විරූ පැන් බොන්නෙම් නම් යහපති' යි. ඇය ඒ ප්‍රදේශයට ද සුවසේ පෙරළා එයි. ඒ මක් නිසා ද යත්, මහණෙනි, කන්දක හැසිරෙන නුවණැති වූ, ව්‍යක්ත වූ, තණබිම් දන්නා වූ ගවදෙන විෂම පර්වතයෙහි හැසිරෙන්නට දක්ෂ වන නිසා ය.

එසෙයින් ම මහණෙනි, මෙහිලා ඇතැම් භික්ෂුවක් නුවණැත්තේ ද, ව්‍යක්ත වෙයි ද, ක්ෂේත්‍රය දනියි ද, දක්ෂ වෙයි ද, ඔහු කාමයන්ගෙන් වෙන් ව, අකුසල ධර්මයන්ගෙන් වෙන් ව, විතර්ක විචාර සහිත වූ විවේකයෙන් හටගත් ප්‍රීති සුඛය ඇති පළමුවෙනි ධ්‍යානය උපදවාගෙන වාසය කරයි. ඔහු ඒ සමාධි නිමිත්ත සේවනය කරයි. දියුණු කරයි. බහුල ව ප්‍රගුණ කරයි. මනාකොට අධිෂ්ඨාන කරයි.

ඔහුට මෙසේ සිතෙයි. 'ඉදින් මම විතර්ක විචාරයන් සංසිඳුවා ....(පෙ).... දෙවෙනි ධ්‍යානයට පැමිණ වාසය කරන්නෙම් නම් යහපති' යි. ඔහු දෙවෙනි ධ්‍යානය නොපෙළන්නේ, විතර්ක විචාරයන් සංසිඳුවා ....(පෙ).... දෙවෙනි ධ්‍යානයට පැමිණ වාසය කරයි. ඔහු ඒ සමාධි නිමිත්ත සේවනය කරයි. දියුණු කරයි. බහුල ව ප්‍රගුණ කරයි. මනාකොට අධිෂ්ඨාන කරයි.

ඔහුට මෙසේ සිතෙයි. 'ඉදින් මම ප්‍රීතියට ද නොඇල්මෙන් ....(පෙ).... තුන්වෙනි ධ්‍යානයට පැමිණ වාසය කරන්නෙම් නම් යහපති' යි. ඔහු තුන්වෙනි ධ්‍යානය නොපෙළන්නේ, ප්‍රීතියට ද නොඇල්මෙන් ....(පෙ)....තුන්වෙනි ධ්‍යානයට පැමිණ වාසය කරයි. ඔහු ඒ සමාධි නිමිත්ත සේවනය කරයි. දියුණු

කරයි. බහුල ව ප්‍රගුණ කරයි. මනාකොට අධිෂ්ඨාන කරයි.

ඔහුට මෙසේ සිතෙයි. 'ඉදින් මම සැපය ද ප්‍රහාණය කොට, දුක ද ප්‍රහාණය කොට ....(පෙ).... සිව්වෙනි ධ්‍යානයට පැමිණ වාසය කරන්නෙම් නම් යහපති' යි. ඔහු සිව්වෙනි ධ්‍යානය නොපෙළන්නේ, සැපය ද ප්‍රහාණය කොට, දුක ද ප්‍රහාණය කොට ....(පෙ).... සිව්වෙනි ධ්‍යානයට පැමිණ වාසය කරයි. ඔහු ඒ සමාධි නිමිත්ත සේවනය කරයි. දියුණු කරයි. බහුල ව ප්‍රගුණ කරයි. මනාකොට අධිෂ්ඨාන කරයි.

ඔහුට මෙසේ සිතෙයි. 'ඉදින් මම සියළු අයුරින් රූප සංඥාවන් ඉක්මවීමෙන්, ගොරෝසු සංඥාවන් නැති වීමෙන් සංඥාවන්ගේ නා නා ස්වභාවය මෙනෙහි නොකිරීමෙන් 'අනන්ත ආකාසය' යැයි ආකාසානඤ්චායතනයට පැමිණ වාසය කරන්නෙම් නම් යහපති' යි. ඔහු ආකාසානඤ්චායතනය නොපෙළන්නේ, සියළු අයුරින් රූප සංඥාවන් ඉක්මවීමෙන්, ...(පෙ).... ආකාසානඤ්චායතනයට පැමිණ වාසය කරයි. ඔහු ඒ සමාධි නිමිත්ත සේවනය කරයි. දියුණු කරයි. බහුල ව ප්‍රගුණ කරයි. මනාකොට අධිෂ්ඨාන කරයි.

ඔහුට මෙසේ සිතෙයි. 'ඉදින් මම සියළු අයුරින් ආකාසානඤ්චායතනය ඉක්මවීමෙන්, 'විඤ්ඤාණය අනන්ත' යැයි විඤ්ඤාණඤ්චායතනයට පැමිණ වාසය කරන්නෙම් නම් යහපති' යි. ඔහු විඤ්ඤාණඤ්චායතනය නොපෙළන්නේ, සියළු අයුරින් ආකාසානඤ්චායතනය ඉක්මවීමෙන්, 'විඤ්ඤාණය අනන්ත' යැයි විඤ්ඤාණඤ්චායතනයට පැමිණ වාසය කරයි. ඔහු ඒ සමාධි නිමිත්ත සේවනය කරයි. දියුණු කරයි. බහුල ව ප්‍රගුණ කරයි. මනාකොට අධිෂ්ඨාන කරයි.

ඔහුට මෙසේ සිතෙයි. 'ඉදින් මම සියළු අයුරින් විඤ්ඤාණඤ්චායතනය ඉක්ම ගොස් 'කිසිවක් නැතැ' යි ආකිඤ්චඤ්ඤායතනයට පැමිණ වාසය කරන්නෙම් නම් යහපති' යි. ඔහු ආකිඤ්චඤ්ඤායතනය නොපෙළන්නේ, සියළු අයුරින් විඤ්ඤාණඤ්චායතනය ඉක්ම ගොස් 'කිසිවක් නැතැ' යි ආකිඤ්චඤ්ඤායතනයට පැමිණ වාසය කරයි. ඔහු ඒ සමාධි නිමිත්ත සේවනය කරයි. දියුණු කරයි. බහුල ව ප්‍රගුණ කරයි. මනාකොට අධිෂ්ඨාන කරයි.

ඔහුට මෙසේ සිතෙයි. 'ඉදින් මම සියළු අයුරින් ආකිඤ්චඤ්ඤායතනය ඉක්මවීමෙන් නේවසඤ්ඤානාසඤ්ඤායතනයට පැමිණ වාසය කරන්නෙම් නම් යහපති' යි. ඔහු නේවසඤ්ඤානාසඤ්ඤායතනය නොපෙළන්නේ, සියළු අයුරින් ආකිඤ්චඤ්ඤායතනය ඉක්මවීමෙන් නේවසඤ්ඤානාසඤ්ඤායතනයට පැමිණ වාසය කරයි. ඔහු ඒ සමාධි නිමිත්ත සේවනය කරයි. දියුණු කරයි. බහුල ව ප්‍රගුණ කරයි. මනාකොට අධිෂ්ඨාන කරයි.

ඔහුට මෙසේ සිතෙයි. 'ඉදින් මම සියළු අයුරින් නේවසඤ්ඤානාසඤ්ඤායතනය ඉක්මවාගොස් සංඥාවේදයිත නිරෝධ සමාපත්තියට පැමිණ වාසය කරන්නෙම් නම් යහපති' යි. ඔහු සංඥා වේදයිත නිරෝධය නොපෙළන්නේ, සියළු නේවසඤ්ඤානාසඤ්ඤායතනය ඉක්මවාගොස් සංඥාවේදයිත නිරෝධ සමාපත්තියට පැමිණ වාසය කරයි.

මහණෙනි, යම් කලක භික්ෂුව ඒ ඒ සමාපත්තියට සමවදින්නේ ත් වෙයි නම්, නැගිටින්නේ ත් වෙයි නම් ඔහුගේ සිත මෘදු වෙයි. කර්මණ්‍ය වෙයි. මෘදු වූ කර්මණ්‍ය වූ සිතින් ප්‍රමාණ රහිත කොට සමාධිය මැනැවින් දියුණු කරන ලද්දේ වෙයි. ඔහු ප්‍රමාණ රහිත කොට මැනැවින් දියුණු කරන ලද සමාධියෙන් විශිෂ්ට ඥානයෙන් සාක්ෂාත් කිරීම පිණිස යම් යම් ධර්මයක් ඇද්ද, එය විශිෂ්ට ඥානයෙන් සාක්ෂාත් කිරීම පිණිස සිත මැනැවින් යොමු කරයි ද, ඒ ඒ තන්හි ම, ඒ ඒ ආයතනයෙහි එය සාක්ෂාත් කළ හැකි බවට පැමිණෙයි.

ඉදින් ඔහු කැමති නම්, නොයෙක් ආකාර වූ ඉර්ධිවිධීන් අත්දකින්නෙම් නම් කියා, එක් කෙනෙක් ව සිට බොහෝ අය පරිදි වෙම්වා යි කියා, බොහෝ අය ව සිට එක් කෙනෙක් වෙම්වා යි කියා, ...(පෙ).... බඹලොව දක්වා කයෙන් වසඟයෙහි පවත්වන්නෙම්වා යි කියා, ඒ ඒ තන්හි ම, ඒ ඒ ආයතනයෙහි එය සාක්ෂාත් කළ හැකි බවට පැමිණෙයි.

ඉදින් ඔහු කැමති නම්, දිව්‍ය ශ්‍රවණයෙන් ....(පෙ).... ඒ ඒ තන්හි ම, ඒ ඒ ආයතනයෙහි එය සාක්ෂාත් කළ හැකි බවට පැමිණෙයි.

ඉදින් ඔහු කැමති නම්, අන්‍ය වූ සත්වයන්ගේ, අන්‍ය පුද්ගලයන්ගේ සිත සිය සිතින් පිරිසිඳ දැනගනිම්වා යි, සරාගී සිත සරාගී සිතක් යැයි දැනගන්නෙම් නම් ....(පෙ).... විමුක්ත සිත විමුක්ත සිතක් යැයි දැනගන්නෙම් නම් කියා, ඒ ඒ තන්හි ම, ඒ ඒ ආයතනයෙහි එය සාක්ෂාත් කළ හැකි බවට පැමිණෙයි.

ඉදින් ඔහු කැමති නම්, නොයෙක් අයුරින් පෙර විසූ කඳ පිළිවෙල සිහි කරන්නෙම් නම්, එනම් එක් උපතක් ද, උපත් දෙකක් ද, ...(පෙ).... මෙසේ කරුණු සහිත වූ, විස්තර සහිත වූ පෙර විසූ කඳ පිළිවෙල නොයෙක් ප්‍රකාරයෙන් සිහි කරන්නෙම් නම් කියා, ඒ ඒ තන්හි ම, ඒ ඒ ආයතනයෙහි එය සාක්ෂාත් කළ හැකි බවට පැමිණෙයි.

ඉදින් ඔහු කැමති නම්, මිනිස් ඇස ඉක්මවා ගිය පිරිසිදු දිවැසින් ....(පෙ).... කර්මානුරූප ව උපත කරා යන සත්වයන් දකින්නෙම් නම් කියා, ඒ ඒ තන්හි ම, ඒ ඒ ආයතනයෙහි එය සාක්ෂාත් කළ හැකි බවට පැමිණෙයි.

ඉදින් ඔහු කැමති නම්, ආශ්‍රවයන් ක්ෂය කොට අනාශ්‍රව වූ චිත්ත විමුක්තිය ත්, ප්‍රඥා විමුක්තිය ත් මෙලොව දී ම ස්වකීය විශිෂ්ට ඥානයෙන් දැන සාක්ෂාත් කොට පැමිණ වාසය කරන්නෙම් නම් කියා, ඒ ඒ තන්හි ම, ඒ ඒ ආයතනයෙහි එය සාක්ෂාත් කළ හැකි බවට පැමිණෙයි.

සාදු! සාදු!! සාදු!!!

ගාවීඋපමා සූත්‍රය නිමා විය.

9.1.4.5.
ඣානනිස්සය සූත්‍රය
ධ්‍යානය ඇසුරු කිරීම ගැන වදාළ දෙසුම

සැවැත් නුවර දී ය .....

මහණෙනි, මම ප්‍රථම ධ්‍යානය ඇසුරු කොට ත් ආශ්‍රවයන්ගේ ක්ෂය වීම පවසමි. මහණෙනි, මම දෙවෙනි ධ්‍යානය ඇසුරු කොට ත් ආශ්‍රවයන්ගේ ක්ෂය වීම පවසමි. මහණෙනි, මම තුන්වෙනි ධ්‍යානය ඇසුරු කොට ත් ආශ්‍රවයන්ගේ ක්ෂය වීම පවසමි. මහණෙනි, මම සතරවෙනි ධ්‍යානය ඇසුරු කොට ත් ආශ්‍රවයන්ගේ ක්ෂය වීම පවසමි. මහණෙනි, මම ආකාසානඤ්චායතනය ඇසුරු කොට ත් ආශ්‍රවයන්ගේ ක්ෂය වීම පවසමි. මහණෙනි, මම විඤ්ඤාණඤ්චායතනය ඇසුරු කොට ත් ආශ්‍රවයන්ගේ ක්ෂය වීම පවසමි. මහණෙනි, මම ආකිඤ්චඤ්ඤායතනය ඇසුරු කොට ත් ආශ්‍රවයන්ගේ ක්ෂය වීම පවසමි. මහණෙනි, මම නේවසඤ්ඤානාසඤ්ඤායතනය ඇසුරු කොට ත් ආශ්‍රවයන්ගේ ක්ෂය වීම පවසමි. මහණෙනි, මම සඤ්ඤාවේදයිත නිරෝධය ඇසුරු කොට ත් ආශ්‍රවයන්ගේ ක්ෂය වීම පවසමි.

'මහණෙනි, මම ප්‍රථම ධ්‍යානය ඇසුරු කොට ත් ආශ්‍රවයන්ගේ ක්ෂය වීම පවසමි' යනුවෙන් පවසන ලද්දේ නම්, එය පවසන ලද්දේ කුමක් සඳහා ද?

මහණෙනි, මෙහිලා භික්ෂුව කාමයන්ගෙන් වෙන් ව ....(පෙ).... පළමුවෙනි ධ්‍යානය උපදවාගෙන වාසය කරයි. ඔහු ඒ පළමු ධ්‍යානයෙහි රූපයට අයත් වූ, විඳීමට අයත් වූ, සංඥාවට අයත් වූ, සංස්කාරවලට අයත් වූ, විඤ්ඤාණයට

අයත් වූ යමක් ඇත්නම්, ඒවා අනිත්‍ය වශයෙන්, දුක් වශයෙන්, රෝග වශයෙන් ගඬුවක් වශයෙන්, හුලක් වශයෙන්, දුකක් වශයෙන්, පීඩාවක් වශයෙන්, ආබාධයක් වශයෙන්, අන්‍යයන්ගේ දෙයක් වශයෙන්, වැනසී යන දෙයක් වශයෙන්, ආත්මයකින් හිස් දෙයක් වශයෙන්, අනාත්ම වශයෙන් නුවණින් දකියි. ඔහු ඒවායින් සිත වළක්වයි. ඔහු ඒවායින් සිත වළක්වා අමෘත ධාතුවෙහි සිත බස්සවයි. එනම් 'යම් මේ සියළු සංස්කාරයන්ගේ සංසිඳීමක් ඇද්ද, සියළු කෙලෙසුන් දුරු කිරීමක් ඇද්ද, තෘෂ්ණාව ක්ෂය වීමක් ඇද්ද, විරාගයක් ඇද්ද, නිරෝධයක් ඇද්ද, නිවනක් ඇද්ද, මෙය ශාන්ත ය. මෙය ප්‍රණීත ය' වශයෙනි. ඔහු ඒ පළමු ධ්‍යානයෙහි සිටියේ ආශ්‍රවයන්ගේ ක්ෂය කිරීමට පැමිණෙයි. ඉදින් ඔහු ආශ්‍රවයන්ගේ ක්ෂය කිරීමට නොපැමිණෙයි නම්, ඒ ධර්මයට වූ කැමැත්තෙන් ම, ධර්මයෙන් ලත් සතුටින් ම පංච ඕරම්භාගීය සංයෝජනයන් ගෙවා දමා සුද්ධාවාස බඹලොව ඕපපාතික ව උපදින්නේ වෙයි. ඒ ලොවින් මෙලොවට පෙරළා නොඑනසුළු වූයේ එහි පිරිනිවන් පාන්නේ වෙයි.

මහණෙනි, යම් සේ දුනුවායෙක් වේවා, දුනුවායෙකුගේ අතවැසියෙක් වේවා, පඹයෙකුට හෝ මැටි පිඩකට හෝ විදිමින් යෝග්‍ය අභ්‍යාස කොට පසුකලක හේ ඉතා දුරට හීය විදින අකුණු එළියෙන් නොවැරදී හීය විදින මහත් වූ කය බිඳින්නෙක් වෙයි ද, එසෙයින් ම මහණෙනි, භික්ෂුව කාමයන්ගෙන් වෙන් ව ....(පෙ).... පළමුවෙනි ධ්‍යානය උපදවාගෙන වාසය කරයි. ඔහු ඒ පළමු ධ්‍යානයෙහි රූපයට අයත් වූ, විඳීමට අයත් වූ, සංඥාවට අයත් වූ, සංස්කාරවලට අයත් වූ, විඤ්ඤාණයට අයත් වූ යමක් ඇත්නම්, ඒවා අනිත්‍ය වශයෙන්, දුක් වශයෙන්, රෝග වශයෙන් ගඬුවක් වශයෙන්, හුලක් වශයෙන්, දුකක් වශයෙන්, පීඩාවක් වශයෙන්, ආබාධයක් වශයෙන්, අන්‍යයන්ගේ දෙයක් වශයෙන්, වැනසී යන දෙයක් වශයෙන්, ආත්මයකින් හිස් දෙයක් වශයෙන්, අනාත්ම වශයෙන් නුවණින් දකියි. ඔහු ඒවායින් සිත වළක්වයි. ඔහු ඒවායින් සිත වළක්වා අමෘත ධාතුවෙහි සිත බස්සවයි. එනම් 'යම් මේ සියළු සංස්කාරයන්ගේ සංසිඳීමක් ඇද්ද, සියළු කෙලෙසුන් දුරු කිරීමක් ඇද්ද, තෘෂ්ණාව ක්ෂය වීමක් ඇද්ද, විරාග යක් ඇද්ද, නිරෝධයක් ඇද්ද, නිවනක් ඇද්ද, මෙය ශාන්ත ය. මෙය ප්‍රණීත ය' වශයෙනි. ඔහු ඒ පළමු ධ්‍යානයෙහි සිටියේ ආශ්‍රවයන්ගේ ක්ෂය කිරීමට පැමිණෙයි. ඉදින් ඔහු ආශ්‍රවයන්ගේ ක්ෂය කිරීමට නොපැමිණෙයි නම්, ඒ ධර්මයට වූ කැමැත්තෙන් ම, ධර්මයෙන් ලත් ඒ සතුටින් ම පංච ඕරම්භාගීය සංයෝජනයන් ගෙවා දමා සුද්ධාවාස බඹලොව ඕපපාතික ව උපදින්නේ වෙයි. ඒ ලොවින් මෙලොවට පෙරළා නොඑනසුළු වූයේ එහි පිරිනිවන් පාන්නේ වෙයි.

'මහණෙනි, මම ප්‍රථම ධ්‍යානය ඇසුරු කොට ත් ආශ්‍රවයන්ගේ ක්ෂය වීම පවසමි' යනුවෙන් යමක් පවසන ලද්දේ නම්, එය පවසන ලද්දේ මේ සඳහා ය.

'මහණෙනි, මම දෙවෙනි ධ්‍යානය ඇසුරු කොට ත් ....(පෙ).... මහණෙනි, මම තුන්වෙනි ධ්‍යානය ඇසුරු කොට ත් ....(පෙ).... මහණෙනි, මම සිව්වෙනි ධ්‍යානය ඇසුරු කොට ත් ....(පෙ)....

මහණෙනි, මම ආකාසානඤ්චායතනය ඇසුරු කොට ත් ආශ්‍රවයන්ගේ ක්ෂය වීම පවසමි' යනුවෙන් පවසන ලද්දේ නම්, එය පවසන ලද්දේ කුමක් සඳහා ද?

මහණෙනි, මෙහිලා භික්ෂුව සියළු අයුරින් රූප සංඥාවන් ඉක්මවීමෙන්, ගොරෝසු සංඥාවන් නැති වීමෙන් සංඥාවන්ගේ නා නා ස්වභාවය මෙනෙහි නොකිරීමෙන් 'අනන්ත ආකාසය' යැයි ආකාසානඤ්චායතනයට පැමිණ වාසය කරයි. ඔහු ඒ අරූප ධ්‍යානයෙහි විඳීමට අයත් වූ, සංඥාවට අයත් වූ, සංස්කාරවලට අයත් වූ, විඤ්ඤාණයට අයත් වූ යමක් ඇත්නම්, ...(පෙ).... පංච ඕරම්භාගීය සංයෝජනයන් ගෙවා දමා සුද්ධාවාස බඹලොව ඕපපාතික ව උපදින්නේ වෙයි. ඒ ලොවින් මෙලොවට පෙරළා නොඑනසුළු වූයේ එහි පිරිනිවන් පාන්නේ වෙයි.

මහණෙනි, යම් සේ දුනුවායෙක් වේවා, දුනුවායෙකුගේ අතවැසියෙක් වේවා, පඹයෙකුට හෝ මැටි පිඬකට හෝ විදිමින් යෝග්‍ය අභ්‍යාස කොට පසුකලක හේ ඉතා දුරට හීය විදින අකුණු එළියෙන් නොවැරදී හීය විදින මහත් වූ කය බිඳින්නෙක් වෙයි ද, එසෙයින් ම මහණෙනි, භික්ෂුව සියළු අයුරින් රූප සංඥාවන් ඉක්මවීමෙන්, ගොරෝසු සංඥාවන් නැති වීමෙන් සංඥාවන්ගේ නා නා ස්වභාවය මෙනෙහි නොකිරීමෙන් 'අනන්ත ආකාසය' යැයි ආකාසානඤ්චායතනයට පැමිණ වාසය කරයි. ඔහු ඒ අරූප ධ්‍යානයෙහි විඳීමට අයත් වූ, සංඥාවට අයත් වූ, සංස්කාරවලට අයත් වූ, විඤ්ඤාණයට අයත් වූ යමක් ඇත්නම්, ...(පෙ).... පංච ඕරම්භාගීය සංයෝජනයන් ගෙවා දමා සුද්ධාවාස බඹලොව ඕපපාතික ව උපදින්නේ වෙයි. ඒ ලොවින් මෙලොවට පෙරළා නොඑනසුළු වූයේ එහි පිරිනිවන් පාන්නේ වෙයි.

මහණෙනි, මම ආකාසානඤ්චායතනය ඇසුරු කොට ත් ආශ්‍රවයන්ගේ ක්ෂය වීම පවසමි' යනුවෙන් යමක් පවසන ලද්දේ නම්, එය පවසන ලද්දේ මේ සඳහා ය.

'මහණෙනි, මම විඤ්ඤාණඤ්චායතනය ඇසුරු කොට ත් ආශ්‍රවයන්ගේ ක්ෂය වීම පවසමි ....(පෙ)....

මහණෙනි, මම ආකිඤ්චඤ්ඤායතනය ඇසුරු කොට ත් ආශ්‍රවයන්ගේ ක්ෂය වීම පවසමි' යනුවෙන් පවසන ලද්දේ නම්, එය පවසන ලද්දේ කුමක් සඳහා ද?

මහණෙනි, මෙහිලා භික්ෂුව සියළු අයුරින් විඤ්ඤාණඤ්චායතනය ඉක්මවීමෙන්, 'කිසිවක් නැතැ'යි ආකිඤ්චඤ්ඤායතනයට පැමිණ වාසය කරයි. ඔහු ඒ අරූප ධ්‍යානයෙහි විඳීමට අයත් වූ, සංඥාවට අයත් වූ, ...(පෙ).... පංච ඕරම්භාගීය සංයෝජනයන් ගෙවා දමා සුද්ධාවාස බඹලොව ඕපපාතික ව උපදින්නේ වෙයි. ඒ ලොවින් මෙලොවට පෙරළා නොඑනසුළු වූයේ එහි පිරිනිවන් පාන්නේ වෙයි.

මහණෙනි, මම ආකිඤ්චඤ්ඤායතනය ඇසුරු කොට ත් ආශ්‍රවයන්ගේ ක්ෂය වීම පවසමි' යනුවෙන් යමක් පවසන ලද්දේ නම්, එය පවසන ලද්දේ මේ සඳහා ය.

මෙසේ මහණෙනි, යම්තාක් සංඥා සමාපත්ති වෙයි ද, ඒ තාක් අරහත්වය අවබෝධ කරන්නේ වෙයි. මහණෙනි, යම් මේ සමාපත්ති ආයතනයෝ වෙත් ද, නේවසඤ්ඤානාසඤ්ඤායතනය ත්, සංඥා වේදයිත නිරෝධය ත් ඇද්ද, මේවා ධ්‍යාන වඩන්නා වූ, ධ්‍යානයට සමවැදීමෙහි දක්ෂ වූ ධ්‍යානයෙන් නැගිටීමෙහි දක්ෂ වූ භික්ෂූන් විසින් සමවැදී නැගිට එහි ප්‍රණීත බව මැනැවින් පැවසිය යුතු යැයි කියමි.

සාදු! සාදු!! සාදු!!!

ඣානනිස්සය සූත්‍රය නිමා විය.

9.1.4.6.
ආනන්ද සූත්‍රය
අනඳ තෙරුන් වදාළ දෙසුම

මා විසින් මෙසේ අසන ලදී. එක් සමයක ආයුෂ්මත් ආනන්දයන් වහන්සේ කොසඹෑ නුවර ඝෝෂිතාරාමයෙහි වැඩවෙසෙන සේක. එහිදී

ආයුෂ්මත් ආනන්දයන් වහන්සේ "ආයුෂ්මත් මහණෙනි" යි භික්ෂූන් ඇමතූහ. "ආයුෂ්මතුන් වහන්සැ"යි ඒ භික්ෂූහු ආයුෂ්මත් ආනන්දයන් වහන්සේට පිළිවදන් දුන්හ. ආයුෂ්මත් ආනන්දයන් වහන්සේ මෙය වදාළහ.

"ආයුෂ්මත්නි, ආශ්චර්යයකි! ආයුෂ්මත්නි, අද්භූතයෙකි! සියල්ල දන්නා වූ, දක්නා වූ භාග්‍යවත් වූ අරහත් වූ සම්මා සම්බුදුරජාණන් වහන්සේ විසින් සත්වයන්ගේ පිරිසිදු බව පිණිස, ශෝක වැළපීම් ඉක්මවා යෑම පිණිස, දුක් දොම්නස් නැතිවීම පිණිස, නිවන් මග අවබෝධ කරනු පිණිස, නිවන අත්දකිනු පිණිස ඇති බාධක මැද තිබෙන ඉඩප්‍රස්ථා අවබෝධ කරන ලද්දේ ය.

ඒ ඇස ත් නොබිඳී තිබෙයි. ඒ රූපයෝ ත් ඇත්තාහු ය. එනමුත් ඒ රූපය නම් වූ ආයතනයට සංවේදී නොවෙයි.

ඒ කන ත් නොබිඳී තිබෙයි. ඒ ශබ්දයෝ ත් ඇත්තාහු ය. එනමුත් ඒ ශබ්දය නම් වූ ආයතනයට සංවේදී නොවෙයි.

ඒ නාසය ත් නොබිඳී තිබෙයි. ඒ ගන්ධයෝ ත් ඇත්තාහු ය. එනමුත් ඒ ගන්ධය නම් වූ ආයතනයට සංවේදී නොවෙයි.

ඒ දිව ත් නොබිඳී තිබෙයි. ඒ රසයෝ ත් ඇත්තාහු ය. එනමුත් ඒ රසය නම් වූ ආයතනයට සංවේදී නොවෙයි.

ඒ කය ත් නොබිඳී තිබෙයි. ඒ ස්පර්ශයෝ ත් ඇත්තාහු ය. එනමුත් ඒ ස්පර්ශය නම් වූ ආයතනයට සංවේදී නොවෙයි."

මෙසේ වදාළ කල්හී ආයුෂ්මත් උදායී තෙරණුවෝ ආයුෂ්මත් ආනන්දයන් වහන්සේට මෙය පැවසූහ.

"ආයුෂ්මත් ආනන්දයෙනි, සංඥාවක් ඇති ව සිටිද්දී ද, ඒ ආයතනය සංවේදී නොවන්නේ? එසේ ත් නැත්නම් සංඥාව නැතිකම නිසා ද?"

"ආයුෂ්මත, සංඥා සහිත ව සිටිද්දීම යි, ඒ ආයතනයට සංවේදී නොවන්නේ. අසංඥී ව නොවෙයි."

"ආයුෂ්මත, කෙබඳු සංඥාවකින් සිටිද්දී ද, ඒ ආයතනයට සංවේදී නොවන්නේ?"

"ආයුෂ්මත්නි, මෙහිලා භික්ෂුව සියළු අයුරින් රූප සංඥාවන් ඉක්මවීමෙන්, ගොරෝසු සංඥාවන් නැති වීමෙන් සංඥාවන්ගේ නා නා ස්වභාවය මෙනෙහි නොකිරීමෙන් 'අනන්ත ආකාසය' යැයි ආකාසානඤ්චායතනයට පැමිණ වාසය

කරයි. මෙසේ සංඥාව ඇත්තේ ත් වෙයි. ඒ ආයතනයට සංවේදී ත් නොවෙයි.

තවද ආයුෂ්මත්නි, භික්ෂුව සියළු අයුරින් ආකාසානඤ්චායතනය ඉක්මවීමෙන්, 'විඤ්ඤාණය අනන්ත' යැයි විඤ්ඤාණඤ්චායතනය උපදවාගෙන වාසය කරයි. මෙසේ සංඥාව ඇත්තේ ත් වෙයි. ඒ ආයතනයට සංවේදී ත් නොවෙයි.

තවද ආයුෂ්මත්නි, භික්ෂුව සියළු අයුරින් විඤ්ඤාණඤ්චායතනය ඉක්ම ගොස් 'කිසිවක් නැතැ' යි ආකිඤ්චඤ්ඤායතනය උපදවාගෙන වාසය කරයි. මෙසේ සංඥාව ඇත්තේ ත් වෙයි. ඒ ආයතනයට සංවේදී ත් නොවෙයි.

ආයුෂ්මත්නි, මම එක් සමයක සාකේතයෙහි අංජන වනයෙහි මිගදායෙහි වාසය කළෙමි. එකල්හී ආයුෂ්මත්නි, ජටිලගහ නුවරවැසි භික්ෂුණියක් මා වෙතට පැමිණියා ය. පැමිණ මට සකසා වන්දනා කොට එකත්පස් ව සිටගත්තා ය. ආයුෂ්මත්නි, එකත්පස් ව සිටි ජටිලගාහිය භික්ෂුණිය මට මෙය පැවසුවා ය.

'ස්වාමීනී, ආනන්දයන් වහන්ස, යම් මේ සමාධියක් රාගයෙන් සතුටු නොවෙයි ද, ද්වේෂයෙන් පහළට නොවැටෙයි ද, වීර්යයෙන් කෙලෙස් මැඩ වළක්වා නොසිටියේ වෙයි ද, කෙලෙසුන්ගෙන් මිදුණු බැවින් සිටියේ වෙයි ද, සිටි බැවින් සතුටට පත් වූයේ වෙයි ද, සතුටට පත් වූ බැවින් සංත්‍රාසයට නොවැටෙන්නේ වෙයි ද, ස්වාමීනී, ආනන්දයන් වහන්ස, භාග්‍යවතුන් වහන්සේ විසින් මෙම සමාධිය වදාරණ ලද්දේ කවර ඵලයක් වශයෙන් ද?'

මෙසේ පැවසූ විට ආයුෂ්මත්නි, මම ජටිලගාහිය භික්ෂුණියට මෙසේ පැවසූයෙමි.

'සොයුරියෙනි, යම් මේ සමාධියක් රාගයෙන් සතුටු නොවෙයි ද, ද්වේෂයෙන් පහළට නොවැටෙයි ද, වීර්යයෙන් කෙලෙස් මැඩ වළක්වා නොසිටියේ වෙයි ද, කෙලෙසුන්ගෙන් මිදුණු බැවින් සිටියේ වෙයි ද, සිටි බැවින් සතුටට පත් වූයේ වෙයි ද, සතුටට පත් වූ බැවින් සංත්‍රාසයට නොවැටෙන්නේ වෙයි ද, භාග්‍යවතුන් වහන්සේ විසින් මෙම සමාධිය වදාරණ ලද්දේ අරහත්ඵලය වශයෙනි.'

ආයුෂ්මත්නි, මෙබඳු වූ ත් සංඥාවක් ඇත්තේ ඒ ආයතනයට සංවේදී නොවන්නේ වෙයි.

සාදු! සාදු!! සාදු!!!

ආනන්ද සූත්‍රය නිමා විය.

9.1.4.7.
ලෝකායතික බ්‍රාහ්මණ සූත්‍රය
ලෝකායතික බ්‍රාහ්මණයා ගැන වදාළ දෙසුම

සැවැත් නුවර දී ය .....

එකල්හී පරලොවක් නැත යන මතය කියන ලෝකායත ශාස්ත්‍රය හදාරණ බ්‍රාහ්මණයෝ දෙදෙනෙක් භාග්‍යවතුන් වහන්සේ වෙත පැමිණියහ. පැමිණ භාග්‍යවතුන් වහන්සේ සමඟ සතුටු වූහ. සතුටු විය යුතු පිළිසඳර කතා බහ නිමවා එකත්පස් ව හිඳගත්හ. එකත්පස් ව හුන් ඒ බ්‍රාහ්මණයෝ භාග්‍යවතුන් වහන්සේට මෙය සැළකළහ.

"භවත් ගෞතමයන් වහන්ස, පූරණකස්සප සර්වඥ කෙනෙකි. සියල්ල දකින්නෙකි. සම්පූර්ණ වූ ඥානදර්ශනය ඇති බවට ප්‍රතිඥා දෙයි. 'මා හට ඇවිදින විට ත්, සිටින විට ත්, නිදා සිටින විට ත්, නිදි වරන විට ත්, හැම කල්හි නිරතුරු ඥානදර්ශනය පිහිටා තිබෙන්නේ නොවැ' කියා ය. ඔහු මෙසේ ත් කියයි. 'මම අනන්ත ඥානයෙන්, කෙළවරක් ඇති ලෝකය දනිමින්, දකිමින් වාසය කරමි' යි කියා ය.

භවත් ගෞතමයන් වහන්ස, මේ නිගණ්ඨ නාතපුත්‍රයා ත් සර්වඥ කෙනෙකි. සියල්ල දකින්නෙකි. සම්පූර්ණ වූ ඥානදර්ශනය ඇති බවට ප්‍රතිඥා දෙයි. 'මා හට ඇවිදින විට ත්, සිටින විට ත්, නිදා සිටින විට ත්, නිදි වරන විට ත්, හැම කල්හි නිරතුරු ඥානදර්ශනය පිහිටා තිබෙන්නේ නොවැ' කියා ය. ඔහු මෙසේ ත් කියයි. 'මම අනන්ත ඥානයෙන්, කෙළවරක් ඇති ලෝකය දනිමින්, දකිමින් වාසය කරමි' යි කියා ය.

භවත් ගෞතමයන් වහන්ස, ඥානවාද දෙකක් ඇති, එකිනෙකට විරුද්ධ වාද දෙකක් ඇති මේ ඇත්තන්ගෙන් සත්‍යය පවසන්නේ කවුද? බොරු පවසන්නේ කවුද?"

"වැඩක් නැත බ්‍රාහ්මණයෙනි, 'ඥානවාද දෙකක් ඇති, එකිනෙකට විරුද්ධ වාද දෙකක් ඇති මේ ඇත්තන්ගෙන් සත්‍යය පවසන්නේ කවුද? බොරු පවසන්නේ කවුද?' යන්න පසෙක තිබේවා. බ්‍රාහ්මණයෙනි, මම ඔබට ධර්මය

දේශනා කරන්නෙමි. එය අසව්. මැනැවින් මෙනෙහි කරව්. පවසන්නෙමි."

"එසේ ය භවතැ"යි ඒ බ්‍රාහ්මණයෝ භාග්‍යවතුන් වහන්සේට පිළිවදන් දුන්හ. භාග්‍යවතුන් වහන්සේ මෙය වදාළ සේක.

"බ්‍රාහ්මණයෙනි, පුරුෂයෝ සතර දෙනෙක් සතර දිශාවෙහි සිටියාහු ය. ඔවුහු උතුම් ගතියෙනුත්, උතුම් ජවයෙනුත්, උතුම් පියවර ගමනිනුත් යුක්තයහ. ඔවුහු මෙබඳු ජවයෙන් යුක්ත ව සිටියාහු ය. යම් සේ බ්‍රාහ්මණයෙනි, දැඩි සේ ගත් ශිල්ප ඇති, ඇදුරු කුලයෙහි මැනැවින් උගත් ශිල්ප ඇති, කෘතහස්ත වූ, දක්වන ලද ශිල්ප ශාස්ත්‍ර ඇති දුනුවායෙක් සැහැල්ලු ඊයකින් ඉතා පහසුවෙන්, නිදුකින්, තල් කොළය සිදුරු කොට විදින්නේ වෙයි ද, එබඳු ය.

ඔවුහු මෙබඳු පියවර ගමනින් යුත්තාහ. යම් සේ පෙරදිග සාගරයෙන් බටහිර සාගරයට යම් දුරක් ඇද්ද එබඳු ය. එකල්හී පෙරදිග සිටි පුරුෂයා මෙසේ කියයි. 'මම ගමනින් ලෝකයෙහි අන්තයට පැමිණෙන්නෙමි' යි. ඔහු කෑම බීම කන බොන වේලාව, මලමූත්‍රා කරන වේලාව, නිදා ගැනීම් - සිරුරු වෙහෙස සංසිඳවන වේලාව අත්හැර, සිය වසරක් ආයුෂ ඇති ව, සිය වසරක් ජීවත් වෙමින්, සිය වසරක් ගොස්, ලෝකයෙහි කෙළවරට නොපැමිණ අතරමග කළුරිය කරන්නේ වෙයි ද, ඉක්බිති බටහිර දිශාවේ සිටි පුරුෂයා මෙසේ කියයි. ....(පෙ).... ඉක්බිති උතුරු දිශාවේ සිටි පුරුෂයා මෙසේ කියයි. ....(පෙ).... ඉක්බිති දකුණු දිශාවේ සිටි පුරුෂයා මෙසේ කියයි. 'මම ගමනින් ලෝකයෙහි අන්තයට පැමිණෙන්නෙමි' යි. ඔහු කෑම බීම කන බොන වේලාව, මලමූත්‍රා කරන වේලාව, නිදාගැනීම් - සිරුරු වෙහෙස සංසිඳවන වේලාව අත්හැර, සිය වසරක් ආයුෂ ඇති ව, සිය වසරක් ජීවත් වෙමින්, සිය වසරක් ගොස්, ලෝකයෙහි කෙළවරට නොපැමිණ අතරමග කළුරිය කරන්නේ වෙයි. ඒ මක් නිසා ද යත්, බ්‍රාහ්මණයෙනි, මම මෙබඳු වූ ඇවිදීමකින් ලෝකයාගේ අන්තය දැනගත යුත්තේ ය, දැක ගත යුත්තේ ය, පැමිණිය යුත්තේ ය යැයි නොකියමි. බ්‍රාහ්මණයෙනි, මම ලෝකයෙහි අන්තයට නොපැමිණ ද දුක් කෙළවර කිරීමක් නොකියමි.

බ්‍රාහ්මණයෙනි, ආර්ය විනයෙහි මේ පංචකාම ගුණයන්ට ලෝකය යැයි කියනු ලැබේ. ඒ කවර පසක් ද යත්, ඉෂ්ට වූ, කාන්ත වූ, මනාප වූ, ප්‍රිය ස්වභාව ඇති, කාමූපසංහිත වූ, රජනීය වූ, ඇසින් දත යුතු වූ රූපයෝ ඇත්තාහ. කනින් දත යුතු වූ ශබ්දයෝ ඇත්තාහ. ....(පෙ).... නාසයෙන් දත යුතු වූ ගන්ධයෝ ඇත්තාහ. ....(පෙ).... දිවෙන් දත යුතු වූ රසයෝ ඇත්තාහ. ඉෂ්ට වූ, කාන්ත වූ, මනාප වූ, ප්‍රිය ස්වභාව ඇති, කාමූපසංහිත වූ, රජනීය වූ, කයින් දත යුතු වූ

ස්පර්ශයෝ ඇත්තාහ. බ්‍රාහ්මණයෙනි, මේ පංච කාම ගුණයන්ට ආර්ය විනයෙහි ලෝකය යැයි කියනු ලැබේ.

බ්‍රාහ්මණයෙනි, මෙහිලා භික්ෂුවක් කාමයන්ගෙන් වෙන් ව ....(පෙ).... ප්‍රථම ධ්‍යානය උපදවාගෙන වාසය කරයි. බ්‍රාහ්මණයෙනි, මේ භික්ෂුව ලෝකයෙහි කෙළවරට පැමිණ, ලෝකය කෙළවරෙහි වසන්නේ යැයි කියනු ලැබේ. ඔහු ගැන අන්‍යයෝ මෙසේ කියති. 'මෙය ත් ලෝකයට ඇතුළත් වූ දෙයකි. ලෝකයෙන් බැහැර නොවූ දෙයකි' යි කියා ය. බ්‍රාහ්මණයෙනි, මම ත් මෙසේ කියමි. 'මෙය ත් ලෝකයට ඇතුළත් වූ දෙයකි. ලෝකයෙන් බැහැර නොවූ දෙයකි' යි කියා ය.

තව ද බ්‍රාහ්මණයෙනි, භික්ෂුව විතර්ක විචාර සංසිඳුවීමෙන් ....(පෙ).... දෙවෙනි ධ්‍යානය උපදවාගෙන වාසය කරයි. ....(පෙ).... තුන්වෙනි ධ්‍යානය උපදවාගෙන වාසය කරයි. ....(පෙ).... සතරවෙනි ධ්‍යානය උපදවාගෙන වාසය කරයි. ....(පෙ)....

තවද බ්‍රාහ්මණයෙනි, භික්ෂුව සියළු අයුරින් රූප සංඥාවන් ඉක්මවීමෙන්, ගොරෝසු සංඥාවන් නැති වීමෙන් සංඥාවන්ගේ නා නා ස්වභාවය මෙනෙහි නොකිරීමෙන් 'අනන්ත ආකාසය' යැයි ආකාසානඤ්චායතනයට පැමිණ වාසය කරයි. බ්‍රාහ්මණයෙනි, මේ භික්ෂුව ලෝකයෙහි කෙළවරට පැමිණ, ලෝකය කෙළවරෙහි වසන්නේ යැයි කියනු ලැබේ. ඔහු ගැන අන්‍යයෝ මෙසේ කියති. 'මෙය ත් ලෝකයට ඇතුළත් වූ දෙයකි. ලෝකයෙන් බැහැර නොවූ දෙයකි' යි කියා ය. බ්‍රාහ්මණයෙනි, මම ත් මෙසේ කියමි. 'මෙය ත් ලෝකයට ඇතුළත් වූ දෙයකි. ලෝකයෙන් බැහැර නොවූ දෙයකි' යි කියා ය.

තව ද බ්‍රාහ්මණයෙනි, භික්ෂුව සියළු අයුරින් ආකාසානඤ්චායතනය ඉක්මවීමෙන්, 'විඤ්ඤාණය අනන්ත' යැයි විඤ්ඤාණඤ්චායතනය උපදවාගෙන වාසය කරයි. ....(පෙ).... සියළු අයුරින් විඤ්ඤාණඤ්චායතනය ඉක්ම ගොස් 'කිසිවක් නැතැ' යි ආකිඤ්චඤ්ඤායතනය උපදවාගෙන වාසය කරයි. ....(පෙ).... සියළු අයුරින් ආකිඤ්චඤ්ඤායතනය ඉක්ම ගොස් නේවසඤ්ඤානාසඤ්ඤායතනය උපදවාගෙන වාසය කරයි. බ්‍රාහ්මණයෙනි, මේ භික්ෂුව ලෝකයෙහි කෙළවරට පැමිණ, ලෝකය කෙළවරෙහි වසන්නේ යැයි කියනු ලැබේ. ඔහු ගැන අන්‍යයෝ මෙසේ කියති. 'මෙය ත් ලෝකයට ඇතුළත් වූ දෙයකි. ලෝකයෙන් බැහැර නොවූ දෙයකි' යි කියා ය. බ්‍රාහ්මණයෙනි, මම ත් මෙසේ කියමි. 'මෙය ත් ලෝකයට ඇතුළත් වූ දෙයකි. ලෝකයෙන් බැහැර නොවූ දෙයකි' යි කියා ය.

තව ද බ්‍රාහ්මණයෙනි, භික්ෂුව සියළු අයුරින් නේවසඤ්ඤා නාසඤ්ඤායතනය ඉක්මවීමෙන්, සංඥාවේදයිත නිරෝධයට සමවැදී වාසය කරයි. ප්‍රඥාවෙන් දැක ඔහුගේ ආශ්‍රවයෝ ත් ක්ෂය වූවාහු වෙති. බ්‍රාහ්මණයෙනි, මේ භික්ෂුව ලෝකයෙහි අන්තයට පැමිණියේ, ලෝකය අන්තයේ වාසය කරන්නේ යැයි ද, ලෝකයෙහි තෘෂ්ණාව තරණය කළේ යැයි ද කියනු ලැබේ.

සාදු! සාදු!! සාදු!!!

ලෝකායතික බ්‍රාහ්මණ සූත්‍රය නිමා විය.

9.1.4.8.
දේවාසුරසංගාම සූත්‍රය
සුර අසුර යුද්ධය ගැන වදාළ දෙසුම

සැවැත් නුවර දී ය .....

මහණෙනි, මෙය පෙර සිදු වූ දෙයකි. දේව අසුර යුද්ධයක් ආරම්භ වූයේ ය. මහණෙනි, ඒ යුද්ධයෙහි අසුරයෝ ජයගත්තාහු ය. දෙවියෝ පැරදුණාහු ය. මහණෙනි, පරාජිත දෙවියෝ උතුරු දිශාවට අභිමුඛ ව පළාගියාහු ය. අසුරයෝ දෙවියන් පසුපස හඹා ගියාහු ය. ඉක්බිති මහණෙනි, දෙවියන්ට මේ අදහස ඇතිවූයේ ය.

'අසුරයෝ අප ව ලුහු බඳිත් ම යි. ඉදින් අපි අසුරයන් හා දෙවෙනි වරට ත් යුද්ධ කරන්නෙමු නම් යහපති' යි.

මහණෙනි, දෙවෙනි වතාවේ ත් දෙවියෝ අසුරයන් හා යුද වැදුණාහු ය. මහණෙනි, දෙවෙනි වතාවේ ත් අසුරයෝ ම ජයගත්තාහු ය. දෙවියෝ පැරදුණාහු ය. මහණෙනි, පරාජිත දෙවියෝ බියට පත් ව උතුරු දිශාවට අභිමුඛ ව පළාගියාහු ය. අසුරයෝ දෙවියන් පසුපස හඹා ගියාහු ය. ඉක්බිති මහණෙනි, දෙවියන්ට මේ අදහස ඇතිවූයේ ය.

'අසුරයෝ අප ව ලුහු බඳිත් ම යි. ඉදින් අපි අසුරයන් හා තුන්වෙනි වරට ත් යුද්ධ කරන්නෙමු නම් යහපති' යි.

මහණෙනි, තුන්වෙනි වරට ත් දෙවියෝ අසුරයන් හා යුද වැදුණාහු

ය. මහණෙනි, තුන්වෙනි වතාවේ ත් අසුරයෝ ම ජයගත්තාහු ය. දෙවියෝ පැරදුණාහු ය. මහණෙනි, පරාජිත දෙව්වරු බියෙන් තැති ගෙන දෙව්පුරයට ම පිවිසියාහු ය.

මහණෙනි, දෙව්පුරට ගිය ඒ දෙවියන් හට මේ අදහස ඇතිවිය.

'දැන් අපි මෙකල නිර්භය ස්ථානයට පැමිණ වාසය කරම්හ. අසුරයන් විසින් දැන් කිසිවක් කළ නොහැක්කේ ය.'

මහණෙනි, අසුරයන්ට ද මේ අදහස ඇතිවූයේ ය.

'දැන් දෙවියෝ මෙකල නිර්භය ස්ථානයට ගොස් වාසය කරති. අප විසින් ඔවුන්ට කිසිවක් කළ නොහැක්කේ ය.'

මහණෙනි, මෙය පෙර සිදු වූ දෙයකි. සුර අසුර යුද්ධයක් ආරම්භ වූයේ ය. මහණෙනි, ඒ යුද්ධයෙහිදී දෙවියෝ ජයගත්තාහු ය. අසුරයෝ පැරදුණාහු ය. පරාජිත අසුරයෝ දකුණු දිශාවට අභිමුඛ ව පළාගියාහු ය. දෙවියෝ අසුරයන් පසුපස හඹා ගියාහු ය. ඉක්බිති මහණෙනි, අසුරයන්ට මේ අදහස ඇතිවූයේ ය.

'දෙවියෝ අප ව ලුහු බඳිත් ම යි. ඉදින් අපි දෙවියන් හා දෙවෙනි වරට ත් යුද්ධ කරන්නෙමු නම් යහපති' යි.

මහණෙනි, දෙවෙනි වතාවේ ත් අසුරයෝ දෙවියන් හා යුද වැදුණාහු ය. මහණෙනි, දෙවෙනි වතාවේ ත් දෙවියෝ ජයගත්තාහු ය. අසුරයෝ පැරදුණාහු ය. පරාජිත අසුරයෝ දකුණු දිශාවට අභිමුඛ ව පළාගියාහු ය. දෙවියෝ අසුරයන් පසුපස හඹා ගියාහු ය. ඉක්බිති මහණෙනි, අසුරයන්ට මේ අදහස ඇතිවූයේ ය.

'දෙවියෝ අප ව ලුහු බඳිත් ම යි. ඉදින් අපි දෙවියන් හා තුන්වෙනි වරට ත් යුද්ධ කරන්නෙමු නම් යහපති' යි.

මහණෙනි, තුන්වෙනි වතාවේ ත් දෙවියෝ අසුරයන් හා යුද වැදුණාහු ය. මහණෙනි, තුන්වෙනි වතාවේ ත් දෙවියෝ ම ජයගත්තාහු ය. අසුරයෝ පැරදුණාහු ය. මහණෙනි, පරාජිත අසුරයෝ බියෙන් තැති ගෙන අසුර පුරයට ම පිවිසියාහු ය.

මහණෙනි, අසුර පුරයට ගිය ඒ අසුරයන් හට මේ අදහස ඇතිවිය.

'දැන් අපි මෙකල නිර්භය ස්ථානයට පැමිණ වාසය කරම්හ. දෙවියන්

විසින් දැන් කිසිවක් කළ නොහැක්කේ ය.'

මහණෙනි, දෙවියන්ට ද මේ අදහස ඇතිවූයේ ය.

'දැන් අසුරයෝ මෙකල නිර්භය ස්ථානයට ගොස් වාසය කරති. අප විසින් ඔවුන්ට කිසිවක් කළ නොහැක්කේ ය.'

එසෙයින් ම මහණෙනි, යම් කලක භික්ෂුවක් කාමයන්ගෙන් වෙන් ව ....(පෙ).... පළමු වෙනි ධ්‍යානය උපදවාගෙන වාසය කරයි නම්, මහණෙනි, එසමයෙහි භික්ෂුවට මෙසේ සිතෙයි.

'මම දැන් මෙකල නිර්භය ස්ථානයට පැමිණි සිතින් වාසය කරමි. මාරයා විසින් කිසිවක් කළ නොහැක්කේ ය.'

මහණෙනි, පවිටු මාරයාට ද මෙසේ සිතෙයි.

'දැන් මෙකල භික්ෂුව නිර්භය ස්ථානයට පැමිණි සිතින් වාසය කරයි. මා විසින් කිසිවක් කළ නොහැක්කේ ය.'

මහණෙනි, යම් කලක භික්ෂුව විතර්ක විචාරයන් සංසිඳුවීමෙන් ....(පෙ).... දෙවෙනි ධ්‍යානය ....(පෙ).... තුන්වෙනි ධ්‍යානය ....(පෙ).... සතරවෙනි ධ්‍යානය උපදවාගෙන වාසය කරයි නම්, මහණෙනි, එසමයෙහි භික්ෂුවට මෙසේ සිතෙයි.

'මම දැන් මෙකල නිර්භය ස්ථානයට පැමිණි සිතින් වාසය කරමි. මාරයා විසින් කිසිවක් කළ නොහැක්කේ ය.'

මහණෙනි, පවිටු මාරයාට ද මෙසේ සිතෙයි.

'දැන් මෙකල භික්ෂුව නිර්භය ස්ථානයට පැමිණි සිතින් වාසය කරයි. මා විසින් කිසිවක් කළ නොහැක්කේ ය.'

මහණෙනි, යම් කලක භික්ෂුව සියළු අයුරින් රූප සංඥාවන් ඉක්මවීමෙන්, ගොරෝසු සංඥාවන් නැති වීමෙන් සංඥාවන්ගේ නා නා ස්වභාවය මෙනෙහි නොකිරීමෙන් 'අනන්ත ආකාසය' යැයි ආකාසානඤ්චායතනයට පැමිණ වාසය කරයි. මහණෙනි, මේ භික්ෂුව මාරයාට පැමිණෙන්නට ඇති ඉඩකඩ නසා අවසන් කළේ ය. මාරයාගේ ඇසට නොපෙනී ගියේ යැයි කියනු ලැබේ.

මහණෙනි, යම් කලක භික්ෂුව සියළු අයුරින් ආකාසානඤ්චායතනය ඉක්මවීමෙන්, 'විඤ්ඤාණය අනන්ත' යැයි විඤ්ඤාණඤ්චායතනයට පැමිණ වාසය කරයි. ....(පෙ).... සියළු අයුරින් විඤ්ඤාණඤ්චායතනය ඉක්ම ගොස්

'කිසිවක් නැත' යි ආකිඤ්චඤ්ඤායතනයට පැමිණ වාසය කරයි. ....(පෙ).... සියළු අයුරින් ආකිඤ්චඤ්ඤායතනය ඉක්මවීමෙන් නේවසඤ්ඤානාසඤ්ඤායතනයට පැමිණ වාසය කරයි. ....(පෙ).... සියළු අයුරින් නේවසඤ්ඤානාසඤ්ඤායතනය ඉක්මවාගොස් සංඥාවේදයිත නිරෝධ සමාපත්තියට පැමිණ වාසය කරයි. ප්‍රඥාවෙන් දැක ඔහුගේ ආශ්‍රවයෝ ත් ක්ෂය වූවාහු වෙති. මහණෙනි, මේ භික්ෂුව මාරයාට පැමිණෙන්නට ඇති ඉඩකඩ නසා අවසන් කළේ ය. මාරයාගේ ඇසට නොපෙනී ගියේ ය. ලෝකයෙහි තෘෂ්ණාව තරණය කළේ යැයි කියනු ලැබේ.

සාදු! සාදු!! සාදු!!!

දේවාසුරසංගාම සූත්‍රය නිමා විය.

9.1.4.9.
ආරඤ්ඤකනාගෝපම සූත්‍රය
වනයෙහි හස්තිරාජයා උපමා කොට වදාළ දෙසුම

සැවැත් නුවර දී ය .....

මහණෙනි, යම් කලක ගොදුරු සොයන්නට යන වනයෙහි හස්තිරාජයාට ඉදිරියෙන් ගොස් ඇත්තුත්, ඇතින්නියෝ ත්, තරුණ ඇත්තුත්, ඇත් පැටව් ත් තණඅග සිඳ කති. මහණෙනි, එයින් වනයෙහි හස්තිරාජයා පෙළෙයි, ලැජ්ජා වෙයි, පිළිකුල් කරයි.

මහණෙනි, යම් කලක ගොදුරු සොයන්නට යන වනයෙහි හස්තිරාජයා විසින් පහත් කොට තැබූ අතු ඉති, මහා ඇත්තුත්, ඇතින්නියෝ ත්, තරුණ ඇත්තුත්, ඇත් පැටව් ත් කති. මහණෙනි, එයින් වනයෙහි හස්තිරාජයා පෙළෙයි, ලැජ්ජා වෙයි, පිළිකුල් කරයි.

මහණෙනි, යම් කලෙක දියට බසින වනවැසි හස්තිරාජයාට කලින් කලින් ම ගොස් මහා ඇත්තු ත්, ඇතින්නියෝ ත්, තරුණ ඇත්තුත්, ඇත් පැටව් ත් සොඬින් දිය කළඹා දමති. මහණෙනි, එයින් වනයෙහි හස්තිරාජයා පෙළෙයි, ලැජ්ජා වෙයි, පිළිකුල් කරයි.

මහණෙනි, යම් කලක දියෙහි බැස සිටි වනයෙහි හස්තිරාජයාගේ

සිරුරෙහි ගැටෙමින් ඇතින්නියෝ ද යති. මහණෙනි, එයින් වනයෙහි හස්තිරාජයා පෙළෙයි, ලැජ්ජා වෙයි, පිළිකුල් කරයි.

මහණෙනි, එසමයෙහි වනවැසි හස්තිරාජයාට මෙසේ සිතෙයි. 'මම මෙකල ඇතුන් සමඟ, ඇතින්නියන් සමඟ, තරුණ ඇතුන් සමඟ, ඇත් පැටවුන් සමඟ එකට වාසය කරමි. සිඳුණු අග ඇති තණ ද කමි. මා විසින් පාත් කොට තැබූ අතු ත් ඔවුන් කඩා කති. කැලතී ගිය පැන් ද බොමි. දියට බැස්ස කල්හී මාගේ සිරුරෙහි ගැටෙමින් ඇතින්නියෝ ද යති. මම මේ පිරිසෙන් වෙන් ව හුදෙකලාවේ වාසය කරන්නේ නම් යහපති'යි.

ඒ හස්තිරාජ තෙමේ පසු කලක තනිවූයේ, පිරිසෙන් වෙන් වූයේ, හුදෙකලාව වාසය කරයි. නොසිඳී ගිය අග ඇති තණ ද කයි. ඔහු විසින් පහත් කොට තැබූ අතු කිසිවෙක් කඩා නොකති. නොකැළඹී ගිය පැනු ත් බොයි. ජලයට බැස්ස කල්හී ඔහුගේ සිරුරෙහි ගැටෙමින් ඇතින්නියෝ ද නොයති. මහණෙනි, එකල්හී ඒ වනවාසී හස්තිරාජයට මෙසේ සිතෙයි. 'මම පෙර ඇතුන් සමඟ, ඇතින්නියන් සමඟ, තරුණ ඇතුන් සමඟ, ඇත් පැටවුන් සමඟ එකට වාසය කළෙමි. සිඳුණු අග ඇති තණ ද කැවෙමි. මා විසින් පාත් කොට තැබූ අතු ත් ඔවුන් කඩා කෑහ. කැලතී ගිය පැන් ද බිව්වෙමි. දිය බැස්ස කල්හී මාගේ සිරුරෙහි ගැටෙමින් ඇතින්නියෝ ද ගියහ. දැන් ඒ මම මෙකල හුදෙකලා වූයේ, පිරිසෙන් වෙන් වී වාසය කරමි. නොසිඳී ගිය අග ඇති තණ ද කමි. මා විසින් පහත් කොට තැබූ අතු කිසිවෙක් කඩා නොකති. නොකැළඹී ගිය පැනු ත් බොමි. ජලයට බැස්ස කල්හී මාගේ සිරුරෙහි ගැටෙමින් ඇතින්නියෝ ද නොයති.

ඔහු සොඬින් අතු ඉති බිඳ ඒ අතුවලින් කය පිරිමැද සතුටු සිතින් කයෙහි කැසීම් නසයි.

මහණෙනි, එසෙයින් ම යම් කලක භික්ෂූන් සමඟ, භික්ෂුණීන් සමඟ, උපාසකයන් සමඟ, උපාසිකාවන් සමඟ, රජුන් සමඟ, රාජ මහාමාත්‍යයින් සමඟ, තීර්ථකයින් සමඟ, තීර්ථක ශ්‍රාවකයින් සමඟ භික්ෂුවක් එක් ව වාසය කරයි ද, එසමයෙහි ඒ භික්ෂුවට මෙසේ සිතෙයි.

'මම වනාහී මෙකල භික්ෂූන් සමඟ, භික්ෂුණීන් සමඟ, උපාසකයන් සමඟ, උපාසිකාවන් සමඟ, රජුන් සමඟ, රාජ මහාමාත්‍යයින් සමඟ, තීර්ථකයින් සමඟ, තීර්ථක ශ්‍රාවකයින් සමඟ එක් ව වාසය කරමි. ඉදින් මම තනි වී, පිරිසෙන් වෙන් වී, හුදෙකලාව වසන්නෙම් නම් යහපති' යි.

හේ හුදෙකලා සෙනසුන් සේවනය කරයි. අරණ්‍යය, රුක් සෙවණ, පර්වත, දියඇලි, ගිරි ගුහා, සුසාන, ගැඹුරු වනය, හිස් අවකාශය, පිදුරු ගෙවල් යනාදිය සේවනය කරයි. හේ අරණ්‍යයට ගියේ වේවා, රුක් සෙවණට ගියේ වේවා, හිස් ගෙයකට ගියේ වේවා, පළඟක් බැඳ කය ඍජු කොට භාවනා අරමුණෙහි සිහිය පිහිටුවා වාඩි වෙයි.

හේ ඒ ලෝකය කෙරෙහි දැඩි ලෝභය අත්හැර ලෝභය දුරු වූ සිතින් වාසය කරයි. ලෝභයෙන් සිත පිරිසිදු කරයි. ව්‍යාපාද දෝෂය අත්හැර ව්‍යාපාද නැති සිතින් සියළු ප්‍රාණ භූතයින් කෙරෙහි හිතානුකම්පී ව වාසය කරයි. ව්‍යාපාද දෝෂයෙන් සිත පිරිසිදු කරයි. ථීනමිද්ධය අත්හැර ථීනමිද්ධය දුරු කොට ආලෝක සංඥාවෙන් යුතුව, සිහි නුවණින් යුතුව වාසය කරයි. ථීනමිද්ධයෙන් සිත පිරිසිදු කරයි. උද්ධච්ච කුක්කුච්චය අත්හැර, සිතේ විසිරීමෙන් තොර ව තමා තුළ සංසිඳුණු සිතින් වාසය කරයි. උද්ධච්ච කුක්කුච්චයෙන් සිත පිරිසිදු කරයි. විචිකිච්ඡාව අත්හැර විචිකිච්ඡාවෙන් එතෙර වී වාසය කරයි. කුසල් දහම් පිළිබඳ ව 'කෙසේ ද, කෙසේ ද' යන සැකයෙන් තොර ව වාසය කරයි. විචිකිච්ඡාවෙන් සිත පිරිසිදු කරයි.

ඔහු සිතට උපක්ලේශ වූ, ප්‍රඥාව දුර්වල කරන මේ පංච නීවරණ ප්‍රහාණය කොට කාමයන්ගෙන් වෙන් ව ....(පෙ).... පළමුවෙනි ධ්‍යානය උපදවාගෙන වාසය කරයි. ඔහු සතුටු සිතින් යුතු ව කෙලෙස් කැසීම් නසයි. විතර්ක විචාරයන් සංසිඳුවීමෙන් ....(පෙ).... දෙවෙනි ධ්‍යානය ....(පෙ).... තුන්වෙනි ධ්‍යානය ....(පෙ).... සතරවෙනි ධ්‍යානය උපදවාගෙන වාසය කරයි. ඔහු සතුටු සිතින් යුතු ව කෙලෙස් කැසීම් නසයි.

සියළු අයුරින් රූප සංඥාවන් ඉක්මවීමෙන්, ගොරෝසු සංඥාවන් නැති වීමෙන් සංඥාවන්ගේ නා නා ස්වභාවය මෙනෙහි නොකිරීමෙන් 'අනන්ත ආකාසය' යැයි ආකාසානඤ්චායතනයට පැමිණ වාසය කරයි. ඔහු සතුටු සිතින් යුතු ව කෙලෙස් කැසීම් නසයි. සියළු අයුරින් ආකාසානඤ්චායතනය ඉක්මවීමෙන්, 'විඤ්ඤාණය අනන්ත' යැයි විඤ්ඤාණඤ්චායතනයට පැමිණ වාසය කරයි. ඔහු සතුටු සිතින් යුතු ව කෙලෙස් කැසීම් නසයි. සියළු අයුරින් විඤ්ඤාණඤ්චායතනය ඉක්ම ගොස් 'කිසිවක් නැතැ' යි ආකිඤ්චඤ්ඤායතනයට පැමිණ වාසය කරයි. ඔහු සතුටු සිතින් යුතු ව කෙලෙස් කැසීම් නසයි. සියළු අයුරින් ආකිඤ්චඤ්ඤායතනය ඉක්මවීමෙන් නේවසඤ්ඤානාසඤ්ඤායතනයට පැමිණ වාසය කරයි. ඔහු සතුටු සිතින් යුතු ව කෙලෙස් කැසීම් නසයි. සියළු අයුරින් නේවසඤ්ඤානාසඤ්ඤායතනය ඉක්මවාගොස් සංඥාවේදයිත නිරෝධ සමාපත්තියට පැමිණ වාසය කරයි. ප්‍රඥාවෙන් දැක ඔහුගේ ආශ්‍රවයෝ ද ක්ෂය

වූවාහු වෙති. ඔහු සතුටු සිතින් යුතු ව කෙලෙස් කැසීම් නසයි.

සාදු! සාදු!! සාදු!!!

ආරඤ්ඤකනාගෝපම සූත්‍රය නිමා විය.

9.1.4.10.
තපුස්සගහපති සූත්‍රය
තපුස්ස ගෘහපතියාගේ ප්‍රශ්නය ගැන වදාළ දෙසුම

මා විසින් මෙසේ අසන ලදී. එක් සමයක භාග්‍යවතුන් වහන්සේ මල්ල ජනපදයෙහි උරුවේලකප්ප නම් මල්ලයන්ගේ නියම්ගමෙහි වැඩවෙසෙන සේක. එකල්හී භාග්‍යවතුන් වහන්සේ පෙරවරුවෙහි සිවුරු හැඳ පොරොවාගෙන පාත්‍රය හා සිවුර ගෙන උරුවේලකප්පයට පිඬු පිණිස පිවිසි සේක. උරුවේල කප්පයෙහි පිඬු පිණිස හැසිර පසුබත් කාලයෙහි පිණ්ඩපාතයෙන් වැළකී ආයුෂ්මත් ආනන්දයන් වහන්සේ ඇමතු සේක.

"ආනන්දයෙනි, මම මහාවනය ඇතුළට ගොස් දිවාවිහරණය කොට එනතුරු ඔබ මෙහි ම සිටින්න."

"එසේ ය, ස්වාමීනී" යි ආයුෂ්මත් ආනන්දයන් වහන්සේ භාග්‍යවතුන් වහන්සේට පිළිවදන් දුන්හ. ඉක්බිති භාග්‍යවතුන් වහන්සේ මහාවනය ඇතුළට වැඩම කොට එක්තරා රුක් සෙවණක දිවාවිහරණයෙන් වැඩහුන් සේක.

එකල්හී තපුස්ස ගෘහපති ආයුෂ්මත් ආනන්දයන් වහන්සේ වෙත පැමිණියේ ය. පැමිණ ආයුෂ්මත් ආනන්දයන් වහන්සේට සකසා වන්දනා කොට එකත්පස් ව හිඳගත්තේ ය. එකත්පස් ව හුන් තපුස්ස ගෘහපති තෙමේ ආයුෂ්මත් ආනන්දයන් වහන්සේට මෙය පැවසුවේ ය.

"ස්වාමීනී, ආනන්දයන් වහන්ස, අපි කම්සැප අනුභව කරන ගිහියෝ වෙමු. කාමයන්හි ඇලෙමින්, කාමයන් තුළ වෙසෙමින්, කාමයන් තුළ සතුටු වෙමින් වෙසෙන අපට මේ ගිහිගෙයින් නික්මී පැවිදි වීම යනු ප්‍රපාතයක් සේ වැටහෙයි. නමුත් ස්වාමීනී, මා විසින් අසන ලද්දේ මේ ධර්ම විනය තුළ මේ පැවිදි බව ශාන්ත වශයෙන් දකිමින් ඉතා තරුණ භික්ෂූන්ගේ සිත ගිහිගෙ යින් නික්ම ලබන පැවිද්දෙහි බැසගන්නා බව යි. පහදින බව යි. පිහිටන බව

යි. නිදහස් වෙන බව යි. ස්වාමීනී, මේ ධර්ම විනයෙහි භික්ෂූන්ගේ යම් මේ ගිහිගෙයින් නික් ම පැවිදි වීමක් ඇද්ද, මෙය බොහෝ ජනයාගේ අදහසට නොගැලපෙන දෙයකි."

"ගෘහපතිය, භාග්‍යවතුන් වහන්සේ බැහැදකිනු පිණිස මෙය කථා පඬුරෙකි. ගෘහපතිය, භාග්‍යවතුන් වහන්සේ යම් තැනක වැඩසිටින සේක් ද, එතැනට යමු. ගොස් භාග්‍යවතුන් වහන්සේට මෙකරුණ සැළ කරමු. භාග්‍යවතුන් වහන්සේ යම් පරිදි අපට වදාරණ සේක් නම්, එපරිද්දෙන් දරා ගනිමු."

"එසේ ය, ස්වාමීනී" යි තපුස්ස ගෘහපති ආයුෂ්මත් ආනන්දයන් වහන්සේට පිළිතුරු දුන්නේ ය.

එකල්හී ආයුෂ්මත් ආනන්දයන් වහන්සේ තපුස්ස ගෘහපතියා සමඟ භාග්‍යවතුන් වහන්සේ වෙත එළඹියහ. එළඹ ....(පෙ).... භාග්‍යවතුන් වහන්සේට මෙය පැවසූහ.

"ස්වාමීනී, මේ තපුස්ස ගෘහපති තෙමේ මෙසේ කියයි. 'ස්වාමීනී, ආනන්දයන් වහන්ස, අපි කම්සැප අනුභව කරන ගිහියෝ වෙමු. කාමයන්හි ඇලෙමින්, කාමයන් තුළ වෙසෙමින්, කාමයන් තුළ සතුටු වෙමින් වෙසෙන අපට මේ ගිහිගෙයින් නික්මී පැවිදි වීම යනු ප්‍රපාතයක් සේ වැටහෙයි. නමුත් ස්වාමීනී, මා විසින් අසන ලද්දේ මේ ධර්ම විනය තුළ මේ පැවිදි බව ශාන්ත වශයෙන් දකිමින් ඉතා තරුණ භික්ෂූන්ගේ සිත ගිහිගෙයින් නික්ම ලබන පැවිද්දෙහි බැසගන්නා බව යි. පහදින බව යි. පිහිටන බව යි. නිදහස් වෙන බව යි. ස්වාමීනී, මේ ධර්ම විනයෙහි භික්ෂූන්ගේ යම් මේ ගිහිගෙයින් නික් ම පැවිදි වීමක් ඇද්ද, මෙය බොහෝ ජනයාගේ අදහසට නොගැලපෙන දෙයකි' යනුවෙනි.

"ආනන්දයෙනි, එය එසේ ම ය. ආනන්දයෙනි, එය එසේ ම ය. ආනන්දයෙනි, මට පවා සම්බුද්ධත්වයට කලින් ම, සම්බුදු නොවී සිටිය දී බෝසත් වූයේ ම මේ අදහස ඇතිවූයේ ය. එනම්, 'කාමයෙන් නික්මීම යහපති. හුදෙකලා විවේකය යහපති' වශයෙනි. එනමුත් ආනන්දයෙනි, කාමයන් ගෙන් නික්මීම නම් වූ මෙය ශාන්ත යැයි දකින්නා වූ මාගේ සිත කාමයන්ගෙන් නික්මීමෙහි නොබැස ගනියි. නොපහදියි. නොපිහිටයි. නිදහස් නොවෙයි.

එවිට ආනන්දයෙනි, මට මෙසේ සිතුණේ ය. කාමයන් ගෙන් නික්මීම නම් වූ මෙය ශාන්ත යැයි දකින්නා වූ මාගේ සිත කාමයන්ගෙන් නික්මීමෙහි නොබැසගන්නා, නොපහදින, නොපිහිටන, නිදහස් නොවන හේතුව කුමක්

ද? ප්‍රත්‍යය කුමක් ද? කියා ය. ඉක්බිති ආනන්දයෙනි, මට මේ අදහස ඇතිවිය. 'මා විසින් කාමයන්ගේ දුර්විපාකයන් නොදකින ලද්දේ ය. මා විසින් කාමයෙහි ආදීනව බහුල ව මෙනෙහි නොකරන ලද්දේ ය. කාමයන්ගෙන් නික්මීමෙහි අනුසස් අවබෝධ නොකරන ලද්දේ ය. කාමයන්ගෙන් නික්මීම මවිසින් සේවනය නොකරන ලද්දේ ය. එහෙයින් කාමයන් ගෙන් නික්මීම නම් වූ මෙය ශාන්ත යැයි දකින්නා වූ මාගේ සිත කාමයන්ගෙන් නික්මීමෙහිලා නොබැසග නියි, නොපහදියි, නොපිහිටයි, නිදහස් නොවෙයි.

ඉක්බිති ආනන්දයෙනි, මට මේ අදහස ඇතිවිය. 'ඉදින් මම කාමයන්හි ආදීනව දැක ඒ ආදීනව බහුල ව සිහි කරන්නෙම් නම්, කාමයන්ගෙන් නික්මීමෙහි අනුසස් අවබෝධ කොට එය සේවනය කරන්නෙම් නම්, කාමයන් ගෙන් නික්මීම නම් වූ මෙය ශාන්ත යැයි දකින්නා වූ මාගේ සිත කාමයන් ගෙන් නික්මීමෙහි බැසගන්නේ ය, පහදින්නේ ය, පිහිටන්නේ ය, නිදහස් වන්නේ ය යන කරුණ සිදුවිය හැකි දෙයකි.

ආනන්දයෙනි, ඒ මම පසුකාලයෙහි කාමයන්හි දුර්විපාක දැක, එය බහුල වශයෙන් මෙනෙහි කළෙමි. කාමයන්ගෙන් නික්මීමෙහි අනුසස් අවබෝධ කොට, එය සේවනය කළෙමි. එකල්හී ආනන්දයෙනි, එය ශාන්ත යැයි දකිනා මාගේ සිත කාමයන්ගෙන් නික්මීමෙහි බැසගනියි, පහදියි, පිහිටයි, නිදහස් වෙයි.

ආනන්දයෙනි, ඒ මම පසුකාලයෙහි කාමයන්ගෙන් වෙන් ව ....(පෙ).... පළමු වෙනි ධ්‍යානය උපදවාගෙන වාසය කරමි. ආනන්දයෙනි, ඒ මට මේ විහරණයෙන් වාසය කරද්දී කාම සහගත සංඥා මනසිකාරයෝ මතුවෙති. එය මට පීඩාවකි. ආනන්දයෙනි, එය මෙබඳු දෙයකි. සැපසේ සිටින කෙනෙකුට පීඩාව පිණිස දුකක් උපදින්නේ යම් සේ ද, එසෙයින් ම ඒ කාම සහගත සංඥා මනසිකාරයෝ මා තුළ මතුවෙත් නම් එය මට පීඩාවකි.

ආනන්දයෙනි, ඒ මට මේ අදහස ඇතිවිය. 'ඉදින් මම විතර්ක විචාරයන් සංසිඳවීමෙන් ....(පෙ).... දෙවෙනි ධ්‍යානය උපදවාගෙන වාසය කරන්නෙම් නම් යහපති' යි. ආනන්දයෙනි, 'මෙය ශාන්ත වූ දෙයකි' යනුවෙන් දකිනා ඒ මාගේ සිත විතර්ක විචාර නැති බවෙහි නොබැසගනියි, නොපහදියි, නොපිහිටයි, නිදහස් නොවෙයි.

ආනන්දයෙනි, ඒ මට මේ අදහස ඇතිවිය. 'මෙය ශාන්ත යැයි දකිනා ඒ මාගේ සිත විතර්ක නැති බවෙහි නොබැසගන්නා, නොපහදින, නොපිහිටන, නිදහස් නොවන හේතුව කුමක් ද? ප්‍රත්‍යය කුමක් ද? කියා ය. ඉක්බිති ආනන්දයෙනි, මට මේ අදහස ඇතිවිය. 'මා විසින් විතර්කයන්ගේ දුර්විපාකයන්

නොදකින ලද්දේ ය. මා විසින් විතර්කයන්ගේ ආදීනව බහුල ව මෙනෙහි නොකරන ලද්දේ ය. විතර්ක නැති බවෙහි අනුසස් අවබෝධ නොකරන ලද්දේ ය. විතර්ක නැති බව මවිසින් සේවනය නොකරන ලද්දේ ය. එහෙයින් මෙය ශාන්ත යැයි දකිනා ඒ මාගේ සිත විතර්ක නැති බවෙහි නොබැසගනියි, නොපහදියි, නොපිහිටයි, නිදහස් නොවෙයි.

ඉක්බිති ආනන්දයෙනි, මට මේ අදහස ඇතිවිය. 'ඉදින් මම විතර්ක විචාරයන්හි ආදීනව දැක ඒ ආදීනවය බහුල ව සිහි කරන්නේ නම්, විතර්ක විචාරයන්ගෙන් නික්මීමෙහි අනුසස් අවබෝධ කොට එය සේවනය කරන්නේ නම්, මාගේ සිත විතර්ක විචාරයන්ගෙන් නික්මීමෙහි බැසගන්නේ ය, පහදින්නේ ය, පිහිටන්නේ ය, නිදහස් වන්නේ ය යන කරුණ සිදුවිය හැකි දෙයකි.

ආනන්දයෙනි, ඒ මම පසුකාලයෙහි විතර්ක විචාරයන්හි දුර්විපාක දැක, එය බහුල වශයෙන් මෙනෙහි කළෙමි. විතර්ක විචාරයන්ගෙන් නික්මීමෙහි අනුසස් දැක, එය සේවනය කළෙමි. එකල්හී ආනන්දයෙනි, එය ශාන්ත යැයි දකිනා මාගේ සිත විතර්ක විචාරයන්ගෙන් නික්මීමෙහි බැසගනියි, පහදියි, පිහිටයි, නිදහස් වෙයි.

2. ආනන්දයෙනි, ඒ මම පසුකාලයෙහි විතර්ක විචාරයන් සංසිඳුවීමෙන් ....(පෙ).... දෙවෙනි ධ්‍යානය උපදවාගෙන වාසය කරමි. ආනන්දයෙනි, ඒ මට මේ විහරණයෙන් වාසය කරද්දී විතර්ක සහගත සංඥා මනසිකාරයෝ මතුවෙති. එය මට පීඩාවකි. ආනන්දයෙනි, එය මෙබඳු දෙයකි. සැපසේ සිටින කෙනෙකුට පීඩාව පිණිස දුකක් උපදින්නේ යම් සේ ද, එසෙයින් ම ඒ විතර්ක සහගත සංඥා මනසිකාරයෝ මා තුළ මතුවෙත් නම් එය මට පීඩාවකි.

ආනන්දයෙනි, ඒ මට මේ අදහස ඇතිවිය. 'ඉදින් මම ප්‍රීතියට ද නොඇල්මෙන් ....(පෙ).... තුන්වෙනි ධ්‍යානය උපදවාගෙන වාසය කරන්නෙමි නම් යහපති යි. ආනන්දයෙනි, 'මෙය ශාන්ත වූ දෙයකි' යි දකිනා ඒ මාගේ සිත ප්‍රීතිය නැති ධ්‍යානයෙහි නොබැසගනියි, නොපහදියි, නොපිහිටයි, නිදහස් නොවෙයි.

ආනන්දයෙනි, ඒ මට මේ අදහස ඇතිවිය. මේ ප්‍රීති රහිත බව ශාන්ත යැයි දකිනා ඒ මාගේ සිත ප්‍රීතිය නැති ධ්‍යානයෙහි නොබැසගන්නා, නොපහදින, නොපිහිටන, නිදහස් නොවන හේතුව කුමක් ද? ප්‍රත්‍යය කුමක් ද? කියා ය. ඉක්බිති ආනන්දයෙනි, මට මේ අදහස ඇතිවිය. 'මා විසින් ප්‍රීතියෙහි දුර්විපාකයන් නොදකින ලද්දේ ය. මා විසින් ප්‍රීතියෙහි ආදීනව බහුල ව මෙනෙහි නොකරන ලද්දේ ය. ප්‍රීතිය නැති ධ්‍යානයෙහි අනුසස් අවබෝධ නොකරන

ලද්දේ ය. ප්‍රීතිය නැති ධ්‍යානය මවිසින් සේවනය නොකරන ලද්දේ ය. එහෙයින් මෙම ප්‍රීති රහිත බව ශාන්ත යැයි දකිනා ඒ මාගේ සිත ප්‍රීතිය නැති ධ්‍යානයෙහි මාගේ සිත නොබැසගනියි, නොපහදියි, නොපිහිටයි, නිදහස් නොවෙයි.

ඉක්බිති ආනන්දයෙනි, මට මේ අදහස ඇතිවිය. 'ඉදින් මම ප්‍රීතියෙහි ආදීනව දැක ඒ ආදීනව බහුල ව සිහි කරන්නෙම් නම්, ප්‍රීතිය නැති ධ්‍යානයෙහි අනුසස් අවබෝධ කොට එය සේවනය කරන්නෙම් නම්, මෙම් ප්‍රීති රහිත බව ශාන්ත යැයි දකිනා ඒ මාගේ සිත ප්‍රීතිය නැති ධ්‍යානයෙහි බැසගන්නේ ය, පහදින්නේ ය, පිහිටන්නේ ය, නිදහස් වන්නේ ය යන කරුණ සිදුවිය හැකි දෙයකි.

ආනන්දයෙනි, ඒ මම පසුකාලයෙහි ප්‍රීතියෙහි දුර්විපාක දැක, එය බහුල වශයෙන් මෙනෙහි කළෙමි. ප්‍රීතිය නැති ධ්‍යානයෙහි අනුසස් අවබෝධ කොට, එය සේවනය කළෙමි. එකල්හී ආනන්දයෙනි, එය ශාන්ත යැයි දකිනා මාගේ සිත ප්‍රීතිය නැති ධ්‍යානයෙහි බැසගනියි, පහදියි, පිහිටයි, නිදහස් වෙයි.

3. ආනන්දයෙනි, ඒ මම පසුකාලයෙහි ප්‍රීතියට ද නොඇලීමෙන් ....(පෙ).... තුන්වෙනි ධ්‍යානය උපදවාගෙන වාසය කරමි. ආනන්දයෙනි, ඒ මට මේ විහරණයෙන් වාසය කරද්දී ප්‍රීති සහගත සංඥා මනසිකාරයෝ මතුවෙති. එය මට පීඩාවකි. ආනන්දයෙනි, එය මෙබඳු දෙයකි. සැපසේ සිටින කෙනෙකුට පීඩාව පිණිස දුකක් උපදින්නේ යම් සේ ද, එසෙයින් ම ඒ ප්‍රීති සහගත සංඥා මනසිකාරයෝ මා තුළ මතුවෙත් නම් එය මට පීඩාවකි.

ආනන්දයෙනි, ඒ මට මේ අදහස ඇතිවිය. 'ඉදින් මම සැපය ද ප්‍රහාණය කොට, දුක ද ප්‍රහාණය කොට ....(පෙ).... සිව්වෙනි ධ්‍යානය උපදවාගෙන වාසය කරන්නෙම් නම් යහපති යි. ආනන්දයෙනි, මෙම දුක් සැප රහිත බව ශාන්ත යැයි දකිනා ඒ මාගේ සිත දුක් සැප නැති ධ්‍යානයෙහි නොබැසගනියි, නොපහදියි, නොපිහිටයි, නිදහස් නොවෙයි.

ආනන්දයෙනි, ඒ මට මේ අදහස ඇතිවිය. 'මාගේ සිත දුක් සැප නැති ධ්‍යානයෙහි නොබැසගන්නා, නොපහදින, නොපිහිටන, නිදහස් නොවන හේතුව කුමක් ද? ප්‍රත්‍යය කුමක් ද? කියා ය. ඉක්බිති ආනන්දයෙනි, මට මේ අදහස ඇතිවිය. 'මා විසින් උපේක්ෂා සැපයෙහි දුර්විපාකයන් නොදකින ලද්දේ ය. මා විසින් උපේක්ෂා සැපයෙහි ආදීනව බහුල ව මෙනෙහි නොකරන ලද්දේ ය. දුක් සැප නැති ධ්‍යානයෙහි අනුසස් අවබෝධ නොකරන ලද්දේ ය. දුක් සැප නැති ධ්‍යානය මවිසින් සේවනය නොකරන ලද්දේ ය. එහෙයින් මේ දුක් සැප රහිත බව ශාන්ත යැයි දකිනා ඒ මාගේ සිත දුක් සැප නැති ධ්‍යානයෙහි

නොබැසගනියි, නොපහදියි, නොපිහිටයි, නිදහස් නොවෙයි.

ඉක්බිති ආනන්දයෙනි, මට මේ අදහස ඇතිවිය. 'ඉදින් මම උපේක්ෂා සැපයෙහි ආදීනව දැක ඒ ආදීනව බහුල ව සිහි කරන්නෙම් නම්, දුක් සැප නැති ධ්‍යානයෙහි අනුසස් අවබෝධ කොට එය සේවනය කරන්නෙම් නම්, මේ දුක් සැප රහිත බව ශාන්ත යැයි දකිනා ඒ මාගේ සිත දුක් සැප නැති ධ්‍යානයෙහි බැසගන්නේ ය, පහදින්නේ ය, පිහිටන්නේ ය, නිදහස් වන්නේ ය යන කරුණ සිදුවිය හැකි දෙයකි.

ආනන්දයෙනි, ඒ මම පසුකාලයෙහි උපේක්ෂා සැපයෙහි දුර්විපාක දැක, එය බහුල වශයෙන් මෙනෙහි කළෙමි. දුක් සැප නැති ධ්‍යානයෙහි අනුසස් අවබෝධ කොට, එය සේවනය කළෙමි. එකල්හී ආනන්දයෙනි, එය ශාන්ත යැයි දකිනා මාගේ සිත දුක් සැප නැති ධ්‍යානයෙහි බැසගනියි, පහදියි, පිහිටයි, නිදහස් වෙයි.

4. ආනන්දයෙනි, ඒ මම පසුකාලයෙහි සැපය ද ප්‍රහාණය කොට, දුක ද ප්‍රහාණය කොට ....(පෙ).... සිව්වෙනි ධ්‍යානය උපදවාගෙන වාසය කරමි. ආනන්දයෙනි, ඒ මට මේ විහරණයෙන් වාසය කරද්දී උපේක්ෂා සහගත සංඥා මනසිකාරයෝ මතුවෙති. එය මට පීඩාවකි. ආනන්දයෙනි, එය මෙබඳු දෙයකි. සැපසේ සිටින කෙනෙකුට පීඩාව පිණිස දුකක් උපදින්නේ යම් සේ ද, එසෙයින් ම ඒ උපේක්ෂා සහගත සංඥා මනසිකාරයෝ මා තුළ මතුවෙත් නම් එය මට පීඩාවකි.

ආනන්දයෙනි, ඒ මට මේ අදහස ඇතිවිය. 'ඉදින් මම සියළු අයුරින් රූප සංඥාවන් ඉක්මවීමෙන්, ...(පෙ).... 'අනන්ත ආකාසය' යැයි ආකාසානඤ්චායතනය උපදවාගෙන වාසය කරන්නෙම් නම් යහපති. ආනන්දයෙනි, මෙය ශාන්ත යැයි දකිනා ඒ මාගේ සිත ආකාසානඤ්චායතනයෙහි නොබැසගනියි, නොපහදියි, නොපිහිටයි, නිදහස් නොවෙයි.

ආනන්දයෙනි, ඒ මට මේ අදහස ඇතිවිය. මෙය ශාන්ත යැයි දකිනා ඒ මාගේ සිත ආකාසානඤ්චායතනයෙහි නොබැසගන්නා, නොපහදින, නොපිහිටන, නිදහස් නොවන හේතුව කුමක් ද? ප්‍රත්‍යය කුමක් ද? කියා ය. ඉක්බිති ආනන්දයෙනි, මට මේ අදහස ඇතිවිය. 'මා විසින් රූපයන්හි දුර්විපාකයන් නොදකින ලද්දේ ය. මා විසින් රූපයන්හි ආදීනව බහුල ව මෙනෙහි නොකරන ලද්දේ ය. ආකාසානඤ්චායතනයෙහි අනුසස් අවබෝධ නොකරන ලද්දේ ය. ආකාසානඤ්චායතනය මවිසින් සේවනය නොකරන ලද්දේ ය. එහෙයින් මෙය ශාන්ත යැයි දකිනා ඒ මාගේ සිත ආකාසානඤ්චායතනයෙහි නොබැසගනියි,

නොපහදියි, නොපිහිටයි, නිදහස් නොවෙයි.

ඉක්බිති ආනන්දයෙනි, මට මේ අදහස ඇතිවිය. 'ඉදින් මම රූපයන්හි ආදීනව දැක ඒ ආදීනව බහුල ව සිහි කරන්නෙම් නම්, ආකාසානඤ්චායතනයෙහි අනුසස් අවබෝධ කොට එය සේවනය කරන්නෙම් නම්, මෙය ශාන්ත යැයි දකිනා ඒ මාගේ සිත ආකාසානඤ්චායතනයෙහි බැසගන්නේ ය, පහදින්නේ ය, පිහිටන්නේ ය, නිදහස් වන්නේ ය යන කරුණ සිදුවිය හැකි දෙයකි.

ආනන්දයෙනි, ඒ මම පසුකාලයෙහි රූපයන්හි දුර්විපාක දැක, එය බහුල වශයෙන් මෙනෙහි කළෙමි. ආකාසානඤ්චායතනයෙහි අනුසස් අවබෝධ කොට, එය සේවනය කළෙමි. එකල්හී ආනන්දයෙනි, එය ශාන්ත යැයි දකිනා මාගේ සිත ආකාසානඤ්චායතනයෙහි බැසගනියි, පහදියි, පිහිටයි, නිදහස් වෙයි.

5. ආනන්දයෙනි, ඒ මම පසුකාලයෙහි සියළු අයුරින් රූප සංඥාවන් ඉක්මවීමෙන්, ...(පෙ).... 'අනන්ත ආකාසය' යැයි ආකාසානඤ්චායතනය උපදවාගෙන වාසය කරමි. ආනන්දයෙනි, ඒ මට මේ විහරණයෙන් වාසය කරද්දී රූප සහගත සංඥා මනසිකාරයෝ මතුවෙති. එය මට පීඩාවකි. ආනන්දයෙනි, එය මෙබඳු දෙයකි. සැපසේ සිටින කෙනෙකුට පීඩාව පිණිස දුකක් උපදින්නේ යම් සේ ද, එසෙයින් ම ඒ රූප සහගත සංඥා මනසිකාරයෝ මා තුළ මතුවෙත් නම් එය මට පීඩාවකි.

ආනන්දයෙනි, ඒ මට මේ අදහස ඇතිවිය. 'ඉදින් මම සියළු අයුරින් ආකාසානඤ්චායතනය ඉක්මවීමෙන්, 'විඤ්ඤාණය අනන්ත' යැයි විඤ්ඤාණඤ්චායතනය උපදවාගෙන වාසය කරන්නෙම් නම් යහපති යි. ආනන්දයෙනි, මෙය ශාන්ත යැයි දකිනා ඒ මාගේ සිත විඤ්ඤාණඤ්චායතනයෙහි නොබැසගනියි, නොපහදියි, නොපිහිටයි, නිදහස් නොවෙයි.

ආනන්දයෙනි, ඒ මට මේ අදහස ඇතිවිය. මෙය ශාන්ත යැයි දකිනා ඒ මාගේ සිත විඤ්ඤාණඤ්චායතනයෙහි නොබැසගන්නා, නොපහදින, නොපිහිටන, නිදහස් නොවන හේතුව කුමක් ද? ප්‍රත්‍යය කුමක් ද? කියා ය. ඉක්බිති ආනන්දයෙනි, මට මේ අදහස ඇතිවිය. 'මා විසින් ආකාසානඤ්චායතනයෙහි දුර්විපාකයන් නොදකින ලද්දේ ය. මා විසින් ආකාසානඤ්චායතනයෙහි ආදීනව බහුල ව මෙනෙහි නොකරන ලද්දේ ය. විඤ්ඤාණඤ්චායතනයෙහි අනුසස් අවබෝධ නොකරන ලද්දේ ය. විඤ්ඤාණඤ්චායතනය මවිසින් සේවනය නොකරන ලද්දේ ය. එහෙයින් මෙය ශාන්ත යැයි දකිනා ඒ මාගේ සිත විඤ්ඤාණඤ්චායතනයෙහි නොබැසගනියි, නොපහදියි, නොපිහිටයි, නිදහස්

නොවෙයි.

ඉක්බිති ආනන්දයෙනි, මට මේ අදහස ඇතිවිය. 'ඉදින් මම ආකාසානඤ්චායතනයෙහි ආදීනව දැක ඒ ආදීනව බහුල ව සිහි කරන්නෙම් නම්, විඤ්ඤාණඤ්චායතනයෙහි අනුසස් අවබෝධ කොට එය සේවනය කරන්නෙම් නම්, මෙය ශාන්ත යැයි දකිනා ඒ මාගේ සිත විඤ්ඤාණඤ්චායතනයෙහි බැසගන්නේ ය, පහදින්නේ ය, පිහිටන්නේ ය, නිදහස් වන්නේ ය යන කරුණ සිදුවිය හැකි දෙයකි.

ආනන්දයෙනි, ඒ මම පසුකාලයෙහි ආකාසානඤ්චායතනයෙහි දුර්විපාක දැක, එය බහුල වශයෙන් මෙනෙහි කළෙමි. විඤ්ඤාණඤ්චායතනයෙහි අනුසස් අවබෝධ කොට, එය සේවනය කළෙමි. එකල්හී ආනන්දයෙනි, එය ශාන්ත යැයි දකිනා මාගේ සිත විඤ්ඤාණඤ්චායතනයෙහි බැසගනියි, පහදියි, පිහිටයි, නිදහස් වෙයි.

6. ආනන්දයෙනි, ඒ මම පසුකාලයෙහි සියළු අයුරින් ආකාසානඤ්චායතනය ඉක්මවීමෙන්, 'විඤ්ඤාණය අනන්ත' යැයි විඤ්ඤාණඤ්චායතනය උපදවාගෙන වාසය කරමි. ආනන්දයෙනි, ඒ මට මේ විහරණයෙන් වාසය කරද්දී ආකාසානඤ්චායතන සහගත සංඥා මනසිකාරයෝ මතුවෙති. එය මට පීඩාවකි. ආනන්දයෙනි, එය මෙබඳු දෙයකි. සැපසේ සිටින කෙනෙකුට පීඩාව පිණිස දුකක් උපදින්නේ යම් සේ ද, එසෙයින් ම ඒ ආකාසානඤ්චායතන සහගත සංඥා මනසිකාරයෝ මා තුළ මතුවෙත් නම් එය මට පීඩාවකි.

ආනන්දයෙනි, ඒ මට මේ අදහස ඇතිවිය. 'ඉදින් මම සියළු අයුරින් විඤ්ඤාණඤ්චායතනය ඉක්ම ගොස් 'කිසිවක් නැතැ' යි ආකිඤ්චඤ්ඤායතනය උපදවාගෙන වාසය කරන්නෙම් නම් යහපති යි. ආනන්දයෙනි, මෙය ශාන්ත යැයි දකිනා ඒ මාගේ සිත ආකිඤ්චඤ්ඤායතනයෙහි නොබැසගනියි, නොපහදියි, නොපිහිටයි, නිදහස් නොවෙයි.

ආනන්දයෙනි, ඒ මට මේ අදහස ඇතිවිය. මෙය ශාන්ත යැයි දකිනා ඒ මාගේ සිත ආකිඤ්චඤ්ඤායතනයෙහි නොබැසගන්නා, නොපහදින, නොපිහිටන, නිදහස් නොවන හේතුව කුමක් ද? ප්‍රත්‍යය කුමක් ද? කියා ය. ඉක්බිති ආනන්දයෙනි, මට මේ අදහස ඇතිවිය. 'මා විසින් විඤ්ඤාණඤ්ඤායතනයෙහි දුර්විපාකයන් නොදකින ලද්දේ ය. මා විසින් විඤ්ඤාණඤ්චායතනයෙහි ආදීනව බහුල ව මෙනෙහි නොකරන ලද්දේ ය. ආකිඤ්චඤ්ඤායතනයෙහි අනුසස් අවබෝධ නොකරන ලද්දේ ය. ආකිඤ්චඤ්ඤායතනය මවිසින් සේවනය නොකරන ලද්දේ ය. එහෙයින් මෙය ශාන්ත යැයි දකිනා ඒ මාගේ සිත

ආකිඤ්චඤ්ඤායතනයෙහි නොබැසගනියි, නොපහදියි, නොපිහිටයි, නිදහස් නොවෙයි.

ඉක්බිති ආනන්දයෙනි, මට මේ අදහස ඇතිවිය. 'ඉදින් මම විඤ්ඤාණඤ්චායතනයෙහි ආදීනව දැක ඒ ආදීනව බහුල ව සිහි කරන්නෙම් නම්, ආකිඤ්චඤ්ඤායතනයෙහි අනුසස් අවබෝධ කොට එය සේවනය කරන්නෙම් නම්, මෙය ශාන්ත යැයි දකිනා ඒ මාගේ සිත ආකිඤ්චඤ්ඤායතනයෙහි බැස ගන්නේ ය, පහදින්නේ ය, පිහිටන්නේ ය, නිදහස් වන්නේ ය යන කරුණ සිදුවිය හැකි දෙයකි.

ආනන්දයෙනි, ඒ මම පසුකාලයෙහි විඤ්ඤාණඤ්චායතනයෙහි දුර්විපාක දැක, එය බහුල වශයෙන් මෙනෙහි කළෙමි. ආකිඤ්චඤ්ඤායතනයෙහි අනුසස් අවබෝධ කොට, එය සේවනය කළෙමි. එකල්හී ආනන්දයෙනි, එය ශාන්ත යැයි දකිනා මාගේ සිත ආකිඤ්චඤ්ඤායතනයෙහි බැසගනියි, පහදියි, පිහිටයි, නිදහස් වෙයි.

7. ආනන්දයෙනි, ඒ මම පසුකාලයෙහි සියළු අයුරින් විඤ්ඤාණඤ්චායතනය ඉක්ම ගොස් 'කිසිවක් නැතැ' යි ආකිඤ්චඤ්ඤායතනය උපදවාගෙන වාසය කරමි. ආනන්දයෙනි, ඒ මට මේ විහරණයෙන් වාසය කරද්දී විඤ්ඤාණඤ්චායතන සහගත සංඥා මනසිකාරයෝ මතුවෙති. එය මට පීඩාවකි. ආනන්දයෙනි, එය මෙබඳු දෙයකි. සැපසේ සිටින කෙනෙකුට පීඩාව පිණිස දුකක් උපදින්නේ යම් සේ ද, එසෙයින් ම ඒ විඤ්ඤාණඤ්චායතන සහගත සංඥා මනසිකාරයෝ මා තුළ මතුවෙත් නම් එය මට පීඩාවකි.

ආනන්දයෙනි, ඒ මට මේ අදහස ඇතිවිය. 'ඉදින් මම සියළු ආකිඤ්චඤ්ඤායතනය ඉක්මවීමෙන් නේවසඤ්ඤානාසඤ්ඤායතනය උපදවාගෙන වාසය කරන්නෙම් නම් යහපති යි. ආනන්දයෙනි, මෙය ශාන්ත යැයි දකිනා ඒ මාගේ සිත නේවසඤ්ඤානාසඤ්ඤායතනයෙහි නොබැසග නියි, නොපහදියි, නොපිහිටයි, නිදහස් නොවෙයි.

ආනන්දයෙනි, ඒ මට මේ අදහස ඇතිවිය. මෙය ශාන්ත යැයි දකිනා ඒ මාගේ සිත නේවසඤ්ඤානාසඤ්ඤායතනයෙහි නොබැසගන්නා, නොපහදින, නොපිහිටන, නිදහස් නොවන හේතුව කුමක් ද? ප්‍රත්‍යය කුමක් ද? කියා ය. ඉක්බිති ආනන්දයෙනි, මට මේ අදහස ඇතිවිය. 'මා විසින් ආකිඤ්චඤ්ඤායතනයෙහි දුර්විපාකයන් නොදකින ලද්දේ ය. මා විසින් ආකිඤ්චඤ්ඤායතනයෙහි ආදීනව බහුල ව මෙනෙහි නොකරන ලද්දේ ය. නේවසඤ්ඤානාසඤ්ඤාතනයෙහි අනුසස් අවබෝධ නොකරන ලද්දේ ය. නේවසඤ්ඤානාසඤ්ඤායතනය

මවිසින් සේවනය නොකරන ලද්දේ ය. එහෙයින් මෙය ශාන්ත යැයි දකිනා ඒ මාගේ සිත නේවසඤ්ඤානාසඤ්ඤායතනයෙහි නොබැසගනියි, නොපහදියි, නොපිහිටයි, නිදහස් නොවෙයි.

ඉක්බිති ආනන්දයෙනි, මට මේ අදහස ඇතිවිය. 'ඉදින් මම ආකිඤ්චඤ්ඤායතනයෙහි ආදීනව දැක ඒ ආදීනව බහුල ව සිහි කරන්නෙම් නම්, නේවසඤ්ඤානාසඤ්ඤායතනයෙහි අනුසස් අවබෝධ කොට එය සේවනය කරන්නෙම් නම්, මෙය ශාන්ත යැයි දකිනා ඒ මාගේ සිත නේවසඤ්ඤානාසඤ්ඤායතනයෙහි බැසගන්නේ ය, පහදින්නේ ය, පිහිටන්නේ ය, නිදහස් වන්නේ ය යන කරුණ සිදුවිය හැකි දෙයකි.

ආනන්දයෙනි, ඒ මම පසුකාලයෙහි ආකිඤ්චඤ්ඤායතනයෙහි දුර්විපාක දැක, එය බහුල වශයෙන් මෙනෙහි කළෙමි. නේවසඤ්ඤානාසඤ්ඤායතනයෙහි අනුසස් අවබෝධ කොට, එය සේවනය කළෙමි. එකල්හී ආනන්දයෙනි, එය ශාන්ත යැයි දකිනා මාගේ සිත නේවසඤ්ඤානාසඤ්ඤායතනයෙහි බැසග නියි, පහදියි, පිහිටයි, නිදහස් වෙයි.

8. ආනන්දයෙනි, ඒ මම පසුකාලයෙහි සියළු අයුරින් ආකිඤ්චඤ්ඤායතනය ඉක්මවීමෙන් නේවසඤ්ඤානාසඤ්ඤායතනය උපදවාගෙන වාසය කරමි. ආනන්දයෙනි, ඒ මට මේ විහරණයෙන් වාසය කරද්දී ආකිඤ්චඤ්ඤායතන සහගත සංඥා මනසිකාරයෝ මතුවෙති. එය මට පීඩාවකි. ආනන්දයෙනි, එය මෙබඳු දෙයකි. සැපසේ සිටින කෙනෙකුට පීඩාව පිණිස දුකක් උපදින්නේ යම් සේ ද, එසෙයින් ම ඒ ආකිඤ්චඤ්ඤායතන සහගත සංඥා මනසිකාරයෝ මා තුළ මතුවෙත් නම් එය මට පීඩාවකි.

ආනන්දයෙනි, ඒ මට මේ අදහස ඇතිවිය. 'ඉදින් මම සියළු අයුරින් නේවසඤ්ඤානාසඤ්ඤායතනය ඉක්මවාගොස් සංඥාවේදයිත නිරෝධ සමාපත්තිය උපදවාගෙන වාසය කරන්නෙම් නම් යහපති යි. ආනන්දයෙනි, මෙය ශාන්ත යැයි දකිනා ඒ මාගේ සිත සංඥාවේදයිත නිරෝධයෙහි නොබැසග නියි, නොපහදියි, නොපිහිටයි, නිදහස් නොවෙයි.

ආනන්දයෙනි, ඒ මට මේ අදහස ඇතිවිය. මෙය ශාන්ත යැයි දකිනා ඒ මාගේ සිත සංඥාවේදයිත නිරෝධයෙහි නොබැසගන්නා, නොපහදින, නොපිහිටන, නිදහස් නොවන හේතුව කුමක් ද? ප්‍රත්‍යය කුමක් ද? කියා ය. ඉක්බිති ආනන්දයෙනි, මට මේ අදහස ඇතිවිය. 'මා විසින් නේවසඤ්ඤානාසඤ්ඤායතනයෙහි දුර්විපාකයන් නොදකින ලද්දේ ය. මා විසින් නේවසඤ්ඤානාසඤ්ඤායතනයෙහි ආදීනව බහුල ව මෙනෙහි

නොකරන ලද්දේ ය. සංඥාවේදයිත නිරෝධයෙහි අනුසස් අවබෝධ නොකරන ලද්දේ ය. සංඥාවේදයිත නිරෝධය මවිසින් සේවනය නොකරන ලද්දේ ය. එහෙයින් මෙය ශාන්ත යැයි දකිනා ඒ මාගේ සිත සංඥාවේදයිත නිරෝධයෙහි නොබැසගනියි, නොපහදියි, නොපිහිටයි, නිදහස් නොවෙයි.

ඉක්බිති ආනන්දයෙනි, මට මේ අදහස ඇතිවිය. 'ඉදින් මම නේවසඤ්ඤානාසඤ්ඤායතනයෙහි ආදීනව දැක ඒ ආදීනව බහුල ව සිහි කරන්නෙම් නම්, සංඥාවේදයිත නිරෝධයෙහි අනුසස් අවබෝධ කොට එය සේවනය කරන්නෙම් නම්, මෙය ශාන්ත යැයි දකිනා ඒ මාගේ සිත සංඥාවේදයිත නිරෝධයෙහි බැසගන්නේ ය, පහදින්නේ ය, පිහිටන්නේ ය, නිදහස් වන්නේ ය යන කරුණ සිදුවිය හැකි දෙයකි.

ආනන්දයෙනි, ඒ මම පසුකාලයෙහි නේවසඤ්ඤානාසඤ්ඤායතනයෙහි දුර්විපාක දැක, එය බහුල වශයෙන් මෙනෙහි කළෙමි. සංඥාවේදයිත නිරෝධයෙහි අනුසස් අවබෝධ කොට, එය සේවනය කළෙමි. එකල්හී ආනන්දයෙනි, එය ශාන්ත යැයි දකිනා මාගේ සිත සංඥාවේදයිත නිරෝධයෙහි බැසගනියි, පහදියි, පිහිටයි, නිදහස් වෙයි.

9. ආනන්දයෙනි, ඒ මම සියළු අයුරින් නේවසඤ්ඤානාසඤ්ඤායතනය ඉක්මවාගොස් සංඥාවේදයිත නිරෝධ සමාපත්තිය උපදවාගෙන වාසය කරමි. මා විසින් ප්‍රඥාවෙන් දැක ආශ්‍රවයන් ද ක්ෂය කරන ලද්දේ වෙයි.

ආනන්දයෙනි, යම්තාක් නවයක් වූ මේ අනුපිළිවෙලින් සමවදින විහරණයන්ට මම මෙසේ අනුලෝම ප්‍රතිලෝම වශයෙන් සමනොවැදුණෙම් ද, නැගී නොසිටියෙම් ද, ඒ තාක් කල් ආනන්දයෙනි, දෙවියන් සහිත වූ මරුන් සහිත වූ බඹුන් සහිත වූ ශ්‍රමණ බ්‍රාහ්මණයන් සහිත වූ දෙව් මිනිස් ප්‍රජාවෙන් යුතු ලෝකයෙහි අනුත්තර සම්මා සම්බෝධිය අවබෝධ කළෙමි යි ප්‍රතිඥා නොදුන්නෙමි.

ආනන්දයෙනි, යම් කලක නවයක් වූ මේ අනුපිළිවෙලින් සමවදින විහරණයන්ට මම මෙසේ අනුලෝම ප්‍රතිලෝම වශයෙන් සමවැදුණෙම් ද, නැගී සිටියෙම් ද, එකල්හී ආනන්දයෙනි, දෙවියන් සහිත වූ මරුන් සහිත වූ බඹුන් සහිත වූ ශ්‍රමණ බ්‍රාහ්මණයන් සහිත වූ දෙව් මිනිස් ප්‍රජාවෙන් යුතු ලෝකයෙහි අනුත්තර සම්මා සම්බෝධිය අවබෝධ කළෙමි යි ප්‍රතිඥා දුන්නෙමි.

මා හට ඥානදර්ශනය පහළ වූයේ ය. මාගේ චිත්ත විමුක්තිය නොවෙනස් වන්නේ ය. මේ අන්තිම ඉපදීම යි. දැන් පුනර්භවයක් නැත්තේ ය.

සාදු! සාදු!! සාදු!!!

තපුස්සගහපති සූත්‍රය නිමා විය.

සිව්වෙනි මහා වර්ගය අවසන් විය.

●   එහි පිළිවෙල උද්දානයයි :

අනුපුබ්බ විහාර සූත්‍ර දෙක, නිබ්බාණ සූත්‍රය, ගාවී සූත්‍රය, ඣාන සූත්‍රය, ආනන්ද සූත්‍රය, බ්‍රාහ්මණ සූත්‍රය, දේවාසුර සූත්‍රය, නාග සූත්‍රය සහ තපුස්ස සූත්‍රය වශයෙන් මෙහි සූත්‍ර දසයකි.

5. සාමඤ්ඤ වර්ගය

9.1.5.1.
සම්බාධ සූත්‍රය
කරදර බාධා ගැන වදාළ දෙසුම

මා විසින් මෙසේ අසන ලදී. එක් සමයක ආයුෂ්මත් ආනන්දයන් වහන්සේ කොසඹෑ නුවර ඝෝෂිතාරාමයෙහි වැඩවසන සේක. එකල්හී ආයුෂ්මත් උදායී තෙරණුවෝ ආයුෂ්මත් ආනන්දයන් වහන්සේ වෙත පැමිණියහ. පැමිණ ආයුෂ්මත් ආනන්දයන් වහන්සේ සමඟ සතුටු වූයේ ය. සතුටු විය යුතු පිළිසඳර කතා බහ නිමවා එකත්පස් ව හිඳගත්හ. එකත්පස් ව හුන් ආයුෂ්මත් උදායී තෙරණුවෝ ආයුෂ්මත් ආනන්දයන් වහන්සේට මෙය පැවසූහ.

"ආයුෂ්මත, පඤ්චාලචණ්ඩ දිව්‍යපුත්‍රයා විසින් මෙය පවසන ලද්දේ ය.

(ගාථාවකි)

'මහා ප්‍රඥා ඇති බුදුරජාණෝ යම් ධ්‍යානයක් අවබෝධ කළ සේක් ද, හුදෙකලාවේ දැහැන් වඩන ශ්‍රේෂ්ඨ මුනිදාණෝ ඒකාන්තයෙන් ම පංච කාමයන්හි ඇති බාධා කරදර මැද ඉඩ ප්‍රස්ථා දත් සේක.'

ආයුෂ්මත, බාධා කරදර යනු කුමක් ද? බාධා කරදර මැද ඉඩ ප්‍රස්ථා ලැබුවේ ය යනුවෙන් භාග්‍යවතුන් වහන්සේ විසින් පවසන ලද්දේ කුමක් ද?"

"ආයුෂ්මත, මේ පංචකාම ගුණයෝ භාග්‍යවතුන් වහන්සේ විසින් බාධා කරදර යැයි වදාරණ ලද්දාහු ය. ඒ කවර පසක් ද යත්;

ඉෂ්ට වූ, කාන්ත වූ, මනාප වූ, ප්‍රිය ස්වභාව ඇති, කාමූපසංහිත වූ, රජනීය වූ ඇසින් දැක්ක යුතු වූ රූපයෝ ය. කනෙන් දත යුතු ශබ්දයෝ ය

....(පෙ).... නාසයෙන් දත යුතු ගන්ධයෝ ය. ....(පෙ).... දිවෙන් දත යුතු රසයෝ ය. ....(පෙ).... කයෙන් දත යුතු ඉෂ්ට වූ, කාන්ත වූ, මනාප වූ, ප්‍රිය ස්වභාව ඇති, කාමූපසංහිත වූ, රජනීය වූ ස්පර්ශයෝ ය.

ආයුෂ්මත, භාග්‍යවතුන් වහන්සේ විසින් බාධා කරදර වශයෙන් වදාරණ ලද්දේ මේ පංච කාම ගුණයන් ය.

ආයුෂ්මත, මෙහිලා භික්ෂුවක් කාමයන්ගෙන් වෙන් ව ....(පෙ).... පළමු වෙනි ධ්‍යානය උපදවාගෙන වාසය කරයි. ආයුෂ්මත්නි, මෙපමණකින් ද භාග්‍යවතුන් වහන්සේ විසින් පංච කාමයන්ගේ බාධා කරදර මැද ප්‍රථම ධ්‍යානය ඇති කරගැනීමට ඇති ඉඩප්‍රස්ථා වදාරණ ලද්දේ ය. ඉදිරි ධ්‍යානය පිණිස එහි ද බාධා කරදයක් ඇත්තේ ය. එහි ඇති බාධා කරදරය කුමක් ද? යම් හෙයකින් විතර්ක විචාර නිරුද්ධ වී නැද්ද, මෙය මෙහි ඇති බාධා කරදරය යි.

තව ද ආයුෂ්මත, භික්ෂුවක් විතර්ක විචාරයන් සංසිඳුවීමෙන් ....(පෙ).... දෙවෙනි ධ්‍යානය උපදවාගෙන වාසය කරයි. ආයුෂ්මත්නි, මෙපමණකින් ද භාග්‍යවතුන් වහන්සේ විසින් විතර්ක විචාරයන්ගේ බාධා කරදර මැද දෙවෙනි ධ්‍යානයට ඇති කරගැනීමට ඇති ඉඩප්‍රස්ථා වදාරණ ලද්දේ ය. ඉදිරි ධ්‍යානය පිණිස එහි ද බාධා කරදයක් ඇත්තේ ය. එහි ඇති බාධා කරදරය කුමක් ද? යම් හෙයකින් ප්‍රීතිය නිරුද්ධ වී නැද්ද, මෙය මෙහි ඇති බාධා කරදරය යි.

තව ද ආයුෂ්මත, භික්ෂුවක් ප්‍රීතියට නොඇලීමෙන් ....(පෙ).... තුන්වෙනි ධ්‍යානය උපදවාගෙන වාසය කරයි. ආයුෂ්මත්නි, මෙපමණකින් භාග්‍යවතුන් වහන්සේ විසින් ප්‍රීතියෙහි බාධා කරදර මැද තුන්වෙනි ධ්‍යානය ඇතිකර ගැනීම ඇති ඉඩප්‍රස්ථා වදාරණ ලද්දේ ය. ඉදිරි ධ්‍යානය පිණිස එහි ද බාධා කරදයක් ඇත්තේ ය. එහි ඇති බාධා කරදරය කුමක් ද? යම් හෙයකින් උපේක්ෂා සැපය නිරුද්ධ වී නැද්ද, මෙය මෙහි ඇති බාධා කරදරය යි.

තව ද ආයුෂ්මත, භික්ෂුවක් සැපය ද ප්‍රහාණයෙන් ....(පෙ).... සිව්වෙනි ධ්‍යානය උපදවාගෙන වාසය කරයි. ආයුෂ්මත්නි, මෙපමණකින් භාග්‍යවතුන් වහන්සේ විසින් උපේක්ෂා සැපය නම් වූ බාධා කරදර මැද සිව්වෙනි ධ්‍යානය ඇති කරගැනීමට ඇති ඉඩප්‍රස්ථා වදාරණ ලද්දේ ය. ඉදිරි සමාපත්තිය පිණිස එහි ද බාධා කරදරයක් ඇත්තේ ය. එහි ඇති බාධා කරදරය කුමක් ද? යම් හෙයකින් රූප සංඥා නිරුද්ධ වී නැද්ද, මෙය මෙහි ඇති බාධා කරදරය යි.

තව ද ආයුෂ්මත, භික්ෂුවක් සියළු අයුරින් රූප සංඥාවන් ඉක්මවීමෙන්, ගොරෝසු සංඥාවන් නැති වීමෙන් සංඥාවන්ගේ නා නා ස්වභාවය මෙනෙහි

නොකිරීමෙන් 'අනන්ත ආකාසය' යැයි ආකාසානඤ්චායතනය උපදවාගෙන වාසය කරයි. ආයුෂ්මත්නි, මෙපමණකින් භාග්‍යවතුන් වහන්සේ විසින් රූප සංඥාවෙහි බාධා කරදර මැද ආකාසානඤ්චායතනයට ඇති ඉඩප්‍රස්ථා වදාරණ ලද්දේ ය. ඉදිරි සමාපත්තිය පිණිස එහි ද බාධා කරදරයක් ඇත්තේ ය. එහි ඇති බාධා කරදරය කුමක් ද? යම් හෙයකින් ආකාසානඤ්චායතන සංඥාව නිරුද්ධ වී නැද්ද, මෙය මෙහි ඇති බාධා කරදරය යි.

තව ද ආයුෂ්මත, භික්ෂුවක් සියළු අයුරින් ආකාසානඤ්චායතනය ඉක්මවීමෙන්, 'විඤ්ඤාණය අනන්ත' යැයි විඤ්ඤාණඤ්චායතනය උපදවාගෙන වාසය කරයි. ආයුෂ්මත්නි, මෙපමණකින් භාග්‍යවතුන් වහන්සේ විසින් ආකාසානඤ්චායතනයෙහි බාධා කරදර මැද විඤ්ඤාණඤ්චායතනයට ඇති ඉඩප්‍රස්ථා වදාරණ ලද්දේ ය. ඉදිරි සමාපත්තිය පිණිස එහි ද බාධා කරදයක් ඇත්තේ ය. එහි ඇති බාධා කරදරය කුමක් ද? යම් හෙයකින් විඤ්ඤාණඤ්චායතන සංඥාව නිරුද්ධ වී නැද්ද, මෙය මෙහි ඇති බාධා කරදරය යි.

තව ද ආයුෂ්මත, භික්ෂුවක් සියළු අයුරින් විඤ්ඤාණඤ්චායතනය ඉක්ම ගොස් 'කිසිවක් නැත' යි ආකිඤ්චඤ්ඤායතනය උපදවාගෙන වාසය කරයි. ආයුෂ්මත්නි, මෙපමණකින් භාග්‍යවතුන් වහන්සේ විසින් විඤ්ඤාණඤ්චායතනයෙහි බාධා කරදර මැද ආකිඤ්චඤ්ඤායතනයට ඇති ඉඩප්‍රස්ථා වදාරණ ලද්දේ ය. ඉදිරි සමාපත්තිය පිණිස එහි ද බාධා කරදයක් ඇත්තේ ය. එහි ඇති බාධා කරදරය කුමක් ද? යම් හෙයකින් ආකිඤ්චඤ්ඤායතන සංඥාව නිරුද්ධ වී නැද්ද, මෙය මෙහි ඇති බාධා කරදරය යි.

තව ද ආයුෂ්මත, භික්ෂුවක් සියළු ආකිඤ්චඤ්ඤායතනය ඉක්මවීමෙන් නේවසඤ්ඤානාසඤ්ඤායතනය උපදවාගෙන වාසය කරයි. ආයුෂ්මත්නි, මෙපමණකින් භාග්‍යවතුන් වහන්සේ විසින් ආකිඤ්ඤායතනයෙහි බාධා කරදර මැද නේවසඤ්ඤානාසඤ්ඤායතනයට ඇති ඉඩප්‍රස්ථා වදාරණ ලද්දේ ය. ඉදිරි සමාපත්තිය පිණිස එහි ද බාධා කරදයක් ඇත්තේ ය. එහි ඇති බාධා කරදරය කුමක් ද? යම් හෙයකින් නේවසඤ්ඤානාසඤ්ඤායතන සංඥාව නිරුද්ධ වී නැද්ද, මෙය මෙහි ඇති බාධා කරදරය යි.

තව ද ආයුෂ්මත, භික්ෂුවක් සියළු නේවසඤ්ඤානාසඤ්ඤායතනය ඉක්මවාගොස් සංඥාවේදයිත නිරෝධ සමාපත්තිය උපදවාගෙන වාසය කරයි. ඔහු විසින් ප්‍රඥාවෙන් දැක ආශ්‍රවයන් ද ක්ෂය කරන ලද්දේ වෙයි. ආයුෂ්මත, මෙපමණකින් භාග්‍යවතුන් වහන්සේ විසින් බාධා කරදර මැද සියළු බාධා ඉක්ම

ගිය නිරෝධ සමාපත්තියට ඇති ඉඩප්‍රස්ථා වදාරණ ලද්දේ ය.

සාදු! සාදු!! සාදු!!!

සම්බාධ සූත්‍රය නිමා විය.

9.1.5.2.
කායසක්ඛි සූත්‍රය
කායසක්ඛි භික්ෂුව ගැන වදාළ දෙසුම

කොසඹෑ නුවර දී ය .....

"ආයුෂ්මත, 'කායසක්ඛි, කායසක්ඛි' යැයි කියනු ලැබේ. ආයුෂ්මත, භාග්‍යවතුන් වහන්සේ විසින් කායසක්ඛී භික්ෂුව ගැන වදාරණ ලද්දේ කොපමණ කරුණු මත ද?"

"ආයුෂ්මත, මෙහිලා භික්ෂුවක් කාමයන්ගෙන් වෙන් ව ....(පෙ).... පළමුවෙනි ධ්‍යානය උපදවාගෙන වාසය කරයි. යම් යම් අයුරින් ඒ ධ්‍යානය ඇද්ද, ඒ ඒ අයුරින් එය කයෙන් ස්පර්ශ කොට වාසය කරයි. ආයුෂ්මත, මේ ක්‍රමයෙනුත් භාග්‍යවතුන් වහන්සේ විසින් මෙපමණකින් කායසක්ඛී භික්ෂුව ගැන වදාරණ ලද්දේ ය.

තව ද ආයුෂ්මත, භික්ෂුවක් විතර්ක විචාරයන් සංසිඳීමෙන් ....(පෙ).... දෙවෙනි ධ්‍යානය ....(පෙ).... තුන්වෙනි ධ්‍යානය ....(පෙ).... සිව්වෙනි ධ්‍යානය උපදවාගෙන වාසය කරයි. යම් යම් අයුරින් ඒ ධ්‍යානය ඇද්ද, ඒ ඒ අයුරින් එය කයෙන් ස්පර්ශ කොට වාසය කරයි. ආයුෂ්මත, මේ ක්‍රමයෙනුත් භාග්‍යවතුන් වහන්සේ විසින් මෙපමණකින් කායසක්ඛී භික්ෂුව ගැන වදාරණ ලද්දේ ය.

තව ද ආයුෂ්මත, භික්ෂුවක් සියළු අයුරින් රූප සංඥාවන් ඉක්මවීමෙන්, ගොරෝසු සංඥාවන් නැති වීමෙන් සංඥාවන්ගේ නා නා ස්වභාවය මෙනෙහි නොකිරීමෙන් 'අනන්ත ආකාසය' යැයි ආකාසානඤ්චායතනයට පැමිණ වාසය කරයි. ....(පෙ).... සියළු අයුරින් ආකාසානඤ්චායතනය ඉක්මවීමෙන්, 'විඤ්ඤාණය අනන්ත' යැයි විඤ්ඤාණඤ්චායතනයට පැමිණ වාසය කරයි. ....(පෙ).... සියළු අයුරින් විඤ්ඤාණඤ්චායතනය ඉක්ම ගොස් 'කිසිවක් නැතැ' යි ආකිඤ්චඤ්ඤායතනයට පැමිණ වාසය කරයි. ....(පෙ).... සියළු අයුරින්

ආකිඤ්චඤ්ඤායතනය ඉක්මවීමෙන් නේවසඤ්ඤානාසඤ්ඤායතනයට පැමිණ වාසය කරයි. යම් යම් අයුරින් ඒ සමාපත්තිය ඇද්ද, ඒ ඒ අයුරින් එය කයෙන් ස්පර්ශ කොට වාසය කරයි. ආයුෂ්මත, මේ ක්‍රමයෙනුත් භාග්‍යවතුන් වහන්සේ විසින් මෙපමණකින් කායසක්ඛී භික්ෂුව ගැන වදාරණ ලද්දේ ය.

තව ද ආයුෂ්මත, භික්ෂුවක් සියළු අයුරින් නේවසඤ්ඤානාසඤ්ඤායතනය ඉක්මවාගොස් සංඥාවේදයිත නිරෝධ සමාපත්තියට පැමිණ වාසය කරයි. ඔහු විසින් ප්‍රඥාවෙන් දක ආශ්‍රවයන් ද ක්ෂය කරන ලද්දේ වෙයි. යම් යම් අයුරින් ඒ අරහත්ඵල සමාපත්තිය ඇද්ද, ඒ ඒ අයුරින් එය කයෙන් ස්පර්ශ කොට වාසය කරයි. ආයුෂ්මත, භාග්‍යවතුන් වහන්සේ විසින් මෙපමණකින් කායසක්ඛී භික්ෂුව ගැන ඉතිරි නැති ව වදාරණ ලද්දේ ය.

සාදු! සාදු!! සාදු!!!

කායසක්ඛි සූත්‍රය නිමා විය.

9.1.5.3.
පඤ්ඤාවිමුත්ත සූත්‍රය
ප්‍රඥාවිමුක්ත භික්ෂුව ගැන වදාළ දෙසුම

කොසඹෑ නුවර දී ය .....

"ආයුෂ්මත, 'ප්‍රඥාවිමුක්ත, ප්‍රඥාවිමුක්ත' යැයි කියනු ලැබේ. ආයුෂ්මත, භාග්‍යවතුන් වහන්සේ විසින් ප්‍රඥාවිමුක්ත භික්ෂුව ගැන වදාරණ ලද්දේ කොපමණ කරුණු මත ද?"

"ආයුෂ්මත, මෙහිලා භික්ෂුවක් කාමයන්ගෙන් වෙන් ව ....(පෙ).... පළමුවෙනි ධ්‍යානය උපදවාගෙන වාසය කරයි. ඒ ධ්‍යානය ප්‍රඥාවෙන් ද දැන ගනියි. ආයුෂ්මත, මේ ක්‍රමයෙනුත් භාග්‍යවතුන් වහන්සේ විසින් මෙපමණකින් ප්‍රඥාවිමුක්ත භික්ෂුව ගැන වදාරණ ලද්දේ ය.

තව ද ආයුෂ්මත, භික්ෂුවක් විතර්ක විචාරයන් සංසිඳීමෙන් ....(පෙ).... දෙවෙනි ධ්‍යානය ....(පෙ).... තුන්වෙනි ධ්‍යානය ....(පෙ).... සිව්වෙනි ධ්‍යානය උපදවාගෙන වාසය කරයි. ඒ ධ්‍යානය ප්‍රඥාවෙන් ද දැනගනියි. ආයුෂ්මත, මේ ක්‍රමයෙනුත් භාග්‍යවතුන් වහන්සේ විසින් මෙපමණකින් ප්‍රඥාවිමුක්ත භික්ෂුව

ගැන වදාරණ ලද්දේ ය. ....(පෙ).... තව ද ආයුෂ්මත, භික්ෂුවක් සියළු අයුරින් ආකිඤ්චඤ්ඤායතනය ඉක්මවීමෙන් නේවසඤ්ඤානාසඤ්ඤායතනයට පැමිණ වාසය කරයි. ඒ සමාපත්තිය ප්‍රඥාවෙන් ද දැනගනියි. ආයුෂ්මත, මේ ක්‍රමයෙනුත් භාග්‍යවතුන් වහන්සේ විසින් මෙපමණකින් ප්‍රඥාවිමුක්ත භික්ෂුව ගැන වදාරණ ලද්දේ ය.

තව ද ආයුෂ්මත, භික්ෂුවක් සියළු අයුරින් නේවසඤ්ඤානාසඤ්ඤායතනය ඉක්මවාගොස් සංඥාවේදයිත නිරෝධ සමාපත්තියට පැමිණ වාසය කරයි. ඔහු විසින් ප්‍රඥාවෙන් දැක ආශ්‍රවයන් ද ක්ෂය කරන ලද්දේ වෙයි. යම් යම් අයුරින් ඒ අරහත්ඵල සමාපත්තිය ඇද්ද, ඒ ඒ අයුරින් එය කයෙන් ද ස්පර්ශ කොට වාසය කරයි. ප්‍රඥාවෙන් ද එය දැනගනියි. ආයුෂ්මත, භාග්‍යවතුන් වහන්සේ විසින් මෙපමණකින් ප්‍රඥාවිමුක්ත භික්ෂුව ගැන ඉතිරි නැති ව වදාරණ ලද්දේ ය.

සාදු! සාදු!! සාදු!!!

පඤ්ඤාවිමුත්ත සූත්‍රය නිමා විය.

9.1.5.4.
උභතෝභාගවිමුත්ත සූත්‍රය
උභතෝභාගවිමුත්ත භික්ෂුව ගැන වදාළ දෙසුම

කොසඹෑ නුවර දී ය .....

"ආයුෂ්මත, 'උභතෝභාගවිමුත්ත, උභතෝභාගවිමුත්ත' යැයි කියනු ලැබේ. ආයුෂ්මත, භාග්‍යවතුන් වහන්සේ විසින් උභතෝභාගවිමුත්ත භික්ෂුව ගැන වදාරණ ලද්දේ කොපමණ කරුණු මත ද?"

"ආයුෂ්මත, මෙහිලා භික්ෂුවක් කාමයන්ගෙන් වෙන් ව ....(පෙ).... පළමුවෙනි ධ්‍යානය උපදවාගෙන වාසය කරයි. යම් යම් අයුරින් ඒ ධ්‍යානය ඇද්ද, ඒ ඒ අයුරින් එය කයෙන් ස්පර්ශ කොට වාසය කරයි. ප්‍රඥාවෙන් ද එය දැනගනියි. ආයුෂ්මත, මේ ක්‍රමයෙනුත් භාග්‍යවතුන් වහන්සේ විසින් මෙපමණකින් උභතෝභාගවිමුත්ත භික්ෂුව ගැන වදාරණ ලද්දේ ය. ....(පෙ)....

තව ද ආයුෂ්මත, භික්ෂුවක් සියළු අයුරින් ආකිඤ්චඤ්ඤායතනය

ඉක්මවීමෙන් නේවසඤ්ඤානාසඤ්ඤායතනයට පැමිණ වාසය කරයි. යම් යම් අයුරින් ඒ සමාපත්තිය ඇද්ද, ඒ ඒ අයුරින් එය කයෙන් ස්පර්ශ කොට වාසය කරයි. ප්‍රඥාවෙන් ද එය දැනගනියි. ආයුෂ්මත, මේ ක්‍රමයෙනුත් භාග්‍යවතුන් වහන්සේ විසින් මෙපමණකින් උභතෝභාගවිමුත්ත භික්ෂුව ගැන වදාරණ ලද්දේ ය.

තව ද ආයුෂ්මත, භික්ෂුවක් සියළු අයුරින් නේවසඤ්ඤානාසඤ්ඤායතනය ඉක්මවාගොස් සංඥාවේදයිත නිරෝධ සමාපත්තියට පැමිණ වාසය කරයි. ඔහු විසින් ප්‍රඥාවෙන් දැක ආශ්‍රවයන් ද ක්ෂය කරන ලද්දේ වෙයි. යම් යම් අයුරින් ඒ අරහත්ඵල සමාපත්තිය ඇද්ද, ඒ ඒ අයුරින් එය කයෙන් ස්පර්ශ කොට වාසය කරයි. ප්‍රඥාවෙන් ද එය දැනගනියි. ආයුෂ්මත, භාග්‍යවතුන් වහන්සේ විසින් මෙපමණකින් උභතෝභාගවිමුත්ත භික්ෂුව ගැන ඉතිරි නැති ව වදාරණ ලද්දේ ය.

සාදු! සාදු!! සාදු!!!

උභතෝභාගවිමුත්ත සූත්‍රය නිමා විය.

9.1.5.5.
සන්දිට්ඨිකධම්ම සූත්‍රය
සන්දිට්ඨික ධර්මය ගැන වදාළ දෙසුම

කොසඹෑ නුවර දී ය .....

"ආයුෂ්මත, 'ධර්මය සන්දිට්ඨික යි, ධර්මය සන්දිට්ඨික යි' යැයි කියනු ලැබේ. ආයුෂ්මත, භාග්‍යවතුන් වහන්සේ විසින් ධර්මය සන්දිට්ඨික යැයි වදාරණ ලද්දේ කොපමණ කරුණු මත ද?"

"ආයුෂ්මත, මෙහිලා භික්ෂුවක් කාමයන්ගෙන් වෙන් ව ....(පෙ).... පළමුවෙනි ධ්‍යානය උපදවාගෙන වාසය කරයි. ආයුෂ්මත, මේ ක්‍රමයෙනුත් භාග්‍යවතුන් වහන්සේ විසින් මෙපමණකින් ධර්මය සන්දිට්ඨික යැයි වදාරණ ලද්දේ ය. ....(පෙ)....

තව ද ආයුෂ්මත, භික්ෂුවක් සියළු අයුරින් නේවසඤ්ඤානාසඤ්ඤායතනය ඉක්මවාගොස් සංඥාවේදයිත නිරෝධ සමාපත්තියට පැමිණ වාසය කරයි.

ඔහු විසින් ප්‍රඥාවෙන් දැක ආශ්‍රවයන් ද ක්ෂය කරන ලද්දේ වෙයි. ආයුෂ්මත, භාග්‍යවතුන් වහන්සේ විසින් මෙපමණකින් ධර්මය සන්දිට්ඨික යැයි ඉතිරි නැති ව වදාරණ ලද්දේ ය.

සාදු! සාදු!! සාදු!!!

සන්දිට්ඨිකධම්ම සූත්‍රය නිමා විය.

9.1.5.6.
සන්දිට්ඨිකනිබ්බාන සූත්‍රය
සන්දිට්ඨික නිවන ගැන වදාළ දෙසුම

කොසඹෑ නුවර දී ය .....

"ආයුෂ්මත, 'නිවන සන්දිට්ඨික යි, නිවන සන්දිට්ඨික යි' යැයි කියනු ලැබේ. ආයුෂ්මත, භාග්‍යවතුන් වහන්සේ විසින් නිවන සන්දිට්ඨික යැයි වදාරණ ලද්දේ කොපමණ කරුණු මත ද?"

"ආයුෂ්මත, මෙහිලා භික්ෂුවක් කාමයන්ගෙන් වෙන් ව ....(පෙ).... පළමුවෙනි ධ්‍යානය උපදවාගෙන වාසය කරයි. ආයුෂ්මත, මේ ක්‍රමයෙනුත් භාග්‍යවතුන් වහන්සේ විසින් මෙපමණකින් නිවන සන්දිට්ඨික යැයි වදාරණ ලද්දේ ය. ....(පෙ)....

තව ද ආයුෂ්මත, භික්ෂුවක් සියළු අයුරින් නේවසඤ්ඤානාසඤ්ඤායතනය ඉක්මවාගොස් සංඥාවේදයිත නිරෝධ සමාපත්තියට පැමිණ වාසය කරයි. ඔහු විසින් ප්‍රඥාවෙන් දැක ආශ්‍රවයන් ද ක්ෂය කරන ලද්දේ වෙයි. ආයුෂ්මත, භාග්‍යවතුන් වහන්සේ විසින් මෙපමණකින් නිවන සන්දිට්ඨික යැයි ඉතිරි නැති ව වදාරණ ලද්දේ ය.

සාදු! සාදු!! සාදු!!!

සන්දිට්ඨිකනිබ්බාන සූත්‍රය නිමා විය.

9.1.5.7.
නිබ්බාන සූත්‍රය
නිවන ගැන වදාළ දෙසුම

කොසඹෑ නුවර දී ය .....

"ආයුෂ්මත, 'නිවන, නිවන' යැයි කියනු ලැබේ. ....(පෙ)....

9.1.5.8.
පරිනිබ්බාන සූත්‍රය
පිරිනිවීම ගැන වදාළ දෙසුම

කොසඹෑ නුවර දී ය .....

"ආයුෂ්මත, 'පිරිනිවීම, පිරිනිවීම' යැයි කියනු ලැබේ. ....(පෙ)....

9.1.5.9.
තදංගනිබ්බාන සූත්‍රය
ඒ ඒ අංගයෙන් නිවීම ගැන වදාළ දෙසුම

කොසඹෑ නුවර දී ය .....

"ආයුෂ්මත, 'තදංගනිබ්බාන, තදංගනිබ්බාන' යැයි කියනු ලැබේ. ....(පෙ)....

9.1.5.10.
දිට්ඨධම්මනිබ්බාන සූත්‍රය
මෙලොවදී දකින නිවන ගැන වදාළ දෙසුම

කොසඹෑ නුවර දී ය .....

"ආයුෂ්මත, 'මෙලොව දී දකින නිවන, මෙලොව දී දකින නිවන' යැයි කියනු ලැබේ. ආයුෂ්මත, භාග්‍යවතුන් වහන්සේ විසින් මෙලොව දී දකින නිවන යැයි වදාරණ ලද්දේ කොපමණ කරුණු මත ද?"

"ආයුෂ්මත, මෙහිලා භික්ෂුවක් කාමයන්ගෙන් වෙන් ව ....(පෙ).... පළමුවෙනි ධ්‍යානය උපදවාගෙන වාසය කරයි. ආයුෂ්මත, මේ ක්‍රමයෙනුත් භාග්‍යවතුන් වහන්සේ විසින් මෙපමණකින් මෙලොව දී දකින නිවන යැයි වදාරණ ලද්දේ ය. ....(පෙ)....

තව ද ආයුෂ්මත, භික්ෂුවක් සියළු අයුරින් නේවසඤ්ඤානාසඤ්ඤායතනය ඉක්මවාගොස් සංඥාවේදයිත නිරෝධ සමාපත්තියට පැමිණ වාසය කරයි. ඔහු විසින් ප්‍රඥාවෙන් දැක ආශ්‍රවයන් ද ක්ෂය කරන ලද්දේ වෙයි. ආයුෂ්මත, භාග්‍යවතුන් වහන්සේ විසින් මෙපමණකින් මෙලොව දී දකින නිවන යැයි ඉතිරි නැති ව වදාරණ ලද්දේ ය.

සාදු! සාදු!! සාදු!!!

දිට්ඨධම්මනිබ්බාන සූත්‍රය නිමා විය.

පස්වෙනි සාමඤ්ඤ වර්ගය අවසන් විය.

- එහි පිළිවෙල උද්දානයයි :

සම්බාධ සූත්‍රය, කායසක්ඛී සූත්‍රය, පඤ්ඤාවිමුත්ත සූත්‍රය, උභතෝභාග සූත්‍රය, සන්දිට්ඨික සූත්‍ර දෙකය, නිබ්බාන සූත්‍රය, පරිනිබ්බාන සූත්‍රය, තදංග සූත්‍රය සහ දිට්ඨධම්මික සූත්‍රය වශයෙන් මෙහි සූත්‍ර දසයකි.

පළමුවෙනි පණ්ණාසකය නිමා විය.

දෙවෙනි පණ්ණාසකය

1. ඛේම වර්ගය

9.2.1.1.

ඛේම සූත්‍රය

උපද්‍රව නැති බව ගැන වදාළ දෙසුම

කොසඹෑ නුවර දී ය .....

"ආයුෂ්මත, 'උපද්‍රව නැති බව, උපද්‍රව නැති බව' යැයි කියනු ලැබේ. ආයුෂ්මත, භාග්‍යවතුන් වහන්සේ විසින් උපද්‍රව නැති බව ගැන වදාරණ ලද්දේ කොපමණ කරුණු මත ද?"

"ආයුෂ්මත, මෙහිලා භික්ෂුවක් කාමයන්ගෙන් වෙන් ව ....(පෙ).... පළමුවෙනි ධ්‍යානය උපදවාගෙන වාසය කරයි. ආයුෂ්මත, මේ ක්‍රමයෙනුත් භාග්‍යවතුන් වහන්සේ විසින් මෙපමණකින් උපද්‍රව නැති බව ගැන වදාරණ ලද්දේ ය. ....(පෙ)....

තව ද ආයුෂ්මත, භික්ෂුවක් සියළු අයුරින් නේවසඤ්ඤානාසඤ්ඤායතනය ඉක්මවාගොස් සංඥාවේදයිත නිරෝධ සමාපත්තියට පැමිණ වාසය කරයි. ඔහු විසින් ප්‍රඥාවෙන් දැක ආශ්‍රවයන් ද ක්ෂය කරන ලද්දේ වෙයි. ආයුෂ්මත, භාග්‍යවතුන් වහන්සේ විසින් මෙපමණකින් උපද්‍රව නැති බව ගැන ඉතිරි නැති ව වදාරණ ලද්දේ ය.

සාදු! සාදු!! සාදු!!!

ඛේම සූත්‍රය නිමා විය.

9.2.1.2.
ඛේමප්පත්ත සූත්‍රය
උපද්‍රව නැති බවට පත්වීම ගැන වදාළ දෙසුම

කොසඹෑ නුවර දී ය .....

"ආයුෂ්මත, 'උපද්‍රව නැති බවට පත්වීම, උපද්‍රව නැති බවට පත්වීම' යැයි කියනු ලැබේ. ....(පෙ)....

9.2.1.3.
අමත සූත්‍රය
අමෘතය ගැන වදාළ දෙසුම

කොසඹෑ නුවර දී ය .....

"ආයුෂ්මත, 'අමෘතය, අමෘතය' යැයි කියනු ලැබේ.....(පෙ)....

9.2.1.4.
අමතප්පත්ත සූත්‍රය
අමෘතයට පත්වීම ගැන වදාළ දෙසුම

කොසඹෑ නුවර දී ය .....

"ආයුෂ්මත, 'අමෘතයට පත්වීම, අමෘතයට පත්වීම' යැයි කියනු ලැබේ .....(පෙ)....

9.2.1.5.
අභය සූත්‍රය
නිර්භය ගැන වදාළ දෙසුම

කොසඹෑ නුවර දී ය .....

"ආයුෂ්මත, 'නිර්භය, නිර්භය' යැයි කියනු ලැබේ.....(පෙ)....

9.2.1.6.
අභයප්පත්ත සූත්‍රය
නිර්භයට පත්වීම ගැන වදාළ දෙසුම

කොසඹෑ නුවර දී ය .....

"ආයුෂ්මත, 'නිර්භයට පත්වීම, නිර්භයට පත්වීම' යැයි කියනු ලැබේ .....(පෙ)....

9.2.1.7.
පස්සද්ධි සූත්‍රය
සැහැල්ලු වීම ගැන වදාළ දෙසුම

කොසඹෑ නුවර දී ය .....

"ආයුෂ්මත, 'සැහැල්ලු වීම, සැහැල්ලු වීම' යැයි කියනු ලැබේ .....(පෙ)....

9.2.1.8.
අනුපුබ්බපස්සද්ධි සූත්‍රය
අනුපිළිවෙලින් සැහැල්ලු වීම ගැන වදාළ දෙසුම

කොසඹෑ නුවර දී ය .....

"ආයුෂ්මත, 'අනුපිළිවෙලින් සැහැල්ලු වීම, අනුපිළිවෙලින් සැහැල්ලු වීම' යැයි කියනු ලැබේ .....(පෙ)....

9.2.1.9.
නිරෝධ සූත්‍රය
නිරුද්ධ වීම ගැන වදාළ දෙසුම

කොසඹෑ නුවර දී ය .....

"ආයුෂ්මත, 'නිරුද්ධ වීම, නිරුද්ධ වීම' යැයි කියනු ලැබේ .....(පෙ)....

9.2.1.10.
අනුපුබ්බනිරෝධ සූත්‍රය
අනුපිළිවෙලින් නිරුද්ධ වීම ගැන වදාළ දෙසුම

කොසඹෑ නුවර දී ය .....

"ආයුෂ්මත, 'අනුපිළිවෙලින් නිරුද්ධ වීම, අනුපිළිවෙලින් නිරුද්ධ වීම' යැයි කියනු ලැබේ ආයුෂ්මත, භාග්‍යවතුන් වහන්සේ විසින් අනුපිළිවෙලින් නිරුද්ධ වීම ගැන වදාරණ ලද්දේ කොපමණ කරුණු මත ද?"

"ආයුෂ්මත, මෙහිලා භික්ෂුවක් කාමයන්ගෙන් වෙන් ව ....(පෙ).... පළමුවෙනි ධ්‍යානය උපදවාගෙන වාසය කරයි. ආයුෂ්මත, මේ ක්‍රමයෙනුත් භාග්‍යවතුන් වහන්සේ විසින් මෙපමණකින් අනුපිළිවෙලින් නිරුද්ධ වීම ගැන වදාරණ ලද්දේ ය. ....(පෙ)....

තව ද ආයුෂ්මත, භික්ෂුවක් සියළු අයුරින් නේවසඤ්ඤානාසඤ්ඤායතනය ඉක්මවාගොස් සංඥාවේදයිත නිරෝධ සමාපත්තියට පැමිණ වාසය කරයි. ඔහු විසින් ප්‍රඥාවෙන් දැක ආශ්‍රවයන් ද ක්ෂය කරන ලද්දේ වෙයි. ආයුෂ්මත, භාග්‍යවතුන් වහන්සේ විසින් මෙපමණකින් අනුපිළිවෙලින් නිරුද්ධ වීම ගැන ඉතිරි නැති ව වදාරණ ලද්දේ ය.

සාදු! සාදු!! සාදු!!!

අනුපුබ්බනිරෝධ සූත්‍රය නිමා විය.

9.2.1.11.
අරහත්ත භබ්බාභබ්බධම්ම සූත්‍රය
අරහත්වයට සුදුසු නුසුදුසු ධර්මයන් ගැන වදාළ දෙසුම

සැවැත් නුවර දී ය .....

මහණෙනි, ධර්මයන් නවයක් ප්‍රහාණය නොකොට අරහත්වය සාක්ෂාත් කරන්නට නොහැකි ය. ඒ කවර නවයක් ද යත්;

රාගය, ද්වේෂය, මෝහය, ක්‍රෝධය, බද්ධ වෛරය, මක්ඛය, පලාසය, ඊර්ෂ්‍යාව, මසුරු බව ය.

මහණෙනි, මේ ධර්මයන් නවය ප්‍රහාණය නොකොට අරහත්වය සාක්ෂාත් කරන්නට නොහැකි ය.

මහණෙනි, ධර්මයන් නවයක් ප්‍රහාණය කොට අරහත්වය සාක්ෂාත් කරන්නට හැකි ය. ඒ කවර නවයක් ද යත්;

රාගය, ද්වේෂය, මෝහය, ක්‍රෝධය, බද්ධ වෛරය, මක්ඛය, පලාසය, ඊර්ෂ්‍යාව, මසුරු බව ය.

මහණෙනි, මේ ධර්මයන් නවය ප්‍රහාණය කොට අරහත්වය සාක්ෂාත් කරන්නට හැකි ය.

සාදු! සාදු!! සාදු!!!

අරහත්ත භබ්බාභබ්බධම්ම සූත්‍රය නිමා විය.

පළමුවෙනි ඛේම වර්ගය අවසන් විය.

- **එහි පිළිවෙල උද්දානයයි :**

ඛේම සූත්‍ර දෙක, අමත සූත්‍ර දෙක, අභය සූත්‍ර දෙක, පස්සද්ධි සූත්‍ර දෙක, නිරෝධ සූත්‍රය, අනුපුබ්බ නිරෝධ සූත්‍රය සහ භබ්බාභබ්බ සූත්‍රය වශයෙන් මෙහි සූත්‍ර එකොළසකි.

2. සතිපට්ඨාන වර්ගය

9.2.2.1.
සික්ඛාදුබ්බල්‍ය සතිපට්ඨාන සූත්‍රය
ශික්ෂාව දුර්වල බව ප්‍රහාණයට සතිපට්ඨානය ගැන වදාළ දෙසුම

සැවැත් නුවර දී ය .....

මහණෙනි, මේ ශික්ෂා දුබලකම් පහකි. ඒ කවර පසක් ද යත්;

සතුන් මැරීම ය, සොරකම ය, වැරදි කාම සේවනය ය, බොරු කීම ය, මත්පැන් - මත්ද්‍රව්‍ය භාවිතය ය.

මහණෙනි, මේ වනාහී පසක් වූ ශික්ෂා දුබලකම් ය. මහණෙනි, මේ පසක් වූ ශික්ෂා දුබලකම් නැසීම පිණිස සතර සතිපට්ඨානය වැඩිය යුත්තේ ය. ඒ කවර සතරක් ද යත්;

මහණෙනි, මෙහිලා භික්ෂුව කෙලෙස් තවන වීරියෙන් යුතුව, නුවණින් යුතුව, සිහියෙන් යුතුව, ලෝකයෙහි ඇලීම් ගැටීම් දුරු කොට කය පිළිබඳ කායානුපස්සනාවෙන් වාසය කරයි. ....(පෙ).... වේදනාවන් පිළිබඳව වේදනානුපස්සනාවෙන් වාසය කරයි. ....(පෙ).... සිත පිළිබඳ ව චිත්තානුපස්සනාවෙන් වාසය කරයි. කෙලෙස් තවන වීරියෙන් යුතුව, නුවණින් යුතුව, සිහියෙන් යුතුව, ලෝකයෙහි ඇලීම් ගැටීම් දුරු කොට ධර්මයන් පිළිබඳ ධම්මානුපස්සනාවෙන් වාසය කරයි.

මහණෙනි, මේ පසක් වූ ශික්ෂා දුබලකම් නැසීම පිණිස මේ සතර සතිපට්ඨානය වැඩිය යුත්තේ ය.

සාදු! සාදු!! සාදු!!!

සික්ඛාදුබ්බල්‍ය සතිපට්ඨාන සූත්‍රය නිමා විය.

9.2.2.2.
නීවරණ සතිපට්ඨාන සූත්‍රය
නීවරණ ප්‍රහාණයට සතිපට්ඨානය ගැන වදාළ දෙසුම

සැවැත් නුවර දී ය .....

මහණෙනි, මේ නීවරණ පහකි. ඒ කවර පසක් ද යත්;

කාමච්ඡන්ද නීවරණය, ව්‍යාපාද නීවරණය, ථීනමිද්ධ නීවරණය, උද්ධච්ච කුක්කුච්ච නීවරණය, විචිකිච්ඡා නීවරණය ය.

මහණෙනි, මේ වනාහී පසක් වූ නීවරණයන් ය. මහණෙනි, මේ පසක් වූ නීවරණයන් ප්‍රහාණය කිරීම පිණිස ....(පෙ).... මේ සතර සතිපට්ඨානය වැඩිය යුත්තේ ය.

සාදු! සාදු!! සාදු!!!

නීවරණ සතිපට්ඨාන සූත්‍රය නිමා විය.

9.2.2.3.
කාමගුණ සතිපට්ඨාන සූත්‍රය
කාමගුණ ප්‍රහාණයට සතිපට්ඨානය ගැන වදාළ දෙසුම

සැවැත් නුවර දී ය .....

මහණෙනි, මේ කාමගුණ පහකි. ඒ කවර පසක් ද යත්;

ඉෂ්ට වූ, කාන්ත වූ, මනාප වූ, ප්‍රිය ස්වභාව ඇති, කාමූපසංහිත වූ, රජනීය

වූ ඇසෙන් දැක්ක යුතු රූපයෝ ය. කනෙන් දත යුතු ශබ්දයෝ ය ....(පෙ).... නාසයෙන් දත යුතු ගන්ධයෝ ය. ....(පෙ).... දිවෙන් දත යුතු රසයෝ ය. ....(පෙ).... කයෙන් දත යුතු ඉෂ්ට වූ, කාන්ත වූ, මනාප වූ, ප්‍රිය ස්වභාව ඇති, කාමූපසංහිත වූ, රජනීය වූ ස්පර්ශයෝ ය.

මහණෙනි, මේ වනාහී පසක් වූ කාම ගුණයෝ ය. මහණෙනි, මේ පසක් වූ කාම ගුණයන් ප්‍රහාණය කිරීම පිණිස ....(පෙ).... මේ සතර සතිපට්ඨානය වැඩිය යුත්තේ ය.

සාදු! සාදු!! සාදු!!!

කාමගුණ සතිපට්ඨාන සූත්‍රය නිමා විය.

9.2.2.4.
උපාදානක්ඛන්ධ සතිපට්ඨාන සූත්‍රය
උපාදානස්කන්ධයන් ප්‍රහාණයට සතිපට්ඨානය ගැන වදාළ දෙසුම

සැවැත් නුවර දී ය .....

මහණෙනි, මේ උපාදානස්කන්ධ පහකි. ඒ කවර පසක් ද යත්;

රූප උපාදානස්කන්ධය ය, වේදනා උපාදානස්කන්ධය ය, සංඥා උපාදානස්කන්ධය ය, සංස්කාර උපාදානස්කන්ධය ය, විඤ්ඤාණ උපාදානස්කන්ධය ය.

මහණෙනි, මේ වනාහී පසක් වූ උපාදානස්කන්ධයෝ ය. මහණෙනි, මේ පසක් වූ උපාදානස්කන්ධයන් ප්‍රහාණය කිරීම පිණිස ....(පෙ).... මේ සතර සතිපට්ඨානය වැඩිය යුත්තේ ය.

සාදු! සාදු!! සාදු!!!

උපාදානක්ඛන්ධ සතිපට්ඨාන සූත්‍රය නිමා විය.

9.2.2.5.
ඕරම්භාගිය සතිපට්ඨාන සූත්‍රය
ඕරම්භාගිය සංයෝජනයන් ප්‍රහාණයට සතිපට්ඨානය ගැන වදාළ දෙසුම

සැවැත් නුවර දී ය .....

මහණෙනි, මේ ඕරම්භාගිය සංයෝජන පහකි. ඒ කවර පසක් ද යත්;

සක්කාය දිට්ඨිය, විචිකිච්ඡාව, සීලබ්බත පරාමාස, කාමච්ඡන්දය, ව්‍යාපාදය ය.

මහණෙනි, මේ වනාහී පසක් වූ ඕරම්භාගිය සංයෝජනයෝ ය. මහණෙනි, මේ පසක් වූ ඕරම්භාගිය සංයෝජනයන් ප්‍රහාණය කිරීම පිණිස ....(පෙ).... මේ සතර සතිපට්ඨානය වැඩිය යුත්තේ ය.

සාදු! සාදු!! සාදු!!!

ඕරම්භාගිය සතිපට්ඨාන සූත්‍රය නිමා විය.

9.2.2.6.
ගති සතිපට්ඨාන සූත්‍රය
ගති උපත් ප්‍රහාණයට සතිපට්ඨානය ගැන වදාළ දෙසුම

සැවැත් නුවර දී ය .....

මහණෙනි, මේ ගති උපත් පහකි. ඒ කවර පසක් ද යත්;

නිරය ය, තිරිසන් යෝනිය ය, ප්‍රේත විෂය ය, මිනිස්සු ය, දෙවියෝ ය.

මහණෙනි, මේ වනාහී පසක් වූ ගති උපත් ය. මහණෙනි, මේ පසක් වූ ගති උපත් ප්‍රහාණය කිරීම පිණිස ....(පෙ).... මේ සතර සතිපට්ඨානය වැඩිය යුත්තේ ය.

සාදු! සාදු!! සාදු!!!

ගති සතිපට්ඨාන සූත්‍රය නිමා විය.

9.2.2.7.
මච්ඡරිය සතිපට්ඨාන සූත්‍රය
මසුරුකම ප්‍රහාණයට සතිපට්ඨානය ගැන වදාළ දෙසුම

සැවැත් නුවර දී ය .....

මහණෙනි, මේ මසුරුකම් පහකි. ඒ කවර පසක් ද යත්;

ආවාස ගැන ඇති මසුරුකම ය, දායක පවුල් ගැන ඇති මසුරුකම ය, ලාභ ගැන ඇති මසුරුකම ය, වර්ණනා කිරීම ගැන ඇති මසුරුකම ය, ධර්මය ගැන ඇති මසුරුකම ය.

මහණෙනි, මේ වනාහී පසක් වූ මසුරුකම් ය. මහණෙනි, මේ පසක් වූ මසුරුකම් ප්‍රහාණය කිරීම පිණිස ....(පෙ).... මේ සතර සතිපට්ඨානය වැඩිය යුත්තේ ය.

සාදු! සාදු!! සාදු!!!

මච්ඡරිය සතිපට්ඨාන සූත්‍රය නිමා විය.

9.2.2.8.
උද්ධම්භාගිය සතිපට්ඨාන සූත්‍රය
උද්ධම්භාගිය සංයෝජන ප්‍රහාණයට සතිපට්ඨානය ගැන වදාළ දෙසුම

සැවැත් නුවර දී ය .....

මහණෙනි, මේ උද්ධම්භාගිය සංයෝජන පහකි. ඒ කවර පසක් ද යත්;

රූපරාග ය, අරූපරාග ය, මාන්නය ය, උද්ධච්චය ය, අවිද්‍යාව ය.

මහණෙනි, මේ වනාහී පසක් වූ උද්ධම්භාගිය සංයෝජනයෝ ය. මහණෙනි, මේ පසක් වූ උද්ධම්භාගිය සංයෝජන ප්‍රහාණය කිරීම පිණිස ....(පෙ).... මේ සතර සතිපට්ඨානය වැඩිය යුත්තේ ය.

සාදු! සාදු!! සාදු!!!

උද්ධම්භාගිය සතිපට්ඨාන සූත්‍රය නිමා විය.

9.2.2.9.
චේතෝඛිල සතිපට්ඨාන සූත්‍රය
සිතෙහි ඇණෙන හුල් ප්‍රහාණයට සතිපට්ඨානය ගැන වදාළ දෙසුම

සැවැත් නුවර දී ය .....

මහණෙනි, මේ සිතෙහි ඇණෙන හුල් පහකි. ඒ කවර පසක් ද යත්;

මහණෙනි, මෙහිලා භික්ෂුව ශාස්තෘන් වහන්සේ කෙරෙහි සැක කරයි. විචිකිච්ඡා කරයි. නොබැසගනියි. නොපහදියි. මහණෙනි, යම් මේ භික්ෂුවක් ශාස්තෘන් වහන්සේ කෙරෙහි සැක කරයි ද, විචිකිච්ඡා කරයි ද, නොබැසගනියි ද, නොපහදියි ද, වීරිය කිරීමට, නැවත නැවත යෙදීමට, නිරතුරු ව කිරීමට ප්‍රධන් වීරිය කිරීමට ඔහුගේ සිත නොනැමෙයි. යමෙකුගේ සිත වීරිය කිරීමට, නැවත නැවත යෙදීමට, නිරතුරු ව කිරීමට, ප්‍රධන් වීරිය කිරීමට නොනැමෙයි ද, මෙය සිතෙහි ඇණෙන පළමුවෙනි හුල යි.

තව ද මහණෙනි, භික්ෂුව ධර්මය කෙරෙහි සැක කරයි. ....(පෙ).... සංඝයා කෙරෙහි සැක කරයි. ....(පෙ).... ශික්ෂාව කෙරෙහි සැක කරයි ....(පෙ).... සබ්‍රහ්මචාරීන් වහන්සේලා කෙරෙහි කිපුණේ වෙයි. නොසතුටු වූයේ වෙයි. ගැටුණු සිත් ඇත්තේ වෙයි. ද්වේෂ හුල හටගත්තේ වෙයි. මහණෙනි, යම් මේ භික්ෂුවක් සබ්‍රහ්මචාරීන් වහන්සේලා කෙරෙහි කිපුණේ වෙයි ද, නොසතුටු වූයේ වෙයි ද, ගැටුණු සිත් ඇත්තේ වෙයි ද, ද්වේෂ හුල හටගත්තේ ද, වීරිය කිරීමට, නැවත නැවත යෙදීමට, නිරතුරු ව කිරීමට, ප්‍රධන් වීරිය කිරීමට ඔහුගේ සිත නොනැමෙයි. යමෙකුගේ සිත වීරිය කිරීමට, නැවත නැවත යෙදීමට, නිරතුරු ව කිරීමට ප්‍රධන් වීරිය කිරීමට නොනැමෙයි ද, මෙය සිතෙහි ඇණෙන පස්වෙනි හුල යි.

මහණෙනි, මේ වනාහී පසක් වූ සිතෙහි ඇණෙන හුල් ය. මහණෙනි, මේ පසක් වූ සිතෙහි ඇණෙන හුල් ප්‍රහාණය කිරීම පිණිස ....(පෙ).... මේ සතර

සතිපට්ඨානය වැඩිය යුත්තේ ය.

සාදු! සාදු!! සාදු!!!

චේතෝඛිල සතිපට්ඨාන සූත්‍රය නිමා විය.

9.2.2.10.
විනිබන්ධ සතිපට්ඨාන සූත්‍රය
සිත වෙලාගත් කෙලෙස් බන්ධන ප්‍රහාණයට සතිපට්ඨානය ගැන වදාළ දෙසුම

සැවැත් නුවර දී ය .....

මහණෙනි, මේ සිත වෙලා ගත් කෙලෙස් බන්ධන පහකි. ඒ කවර පසක් ද යත්;

මහණෙනි, මෙහිලා භික්ෂුව කාමයන් කෙරෙහි රාගය දුරු නොකළේ වෙයි. කැමැත්ත දුරු නොකළේ වෙයි. ප්‍රේමය දුරු නොකළේ වෙයි. පිපාසය දුරු නොකළේ වෙයි. දාහය දුරු නොකළේ වෙයි. තෘෂ්ණාව දුරු නොකළේ වෙයි. මහණෙනි, යම් මේ භික්ෂුවක් කාමයන් කෙරෙහි රාගය දුරු නොකළේ වෙයි ද, කැමැත්ත දුරු නොකළේ වෙයි ද, ප්‍රේමය දුරු නොකළේ වෙයි ද, පිපාසය දුරු නොකළේ වෙයි ද, දාහය දුරු නොකළේ වෙයි ද, තෘෂ්ණාව දුරු නොකළේ වෙයි ද, වීරිය කිරීමට, නැවත නැවත යෙදීමට, නිරතුරු ව කිරීමට, ප්‍රධන් වීරිය කිරීමට ඔහුගේ සිත නොනැමෙයි. යමෙකුගේ සිත වීරිය කිරීමට, නැවත නැවත යෙදීමට, නිරතුරු ව කිරීමට ප්‍රධන් වීරිය කිරීමට නොනැමෙයි ද, මෙය සිත වෙලාගත් පළමුවෙනි කෙලෙස් බන්ධනය යි.

තවද මහණෙනි, භික්ෂුව කය පිළිබඳ රාගය දුරු නොකළේ වෙයි. ....(පෙ).... රූපය පිළිබඳ රාගය දුරු නොකළේ වෙයි ....(පෙ).... කැමති තාක් කුස පුරා අනුභව කොට සැතපෙන සුවය, ස්පර්ශ සුවය, නිදිමත සුවය යන මෙහි යෙදී සිටින්නේ වෙයි. ....(පෙ).... එක්තරා දෙව්ලොවක උපදින්නට සිත පිහිටුවාගෙන බඹසර හැසිරෙයි. මම මේ සීලයෙන් හෝ ව්‍රතයෙන් හෝ තපසින් හෝ බඹසරින් හෝ දෙවියෙක් වන්නෙමි, අන්‍ය වූ දෙවියෙක් හෝ වන්නෙමි කියා ය. මහණෙනි. යම් මේ භික්ෂුවක් එක්තරා දෙව්ලොවක උපදින්නට සිත

පිහිටුවාගෙන බඹසර හැසිරෙයි ද, මම මේ සීලයෙන් හෝ ව්‍රතයෙන් හෝ තපසින් හෝ බඹසරින් හෝ දෙවියෙක් වන්නෙමි, අන්‍ය වූ දෙවියෙක් හෝ වන්නෙමි කියා, වීරිය කිරීමට, නැවත නැවත යෙදීමට, නිරතුරු ව කිරීමට ප්‍රධන් වීරිය කිරීමට ඔහුගේ සිත නොනැමෙයි. යමෙකුගේ සිත වීරිය කිරීමට, නැවත නැවත යෙදීමට, නිරතුරු ව කිරීමට, ප්‍රධන් වීරිය කිරීමට නොනැමෙයි ද, මෙය සිත වෙලාගත් පස්වෙනි කෙලෙස් බන්ධනය යි.

මහණෙනි, මේ වනාහී පසක් වූ සිත වෙළා ගත් කෙලෙස් බන්ධනයන් ය. මහණෙනි, මේ පසක් වූ සිත වෙළා ගත් කෙලෙස් බන්ධනයන් ප්‍රහාණය කිරීම පිණිස ....(පෙ).... මේ සතර සතිපට්ඨානය වැඩිය යුත්තේ ය.

සාදු! සාදු!! සාදු!!!

චේතෝවිනිබන්ධ සතිපට්ඨාන සූත්‍රය නිමා විය.

දෙවෙනි සතිපට්ඨාන වර්ගය අවසන් විය.

- එහි පිළිවෙල උද්දානයයි :

සික්ඛා සූත්‍රය, නීවරණ සූත්‍රය, කාම සූත්‍රය, ඛන්ධ සූත්‍රය, ඕරම්භාගිය සූත්‍රය, ගති සූත්‍රය, මච්ඡේර සූත්‍රය, උද්ධම්භාගිය සූත්‍රය, චේතෝඛිල සූත්‍රය සහ විනිබන්ධ සූත්‍රය වශයෙන් මෙහි සූත්‍ර දසයකි.

3. සම්මප්පධාන වර්ගය

9.2.3.1.
සික්ඛාදුබ්බල්‍ය සම්මප්පධාන සූත්‍රය
ශික්ෂාව දුර්වල බව ප්‍රහාණයට සම්‍යක්ප්‍රධානයන් ගැන වදාළ දෙසුම

සැවැත් නුවර දී ය .....

මහණෙනි, මේ ශික්ෂා දුබලකම් පහකි. ඒ කවර පසක් ද යත්;

සතුන් මැරීම ය, ...(පෙ).... මත්පැන් - මත්ද්‍රව්‍ය භාවිතය ය.

මහණෙනි, මේ වනාහී පසක් වූ ශික්ෂා දුබලකම් ය. මහණෙනි, මේ පසක් වූ ශික්ෂා දුබලකම් නැසීම පිණිස සතර සම්‍යක් ප්‍රධානයන් වැඩිය යුත්තේ ය. ඒ කවර සතරක් ද යත්;

මහණෙනි, මෙහිලා භික්ෂුව නූපන් පාපී අකුසල් දහම් නූපදවීම පිණිස කැමැත්ත උපදවයි. වෑයම් කරයි. වීරිය අරඹයි. සිත දැඩිකොට ගනියි. බලවත් උත්සාහයක යෙදෙයි. උපන් පාපී අකුසල් දහම් ප්‍රහාණය කිරීම පිණිස කැමැත්ත උපදවයි. වෑයම් කරයි. වීරිය අරඹයි. සිත දැඩිකොට ගනියි. බලවත් උත්සාහයක යෙදෙයි. නූපන් කුසල් දහම් ඉපිදවීම පිණිස කැමැත්ත උපදවයි. වෑයම් කරයි. වීරිය අරඹයි. සිත දැඩිකොට ගනියි. බලවත් උත්සාහයක යෙදෙයි. උපන් කුසල් දහම් දිගට ම පැවැත්වීම පිණිස ත්, එහි නොමුලා බව පිණිස ත්, බොහෝ සෙයින් දියුණු වීම පිණිස ත්, විපුල බව පිණිස ත්, නැවත නැවත දියුණු කොට පිරිපුන් බවට පත් කිරීම පිණිස ත් කැමැත්ත උපදවයි. වෑයම් කරයි. වීරිය අරඹයි. සිත දැඩිකොට ගනියි. බලවත් උත්සාහයක යෙදෙයි.

මහණෙනි, මේ පසක් වූ ශික්ෂා දුබලකම් නැසීම පිණිස මේ සතර සම්‍යක්ප්‍රධානයන් වැඩිය යුත්තේ ය.

සාදු! සාදු!! සාදු!!!

සික්ඛාදුබ්බල්‍ය සම්මප්පධාන සූත්‍රය නිමා විය.

9.2.3.2.-9.

සැවැත් නුවර දී ය .....

(දෙවෙනි සූත්‍රයෙහි පටන් නවවෙනි සූත්‍රය තෙක් සතිපට්ඨාන වර්ගයෙහි සඳහන් වෙන ආකාරයට සම්‍යක්ප්‍රධානයන් වශයෙන් ද විස්තර කරගත යුත්තේ ය.)

9.2.3.10.
විනිබන්ධ සම්මප්පධාන සූත්‍රය
සිත වෙලාගත් කෙලෙස් බන්ධන ප්‍රහාණයට සම්‍යක්ප්‍රධානයන් ගැන වදාළ දෙසුම

සැවැත් නුවර දී ය .....

මහණෙනි, මේ සිත වෙලා ගත් කෙලෙස් බන්ධන පහකි. ඒ කවර පසක් ද යත්;

මහණෙනි, මෙහිලා භික්ෂුව කාමයන් කෙරෙහි රාගය දුරු නොකළේ වෙයි. ....(පෙ).... මහණෙනි, මේ වනාහී පසක් වූ සිත වෙළා ගත් කෙලෙස් බන්ධනයන් ය. මහණෙනි, මේ පසක් වූ සිත වෙළා ගත් කෙලෙස් බන්ධනයන් ප්‍රහාණය කිරීම පිණිස සතර සම්‍යක්ප්‍රධානයෝ වැඩිය යුත්තාහු ය.

මහණෙනි, මෙහිලා භික්ෂුව නූපන් පාපී අකුසල් දහම් නූපදවීම පිණිස කැමැත්ත උපදවයි. වෑයම් කරයි. වීරිය අරඹයි. සිත දැඩිකොට ගනියි. බලවත් උත්සාහයක යෙදෙයි. උපන් පාපී අකුසල් දහම් ප්‍රහාණය කිරීම පිණිස ....(පෙ).... නූපන් කුසල් දහම් ඉපිදවීම පිණිස ....(පෙ).... උපන් කුසල් දහම් දිගට ම පැවැත්වීම පිණිස ත්, එහි නොමුලා බව පිණිස ත්, බොහෝ සෙයින් දියුණු වීම පිණිස ත්, විපුල බව පිණිස ත්, නැවත නැවත දියුණු කොට පිරිපුන් බවට පත් කිරීම පිණිස ත් කැමැත්ත උපදවයි. වෑයම් කරයි. වීරිය අරඹයි. සිත දැඩිකොට

ගනියි. බලවත් උත්සාහයක යෙදෙයි. මහණෙනි, මේ පසක් වූ සිත වෙළා ගත් කෙලෙස් බන්ධනයන් ප්‍රහාණය කිරීම පිණිස මේ සතර සම්‍යක්ප්‍රධානයෝ වැඩිය යුත්තාහු ය.

සාදු! සාදු!! සාදු!!!

චේතෝවිනිබන්ධ සම්මප්පධාන සූත්‍රය නිමා විය.

තුන්වෙනි සම්මප්පධාන වර්ගය අවසන් විය.

4. ඉද්ධිපාද වර්ගය

9.2.4.1.
සික්ඛාදුබ්බල්‍ය ඉද්ධිපාද සූත්‍රය
ශික්ෂාව දුර්වල බව ප්‍රහාණයට ඉර්ධිපාදයන් ගැන වදාළ දෙසුම

සැවැත් නුවර දී ය .....

මහණෙනි, මේ ශික්ෂා දුබලකම් පහකි. ඒ කවර පසක් ද යත්;

සතුන් මැරීම ය, ...(පෙ).... මත්පැන් - මත්ද්‍රව්‍ය භාවිතය ය.

මහණෙනි, මේ වනාහී පසක් වූ ශික්ෂා දුබලකම් ය. මහණෙනි, මේ පසක් වූ ශික්ෂා දුබලකම් නැසීම පිණිස සතර ඉර්ධිපාදයන් වැඩිය යුත්තේ ය. ඒ කවර සතරක් ද යත්;

මහණෙනි, මෙහිලා භික්ෂුව ඡන්දසමාධිපධාන සංස්කාරයෙන් යුතු ඉර්ධිපාදය වඩයි. විරියසමාධි ....(පෙ).... චිත්තසමාධි ....(පෙ).... වීමංසා සමාධිපධාන සංස්කාරයෙන් යුතු ඉර්ධිපාදය වඩයි.

මහණෙනි, මේ පසක් වූ ශික්ෂා දුබලකම් නැසීම පිණිස මේ සතර ඉර්ධිපාදයන් වැඩිය යුත්තේ ය.

සාදු! සාදු!! සාදු!!!

සික්ඛාදුබ්බල්‍ය සම්මප්පධාන සූත්‍රය නිමා විය.

9.2.4.2.-9.

සැවැත් නුවර දී ය .....

(දෙවෙනි සූත්‍රයෙහි පටන් නවවෙනි සූත්‍රය තෙක් සතිපට්ඨාන වර්ගයෙහි සඳහන් වෙන ආකාරයට ඉර්ධිපාද වශයෙන් ද විස්තර කරගත යුත්තේ ය.)

9.2.4.10.
විනිබන්ධ ඉද්ධිපාද සූත්‍රය
සිත වෙලාගත් කෙලෙස් බන්ධන ප්‍රහාණයට ඉර්ධිපාදයන් ගැන වදාළ දෙසුම

සැවැත් නුවර දී ය .....

මහණෙනි, මේ සිත වෙලා ගත් කෙලෙස් බන්ධන පහකි. ඒ කවර පසක් ද යත්;

මහණෙනි, මෙහිලා භික්ෂුව කාමයන් කෙරෙහි රාගය දුරු නොකළේ වෙයි. ....(පෙ).... මහණෙනි, මේ වනාහී පසක් වූ සිත වෙළා ගත් කෙලෙස් බන්ධනයන් ය. මහණෙනි, මේ පසක් වූ සිත වෙලාගත් කෙලෙස් බන්ධනයන් ප්‍රහාණය කිරීම පිණිස මේ සතර ඉර්ධිපාදයෝ වැඩිය යුත්තාහු ය. ඒ කවර සතරක් ද යත්,

මහණෙනි, මෙහිලා භික්ෂුව ඡන්දසමාධිපධාන සංස්කාරයෙන් යුතු ඉර්ධිපාදය වඩයි. විරියසමාධි ....(පෙ).... චිත්තසමාධි ....(පෙ).... වීමංසා සමාධිපධාන සංස්කාරයෙන් යුතු ඉර්ධිපාදය වඩයි.

මහණෙනි, මේ පසක් වූ සිත වෙළා ගත් කෙලෙස් බන්ධනයන් ප්‍රහාණය කිරීම පිණිස මේ සතර ඉර්ධිපාදයෝ වැඩිය යුත්තාහු ය.

සාදු! සාදු!! සාදු!!!

විනිබන්ධ ඉද්ධිපාද සූත්‍රය නිමා විය.

සිව්වෙනි ඉර්ධිපාද වර්ගය අවසන් විය.

- එහි පිළිවෙල උද්දානයයි :

සතර සතිපට්ඨාන - සතර සම්‍යක්පධාන වීර්යය - සතර ඉර්ධිපාද යන මේවා පළමු පදය සමඟ යෙදිය යුත්තේ ය.

දෙවෙනි පණ්ණාසකය නිමා විය.

5. රාගාදි පෙය්‍යාලය

9.2.5.1.
නවසඤ්ඤා සූත්‍රය
සංඥා නවයක් ගැන වදාළ දෙසුම

සැවැත් නුවර දී ය ....

මහණෙනි, විශිෂ්ට ඥානයෙන් රාගය අවබෝධ කරනු පිණිස නවයක් වූ ධර්මයන් වැඩිය යුත්තාහු ය. ඒ කවර නවයක් ද යත්;

අසුභ සංඥාව, මරණ සංඥාව, ආහාරයෙහි පිළිකුල් සංඥාව, සියළු ලෝකයෙහි නොඇලෙන සංඥාව, අනිත්‍ය සංඥාව, අනිත්‍යයෙහි දුක්ඛ සංඥාව, දුක්ඛයෙහි අනාත්ම සංඥාව, ප්‍රහාණ සංඥාව, විරාග සංඥාව ය.

මහණෙනි, විශිෂ්ට ඥානයෙන් රාගය අවබෝධ කරනු පිණිස මේ නවයක් වූ ධර්මයන් වැඩිය යුත්තාහු ය.

සාදු! සාදු!! සාදු!!!

නවසඤ්ඤා සූත්‍රය නිමා විය.

9.2.5.2.
ඣානසමාපත්ති සූත්‍රය
ධ්‍යාන සමාපත්ති ගැන වදාළ දෙසුම

සැවැත් නුවර දී ය ....

මහණෙනි, විශිෂ්ට ඥානයෙන් රාගය අවබෝධ කරනු පිණිස නවයක් වූ ධර්මයන් වැඩිය යුත්තාහු ය. ඒ කවර නවයක් ද යත්;

පළමුවෙනි ධ්‍යානය, දෙවෙනි ධ්‍යානය, තුන්වෙනි ධ්‍යානය, සතරවෙනි ධ්‍යානය, ආකාසානඤ්චායතනය, විඤ්ඤාණඤ්චායතනය, ආකිඤ්චඤ්ඤායතනය, නේවසඤ්ඤානාසඤ්ඤායතනය, සඤ්ඤාවේදයිත නිරෝධ සමාපත්තිය.

මහණෙනි, විශිෂ්ට ඥානයෙන් රාගය අවබෝධ කරනු පිණිස මේ නවයක් වූ ධර්මයන් වැඩිය යුත්තාහු ය.

සාදු! සාදු!! සාදු!!!

ඣාන සමාපත්ති සූත්‍රය නිමා විය.

9.2.5.3.-18.

සැවැත් නුවරදී ය.....

මහණෙනි, රාගය පිරිසිඳ අවබෝධ කරනු පිණිස ....(පෙ).... නැසීම පිණිස ....(පෙ).... ප්‍රහාණය පිණිස ....(පෙ).... ක්ෂය වීම පිණිස ....(පෙ).... වැනසීම පිණිස ....(පෙ).... නොඇල්ම පිණිස ....(පෙ).... නිරෝධය පිණිස ....(පෙ).... අත්හැරීම පිණිස ....(පෙ).... දුරුකිරීම පිණිස මේ නවයක් වූ ධර්මයෝ වැඩිය යුත්තාහු ය.

9.2.5.19.-340.

සැවැත් නුවරදී ය.....

මහණෙනි, ද්වේෂය ....(පෙ).... මෝහය ....(පෙ).... ක්‍රෝධය ....(පෙ).... බද්ධ වෛරය ....(පෙ).... ගුණමකු බව ....(පෙ).... තරඟයට වැඩ කිරීම ....(පෙ).... ඊර්ෂ්‍යාව ....(පෙ).... මසුරු බව ....(පෙ).... මායාව ....(පෙ).... වංචාව ....(පෙ).... දැඩි බව ....(පෙ).... සාරම්භය ....(පෙ).... මානය ....(පෙ).... අතිමානය ....(පෙ).... මදය ....(පෙ).... ප්‍රමාදය ....(පෙ).... විශිෂ්ට ඥානයෙන් දකිනු පිණිස ....(පෙ).... පිරිසිඳ දකිනු පිණිස ....(පෙ).... නැසීම පිණිස ....(පෙ).... ප්‍රහාණය පිණිස ....(පෙ).... ක්ෂය වීම පිණිස ....(පෙ).... වැනසීම පිණිස ....(පෙ).... නොඇල්ම පිණිස ....(පෙ).... නිරෝධය පිණිස ....(පෙ).... අත්හැරීම පිණිස ....(පෙ).... දුරුකිරීම පිණිස මේ නව ධර්මයන් වැඩිය යුත්තාහු ය. භාග්‍යවතුන් වහන්සේ මෙය වදාළ සේක. සතුටු සිත් ඇති ඒ භික්ෂූහු භාග්‍යවතුන් වහන්සේ වදාළ ඒ ධර්මය සතුටින් පිළිගත්තාහු ය.

රාගාදි පෙය්‍යාලය නිමා විය.

නවක නිපාතය අවසන් විය.

දසබලසේලප්පභවා නිබ්බානමහාසමුද්දපරියන්තා
අට්ඨංග මග්ගසලිලා ජිනවචනනදී චිරං වහතූති.

දසබලයන් වහන්සේ නමැති ශෛලමය පර්වතයෙන් පැන නැගී
අමා මහ නිවන නම් වූ මහා සාගරය අවසන් කොට ඇති
ආර්ය අෂ්ටාංගික මාර්ගය නම් වූ සිහිල් දිය දහරින් හෙබි
උතුම් ශ්‍රී මුඛ බුද්ධ වචන ගංගාව (ලෝ සතුන්ගේ සසර දුක නිවාලමින්)
බොහෝ කල් ගලාබස්නා සේක්වා !

(සළායතන සංයුත්තය - උද්දාන ගාථා)

සාදු! සාදු!! සාදු!!!

නමෝ තස්ස භගවතෝ අරහතෝ සම්මාසම්බුද්ධස්ස.
ඒ භාග්‍යවත් අරහත් සම්මා සම්බුදුරජාණන් වහන්සේට නමස්කාර වේවා!

මේ උතුම් ගෞතම බුදු සසුනේදීම මේ ආශ්චර්යවත් ශ්‍රී සද්ධර්මය මැනැවින් උගෙන තම තමන්ගේ නුවණ මෙහෙයවා ධර්මයෙහි හැසිරීමෙන් ආර්ය ශ්‍රාවකයන් බවට පත්ව සතර අපා දුකෙන් සදහටම මිදෙනු කැමැති ලංකාවාසී සැදැහැවත් නුවණැතියන් හට වඩාත් හොඳින් තේරුම් ගැනීම පිණිස මහත් ශ්‍රද්ධාවෙන් යුතුව සිංහල භාෂාවට අංගුත්තර නිකායෙහි අට්ඨක නිපාතය සහ නවක නිපාතය ඇතුළත් පස්වෙනි කොටස පරිවර්තනය කිරීමෙන් ලත් සකල විපුල පුණ්‍ය සම්භාර ධර්මයන් පින් කැමැති සියල්ලෝම සතුටින් අනුමෝදන් වෙත්වා! අප සියලු දෙනාටම වහ වහා උතුම් චතුරාර්ය සත්‍ය ධර්මය සත්‍ය ඤාණ වශයෙන්ද, කෘත්‍ය ඤාණ වශයෙන්ද, කෘත ඤාණ වශයෙන්ද අවබෝධ වීම පිණිස ඒකාන්තයෙන්ම මේ පුණ්‍ය වාසනාව උපකාර වේවා!

සාදු! සාදු!! සාදු!!!

නමෝ තස්ස භගවතෝ අරහතෝ සම්මාසම්බුද්ධස්ස.

www.ingramcontent.com/pod-product-compliance
Lightning Source LLC
LaVergne TN
LVHW081352060426
835510LV00013B/1780
* 9 7 8 9 5 5 6 8 7 0 3 8 1 *